Trinity German Lutheran Church Records

1853-1877

Baltimore, Maryland

Gary B. Ruppert

HERITAGE BOOKS
2008

HERITAGE BOOKS
AN IMPRINT OF HERITAGE BOOKS, INC.

Books, CDs, and more—Worldwide

For our listing of thousands of titles see our website
at
www.HeritageBooks.com

Published 2008 by
HERITAGE BOOKS, INC.
Publishing Division
100 Railroad Ave. #104
Westminster, Maryland 21157

Copyright © 2002 Gary B. Ruppert, M.D.

Other books by the author:

*Index to Baptisms, Burials and Confirmations,
Second German Evangelical Lutheran Church, Baltimore City, Maryland, 1835-1867*

*Obstetrical Casebooks of Dr. Ferdinand E. Chatard:
An Alternative Genealogical Resource for Baltimore City [Maryland], 1829-1883*

*The German Correspondent, Baltimore, Maryland; Translation and Transcription of
Marriages, Deaths and Selected Articles of Genealogical Interest:
Volume I, Death Notices & Obituaries, 1879-1883*

*The German Correspondent, Baltimore, Maryland; Translation and Transcription of
Marriages, Deaths and Selected Articles of Genealogical Interest:
Volume II, Marriages & Selected Articles of Genealogical Interest, 1879-1883*

Trinity German Lutheran Church Records, 1853-1877: Baltimore, Maryland

All rights reserved. No part of this book may be reproduced or transmitted in any form or by any means, electronic or mechanical, including photocopying, recording or by any information storage and retrieval system without written permission from the author, except for the inclusion of brief quotations in a review.

International Standard Book Numbers
Paperbound: 978-1-58549-792-8
Clothbound: 978-0-7884-7572-6

Trinity German Lutheran Church, Baltimore City
1853-1877

Introduction

Although Trinity Lutheran Church in Baltimore was once one of the largest and most active Lutheran congregations in the city, sadly after 160 years, the church came to an end in the mid-1990s. During those 16 decades, many thousands of people participated in the church sacraments of baptism, marriage, burial, confirmation and communion. Since civil registration in Baltimore City did not commence until 1875, nineteenth-century church records may be the only source of information about otherwise countless unrecorded lives.

The current work includes two complementary projects. First, is an extraction, transcription and translation of data from baptismal, marriage, burial, confirmation and communion entries in Trinity's only surviving church register which dates from 1853 until 1877. The second component, is an index to every recorded individual from the register. There are roughly 26,000 entries.

History of Trinity German Lutheran Church

The only known published history of Trinity was complied in 1939 upon celebration of the congregation's one hundredth anniversary. This "Centennial Booklet" contains roughly two pages of historical data summarized as follows.

In 1833, German citizens of Fell's Point, a bustling and rapidly expanding port community of eastern Baltimore founded the Fell's Point Lutheran Church in September pastored by Reverend L. Ginstiani. In 1839, the congregation purchased the abandoned Trinity Protestant Episcopal building at Trinity and High Streets in what is today's Little Italy. The Lutheran congregation assumed the name Trinity or *Dreieinigkeitsgemeinde*, the German equivalent of "three in one." Interestingly, the Episcopal church had begun construction of its chapel in 1791. By 1828, a yellow fever plaque had devastated the congregation and the church closed the following year. Trinity Lutheran remained at this site until 1920.

The "Bicentennial Booklet" states, "In the course of time, Trinity lost many members who moved and others who were linguistically unable to take part in the German services. The congregation finally decided to sell old Trinity ... the last service [was conducted] at Trinity and High Streets on May 3, 1920." As an interesting aside, the original building on Trinity Street, still stands. Constructed in 1791, it served the congregations of Trinity Protestant Episcopal church and then Trinity Lutheran. In later years it was the home of DeNitti's restaurant, one of the many Italian eateries in the neighborhood. As of this writing it is again vacant.

The Trinity congregation moved to McElderry and Port Streets, a rowhouse community in East Baltimore. It never regained the strength in numbers that it had in the post-Civil War era but it remained an active and vibrant congregation for many decades.

By the 1990s, the East Baltimore community where Trinity was located had changed drastically. There were more boarded-up buildings than viable structures. The neighborhood suffered some of Baltimore's highest crime and drug-related statistics. Three geographically close Lutheran congregations, Martin Luther, Bethany and Trinity united. By 1996, the merged congregations changed names to Amazing Grace Evangelical Lutheran Church. For several years, this re-formed congregation was housed in the former Trinity complex on McElderry Street, however as of this writing a new building is being sought.

The life of Trinity German Lutheran is reflected in the history of Baltimore City. Born amidst the bustle of a port where literally thousands of German immigrants were arriving daily, it died slowly as the population fled the inner city where abandoned structures reflected flourishing crime and neglect.

Trinity German Lutheran Church, Baltimore City
1853-1877

Records from Trinity German Lutheran Church

In 1977, I learned that many of my ancestors had been members of Trinity German Lutheran Church. The church records were not accessible on microfilm or in print. I contacted the pastor and president of the church council and was granted permission to review church records during Sunday morning services. At that time, the oldest surviving volume began in 1853. Clearly, there had been an earlier register since the "Bicentennial Booklet" of 1939 made reference to the first baptism, marriage and funeral recorded in 1839. The president of the church council, Mr. Jerome Skarda could not locate any earlier records nor did he recall ever having seen them.

When the church service was ended and the building had nearly emptied out on the Sunday morning of my visit, I was still busily reading the church register. I was given the opportunity of taking the volume home and returning it when I was finished. I did not hesitate! In addition to the 1853-1877 volume, there was a complete set of various sized registers through 1977. I looked at a few from the early 20th century but only borrowed the earliest extant volume.

With the permission of Mr. Skarda and the church council, that early church register was microfilmed by the Maryland State Archives. It is available as microfilm M1461 which includes a copy of the "Centennial Booklet, " the entire church register and a few years of an index that I created while I had the volume. That index is not only incomplete but full of errors! It should not be relied upon.

It is fortunate that the church council allowed their early register to be microfilmed. Some years later, after Trinity had merged and changed names, I met with the pastor of the new congregation. I was told that all of Trinity's records had been sent to the regional Lutheran archive in Gettysburg. When I visited the Area Eight Archive in Gettysburg in 2000, there was no record of ever having received Trinity's registers. A careful review and manual search by the curator, Mr. Elwood Christ, failed to locate any material from the Baltimore congregation. Those valuable sources of data were presumed to have disappeared. In a fortunate happenstance, the early registers of Trinity German Evangelical Lutheran Church were re-discovered in 2002 in the basement of the Library of the Gettysburg Lutheran Seminary. As of this writing, the only accessible documentation of Trinity German Lutheran's ecclesiastical records is the microfilm housed at the Maryland State Archive in Annapolis but for the persistent researcher, the original volumes from Trinity can be found in Gettysburg.

Baptismal, Marriage, Burial, Confirmation and Communicant Records from Trinity

The first arm of this project includes the individual extractions of each entry for baptisms, burials, confirmations, communions and marriages in the order in which they were recorded.

Baptisms. The first baptism in this register occurred on 20th February 1853 and the last was recorded on the 31st December 1877. Entries begin on page one of the original register and are continuous until page 254. They pick up again on page 311 and end on page 318. There are just shy of 5,000 baptisms. Most entries are numbered in the original church record. In the early years, all entries are numbered. Beginning in the 1860s, the pastor usually numbered the first, last and occasionally one or two entries in-between per year. I began counting from number one of each year and proceeded to the end of each year. Sometimes, the pastor's numbers and mine do not agree because there were additions in the margins or at the bottom of the page or sometimes, the pastor simply mis-counted. When in doubt, begin the count from the first entry for each year.

The format of baptismal entries is more or less standardized as follows: Number or *Zahl*, Child's given name or *Namen des Kindes,* Parents names or *Namen der Eltern,* Date of Birth or *Zeit der Geburt,* Date of Baptism or *Tag der Taufe,* Pastor's Name and Witnesses or *Taufzeugen*. In the first year and a half, the mother's maiden name is never provided but for the remaining 20 some years it is seldom excluded.

Trinity German Lutheran Church, Baltimore City
1853-1877

Pastor Weinmann served from 1853 until May 1858. His handwriting is strong and clear and his spelling is not only good but consistent. In the latter half of 1858 there are four or more interim ministers. By 1 January 1859, the Reverend Martin Kratt begins his tenure. His handwriting (at least I assume it is his) is very difficult to read. It is cramped and very stylized. He writes in the German Gothic or Sutterlin script. His spelling is anything but consistent. The index was transcribed exactly as the pastor wrote the names although many are incorrectly spelled. For this reason, you need to use your imagination when trying to locate names in the index. As an example, Rev. Kratt spells Pancratius as Bonkratz, a phonetic German interpretation!

Interestingly, Rev. Kratt will often write non-Germanic names in a Latin script which is usually very legible. By 1868, the handwriting changes although Kratt is still pastor. At this time the writing is more legible and the spelling is anglicized, although not always consistent.

On 6 September 1874, Pastor Wilhelm Strobel makes his first entry. Pastor Strobel writes in a very delicate German script which is often difficult to read, however he includes a lot more information in his entries. Often times the address of the parents is given as well as their birthplace. Usually the location is just regional such as Hesse Darmstadt, Braunschweig or Bavaria but occasionally he includes a specific village.

My extraction does not include all of the details of the original record. The following information is found in the Baptism Extractions:

(1) Number (2) Year (3) Page (4) Surname (5) Given Name (6) Father Given Name (7) Mother Given Name (8) Mother Surname (9) Baptism Date (10) Witness Surname (11) Witness Given Name and (12) Additional information. Note that birth dates were not extracted. Baptismal dates were extracted. If there is a "Y" in the additional information column, which is generally the case, you will find more details in the original record. Invariably, this will include a specific birth date. Under any circumstances, *always look at the original record!*

Marriages. The first marriage is recorded on 21 February 1853 and the last on 23 December 1877. Entries begin on page 255 and end on 310 of the original church volume.

For the first ten years the record follows this sequence of entries: (1) Number (2) Name of Bride and Groom (3) Birthplace of Bride and Groom and (4) Date of the wedding. The first page *only* also includes the occupation of the groom. As noted above, birthplaces can be very generic but in this list they are more often quite specific. This information is invaluable in making the jump across the Atlantic for further research.

By 1864, the birthplace column is almost entirely filled with "Balto." entries or is left blank. When Pastor Strobel comes on board in 1875, additional information is occasionally included such as "*stand*" that is, single, widowed, etc. Also, in addition to the date of the marriage, the date of Banns are listed and very specific places of birth are once again included for bride and groom.

Burials. The first burial is recorded on 23 February 1853 on page 326. The last burial entry is the 25th December 1877 on page 433 of the church register.

The format of the entries is for the most part as follows: Number, Name, Birthplace, Parent or Spouse, Age, Illness, Date of Death, Date of Burial. Again, as noted before, the earlier records generally provide a bit more detail, however, from 1875 when Pastor Strobel begins his tenure, there is a lot more information provided. Here you will find the name of the cemetery and even often times the name of the undertaker included in the record.

My extract of burials includes the following information: (1) Number (2) Year (3) Surname (4) Given Name (5) Father's Given Name or Place of Birth (6) Mother's Surname (7) Mother's Given

Trinity German Lutheran Church, Baltimore City
1853-1877

Name (8) Spouse Surname (9) Spouse Given Name (10) Age at Death (11) Date of Death (12) Date of Burial and (13) Page.

Confirmations. There are only two years' of data for confirmations, 1876 and 1877. All entries are found on pages 321 and 322. In 1876 the following information is included: Number, Surname, Given Name, Birth date and Residence. In 1877, the residence or address of the confirmand is not provided.

Communion. Private Communions are included only for 1875 through 1877. These are found on pages 323 and 324 and include only 24 entries. Information provided includes the given name and surname of the individual, date, address and date of death. It appears that this is a list of members who were terminally ill and provided communion before death, however seven of the 24 have no date of death entered.

Index to the Records of Trinity German Lutheran Church

The second section of this work is an every name index to the extractions described above. Every event and every name included in the sole surviving register from Trinity Lutheran Church has been indexed in this volume. Specifically, the index includes the names of all subjects, parents, spouses, witnesses or any other individual entered in the original church register. The total number of entries from 1853 until 1877 is roughly 26,000, or 1,000 annually. This reflects an extremely active congregation and very busy minister. The "Bicentennial Booklet" states that the population of Baltimore during the Civil War was roughly 212,000 persons. The conclusion that "… a very large part of Baltimore must have been affiliated with and served by Trinity" is justifiable.

The only exclusions from the current index were those individuals without a given surname. For example, in the earliest years of baptisms the parents were frequently listed as Mr. and Mrs. Johann Schmidt. In such a case Johann Schmidt is included in the index but Mrs. Schmidt was not. There are a few entries in the index where there was no given name and/or no surname of the subject of an event. Such an entry was included in the index and will be found under Surname [blank] and/or Given Name [blank].

The index, which begins on page 227 is structured as follows: (1) Surname (2) Given name (3) Page on which the extraction can be found.

There are some surnames which I was unable to read or unable to translate. Remember, that this register is written not only in German but in German script. German script is a completely foreign handwriting even to most modern Germans. It is a very stylized form of writing that often requires a number of diacritical markings to distinguish letters. Probably, the single most valuable aspect of the current project is making the contents of the church register available in English and in an understandable script.

When I was unable to translate a name, square brackets were used. For example "[?] ends in …ner." or some similar comment. If I was unable to distinguish between two possible interpretations, I presented the most likely one first, with the alternative in square brackets such as, "Kessling [Keppling]." Sometimes parentheses ( ) are found in the original record. These have been retained in this index.

A Quick How-to-Make-Use of this Book

If you have not read the detailed description provided above, here's a quick and easy approach to using this record. First, look for the surname of interest in the Index of All Names that begins on page 227. Remember, *be creative!* Spelling was *not* a strong point of the original recorders.

Trinity German Lutheran Church, Baltimore City
1853-1877

Schmidt might be found under Smit, Schmitt or any conceivable variation. The same applies to given names. This index records each name as the pastor originally entered it, so Charlotte, Charlotta, Charl. could conceivably refer to the same individual.

Follow the page number to the reference in the extractions, which are organized as Baptisms (pages 1 through 133), Confirmations (pages 135 through 137), Marriages (pages 139 through 175), Private Communion (page 176) and Burials (page 177 through 225).

Finally, *go to the original record!* Why? There may well be more information in the original record. It might be useful to know who else was baptized on the same day. Or, I might have made a mistake!

The original record is available as microfilm M1461 at the Maryland State Archives in Annapolis, Maryland.

Trinity German Lutheran Baptisms

No.	Year	Page	Surname	Given Name	Father	M Surname	M Given	Bapt	W Surname	W Given	More Info
1	1853	1	Arnold	Elisabeth Barbara	Friedrich		Margrethe	20-Feb	Reinhardt	Barbara	y
2	1853	1	[blank]	Georg				20-Feb			y
3	1853	1	Gerstenberger	Heinrich	Peter		Lina	27-Feb	Nordmann	Heinrich	y
4	1853	1	Philipp	John Ludwig	John Georg		Chatharina	27-Feb	Bräunlein	John Uhlrich	y
5	1853	1	Bräunlein	Maria Chatarina	John Uhlrich		Maria Auguste	27-Feb	Philipp	Chatharina	y
6	1853	1	Jansen	Emilie Chatharina	John		Wilhelmina	27-Feb	Wiese	Wilhelm & Chatharina	y
7	1853	1	Urban	Wilhelm Joseph	Wilhelm		Auguste	27-Feb	Urban	Joseph	y
8	1853	1	Desch	Maria theresia	John		Maria	01-Mar	Peter	John Michael & Anna	y
9	1853	1	Käber	Michael	Michael		Rosina	06-Mar	Hörtland	Barbara	y
10	1853	1	Lorentz	Thomas	Thomas		Elisabetha	06-Mar	Ochs	Thomas & Eva	y
11	1853	1	Bernhard	Frantz John	Carl		Susanna	06-Mar	Böttner	Frantz & Auguste	y
12	1853	1	Fangmeier	Wilhelm	John		Theresia	06-Mar	Silliachs	Georg	y
13	1853	1	Brockmann	John Georg	Philipp		Bernadina	06-Mar	(1) Buttermeier (2) Kremier	(1) Wilhelm (2) Maria	y
14	1853	1	Brobst	Maria Wilhelmina	Michael		Henriette	07-Mar	(1) Buttermeier (2) Kremier	(1) Wilhelm (2) Maria	y
15	1853	3	Hermann	Anna Maria	Nicklaus		Barbara	13-Mar	Frankenberg (1) Koch	Georg (1) Anna Chatharina	y
16	1853	3	Bosshammer	Anna Chatharina	Heinrich		Elisabetha	13-Mar	(2) Grese	(2) Elisabetha	y
17	1853	3	Müller	Elisabetha	Christian		Maria	09-Mar			y
18	1853	3	Horn	Maria	Georg		Margretha	20-Mar	Schmidt	Clara Ernstina	y
19	1853	3	Jansen	Clara Ernstina	Thom		Magdalena Carolina	25-Jul '52	Weis	John Georg	y
20	1853	3	Krieger	Thom	Georg Wilhelm		Magdalena	[blank]	Magsam	Heinrich	y
21	1853	3	Mohr	John Georg	Heinrich		Chatharina	28-Mar	Moor	Heinrich	y
22	1853	3	Wieghort	Heinrich	Heinrich		Elisabetha	22-Mar			y
23	1853	3	Sitzberger	Heinrich	Heinrich		Chatharina	22-Mar	(1) Vogler (2) Euler (3) Bieraw	(1) Chatharina (2) Chath. (3) Chath.	y
24	1853	3	Luft	Chatharina Maria	John		Dorothea	27-Mar	(1) Seiler (2) Zachler (3) Henning	(1) Gottfried (2) Ludwig (3) Auguste	y
25	1853	3	Steinbach	Chatharina	Robert		Chatharina	27-Mar	Spiekel	Christian	y
26	1853	3	Mettmann	Ludwig Robert	Ernst		Anna Maria	27-Mar			y
27	1853	3	Ringsdorf	John Rudolph	Philipp		Elisabetha	24-Apr			y
28	1853	3	Jahn	Elisabetha	Michael		Anna Margretha	24-Apr	Fos	Christian	y
29	1853	3	Ebersmeier	Christian	Friedrich Wilh.		Wilhelmina	24-Apr	Altevogt	Friedrich	y
30	1853	3	Lederer	Carl Friedrich Wilhelm	Georg		Magdalena	24-Apr	Lederer	John Leonhard	y
31	1853	3	Wittig	John Leonhard	John Friedrich		Maria Magdalena	24-Apr			y
32	1853	3	Geiger	Maria Abolonia	John		Chatharina	01-May	Wudekind	Heinrich & Maria	y
33	1853	3	Kapernagel	Maria Helena	John Georg		Chatharina Maria	01-May	(1) Vonderhorst (2) Twelebeck	(1) John Herman (2) Chatharina Maria	y
34	1853	5	Heidlage	Magdalena	Rudolf		Regina	01-May	Vorell	Magdalena	y
35	1853	5	Thomas	Johannes	Johannes		Maria	01-May	Bauer	John	y

Trinity German Lutheran Baptisms

No.	Year	Page	Surname	Given Name	Father	M Surname	M Given	Bapt	W Surname	W Given	More Info
36	1853	5	Jurgen	Anna Wilhelmina	John		Rebecca	01-May	(1) Fangmeier (2) Arens	(1) John (2) Wilhelmina	y
37	1853	5	Müller	Johanna Maria Elisabetha	Heinrich		Elisabetha	01-May	Moore	Maria Christian & Elisabetha	y
38	1853	5	Seipp	Benjamen Franklin	Georg		Maria Elisabetha	26-Apr	Seipp		y
39	1853	5	Hoffmann	Imma Maria	Christian		Wilhelmina	26-Apr			y
40	1853	5	Seipp	Carl Christian	Christoph		Elisabetha	26-Apr			y
41	1853	5	Weinmann	Lydia Maria Lisette	John		Charlotte	27-Apr	(1) Hoffmann (2) Herrlich (3) Neuhaus	(1) Maria (2) Lisette (3) Wilhelmina	y
42	1853	5	Hufnagel	John Michael	[blank]		Maria	30-Apr	Baum	John Michael	y
43	1853	5	Döring	Johannes	Valinten		Maria	02-May	Stephan	Johannes	y
44	1853	5	Trumper	Chatharina Maria Chatharina	Jakob		Chatharina	03-May	Müller	Chatharina	y
45	1853	5	Fäger	Margretha	Andreas		Mina	15-May	(1) Holzer (2) Banneke	(1) Chatharina (1) Chatharina	y
46	1853	5	Faber	Maria Chatarina	Friedrick		Friedricka	15-May	(1) Kober (2) Jakobi	(2) Maria	y
47	1853	5	Schmiermund	John Christoph	Peter		Charlotte	15-May	Heinlein	John Christoph	y
48	1853	5	Benhof	John Adam	Friedrich		Friedricka	15-May	(1) Ritterbusch (2) Conrad	(1) Adam (2) John	y
49	1853	5	Bissinger	Maria Chatarina	Conrad		Christiana	22-May	Dykes	Chatharina	y
50	1853	5	Sass	Maria Louise Johanne	Julius		Maria	22-May	(1) Roermann (2) Datschenhorst (3) Hiedder	(1) Lorentz (2) Maria (3) Hermann	y
51	1853	7	Mackel	Johannes	Georg Leonhard		Sofiha	29-May			y
52	1853	7	Hamann	Heinrich	Kasper		Katharina	29-May	Rahm	Heinrich & Elisabetha	y
53	1853	7	Hilbert	Gustaphf Heinrich	Adam		Louise	29-May	Hymach	Gustaphf	y
54	1853	7	Buttmeier	Regina Wilhelmina	Wilhelm		Regina	29-May	Riffner	Wilhelm	y
55	1853	7	Schmiol	Carl	Friedrich		Margretha	29-May	Helmstadtner	Rosina	y
56	1853	7	Waldheim	Johanns	Jakob		Luoise	29-May	Kraphf	John	y
57	1853	7	Pausch	Wilhelm Georg	Paulus		Elisabetha	05-Jun	Lincker	Wilhelm	y
58	1853	7	Zimmermann	Anna Margretha	Dietrich		Maria	05-Jun	Briscken	Elisabetha	y
59	1853	7	Olsch	Margretha	Georg Balthaser		Kundigunda	05-Jun	Hüttner	Margretha	y
60	1853	7	Becker	John Heinrich	John Heinrich		Henriette	12-Jun	Hüttner	Margretha	y
61	1853	7	Metzger	Eva Margretha Karolina Lavina	Friedrick		Maria	15-Jun	(1) Weismann (2) Fick (3) Junker (1) Steinback (2)	(1) Maria (2) Carolina (3) Margretha (1) Katharina (2)	y
62	1853	7	Zachler	Julius Robert	Ludwig		Juliana	13-Jun	Sachs (3) Seiler	Emilie (3) Gottfried	y
63	1853	7	Muth	Johannes	John	Bach	Maria	21-Oct '52			y
64	1853	7	Fauber	Elisabetha	Nicolaus		Margretha Elise	21-Nov '5	Hellwig	Margretha	y
65	1853	7	Becker	Maria Elisabetha	Nicklass	Müller	Johanne Louise	16-Jun			y
66	1853	7	Becker	Emilie	Nicklass	Müller	Johanne Louise	16-Jun			y
67	1853	7	Hub	Maria Elisabetha Peter John	John Peter		Katharina	19-Jun	Bruggmann	John	y
68	1853	7	Schmiol	Oldmann	Peter	Jansen	Anna Schmiol	19-Jun			y

Trinity German Lutheran Baptisms

No.	Year	Page	Surname	Given Name	Father	M Surname	M Given	Bapt	W Surname	W Given	More Info
69	1853	7	Rohlfing	Friedrich Christian	Christian		Christiana	19-Jun	(1) Brosies (2) Rohlfing	(1) Jakob (2) Auguste	y y
70	1853	7	Gackmann	Johannes	John		[blank]	26-Jun	Gleichmann	John	y
71	1853	9	Ritterbusch	Conrad	Wilhelm		Barbara	03-Jul	Wagner	Conrad	y
72	1853	9	Frank	Heinrich Christophf	Georg		Ernstina	03-Jul	Wagevier	Heinrich Christophf	y
73	1853	9	Schems	Carl	Heinrich		Regina	03-Jul	Treusch	Carol & Laura	y
74	1853	9	Walkemeier	Ernst Heinrich	Heinrich Friedrich		Clara Elisabetha	03-Jul	Müller	Ernst Heinrich	y
75	1853	9	Lutz	Maria Katharina	Martin		Maria Elisabetha	23-Jun			
76	1853	9	Grete	Friedrich Philipp	Conrad		Dorethea	14-Jul	Dannes	Friedrich Ludwig	y
77	1853	9	Dorn	Ludwig	John		Christina	14-Jul	Friedhof	Friedrich	y
78	1853	9	Monat	Maria	Georg		Elisabeth	06-Jul	Monat	Dorothea	y
79	1853	9	Ritzius	Ludwig	Curte	Robach	Doretha	07-Jul	Ritzius	John	y
79	1853	9	Ritzius	Eduard	Curte	Robach	Doretha	07-Jul	Ritzius	John	y
80	1853	9	Christ	Jakob	Jakob	Hardtmann	Elisabetha	10-Jul			
81	1853	9	Lauster	Maria Elisabetha	John		Henriette	10-Jul			
82	1853	9	Hoffmann	Conrad	John		Kunigunde	14-Jul	Fuchs	Conrad	y
83	1853	9	Schütz	Benjamen	Nicklass		Maragretha	17-Jul			y
84	1853	9	Hubinger	Johannes	Peter		Elisabetha	17-Jul			y
85	1853	9	Schaf	Heinrich	Heinrich		Elisabetha	17-Jul			y
86	1853	9	Daves	Anna Katharina	Valintin		Dorethea	24-Jul	Daves	Anna Katharina	y
87	1853	9	Jop	John Philipp	John H.		Margretha	24-Jul	Schott	John	y
88	1853	9	Muller	Anna Maria	Casper		Katharina	31-Jul	Muller	Maria	y
89	1853	9	Schammel	Georg	Christian		Katharina	31-Jul	Schammel	Barbara	y
90	1853	9	Bär	Wilhelmine	Heinrich		Anna Elisabetha	31-Jul			y
91	1853	11	Schafer	Maria Carolina	Georg Christoph	Tack	Christiane	07-Aug	Heise	Maria Carolina	y
92	1853	11	Heise	Carl	August		Maria Carlonia	07-Aug	Schafer	Georg Christopf	y
92	1853	11	Heise	Georg Christoph	August		Maria Carlonia	07-Aug	Schafer	Georg Christopf	y
93	1853	11	Schappler	John Georg	John		Katharina	07-Aug	Spengler	John Georg	y
94	1853	11	Muller	Maria Abolonia	John Peter		Barbara	07-Aug	Muller	Maria Katharina	y
95	1853	11	Hülsmann	Friedrich Wilhelm	Friedrich Wilh.		Katharina	15-Aug	Batte	Friedrich Wilhelm	y
96	1853	11	Daberich	Anton Friedrich Wilhelmine	Anton Friedrich		Elisabetha	15-Aug	Erhardt	Anna Barbara	y
97	1853	11	Aweser	Friedrika Dorethea	Andreas		Wilhelmine	15-Aug	(1) Schafer (2) Slashar	(1) Friedricka (2) Wilhelmine	y
98	1853	11	Emmerich	August	Johannes		[blank]	15-Aug	(1) Salk (2) Ickes	(1) Jakob (2) Christopf	y
99	1853	11	Krieger	Friedrika Christina	August		Elisabetha	15-Aug	Schomann	Friedrika Christina	y
100	1853	11	Platt	Anna Wilhelmina	John		Christina Dorethea	21-Aug			
101	1853	11	Simon	Katharina Maria Dorethea Maria	Johannes		Katharina	21-Aug			y
102	1853	11	Mann	Wilhelmina Katharina	John Georg		Maria Magdalena	21-Aug	(1) Mann (2) Jäger	(1) Maria Barbara (2) Dorethea	y
103	1853	11	Müller	Margretha	John F.		Charlotte	21-Aug			
104	1853	11	Seidel	Jakob Friedrich	John Georg		Christiane	24-Aug	Müller	Katharina	y
105	1853	11	Schluter	Anna Katharina	Heinrich		Anna Franzicka	28-Aug			y

Trinity German Lutheran
Baptisms

No.	Year	Page	Surname	Given Name	Father	M Surname	M Given	Bapt	W Surname	W Given	More Info
106	1853	11	Bocher	Johannes	John		Sofia	28-Aug			y
107	1853	11	Fischer	Meta Christiane Louise	Franzis		Luoise	28-Aug	Michaelis	Meta	y
108	1853	11	Hotz	John Georg	Georg		Katharina	28-Aug			y
109	1853	11	Wenckel	Conrad	Georg		Maria	28-Aug	Wenckel	Conrad	y
110	1853	11	Otto	Anna Dorethea	Georg		Kunigunde	06-Sep	Schüte	Anna Dorethea (1) Walker (2) Heier	y
111	1853	11	Sudbring	Georg Friedrich	Friedrich		Justiane	06-Sep		Christian	y
112	1853	11	Maderer	John Cornelius	John		Magdalena	06-Sep			y
113	1853	13	Klotz	Georg	Georg		Margrethe	07-Sep	Ostertag	Mathaus & Maria	y
114	1853	13	Birkner	Anna Margretha	Georg		Margretha	07-Sep	Henemann	Elisabethe	y
115	1853	13	Kraft	Conrad	Conrad		Katharina	11-Sep	Klein	John	y
116	1853	13	Baer	Friedrich	Johannes		Wilhelmine	11-Sep	Honig	Friedrich	y
117	1853	13	Utermöhle	Georg Ludwig	August		Katharina	11-Sep			y
117	1853	13	Utermöhle	Carolina Christina	August		Katharina	11-Sep			y
118	1853	13	Herbner	Justus	Justus		[blank]	17-Sep			
119	1853	13	Ranike	Henriette	Carl		Henriette	18-Sep	Hess	Hanna	y
119	1853	13	Ranike	Wilhelm Friedrich	Carl		Henriette	18-Sep			y
119	1853	13	Hofferth	Johann Heinrich	Friedrich	Sulzner	Math.	18-Sep			y
120	1853	13	Breitschwert	John Georg	Conrad		Elisabetha	18-Sep	Schwemmer	John Georg & Magdalena	y
121	1853	13	Heinsmann	Lena Elisabetha	Heinrich		Maria	18-Sep			y
122	1853	13	Vogler	Heinrich	Matheus		Katharina	25-Sep	(1) Kling (2) Hoffmann	(1) Heinrich (2) Anna Magdalena	y
123	1853	13	Schirmer	Elisabethe Carl Friedrich	Georg		Elisabetha	25-Sep	(1) Schmidt (2) Schmidt (3) Carle	(1) Elisabeth (2) Magdalena (3) Katharina	y
124	1853	13	Mohrmann	Wilhelm	Nicklass		Henriette	02-Oct			y
125	1853	13	Schleier	Amalie Auguste	Friedrich		Mathilde	02-Oct	Fischer	Isedor	y
126	1853	13	Seipp	John Heinrich	John		Maria Magdalena	28-Sep			y
127	1853	13	Pfaff	Eleonora	Adam		Elisabeth	28-Sep	(1) Amend (2) Deuber	(1) Philipp (2) Elenora	y
128	1853	13	Hissenauer	Anna Margretha	David		Anna Sibilla	10-Oct	Herbret	Margretha	y
129	1853	13	Holzstein	Friedrich	Justus		Christina	10-Oct	Korman	Christopf & Lisette	y
130	1853	13	Dorst	Margretha Rophina	Friedrich		Elisabeth	06-Oct			y
131	1853	13	Furst	John Heinrich	John Adam	Bergmann	Anna Sofia	14-Oct	Bergmann	John	y
132	1853	13	Vollmer	John Paulus	Daniel		Maria	16-Oct	Stumpler	John Paulus (1) Georg	y
133	1853	13	Schmidt	Adam	Adam		Wilhelmine	16-Oct	(1) Binding (2) Buch [?]	(2) Elisabetha	y
134	1853	13	Friedrich	Maria Barbara	John Andreas		Maria	16-Oct	Hergotz	Barbara	y
135	1853	15	Meier	Maria Elisabetha	William		Maria	23-Oct	Reihnheimer	Elisabetha	y
136	1853	15	Knauss	Heinrich	Heinrich		Friedricka	23-Oct			y
137	1853	15	Reil	Christian David	David			23-Oct	Schurr	Christian	y
138	1853	15	Werner	Georg Friedrich	Georg	Koch	Friedricka	25-Oct	(1) König (2) Puhl	(1) Friedrich (2) Georg	y

Trinity German Lutheran Baptisms

No.	Year	Page	Surname	Given Name	Father	M Surname	M Given	Bapt	W Surname	W Given	More Info
139	1853	15	Valentin	Ludwig	John Philipp		Elisabetha	30-Oct	Velte	Ludwid	y
140	1853	15	Kampe	Frantz Heinrich					(1) Kampe	(1) Frantz Heinrich	y
									(2) Harb	(2) Heinrich Peter	y
141	1853	15	Lauster	Peter Wilhelm Kunigunde	John Friedrich Georg		Katharina Barbara	27-Oct 30-Oct	Reichert	Anton	y
142	1853	15	Hertel	Katharina	John		Maria	30-Oct	Schmidt	Kunigunde	y
143	1853	15	Schillig	Elisabetha	Georg		Maria	06-Nov	Bauer	Elisabetha	y
144	1853	15	Müller	Georg Heinrich	John		Elisabetha	04-Nov	Heier	Gusine	y
145	1853	15	Kratz	Georg Philipp	John		Margretha	12-Nov	Kratz	Georg Philipp	y
146	1853	15	Schnell	Henriette	Wilhelm		Maria	20-Nov	Hidzendorfer	Elias	y
147	1853	15	Schmidt	Elias	Ludwig		Maria	20-Nov			y
148	1853	15	König	Jakob Elisabetha Sophia	Leonhard		Margaretha	20-Nov	Waltz	Jakob	y
149	1853	15	Siebert	Charlotte	Conrad		Dorethea	27-Nov	Folge [?]	Dorethea Elisabetha	y
150	1853	15	Schillinger	Friedrich	Andreas		Louise Frdk	27-Nov	Warmsmann	Friedrich	y
151	1853	15	Bales	John Carl	Carl		Elisabetha	27-Nov	Gress	John	y
									(1) Gartner	(1) John	
152	1853	15	Ziefle	Johannes Rudolf	Peter		Agatha	27-Nov	(2) Vinius	(2) Katharina	y
153	1853	15	Neuhart	John Andreas	John Adam		Anna Margretha	28-Nov			y
154	1853	15	Filbert	Wilhem	Georg		Maria Wilhelmina Helene	13-Dec	Grade	Ludwig & Toleis	y
155	1853	15	Thomas	Wilhem Ludwig	H. Christian		Margretha	13-Dec			y
156	1853	15	Rochstroh	Carl August Katharina	Edward	Vollrath	Sofia	13-Dec	Solbers	Auguste	y
157	1853	15	Pohlmann	Elisabetha	Christian	Taubing	Anna	13-Dec	Eberdeg [?]	Kath. Elisabethe	y
158	1853	15	Schmidt	Georg	Georg		Katharina	15-Nov			y
159	1853	15	Schaub	Katharina	John		Kath.	15-Dec			y
160	1853	15	Göller	Johannes	Jakob		Margretha	15-Dec			y
161	1853	15	Frisch	Christina Sofia Wilhelmina Friedrich Wilhelm	John Wolfgang		Sofia Wilhelmina	16-Dec	Frisch	Conrad	y
162	1853	15	Hoffschneider	Heinrich	John H.	Solke	Lisette	16-Dec	Rauh		y
163	1853	15	Adelmann	Anna Margretha	Carl	Kampe	Maria	16-Dec	Adelmann	Anna Maria	y
164	1853	15	Kappler	Regine Amalie	Andreas		Agate	25-Dec	Gunther	Elisabetha	y
165	1853	15	Grunewald	Friedrich	Ernst	Stiegmann	Charlotte	25-Dec	Mutter		y
1	1854	17	Schwarzenbach	Georg Heinrich	John Leonhard	Meier	Maria	01-Jan	die Eltern		y
2	1854	17	Haschert	Leonhard Johanne Sophia	Philipp		Maria	01-Jan			
3	1854	17	Hanne	Maria	Heinrich		Katharina	01-Jan	Rauh	Maria	y
4	1854	17	Huhn	Maria Chir.	John Bernhard		Maria	01-Jan	Bitzenger	Maria	y
5	1854	17	Singewald	Georg Traugott	Heinrich Traugott		Hanna Sophia	08-Jan	[blank]	Friedrich	y
6	1854	17	Limroth	Henriette	Conrad		Kath. Elisab.	15-Jan	die Eltern		y
7	1854	17	Lohmuller	Maria Anna	Fried.		Dorethea	22-Jan	Wiegand	Maria Anna	y
8	1854	17	Ochs	Eva	Thomas	Egert	Eva	22-Jan	Ochs	Eva	y
9	1854	17	Bartel	John Ludwig	Ludwig		Friedricka	22-Jan	Ferber	Friedrich	y
10	1854	17	Raap	Wilhelm	Christian		Eva Maria	22-Jan	die Eltern	John Michael	y

Trinity German Lutheran
Baptisms

No.	Year	Page	Surname	Given Name	Father	M Surname	M Given	Bapt	W Surname	W Given	More Info
11	1854	17	Wolfram	Auguste Charlotte	John Nickol		Anna Margrethe	22-Jan	Weiler	Charlotte Auguste	y
12	1854	17	Reitz	John Georg	Georg		Margrethe	29-Jan	Ries	Georg	y
13	1854	17	Unverzagt	Justus Alexander	Justus Alexander		Elisabethe	29-Jan	die Eltern		y
14	1854	17	Haas	John Adam	John		Margretha Fried.	05-Feb	Henz	Johan Adam	y
				John Friedrich					(1) Altevogt	(1) Friedrich	
15	1854	17	Faber	Wilhelm	John	Kober	Katharina	05-Feb	(2) Faber	(2) Dietrich	y
16	1854	17	Faber	Anna Maria	John	Kober	Katharina	05-Feb	Faber	Friedrich & Maria	y
17	1854	17	Faber	Maria Barbara	John	Kober	Katharina	05-Feb	Faber	Anna Maria	y
18	1854	17	Meister	Georg	Georg		Barbara	10-Feb	Pfeiffer	Georg	y
19	1854	17	Bauer	Margrethe	John David		Anna Gertraut	12-Feb	Schubert	Margrethe	y
20	1854	17	Schafer	Friedrich Ludwig	John		Christina	12-Feb	Schafer	Friedrich Ludwig	y
21	1854	17	Braun	Georg	Georg		Eva Barbara	12-Feb	Lampe	Georg	y
22	1854	17	Foller	Anna Margretha	John	Heigenroth	Margretha	13-Feb	Jahn	Margretha	y
23	1854	17	Eckert	Friedricka Dorethea	Wilhelm		Katharina	14-Feb	Filcher	Dorethea	y
24	1854	17	Walter	Jetta	Adam	Hardtandt	Margrethe Barbara	19-Feb	Walter	Jetta	y
25	1854	17	Lohmuller	Heinrich	Conrad H.	Tanne	Louise	24-Feb	die Eltern		y
26	1854	17	Klem	Anna Maria	Wilhelm		Barbara	02-Mar	Meier	Anna Maria	y
27	1854	17	Horlacher	Katharina	John	Hanselmann	Rosine	05-Mar	Roth	Georg & Katharina	y
28	1854	17	Nagel	Johannes	Adam		Margretha	05-Mar	die Eltern		y
29	1854	17	Desel	Johann	Simon	Nemg	Magdalena	12-Mar	Schenhoffel	John & Anna	y
30	1854	17	Pickel	Uhlrich John	John	Meier	Helene	12-Mar	Bräunlein	John Uhlrich	y
31	1854	17	Besel	Johannes	Sebastian		Elisabetha	12-Mar	Reinwald	Johannes	y
32	1854	17	Hick	Katharina Elise	Christoph		Katharina	19-Mar	Tuker	Katharina	y
33	1854	19	Sachs	Heinrich	Carl		Maria	19-Mar	Wehrmann	Heinrich	y
34	1854	19	Schmiol [Schmidt]	John Joachim	John	Dresel	Elise	19-Mar	Dresel	John Georg	y
35	1854	19	Dresel	Johannes	John Georg	Bierlein	Elisabetha	19-Mar	Schmidt	John	y
36	1854	19	[blank]	Barbara		Reiler	Anna Maria	16-Mar	Scherer	Barbara	y
				Heinrich Frid.							
37	1854	19	Wornsmann	Wilhelm	Georg Frid.		Charlotte Margretha	26-Mar	die Eltern		y
38	1854	19	Spieker	Wilhelm Heinrich	Hermann H.		Elisabetha	26-Mar	Vonderheide	John H.	y
39	1854	19	Bock	Margretha Anna	Heinrich		Ellen	26-Mar	Jansen	Margretha	y
40	1854	19	Herbner	Christina Margrethe Katharina	Niklaus	Schaffmeister	Margretha	03-Apr	Schaffmeister	Maria Christina	y
41	1854	19	Bodein	Magdalena	Johannes		Gottliebe	03-Apr	Neps	Katharina	y
42	1854	19	Popp	Margrethe	Adam		Barbara	09-Apr	Barkhardt	Margretha	y
43	1854	19	Freund	Conrad	Johannes	Freund	Margretha	09-Apr	Freund	Conrad	y
44	1854	19	Schroder	Emilie Anna	Rudolf	Heker	Anna Maria	09-Apr	die Eltern		y
45	1854	19	Clas	Eva Auguste	Heinrich	Fruhauf	Barbara	17-Apr	Gottbehat	Eva Margrethe	y
46	1854	19	Dietrich	Anna Margrethe	Georg Michael	Abelhor	Margrethe B.	14-Apr	Schnider	Anna Barbara	y
47	1854	19	Ricks	John Heinrich	Hermann H.		Katharina Wilhl.	15-Apr	Martin	John Heinrich	y
48	1854	19	Muller	Katharina Ernstina	Johannes	Schermer	Kath.	17-Apr	Hedrick	Katharina	y

Trinity German Lutheran
Baptisms

No.	Year	Page	Surname	Given Name	Father	M Surname	M Given	Bapt	W Surname	W Given	More Info
49	1854	19	Schmidt	Margrethe Dorothea	John	Angere	Eva Rosine	20-Apr	Wedlen	Margrethe Dorethe	y
50	1854	19	Hamann	Johannes	Philipp	Schmidt	Maria	23-Apr	Hamann	Christian	y
51	1854	19	Fuchs	Katharina Margretha	Peter	Schnilker	Caroline	23-Apr	Schnilker	Maria	y
52	1854	19	Oberdorfer	Maria	Andreas		Anna	23-Apr	Hascher	Maria	y
53	1854	19	Fig	Johannes	John	Fischer	Kath.	27-Apr	Hedricke	Johannes	y
54	1854	19	Keil	Nickelaus Wilhelm	Georg Wilhlm	Schuler	Christine	28-Apr	Fehl	Nickelaus	y
55	1854	21	Butschke	Josephe Margretha	John		Dorothea	30-Apr	Fuchs	Margretha	y
56	1854	21	Spiecker	Georg Heinrich	Christian H.		Anna Maria Elisabetha	30-Apr	Spiecker	Heinrich	y
57	1854	21	Becker	Georg Friedrich	Heinrich		Sophia	30-Apr	Kiefer	Friedrich	y
58	1854	21	Sachs	Georg Adam	Adam		Magdalene	30-Apr	die Eltern		y
59	1854	21	Vollert	Franziska	Carl Eduard	Mariann	Maria	30-Apr	Ruschmeier	Agnes	y
60	1854	21	Heinsmann	Katharina Maria Juliane Anna Maria	Christoph	Breitenrother	Katharina	30-Apr	(1) Reis (2) Jung (3) Heinemann (4) Carle (5) Breitenrother	(1) Johann (2) Gottfried (3) Johann (4) Katharina (5) Juliane	y
61	1854	21	Muller	Katharina	Ernst Heinrich	Albers	Christ. Elise Elisab.	07-May	Albers	Ane Maria Kath.	y
62	1854	21	Dietz	Ludwig	Vallenten	Schmidt		07-May	Grimm	Ludwig	y
63	1854	21	Leitkauf	Anna Magdalena Bawette	Johannes	Hammert	Margretha	09-May	(1) Glenk (2) Hoffmann	(1) Christoph H. (2) Anna Maria Magd.	y
64	1854	21	Hupp	Christina Josephina	Peter	Sehle	Kath.	21-May	die Eltern		y
65	1854	21	Schroder	Barbara Katharina	Vallenten	Wolf	Katharina	25-May	Regner	Katharina	y
66	1854	21	Zeigeheim	Carolina Christina	Johannes		Maria	28-May	Henkel	Katharina	y
67	1854	21	[blank]	Jakob Friedrich	Christian	Bottlein	Magdalena	28-May	Reisch	Georg Jakob	y
68	1854	21	Hoffmann	Georg Wilhelm	John Christoph	Seipp	Wilhelmine	29-May	Seipp	Georg	y
69	1854	21	Baierle	Maria Katharina	Heinrich	Huber	Friedricka	29-May	Reger	Maria	y
70	1854	21	Fischer	Ludwig Maria Louise		Beltz	Katharina	29-May	(1) Hermann	Carolina (1) Maria	y
71	1854	21	Weil	Johanne	Ernst Philipp	Schutz	Christiane	04-Jun	(2) Schutz	(2) Louise	y
72	1854	21	Frank	Anna Maria	Heinrich	Höring	Margretha	04-Jun	Höring	Maria	y
73	1854	21	Schrag	Andreas	Matheus	Brenner	Louise	04-Jun	(1) Schafer (2) Stampel (3) Eberle	(1) Adam (2) Kath. (3) Anna Maria Andreas &	y
74	1854	21	Meier	Johann Andreas	John Friedrich	Walz	Christina Magd.	04-Jun	Schweitzer	Magdalena	y
75	1854	21	Berbig	Maria Sofiha Lisette	John Michael	Scheuermann	Katharina	18-Jun	Bottler	Lisette	y
76	1854	21	Fischer	Georg Wilhelm	Georg	Muller	Kath.	18-Jun	Fischer	Wilhelm	y
77	1854	21	Schulte	Anna Kunigunde	Friedrich	Baier	Anna Dorothea	18-Jun	Otto	Georg & Kunigunde	y
78	1854	21	Frank	Johann	Heinrich	Horing	Margretha	12 Dec '52	Vetter	Johann	y
79	1854	23	Greifzu	Gustopfh Bernhard	Christian	Muller	Margretha	20-Jun	(1) Mathes (2) Muller	(1) Johann Mathes (2) Kasper Eberhard	y
80	1854	23	Grossmuller	Katharina	Michael	Dollinger	Sabine	21-Jun	Stampel	Katharina	y

Trinity German Lutheran Baptisms

No.	Year	Page	Surname	Given Name	Father	M Surname	M Given	Bapt	W Surname	W Given	More Info
81	1854	23	Gleichmann	Barbara	Michael	Degelmann	Barbara	21-Jun	Gleichmann	Barbara	y
82	1854	23	Truhwald	Anna Maragrethe	John Conrad	Schmiedtner	Elisab. Margretha	25-Jun	Reitz	Margaretha	y
83	1854	23	Heinlein	Kunigunde Peter John	John	Hoffmann	Kunigunde	25-Jun	Lauterback	Kunigunde	y
84	1854	23	Topp	Oldmann	Heinrich	Schott	Margrethe	26-Jun	Weitzel	Peter	y
85	1854	23	Franke	Johannes	John G. Christian	Braunroth	Elisabeth	01-Jul	Ammerein (1) Nau (2) (1) Franke (2)	(1) John (2) John (1) John G. Ch. (2)	y
86	1854	23	Nau	Johannes	John	Biking	Margrethe	01-Jul	Ammerein	John	y
87	1854	23	Helmsmeier	Sophia	John	Biking	Margretha	28-Jun	die Eltern		y
88	1854	23	Mesel	Johann	Johann	Troge	Barbara	29-Jun	die Eltern		y
89	1854	23	[blank]	Johann		Troge	Kunigunde	29-Jul	die Eltern		y
90	1854	23	Strohmann	Magdalena	Wilhelm	Wusmann	Friedricka	01-Jul	Weigmann	Magdalena	y
91	1854	23	Clausing	Maria Elisabetha	Hermann H.	Mohr	Maria Louise	02-Jul	Ochse	Maria Elisabeth	y
92	1854	23	Schmidt	Johannes	Anton Friedrich	Dasz	Elisabethe	04-Jul	Nazarenus	Johannes	y
93	1854	23	Oberlander	Margretha	Heinrich	Westhaaf	Katharina	04-Jul	die Eltern		y
94	1854	23	Maus	Georg Philipp	John Philipp	Almendinger	Caroline	09-Jul	Maus	John Philipp	y
95	1854	23	Bernhard	Wilhelmine	Conrad	Dorges	Anne Kunigunde	02-Jul	die Eltern		y
96	1854	23	Vonderheide	Anna Maria Elise Margrethe	John H.		Margrethe Maria	16-Jul	Mohlmann	Anna Maria	y
97	1854	23	Trautvetter	Elisabethe	Johannes	Reiss	Eva Margrethe Kath.	18-Jul	Jahn	Margretha	y
98	1854	23	Klee	Anna Elisabetha	Georg	König	Margretha	23-Jul	Klee	Anna Elisabethe	y
99	1854	23	Hardtand	Johann	Michael	Kaiser	Margretha	23-Jul	Reiseweber	Johann & Barbara	y
100	1854	23	Meier	Michael	Paul	Gerbig	Barbara	20-Jul	die Eltern		y
101	1854	23	Krantz	Anna Katharina	Conrad	Holzer	Sofia	20-Jul	Holzer	Eva Kath.	y
102	1854	25	Bahns	Elise	Wilhelm	Rittel	Anna	28-Jul	(1) Machen (2) Jahn	(1) Elise (2) Elise Heinrich Wilhelm & Friedricka	y
103	1854	25	Fischer	Theodor Wilhelm	Georg Matheus	Stelling	Dorethea	30-Jul	Peters		y
104	1854	25	Blanke	Anna Elisabetha	Wilhelm	Hoffmann	Maria	30-Jul	Schwartz	Anna Elisabethe	y
105	1854	25	Buchheimer	Barbara John Friedrich	Georg	Dannenfelser	Christine	04-Aug	die Eltern		y
106	1854	25	Schorr	Wilhelm	Friedrich	Dannenfelser	Magdalena	04-Aug	die Eltern (1) Grauling	(1) Friedrich (2) Wilhelm	y
107	1854	25	Grauling	Friedrich Wilhelm	Friedrich	Linnemann	Caroline	06-Aug	(2) Linnemann	Johannes	y
108	1854	25	Schmidt	Johannes	Johann	Willershausen	Margrethe	06-Aug	Willershausen	Anna Elise	y
109	1854	25	Ussler	Anna Elise	Kasper	Hirstemeier	Katharina	06-Aug	Müller	Elisabethe	y
110	1854	25	Meier	Sofia Amalia	Friedrich	Bösel	Maria Anna	11-Aug	Harms		y
111	1854	25	Hermann	Emerenz	Clemens	Troppmann	Maria	10-Aug	die Eltern		y
112	1854	25	Hitelberger	Johannes	Johann	Ehlers	Margaretha	13-Aug	die Eltern		y
113	1854	25	Appel	Georg Heinrich Emil	John Georg	Muhe	Luoise	13-Aug	Will	Jakob & Maria Elisa.	y
114	1854	25	Weicker	Maria Elisabethe	Georg	Kleh	Auguste	13-Aug	die Eltern		y
115	1854	25	Krause	Maria Luoise	Adam	Vonderling	Maria	13-Aug	die Eltern		y
116	1854	25	Uhlbrand	Rosina Maria	John Gerhard	Dalbig	Maria Elisabeth	13-Aug	Vollert	Rosine Maria	y
117	1854	25	Gebhard	Katharina Eva	John	Dietz	Charlotte	13-Aug	Edelmann	Katharina	y

Trinity German Lutheran Baptisms

No.	Year	Page	Surname	Given Name	Father	M Surname	M Given	Bapt	W Surname	W Given	More Info
118	1854	25	[blank]	Anna Dorethea		[blank]	Elise	20-Aug	Schutte	Anna Dorethea	y
119	1854	25	Nader	Katharina Barbara	Johannes	Weimer		20-Aug	Frank	Adam & Barbara	y
120	1854	25	Sohns	Johann Friedrich	Wilhelm	Widhaupt	Maria Elisabeth	20-Aug	Dresel	Johann	y
121	1854	25	Dollinger	Maria	Peter	Ernst	Margrethe	20-Aug	Bietenbacher	Maria	y
122	1854	25	Haman	Joseph Carl	Casper	Ross	Kath.	20-Aug	Fick	Joseph Carl	y
									(1) Schminke	(1) Paulus	
123	1854	25	Schminke	Paul Friedrich	Wilhelm	Lang	Kath.	20-Aug	(2) Lang	(2) Friedrich	y
124	1854	25	Schneider	Heinrich	Adam	Bietenkopf	Maria	20-Aug	Leser	Anna	y
125	1854	27	Eigenbrod	Carl Heinrich	Heinrich	Christopfels	Mina	21-Aug	die Eltern		y
126	1854	27	Peppler	Johannes	Balthaser	Jost	Margrethe	21-Aug	die Eltern		y
127	1854	27	Joh	Peter	Conrad	Koch	Katharina	26-Aug	Reitz	Peter	y
				Katharina							
128	1854	27	Hardtmann	Elisabethe	Johannes	Kehler	Elisabethe	27-Aug	Greiss	Katharina	y
				Talena Doretha						Talena Doretha	
129	1854	27	Heier	Henriette	Hermann H.	Michaelsen	Gesine	27-Aug	Jakobs	Henriette	y
130	1854	27	Jäger	Margretha	Georg	Seltz	Lisette	27-Aug	Arnold	Margretha	y
131	1854	27	Jahn	Auguste Charlotte	John Heinrich	Weiler	Margretha	27-Aug	Weiler	Auguste Charlotte	y
132	1854	27	Hankel	Elisabetha	Wilhelm	Michel	Margretha	27-Aug	Valenten	Elisabetha	y
133	1854	27	Ringsdorf	Jakob	Peter	Boeckner	Elisabethe	29-Aug	die Mutter		y
134	1854	27	Kurtzberger	Anna Maria	Johann	Hoffmann	Dorethea	29-Aug	die Mutter		y
135	1854	27	Hirt	Johan Cesar	Ferdinand	Sachse	Martha	07-Jun	Haüsler	Johann	y
									(1) Haas	(1) Johann	
136	1854	27	Eberle	Carl August	Johannes	Zapf	Anna Maria	22-Aug	(2) Stampel	(2) Katharina	y
				Christian Carl Hugo					(1) Nutter	(1) Christian	
137	1854	27	Belemeiam	Krause	Georg Friedrich	Lindemuth	Magdalena	20-Aug	(2) Schumacher	(2) Carol	y
138	1854	27	Klausner	Johann Heinrich	Johann	Hornfeck	Anna	31-Aug	die Eltern		y
139	1854	27	Blaich	Maria Elisabethe	Johann Friedrich	Werner	Margrethe	03-Sep	Nilson	Elisabethe	y
140	1854	27	Walkemeier	Anna Dorethea	Friedrich	Schuremann	Elisabetha	03-Sep	Bergmann	Anna Dorethea	y
				Amalia Luoise							
141	1854	27	Meier	Charlotte	Ludwig	Garrecht	Anna	04-Sep	Ehlers	Charlotte	y
142	1854	27	Hilsmann	Katharina	Friedrich Wil.	Pilgrim	Anna Maria	10-Sep	Kramer	Katharine & Kasper	y
143	1854	27	Butte	Johann Friedrich	Friedrich W.	Muller	Katharina	10-Sep	Muller	Friedrich	y
				Caroline Elisabethe			Martha Eilise			Caroline Elisabethe	
144	1854	27	Hagetorn	Johanne	Simon	Gartner	Wette	10-Sep	Schmidt	J.	y
145	1854	27	Henkel	August	Jakob	Kehler	Helene	10-Sep	Weber	August	y
146	1854	27	Baier	Christian	Johann	Bautler	Rosine	11-Sep	Muller	Christian	y
									(1) Wegenfuhrer	(1) Heinrich	
147	1854	27	Berger	Heinrich	Johann	Döring	Christine	17-Sep	(2) Dene	(2) Ernst H.	y
148	1854	29	Wolf	Dorothea	Justus	Babenheimer	Elisabetha	14 spe	Davis	Dorothea	y
149	1854	29	Penschmidt	Katharina	Conrad	Binder	Elisabethe	17-Sep	Schneller	Katharina	y
									(1) Knapp	(2) (1) Friedrich	
150	1854	29	Reihnheimer	Friedrich	Friedrich	Haschel	Elisabethe	24-Sep	Reihnheimer	(1) Friedrich	y
									(1) Haschel	(1) Margrethe	
151	1854	29	Haschel	Margretha	Johannes	Reinhardt	Elisabeth	24-Sep	(2) Reihnheimer	(2) Margrethe	y
									(1) Hensler	(1) Friedrich	
152	1854	29	Schiller	Johann Friedrich	Johann Georg	Blessing	Louise	24-Sep	(2) Schmidt	(2) Barbara	y

Trinity German Lutheran
Baptisms

No.	Year	Page	Surname	Given Name	Father	M Surname	M Given	Bapt	W Surname	W Given	More Info
153	1854	29	Nokel	August Wilhelm	Friedrich	Deimann	Mina	21-Sep	Kolkmeier	Johann Wilhelm	y
154	1854	29	Edelmann	Johannes Carl	Jakob	Gebhardt	Katharina	01-Oct	(1) Gebhardt (2) Edelmann	(1) Johannes (2) Carl	y
155	1854	29	Horstmeier	Johann Christian	Ernst Wilh.	Balster	Meta	01-Oct	Balster	Johann Christian	y
156	1854	29	Walz	Margretha	Jakob	Reyes	Kath.	01-Oct	König	Margretha	y
157	1854	29	Barkhardt	Carolina Christina	Johannes	Willershausen	Kath.	01-Oct	Jackel	Carolina	y
158	1854	29	Fangmeier	Anna Fridrika Rebekka Elisabethe	Johann	Buggel	Theresia	08-Oct	Schafer	Friedricka	y
159	1854	29	Bohn	Elisabethe	Michael	Heffler	Gertraud	08-Oct	Amend	Elisabeth	y
160	1854	29	Holzstein	Katharine	Justus	Nestel	Christine	08-Oct	Schutz	Elisabetha	y
161	1854	29	Watermann	Johann Friedrich	Heinrich	Keller	Susanne	15-Oct	Hingel	Johann Friedrich	y
162	1854	29	Gerold	Katharina	Heinrich	Schuler	Barbara	15-Oct	Otthafer	Kath.	y
163	1854	29	Ziegler	Wilhelm Carl	Johannes	Rehner	Eva Elise	15-Oct	Rehner	Christian & Kasper	y
164	1854	29	Lampe	Johann Leonhard	Georg	Barkhardt	Maria	15-Oct	Lenk	Elisabethe	y
165	1854	29	Volz	Maria Elisabethe	Johannes	Lauer	Kath.	15-Oct	die Mutter		y
166	1854	29	Sepp	Philippene	Edward	Rieger	Margretha	16-Oct	Ermling	Maria Adelheit	y
167	1854	29	Ermling	Eduard	Gerhard		Katharina	17-Oct		Thomas	y
168	1854	29	Fitzberger	Friedrich Thomas	Heinrich	Schikner	Henriette Friedrika	19-Oct	Schikner		y
169	1854	29	Ock	Carl Eduard Dorethea Maria	Wilhelm Hermann	Wi....	Magdal.	05-Nov	Schepper	Jorgerschen	y
170	1854	29	Troppmann	Wilhelmina	Heinrich	Laule	Sophia	05-Nov	die Eltern		y
171	1854	29	Bartmann	Johann Paul	Christoph	Hamann	Christina	05-Nov	Mohr	Johann	y
172	1854	29	Knauf	Eva	Moritz	Uffelmann	Barbara	05-Nov	Lins	Eva	y
173	1854	29	Barthel	Johann Melchior	Johann	Keidel	Elisabethe	09-Nov	Sachse	Johann Melchior & Helene	y
174	1854	29	Kremeyer	Friedrich Ludwig Johann Fried	August	Galltäker	Maria	12-Nov	Altevogt	Friedrich	y
175	1854	31	Sander	Wilhelm	Friedrich	Schulze	Meta Sophia	12-Nov	die Eltern	Eva	y
176	1854	31	Mackel	Eva	Georg Leonhard	Wolfgang	Sophia	12-Nov	Hoffmann	Georg & Margaretha	y
177	1854	31	Heckel	Georg	Johannes	Nuder	Elisabetha	15-Nov	Gemelich	(1) Friedrich	y
178	1854	31	Krauk	Friedrich Wilhelm	Wilhelm	Kolkhorst	Maria	19-Nov	(1) Krauk (2) Schmidt	(2) Christian (1) Maria	y
179	1854	31	Zimmermann	Maria Margretha	Dietrich	Meier	Maria Louise	19-Nov	(1) Ape (2) Zimmermann	(2) Margretha	y
180	1854	31	Ress	Johann Friedrich	Georg	Erben	Elisabeth	13-Nov	die Eltern		y
181	1854	31	Heibeck	Anna Maria	Heinrich	Korner	Barbara	23-Nov	Kahl	Anna Maria	y
182	1854	31	Loffler	Carl	Carl	Vintzerfe	Christina	22-Nov	die Eltern		y
183	1854	31	Wagner	Georg Johann Carl	Nicholaus	Loffler	Wilhelmine	22-Nov			y
184	1854	31	Wachler	Heinrich Christine Luoise	August	Fraske	Annalie	03-Dec	(1) Bergtold (2) Fraske	(1) Johann (2) Carl Heinrich (1) Lang	y
185	1854	31	Kuhn	Johanne Ernestine	Christian	Müller	Barbara	10-Dec	(2) Kuhn (1) Lang	(2) (1) Friedrika (2) (1) Christian	y
186	1854	31	Kuhn	Christine Friedrika	Kchristian	Müller	Barbara	10-Dec	Kuhn	(2) Friedrika	y

Trinity German Lutheran
Baptisms

No.	Year	Page	Surname	Given Name	Father	M Surname	M Given	Bapt	W Surname	W Given	More Info
187	1854	31	Krammeck	Katharina	Jakob	Seippert	Katharina	10-Dec	Seippert	Katharina	y
188	1854	31	Bräunlein	Margretha	Johann Uhlrich	Remp	Maria Auguste	10-Dec	Pückel	Margretha	y
189	1854	31	Fink	Konrad	Friedrich	Hardtmann	Anna	10-Dec	Hardtmann	Conrad	y
190	1854	31	Rosenger	Johann Gerhard	Johann Gerhard	Bergmann	Anna Margretha	10-Dec	Bergmann	Johann	y
191	1854	31	Scherer	Barbara	Conrad	Sperber	Barbara	15-Dec	die Eltern	August Ernst & Elisabeth	
192	1854	31	Kettler	Ernst August	E. A.	Gunther	Wilh.	17-Dec	Lemperl	Elisabeth	y
193	1854	31	Grasmek	Georg Wilhelm	Johann	Nehr	Susanne	13-Dec	Behrer	Wilhelm	y
194	1854	31	Doring	Andreas	Vallenten	Farber	Maria	21-Dec	Heinrs	Andreas	y
195	1854	31	Dannenfelser	Christina	Martin	Krumm	Maria	24-Dec	die Eltern		y
196	1854	31	Dannenfelser	Martin	Martin	Krumm	Maria	24-Dec	die Eltern		y
197	1854	33	Dannenfelser	Barwette	Ludwig	Lepper	Anna Maria	24-Dec	Hubner	Barbara	y
198	1854	33	Eversmeier	Johannes	Friedrich	Altevogt	Wilhelmine	25-Dec	die Eltern		y
199	1854	33	Franke	Johann August	John Fried. Micha	Rommel	Anna Maria	25-Dec	die Eltern		y
200	1854	33	Hetz	Roppert	Georg	Eckert	Elisabethe	25-Dec	die Eltern		y
201	1854	33	Hermann	Andreas	Philipp	Baneker	Kath.	25-Dec	die Eltern		y
				Dorethea Maria							
202	1854	33	Holzhaus	Wilhelmina	Johannes	Erstreuh	Margretha	25-Dec	Holzhaus	Doretha	y
203	1854	33	Horstmeier	Auguste	Ernst	Sisting	Auguste	30-Dec	Vollert	Anna Maria	y
204	1854	33	Mollmann	Frantz Friedrich	Ernst Rudolf	Spiecker	Anna Maria	30-Dec	Muller	Dietrich	y
mar	1849	33	Walkemeier	Anna Elisabetha	Friedrich	Schuremann	Elisabetha	17-Jun	Bransmann	Maria Elise	y
mar	1851	33	Walkemeier	Hermann Ludwig	Friedrich	Schuremann	Elisabetha	20-Apr	Dippner	Heinrich Ludwig	y
									(1) Schleier	(1) Friedrich August	
1	1855	33	Kant	Maria	Friedrich	Fischer	Louise	07-Jan	(2) Fischer	(2) Maria	y
2	1855	33	Happel	Georg Wilhelm	Conrad	Grill	Kath.	07-Jan	Grill	Georg Wilhelm	y
3	1855	33	Muth	Maria Elise	Johannes	Bock	Maria	07-Jan	Poppler	Margretha Elise	y
4	1855	33	Kaufmann	Margretha Kath.	Conrad	Schrottner	Elisabethe	07-Jan	Habenhausen	Margretha Kath.	y
				Heinrich Fried.							
5	1855	33	Jansen	Wilhelm	Peter	Nordmann	Caroline	07-Jan	Nordmann	Heinrich & Friedrich	y
6	1855	33	Weber	Johann	Friedrich	Lehner	Maria	07-Jan	Lehner	Johann	y
										Hermann H. & Franziska	
7	1855	33	Leimbach	Hermann Heinrich	Martin	Simon	Kath.	14-Jan	Schliter		y
8	1855	33	Christ	Ludwig	Jakob	Hardtmann	Elisabethe	08-Jan	Paul	Ludwig & Elise	y
9	1855	33	Lutz	Maria Elisabetha	Martin	Knecht	Kath.	24-Jan	Gaubatz	Maria Elisabetha	y
10	1855	33	Bauer	Johannes Wilhelm	Frantz	Printz	Elisabetha	24-Jan	Printz	Conrad	y
				Wilhelmine Kath.					(1) Fischer	(1) Friedricka	
11	1855	33	Elgeroth	Friedricka	Friedrich	Sommel	Christina	26-Jan	(2) Muselhorn	(2) Elisabetha Kath.	y
12	1855	33	Leider	Johann	Johann	Katzenmeier	Barbara	28-Jan	Simon	Johann	y
13	1855	33	Strobel	Ernst Wilhelm	Georg	Simon	Elisabethe	28-Jan	Lossig	Ernst	y
14	1855	33	Telljohann	Susanne Barbare	Heinrich	Sure	Sofia	03-Feb	Killian	Susanne Barbara	y
15	1855	33	Killian		Johan	Horstmann	Kath. Elisab.	04-Feb	(1) Null	(1) Elisabethe	
16	1855	33	Korner	Elisabetha	Johannes	Null	Elisabeth	04-Feb	Teisohn	(2) Johann	y
17	1855	33	Benhoff	Friedrich	Friedrich	Preussen	Fridrik.	04-Feb	Feit	Friedrich	y
18	1855	33	Schweizer	Katharina	Andreas	Metzger	Magdalene	04-Feb	Wirth	Katharina	y
19	1855	33	Metzger	Johannes Andreas	Johannes	Bauer	Margretha	04-Feb	Schweizer	Andreas	y

11

Trinity German Lutheran Baptisms

No.	Year	Page	Surname	Given Name	Father	M Surname	M Given	Bapt	W Surname	W Given	More Info
20	1855	33	Ruhl	Wilhelmine	Georg	Stuckhart	Margaretha	04-Feb	die Eltern		y
21	1855	33	Ruhl	Mathilde Luoise	Georg	Stuckhart	Margaretha	04-Feb	die Eltern		y
22	1855	33	Tschorn	Johannes	Johannes	Kubig	Elisabethe	01-Feb	die Eltern		y
23	1855	35	Watz	Christiana	Georg	Renz	Margaretha	04-Feb	Schmidt	Conrad & Christiana	y
24	1855	35	Kaierim	Anna Margaretha	Philipp	Engel	Anna Gelasia	04-Feb	Jahn	Margaretha	y
25	1855	35	Bär	Elisabethe	Heinrich	Schott	Elisabethe	04-Feb	die Eltern		y
26	1855	35	Heinle	Georg	Georg	Negle	Eva	18-Feb	Seippert	Conrad	y
27	1855	35	Bernhard	Imma Sofia	Carl	Schutz	Christina	18-Feb	die Eltern		y
28	1855	35	Gastenberger	Kath. Maria Luoise	Peter	Nordmann	Magd.	18-Feb	Nordmann	Luoise	y
29	1855	35	Link	Christina Maria	Georg Christoph	Schlussler	Kath.	25-Feb	Schlussler	Conrad & Christiana	y
30	1855	35	Muller	Margretha	Johannes	Aschenbrenner	Maria	27-Feb	Dorn	Margretha	y
31	1855	35	Lindenberger	Margretha	Johannes	Friedrich	Eva	04-Mar	Hos	Margretha	y
									(1) Kammleiter	(1) Anna	
									(2) Muller	(2) John	
									(3) Fleckenstein	(3) Wilhelmina	
32	1855	35	Steps	Julius Hermann	Johann H.	Jakob	Christina H.	04-Mar	Siemer	(4) Kasper	y
									(1) Kneppers	(1) Elise	
33	1855	35	Schnebel	Elise Hermina	Christian	Winter	Anna	04-Mar	(2) Ermling	(2) Hermann	y
34	1855	35	Dietlein	Johann Adam	Johann	Schultheiss	Margretha	04-Mar	Neubert	Andreas	y
				Anna Margretha						Anna Margreth.	
35	1855	35	Meltner	Katharina	Christoph	Westermann	Johanna	04-Mar	Lang	Kath.	y
36	1855	35	Hopper	August	Joseph	Gramer	Johanne Louise	07-Mar	Schmidt	August	y
37	1855	35	Harms	Kath. Elisabetha	Cord	Kirchheimer	Elisabetha	10-Mar	die Eltern		y
										Nickaulus &	
38	1855	35	Walter	Margretha	Adam	Hardland	Margretha	11-Mar	Hardland	Margretha	y
									(1) Hamel	(1) Margretha	
39	1855	35	Schaaf	Margretha Louise	Peter	Hamel	Elisabetha	18-Mar	(2) Schaaf	Louise	y
40	1855	35	Horn	Katharina	Johann Georg	Schmidt	Anna Marg.	01-Apr	Schmidt	Katharina	y
41	1855	35	Appel	Lisette Bawette	Johannes	Hopken	Margretha	01-Apr	Wendeling	Lisette	y
				Christine							
42	1855	35	Schlicker	Wilhelmine Johanne Friedrich Margretha	Friedrich	Bales	Wilhelmine	01-Apr	Hennemann	Christine Wilhelmine	y
43	1855	35	Seim	Katharina	Conrad	Nicholaus	Anna Maria	01-Apr	Jager	Margretha & Kath.	y
44	1855	35	Keil	Carl August	Conrad	Kort	Regina	01-Apr	Pfeiffer	Carl	y
										(2) (1) Georg	
45	1855	35	Monat	Georg Heinrich	Georg	Ochse	Elisabetha	08-Apr	Gaul Ochse	(2) Heinrich	y
46	1855	35	Stauber	Johannes	Nikolaus	Bach	Marretha	08-Apr	Muth	Johannes	y
									(1) Moran	(1) Sophia	
47	1855	35	Schmidtmann	Sophia	August	Engel	Babetta Henriette	08-Apr	Engel	(2) Carolina	y
48	1855	35	Rink	Margretha	Gottfried	Flick	Margretha	08-Apr	Flick	Margretha	y
49	1855	35	Zimmermann	Johann Dietrich Joh.	Dietrich	Briseken	Maria	08-Apr	Zimmermann	Johann Albert	y
									(1) Faber	(1) Johann & Fried.	
50	1855	35	Faber	Friedrich	Friedrich	Lehm	Friedrika	08-Apr	(2) Lehm	(2) Friedrich	y

Trinity German Lutheran
Baptisms

No.	Year	Page	Surname	Given Name	Father	M Surname	M Given	Bapt	W Surname	W Given	More Info
51	1855	35	Meier	Johanne Sophia	Friedrich	Westphahl	Louise Fried.		(1) Meier	(2) Johanne	(2)
52	1855	35	Kollenberg	Maria	Theodor	Koch	Wilhelmine	09-Apr	Ehmann	Charlotte Johanne	y
53	1855	35	Dost	Johann Daniel	Friedrich	Hamann	Louise	09-Apr	Koch	Johann Heinrich	y
54	1855	35	Herbig	Anna Margretha	Johann Martin	Gerbig	Elisabetha	09-Apr	Hamann	Margretha	y
55	1855	35	Heimann	Rosine Barbara	Johann	Distler	Johanne Louise	12-Apr	die Eltern		y
56	1855	35	Schwemmer	Georg	Johann	Burkel	Kunigunde	15-Apr	Lehies	Georg	y
57	1855	35	Simon	Johann	Heinrich	Heim	Kunigunde	15-Apr	Vogel	Johann	y
58	1855	35	Weber	Conrad	Philipp	Ulmer	Kathrina	25-Apr	Meiser	Conrad	y
				Philipp Wilhelm			Maria	27-Apr	Weber	Philipp	y
				Anna Johanne							
59	1855	35	Silliarks	Barwette	Johann	Buggeln	Rebecca	06-May	Weber	Friedrich & Barbara	y
60	1855	35	Suter	Katharina	Georg	Umbach	Elisabetha	06-May	Umbach	Katharina	y
61	1855	35	Sommer	Friedrich Emil	Johannes	Tappe	Amalie	06-May	Zurmuhl	Johannes	y
62	1855	37	Roth	Johann August	Georg	Gesswein	Kath.	06-May	Horlacher	Johann & Rosine	y
63	1855	37	Blummlein	Maria Josephine	Balthaser	Deindörfer	Margretha	06-May	Hoffmann	Joseh & Maria	y
										Andreas &	
64	1855	37	Blummlein	Andreas	Balthaser	Deindörfer	Margretha	06-May	Schweitzer	Magdalena	y
65	1855	37	Laumann	Katharina	Johann	Heismeier	Eva	06-May	Geibel	Katharina	y
66	1855	37	Walter	Johann Heinrich	J. H.	Wendes	Henricke	06-May	Abers	Sibel	y
67	1855	37	Bernhard	Wilhelm Christian	August	Pessling	Wilh.	06-May	Schaub	Wilhelm Christian	y
68	1855	37	Kesser	Carl August	Georg H.	Schumann	Christiane	06-May	Bernhardt	August	y
69	1855	37	Wenzel	Renade Margretha	Johann	Arnold	Barwette	06-May	Blenkner	Anna Marg.	y
										Georg Michael &	
70	1855	37	Hemmer	Georg Michael Wilhelmine	Christoph	Mark	Eva Barbara	13-May	Schuhle	Rosine Marg.	y
71	1855	37	[blank]	Elisabetha	[blank]	[blank]	[blank]	13-May	[blank]	[blank]	y
72	1855	37	Renner	Friedrich Ludwig	Johann Micahel	Hapf	Barwette	13-May	Dannes	Ludwig	y
				Rosina Maria							
73	1855	37	Roth	Regina	Friedrich	Gierlein	Henriette	13-May	Gesswein	Rosine	y
				Johanne Louise					(1) Stein		
74	1855	37	Fass	Wilhel.	Julius	Wild	Maria	13-May	Schulz	(2) (1) Johann Christian & Johanne (2) Louise	y
75	1855	37	Schmidt	Jakob	Johannes	Kunkel	Agesea	13-May	(1) Lutz	(1) Johannes	y
76	1855	37	Bosshammer	Johannes	Johann H.	Hoffmann	Elisabetha	13-May	(2) Strupp die Eltern	(2) Carl	y
				Dorethea Maria							
77	1855	37	Bosshammer	Wilhelmina	Johann H.	Hoffmann	Elisabetha	13-May	die Eltern		y
78	1855	37	Mohr	Maria Elise	Heinrich	Morssmann	Kath.	20-May	(1) Dehnhardt (2) Hardtmann	(1) Elise (2) Marg.	y
79	1855	37	Fischer	Johann Conrad	Georg	Muller	Kath.	20-May	Muller	Johannes	y
80	1855	37	Leitz	Ludwig	Andreas	Sellers	Rebecca	21-May	die Eltern		y
81	1855	37	Schade	Christian	Jakob	Bolz	Anna Marg.	23-May	Sauch	Christian	y
									(1) Müller	(1) Jakob	
82	1855	37	Müller	Jakob	Johann Adam	Lindemann	Elisabetha M.	27-May	(2) Becker	(2) Eva Ros.	y
83	1855	37	Hedrich	Elisabetha	Johann		Jetta	27-May	Schichen	Elisabetha	y

Trinity German Lutheran
Baptisms

No.	Year	Page	Surname	Given Name	Father	M Surname	M Given	Bapt	W Surname	W Given	More Info
84	1855	37	Bier	Anna Kath. Maria	Georg	Roth	Kath.	27-May	Müller	Anna Kath.	y
									(1) Vogel	(2) (1) Kath.	
85	1855	37	Repp	Katharina	Conrad	Reif	Kath.	27-May	Spangenberger	(2) Kath	y
86	1855	37	Kampe	Frantz H. Dierk	Kasper	Kamann	Wilhelmine	28-May	Kampe	Frantz H.	y
87	1855	37	Dietrich	Philipp	Heinrich	Schwörer	Theresia	28-May	Schwörer	Philipp	y
88	1855	37	Schmidt	Carl Frantz Heinrich	Heinrich	Weber	Regina	28-May	Dikhardt	Carl	y
89	1855	37	Schnepel	Margretha	Unger	Homberg	Louise	28-May	die Eltern		y
									(1) Erbes	(2) (1) Carl	(2)
90	1855	37	Sauer	Friedrich	Christian	Heibek	Barbara	28-May	Frantz	Johann	y
91	1855	37	Sauer	Anna	Christian	Heibek	Barbara	28-May	Heibek	Anna	y
92	1855	37	Weitzel	Martin	Jakob	Hamann	Margretha	23-May	Weitzel	Martin	y
93	1855	37	Rauch	Georg Heinrich	Heinrich	Pilzinger	Anna Maria	28-May	Hamann	Georg	y
									(2) (1) Bock	(2) (1) Wilhelmine	
94	1855	37	Schuh	Leonore Fridricka	Johan Conrad	Bock	Wilhelmine	10-Jun	Schuh	(2) Marg.	y
95	1855	37	Dürn	Carl Dietrich	Jakob	Schafer	Wilhelmine	10-Jun	Dürn	Carl Mathe Dietrich	y
96	1855	37	Hicken	Johann Georg	Johann Wilhelm	Pogetbeck	Charlotte	10-Jun	Hicken	Johann Wilhelm	y
97	1855	37	Weidenhofer	Georg	Friedrich	Kampf	Kath.	10-Jun	Kolb	Georg	y
98	1855	37	Keiner	Johannes	Carl	Freund	Marg.	10-Jun	Freund	Johannes	y
99	1855	37	[blank]	Philipp	[blank]	Gaubatz	Anette	11-Jun	Freund	Johannes	y
				Kunigunde							
100	1855	37	Steinmetz	Katharina	Georg	Weninger	Elisabetha	17-Jun	Schmidt	Kunigunde	y
101	1855	39	Weber	Elise Margretha	David	Simon	Maria	24-Jun	Schröder	Katharina	y
102	1855	39	Bär	Emilie Anna	Johannes	Gropp	Mina	01-Jul	die Eltern		y
103	1855	39	Andress	Margretha	Johann	Bobewein	Barbara	01-Jul	Bortzner	Margretha	y
				Anna Christina							
104	1855	39	Feldmann	Friedrika	Friedrich	Frese	Anna	01-Jul	die Eltern		y
105	1855	39	Rommel	Friedrich August	Nicolaus	Kolmays	Maria E.	03-Jul	Kolmays	Johann H.	y
106	1855	39	Pausch	Paulus	Georg	Dreier	Louise	06-Jul	Pausch	Paulus	y
107	1855	39	Schafer	Maria Anna	Johann	Frantz	Kath.	09-Jul	Frantz	Anna	y
108	1855	39	Beveronger	August Ludwig	Ludwig	Steinmann	Auguste	15-Jul	Kremeyer	August	y
109	1855	39	Herget	Conrad	Johann	Freund	Magd.	15-Jul	Freund	Conrad	y
110	1855	39	Schöner	Anna Margretha	Matheus	Weichard [?]	Marg	15-Jul	Keiner	Margretha	y
										Georg & Susanna	
111	1855	39	Thiergärtner	Susanna Margretha	Conrad	Hoffmann	Kath.	15-Jul	Hoffmann	Marg.	y
112	1855	39	Müller	Maria Adolphine	Heinrich	Einhaus	Kath. Maria	22-Jul	Einhaus	Maria	y
113	1855	39	Meibert	Maria Helena	Samuel	Henkes	Magd.	22-Jul	Sachs	Helena	y
114	1855	39	Seipp	Wilhelm Frantz	Wilhelm	Zapp	Elisabetha	22-Jul	Zapp	Frantz & Marg.	y
115	1855	39	Lauterbach	Johann Heinrich	Jakob	Herold	Marg.	17-Jul	die Eltern		y
116	1855	39	Olsch	Lorentz	Balthaser	Hüllner	Kunigunde	18-Jul	Ochs	Lorentz & Elisabetha	y
117	1855	39	Burk	Wilhelm	Tobias	Marhenke	Caroline	24-Jul	Burk	Wilhelm & Johannes	y
118	1855	39	Wenchell	Ludwig Conrad	Conrad	Koch	Elisabetha	29-Jul	Laumann	Ludwig	y
119	1855	39	Weiss	Anna Margretha	Johann	Vesche	Doretha	29-Jul	Vesche	Anna	y
120	1855	39	Seiffert	Anna Maria	Johannes	Christopfels	Kath.	29-Jul	Seiffert	Anna Maria	y
121	1855	39	Hupp	Franzis Juty.	Johannes	Busch	Doretha Johanne	29-Jul	die Eltern		y
122	1855	39	Schafer	Elisabetha	Heinrich Conrad	Wenzel	Elisabetha	29-Jul	Groth	Elisabetha	y

Trinity German Lutheran Baptisms

No.	Year	Page	Surname	Given Name	Father	M Surname	M Given	Bapt	W Surname	W Given	More Info
123	1855	39	Muller	Anna Louise	Johann Fried.	Benemann	Kath. Maria	29-Jul	die Eltern		y
124	1855	39	Thomas	Anna	Georg Leonhard	Stoll	Anna Margretha	29-Jul	Oberdöfer	Anna	y
125	1855	39	Freund	Philipp Matheus	Matheus	Maier	Carolina	29-Jul	Meier	Philipp	y
									(1) Beiswanger	(1) Wilhelm	
									(2) Lipphardt	(2) Elise & Ludwig	
126	1855	39	Breitenstein	Louise Katharina	August	Beiswanger	Rebekka	29-Jul	(3) Breitenstein	(3) Reihnhardt	y
127	1855	39	Schwartz	Johann Leongardt	Hermann	Erdenbrecht	Maria Magd.	26-Jul	die Mutter		y
128	1855	39	Wiener	Lisette Bawette	Hermann	Boss	Maria	03-Aug	die Eltern		y
129	1855	39	Becker	Heinrich Adam	Johann H.	Meier	Henriette	05-Aug	Stubisch	Heinrich	y
				Louise Maria					(1) Sass	(1) Julius	
									(2) Wilken	(2) Maria	
130	1855	39	Steinmetz	Juliane	Johann Fried. Carl	Bosse	Johanne Louise	05-Aug	(3) Wend	(3) Ludwig	y
131	1855	39	Schminke	Maria Louise	Johann	Wiener	Maria Barbara	05-Aug	Boss	Maria	y
132	1855	39	Faber	Margretha	Johann	Kober	Kath.	02-Aug	Faber	Margretha Barwette	y
133	1855	41	Schillinger	Maria Louise	Adreas	Friecker	Auguste	12-Aug	die Eltern		y
134	1855	41	Schweitzer	Maria Barbara	Heinrich	Mietsam	Karolina	12-Aug	Fick	Maria Barbara	y
135	1855	41	Stange	Kath. Elisabetha	Philipp	Weidemann	Juliana	12-Aug	Stange	Elisabetha	y
136	1855	41	Birkenstock	Katharina	Heinrich	Schott	Maria	12-Aug	Salk	Katharina	y
137	1855	41	Seipp	Emilie	Christoph	Christopfels	Elisabetha	12-Aug	die Eltern		y
138	1855	41	Weitzel	Friedrich Wilhelm	Heinrich	Dannenfelser	Barbara	13-Aug	die Eltern		y
139	1855	41	Horst	Georg Heinrich	Conrad	Schuwirth	Christine	19-Aug	Horst	Johann	y
140	1855	41	Heimbuch	Johannes	Conrad	Fliedner	Marg.	19-Aug	Heimbuch	Johannes	y
									(1) Niemuller	(1) Wilhelm	
141	1855	41	Holle	Wilhem Martin	Georg	Gaubatz	Marg.	19-Aug	(2) Gaubatz	(2) Martin	y
142	1855	41	Kleis	Johann	Johann	Kroll	Maria	19-Aug	die Eltern		y
143	1855	41	Ritzius	Imma Sofia	Corth	Rohbock	Maria	20-Aug	die Eltern		y
144	1855	41	Steube	Paulene Christiana	Casper	Dittmer	Elisabetha	21-Aug	Krantz	Christian	y
145	1855	41	Keiser	Elisabetha	Georg	Geiger	Kath.	26-Aug	Geiger	Elisabetha	y
				Anna Maria							
146	1855	41	Desel	Auguste	Simon	Arnold	Dorethea	26-Aug	Bräunlein	Anna M. Auguste	y
147	1855	41	Schuler	Barbara Maria	Heinrich	Amalien	Barbara	26-Aug	die Eltern		y
				Johanna Christina							
148	1855	41	Gramer	Elisab.	Johann H.	Ganser	Ann Barbara	26-Aug	Ganser	Johannes & Christina	y
149	1855	41	Röder	Anna Katharina	Andreas	Menges	Anna Katharina	26-Aug	die Eltern		y
150	1855	41	Baetjer	Imma Virginen	Heinrich	Brögel	Louise	26-Aug	die Eltern		y
151	1855	41	Hassler	Maria Anna	Johann	Körber	Maria Rosina	27-Aug	Körber	Maria	y
152	1855	41	Hamburger	Johann	Wilhelm	Bleisteiner	Katharina	28-Aug	die Eltern		y
				Margretha							
153	1855	41	Bitzendorf	Elisabetha	Heinrich	Pfeffer	Amalie	01-Sep	Rauching	Maria Elsiabetha	y
										Johannes &	
154	1855	41	Zieffe	Carl Peter	Peter	Seidl	Auguste	02-Sep	Gärtner	Magdalena	y
155	1855	41	Sallei	Jetta	Paul	Nuss	Marg.	02-Sep	Heiser	Ernst	y
156	1855	41	Vogel	Eva Maria	Heinrich	Hertlein	Anna Barb.	02-Sep	Lechthaler	Amalia	y
157	1855	41	Rauch	Elise	Friedrich	When	Elisabetha	02-Sep	die Eltern		y
158	1855	41	Hoos	Johann	Johann	Friedrich	Marg.	09-Sep	Lindeberger	Johann	y
159	1855	41	Pausch	Johann Heinrich	Paulus	Lenker	Elise	09-Sep	Pausch	Georg	y

Trinity German Lutheran
Baptisms

No.	Year	Page	Surname	Given Name	Father	M Surname	M Given	Bapt	W Surname	W Given	More Info
160	1855	41	Warnsmann	Georg Friedrich	Georg F.	Buschmann	Anna Maria Charlotte	16-Sep	die Eltern		y
161	1855	41	Muller	Christina	Conrad	Sergel	Barbara	16-Sep	Hohe	Christina	y
162	1855	41	Feller	Maria Paulina	Carl	Riel	Louise	16-Sep	Riel	Christina	y
163	1855	41	Schwartzbach	Johann Friedrich	Johann Leonhard	Meier	Maria	16-Sep	die Eltern		y
164	1855	41	Sigrist	Carl	Conrad	Wagner	Margretha	16-Sep	Geier	Adam & Barbara (1) Conrad (2)	y
165	1855	41	Sellmann	Katharina Auguste	Conrad	Noll	Theresia	16-Sep	Eckel	Katharina	y
166	1855	41	Ritterbusch	Eva	Wilhelm	Klinger	Elisabetha	17-Sep	Noll	Eva	y
167	1855	41	Kraft	Georg	Johannes	Liebergotten	Elisabetha	23-Sep	Ritterbusch	Georg	y
168	1855	41	Wessel	Carolina Franziscka Wilhelmine	Wilhelm	Engelkenjohann	Louise Anna Maria	27-Sep	Grauling		
169	1855	43	Meier	Maria Elise	Friedrich	Redemann	Henriette	30-Sep	Redemann	Maria Elise	y
170	1855	43	Noegel	Maria	Heinrich	Osmers	Anna	30-Sep	Bartholmay	Maria	y
171	1855	43	Noegel	Johann Friedrich	Heinrich	Osmers	Anna	30-Sep	Ferfler	Rosine	y
172	1855	43	Philipp	Friedrich	Johann Georg	Fuchs	Katharina	30-Sep	die Eltern		y
173	1855	43	Kussmaul	Friedrich	Lorentz	Klein	Sophia	30-Sep	die Eltern		y
174	1855	43	Wigklein	Johann Georg	Lorentz	Schem	Maria	02-Oct	die Eltern		y
175	1855	43	Pohlmann	Wilhelm	Christian	Taubing	Anna	03-Oct	die Eltern		y
176	1855	43	Thein	Johannes	Georg	Welsch	Elisabetha	07-Oct	Wolfram	Johannes	y
177	1855	43	Franke	Johann Gustapf	Heinrich	Hering	Marg.	07-Oct	die Eltern		y
178	1855	43	Götz	Augusta	Friedrich	Willeke	Mina	07-Oct	Holzemer	Auguste	y
179	1855	43	Steger	Katharina Elise	Johann	Ermer	Barbara	07-Oct	Schmidt	Katharina Elisabetha	y
180	1855	43	Eigenbrod	Johann Adam Eva Margretha	Johannes	Bangert	Eva	07-Oct	Schwörer	Johann Adam	y
181	1855	43	Roth	Karolina Lavina	Christian	Maienschein	Gertraud	07-Oct	Schmidt	Margretha	y
182	1855	43	Dresel	Johann Georg	Johann Joachim	Bierlein	Elisabetha	07-Oct	Dresel	Johann Georg	y
183	1855	43	Märtz	Jakob	Christoph	Achebach	Barbara	10-Oct	die Eltern		y
184	1855	43	Bender	Maria Wilhelmine	Johann Fried.	Reich	Helena	14-Oct	Elias	Maria Wilhelmine	y
185	1855	43	[blank]	Georg	[blank]	Ewald	Elisabetha Sibilla	14-Oct	(1) Ewald (2) Meier	(1) Georg (2) Wilhelmine	y
186	1855	43	Vetter	Michael	Georg	Korner	Dorethea	14-Oct	Vetter	Michael	y
187	1855	43	Ress	Georg Heinrich	Georg	Erben	Elisabethe	14-Oct	Aschenbach	Georg Heinrich	y
188	1855	43	Teichmann	Joseph	Johann	Eichberger	Anna Stasia	14-Oct	Hoffmann	Joseph	y
189	1855	43	Dresel	Gustaph Adolf	Johann Georg	Knoll	Katharina	11-Oct	die Eltern		y
190	1855	43	Betz	Anna Maria Louise	Johann Christoph	[blank]	Louise	25-Oct	Krug	Gustav & Friedricke	y
191	1855	43	Grunwald	Elise	Ernst	Stiegmann	Charlotte	19-Oct	die Eltern		y
192	1855	43	Ramsauer	Magdalena	Leonhardt	Lederer	Anna	21-Oct	Schwemmer	Magdalene & Georg	y
193	1855	43	Tropf	Johann Heinrich	Joh. Fried.	Schafer	Johanne Louise	21-Oct	Tropf	Johann Heinrich	y
194	1855	43	Seitenzahl	Elise	Heinrich	Reissig	Maria	21-Oct	Scholl (1) Becker	Elise (2) (1) Elise	y
195	1855	43	Jung	Maria Elise	Conrad	Hahn	Maria Christ.	21-Oct	Dell	(2) Maria	y
196	1855	43	Walter	Frantz Friedrich	Friedrich	[blank]	Dorethea Louise	21-Oct	Grotthaus	Georg Friedrich	y

Trinity German Lutheran Baptisms

No.	Year	Page	Surname	Given Name	Father	M Surname	M Given	Bapt	W Surname	W Given	More Info
197	1855	43	Dürr	Margretha	Johannes	Wuchler	Marg.	21-Oct	Salzig	Margretha	y
198	1855	43	Eigenroth	Johann Friedrich	Georg	Bauer	Elisabetha	28-Oct	Hardtmann	Johann Friedrich	y
199	1855	43	Streuthler	Johann Georg	Carl	Stenzer	Charlotte	28-Oct	Dorn	Anna Elisabethe	y
									(1) Hardtmann	(1) Johann	
									(2) Zeller	(2) Eva, Carl & Christian	
200	1855	43	Bub	Katharina Anna	Gottfried	Zeller	Wilhelmine	28-Oct	(3) Brosch	(3) John	y
201	1855	43	Schlugebier	Rosine Christiane	Heinrich	Renschler	Christine	28-Oct	Gesswein	Rosine	y
				Maria Dorothea					(1) Tatgenhorst	(1) Maria	
202	1855	43	Apy	Louise	Jakob	Meier	Maria	04-Nov	(2) Zimmermann	(2) Louise	y
				Carl Heinrich					(1) Neumeister	(1) Heinrich	
203	1855	43	Rode	Ludwig	Ludwig	Baier	Dorothea	04-Nov	(2) Kropp	(2) Dorothea	y
				Ernst Friedrich					(1) Blumeier	(1) Ernst	
204	1855	43	Schroder	Wilhem	Carl	Liebermann	Henriette	04-Nov	(2) Siebrecht	(2) Friedricka	y
205	1855	43	Sanders	Carolina Mathilda	James	Rothenbeck	Charlotte	04-Nov	Wort	Carolina	y
				Ludwig Friedrich					(1) Sass	(1) Julius	(2)
206	1855	45	Wild	Heinrich	Joachim	Schuld	Louise	04-Nov	(2) Dümler	Friedrika	y
207	1855	45	Grauling	Katharina Maria	Friedrich	Lindemann	Carolina	04-Nov	Tatgenhorst	Kath. Maria	y
208	1855	45	Becker	Heinrich	Wilhelm	Stehnagel	Louise	04-Nov	Becker	Heinrich	y
209	1855	45	Geiger	Maria Elisabeth	Wilhelm	Kraft	Elisabetha	04-Nov	Wedekind	Anna Martha	y
210	1855	45	Emmerich	Johann	Louis	Martin	Marg.	05-Nov	(1) Beiswanger	(1) Peter J.	y
									(2) Nise	(2) Jakob	
211	1855	45	Horn	Peter Jakob Johann	Johann	Renner	Katharina	07-Nov	(3) Philipp	(3) Johann	y
212	1855	45	Debus	Elisabetha	Vallenten	Nau	Dorothea	11-Nov	Wolf	Elisabetha	y
213	1855	45	Muller	Jakob	Lorentz	Kornmann	Kath.	11-Nov	Fambach	Jakob & Maria Elisa.	y
214	1855	45	Single	Barbara	John Michael	Stoll [?Holl]	Veronika	11-Nov	Haas	Barbara	y
215	1855	45	Mauer	Margretha	Wilhelm	König	Kunigunde	11-Nov	die Eltern		y
216	1855	45	Mauer	Max	Wilhelm	König	Kunigunde	11-Nov	die Eltern		y
217	1855	45	Bentrup	Heinrich	Friedrich	Meser	Kath.	15-Nov	Sudbrak	Heinrich	y
218	1855	45	Pfaff	Johannes	Adam	Krieb	Elisabetha	15-Nov	Deuber	Johannes	y
219	1855	45	König	Katharina	Leonhardt	Reges	Margaretha	15-Nov	Welz	Katharina	y
220	1855	45	König	Johanna	Leonhardt	Reges	Margaretha	15-Nov	Reges	Johann	y
221	1855	45	König	Anna Maria	Leonhardt	Reges	Margaretha	15-Nov	König	Anna Maria	y
222	1855	45	Hering	Carl	Carl P.	Milder	Tatea	16-Nov	die Eltern		y
223	1855	45	Gohl	Maria Magdalena	Johannes	Wehrmann	Sophia	18-Nov	Korb	Magdalena	y
									(1) Hill	(2) (1) Margaretha	
									Zachler	(2) Louis	
									(3) Seiler	(3) Gottfried	
224	1855	45	Steinbach	Bertha Margretha	Robert	Schweitzer	Susanne	18-Nov	(4) Hennig	(4) Frantz	y
225	1855	45	Battenfeld	Elisabetha	Daniel	Altmann	Barbara	23-Nov	Battenfeld	Elisabetha	y
226	1855	45	Sauer	Karoline Franziska	Georg	Reining	Elisabetha	25-Nov	die Eltern		y
227	1855	45	Krieck	Carl	Philipp	Heinzerling	Wilhelmine	25-Nov	Kossmann	Christoph	y
				Dorethea Charlotte							
228	1855	45	Helmismeier	Henriette	Heinrich	Wichmann	Marg.	25-Nov	Helmismeier	Doretha	y
229	1855	45	Reissenweber	Johann	Johann	Keiser	Barbara	27-Nov	Reissenweber	Johann	y

Trinity German Lutheran
Baptisms

No.	Year	Page	Surname	Given Name	Father	M Surname	M Given	Bapt	W Surname	W Given	More Info
230	1855	45	Hardland	Heinrich	Nickaus	Reiser	Margretha	27-Nov	die Eltern		y
231	1855	45	Horlacher	Johann	Johann	Honselmann	Rosine	02-Dec	Carl	Johann	y
232	1855	45	Krauss	Paulus	Johann	Schmidt	Maria	02-Dec	(1) Winter	Paulus	y
									(2) Pausch	(2) (1) Johann	
233	1855	45	Conrad	Johann Friedrich	Johann	Dammen	Elisabetha	02-Dec	Benhoff	(2) Friedrich	y
234	1855	45	Goob	Wilhelm Heinrich	Georg Friedrich	Seibold	Wilhelmine	02-Dec	Stetter	Wilhelm	y
235	1855	45	Doppel	Louise	Friedrich	Germann	Henriette	03-Dec	die Eltern		y
236	1855	45	Voigt	Maria Auguste	August	Lohrmann	Sophia	04-Dec	Lohrmann	Maria	y
237	1855	45	Zimmermann	Anna Margretha	Johann	Stittelberger	Maria	09-Dec	Stittelberger	Margretha	y
238	1855	45	Schwesinger	August	Johann	Bornmann	Friedricka	09-Dec	Siepert	August	y
239	1855	45	Schafer	Christian	Johann	Keil	Maria	09-Dec	die Mutter		y
240	1855	45	Ropp	Johann Georg	Johann	Lindner	Margretha	09-Dec	Amberg	Georg	y
241	1855	45	Götz	Ernst Kasper	Kasper	Peter	Anna Maria	14-Dec	die Mutter		y
242	1855	45	Reder	Johann Peter	Georg	Schlosser	Katharina	15-Dec	Hax	Johann Peter	y
243	1855	45	Schammel	Margretha Auguste	August	Riehl	Kath. Carolina	16-Dec	Schammel	Gertraud	y
244	1855	47	Weinelt	Johann Philipp	Johannes	Dauterich	Maria	18-Dec	Sperzel	Maria	y
245	1855	47	Heidmuller	Carl Heinrich	Carl	Dreyer	Maria	19-Dec	Fraske	Carl Heinrich	y
246	1855	47	Vanthorn	Maria Elisabetha	Wolfgang	Aschenbringer	Marg.	23-Dec	Fuchsberger	Maria Elisabetha	y
247	1855	47	Reder	Johann Georg	Peter	Blum	Helena	23-Dec	Blum	Johann Georg	y
248	1855	47	Voigt	Heinrich Wilhelm	Heinrich	Groshans	Maria Kath.	25-Dec	Zier	Wilhelm	y
249	1855	47	Voigt	Georg Hermann	Heinrich	Groshans	Maria Kath.	25-Dec	Hermann	Jakob	y
250	1855	47	Voigt	Gustoph Eduard Theodor	Friedrich Ernst	Boland	Maria	25-Dec	Heise	Dorethea	y
251	1855	47	Kampe	Johann Friedrich	Joh. Friedrich	Harb	Kath.	25-Dec	die Eltern		y
252	1855	47	Kehrer	Louise	Heinrich	Netz	Maria	26-Dec	Danes	Margretha	y
253	1855	47	Monch	Ferdinand Albert	Carl	Vogler	Christine	30-Dec	die Eltern		y
254	1855	47	Unglaub	Georg	Johann W.	Dörner	Kath.	30-Dec	Gemelich	Georg & Margaretha	y
255	1855	47	Hax	Georg Adam	Johann Balthaser	Bauer	Dorethea	31-Dec	die Eltern		y
1	1856	47	Sachs	Peter	Johannes	Blum	Margaretha	01-Jan	Schmidt	Peter	y
2	1856	47	Sachs	Sophia	Johannes	Blum	Margaretha	01-Jan	Kufer	Sophia	y
3	1856	47	Haberkam	Johann Christoph Albert	Johann	Haplitscheck	Magdalena	01-Jan	die Eltern		y
4	1856	47	Petersen	Elise Maria Elisabetha	Johann Otto	Müller	Elise	01-Jan	Krager	Maria	y
5	1856	47	Greter	Dorethea	Conrad	Fegert	Dorothea	02-Jan	die Eltern		y
6	1856	47	Dorn	Ludwig Friedrich Heinrich	Johann	Fegert	Christina	02-Jan	die Eltern		y
7	1856	47	Bauer	Cornelius Georg	Johann	Eisenmann	Rosine Barb	06-Jan	Reitz	Georg	y
8	1856	47	Reitz	Katharina Elisabetha	Peter	Ritzel	Katharina	06-Jan	Reitz	Margretha Elisabetha	y
9	1856	47	Pfetzer	Margretha Christine	Michael	Heidlage	Maria	06-Jan	Heidlage	Margretha Christine	y
10	1856	47	Sommer	Mina Fridricka	Christoph	Rosenlieb	Charlotte Fridricka	06-Jan	Spurhas	Mina	y
11	1856	47	Biemuller	Johannes	Eduard	Mackel	Maria	06-Jan	Biemuller	Johannes	y
12	1856	47	Groh	Georg	Jakob	Heiser	Katharina	13-Jan	Heiser	Georg	y
13	1856	47	Schmidt	Christian	Heinrich	Roth	Elisab	14-Jan	Roth	Christian	y

Trinity German Lutheran
Baptisms

No.	Year	Page	Surname	Given Name	Father	M Surname	M Given	Bapt	W Surname	W Given	More Info
14	1856	47	Campen	Cornelius Georg	Cornelius H.	Bargen	Zwaantje	14-Jan	die Eltern		y
15	1856	47	Horig	Sophia Auguste	Heinrich	Campen	Elisabetha	14-Jan	die Eltern		y
16	1856	47	Wagner	Katharina	Carl	Wild	Annchen	15-Jan	Reisler	Katharina	y
17	1856	47	Zapf	Christiana	Johann A.	Kessler	Kunigunde	20-Jan	die Eltern		y
18	1856	47	Wagner	Johann Heinrich	Peter	Ohr	Marg.	20-Jan	Heerd	Johann H.	y
19	1856	47	Wichgram	Peter Thomas Elisa Marg.	Arnd	Berends	Maria Reena Maria Elise	20-Jan	die Eltern		y
20	1856	49	Heinrich	Katharina	August	[blank]	Doretha	17-Jan	Lang	Margretha Katharina	y
21	1856	49	Pfister	Magdalena	Georg	Battenfelder	Barbara	17-Jan	Och	Margretha	y
22	1856	49	Breitschwert	Barbara	Conrad	Ziegle	Elisab.	17-Jan	Breitschwert	Barbara	y
23	1856	49	Freund	Eva	Conrad	Friedrich	Elisabetha	17-Jan	Henss	Eva	y
24	1856	49	Budde	Friedrich Wilhelm	Fried. Wilh.	Müller	Marg.	28-Jan	die Eltern		y
25	1856	49	Bardenfelder	Georg Martin	Johann Friedrich Traugott	Regner	Elise	03-Feb	die Eltern		y
26	1856	49	Stump	Casper Heinrich	C.	Hefer	Johanne Friedrika	03-Feb	Wirth	Casper	y
27	1856	49	Lotter	Johann Georg	Georg Friedrich	[blank]	Barbara	10-Feb	Döring	Johann Georg	y
28	1856	49	Henkel	Wilhelm Georg Carl	Jakob	Kehler	Helena	10-Feb	Hein	Wilhelm Georg Carl	y
29	1856	49	Philipp	Georg Adam	Leonhardt	Werner	Christina	10-Feb	Süss	Adam	y
30	1856	49	Nagel	Wilhelm Katharina	Adam	Meier	Barbara	10-Feb	Nagel	Wilhelmine Katharina	y
31	1856	49	Hahn	Eva	Georg	Bittroff	Marg.	10-Feb	die Eltern		y
32	1856	49	Bentz	Friedricka Rosine	Philipp	Dresel	Elise	11-Feb	Reinhardt	Friedrika	y
33	1856	49	Brockmann	Heinrich Friedrich Elise Christine	Philipp	Budemeier	Bernhardine	17-Feb	Eversmeier Brand	Friedrich (1) Elise	y
34	1856	49	Flenzel	Dorethea	[blank]	Flenzel	Carolina	17-Feb	Bitzelberger	(2) Christina	y
35	1856	49	Schmidt	Maria Magdalena	Conrad	Kehler	Kath.	24-Feb	Henkel	Helena	y
36	1856	49	Felter	Carolina	Friedrich	Gärtner	Marg.	25-Feb	Felter	Carolina	y
37	1856	49	Wiegand	Johannes	Albert	Sting	Maria	25-Feb	die Eltern		y
38	1856	49	Breyl	Friedrich Wilhelm	Jakob	Brand	Maria	29 feb	Moser	Friedrich	y
39	1856	49	Waltz	Jakob	Johann	Spielmeier	Kath.	02-Mar	Waltz	Jakob	y
40	1856	49	Mann	Maria Anna Barbara	Johann G.	Dollinger	Maria Magd.	02-Mar	Muller	Anna Barbara	y
41	1856	49	Funk	Elise Virginien	Carl Christian	Berks	Marg.	02-Mar	Grauling	Elise	y
42	1856	49	Schmidt	Georg	Conrad	Römer	Kunigunde	06-Mar	Hoffmann	Georg	y
43	1856	49	Glussmann	Dorethe Louise	Heinrich	Remshardt	Elisabetha	08-Mar	Walter	Doretha Louise	y
44	1856	49	Bernhardt	Ida Magdalene	Carl	Schulze	Susanne Christ.	09-Mar	Ihle	Magdalene	y
45	1856	49	Singewald	Emilie Demandra	Traugott H.	Stossel	Johanna Sophia	09-Mar	die Eltern		y
46	1856	49	Woods	Wilhelm Carl	Johann	Biermann	Rosine Charlotte	11-Mar	Wagner	Carl	y
47	1856	49	Schnitzer	Frantz	Andreas	Henning	Sophia	16-Mar	Gerdner	Frantz	y
48	1856	49	Ochs	Eva	Lorentz	Hittner	Elisabetha	16-Mar	Eckert	Eva	y
49	1856	49	Schammel	Sophia	Christian	Reinfelder	Kath.	16-Mar	Stuckert	Sophia	y
50	1856	49	Rupp	Georg	Johannes	Bruchhauser	Marg.	16-Mar	Bruchhauser	Georg	y
51	1856	49	Ochse	Elisabetha	Tobias	Baltser	Elisabetha	16-Mar	Has	Louise Marg.	y
52	1856	49	Hillgartner	Wilhelmine	Heinrich	Appel	Anna Louise	19-Mar	Deuber	Wilhelm	y

Trinity German Lutheran
Baptisms

No.	Year	Page	Surname	Given Name	Father	M Surname	M Given	Bapt	W Surname	W Given	More Info
53	1856	49	Schlote	Johannes	Heinrich	Vogt	Henriette	20-Mar	Krapf	Johannes	y
54	1856	49	Schlote	Heinrich	Heinrich	Vogt	Henriette	20-Mar	Kratz	Heinrich	y
55	1856	49	Koch	Heinrich	Johannes	Wiescher	Alwine Christina	21-Mar	Koch	Heinrich	y
56	1856	51	Kitzelberger	Carl	Johannes	Knaus	Magdalene	23-Mar	Bieter	Michael	y
57	1856	51	Bieter	Maria	Michael	Bauerlein	Christiana	23-Mar	Kitzelberger	Eva Maria	y
58	1856	51	Riemenschneider	Juliane Elisabetha	Gottlieb	Stroh	Dorothea	23-Mar	Stroh	Juliane	y
59	1856	51	Benzel	Johann Georg	Michael	Langenfelder	Kath.	23-Mar	Langenfelder	Johann Georg	y
60	1856	51	Herzen	Johann Friedrich	James	Vollmer	Maria	23-Mar	Vollmer	Johann Friedrich	y
61	1856	51	Peter	Anna Katharina	Andras	Bonaker	Kath.	23-Mar	Schmidt	Anna Kath.	y
62	1856	51	Tomas	Friedrich	Carl	Strattner	Marg.	23-Mar	Schnattner	Friedrich	y
63	1856	51	Seibert	Louise Elisabetha	Johannes	Engelland	Elisabetha	21-Mar	die Eltern		y
64	1856	51	Gundram	Caroline Margretha	Johannes	Geiss	Carolina	28-Mar	Jackel	Johannes	y
65	1856	51	Greifzu	Christiane	Christian	Hetz	Marg.	29-Mar	Eichhorn	Adam & Anna Marg. Sarah	y
66	1856	51	Huhn	Sarah Mathilde	Johann B.	Rauch	Maria	31-Mar	Bohn	(1) Georg Lorentz (2) Ferdinande	y
67	1856	51	Richter	Georg Lorentz	Andreas	Schad	Anna Maria	31-Mar	(1) Richter (2) Richter	Adrande	y
68	1856	51	Kutzberger	Johann	J. Georg	Hoffmann	Dorothea	31-Mar	die Eltern		y
69	1856	51	Esskofier	Josepf	Johann	Lesslein	Marg.	31-Mar	Hoffmann	Josepf	y
70	1856	51	Hanne	Emilie Katharina	Heinrich	Gebel	Kath.	31-Mar	Feldmann	Dorethea	y
71	1856	51	Kaisser	Rosine Friedricka	Johann Michael	Meier	Rosine	01-Apr	(1) Kaiser (2) Stegmeier	(1) Gottlob (2) Friedricka	y
72	1856	51	Hardtmann	Anna	Frantz	Baum	Anna	02-Apr	die Eltern		y
73	1856	51	Herichs	Johann Gottlieb	Wilhelm	Meier	Sophia	06-Apr	Lindemann	Johann	y
74	1856	51	Zettel	Margretha	Johann	Doberig	Elisabetha	06-Apr	die Mutter		y
75	1856	51	Ort	Amalie Katharina	Adam	Hummel	Auguste	08-Apr	Bon	Amalie	y
76	1856	51	Bast	Sophia Charlotte	Johann	Lehmkuhl	Dorothea	13-Apr	Bernthauser	Sophia Charlotte	y
77	1856	51	Wolf	Christian	Andreas	Seibert	Kunigunde	13-Apr	Roth	Christian	y
78	1856	51	Hardtmann	Carl Wilhelm Heinrich	Johann	Stenzel	Auguste	13-Apr	(1) Streutker (2) Korte [?]	(1) Carl Heinrich (2) Wilhelm	y
79	1856	51	Troppmann	Katharina	Heinrich	Laue	Sophia Anna Marg.	13-Apr	Kestenholz	Elisabetha	y
80	1856	51	Hubner	Robert Wilhelm	Johann Adam	Hilsmann	Elisabetha	18-Apr	die Eltern		y
81	1856	51	Amend	Friedrich Wilhelm	Jakob	Ritter	Henriette Amalie	20-Apr	Ritterbusch	Friedrich Wilhelm	y
82	1856	51	Lobewein	Johann	Johann	Gogelein	Regine	20-Apr	Rupprecht	Johann	y
83	1856	51	Brix	Carl Hermann	Carl	Seliger	Auguste	23-Apr	Fischer	Caroline	y
84	1856	51	Ropp	Dorethea Caroline	Wilhelm	Weil	Dorethea	26-Apr			y
85	1856	51	Jackel	Heinrich	Johann	Wagner	Margretha	28-Apr	die Eltern		y
86	1856	51	Wagner	Elisabetha	Conrad	Regner	Kath.	28-Apr	Wagner	Elisabetha	y
87	1856	51	Geiger	Katharina	Johann	Seibold	Elisabetha	04-May	Kaisser	Georg & Katharina	y
88	1856	51	Besel	Anna Maria	Sebastian	Och	Magd.	04-May	Ach	Anna Maria	y
89	1856	51	Spangenberg	Anna	Heinrich	Ohm	Eva	05-May	die Eltern		y
90	1856	51	Eigenbrod	Maria Elisabetha	Heinrich	Christopfer	Wilhelmine	11-May	Gehlinghorst	Maria	y

Trinity German Lutheran
Baptisms

No.	Year	Page	Surname	Given Name	Father	M Surname	M Given	Bapt	W Surname	W Given	More Info
91	1856	51	Fricke	Conrad Wilhelm Adolpf	Ludwig	Nolte	Wilhelmine	11-May	(1) Nolte (2) Schwerin	(1) Conrad (2) Christopf	y
92	1856	51	Hausmann	Johann Georg	Johann Georg	Mansdörfer	Christina	11-May	(1) Ammer (2) Fleischmann	(1) Johann (2) Maria	y
93	1856	51	Franke	Anna Henriette	Johann	[blank]	Anna	11-May	(1) Felber (2) Grauling	(1) Henriette (2) Magdalene	y
94	1856	51	Feller	Anna Margretha	Johannes	Heigenreder	Margretha	18-May	Jahn	Anna Margretha	y
95	1856	51	Otto	Friedrich Wilhelm	Georg	Scheuermann	Kunigunde	18-May	Butte	Friedrich Wilhelm	y
[bla	1856	53	Berbig	Stephan Eduard Wilhelmine Friedrk	Joh. Michael	Scheuermann	Kath.	16-May	(1) Scheuermann (2) Bergib	(1) Stephan (2) Eduard	y
96	1856	53	Kuns	Caroline Friedricka Wil.	Heinrich	Brooke	Friedrike	21-May	die Eltern		y
97	1856	53	Umptet	Christiane	Georg	Fischer	Louise	21-May	die Eltern		y
98	1856	53	Filbert	Hermann Wilhelm	Adam	Filbert	Louise	25-May	Hennemann	Hermann W.	y
99	1856	53	Seitz	Georg	Jakob	Pfauss	Johanne	25-May	die Eltern		y
100	1856	53	Pfaff	Henriette	Georg	Noll	Kath.	25-May	(1) Pfaff (2) Noll	(1) Uhlrich Henriette	(2) y
101	1856	53	Frank	Katharina	Friedrich	Rommel	Barbara	25-May	die Eltern		y
102	1856	53	Magsam	Carl Heinrich Robert Johann Georg	Johann	Hoffmann	Auguste	25-May	Magsam	Carl Heinrich	y
103	1856	53	Gerner	August	Georg	Resch	Rosine	02-Jun	Resch	Johann	y
104	1856	53	Ritterbusch	Eva	Heinrich	Schulz	Wilhelmine	03-Jun	Becht	Eva	y
105	1856	53	Baum	Christian	Johann	Schwingler	Barbara	07-Jun	die Eltern		y
106	1856	53	Hessenauer	Anna Maria Katharina	Johann	Gress	Anna	08-Jun	die Eltern		y
107	1856	53	Schmiermund	Margretha	Peter	Henkel	Charlotte	08-Jun	Joh	Kath. Marg.	y
108	1856	53	Nickel	Gerhardt Albert	Johann Friedrich	Diemann	Anna Maria	08-Jun	Kolmei	Gerhardt Friedrich	y
109	1856	53	Schmidt	Elisabetha	Kasper	Find	Margretha	12-Jun	die Eltern		y
110	1856	53	Eberlein	Sophia	Michael	Meier	Katharina	13-Jun	Stuckert	Sophia	y
111	1856	53	Bachofer	Gustopf Adolf	Johann Fried.	Graul	Barbara	15-Jun	Eisenacher (1) Back	Gustopf Adolf (2) (1) Heinrich	y
112	1856	53	Siebert	Georg Heinrich	Conrad	Salge	Dorethea	15-Jun	Ohage	(2) Georg	y
113	1856	53	Betes	Maria Ellen Heinrich Christian	Carl	Gress	Maria Louise	15-Jun	Gress	Johann & Maria	y
114	1856	53	Palond	Wilhelm	Wilhelm	Weber	Wilhelmine	15-Jun	Becker	Heinrich	y
115	1856	53	Vogelinsit [?]	Johann	Bartholomaus	Haas	Eva	16-Jun	Gobel	Johann	y
116	1856	53	Fangmeier	Johann Friedrich	Johann	Buggeln	Theresia	22-Jun	Kampe	Johann Friedrich	y
117	1856	53	Friedrich	Johann	Johann	Hauser	Maria	22-Jun	Felmer	Carl	y
118	1856	53	Fritz	Elisabetha	Johannes	Maltfeld	Anna Maria	22-Jun	Maltfeld	Elisabetha	y
119	1856	53	Paul	Johann	Johann	Rese	Elisabetha	22-Jun	die Eltern		y
120	1856	53	Miller	Conrad	Conrad	Sachs	Katharina	22-Jun	Bauer	Katharina	y
121	1856	53	Baum	Christian Friedrich	Ludwig	Friedrich	Christine	22-Jun	(1) Friedrich (2) Marmen	(1) Friedrich (2) Ribena [?]	y

Trinity German Lutheran
Baptisms

No.	Year	Page	Surname	Given Name	Father	M Surname	M Given	Bapt	W Surname	W Given	More Info
122	1856	53	Götzinger	Carl Anton	Anton	Hammel	Magdalene	23-Jun	(1) Jakobschen (2) Ott	(1) Carl (2) Auguste	y y
123	1856	53	Baier	Balthaser	Balthaser	Koch	Gertraud	24-Jun	Miller	Eva	y
124	1856	53	Baier	Eva	Balthaser	Koch	Gertraud	24-Jun			y
125	1856	53	Popp	Anna Dorethea	Adam	Lutz	Barbara	24-Jun	Hein	Anna Dorethea	y
126	1856	53	Hubner	Martin	Heinrich	Dannenfelser	Anna Maria	28-Jun	Holdefer	Magdalena	y
127	1856	53	Kurtz	Ludwig	Jakob	Tieroff	Marg.	29-Jun	Kurz	Ludwig	y
128	1856	53	Bock	Johanne Juliane Johann Heinrich	Joh. Julius Wilh. H.	Bauer	Johanne Elisab.	29-Jun	Nolte	Johanne Juliane	y
129	1856	53	Kolb	Valenten Johann Wilhelm	Johann	Hitter	Caroline	29-Jun	Hitter	Johann	y
130	1856	53	Geiger	Hermann	Johann	Weber	Katharina	29-Jun	Geiger	Wilhelm	y
131	1856	53	Heiser	Maria Fridrika	August	Krapf	Marg.	29-Jun	(1) Gunther (2) Appel	(1) Friedrika (2) Maria	y
132	1856	53	Corsen	Franzix Wilhelmine	Heinrich	Ohlschlager	Wilhelmine	29-Jun	Köster	Friedrika Wilhelmine	y
133	1856	53	Mutter	Marburg	Michael	Dollinger	Sophine	01-Jul	Roll	Marburg	y
134	1856	53	Schmidt	Maria	Carl	Dieter	Wilhelmine	02-Jul	die Eltern		y
135	1856	55	Pizinger	Wilhelm	Conrad	Reistätter	Christine	03-Jul	die Eltern		y
136	1856	55	Pickel	Johann Georg	Johann	Remp	Margretha	03-Jul	(1) Emmerich (2) Deckenbach	Johann Georg (1) Christine (2) Kath.	y
137	1856	55	Beckel	Pauline	Heinrich	Seipp	Marg.	04-Jul	(1) Burg (2) Born	(1) Caroline (2) Martin	y
138	1856	55	Burg	Wilhelmine	Johann	Wessel	Helene	04-Jul	(1) Haffner (2) Burg	(1) Elisabetha (2) Joh.	y
139	1856	55	Schmidt	Amalie Elisabetha	Georg	Nickales	Wilhelmine	04-Jul	(3) Kurz	(3) J.	y
140	1856	55	Siebel	Johannes	Heinrich	Otto	Barbara	06-Jul	Hergenheim	Johannes	y
141	1856	55	Oberdalhoff	Friedrich Wilhelm	Hermann Wilh.	Krauk	Friedricka	06-Jul	Krauk	Friedrich	y
142	1856	55	Ackermann	Dorethea Charlotte	Louis	Pfeiffer	Kunigunde	06-Jul	die Mutter		y
143	1856	55	Rugheimer	Georg August	Peter	Grammer	Kath.	06-Jul	die Eltern		y
144	1856	55	Botzner	Georg	Conrad	Hoike	Marg.	06-Jul	Edel	Georg	y
145	1856	55	Beschler	Johann	Adam	Regert	Barbara	10-Jul	die Eltern	Andreas & Justine	y
146	1856	55	Meier	Justine Margretha Johann Christian	Johann Fried.	Walz	Christine Marg	.13 jul	Schweitzer	Marg.	y
147	1856	55	Heiss	Charles	Johann Martin	Twelbeck	Kath.	13-Jul	(1) Heiss (2) Wolf	(1) Christian (2) Charlotte	y
148	1856	55	Gebete	Conrad	Paul	Koch	Johanne	13-Jul	Horst	Conrad	y
149	1856	55	Hufnagel	Elisabetha	Balthaser	Rupprecht	Elisabetha	13-Jul	Helm	Elisabetha	y
150	1856	55	Schömbs	Philipp Heinrich	Heinrich	Elker	Regine	14-Jul	die Eltern		y
151	1856	55	Blaick	Maria Margretha	Johann Fried.	Werner	Marg.	23-Jul	die Eltern		y
152	1856	55	Heins	Carl	Jost	Schulz	Katharina	23-Jul	Beckel	Margretha	y
153	1856	55	Becker	Julius Hermann	Severen	Gramer	Kath.	27-Jul	(1) Rauch (2) Schmidt	(1) Jost (2) Jost	y
154	1856	55	Bieter	Heinrich Wilhelm	Wilhelm	Kreb	Sophia	27-Jul	die Eltern		y
155	1856	55	Wedeknecht	Elise Wilhelmine	Johann	Bechmann	Helena	27-Jul	Wedeknecht	Wilhelmine	y

Trinity German Lutheran Baptisms

No.	Year	Page	Surname	Given Name	Father	M Surname	M Given	Bapt	W Surname	W Given	More Info
156	1856	55	Hofler	Georg	Nickaulus	Krieg	Barbara	27-Jul	Ehrmann	Georg	y
157	1856	55	Milius	Friedrich Wilhelm	Frantz	Junker	Katharina	27-Jul	Rupp	Katharina	y
158	1856	55	Congrot	Alfred	Emil	Hernel	Margretha	31-Jul	die Grossmutter		y
159	1856	55	Gronau	Bertha Margretha	Eduard	Stihmann	Fried.	03-Aug	Henning	August	y
160	1856	55	Brand	Carl	Johann	Mitze	Maria	05-Aug	die Mutter		y
161	1856	55	Vogler	Georg	Matheus	Dennekin	Katharina	07-Aug	die Eltern		y
				Anna Marg.					(1) Moll	(1) Anna Marg.	
162	1856	55	Moll	Elisabetha	Heinrich	Schaumburg	Anna Martha	07-Aug	(2) Schaumburg	(2) Elisabetha	y
163	1856	55	Hertel	Johann Georg	Johann	Magd	Maria	10-Aug	Heimann	Christian	y
164	1856	55	Lehneis	Christian	Georg	Heimann	Elisabetha	10-Aug	(1) Beckel	(1) Elisabetha	y
165	1856	55	Stein	Mathilda	Peter	Jost	Maria	10-Aug	(2) Schappel	(2) Maria	
166	1856	55	Wenzel	Johann Simon	Johann	Arnold	Maria	10-Aug	Desel	Johann Simon	y
									(1) Hilsmann	(1) Katharina M.	
167	1856	55	Gramer	Maria Louise	Casper	Ebersen	Katharina	10-Aug	(2) Buscke	(2) Elise	y
168	1856	55	Fruhwald	Sophia	Georg	Dresel	Barbara	11-Aug	die Eltern		y
169	1856	55	Schem	Elisabetha	Georg	Weneger	Kunigunde	15-Aug	Steinmetz	Elisabeth	y
170	1856	55	Grab	Johann	Adam	Weidenhofer	Erne	17-Aug	Fehlix	Johann	y
171	1856	55	Burkle	Johann Balthaser	Johann	Meier	Caroline	17-Aug	die Eltern		y
172	1856	55	Jager	Anna Maria	Anton	Mittelkampf	Kath.	17-Aug	die Eltern		y
173	1856	55	Stampfel	Anna Kunigunde	Martin	Weber	Kath.	17-Aug	Resch	Kunigunde	y
174	1856	55	Nickel	Hermann Adolf Wilhelmine	Gottfired	Nickel	Anna M.	22-Aug	die Eltern		
175	1856	55	Nicklas	Kunegunde	Georg	Oster	Elisabetha	24-Aug	Könnemann	Kunigunde	y
176	1856	55	Hertel	Barwette Louise	Johann	Sporer	Lisette	24-Aug	Sporer	Barwette	y
177	1856	55	Bauer	Margretha	Johann Georg	Steinmann	Marg.	25-Aug	Zanner	Wolf & Margretha	y
									(1) Jakob	(1) Eckhardt	
178	1856	57	Lenker	Ekhardt	Johann	Jakob	Elisabetha	31-Aug	(2) Pausch	(2) Elisabetha	y
179	1856	57	Graus	Ludwig	Johann	Wink	Helene	31-Aug	Weber	Ludwig	y
180	1856	57	Spieker	Eduard Rudolf Margretha	Hermann H.	Dorges	Marg. E.	31-Aug	Mettmann	Rudolf	y
181	1856	57	Goldenstrot	Katharina	Georg	Schramme	Magdalene	01-Sep	Habenhosen	Katharina	y
									(1) Ottmutter	(1) Friedrich	
182	1856	57	Schadel	Friedrich	Johannes	Graul	Barbara	02-Sep	(2) Hillenthal	(2) Kath.	y
183	1856	57	Schmidt	Barbara	Carl	Muller	Barbara	06-Sep	die Eltern		y
184	1856	57	Schönemann	Christine	Ludwig	Vetter	Kath.	06-Sep	Pitzinger	Christine	y
185	1856	57	Essler	Casper Heinrich	Casper H.	Horstemeier	Anna K. M.	07-Sep	die Eltern		y
186	1856	57	Dresel	Georg Christian	Johann	Gaubatz	Johanne	07-Sep	Dresel	Georg	y
187	1856	57	Happel	Philipp	Conrad	Grill	Katharina	07-Sep	Grill	Philipp	y
188	1856	57	Rau	Anna Maria Wilhelmine Johanne	Johann Conrad	Schafer	Marg.	07-Sep	Letterer	Johann	y
189	1856	57	Fehle	Doreth.	August	Stephan	Dorethea	07-Sep			y
190	1856	57	Feige	Carl Samuel	Carl	Hoffmann	Christiane	08-Sep	Hoffmann	Christian	y
191	1856	57	Feige	Friedrich	Carl	Hoffmann	Christian	08-Sep	Reitz	Caroline	y
192	1856	57	Edelmann	Johann	Jakob	Gebhardt	Kath.	11-Sep	Winter	Johann	y

Trinity German Lutheran Baptisms

No.	Year	Page	Surname	Given Name	Father	M Surname	M Given	Bapt	W Surname	W Given	More Info
193	1856	57	Kropp	Heinrich Wilhelm Ludwig	Wilhelm	Gerdmayer	Christ. Dorethea	12-Sep	Albrecht	Christiana	y
194	1856	57	Erdenbrecht	Johann Georg	Johann Leonhard	Doll	Marg.	14-Sep	Erdenbrecht	Johann Georg	y
195	1856	57	Ernst	Hilda Mathilde	Hermann	Ernst	Anna	21-Sep	Schuhmann	Wilhelmine	y
196	1856	57	Hulsmann	Wilhelm	Friedrich	Pilgrim	Kath. Maria	21-Sep	Kraft	Wilhelm	y
197	1856	57	Römer	Carl	Johannes	Leichthaler	Elisa	21-Sep	Leichthaler	Carl	y
198	1856	57	Schammel	Georg Wolfgang Wilhelm Heinrich	Bernhard	Friedrich	Gertraud	21-Sep	Steinmetz	Georg Wolfgang	y
199	1856	57	Turner	Carl	Wilhelm	Weinbraut	Sophia	21-Sep	Weinbraut	Carl & Maria	y
200	1856	57	Zanner	Eva	Wolfgang	Roming	Kath.	28-Sep	Ochs	Thomas & Eva	y
201	1856	57	Sohn	Johannes	Moritz	Muller	Christina	28-Sep	Becker	Johannes	y
202	1856	57	Meese	Johann Ludwig	Ludwig	Schmidt	Marg.	28-Sep	(1) Merle (2) Muller	(1) Johann (2) Johann	y
203	1856	57	Bretthorn	Wilhelm Heinrich	Wilhelm	Zimmermann	Louise	28-Sep	(1) Lohmuller (2) Krauk	(1) Heinrich (2) Wilhelm	n
204	1856	57	Graf	Carl Hermann	Carl August	Serger	Johanne Helene Wilhel.	03-Oct	die Eltern		y
205	1856	57	Fleischhauer	Heinrich	Heinrich	Schneider	Anna Elisab.	05-Oct	Schneider	Heinrich	y
206	1856	57	Möckel	Heinrich	Balthaser	Ziemann	Theresia	13-Oct	die Eltern		y
207	1856	57	Möckel	Wilhelm	Balthaser	Ziemann	Theresia	13-Oct	die Eltern		y
208	1856	57	Amberg	Alfred	Georg	Kunker	Katharina	19-Oct	die Eltern		y
209	1856	57	Feldmann	Carl Friedrich	Friedrich	Frese	Anna	19-Oct	Möller (1) Roschmeier	Ernst H. & Elisabetha (1) Ernst H.	y
210	1856	57	Vollert	Heinrich Wilhelm	Carl Eduard	Fisting	Marianna	19-Oct	(2) Fisting	(2) Caroline	y
211	1856	57	Schöneberg	Anna Margretha	Heinrich	Dickhorner	Anna	19-Oct	Grammel	Anna Margretha	n
212	1856	57	Wederhacken	Heinrich	Carl	Borgolte	Auguste	19-Oct	die Eltern		y
213	1856	57	Wederhacken	Caroline	Carl	Borgolte	Auguste	19-Oct	die Eltern		y
214	1856	57	Wirth	Rosine	Michael	Gebhardt	Marg.	26-Oct	Wirth (1) Roth	Rosine (1) Elisabetha	y
215	1856	57	Bergheimer	Mina Fridricka	Leonhardt	Pasch	Marg.	26-Oct	(2) Schlegel	(2) Wilhelmine	y
216	1856	57	Schmidtmann	Maria Johann Heinrich	August	Engel	Barwette	26-Oct	Glanz	Christian & Maria	y
217	1856	57	Rommel	Alexander	Ernst	Kolmei	Elisabetha	26-Oct	Kolmei	John H.	y
218	1856	57	Hirschmann	Katharina Barbara Georg Friedrich	Johann Georg	Steinel	Barbara	02-Nov	Krug	Kath. Barbara	y
219	1856	57	Stark	Wilhelm	Carl H.	Muller	Caroline	02-Nov	Muller	Georg Friedrich	y
220	1856	59	Steuber	Johanne Elisabetha	Casper	Dittmer	Eva	02-Nov	die Eltern	Anna Katharina	y
221	1856	59	Schilling	Anna Katharina	Georg	Vollmer	Elisabetha	03-Nov	Pfaff	Johann Leonhard & Marg.	y
222	1856	59	Schultheiss	Johann Leonhard	[blank]	Schultheiss	Kunigunde	10-Nov	Friedrich	Marg.	y
223	1856	59	Glass	Johann Carl	Heinrich	Fruhauf	Barbara	10-Nov	Hartdmann	Johann	y
224	1856	59	Rehmer	Christian Wilhelm	Valenten	Marhenke	Fried.	10-Nov	Rehner	Johann Christ. & Casper	y

Trinity German Lutheran Baptisms

No.	Year	Page	Surname	Given Name	Father	M Surname	M Given	Bapt	W Surname	W Given	More Info
225	1856	59	Berger	Wolfgang Alexander	Martin	Lehneis	Kunigunde	10-Nov	Barikel	Wolfgang	y
226	1856	59	Roth	Katharina	Heinrich	Muller	Christina	16-Nov	Matfeld	Carl Fr. & Katharina	y
227	1856	59	Bär	Carolina	Johannes	Gropz	Wilhelmine	16-Nov	die Eltern		y
228	1856	59	Hageton	Mariana	Simon	Gärtner	Martha E.	16-Nov	Illeot [Elliott]	Martha	y
229	1856	59	Moser	Maria Elisabetha	Heinrich	Lippert	Marg.	23-Nov	(1) Lippert / (2) Moser	(1) Maria / (2) Elisabetha	y
230	1856	59	Emmerich	Johann	Conrad	Werner	Anna Maria	23-Nov	Emmerich	Heinrich	y
231	1856	59	Stittelberger	Ehler	Johann	Ehlers	Marg.	23-Nov	Stittelberger	Ehler	y
232	1856	59	Weh	Jakob	Alax	Bernreiter	Barbara	21-Nov	Schering	Jakob	y
233	1856	59	Kister	Carl Wilhelm	Johann	Zeidler	Fried. Wilh.	30-Nov	Mahnken	Carl	n
234	1856	59	Barthel	Anna Marg. Friedricka	Johann Fried.	Heidel	Susanne Elise	29-Nov	(1) Hehn / (2) Becker	(1) Anna Marg. / (2) Friedrike	y
235	1856	59	Seiffert	Caroline Katharina	Christian	Gegelein	Maria	29-Nov	die Eltern		y
236	1856	59	Keiser	Margretha Barbara	Georg	Geiger	Katharina	07-Dec	Keiser	Margretha Barbara	y
237	1856	59	Sommer	Johanne Caroline Amalie	Johann	Toppe	Johanne Caroline Amalie	07-Dec	Kirschbaum	Johanne	y
238	1856	59	Frank	Carl Wilhelm	Georg	Kirschner	Ernstine	07-Dec	Schafer	Carl Wilhelm	y
239	1856	59	Trautwein	Johann Georg	Georg	Weber	Anna	07-Dec	Trautwein	Johann & Margretha	y
240	1856	59	Döllinger	Dorethea	Peter	Baier	Margretha	07-Dec	Döllinger	Dorethea	y
241	1856	59	Döllinger	Anna Margretha	Lorentz	Zinram	Dorethea	07-Dec	Döllinger	Anna Margretha	y
242	1856	59	Burkhardt	Katharina	Johanens	Willershausen	Katharina	08-Dec	Willershausen	Katharina	y
243	1856	59	Jakob	Samuel	Carl Wilhelm	Muller	Katharina	14-Dec	Meibert	Samuel	y
244	1856	59	Bauer	Imma	Frantz	Printz	Elisabetha	14-Dec	die Eltern		y
245	1856	59	Hupp	Margretha	Peter	Jekle	Katharina	14-Dec	die Eltern		y
246	1856	59	Sudbrok	Friedrich Wilhelm	Heinrich	Neuhaus	Kath.	18-Dec	Bendrub	Wilhelm & Katharina	y
247	1856	59	Nellert	Doretha Christina Marg. Louise Friedrika Lydia	Johannes	Bormann	Caroline	21-Dec	(1) Kurz / (2) Frank / (3) Wichard	(1) Christian / (2) Margretha / (3) Elisabetha	y
248	1856	59	Krauk	Elisabetha	Wilhelm	Kolkhorst	Maria	25-Dec	(1) Oberdalkof / (2) Brettholl	(1) Friedrika / (2) Elisabetha	y
249	1856	59	Simon	Mathilde Rosine	Johannes	Schorr	Kath.	25-Dec	Schmidt	Margretha & Jakob	y
250	1856	59	Sondermeier	Johann Friedrich Wilhelm	Carl Fried. Gottlieb	Schröder	Johanne Henriette Amalie	25-Dec	Flaschkampp	Johann Fried. Wilh.	y
251	1856	59	Hermann	Juliane	Nicklas	Hermannsdörfer	Barbara	25-Dec	Horn	Juliane	y
252	1856	59	Hermann	Ludwig August	Nicklas	Hermannsdörfer	Barbara	25-Dec	Hermann	Ludwig August	y
253	1856	59	Menter	Maria Wilhelmine	Johann Georg	Kroppenstädt	Bertha	25-Dec	Ohr	Maria Wilhelmine	y
254	1856	59	Schuh	Rosine Wilhelmine Margretha	Johann	Bock	Wilhel. Auguste	26-Dec	Bock	Wilhelmine Margretha &	y
255	1856	59	Lotz	Wilhelmine	Carl Conrad	Rommel	Maria	26-Dec	Dietz	Wilhelmine	y
256	1856	59	Arnold	Kunigunde	Johann	Michael	Katharina	26-Dec	Hammerbacher	Kunigunde	y
257	1856	61	Landbeck	Friedrika Clara	Christian	Andreas	Elisabetha	28-Dec	Klemm	Friedrika	y
258	1856	61	Haase	Ernst Ludwig	Ernst Frantz	Gunther	Elise	28-Dec	die Mutter		y
259	1856	61	Haase	Wilhelm Frantz	Ernst Frantz	Gunther	Elise	28-Dec	die Mutter		y

Trinity German Lutheran
Baptisms

No.	Year	Page	Surname	Given Name	Father	M Surname	M Given	Bapt	W Surname	W Given	More Info
260	1856	61	Glas	Susanne Louise	Georg	Gunther	Katharina	28-Dec	(1) Lotz (2) Gunther	(1) Susane (2) Elisabetha	
261	1856	61	Evers	Margretha Inn	Heinrich Wilhelm	Harbrucker	Karoline	28-Dec	(3) Glas	(3) Anna B.	y
262	1856	61	Vetter	Johann Adam	Georg	Kern	Sibilla	28-Dec	Schorr	Anna Elisabethe	y
263	1856	61	Grunewald	Elisabetha	Ernst	Stiegmann	Charlotte	28-Dec	die Eltern	die Mutter	y
1	1857	61	Steinmetz	Johann	Georg	Weniger	Elisabetha	04-Jan	Weniger	Johann	y
2	1857	61	Momberger	Heinrich Hermann	Heinrich	Gerste	Louise	04-Jan	Thimann	Heinrich Hermann	y
3	1857	61	Krebs	Maria	Conrad	Schröder	Emilie	11-Jan	Kratz	Anna Maria	y
4	1857	61	Kleis	Johann	Johann	Kroll	Anna	11-Jan	(1) Siebert (2) Brockmann	(1) Johann Ernst (2) H.	y
5	1857	61	Schminke	Anna Louise	Wilhelm	Langenfelder	Katharina Elise	11-Jan	Spangenberg	Louise	y
6	1857	61	Jahreiss	Anna Barbara	Christoph	Eiser	Wilhelmine	18-Jan	Tauber	Johann Friedrich & Anna Barbara	y
7	1857	61	Amendt	Anna Margretha	Johann Philipp	Amrhin	Angela	15-Jan	Loit	J. P.	y
8	1857	61	Schemm	Maria Elisabetha	Georg Leonhard	Neidert	Eva Katharina	04-Feb	Christ	Maria Elisabetha	y
9	1857	61	Christ	Eva Katharina	Jakob	Hardtmann	Elisabetha	04-Feb	Schemm	Eva Katharina	y
10	1857	61	Holdhaus	Sophia Caroline	Hermann	Vanende	Auguste Friedricke	04-Feb	Bauer	Sophia Caroline	y
11	1857	61	Volz	Johann Heinrich	Johann	Lauer	Margretha	08-Feb	Zulauf	Johann H.	y
12	1857	61	Kohler	Katharina	Johann	Dohrmann	Elisabetha	08-Feb	Zanner	Wolf & Kath.	y
13	1857	61	Pohlmann	Heinrich	Christian	Dobing	Anna	08-Feb	die Eltern		y
14	1857	61	Kullmann	Heinrich	Adolph	Wagner	Elisabetha	08-Feb	die Eltern		y
15	1857	61	Muller	Carl Wilhelm	Peter	Meier	Elisabetha	08-Feb	Schafer	Carl Wilhelm	y
16	1857	61	Hetz	Georg	Andreas	Klehm	Anna Doretha	08-Feb	die Eltern		y
17	1857	61	Hotz	Peter Carl	Georg	Eckert	Elisabetha	08-Feb	die Eltern		y
18	1857	61	Becker	Georg Martin	Nicklas	Muler	Louise	11-Feb	Neuhausel	Georg	y
19	1857	63	Bräunlein	Elisabetha	Johann Uhlrich	Reins	Maria Auguste	13-Feb	Geiger	Elisabetha	y
20	1857	63	Carl	Ludwig	Johann Michael	Hanselmann	Maria	15-Feb	Horlacher	Johann	y
21	1857	63	Desel	Anna	Simon	Arnold	Maria Dorothea	15-Feb	Schönhöfer	Anna	y
22	1857	63	Schmidt	Wilhelm	Johann	Willershausen	Margretha	15-Feb	Willershausen	Josephine	y
23	1857	63	Conrad	Anna Katharina	Christoph	Geissler	Anna Doretha	19-Feb	Mann	Anna Katharina	y
24	1857	63	Pfetzer	Emilie	Michael	Heidlage	Maria	22-Feb	Specht	Emilie	y
25	1857	63	Ode	Anna Henriette	Wilhelm Hermann	Wiswe	Friedricke	22-Feb	Kleis	Anna Maria	y
26	1857	63	Heinle	Albert	Georg	Negelin	Eva	22-Feb	die Eltern		y
27	1857	63	Baier	Heinrich	Johann	Bautler	Rosine	23-Feb	Baier	Maria	y
28	1857	63	Baier	Maria	Johann	Bautler	Rosine	23-Feb	Baier	Maria	y
29	1857	63	Erling	Auguste Maria	Wilhelm	Schuhmann	Emielie	01-Mar	Mauers	Auguste	y
30	1857	63	Metzger	Clara Louise	Johann	Kampe	Florentine Maria	01-Mar	Kampe	Clara Louise	y
31	1857	63	Vogt	Heinrich Wilhelm	August	Lohrmann	Sophia	01-Mar	Lohrmann	Heinrich	y
32	1857	63	Weber	Georg	Johann	Umbach	Elisabetha	01-Mar	Sutter	Georg	y
33	1857	63	Orem	Ludwig Wilhelm	Johann	Schrattner	Elisabetha	08-Mar	Merkle	Ludwig Wilhelm	y
34	1857	63	Zurrmuhl	Friedrika	Johannes	Engel	Friedrika	08-Mar	die Eltern		y
35	1857	63	Kampe	Katharina Amalie	Johann Fried.	Harp	Katharina	08-Mar	Müller	Katharina	y
36	1857	63	Thumser	Georg Eduard	Georg	Roth	Wilhelmine	08-Mar	Felbert	Eduard	y
37	1857	63	Fink	Imma Katharina	Friedrich	Hardtmann	Anna	08-Mar	Hardtmann	Imma	y

Trinity German Lutheran
Baptisms

No.	Year	Page	Surname	Given Name	Father	M Surname	M Given	Bapt	W Surname	W Given	More Info
38	1857	63	Lohmann	Johann Adam	Johann Adam	Gunther	Sophia	08-Mar	die Eltern		y
39	1857	63	Lohmann	Sophia	Johann Adam	Gunther	Sophia	08-Mar	die Eltern		y
40	1857	63	Sauer	Maria	Christian	Heibeck	Barbara	09-Mar	Raul	Maria	y
41	1857	63	Lange	August Heinrich	Heinrich	Westermann	Elisabetha	15-Mar	Westermann	August	y
42	1857	63	Wissmann	Ernst Friedrich	Friedrich	Schuremann	Anna	15-Mar	Schwier	Ernst Fried.	
43	1857	63	Almendinger	Maria Katharina Katharina	Jakob	Kreiss	Magdalene	15-Mar	(1) Almendinger (2) Hensel	(1) Georg (2) Katharina	y
44	1857	63	Heisser	Elisabetha	Ernst	Ellermans	Margretha	22-Mar	König	Katharina Elisabetha	y
45	1857	63	Leissner	Herman Heinrich	Heinrich	Holdmann	Anan Maria	22-Mar	Gettemuller	Hermann Heinrich	y
46	1857	65	Meibert	Carl Wilhelm	Samuel	Henkes	Magdalena	22-Mar	Jakob	Carl Wilhelm	y
47	1857	65	Endes	Johann	Conrad	Sing	Elisabetha	24-Mar	der Vater		y
48	1857	65	Roth	Anna Margretha	Friedrich	Zierlein	Anna	29-Mar	(1) Roth (2) Schuh	(1) Anna (2) Margretha	y
49	1857	65	Granester	Barbara	Johann	Reinhardt	Margretha	29-Mar	Granester	Barbara	y
50	1857	65	Beck	Carl Andreas Christian August	Heinrich	Roth	Philippine	29-Mar	Kolb	Carl Andreas	y
51	1857	65	Leinbach	Fried.	Martin	Simon	Katharina	29-Mar	Grummel	Friedrich	y
52	1857	65	Mackel	Johann Georg	Georg Leonhard	Billmann	Sophia	29-Mar	Billmann	Johann Georg	y
53	1857	65	Götz	Ludwig	Friedrich	Witteke	Wilhelmine	29-Mar	Wenchel	Conrad	y
54	1857	65	Feldhaus	Friedrich Wilhelm Ehrich	Eberhardt Ludwig	Imken	Meta	29-Mar	(1) Meier (2) Feldhaus	(1) Ehrich (2) Friedrich Wilhelm	y
55	1857	65	Baier	August	Johann	Erkert	Eva Margretha	05-Apr	Weissenborn	August	y
56	1857	65	Weissenborn	Maria Eva	Fried. August	Hegert	Elisabetha	05-Apr	Wagner	Maria Eva	y
57	1857	65	Unkert	Elise Dorethea	Ernst	Adelheit	Maria	12-Apr	Unkert	Elise Margretha	y
58	1857	65	Moll	Johann Heinrich	Johann	Nebe	Anna Katharina	12-Apr	Moll	Johann Heinrich	y
59	1857	65	Theisschneider	Anna Elisabetha Johann Friedrich	Johann	Ritter	Martha Elisabethe	12-Apr	Schneider	Johann Peter Johann Fried.	y
60	1857	65	Klaussner	Theodor	Johann	Hornveite	Anna	12-Apr	Volket	Theodor	y
61	1857	65	Hupp	Johannes	Johannes	Buschmann	Johanne Doretha	12-Apr	die Eltern		y
62	1857	65	Reitz	Philipp Anton	Georg	Reinbott	Elisabetha	12-Apr	Rommel	Philip Anton	y
63	1857	65	Gutmann	Jakob Julius	Johann	Kiefaber	Rosine	12-Apr	Reder	Jakob	y
64	1857	65	Faber	Friedrich Dietrich	Johann	Kober	Katharina	12-Apr	(1) Zimmermann (2) Faber	(1) Dietrich (2) Fried.	y
65	1857	65	Faber	Heinrich Friedrich	Friedrich	Lehneis	Friedrika	12-Apr	Altevogt	Friedrich	y
66	1857	65	Bartmann	Wilhelm	Christophf	Hamann	Christine	13-Apr	Wettgrebe	Wilhelm	y
67	1857	65	Ort	Margretha Elise	Adam	Hummel	Auguste	13-Apr	Ort	Margretha	y
68	1857	65	Hunsmann	Heinrich Christophf	Christoph	Breitenöther	Katharina	19-Apr	Carle	Johann Christian	y
69	1857	65	Silliackes	Sophia Christine Elisabetha Marg.	Johann	Buggern	Rebbecca	26-Apr	Balster	Sophia Christine	y
70	1857	65	Rupp	Katharina	Nicholaus	Beck	Katharina	26-Apr	Beck	Gottlieb & Marg.	y
71	1857	65	Muller	Heinrich	Johannes	Kamleiter	Anna	26-Apr	(1) Deichler (2) Sauter	(1) Heinrich (2) Maria	y
72	1857	67	Schrack	Johann Heinrich	Matheus	Brenner	Louise	02-May	die Eltern		y
73	1857	67	Knipschild	Heinrich Gottlieb	August	Brockmann	Betti	02-May	die Eltern		y

Trinity German Lutheran Baptisms

No.	Year	Page	Surname	Given Name	Father	M Surname	M Given	Bapt	W Surname	W Given	More Info
74	1857	67	Zucker	Katharina Maria	Christian	Schwarzbauer	Wilhelmine Auguste	10-May	Hulsmann	Katharina Maria	y
75	1857	67	Schaber	Karoline Louise Friedricke Heinrich Dietrich	Carl	Hildebrecht	Friedrike	10-May	die Eltern		y
76	1857	67	Heise	Hermann	Hermann	Michaelsen	Gesene	17-May	die Eltern		y
77	1857	67	Habenhosen	Barbara	Johann	Strattner	Katharina	17-May	Strattner	Barbara	y
78	1857	67	Jansen	Friedrich Wilhelm	Wilhelm Friedrich	Ritter	Johanne Louise	17-May	die Mutter (1) Krauck (2) Krauck	(1) Wilhelm (2) Louise (3) Christine	y
79	1857	67	Lohmuller	Anna Christine Friedricka Emielie	Heinrich	Janne	Louise	22-May	(3) Seipp		y
80	1857	67	Appel	Emma	Georg	Muhe	Louise	31-May	die Eltern (1) Mohr	(2) (1) Concordia Amalie (2) Rosine Margretha	y
81	1857	67	Himmer	Concordia Rosine	Joh. Chrisoph	Mark	Anna Barbara	31-May	Schuhlein	Paulus	y
82	1857	67	Schmidt	Paulus	Heinrich	Dietrich	Kath.	31-May	Schmidt	Barbara	y
83	1857	67	Friedrich	Barbara	Leonhardt	Weiss	Margretha	31-May	Reissenweber	Katharina	y
84	1857	67	Lehneis	Katharina	Johann	Wolf	Kunigunde	31-May	Lehneis	Eva Barbara	y
85	1857	67	Lampe	Eva Barbara	Georg	Burkhardt	Anna Maria	31-May	Netzel	Elise	y
86	1857	67	Sutter	Elisabetha	Jost	Ambach	Elisabetha	31-May	Ambach		y
87	1857	67	Prögel	Conrad	Johann	Welh	Elisabetha	31-May	die Eltern	Eva	y
88	1857	67	Schnebel	Elise Margretha	Christian	Winter	Anna	31-May	Knebel		y
89	1857	67	Bär	Katharina	Heinrich	Schott	Elisabetha	31-May	die Eltern		y
90	1857	67	Müller	Maria	Wilhelm	Altschwee	Louise	01-Jun	Wagner	Maria	y
91	1857	67	Bergert	Barbara	Carl	Schmidt	Marg.	01-Jun	Pfister	Barbara	y
92	1857	67	Franziska	Johann Gerhard	Peter	Kaiser	Katharina	01-Jun	die Eltern		y
93	1857	67	Trumper	Herman Heinrich	Herman H.	Klostermann	Margretha	01-Jun	die Eltern		y
94	1857	67	Neidhardt	Elisabetha	Adam	Ferner	Margretha	27-May	Thorns	Elisabetha	y
95	1857	67	Neidhardt	Caroline	Adam	Ferner	Margretha	27-May	Weinrich	Katharina	y
96	1857	67	Schaaf	Maria Katharina	Peter	Hammel	Elisabetha	07-Jun	Hammel	Maria	y
96	1857	67	Lindenberger	Philipp	Johannes	Friedrich	Eva	07-Jun	Freund (1) Heiss (2) Carl	Conrad (1) Johann (2) Christian	y
97	1857	69	Schifferer	Johann Christian	Gottfried	Wolk	Charlotte	07-Jun	Bettmann	Johann	y
98	1857	69	Sachs	Johannes	Carl	Ruppert	Katharina	07-Jun	Bauer	Georg Elias	y
99	1857	69	Dresel	Georg Elias	Johann Joachim	Bierlein	Elisabetha	07-Jun	Fisting	Caroline	y
100	1857	69	Hoschmeier	Louise Caroline	Ernst	Fisting	Agnes	07-Jun	Herget	Johann	y
101	1857	69	Freund	Johannes	Matheus	Maier	Caroline	21-Jun	Gaisser	Christiane	y
102	1857	69	Durr	Christiane	Johannes	Wuchter	Margretha	21-Jun	Muller	Eva Elisabetha	y
103	1857	69	Mathei	Eva Elisabetha	Christia Eduardt	Muller	Elisabetha	21-Jun	die Eltern		y
104	1857	69	Geiger	Wilhelmine	Johann Georg	Gaisser	Regina	22-Jun	die Eltern		y
105	1857	69	Schorr	Anna Maria	Friedrich	Dannenfelser	Magdalene	22-Jun	Roth	Heinrich	y
106	1857	69	Harting	Heinrich	Ferdinand	Mellhorn	Christina	28-Jun	Wenchel	Georg	y
107	1857	69	Wenchel	Georg	Conrad	Koch	Elisabetha	28-Jun	Vetter	Magdalena	y
108	1857	69	Vetter	Magdalena	Michael	Teller	Dorethea	28-Jun	(1) Freund (2) Herget	(1) Matheus (2) Johann	y
109	1857	69	Wagner	Johannes	Frantz	Herget	Eva	05-Jul			y

Trinity German Lutheran
Baptisms

No.	Year	Page	Surname	Given Name	Father	M Surname	M Given	Bapt	W Surname	W Given	More Info
110	1857	69	Wettgrebe	Maria Louise	Wilhelm	Hamann	Elisabetha	05-Jul	Wettgrebe	Louise	y
111	1857	69	Neubert	Johann Adam	Andreas	Seeberger	Barbara	05-Jul	Neubert	Johann Adam	y
112	1857	69	Hoffmann	Bernhardine	Bernhardt	Müller	Elisabetha	12-Jul	die Eltern		y
113	1857	69	Hoffmann	Kunigunde	Bernhardt	Müller	Elisabetha	12-Jul	Maurer	Kunigunde	y
114	1857	69	Kraft	Georg	Conrad	Beckel	Katharine	13-Jul	Kraft	Georg	y
115	1857	69	Deichmuller	Anna Margretha	Peter	Wolf	Maria	13-Jul	Dach	Dorethea	y
116	1857	69	Kremeyer	Ernst August	August	Gottlocke	Maria	13-Jul	die Eltern		y
117	1857	69	Benhoff	Eva	Friedrich	Reckel	Friedrika	20-Jul	Pecht	Eva	y
118	1857	69	Roth	Christian Jakob	Georg	Gesswein	Katharina	20-Jul	(1) Lindauer (2) Heintz	(1) Christian (2) Jakob	y
119	1857	69	Becker	Anna Getrad	Conrad	Noll	Henriette	20-Jul	Noll	Maria	y
120	1857	69	Dietrich	Friedricka	Heinrich	Schwörer	Theresia	23-Jul	Schwörer	Friedricka	y
121	1857	69	Dietrich	Elisabetha	Heinrich	Schwörer	Theresia	23-Jul	Schwörer	Elisabetha	y
122	1857	69	Elgerood	Margretha Louise	Friedrich	Sammel	Christine	02-Aug	Batzner	Margretha	y
123	1857	71	Walter	Margretha	Adam	Hardtland	Margretha	02-Aug	Hardtland	Margretha	y
124	1857	71	Muller	Johannes	Johannes	Frantz	Katharine	03-Aug	Frantz	Johann	y
125	1857	71	Halbruke	Georg Leonhard Joachim Carl	Carl	Reichel	Barbara	12-Aug	die Eltern	Friedrika Caroline & Joachim	y
126	1857	71	Sass	Christian	Julius	Wild	Maria	16-Aug	Wild	Albert & Henriette	y
127	1857	71	Benzin	Henriette Albertine	Johann	Wild	Wilhelmine	16-Aug	Wild	Maria Katharina	y
128	1857	71	Noll	Maria Katharina	Carl	Zinkand	Maria	16-Aug	Pfaff	Philipp	y
129	1857	71	Heimbuch	Philipp Anton	Conrad	Fliedner	Margretha	16-Aug	Rommel		y
130	1857	71	Schädel	Josephine	Johannes	Grunewald	Christina Barbara	18-Aug	(1) Schädel (2) Lichtmann	(1) Johannes (2) Josephine	y
131	1857	71	Hondes	Henriette Margretha	Allexander	Kling	Aldelheid	18-Aug	Debser	Henriette	y
132	1857	71	Kussmaul	Eduard	Lorentz	Klein	Sophia	23-Aug	die Eltern		y
133	1857	71	Berbig	Johannes	Eudard	Graussing	Margretha	23-Aug	Westerwetter	Johann	y
134	1857	71	Fraske	Carl Heinrich	Carl Heinrich	Seekamp	Geschahe	23-Aug	die Eltern		y
135	1857	71	Riedel	Johann	Conrad	Berl	Kunigunde	23-Aug	Kronewester	Johann	y
136	1857	71	Uhl	Heinrich	Ludwig	Trisch	Maria	23-Aug	die Eltern		y
137	1857	71	Heiden	Imma Margretha	Johann	Schmidt	Imma	26-Aug	Stiebritz	Margretha	y
138	1857	71	Heine	Helene Margretha Elise	Carl	Maier	Maria Agnes	07-Sep	die Eltern		y
139	1857	71	Heine	Louise	Carl	Rauscher	M. A.	07-Sep	Rauscher (1) Lipphardt (2) Beiswanger	Margretha (1) Peter (2) Caroline	y
140	1857	71	Breitenstein	Caroline Pauline	August	Beisswanger	Maria Rebecca	07-Sep	Fink	Friedrich	y
141	1857	71	Strauch	Johann Heinrich	Heinrich	Rott	Katharina	08-Sep	Dauber	Ludwig	y
142	1857	71	Striebel	Ludwig	Georg	Dauber	Maria	13-Sep	Kraft	Conrad	y
143	1857	71	Rupp	Conrad	Johann	Bruchheisser	Margretha	18-Sep	(1) Frank (2) Haas	(1) Heinrich (2) Louise	y
144	1857	71	Schweitzer	Carl Heinrich Wilhelm Anna Barbara	Carl	Keller	Caroline	18-Sep			y
145	1857	71	Dreyer	Carolina	Wilhelm	Gärtner	Magdalena	20-Sep	Dreyer	Anna	y
146	1857	71	Dreyer	Remine Elenore	Friedrich	Rodeke	Anna	20-Sep	Rodecke	Wilhelmine	y

Trinity German Lutheran
Baptisms

No.	Year	Page	Surname	Given Name	Father	M Surname	M Given	Bapt	W Surname	W Given	More Info
147	1857	71	Becker	Ludwig	Carl	Kangieser	Barbara Elisabetha	24-Sep	die Eltern		y
148	1857	71	Möckel	Johannes Amandus	Balthasser	Ziemann	Theresia	25-Sep	(1) Bach (2) Wichier	(1) Johannes (2) Amandas	y
149	1857	73	Korner	Maria Elisabetha	Paul	Noll	Elise	27-Sep	(1) Noll (2) Wittstumpf	(1) Jakob (2) Kath.	y
150	1857	73	Hahn	Barbara	Georg	Bittroff	Margretha	27-Sep	die Eltern		y
151	1857	73	Hammerbacher	Carl	Johann Georg	Burkhardt	Margretha Sophia	04-Oct	Hammerbacher	Carl	y
152	1857	73	Lang	Simon	Conrad	Hoffmann	Margretha	04-Oct	Desel	Simon	y
153	1857	73	Baier	Heinrich Margretha	Balthaser	Hoch	Anna Getrud	04-Oct	die Eltern		y
154	1857	73	Schlick	Elisabetha	Friedrich	Peters	Wilhelmine	04-Oct	Helbig	Margretha Elisabetha	y
155	1857	73	Schlick	Heinrich Wilhelm Georg Friedrich	Friedrich	Peters	Wilhelmine	04-Oct	Blank	Heinrich Wilhelm	y
156	1857	73	Teljohann	August	Herinrich	Suhre	Sophia	05-Oct	Hertel	Sophia	y
157	1857	73	Scheppler	Margretha Maria	Johann Georg	Schuler	Katharina	11-Oct	Schuler	Georg	y
158	1857	73	Hos	Anna Elisabetha	Johann	Friedrich	Margretha	11-Oct	Götz	Anna Elisabetha	y
159	1857	73	Zimmermann	Elise	Friedrich	Maier	Louise	14-Oct	die Eltern		y
160	1857	73	Muller	Carl Helmuth	Heinrich	Dornseif	Maria	18-Oct	Herrlich	Carl Helmuth & Lisette	y
161	1857	73	Winter	Elisabetha	Wilhelm	Ringshausen	Anna Elisabetha	18-Oct	Pauli	Elisabetha	y
162	1857	73	Benz	Anna Margretha	Philipp	Dresel	Margretha	18-Oct	Beck	Anna Margretha	y
163	1857	73	Heise	Johannes	August	Krapf	Anna Maria	25-Oct	Krapf	Johannes	y
164	1857	73	Unkert	Anna	Adam	Donauer	Maria	25-Oct	Schöneberg	Anna	y
165	1857	73	Serth	Maria	Johannes	Seibert	Anna Maria Hen.	25-Oct	Raul	Maria	y
166	1857	73	Maier	Maria Wilhelmine	Friedrich	Redemann	Christina	25-Oct	Strappe	Maria Adelheid	y
167	1857	73	Horst	Heinrich	Conrad	Schuwirth	Katharina	01-Nov	Horst	Katharina	y
168	1857	73	Malfeld	Heinrich	Carl Friedrich	Roth	Barbara	01-Nov	Roth	Heinrich	y
169	1857	73	Pfister	Carl	Georg	[blank]	Elisabetha	01-Nov	Barchert	Carl	y
170	1857	73	Reckenberg	Ann Barbara	Georg	Maier	Kunigunde	07-Nov	die Mutter		y
171	1857	73	Ott	Jakob	Heinrich	Penig	Katharina	08-Nov	Och	Jakob & Magdalene	y
172	1857	75	Ermer	Johannes	Friedrich	Eklofstein	Katharina	08-Nov	Eklofstein	Johannes	y
173	1857	75	Reitz	Christine Katharina	Peter	Ritzel	Katharina	08-Nov	Arnold	Christine	y
174	1857	75	Pfotzer	Magdalene	Georg	Urban	Magdalene	08-Nov	Block	Katharina Johann Jakob & Margretha	y
175	1857	75	Hausmann	Johann Jakob	Georg	Mansdörfer	Christine	08-Nov	Ammer		y
176	1857	75	Muller	Wilhelmine Amalie	Friedrich	Binnemann	Henriette	15-Nov	(1) Brecht (2) Binnemann	(1) Georg (1) Amalie	y
177	1857	75	Kolmai	Maria	Conrad Fridrich	Beiters	Maria Louise	16-Nov	Kolmai	Maria	y
178	1857	75	Haberkamp	Frantz Michael	Johann	Habelitscheck	Magdalene	21-Nov	die Eltern		y
179	1857	75	Besel	Katharina	Sebastian	Och	Magdalene	22-Nov	Alt	Katharina	y
180	1857	75	Langenfelder	Anna Elisabetha	Johann Georg	[blank]	Margretha	26-Nov	(1) Hohn (2) Langenfelder	(1) Elisabetha (2) Anna	y
181	1857	75	Baierlein	Ann Barbara	Johann	Feldtropp	Wilhelmine	01-Dec	die Mutter		y
182	1857	75	Eckel	Johann Jakob	Conr	Noll	Katharina	05-Dec	Noll	Johannes	y

Trinity German Lutheran
Baptisms

No.	Year	Page	Surname	Given Name	Father	M Surname	M Given	Bapt	W Surname	W Given	More Info
183	1857	75	Willner	Wihelmine Caroline	Conrad	Döpfner	Friedrika	06-Dec	Gerke	Wilha. Caroline	
				Charlotte						Charlotte	y
184	1857	75	Schwier	Clara Maria	Friedrich	Schuremann	Maria Elisabetha	06-Dec	Walkemeier	Clara Maria	y
185	1857	75	Knauff	Barbara Elisabetha	Moritz	Uffelmann	Barbara	13-Dec	Kaiser	Barbara Elisabetha	y
186	1857	75	Andres	Barbara	Johann Georg	Reiss	Barbara	13-Dec	die Eltern		y
187	1857	75	Röhmer	Johann Friedrich	Valenten	Marhengen	Friedricka	13-Dec	Heim	Johann Friedrich	y
188	1857	75	Vonderheide	Christian Eduard	Johan Heinrich	Dorges	Margretha Maria	17-Dec	Spieker	Christian Heinrich	y
189	1857	75	Kettler	Sophia Lisette	Gunther	Gunther	Wilhelmine	17-Dec	(1) Becker (2) Frank	(1) Sophia (2) Lisette	y
190	1857	75	Hardtland	Margretha	Nickelaus	Kaisser	Margretha	20-Dec	Wolter	Margretha	y
191	1857	75	Hubner	Katharina Johanna	Georg	Stoll	Elisabetha	20-Dec	Kraft	Katharina Johanna	y
192	1857	75	Stoffel	Maria	Friedrich	Eckert	Katharina	25-Dec	Paul	Maria	y
193	1857	75	Sallmann	Auguste Elisabetha	Wilhelm	Scheler	Rosine Margretha	25-Dec	(1) Scheler (2) Sade	(1) Georg Christopf August (2) Elisabetha	y
194	1857	75	Vonderheide	Christian	Heinrich	Dorges	Marg. Maria	22-Dec	Spieker	Christian Heinrich	y
195	1857	77	Schönhals	Wilhelm Ludwig	Johannes	Fink	Elisabetha	25-Dec	Fink	Wilhelm Ludwig	y
196	1857	77	Schmidt	Pauline	Gustapf	Brandenburger	Kath. Elisabetha	25-Dec	die Eltern		y
197	1857	77	Kohlepp	Johannes	Johann Georg	Zeller	Anna	25-Dec	Kohlepp	Johannes	y
198	1857	77	Schober	Barwette Louise	Andreas	Hanselmann	Christiana	25-Dec	Seipert	Barwette	y
				Johann Friedrich							
199	1857	77	Kämper	Wilhelm	Heinrich	Hemmerich	Maria	25-Dec	Ohr	Johann Friedrich	y
									(1) König (2) Franklin	(1) Meta (2) Margretha	
200	1857	77	Friedrich	Johanne Henriette	Leprecht	Schwarting	Margretha	25-Dec	(3) Becker	(3) Louise	y
201	1857	77	Holzmann	Anna Barbara	Theodor	Stein	Auguste	25-Dec	Müller	Anna Barbara	y
202	1857	77	Bauer	Georg Heinrich	Frantz	Printz	Elisabetha	25-Dec	Meier	Georg	y
203	1857	77	Ritterbusch	Maria Katharina	Wilhelm	Klinghofer	Elisabetha	25-Dec	Klinghofer	Maria Katharina	y
									(1) Roder (2) Schneemann (3) Reiter (4) Weiss (5) Albrecht	(1) Ludwig (2) Heinrich (3) Heinrich (4) Heinrich (5) Wilhelm	
204	1857	77	Kropp	Heinrich Wilhelm Ludwig	Wilhelm	Käsemacher	Dorethea	25-Dec			y
205	1857	77	Gohl	Georg	Johannes	Wehrmann	Sophia	25-Dec	Gemelich	Georg	y
206	1857	77	Teichmann	Thomas	Johann	Eichberger	Anna	26-Dec	die Eltern		y
207	1857	77	Repp	Elisabetha	Conrad	Reiff	Maria	26-Dec	Repp	Elisabetha	y
208	1857	77	Repp	Johann Carl	Philipp	Schlimbach	Josephine	26-Dec	Sachs	Johann Carl	y
209	1857	77	Koch	Johann Heinrich	Heinrich	Liebherr	Cicillia	27-Dec	(1) Koch (2) Anderfuhrer	(1) Johann (2) Elisabetha	y
210	1857	77	Koch	Katharina Emilie	Johann	Wietscher	Alwine	27-Dec	(1) Otterbein (2) Wietscher	(1) Katharina (2) Maria Kath.	y
211	1857	77	Busch	Louise Hermine	Frantz	Hoffmann	Mina	27-Dec	Brinkmann	Henriette	y
212	1857	77	Busch	Johanne Henriette	Frantz	Hoffmann	Mina	27-Dec	Brinkmann	Conrad	y
213	1857	77	Horst	Conrad	Georg	Schmieter	Auguste	27-Dec	Horst	Conrad	y
214	1857	77	Deichmuller	Carl Wilhelm	Heinrich	Fischer	Maria Wilhelmine	27-Dec	die Eltern		y
2	1858	79	Riel	Katharina Elise	Johann	Block	Katharina	03-Jan	Block	Katharina	y

Trinity German Lutheran Baptisms

No.	Year	Page	Surname	Given Name	Father	M Surname	M Given	Bapt	W Surname	W Given	More Info
3	1858	79	Krogmann	Kunigunde Wilhelmine	Ludwig	Brockhof	Johanne	03-Jan	Nilsen	Kunigunde Wilhelmine	y
4	1858	79	Schade	Johannes Eduard	Jakob	Botz	Margretha	10-Jan	Sinetz	Johannes	y
5	1858	79	Zimmermann	Johann Heinrich	Johann	Stittelberger	Maria	10-Jan	die Eltern		y
6	1858	79	Ambeg	Eva Margretha	Georg	Knutner	Katharina	10-Jan	Knutner	Din	y
7	1858	79	Single	Georg Jakob	Michael	Stoll	Virona	16-Jan	Hass	Georg	y
8	1858	79	Heymann	Maria Pauline	Theodor	Dohler	Kunigunde	17-Jan	(1) Dohler (2) Heymann	(1) Maria Barbara (2) Pauline	y
9	1858	79	Dietz	Johann Philipp	Vallenten	Schmidt	Elisabetha	24-Jan	Vallenten	Johann Philipp	y
10	1858	79	Felber	Gotthold Alfred	Carl Ludwig	Pietsch	Henriette Charlotte	24-Jan	Felber	Christian Gotthold & Elisabetha Cicilia	y
11	1858	79	Birkenstock	Charlotte Dorothea	Heinrich	Schott	Maria	24-Jan	(1) Horr (2) Birkenstock	(1) Charlotte (2) Dorethea	y
12	1858	79	Birkenstock	Elisabetha	Heinrich	Schott	Maria	24-Jan	(1) Hederich (2) Bär	(1) Elisabetha (2) Elisabetha	y
13	1858	79	Dill	Maria Louise	August	Lohrmann	Maria	24-Jan	(1) Eichinger (2) Lämmermann	Maria	y
14	1858	79	Weich	Frantz Johannes	Wilhelm	Rugert	Salome	26-Jan	(3) Kraft	(1) David (2) Katharina (3) Elisab.	y
15	1858	79	Meier	Heinrich	Hermann Fried.	Borcherding	Maria	28-Jan	die Mutter		y
16	1858	79	Greifzu	Carl Heinrich	Christian	Helz	Margretha	31-Jan	Mathes	Johannes	y
17	1858	79	Muller	Elisabetha	Johann Adam	Muller	Elisabetha	31-Jan	Röder	Elisabetha	y
18	1858	79	Gerhold	Elisabetha	Heinrich	Schuler	Barbara	31-Jan	Schuler	Elisabetha	y
19	1858	79	Bast	Anna Maria	Johann	Lehmkuhl	Dorethea	31-Jan	Horst	Anna Maria	y
20	1858	79	Stein	Maria Magdalena	Heinrich	Heid	Sophia	31-Jan	Homberger	Maria Margretha	y
21	1858	79	Roth	Carl Heinrich	Heinrich	Muller	Christiana	07-Feb	Roth	Johannes	y
22	1858	79	Thoms	Johann Friedrich	Heinrich	Steves	Wilhelmine	07-Feb	Ohr	Johann Friedrich	y
23	1858	79	Otto	Barwette Louise	Georg	Schneider	Anna Kunig.	08-Feb	die Eltern		y
24	1858	79	Zechelein	Margretha Sophia	Heinrich	Vollrath	Margretha	14-Feb	Rockstroh	Sophia	y
25	1858	79	Münch	Jakob	Heinrich	Zimmermann	Elisabetha	14-Feb	Lauterbach	Jakob	y
26	1858	79	Reinhardt	Charlotte Margretha	Conrad	Dressel	Rosine Friedrike	14-Feb	Otto	Charlotte Margretha	y
27	1858	79	Mann	Johann Heinrich	Johann Georg	Dollinger	Maria Margaretha	21-Feb	Mann	Johann Michael	y
28	1858	79	Monat	Anna Elisabetha	Georg	Ochse	Elisabetha	21-Feb	Seibel	Anna Elisabetha	y
29	1858	79	Huter	Carl Jakob Clara Susanne	Carl	Markert	Christiana	28-Feb	Zinkank	Jakob Clara Susanne	y
30	1858	79	Huter	Margretha	Carl	Markert	Christiana	28-Feb	Ock [?]	Margretha	y
31	1858	81	Wedler	Wilhelm Heinrich	Heinrich	Walter	Margretha	01-Mar	Bretthold	Wilhelm	y
32	1858	81	Breitschwert	Anna Margretha	Conrad	Schneider	Elisabetha	07-Mar	Neubert	Anna Margretha	y
33	1858	81	Thomas	Johann Adam Carl	Georg Leonhard	Stoll	Margretha	07-Mar	Niedhardt	Johann Adam Carl	y
34	1858	81	Ress	Margretha	Georg	Erber	Dorethea	07-Mar	Friedrich	Margretha	y
35	1858	81	Reeder	Rebecca	Casper	Tischer	Christine	09-Mar	die Eltern		y
36	1858	81	Reeder	Martin	Casper	Tischer	Christine	09-Mar	Laible	Martin	y
37	1858	81	Seipert	Elisabetha	Johann	England	Elisabetha	09-Mar	Riebeling	Anna Elisabetha	y
38	1858	81	Wornsmann	Margretha Charlotte Friedrich		Haring	Charlotte	14-Mar	die Eltern		y

Trinity German Lutheran
Baptisms

No.	Year	Page	Surname	Given Name	Father	M Surname	M Given	Bapt	W Surname	W Given	More Info
39	1858	81	Götschel	Johann Georg	Georg	Schammel	Barbara	14-Mar	Hertel	Johann & Magdalene	y
40	1858	81	Grämer	Auguste Henriette Sophia	August	Horstmann	Sophia Auguste	16-Mar	Gärtner	Auguste	y
41	1858	81	Pfeffer	Agnes Louise	Johann	Rauscher	Wilhelmine	21-Mar	die Mutter		
42	1858	81	Debus	Andreas	Vallenten	Nau	Dorothea	21-Mar	Manzer	Andreas	y
43	1858	81	Printz	Eva Elisabetha	Johann Ernst	Walter	Louise Rosine	28-Mar	Baumbach	Eva Elisabetha	y
				Anna Maria							
44	1858	81	Hardtmann	Caroline	Johann	Stenze	Auguste	28-Mar	Kreymeier	Maria	y
45	1858	81	Preginzer	Carl Albert	Casper	Wenzel	Theresia	04-Apr	März	Barbara	y
46	1858	81	Eizerod	Anna Christian	Georg	Banes	Elisabetha	04-Apr	Eizerod	Christiana	y
47	1858	81	Bieter	Johann Heinrich	Wilhelm	Kreb	Sophia	04-Apr	Hanne	Johann Heinrich	y
									(1) Siebrecht	(1) Georg	
									(2) Kommelehne	(2) Carl	
									(3) Albrecht	(3) Christian	
48	1858	81	Rode	Georg Carl Wilhelm Ludwig	Ludwig	Beiger	Dorethea	05-Apr	(4) Heinemann	(4) Johanne	y
									(1) Germann	(1) Heinrich	
									(2) Weiss	(2) Heinrich	
49	1858	81	Muss	Heinrich August Carl Wilhelm	Wilhelm	Bartels	Louise	05-Apr	(3) Kass	(3) Carl	
									(1) Wagner	(1) Katharina	
50	1858	81	Maier	Katharina Maria	Heinrich	Reimann	Maria	17-Apr	(2) Rossmark	(2) Maria	y
51	1858	81	Eckhardt	Friedrich	Wilhelm	Uhl	Katharina	22-Apr	Stoffel	Friedrich & Katharina	y
				Johann Jakob					(1) Kleis	(1) Johann	
52	1858	81	Bruggmann	Heinrich	Claus Heinrich	Uhlrich	Amalie	25-Apr	(2) Uhlrich	(2) Eduard	y
53	1858	81	Kolbe	Georg	Johannes	Hitter	Caroline	25-Apr	Kolb	Georg	y
				Heinrich August							
54	1858	81	Seipp	Carl Wilhelm	Christopf	Christ	Elisabetha	25-Apr	Erble	Heinrich & Elisabetha	y
55	1858	81	Muller	Nickalus Carl	Johannes	Aschenbrenner	Maria	26-Apr	Seifert	Michael & Maria	y
56	1858	81	Deetgen	Anna	Heinrich Georg T	Raschen	Betig	27-Apr	die Eltern		y
57	1858	81	Heins	Elisabetha	Abert	Diroo	Bitronette	02-May	Kleist	Johann	y
58	1858	81	Grauling	Elisabetha	Friedrich	Lindemann	Caroline	02-May	Schmidt	Elisabetha	y
59	1858	81	Folmer	Christian	Vater	Folmer	Anna Maria	02-May	Folmer	Christian	y
60	1858	81	Dietrich	Margretha Maria	Michael	Lutz	Kath. Marg.	03-May	die Eltern		y
61	1858	81	Fessmann	Elisabetha Pauline	Philipp	Pfozer	Elisabetha	09-May	die Eltern		y
									(1) Gartner	(1) Johannes	
62	1858	81	Zipfle	Johannes	Peter	Seidt	Agatha	16-May	(2) Dreyer	(2) Magdalene	y
				Amalie Louise							
63	1858	81	Hilbert	Charlotte	Adam	Wettenfeld	Louise	16-May	Ehlers	Charlotte Louise	y
64	1858	81	Baumann	Johann Georg	Johann	Heissinger	Eva	16-May	Reitz	Georg	y
				Anna Maria			Christine				
65	1858	81	Meier	Margretha	Johann Friedrich	Walz	Magdalene	23-May	Groner	Margretha	y
[bla	1858	81	Berbig	Elisabetha	Joh. Michael	Scheuermann	Kath.	24-Apr	Mehbrey	Elisab.	y
67	1858	83	Heinke	Wilhelm Albert	Wilhelm August	Marx	Anna Maria	23-May	die Eltern		y
68	1858	83	Hillen	Johanne	Ludwig	Leutbecker	Anna Elise	24-May	Kaiser	Johanne	y
69	1858	83	Hübschmann	Rosine Louise	Johann Georg	Renk	Katharine	24-May	Kurtz	Louise	y

Trinity German Lutheran Baptisms

No.	Year	Page	Surname	Given Name	Father	M Surname	M Given	Bapt	W Surname	W Given	More Info
70	1858	83	Erck	Carl	Carl	Stauss	Martha	24-May	Knopp	Christian & Carl	y
71	1858	83	Brede	Maria Elise	Heinrich	Haas	Katharina Elise	24-May	Loges	Katharine Elise	y
72	1858	83	Kampf	Katharine Christiane Anna Maria	Conrad	Trautwein	Katharina	24-May	Trautwein	Christiana	y
73	1858	83	Gronau	Elisabetha	Conrad	Neuer	Christine	24-May	Schilling	Anna Maria	y
74	1858	83	Ottmann	Johanne	Peter	Burghof	Elise	24-May	Krogmann	Johanne (1) Mathhilde (2) Ida	y
75	1858	83	Schönpflug	Paul Julius	Julius	Leiffheidt	Ernstine	26-May	(1) Schulz (2) Schlotter		y
78	1858	83	Schmidt	Anna Maria	Conrad	Romer	Kunigunde	26-May	die Eltern		y
79	1858	83	Almendinger	Johann Georg	Jakob	Kreiss	Magdalene	27-May	die Eltern		y
80	1858	83	Wenchel	Johann Friedrich	Georg	Pfeffer	Maria	27-May	Ohr	Johann Friedrich	y
81	1858	83	Urban	Elizabeth	Adam	Kaltwasser	Anne Marie	30-May	Kaltwasser	Elizabeth	y
82	1858	83	Keiner	Philipp	Carl	Freund	Margarethe	30-May	Meyer	Philipp	y
83	1858	83	Bickel	Anna Christina Friedrika	Joseph	Schackmeister	Anna Margarethe	13-Jun	Veschen	Anna Johann Peter & Magdalena	y
84	1858	83	Hessemauer	Johann Peter	Johann	Kress	Anna	20-Jun	Zimmermann	Elizabeth	y
85	1858	83	Heinlein	Elizabeth	Johann	Hoffmann	Kunigunde	20-Jun	Breitschwerd	Catherine	y
86	1858	83	Lindauer	Catherine	Christian	Gessmann	Rosina	23-Jun	Roth	Anne Christine	y
87	1858	83	Hulsemann	Anne Elizabeth	Friedrich Wilhelm	Pilgerin	Anne Marie Christine	27-Jun	[blank]	Elizabeth	y
88	1858	83	Volker	Rosina Margaretha Anna Catherine	Georg Michael	Hasel	Caatherine	30-Jun	Schulein	Georg Michael & Rosine Marg.	y
89	1858	83	Moll	Louise	Joh. Heinrich Johann Georg	Schaumburg	Anna Martha	04-Jul	Moll	Anna Catherine	y
90	1858	83	Omptedor	Anna Martha Louise	Wilhelm	Fischer	Louise	04-Jul	Moll	Anna MArtha	y
91	1858	83	Müller	Maria Josephine	Johann	[blank]	Carolina	04-Jul	Michel	Maria Josephine	y
92	1858	85	Strobel	Johann	Georg	[blank]	Anna Elisabetha	11-Jul	Loos	John	y
93	1858	85	Gademiller	Maria Franziska	Hermann	Kalmer	Anna Marie	12-Jul	Kalmer	Marie	y
94	1858	85	Hoffmann	Anna Margaretha	Johann	Emmelein	Anna Johanna	15-Jul	Düring	Margaretha	y
95	1858	85	Hergert	Johannes	Johannes	Freund	Magdalena	18-Jul	Freund	Johannes	y
96	1858	85	Roemer	Marie Elise	Johannes	Rechthaler	Elise	18-Jul	Roemer	Elisabeth	y
97	1858	85	Richter	Anna Barbara	Andreas	Schaad	Marie	18-Jul	Albert	Johann	y
98	1858	85	Lautenberger	Karl	Johann Leonhard	Kamm	Eva Elisabeth	19-Jul	Wetzstein	Johannes (1) Georg	y
99	1858	85	Heuer	Anna Georgina Mina	Friedrich Johann Georg	[blank]	Henriette	01-Aug	(1) Wenchel (2) Jost (3) Heuer	(2) Anna Catherine (3) Mina	y
100	1858	85	Scheler	Wilhelm	Christoph August	Huber	Marie Catherine	01-Aug	Sallman	Wilhelm Johann Uhlrich &	y
101	1858	85	Geiger	Johann	Johann	Seibold	Elizabeth	08-Aug	Brienlitz	Marie	y
102	1858	85	Nader	Johannes Melchior	Johann	Weimer	Elizabeth	08-Aug	Schlitt	Johannes Melchior	y
103	1858	85	Nader	Joseph	Johann	Weimer	Elizabeth	08-Aug	Schlitt	Joseph	y

Trinity German Lutheran Baptisms

No.	Year	Page	Surname	Given Name	Father	M Surname	M Given	Bapt	W Surname	W Given	More Info
104	1858	85	Rommel	Gerhardt Friedrich	Ernst Nicolaus	Kahlmey	Marie Elizabeth	10-Aug	Kahlmey	Gerhardt Friedrich	y
105	1858	85	Geiger	Johann Ulrich	Johann	Seibold	Elizabeth	15-Aug			y
106	1858	85	Quast	Juliane Caroline	Heinrich	Binnemann	Anna	22-Aug	die Eltern		y
107	1858	85	Götz	Wilhelm	Friedrich	Willeken	Wilhelmine	22-Aug	die Eltern		y
108	1858	85	Silbach	Juliane Caroline	Carl	Hanzelmann	Marie	22-Aug	die Eltern		y
109	1858	85	Wirth	Georg	Michael	Gebhardt	Margarethe	22-Aug	Wirth	Georg	y
110	1858	85	Hergert	Matthaeus	Johann Matthias	Eisenacher	Magdalene	12-Sep	Freund	Matthaeus	y
111	1858	85	Ramtann	Gertraud	Leonhardt	Lederer	Anna	12-Sep	Regels	Johann & Gertraud	y
112	1858	85	Wolf	Elizabethe	Andreas	Seibert	Kunigunde	26-Sep	die Eltern		y
113	1858	85	Groh	Elizabeth	Jacob	Heise	Catherine	26-Sep	Heise	Elizabeth	y
114	1858	85	Blaick	Maria	Philipp	Schmidt	Elizabeth Catherine	26-Sep	Blaick	Mary	y
115	1858	87	Kilian	Catherine Elizabeth	Johann Michael	Horstmann	Elizabeth	02-Oct	Kilian	Catherine	y
116	1858	87	Schuh	Margaretha	Johann Conrad	Bock	Wilhelmine	10-Oct	Schuh	Margarethe	y
117	1858	87	Ochs	Johann	Lorenz	Hübner	Elise	10-Oct	Ochs	Johann Anna Marie	y
118	1858	87	Herbert	Catherine Marie	Nicolaus	Schaffmeister	Margarethe Anna Catherine	11-Oct	Kistner	Catherine	y
119	1858	87	Hicken	John Charles	Johann Wilhelm	Pockenbach	Marie	17-Oct	Welken	John Jacob	y
120	1858	87	Wolfermann	Marie Elise	Michael	Fäht	Marg. Mathilde	17-Oct	Hergert	Maria	y
121	1858	87	Berbig	Elizabeth	Johann Michael	Scheuermann	Catherine	17-Oct	Berbig	Eduard	y
122	1858	87	Rizius	Franziska	Heinrich	Rubock	Marie	18-Oct	die Mutter		y
123	1858	87	Ridderbusch	Wilhelm	Heinrich	Schuhl	Wilhelmina	24-Oct	Ridderbusch	Wilhelm	y
124	1858	87	Ridderbusch	Eva	Adam	Zahn	Therese	24-Oct	Ridderbusch	Eva	y
125	1858	87	Walkemeier	Ernst Heinrich Christianne	Heinrich Friedrich	Schumann	Clara Elizabeth	24-Oct	die Eltern		y
126	1858	87	Heishs	Caroline Margrette Konrad Thomas	Johann	Twelsberk	Maria	31-Oct	Twelsberk (1) Hosch Knörkel	Carol. & H. (1) Konrad (2) Thomas	y
127	1858	87	Vogt	Bernhard	Christ	[blank]	[blank]	10-Nov			y
128	1858	87	Schroder	Augusta Elisabetha	Carl	Schroder	Augusta	14-Nov	Wonner	Elisabetha	y
129	1858	87	Bortenfeld	Regina	Daniel	Ottmann	Regina	14-Nov	Ottmann	Regina	y
130	1858	87	Matthai	Elisabetha Emilie	Eduard	[blank]	[blank]	14-Nov	Henkel	Emilie	y
131	1858	87	Heinn	Julie	Karl	Ranscher	Maria	14-Nov	die Mutter		y
132	1858	87	Maier	Charlotte	Carl	Maier	Anna	15-Nov	die Mutter		y
134	1858	89	Hup	Johanna Dorothea	Johannes	Busch	Johanna Sophia	28-Nov	die Eltern		y
135	1858	89	Helmismaier	Hanna Cherathina Wilhelm Heinrich	Heinrich	Wirhmann	Margaretha	28-Nov	Jakobs	Katharina	y
136	1858	89	Rodiger	Theodor Anna Maria	Wilhelm	Derl	Mina	28-Nov	Derl	Wilhelm & Doris	y
137	1858	89	Setter	Susanna Anna Katharina	Georg	[blank]	Elisabetha	05-Dec	Ambach	[blank]	y
138	1858	89	Winsels	Margaretha Sophia Friedricke	Heinrich	[blank]	Ch. M.	05-Dec	die Eltern (1) Petersen	(1) Sophia	y
139	1858	89	Dreye [?]	Augustine	Karl	Petersen	Karoline	19-Dec	(2) Zucker	(2) Auguste	y

Trinity German Lutheran
Baptisms

No.	Year	Page	Surname	Given Name	Father	M Surname	M Given	Bapt	W Surname	W Given	More Info
140	1858	89	Freund	Johannes	Mattheus	Meyer	Karolina	05-Dec	Hernhart	Johannes	y
141	1859	89	Heinz	Katharina	Gottl.	[blank]	Maria	17-Jan	die Eltern		y
142	1859	89	Scheppler	Johannes Georg Louise Christina	Joh. Georg	Schiller	Kath.	02-Jan	Schiller	Joh. Georg	y
143	1859	89	Ehlers	Wilhelmina	Christian	Aspelmayer	Carlotta	16-Jan	Hilgert	Wilhelmina	y
144	1859	89	Geiger	Geroge Herman	Johann	Weber	Katharine	02-Jan	Weber	Hermann Dieterici	y
1	1859	89	Weichel	Johannes	Georg	Huford [?]	Barbara	16-Jan	die Mutter		y
2	1859	89	Schuhlein	Georg Philipp Julius	Georg Michael	Völker	Rosina	16-Jan	Düring	Georg Julius	y
3	1859	89	Jordan	Michael	Michael	[blank]	Gertrud	17-Jan	die Mutter		y
4	1859	89	Gröter	Elisabetha	Heinrich	Jordan	Margaretha	17-Jan	die Mutter		y
5	1859	89	Wagner	Anna Margaretha	Michael	Ritter	Eva	23-Jan	die Eltern		y
6	1859	89	Bardel	Georg Heinrich	Joh.	Keidel	Louise	25-Jan	Jäger	Heinrich	y
7	1859	89	Besel	Juliane Elisabetha	Sebastian	Och	Magdal.	30-Jan	Beisel	Juliane	y
8	1859	89	Pforzer	Magdalena	Georg	Urban	Magdal.	30-Jan	die Eltern		y
9	1859	89	Roth	Georg	Joh.	Bauer	Margaretha	30-Jan	Roth	Grosvater Georg	y
10	1859	89	Kremmayer	Joh. Karl August	August	Holdeka	Maria	30-Jan	Hartmann	Joh. & Karol.	y
11	1859	89	Schmidt	Anna Karolina	Joh.	Wilthhauser	Margareth	30-Jan	die Eltern		y
12	1859	89	Zucker	Maria Gertrud Karolina Maria	Christh.	Schwarzbaum	Auguste	30-Jan	Hof	Gertrud	y
13	1859	89	Winter	Magdalena	Wilhelm	Ringshausen	Elisabetha	30-Jan	Stoffel	Katharina	y
14	1859	89	Kopke	Georg Heinrich	Heinrich	Meiser	Wilhelmine	06-Feb	die Eltern		y
15	1859	89	[?]	Wilhelm Christian	Wilhelm	Gunters	Magdalena	06-Feb	die Eltern		y
16	1859	89	Kruter	Friedrike Louise	Konrad	[blank]	Dorothea	06-Feb	Dennes	Margaretha	y
17	1859	89	Lindenberger	Johannes	Johannes	Friedrich	Eva	13-Feb	Hus	Johannes	y
18	1859	89	Gerker	Friedrike Caroline Louise	August	Burke	Wilhelmine	13-Feb	(1) Burke (2) Willner	(1) Heinrich (2) Friedrike Carol. Louise	y
19	1859	89	Feldmann	Friedrich Wilhelm	Friedrich	Fries	Anna	13-Feb	Theiss	Friedr.	y
20	1859	89	Theiss	Anna Maria	Friedr.	Fries	Maria	13-Feb	Fries	Anna	y
21	1859	89	Eskofier	Eva Maria	Joh.	Cetlein [Letlein]	Margaretha	30 feb	Hoffmann	Eva Maria	y
22	1859	89	Schmidt	Ida Louise Maria	Heinrich	Koch	Wilhelmina	20-Feb	Schmidt	Ida	y
23	1859	89	Schifferer	Karoline	Gottfried	Wolk	Charlotte	20-Feb	(1) Wieners (2) Feuhsberg	(1) Maria (2) Louise	y
24	1859	89	Heise	Louise Peter Bernhardt	August	Krapf	Margaretha	20-Feb	(1) Heise Krapf	(1) Louise (2) Joh.	y
25	1859	89	Steinmetz	Julius	Georg W.	Wening	Elisabetha	27-Feb	Schubert	Peter Bernhardt	y
26	1859	89	Krauk	Wilhelm	Wilhelm	Korkarst	Maria	27-Feb	Horsther	August	y
27	1859	89	Ochs	Johannes	Thomas	Eckert	Eva	27-Feb	Weissenweber	Joh.	y
28	1859	89	Blumlein	Louise Magdalene	Joh.	Hut	Louise	27-Feb	die Eltern		y
29	1859	89	Blaicker	Johannes Elise Margaretha	Ferdinand	Hergenheim	Marg.	06-Mar	die Eltern		y
30	1859	89	Fischer	Kathar.	Georg Matth.	Stelling	Doroth.	06-Mar	Sander	Elis. Marg.	y
31	1859	89	Blatt	Joh. Eduard	Joh. Matt.	Ruf	Elis.	13-Mar	Sitzenger	Frau	y

Trinity German Lutheran
Baptisms

No.	Year	Page	Surname	Given Name	Father	M Surname	M Given	Bapt	W Surname	W Given	More Info
32	1859	91	Bretthold	Hermann Wilhelm	Hermann Heinrich	Holl	Elis.	13-Mar	Gubernagel	Herrman	y
33	1859	91	Umbach	Heinrich	Georg	Wolfram	M. Sus.	24-Mar	Lamy	Heinr.	y
34	1859	91	Scherer	Maria Elisabetha	Peter	Hermann	Anna	13-Mar	Holdhammer	M. Elis.	y
35	1859	91	Müller	Joh. Friedrich	Joh. Kasp	Weber	Regina	13-Mar	die Eltern		y
36	1859	91	Ort [Orf]	Magd. Sabina	Adam	Humel	Auguste	14-Mar	die Eltern		y
37	1859	91	Heissner	Karolina Wilhelmine	Ernst	Ellemann	Marg.	14-Mar	die Eltern		y
38	1859	91	Röder	Anna Margaretha	Joh. Adam	Reuss	Eva Marg.	17-Mar	Jahn	Anna Marg.	y
39	1859	91	Burkle	Karolina Bertha	Joh.	Maier	Karoline	18-Mar	Spangenberg	Bertha Elise	y
40	1859	91	Feldhaus	Johann Eberhart	Eberhart	Emken	Meta	20-Mar	die Eltern		y
41	1859	91	Schuh	Anna Barbara	Friedr.	Bielmann	Elis.	20-Mar	Bielmann	Anna Barb.	y
42	1859	91	Botzner	Karolina Sophia	Konrad	Hohn	Marg.	20-Mar	Bleck	Johana Soph.	y
43	1859	91	Niklaus	Kunigunde Elis.	Georg Mich.	Oester	Lisette	20-Mar	Kornmann	Kunigunde	y
44	1859	91	Freitag	Heinrich Georg	Heinrich	Kent	Louise	27-Mar	Schmidt	Henrich	y
45	1859	91	Zimmermann	Wilhelm	Heinrich	Meiers	Louise	27-Mar	die Eltern		y
46	1859	91	Hessenauer	Johann	Johann	Gress	Anna	27-Mar	Schwiezer	Andreas	y
47	1859	91	Hessenauer	Andreas	Johann	Gress	Anna	27-Mar	Schwiezer	Andreas	y
48	1859	91	Schneider	Johann Daniel	Joh.	Ritter	Elisab.	03-Apr	die Eltern		y
49	1859	91	Krug	Maria Elisabetha	Heinrich	Hemmerich	Maria	03-Apr	Hemmerich	Anna Barb.	y
50	1859	91	Sommer	Maria Elisabetha	Martin	Bögger	Math.	10-Apr	Rost	Maria Elis.	y
51	1859	91	Baum	Eduard Friedrich	Ernst	Fischer	Dorothea	10-Apr	(1) Stecker (2) Rossler	(1) Eduard (2) Friedr.	y
52	1859	91	Strauch	Elis.	Heinrich	Roth	Kath.	10-Apr	Roth	Elise	y
53	1859	91	Korner	Georg Heinrich Friedr.	Heinrich	Trischmann	Elis.	10-Apr	(1) Korner (2) Shruff	(1) Friedr. (2) Georg	y
54	1859	91	Walz	Johannes	Jakob	Regner	Kathar.	10-Apr	Walz	Joh.	y
55	1859	91	Staupf	Heinrich Friedr.	Karl	Hufer	Friedrike	10-Apr	die Eltern		y
56	1859	91	Heitmuller	Wilhelm Albert	Wilhelm	[blank]		10-Apr	die Eltern		y
57	1859	91	Kunigsfeld	Johanne Maria	August	Brockmann	Betty	17-Apr	Schlessinger	Johanne Maria	y
58	1859	91	Adelbrecht	Konrad	Georg	Müller	Magdal.	20-Apr	die Mutter		y
59	1859	91	Fetzer	Joh. Joseph Michael Joh. Andreas	Maikel	Heidlager	Maria	24-Apr	(1) Heidlager (2) Hetterich	(1) Rudolph (2) Joseph	y
60	1859	91	Holzmann	Michael	Joh. Chr.	Weigel	Barb.	24-Apr	Himmler	Joh. & Andr. & Mich.	y
61	1859	91	Hottes	Augusta Elisabetha	Joh.	Schmid	Elis.	24-Apr	die Eltern		y
62	1859	91	Bär	Augusta	Heinrich	Schott	Elis.	24-Apr	die Eltern		y
63	1859	91	Dressel	Ernst Konrad	Joh.	Burlein	Elis.	24-Apr	Herzog	Konrad	y
64	1859	91	Bauer	Friedrich	Daniel	Mollmer	Barb.	24-Apr	Bartenfeld	Friedr.	y
65	1859	91	Stiedermaier	Heinrich	Wilhelm	Muth	Kath.	24-Apr	Ritterbusch	Heinrich	y
66	1859	91	Michelmann	Wilhelm	Kardel	Spieknedt [?]	Kath.	24-Apr	Grasmuck	Joh.	y
67	1859	91	Ruinteb [?]	Adelheit Kath. Lena	Heinrich	Flottmanns	Kath.	25-Apr	Burbracks	Lena	y
68	1859	91	Hortans	Adam	Joh.	Wolter	Jeta	25-Apr	Wolter	Adam	y
69	1859	91	Sohn	Joh. Heinrich	Moriz	Müller	Christina	25-Apr	Häfer	Joh. Heinrich	y
70	1859	91	Ostertag	Anna Kath.	Joh. Matth.	Ernst	Kath.	25-Apr	Ernst	Anna & Kath.	y

Trinity German Lutheran
Baptisms

No.	Year	Page	Surname	Given Name	Father	M Surname	M Given	Bapt	W Surname	W Given	More Info
71	1859	91	Kober	Doroth. Elenora	Karl	Harnke	Lena	25-Apr	Jansen	Bertha E…	y
72	1859	91	Freund	Bertha	Conrad	…drich	Elisab.	01-May	Freund	Elisab.	y
73	1859	91	Benzel	Adam	Conrad	Dötering	Louise	01-May	Glock	Adam	y
74	1859	93	Hinkel	Joh. Friedrich	Conrad	Ohr	Maria	03-May	Ohr	Joh. Friedrich	y
75	1859	93	Silliacks	Georg Silvester	Georg Silvester	Backel	Rebekka	06-May	der Vater		y
76	1859	93	Orm	Anna Sophia	Johannes	Stregner	Marg.	08-May	Orm	Anna Sophia	y
77	1859	93	Skott	Joh. Heinrich	Loui	MacClaughi	Rebekka	08-May	Becht	Heinrich	y
78	1859	93	Weh	Katharina	Max	Bernreiter	Barbara	08-May	Schmidt	Kath.	y
79	1859	93	Burkhart	Barbara	Georg	Ruland	Rosina	08-May	Milliam	Kunigunde	y
80	1859	93	Krug	Theodor Georg	Joh.	Bessel	Concordia Amalie	08-May	Umbach	Werner	y
81	1859	93	Singewwald	Joh. Lorenz	Traugott Heinrich	Sph.	Johanna	08-May	die Eltern		y
82	1859	93	Hübner	Barbara	Georg	Stoll	Elis.	08-May	die Eltern		y
83	1859	93	Spieker	Eduard Heinrich	Hermann Heinrich	Dolges	Margaretha	15-May	Von der Heyde	Heinrich	y
84	1859	93	Breitenstein	Maria Christina	August	Brisswauger	Rebekka	15-May	(1) Stutz (2) Brisswauger	(1) Conrad (2) Karol.	y
85	1859	93	Seufert	Karl Wilhelm Friedrich	Michael	Weidlein	Maria	22-May	(1) Albrecht (2) Russel	(1) Wilhelm (2) Hermann	y
86	1859	93	Russel	Michael Hermann	Hermann	Prinz	Margaretha	22-May	Seufert	Michael	y
87	1859	93	Becker	Johann Adolph	Severin	Krauner	Kath.	27-May	(1) Kullmann (2) Jeckel	(1) Adopf (2) Joh.	y
88	1859	93	Betaunes	Heinrich	Karl	Käfer	Sophia	29-May	(3) Kullmann Schmidt	(3) Marg. Heinrich	y
89	1859	93	Eichinger	Margaretha Barbara David	Wilhelm	Kraft	Elisabetha	29-May	[blank]		y
90	1859	93	Sanik	Margaretha Barbara	Wilhelm	Raugerth	Salome	29-May	(1) Eichenger	(1) David	y
91	1859	93	Muth	Johannes	Michael	Grob	Johanna	05-Jun	(2) Krath Gemahlich	(2) Elisab. Joh.	y
92	1859	93	Beverungen	Friedricke Louise Katharinea	Louis	Steinmann	Auguste	05-Jun	die Eltern		y
93	1859	93	Muerh [?]	Christiane	Heinrich	Zimmermann	Elisab.	05-Jun	Strik	Kath.	y
94	1859	93	Nollerdt	Theodor	Karl Edward	Fischting	Maria	06-Jun	Ruschmaier	Heinrich	y
95	1859	93	Maier	Louise Auguste	Friedrich	Rewallmann	Maria	06-Jun	Werner	Louise	y
96	1859	93	Lomwein	Johannes	Joh. Andreas	Lomwein	Barb.	05-Jun	Lomwein	Johann	y
97	1859	93	Seim	Maria Barbara	Kaspar	Schmidt	Elis.	22-May	die Eltern		y
98	1859	93	Kohlepp	Anna Rosina	Johann	Kehrberger	Kath.	12-Jun	Kohlepp	Anna	y
99	1859	93	Ruhland	August Wilhelm	Valentin	Marhenke	Friedrike	12-Jun	Bark	Julius	y
100	1859	93	Fehle	Georg	Johann	Hesselbager	Christiane	12-Jun	die Eltern		y
101	1859	93	Weidenfuhr	Margaretha	Adam Georg	Wiedenfuhr	Kunigunde	12-Jun	Weidenfuher	Anna Marg.	y
102	1859	93	Weigand	Konrad	Albert	Sting	Marie	12-Jun	die Eltern		y
103	1859	93	Kirschbaum	Elisabetha	Georg	Neidermann	Kath.	12-Jun	die Eltern		y
104	1859	93	Weiss	Georg Conrad	Georg	Fisch	Maria Marg.	26-Jun	Kuhleschmid	Kunigunde	y
105	1859	93	Besel	Elisabetha	Michael	Langenfelder	Kath.	26-Jun	Langenfelder	Elisab.	y
106	1859	93	Shöhler	Kath. Kunigunde	Andreas	Weidig	Barb.	26-Jun	Schmidt	Michael & Kath.	y
107	1859	93	Freund	Regina Carolina	Joh.	Freund	Kath.	26-Jun	Maier	Carolina	y
108	1859	93	Hausmann	Anna Margaretha	Georg	Mannsruhr	Kath.	26-Jun	Shrelmer	Erna Marg.	y

Trinity German Lutheran Baptisms

No.	Year	Page	Surname	Given Name	Father	M Surname	M Given	Bapt	W Surname	W Given	More Info
109	1859	93	Simon	Elis. Louise	Joh.	Schorr	Kath.	26-Jun	Thomas	Elise	y
110	1859	93	Kaufmann	Auguste	Conrad	Stratner	Barb.	26-Jun	Stratner	Barb.	y
111	1859	93	Sieler	Barbara	Wilhelm	Knupl	Marg.	26-Jun	Ungard	Adam	y
112	1859	93	Wenchel	Adam	Conrad	Koch	Elis.	26-Jun	Gotz	Friedr.	y
113	1859	93	Weinmar	Friedrich	Martin	Ehwald	Felicitas	03-Jul	Weber	Barbara Elis.	y
114	1859	93	Oprutzer [?]	Barbara Elisabethe	Heinrich	Klausmeier	Maria Elis.	03-Jul	Klausmeier	Hermann Heinrich	y
115	1859	93	Schlessinger	Hermann Heinrich	Georg	Brockmann	Maria	03-Jul	Brockmann	Susanna Maria	y
116	1859	93	Beck	Anna Margaretha	Georg	Wierdiff	Margaretha	03-Jul	die Eltern		y
117	1859	93	Graf	Johanne Maria	August	Fink	Maria	03-Jul	Fink	Elisabeth	y
118	1859	95	Stumpf	Elisabetha	Karl	Busch	Elis.	10-Jul	Busch	John	y
119	1859	95	Frank	John	Joh. Georg	Kärschner	Ernstina	10-Jul	Kärschner	Kaspar	y
120	1859	95	Rauh	Kaspar Friedrich	Michael	Kaiser	Marg.	10-Jul	Sinner	Georg	y
121	1859	95	Momberger	Georg	Johannes	Lesen	Lena	18-Jul	die Eltern		y
122	1859	95	Nelk	Johannes	Johannes	Schreiber	Maria	23-Jul	Schreiber	Georg	y
				Georg Carl							
				Maria Elisab.							
123	1859	95	Siebert	Louise	Joh. Conrad	Felge [?]	Marg.	24-Jul	die Eltern		y
124	1859	95	Ihler	Joh. Georg	Caspar Heinrich	Hestmaier	Anna	24-Jul	die Eltern		y
125	1859	95	Ungardt	Joh. Heinrich	Ernst	Poimar	Kath.	24-Jul	die Eltern		y
126	1859	95	Lange	Meta Anna Louise	Heinrich	Westermann	Elis.	24-Jul	Lange	Louise	y
127	1859	95	Braunlein	Johannes	Joh.	Remp	Marg.	24-Jul	Pickel	Joh.	y
				Friedrike Caroli e							
128	1859	95	Resch	Louise	Stephan	Hummel	Marg.	27-Jul	Miller	Friedrike	y
129	1859	95	Gettert	Anna	Jacob	Miller	Marg.	25-Jul	die Eltern		y
130	1859	95	Gettert	Elise	Jacob	Miller	Marg.	25-Jul	die Eltern		y
131	1859	95	Herzmann	Paul Anton Wilhelmine	Theodor	Dohler	Kunigunde	31-Jul	(1) Dohler (2) Herzmann	(1) Paul (3) Anton	y
132	1859	95	Tanz	Margarethe	Georg Friedr.	Gollhart (Gellhart)	Auguste	31-Jul	Lanz	Margaretha	y
133	1859	95	Ritter	August Ernst	John	Holster	Adelheid	31-Jul	Limpert	August Ernst	y
134	1859	95	Baum	Lena	Georg Friedr.	Fortz	Elis.	31-Jul	May	Lena	y
135	1859	95	Wassermann	Carl	Ferdinand	Strauts	Christiana	05-Aug	Felber	Louis	y
136	1859	95	Meier	Johannes	Johannes	Reder	Karolina	05-Aug	Steger	Joh.	y
137	1859	95	Kurz	Johannes Bernhart	Leonhart	Altmann	Elise	05-Aug	Hoffmann	Joh.	y
138	1859	95	Reiz	Karl	Georg	Reinbott	Elis.	05-Aug	Petzberger	Martin	y
139	1859	95	Maus	John Julius	John Heinrich	Westhof	Carol.	05-Aug	Koch	John	y
140	1859	95	Burkhart	Louise	John	Willerhausen	Katharina	05-Aug	Burkhart	Louise	y
141	1859	95	Fraske	Karl Heinrich	Karl	Sekamb [?]	Geshe	10-Aug	die Eltern		y
142	1859	95	Schnell	Maria Katharina	Wilh.	Ferber	Maria	14-Aug	Schnell	Maria	y
143	1859	95	Kümmerlein	Louise Karoline	Michael	Has	Louise	14-Aug	Has	Karolina	y
144	1859	95	Bartmann	Elenora	Christopf	Hamann	Christina	14-Aug	Schmidt	Elenora	y
145	1859	95	Vetter	Anna Sybille	Michael	Feller	Dorothea	14-Aug	Vetter	Anna	y
146	1859	95	Hamann	Wilhelm Friedrich	Philipp	Marquardt	Louise	14-Aug	Marquardt	Wilhelm	y
147	1859	95	Kohlenberg	Anna Kath. Carolina	Theodor	Koch	Louise	15-Aug	Koch	Anna Kath.	y

Trinity German Lutheran Baptisms

No.	Year	Page	Surname	Given Name	Father	M Surname	M Given	Bapt	W Surname	W Given	More Info
148	1859	95	Kohlenberg	Mathilde Alexandria	Christian	Dieter	Maria	15-Aug	Schreda	Maria	y
149	1859	95	Popp	Anna Christiana	Georg	Reinbacher	Maria	21-Aug	die Eltern		y
150	1859	95	Lanaze [?]	Margaretha Barbara	Georg	Burkhart	Anna Maria	28-Aug	Burkhart	Marg. Barb.	y
151	1859	95	Het	Georg Bernhart	Niklaus	Miller	Dorothea	28-Aug	Hoffmann	Georg Bernhart	y
152	1859	95	Sibell	Johann Heinrich	Johann	Lemrod	Elisab.	04-Sep	die Eltern		y
153	1859	95	Ludwig	Emilia	Andreas	Daur	Kath.	04-Sep	die Eltern		y
154	1859	95	Ludwig	Emma	Andreas	Daur	Kath.	04-Sep	die Eltern		y
155	1859	95	Schammel	Joh. Georg	Bernhardt	Freideg	Gertraut	04-Sep	Gotschel	Joh. Georg	y
156	1859	95	Erdenbrecht	Joh. Bernhart	Joh.	Diehl	Marg.	04-Sep	die Eltern		y
157	1859	95	Buckhann	Elisabetha	Hermann	Baum	Anna Marg.	16-Sep	Zinge	Elisabetha	y
158	1859	95	Baier	Elisabetha	Balthasar	Hoch	Gertraud	18-Sep	Burkhart	Anna Elisabetha	y
159	1859	95	Martin	Michael	Adam	Hartmann	Elis. M.	25-Sep	Vetter	Michael	y
160	1859	97	Ott	Johannes	Heinrich	Beniz	Kunigunde	25-Sep	Wolther	Johann	y
161	1859	97	Pilgrim	Johannes	Heinrich	Ulrich	Elis.	25-Sep	Ulrich	Johann	y
162	1859	97	Pfister	Margaretha Sophia Anna Marg. Katharina	Georg	Gurtner	Barb.	25-Sep	Messel	Kath.	y
163	1859	97	Weichel	Barbara	Johann	Kratzer	Marg.	25-Sep	Meyer	Barbara	y
164	1859	97	Mesert	Johannes	Johann	Druger	Barb.	11-Sep	Druger	Johannes	y
165	1859	97	Deetgen	Betty Margaretha	Heinrich Georg F.	Raschen	Betty	30-Sep	die Eltern		y
166	1859	97	Nollert	Charlotte Maria	Joh.	Born	Karolina	02-Oct	(1) Schieferer (2) Lang	(1) Charlotte (2) Maria	y
167	1859	97	Blaich	Joh. Georg	Friedr.	Werner	Marg.	02-Oct	Werner	Joh.	y
168	1859	97	Stadelmeier	Louise	Joh.	Lubecker	Barb.	02-Oct	Lubekcer	Joh. & Anna Doroth.	y
169	1859	97	Kleis	Anna Margaretha	Joh.	Groll	Anna Marie	02-Oct	Bruggemann	Andie	y
170	1859	97	Eckhardt	Friedr. August	Louis	Donauer	Christina	02-Oct	(1) Schmidt (2) Brandt	(1) Jacob Fried. (2) Aug.	y
171	1859	97	Bergheimer	Heinrich Philipp Margaretha	Leonhart	Busch	Marg.	02-Oct	(1) Bergheimer (2) Roth	(1) Heinrich (2) Philipp	y
172	1859	97	Elgeroth	Carolina Anna Marg.	Friedrich	Sameter	Christine	09-Oct	Pogelan	Margaretha	y
173	1859	97	Marbarger	Christine	Hermann	Langenfelder	Barb.	09-Oct	Hohn	Anna Marg. Christine	y
174	1859	97	Bastmann	Johannes Johann Caspar	Christian	Tobias	Anna	09-Oct	Matthein	Johann (1) Joh.	y
175	1859	97	Deichmüller	Mattheus	Heinrich	Fischer	Maria Wilh.	09-Oct	(1) Erhardt (2) Schuler	(2) Caspar	y
176	1859	97	Ermer	Maria Elisabetha	Friedr.	Ecklofstein	Kath.	09-Oct	Wiedinger	Maria	y
177	1859	97	Rugner	Johann	Joh.	Nordmann	Dorothea	09-Oct	Rugner	Joh.	y
178	1859	97	Dengel	August Adam	Adam	Kirschstein	Ernstina	16-Oct	Bartsher	August	y
179	1859	97	Beck	Maria Margaretha	Georg	Roth	Philippina	16-Oct	Franz	Maria Marg.	y
180	1859	97	Ludde	Margaretha Mara	Wilhelm	Müller	M. Marg.	16-Oct	die Eltern		y
181	1859	97	Zeller	Joh. Friedrich	Friedrich	Haller	Karol.	16-Oct	(1) Zeller (2) Brecht	(1) Karl Friedr. (2) Amalie	y

Trinity German Lutheran Baptisms

No.	Year	Page	Surname	Given Name	Father	M Surname	M Given	Bapt	W Surname	W Given	More Info
182	1859	97	Warneke	August Georg	Georg	Freuke [?]	Wilhelmina	16-Oct	(1) Frohlich (2) Burgert	(1) Georg (2) Aug.	y
183	1859	97	Reif	Paulus	Georg Leonhard	Mittlander	Chath.	16-Oct	Mittlander	Joh. Paulus	y
184	1859	97	Hanse	Friedrich Louis	Peter	Schufer	Carol.	20-Oct	Betz	Johann	y
185	1859	97	Beissner	Friedrich Wilhelm	Heinrich	Holtmann	Maria	23-Oct	Hilzmann	Friedrich Wilh.	y
186	1859	97	Hilzmann	Joh. Christian	Friedr. Wilh.	Pilgrimm	Maria	23-Oct	Zucker	Joh. Christ.	y
187	1859	97	Seiz [Seip]	Joh. Michael	Jacob	Pfaus	Johanna	23-Oct	Seiz [Seip]	Joh. Michael	y
188	1859	97	Hartmann	Elise Berrdine Friedrike	Joh.	Stengel	Augusta	23-Oct	(1) Roth (2) Bertelmann	(1) Elis. (2) Berndine	y
189	1859	97	Eichinger	Maria Katharina	David	Benzner	Maria	06-Nov	(1) Walk (2) Vogel	(1) Wilh. (2) Maria	y
190	1859	97	Schoer	Heinrich	Heinrich	Dannenfelser	Magdal.	06-Nov	Weizel	Heinrich	y
191	1859	97	Bendrule	Nickalaus	Friedrich	Meste	Kath.	06-Nov	Hermann	Nikolaus	y
192	1859	97	Holzner	Karl	Theodor	Steiner	Auguste	06-Nov	Holzman	Karl	y
193	1859	97	Bishof	Joh. Heinrich	Wilhelm	Dist [Fist]	Elis.	06-Nov	Hammrichhausen	John	y
194	1859	97	Neugebauer	Henriette Carolina Elisabetha	Joseph	Nelker	Philippina	12-Nov	(1) Nelker (2) Meier	(1) Henriette (2) Carol.	y
195	1859	97	Meier	Katharine	Georg	Stein	Kath.	13-Nov	Munch	Jakob	y
196	1859	97	Schmidt	Wilhelm Ludwig	Gustav	Brandenberger	Kath. Elis.	13-Nov	Schucheis	Joh.	y
197	1859	97	Müller	Elisabetha	Jakob	Bernhardt	Kath.	13-Nov	Nily	Elisabeth	y
198	1859	97	Ammend	Christian Philipp	Jakob	Ritter	Henriette	13-Nov	(1) Ritter (2) Kuppes	(1) Christian (2) Philipp	y
199	1859	97	Hupp	Peter Jakob	Peter	Ihle	Kath.	23-Nov	die Eltern		y
200	1859	97	Riehl	Margaretha	Joh.	Black	Kath.	20-Nov	Riehl	Margaretha	y
201	1859	97	Reitz	Margaretha Mathilde	Peter	Rutzel	Kath.	27-Nov	Wolferman	Marg. Mathilde	y
202	1859	97	Turk	Heinrich	Sebastian	Bubin	Elis.	27-Nov	Drechsler	Heinrich	y
203	1859	99	Spieker	Margaretha Louise	Christ. Heinrich	Dorges	Anna Marie	27-Nov	Vonderheide	Margaretha	y
204	1859	99	Dietrich	Theressa Amalie	Heinrich	Schworer	Theressa	27-Nov	Meyer	Theressa Amalia	y
205	1859	99	Hoffmann	Heinrich	Gustopf	Schworer	Elis.	27-Nov	Hoffmann	Heinrich	y
206	1859	99	Hulsemann	Carl Ferdinand	Heinrich	Jakob	Kath. Elisab.	07-Dec	Schonn [?]	Karl Ferdinand	y
207	1859	99	Bennhof	Maria Elisabetha	Friedrich	Recker	Friedrika	07-Dec	Conrad	Maria Elisab.	y
208	1859	99	Reisenweber	Thomas	Joh.	Kaiser	Barbara	11-Dec	Ochs	Thomas	y
209	1859	99	Krepp	Heinrich	Heinrich	Seibel	Elisab.	11-Dec	Mainhardt	Heinrich	y
210	1859	99	Wagner	Jakob Conrad	Conrad	Regner	Katharina	16-Dec	Regner	Jakob	y
211	1859	99	Meier	Johannes	Philipp	Freund	Regina	18-Dec	Meier	Johannes	y
212	1859	99	Faber	Maria	Johann	Kober	Kath.	25-Dec	Zimmermann	Maria	y
213	1859	99	Zimmermann	Friedrich Wilhelm	Johannes	Stielberg	Maria	25-Dec	Zimmermann	Heinrich	y
214	1859	99	Ammer	Daniel	Jakob	Schirmer	Marg.	25-Dec	Peter	Daniel	y
215	1859	99	Witgrafe	Georg Aug. Conrad	Wilhelm	Hamann	Elis.	25-Dec	Witgrafe	Georg & August Conrad	y
216	1859	99	Baum	Margaretha	Joh.	Zwindler	Anna Barb.	25-Dec	Sieber	Joh. & Marga.	y
217	1859	99	Reckenberger	Johann Georg	Joh.	Meiers	Elis.	26-Dec	Kirschbaum	Joh. Georg	y
218	1859	99	Shafermann	Johann Georg	Hermann	Imfange	Maria	26-Dec	Imfange	Friedr.	y
1	1860	99	Horst	Elisabetha	Georg	Schneider	Auguste	01-Jan	Horst	Elisabetha	y

Trinity German Lutheran Baptisms

No.	Year	Page	Surname	Given Name	Father	M Surname	M Given	Bapt	W Surname	W Given	More Info
2	1860	99	Lohmuller	Rosina Rebekka	Heinrich	Taury	Louise	01-Jan	Bretthold	Elisab.	
3	1860	99	Ritzius	Louis	Courth	Rusback	Maria	02-Jan	die Eltern		y
4	1860	99	Christ	Jakob Franklin	Jakob	Brugel	Wilhelmine	02-Jan	die Eltern		y
5	1860	99	Heiss	Maria	Christoph	Werner	Marie	08-Jan	die Eltern		y
6	1860	99	Nendig	Conrad	Michael	Schmidt	Rosina	08-Jan	Schmidt	Joh. Conrad	y
7	1860	99	Cullmann	Emilie	Adolph	Wagner	Elis.	15-Jan	Jagel [?]	Emilie	y
8	1860	99	Hartung	Anna Elise	Ferdinand	Muhlhorn	Christina	15-Jan	Becher	Anna Elise	y
9	1860	99	Dill	Elise Auguste Katharina	August	Lohmann	Maria	18-Jan	Lohmann	Elise Auguste	y
10	1860	99	Kuffenberger	Margaretha	Adam	Krieser	Kath.	22-Jan	Kreiser	Marg.	y
11	1860	99	Langut	Georg Christoph	Georg Nikl.	Nagel	Barb.	22-Jan	Link	Georg Christoph	y
12	1860	99	Roth	Johannes	Heinrich	Muller	Christina	29-Jan	Roth	Johann	y
13	1860	99	Hartung	Margaretha	Nikl.	Kaiser	Margaretha	29-Jan	Hartung	Margaretha	y
14	1860	99	Petersen	Elisab. Latina	Joh. Arthur	Miller	Elis.	29-Jan	Lubeck	Elis.	y
15	1860	99	Heinn	Kath. Elisabetha	Hermann	Gesine	Anna	29-Jan	Schwarz	Kath. Elis.	y
16	1860	99	Schwarz	Wilhelm	Wilhelm	Kronhardt	Kath. Elis.	29-Jan	die Eltern		y
17	1860	99	Heintz	Martinus Wilhelmine Friedrik	Albert	Diroo	Bitternella	03-Feb	Peterson	Karl	y
18	1860	99	Renthaus	Louise	Karl	Weisheit	Magdal.	31-Jan	Lange	Wilhelm & Friedrike	y
19	1860	99	Pohlmann	Christian Adolph	Daniel	Niemeier	Friedricke	05-Feb	Wittling	A & Fred.	y
20	1860	99	Pohlmann	Wilhelm Julius	Daniel	Niemeier	Friedricke	05-Feb	Wittling	A & Fred.	y
21	1860	99	Pohlmann	Bertha Augusta	Daniel	Niemeier	Friedricke	05-Feb	Wittling	A & Fred.	y
22	1860	99	Pohlmann	Eva Charlotte	Daniel	Niemeier	Friedricke	05-Feb	Wittling	A & Fred.	y
23	1860	99	Pohlmann	Anton Albert	Daniel	Niemeier	Friedricke	05-Feb	Wittling	A & Fred.	y
24	1860	99	Himmer	Margarethe	Christoph	Mark	Barb.	05-Feb	Kinzel (1) Pissert (2) Urban	Caspar & Margaretha (1) Ernst (2) Kath.	y
25	1860	99	Urban	Ernst	Adam	Kaltwasser	Anna M.	05-Feb	[blank]		y
26	1860	99	Ress	Georg	Georg	Erbing	Elis.	05-Feb	Jakob	Joh. Mich & Elis.	y
26	1860	101	Frisch	Joh. Michael Katharina	Friedrich	Dreide	Soph. Wilhel.	12-Feb			y
27	1860	101	Zuchlein	Margaretha	Phil. Heinrich	Vollroth	Anna Marg.	19-Feb	During	Margaretha	y
28	1860	101	Mulzer	Andreas	August	Eckardt	Eva	19-Feb	Eckhardt	Andreas	y
29	1860	101	Delken	Georg	Friedrich	Vollroth	Christ	19-Feb	Caster (1) During	Georg (1) Georg	y
30	1860	101	Rockstroh	Franz Eduard	Franz E.	Vollroth	Elis. Soph.	19-Feb	(2) Zuchlein	(2) Heinrich	y
31	1860	101	Heimann	Elise	Joh.	Distler	Kunigunde	19-Feb	Lehneis	Elise	y
32	1860	101	Wendel	Carl Heinrich	Adam	Schammel	Elise	19-Feb	Noll	Carl Heinrich	y
33	1860	101	Stehle	Franz Anton	Anton	Wendel	Kath.	19-Feb	Unterwagner	Franz	y
34	1860	101	Meier	Katharina	Joh. Friedr.	Walz	Magdal.	19-Feb	die Eltern		y
35	1860	101	Domeier	Georg	Karl	Faubel	Louise	26-Feb	Meier	Georg Christ.	y
36	1860	101	Kopke	Wilhelm August	Heinrich	Meissner	Wilhelmina	26-Feb	die Eltern		y
37	1860	101	Schuh	Anna Paulina	Joh. Conrad	Bock	Wilhelmine	04-Mar	Frank	Anna Paulina	y
38	1860	101	Rusbrecht	Christian Adam	Christ. Adam	Fischer	Marg.	04-Mar	die Eltern		y
39	1860	101	Langrof	Heinrich	[blank]		Miss	04-Mar	Gutruf	Michael	y

Trinity German Lutheran Baptisms

No.	Year	Page	Surname	Given Name	Father	M Surname	M Given	Bapt	W Surname	W Given	More Info
40	1860	101	Grob	Emilie Elis. Dorothea	Wilhelm	Gesemacher	Dorothea	11-Mar	Hesse	Elise	y
41	1860	101	Hoffmann	Karl	Heinrich	Himmer	Anna	11-Mar	Fritsch	Karl	y
42	1860	101	Eves	Gromina Karolina	Heinrich	Hallbrucken	Karol.	11-Mar	Biermann	Hezeroninus	y
43	1860	101	Horst	Louis Friedrich	Conrad	Lenz	Christine	18-Mar	(1) Barth / (2) Fritzinger	(1) Louis / (2) Fried.	y
44	1860	101	Bast	Karl	Joh.	Leinkuhl	Dorothea	18-Mar	Stumpf	Karl	y
45	1860	101	Walkemeier	Cora Maria	Friedrich	Schuermann	Clara M.	25-Mar	die Eltern		y
46	1860	101	Zenner	Margaretha	Wolfgang	Romming	Kath.	25-Mar	Steiner	Margaretha	y
47	1860	101	Vollmer	August	Christian	Bartholomay	Margareth	25-Mar	Bartholomay	August	y
48	1860	101	Schmidt	Wilhelm	Friedrich	Godlander	Elis.	08-Apr	Kohler	Wilhelm	y
49	1860	101	Amend	Heinrich Magdalena	Joh. Philipp	Amrei	Angelina	08-Apr	Seiffarth	Heinrich	y
50	1860	101	Lindauer	Katharina	Christian	Gesswein	Rosina	08-Apr	(1) Roth / (2) Gesswein	(1) Kath. / (2) Magd.	y
51	1860	101	Muller	Auguste Katharina	Herrmann	Langenluttig	Lisette	08-Apr	Stumpf	Sophia	y
52	1860	101	Muller	Ida Sophia	Herrmann	Langenluttig	Lisette	08-Apr	Stumpf	Sophia	y
53	1860	101	Braun	Anna Dorothea	Franz	Sach [Sech]	Margaretha	08-Apr	Desel	Anna Dorothea	y
54	1860	101	Prinz	Wilhelm	Joh. Ernst	Wahl	Ros. Louise	09-Apr	Stapf	Wilhelm	y
55	1860	101	Erk	Margaretha	Karl	Stauss	Martha	09-Apr	Kunzy	Margaretha	y
56	1860	101	Nader	Christine	John	Weimer	Elise	09-Apr	Circel [?]	Christina	y
57	1860	101	Muller	Bernhardt	Ernst	Kahler	Eva	09-Apr	Dressel	Bernhardt	y
58	1860	101	Kehr	Anna Barbara Caroline	Adolph	Ramsauer	Margareth	15-Apr	(1) Ramsauer / (2) Kehr	(1) Anna B. / (2) Karol.	y
59	1860	101	Krammer	Johanne Wilhelmine	August	Horstmann	Sophia	15-Apr	Heinmann	Johanne Wilhelmina	y
60	1860	101	Reu	Maria Rosina	Michael	Hubsch	Maria Rosina	13-Apr	Reu	Kath. Elis.	y
61	1860	101	Weissmann	Anna Regina	Joh.	Gabriel	Margaretha	15-Apr	Weissmann	Anna Regina	y
62	1860	101	Trischmann	Elisabetha	Karl	Pilgrimm	Helena	17-Apr	Pilgrimm	Elisabetha	y
63	1860	101	Heine	Anna Regina	Karl	Keim	Maria	22-Apr	Rauscher	Lewis & Anna	y
64	1860	101	Meier	Elisabetha	Joh.	Shlenke	Kath.	22-Apr	Michael	Elisabetha	y
65	1860	101	Kettler	Kath. Friedrike	August	Gunthner	Wilh.	22-Apr	Gunthner	Kath. Friedrike	y
66	1860	101	Kramer	Karl Heinrich	Heinrich	Ganzer	Barb.	23-Apr	Gotschel	Georg	y
67	1860	101	Balzer	Georg	Joh.	Balzer	Margaretha	30-Apr	Muller	Eva Emma	y
68	1860	103	Matthay	Eva Emma	Christ. Eduard	Riehl	Elis.	30-Apr	die Eltern		y
69	1860	103	Schammel	Wilhelm Friedrich	August	Gunthner	Karol.	30-Apr	die Eltern		y
70	1860	103	Geiger	Amalie	Joh.		Regina	30-Apr			
71	1860	103	Monat	Joh. Peter Friedrich	Georg	Ochse	Elisab.	13-May	Happel	Joh. Peter Friedrich	y
72	1860	103	Schmidt	Heinrich	Heinrich	Lindauer	Marg.	13-May	Lindauer	Christina	y
73	1860	103	Lohmuller	Katharina	Friederich	Lehrhorst	Dorothea	13-May	Lohmuller	Louise	y
74	1860	103	Weiss	Anna Rosina	Valentin	Bechtel	Eva	27-May	Weiss	Anna Rosina	y
75	1860	103	Düring	Anna Gertruda Johannes	Valentin	Luber	Marie	27-May	Weber	Anna	y
76	1860	103	Hessenauer	Leonhardt	Joh.	Gress	Anna	27-May	Reiz	Joh. Leonhardt	y
77	1860	103	Härison	Heinrich	Heinrich	Lubhart	Ernstina	27-May	die Eltern		y
78	1860	103	Schonzflug	Otto Ernst	Julius	Leifheit	Ernstina	27-May	Spingmann	Joh. H.	y

Trinity German Lutheran
Baptisms

No.	Year	Page	Surname	Given Name	Father	M Surname	M Given	Bapt	W Surname	W Given	More Info
79	1860	103	Kanzler	Anna Theresia	Karl	Zurbach	Anna	27-May	Vocke	Charlotte	y
80	1860	103	Bringmann	Karl Friedr. Wilhelm	Wilhelm	Brandau	Charlotte	27-May	Faeri	Karl Fried.	y
81	1860	103	Dodebusch	Heinrich Georg	Heinrich W.	Wall	Christina	27-May	Dodebusch	Anna Maria	y
				Georg Christian							
82	1860	103	Weber	Ludwig	Georg	Wagner	Anna B.	27-May	Weber	Ludwig & Christiane	y
83	1860	103	Huter	Karolina	Conrad	Noll	Katharina	27-May	die Eltern		y
84	1860	103	Frank	Heinrich	Heinrich	Huring	Marg.	28-May	die Eltern		y
85	1860	103	Frank	Mathilda	Heinrich	Huring	Marg.	28-May	die Eltern		y
86	1860	103	Thein	Nikolaus	Joh. Georg	Welsch	Elis.	28-May	Welsch	Niklaus	y
									(1) Osterloh	(1) Alex	
									(2) Hesse	(2) Wilhelmina	
87	1860	103	Ahredt	Anna Wilhelmine Ulrike	Heinrich	Jordan	Charlotte	10-Jun	(3) Leonhardt	(3) Ulrike	y
88	1860	103	Hottemuller	Johann Friedrich	Heinrich	Kolbmeier	Anna M.	17-Jun	Kolbmeier	Joh. Friedrich	y
										Johanna Chr.	
89	1860	103	Leonhardt	Johanna Elisabetha	Johannes	Gansmuller	Marg.	17-Jun	Reinhardt	Friedrike	y
90	1860	103	Koch	Wilhelmina	Johannes	Witscher	Albina	17-Jun	Koch	Elisabetha	y
91	1860	103	Musch	Johannes Conrad	Johannes	Wiemann	Eleonora	17-Jun	Musch	Joh. Conrad	y
92	1860	103	Hoos	Anna Margaretha	Johannes	Friedrich	Marg.	17-Jun	Hartmann	Anna Marg.	y
93	1860	103	Roth	Johannes Christian	Georg	Gessmeier	Kath.	17-Jun	Roth	Johannes	y
									(1) Speidel	(1) F.	
									(2)	(2) Elis.	
94	1860	103	Weik	Friedrich Wilhelm	Wilhelm	Rugert	Salome	19-Jun	Kraft	Michael	y
95	1860	103	Hecker [Hucker]	Ludwig	Johannes	Bach	Juliane	24-Jun	Gutruf	Elisabetha	y
96	1860	103	Bregmeyer	Maria Elisabetha	Kaspar	Wenzel	Thresia	24-Jun	Bregmeyer	Jakob	y
97	1860	103	Rumler	Jakob	Justus	Herold	Helena	24-Jun	Wallenwein	Karolina & Philippina	y
98	1860	103	Mauer	Karolina Philippina	Wilhelm	Konig	Kunigunde	26-Jun	Konig	Dorothea	y
99	1860	103	Kolb	Caroline Dorothea	Johannes	Huter	Carolina	01-Jul	Kolb	Martin	y
100	1860	103	Heim	Joh. Martin	Joh. Fr.	Stutt	Sophia	01-Jul	Stutt		y
				Joh. Friedrich							
101	1860	103	Bauer	Christian August Friedrich	Joh.	Franz	Magdalena	04-Jul	Blumeier	J. F. Christian A. Friedrich	y
102	1860	103	Holzschuh	Ferdinand	Carl	Einsiedel	Christiana	04-Jul	Mantley	Ferdinand	y
103	1860	103	Dussner	Denes				04-Jul	Ellenberger	Elis.	y
104	1860	103	Sturmfels	Regina Christina	Joh.	Maser	Margaretha	07-Jul	Munch	Regina Christina	y
									(1) Fellmann	(1) Marie Elis.	
105	1860	103	Heiss	Louise Henriette	Joh.	Derellenck [?]	M. Elis.	08-Jul	(2) Kaiser	(2) Hermann H.	y
106	1860	103	Metzger	Kath. Barbara	Georg F.	Zuchelein	Maria	08-Jul	During	Georg & Eva	y
107	1860	103	Eizeroth	Kath. Elisab.	Georg	Bauer	Elis	08-Jul	Steiner	Kath. Elis.	y
108	1860	103	Glander	Johannes	Heinrich	Ohrs	Adelheid	11-Jul	Ohrs	Johannes	y
109	1860	103	Arachter	August Karl	Joh. Adam	Flugel	Barb.	15-Jul	Pfeifer	Conrad	y
110	1860	105	Wagner	Margaretha Barbara	Michael	Belzner	Eva Marg.	17-Jul	die Eltern		y
									(1) Dohler	(1) Wilhelm	
111	1860	105	Dohler	Wilhelm Alexander	Gottfired	Buchhold	Marg.	22-Jul	(2) Glaser	(2) Alex.	y

Trinity German Lutheran
Baptisms

No.	Year	Page	Surname	Given Name	Father	M Surname	M Given	Bapt	W Surname	W Given	More Info
112	1860	105	Schulein	Joh. Georg	Georg Michael	Volcker	Marg.	27-Jul	(1) Konig	(2) (1) Joh. Georg	
113	1860	105	Riedel	Friedrich	Christoph	Forster	Anna M.	29-Jul	Lofter	(2) Joh. Fr.	y
114	1860	105	Kohlepp	Maria Margaretha	Joh.	Kehrberger	Eva K.	29-Jul	Emel	Joh. Friedr.	y
115	1860	105	Heinle	Johann Friedrich	Georg	Nagele	Eva R.	29-Jul	Kehrberger	Elis. Magdal.	y
116	1860	105	Herold	Maria Elisabetha Margaretha Christiana	Heinrich	Schuler	Barb.	29-Jul	Wuchner	Margaretha	y
117	1860	105	Meinhardt	Margaretha	Heinrich	Mohr	Maria	29-Jul	Schubert	Christiana M.	y
118	1860	105	Faitz	Wilhelm Ludwig	Heinrich	Rauscher	Maria	29-Jul	Rauscher	Ludwig & Regina	y
119	1860	105	Notz	Karl Gottlieb	Christ. Gottlob	Schadel	Sophia Fr.	03-Aug	(1) Zeiser (2) Korner (1) Krausge (2) Horn	(1) Gottleib (2) Heinrich (1) Anna (2) Kath. (3) Wilhelmina	y
120	1860	105	Notz	Anna Friedrika	Christ. Gottlob	Schadel	Sophia Fr.	03-Aug	Rappold		y
121	1860	105	Kemper	Maria Rosina	Heinrich	Hemmrich	Anna Barbara	05-Aug	die Eltern		y
122	1860	105	Theiss	Johannes Heinrich	Friedrich	Fries	Maria	05-Aug	die Eltern		y
123	1860	105	Franziskes	Georg Wilhelm	Peter	Kaiser	Kath.	05-Aug	die Eltern		y
124	1860	105	Hotz	Theodor	Friedrich	Willecke	Catharina	05-Aug	Willecke	Theodor	y
125	1860	105	[blank]	Wilhelm	[blank]	Propst	Elisab.	05-Aug	Propst	Wilhelm	y
126	1860	105	Ritterbusch	Katharina	Wilhelm	Klingelhofer	Elis.	12-Aug	Ritterbusch	Kath.	y
127	1860	105	Fischer	Wilhelm Heinrich	Karl	Zwillbeck	Marg.	12-Aug	(1) Zwillbeck (2) Fairs	(1) Herrmann (2) Lena	y
128	1860	105	Unglaub	Johann Adam	Joh. Adam	Kessler	Marg.	16-Aug	Wolfram	Dorothea	y
129	1860	105	Geitz	Heinrich	Wilhelm	Ludwig	Martha El.	19-Aug	Haterich	Kath.	y
130	1860	105	Bachmann	Maria Barbara	Conrad	Dohler	Barb.	26-Aug	Dohler	Maria Barb.	y
131	1860	105	Corsen	Mina Margaretha Christian August	Heinrich	Ereschleich	Wilh.	26-Aug	(1) Bons [?] (2) Ereschleich	(1) Wilhelmina (2) Marg.	y
132	1860	105	Haimuller	Fried.	Christian	Buscher	Wilh.	02-Sep	Spenchass [?]	Lester & Charlotte	y
133	1860	105	Hahn	Margaretha	Georg	Bitteroff	Marg.	02-Sep	die Eltern		y
134	1860	105	Willner	Eva Barbara	Conrad	Dopfner	Friedrike	09-Sep	Himmer	Eva Barb.	y
135	1860	105	Galiun	Joh. Heinrich Peter	Andreas	Seib	Kath.	09-Sep	Vollmar	Peter	y
136	1860	105	Kohler	Margaretha	Wilhelm	Hill	Louise	09-Sep	Lutz	Margaretha	y
137	1860	105	Hausser	Wilhelmina	August	Krapf	Marg.	09-Sep	Steube	Wilhelmina	y
138	1860	105	Amberg	Dorothea	Georg	Kentner	Kath.	09-Sep	Kentner	Dorothea	y
139	1860	105	Strauch	Joh. Georg	Heinrich	Roth	Kath.	10-Sep	Jockel	Georg	y
140	1860	105	Muller	Kaspar Heinrich Johanna Marg.	Friedr.	Biermann	Henriette	16-Sep	Muller	Kaspar H.	y
141	1860	105	Warnsmann	Charlotte	Friedrich	Harig	Anna M.	16-Sep	die Eltern		y
142	1860	105	Geiger	Joh. Georg	Joh.	Seibold	Elis.	16-Sep	Rais [?]	Joh. Georg	y
143	1860	105	Grauling	Carolina	Friedr.	Lindemann	Carol.	23-Sep	Kieser	Carolina	y
144	1860	105	Ritterbusch	Heinrich	Adam	Sauer	Theresia	28-Sep	Ritterbusch	Heinrich	y
145	1860	105	Kronau	Carolina	Conrad	Neuer	Christine	28-Sep	Ewersmeier	Carol. Charl.	y
146	1860	105	Schaf	Margaretha	Peter	Hammel	Elis.	30-Sep	Schubert	Margaretha	y
147	1860	105	Hamann	Caroline Louise	Kaspar	Rost	Kath.	30-Sep	Ewersmeier	Carol. Charl.	y
148	1860	105	Ruhbrecht	Christian	Christian	Schneider	Kath.	30-Sep	Schneider	Kath.	y

Trinity German Lutheran
Baptisms

No.	Year	Page	Surname	Given Name	Father	M Surname	M Given	Bapt	W Surname	W Given	More Info
149	1860	105	Meinhardt	Elisab. Sophia	Johann	Dallreith	Elis. Soph.	07-Oct	Rockstroh	Sophia	y
150	1860	105	Berner	Kath. Elisabetha	Wilhelm	Brauer	Kath.	07-Oct	Ritterbusch	Kath. Elis.	y
151	1860	105	Gleichmann	Karolina Friedrike	Friedr. S…	Kreles [?]	Anna	07-Oct	die Eltern		y
152	1860	105	Kleis	Mathilde Elnora	Joh.	Kroll	Anna MAria	07-Oct	Bruggemann	Margaretha	y
153	1860	107	Kassebaum	Joh. Heinrich Christ. Wilhem	Karl Wilh.	Hoffmann	Johanna	21-Oct	die Eltern		y
154	1860	107	Danz	Karolina Wilhelmina	Eduard	Gemecke	Marg.	21-Oct	Liebermann	Karoline Wilha.	y
155	1860	107	Ludsche	Anna Martha	Karl	Krausse	Anna Martha	21-Oct	die Eltern		y
156	1860	107	Danz	Karl August	Eduard	Gemecke	Marg.	21-Oct	Danz	Karl August	y
157	1860	107	Rauh	Christian	Conard	Schafer	Marg.	28-Oct	Rau	Christian	y
158	1860	107	Burger	Maria	Joh.	Link	Maria	28-Oct	Link	Maria	y
159	1860	107	Hamann	Friedr. Wilhelm	Philipp	Markwart	Louise	28-Oct	Markwart	Wilhelm & Friedr.	y
160	1860	107	Collmai	Johannes Heinrich	Jamfried Conr.	Beiters	M. Lenore	30-Oct	Kollmai	Joh. Heinrich	y
161	1860	107	[blank]	Louise Mathilde	[blank]	Pfaff	Hanna	01-Nov	Hut	Elis.	y
162	1860	107	Oberndörfer	Michael	Andreas	Wachtel	Anna	04-Nov	Veffer [Vetter]	Michael	y
163	1860	107	Lampe	Heinrich	Georg	Burkhardt	Maria	04-Nov	Schafer	Heinrich	y
164	1860	107	Kramer	Karl Christian	Michael	Wittig	Anna E.	04-Nov	Wittig	Karl Christ.	y
165	1860	107	Meier	Anna Maria	Friedr.	Rodemann	A. M.	04-Nov	Stober	Anna M.	y
166	1860	107	Benke	Anna Maria	Herrmann	Schermann	Louise	04-Nov	Benke	Anna Maria	y
167	1860	107	Wiess	Maria Karolina	Conrad	Mullbrand	Christina	04-Nov	die Eltern		y
168	1860	107	Reges	Christiana	Johannes	Reiss	Gertrud	11-Nov	Keiss	Christiana	y
169	1860	107	Ottmann	Georg	Peter	[blank]	Elisa	11-Nov	Itzel	Georg	y
170	1860	107	Wolf	Katharina Friedrike	Andreas	Siebert	Kunigunde	11-Nov	Lehneis (1) Straub (2)	Kunigunde (1) Friedrike (2) Marg.	y
171	1860	107	Wirth	Margaretha	Georg	Meinhardt	Rosina	11-Nov	Swartz	Joh. Adam	y
172	1860	107	Hanne	Anna Margaretha	Heinrich	Gebel	Kath.	11-Nov	Neubert	Maria Theresia	y
173	1860	107	Stephan	Maria Theresia	Joh.	Vogel	Theresia	11-Nov	Vogel	Dorothea	y
174	1860	107	Hoffmann	Dorothea	Bernhardt	Muller	Elise	18-Nov	Schmalzel	Wilhelm	y
175	1860	107	Dreyer	Friedrich Wilhelm Geneveve Auguste	Friedr.	Radecke	Anna	18-Nov	Dreyer		
176	1860	107	Konig	Helena	August	Wartberg	Meta	18-Nov	Reil [?]	Geneveve Aug.	y
177	1860	107	Bohnard	Anna Carolina	Michael	Heissinger	Eva K.	18-Nov	Rommel	Anna B.	y
178	1860	107	Jackel	Wilhelm	Jakob	Stoffel	Maria	18-Nov	Laikel	Wilhelm	y
179	1860	107	Wagner	Maria Julie Friedrike	Robert	Muller	Auguste	25-Nov	(1) Diezel (2) Duhring	(1) Kunigunde (2) Julie	y
180	1860	107	Becher	Wilhelmina	Joh.	Heise	Friedrike	25-Nov	(1) Bock (2) Heise	(1) Wilhelmina (2) Friedrike	
181	1860	107	Gerbig	Elisabetha	Joh.	Kniesel	Kath.	29-Nov	Heusser	Elisab.	y
182	1860	107	Körner	Heinrich	Michael	Marks	Kath.	02-Dec	Oreiss	Heinrich	y
183	1860	107	Braunlein	Johanna Margretha	Joh. U.	Remp	Maria A.	02-Dec	Pickel	Johanna M.	y
184	1860	107	Mann	Maria Louise	Joh. H.	Dollinger	Maria Magd.	02-Dec	Dollinger	Wilhelmina	y
185	1860	107	Singewald	Joseph Theophilus	F. Heinrich	Stössel	Hanna S.	02-Dec	die Eltern		y
186	1860	107	Freiholz	Maria Elisabetha	Fr.	Ritterbusch	Maria E.	02-Dec	Ritterbusch	Kath.	y
187	1860	107	Leistner	Margaretha	Joseph	Bauer	Dorothea	02-Dec	Opebelein	Marg.	y
188	1860	107	Kullmann	Wilhelm Adolph	Philipp	George	Lukretia	09-Dec	Cullmann	Adolph & Joh.	y

Trinity German Lutheran Baptisms

No.	Year	Page	Surname	Given Name	Father	M Surname	M Given	Bapt	W Surname	W Given	More Info
189	1860	107	Schnipzel	Heinrich August	Christian	Winter	Anna	09-Dec	(1) Muller (2) Nolte	(1) Heinrich (2) Auguste	y
190	1860	107	Muth	Christian	Adam	Hellemann	Wilhelmina	10-Dec	Gerke	August	y
191	1860	107	Reitz	August Fr. Wilhelm	Georg	Pembott	Marg.	16-Dec	Fre…	Elisab.	y
192	1860	107	Schneider	Elisabetha	Johann	Ritter	Martha	23-Dec	He…lignes	Joh. S.	y
193	1860	107	Kaiser	Johann Simon	Michael	Maier	Rosina	23-Dec	Wahl	Louise	y
194	1860	107	Ott	Louise	Georg	Deitsch	Marg.	23-Dec	Ott	Kunigunde	y
195	1860	107	Appel	Elis. Kunigunde	Joh.	Schneider	Eva	23-Dec	Seibert	Anna	y
196	1860	109	Schonhals	Anna Katharina	Johann	Jung	Kath.	25-Dec	Funk	Heinrich	y
197	1860	109	Kenthner	Johann Wilhelm Christina Katharina	Johann	Muller	Barb.	25-Dec	Volker	Christina K. & Michael	y
198	1860	109	Quast	Georg Friedrich Karl	Heinrich	Binn	Anna	25-Dec	Thiele	Friedr.	y
199	1860	109	Gesellenzitter	Maria	Karl	Schwerzel	Juliana	30-Dec	die Eltern		y
200	1860	109	Gesellenzitter	Heinrich	Karl	Schwerzel	Juliana	30-Dec	die Eltern		y
201	1860	109	Beste	Carolina	Hermann	Saussele [Sanssele]	Marg.	30-Dec	Saussele	Carolina	y
202	1860	109	Munch	Margaretha	Heinrich	Zimmermann	Louise	30-Dec	Ries	Marg.	y
203	1860	109	Barkel	Anna Elisabetha	John.	Keidel	Sus. Elis.	30-Dec	die Eltern		y
204	1860	109	Wirth	Joh.	Michael	Gebhardt	Marg.	10-Jun	Los	Joh.	y
1	1861	109	Berge	Auguste Maria Anna Maria	Johann	Durr	Christiana	01-Jan	Durr	Karolina	y
2	1861	109	Holzmann	Wilhelmina	Joh. Chr.	Weigel	Jul. Kath. Barb.	04-Jan	(1) Hoffmann (2) Hunnler	(1) Anna (2) Maria & Wilhelmina	y
3	1861	109	Gotze	Anna Louise	August	Kolkhorst	Christine	06-Jan	Lohmuller	Louise	y
4	1861	109	Steinkamp	Anna Dorothea	Joh. B. H.	Von Asprech	Kath.	06-Jan	Riedmann	Anna	y
5	1861	109	Hertel	Wilhelm	Johann	Vogel	Rosina	09-Jan	Vogel	Helena	y
6	1861	109	Deibel	Adam	Karl	Mullert	Maria	13-Jan	Wedel	Adam	y
7	1861	109	Henkel	Johannes	Conrad	Ohrs	Maria	13-Jan	Meser	Johannes	y
8	1861	109	Koch	Maria Anna	Joh.	Gegner	Barb	13-Jan	K…irr	Maria Anna	y
9	1861	109	Heimann	Theodor	Theodor	Dohler	Kunigunde	13-Jan	die Eltern		y
10	1861	109	Hartan	Idda	Nikl.	Kaiser	Marg.	20-Jan	Hartan	Johann	y
11	1861	109	Stumpf	Georg	Karl	Busch	Elis.	22-Jan	die Eltern		y
12	1861	109	Notz	Anna Margaretha	Conrad	Rall	Elis.	27-Jan	Strott	Agnes M.	y
13	1861	109	Morgenroth	Friedrich Eduard	Friedrich	Horn	Christine	01-Feb	(1) Morgenroth (2) Horn	(1) Fried. Eduard (2) Bernhard M.	y
14	1861	109	Meier	Friedrich Adolph	Johannes	Schulenburg	Anna	03-Feb	die Eltern		y
15	1861	109	Meier	Karl	Johannes	Schulenburg	Anna	03-Feb	die Eltern		y
16	1861	109	Appel	Friedrich Ferdinand	Friedrich	Sippel	Magdalena	07-Feb	Appel	Ferdinand & Fried.	y
17	1861	109	Appel	Elise Magdalena	Friedrich	Sippel	Magdalena	07-Feb	Appel	Ferdinand & Fried.	y
18	1861	109	Retzinger	Carolina	Conrad	Reichstatter	Christine	10-Feb	Reichstatter	Caroline	y
19	1861	109	Hulsemann	Johann Heinrich Auguste Friedrike	Heinrich	Jakob	R. Elis.	10-Feb	Voll	Johann Heinrich	y
20	1861	109	Streneke	Charlotte Barbara Anna	Karl	Stenzel	Auguste	10-Feb	Hartmann	Charlotte	y
21	1861	109	Lohmann	Louise Johann Karl	Christian	Schmidt	Barbara	17-Feb	Frome (1) Gebhardt (2) Heim	Anna Elisa. (1) Joh.	y
22	1861	109	Weiss	Wilhelm	Georg	Fitch	Maria M.	17-Feb		(2) Karl W.	y

Trinity German Lutheran Baptisms

No.	Year	Page	Surname	Given Name	Father	M Surname	M Given	Bapt	W Surname	W Given	More Info
23	1861	109	Reif	Kath. Barbara	Georg	Mitlander	Kath.	17-Feb	Mitlander	Kath. Barb.	y
24	1861	109	Heisser	Elisab. Ernstina	Ernst	Konig	Marg.	17-Feb	Meier	Elisab.	y
25	1861	109	Kramer	Wilhelm Heinrich	Friedr.	Kussmaul	Maria	17-Feb	die Eltern		y
26	1861	109	Momberger	Anna Elisa	Joh.	Dehan	Hauglina [?]	24-Feb	die Eltern		y
27	1861	109	Hausmann	Maria Magdalena	Georg	Mannsdorfer	Christina	24-Feb	Amer	Margaretha	y
28	1861	109	Pfotzer	Elisabetha	Georg	Urban	Magdal.	24-Feb	Fusstmann	Elis.	y
29	1861	109	Lauer	Johannes	Daniel	Vollmer	Barb.	24-Feb	Muller	Joh.	y
30	1861	109	Momberger	Georg Conrad	Heinrich	Greste	Elisa.	24-Feb	Dohler	Georg Conrad	y
31	1861	109	Kolbe	Dorothea Carolina	Heinrich	Bomm	Dorothea	28-Feb	(1) Kolbe (2) Boke	(1) Carol. (2) Doroth.	y
32	1861	109	Hupp	Marg. Auguste	Joh.	Busch	Johanna	01-Mar	die Eltern		y
33	1861	109	Baum	Maria Margaretha	Ernst	Fischer	Dorothea	03-Mar	Altvogel	Maria Marg.	y
34	1861	111	Hertlein	Johannes Georg	Karl	Sommer	Anna Barb.	03-Mar	Willner	Conrad & Friedrike	y
35	1861	111	Deetjen	Engelina	Heinrich G.	Raschen	Betty	03-Mar	die Eltern		y
36	1861	111	Hut	Anna Louise Georg Wilhelm	Franz	Eiertanz	Louise	08-Mar	Eiertanz	Hanna	y
37	1861	111	Braun	Conrad	Peter	Nordmann	Helena	10-Mar	Wittgrefe	Conrad & Wilh.	y
38	1861	111	Deichmann	Margaretha	Joch.	Eichberger	Anna	11-Mar	Deichmann	Margaretha	y
39	1861	111	Ritterbusch	Heinrich	Heinrich	Schel	Wilhelmina	11-Mar	Picht	Heinrich	y
40	1861	111	Freund	Karl	Matthaus	Meiers	Carolina	24-Mar	Keiner	Carl Heinrich	y
41	1861	111	Keiner	Matthaus	Karl	Freund	Marg.	24-Mar	Freund	Matthaus	y
42	1861	111	Walter	Georg Adam	Adam	Hartan	Barbara	30-Mar	Bonacker	Joh. Georg	y
43	1861	111	Almendinger	Elisabetha	Jakob	Kreiss	Marg.	31-Mar	Almendinger	Elise	y
44	1861	111	Hoffmann	Maria Christina	Chritoph	Schwurer	Elis.	31-Mar	Dietrich	Maria Theresia	y
45	1861	111	Thiele	Heinrich Julius	Friedr.	Ochs	Elisab.	31-Mar	Aunst	Heinrich	y
46	1861	111	Desel	Martin	Simon	Arnold	Anna D.	31-Mar	Eichhorn	Martin	y
47	1861	111	Metzger	Katharina	Friedrich	Heim	Friedrika	31-Mar	Muller	Kath.	y
48	1861	111	Hof	Heinrich	Bernhardt	Sandner	Gertrud	31-Mar	Streb	Heinrich	y
49	1861	111	Rommel	Franz Theodor	Ernst Nikl.	Kollmay	Maria Elis.	01-Apr	Holdhaus	Franz Theodor	y
50	1861	111	Ehlers	Friedrich	Heinrich	Aszemeier	Charlotte	07-Apr	Aszemeier	Friedrich	y
51	1861	111	Zucker	Friedrich Wilhelm	Joh. Chr.	Schwarzbauer	Wilha.	07-Apr	Hulsmann	Friedr. Wilh.	y
52	1861	111	Horn	Johann Adam	Adam	Distler	Kath.	07-Apr	Glock	Joh. Adam	y
53	1861	111	Hankel	Louise Karlina Friedrika	Wilhelm	Michael	Marg.	07-Apr	Breiner	Louise	y
54	1861	111	Degner	Louise	Karl	Lubke	Friedrike	14-Apr	Wittgrefe	Conrad	
55	1861	111	Jansan	Konrad Martin	Peter	Nordmann	Karolina	14-Apr	(1) Heisse (2) Oppertshauser	(1) Georg (2) Joh.	y
56	1861	111	Limgerdt	Peters	August E.	Fruhlich	Elis.	14-Apr	die Mutter		y
57	1861	111	Umggly [?]	David Henry	William	Umggey [?]	Ellen	20-Apr	Plitt	Karl	y
58	1861	111	Hilbert	Karl Heinrich	Adam	Wettingfeld	Louise	21-Apr	(1) Hohn (2) Ebenhack	(1) Anna (2) Marg.	y
59	1861	111	Ebenhack	Anna Margaretha	Joh.	Rohner	Marg.	21-Apr	Geiger	Karl	y
60	1861	111	Geiger	Karl Heinrich	John.	Weber	Katharina	22-Apr	Ebert	Joh. Peter	y
61	1861	111	Monat	Johannes Peter	Georg	Ochse	Elisab.	28-Apr			
62	1861	111	König	Johannes Valentin	Georg	Schmidt	Marg.	28-Apr	Hax	Valentin & Joh. Peter	y

Trinity German Lutheran Baptisms

No.	Year	Page	Surname	Given Name	Father	M Surname	M Given	Bapt	W Surname	W Given	More Info
63	1861	111	Prager	Anna Christina	Louis	Paul	Christina	29-Apr	die Eltern		y
64	1861	111	Ott	Friedrich	Heinrich	Munch	Anna M.	01-May	Munch	Heinrich	y
65	1861	111	Stressner	Friedrich	Andreas	Billmann	Anna B.	01-May	Schuh	Friedrich	y
66	1861	111	Petinia	Karl	Joseph	Will	Louise	03-May	Kahoff	Emmilie	y
67	1861	111	Christ	Joseph Wilhelm	Jakob	Brugel	Wilhelmine	17-May	Christ	Charlotte (1) Joh. Chr.	y
68	1861	111	Sheiters	John Christoph	Gottfried	Wolk	Charlotte	12-May	(2) Rathgerber	(2) Joh. L.	y
69	1861	111	Berwig	Nikolaus	Johann	Scheuermann	Kath.	12-May	Muller	Nikolaus	y
70	1861	111	Fulumann [?]	Maria Elisabetha Anna Margaretha	Friedr.	Fenst	Anna	19-May	Theiss	Maria	y
71	1861	111	Kaiser	Wilhelmina	Christ.	Weber	Louise	19-May	Kaiser	Anna Margaretha	y
72	1861	111	Krepp	Georg	Christ	Braunroth	Maria	19-May	Franke	Georg (1) Georg P.	y
73	1861	111	Pohl	Georg Heinrich	Adam	Schneider	Kath.	19-May	(2) Schneider	(2) Heinrich	y
74	1861	111	Vogt	Dorothea	Louis	Elias	Maria	19-May	Elias	Dorothea	y
75	1861	111	Berkemeier	Johann Carolina Johann Heinrich	August	Seibert	Maria	19-May	Germann	Carolina Christian & Johann	y
76	1861	111	Marthaupt	Christian	August	Einsiedel	Sophia	19-May	Burger	Heinrich	y
77	1861	113	Panette	Johannes Michael	Ernst Ferd.	Gammer	Barbara	19-May	Panette	Johannes M.	y
78	1861	113	Panette	Jakob Friedrich	Ernst Ferd.	Gammer	Barbara	19-May	Gammer	Jakob Fr.	y
79	1861	113	Mohr	Wilhelm Hill Kath. Sophia	Johann	Ubert	Sophie	01-Jun	die Eltern		y
80	1861	113	Servers	Elisab.	Dietrich	Schunheim	Doroth.	02-Jun	Herbold	Elisab.	y
81	1861	113	Greifzu	Wilhelmina	Joh. Matth.	Leimbach	Anna Kath.	02-Jun	Leimbach	Marg.	y
82	1861	113	Beck	Sibille Anna Johanna	Heinrich	Roth	Philippina	02-Jun	Seibert	Sibille	y
83	1861	113	Hecken	Margaretha	Joh. Wilh.	Pogenbeck	Anna K. Charl.	02-Jun	Ermann	Anna Johanna Marg.	y
84	1861	113	Hansen	Louis Wilhelm	Louis	Schmink	Emilia	09-Jun	Muller	Marg.	y
85	1861	113	Sutter	Anna Katharina	Georg	Umbach	Anna Elis.	09-Jun	Umbach	Anna Kath.	y
86	1861	113	Sohn	Anna Maria	Moritz	Mullert	Christina	09-Jun	Fitzberger	Anna Maria	y
87	1861	113	Schlessinger	August Wilhelm	Georg	Brockmann	Johanna Maria	09-Jun	Kunzpsfeld	August Wilhelm	y
88	1861	113	Lissmann	Anna Magdalena	Philipp	Pfotzer	Elis.	12-Jun	Pfotzer	Magdalene	y
89	1861	113	Lissmann	Maria Barbara	Philipp	Pfotzer	Elis.	12-Jun	Klaus	Barbara	y
90	1861	113	Wilson	Anna Marg. Virginia	John	Wilson	Marg. Louise	16-Jun	Steger	Anna Marg.	y
91	1861	113	Krauk	Anna Louise	Wilhelm	Kolkhorst	Maria E.	16-Jun	Lohmuller	Louise	y
92	1861	113	Spieker	Christian Heinrich	Hermann	Dolgers	Maria El.	16-Jun	Spieker	Christ H.	y
93	1861	113	Schoppler	Friedrich Wilhelm	Joh.	Schiller	Kath.	16-Jun	Zimmermann	Friedr. W.	y
94	1861	113	Mackel	Georg	Georg	Billmann	Sophie	16-Jun	Hoffmann	Georg	y
95	1861	113	Dressel	Elisabetha	Joh. Jojach	Burlein	Elis.	16-Jun	Brugel	Elis.	y
96	1861	113	Moll	Susanna Elis.	Geinrich	Flach	Marg.	16-Jun	Barthel	Sus. El.	y
97	1861	113	Baum	Christine Clara	Louis	Friedrich	Christina	16-Jun	Friedrich	Christian	y
98	1861	113	Langenfelder	Elisabeth	Joh.	Gunzel	Elis.	16-Jun	Langenfelder	Elisab.	y
99	1861	113	Thomas	Peter Heinrich	Georg L.	Noll	Marg.	23-Jun	Fuchs	Heinrich	y
100	1861	113	Heinemann	Johanna Wilhelmina Joh.	Johanna Wilhelmina Joh.	Muller	Anna Kath.	23-Jun	Heinemann	Johanna Wilhelmina	y

49

Trinity German Lutheran
Baptisms

No.	Year	Page	Surname	Given Name	Father	M Surname	M Given	Bapt	W Surname	W Given	More Info
101	1861	113	Eickenbeck	Friedrich Karl	August	Kök	Anna Wilhma.	23-Jun	Heinemann	Karl	y
102	1861	113	Bock	Friedrich Hermann	Heinrich	Lindert	Amalie	30-Jun	Vollgraf	Heinrich	y
103	1861	113	Schwemmer	Johannes	Georg	Stebel	Magdalena	07-Jul	Schwemmer	Johann	y
104	1861	113	Wolfram	Johannes	Michael	Feld	Marg. Mathilde	07-Jul	Herget	Johannes	y
105	1861	113	Romer	Johannes	Conrad	Hubner	Anna Elis.	09-Jul	Wagner	Johannes	y
									(1) Menning	(1) Christa	
106	1861	113	Hutter	Christina Katharina	Joh.	Menning	Lena	14-Jul	(2) Link	(2) Kath.	y
107	1861	113	Eickmeier	Johann Heinrich	Joh. H.	Steinkamp	Anna Louise	14-Jul	Steinkamp	Joh. H.	y
108	1861	113	Lang	Louise	Heinrich	Kohlmann	Anna	14-Jul	Kohlmann	Louise	y
109	1861	113	Schammel	Joh. Peters	Bernhardt	Friedrich	Gertrud	14-Jul	Schammel	Joh. Peter	y
									(1) Osse	(1) Karl	
110	1861	113	Kehn	Karl Heinrich	Wilh. A.	Noll	Elis.	14-Jul	(2) Ballermann	(2) Heinrich	y
111	1861	113	Burkle	Friedrike	Joh.	Meier	Karoline	24-Jul	die Eltern		y
112	1861	113	Nagel	Margaretha	Peter	Hoffmann	Marg.	24-Jul	Schwarz	Marg.	y
113	1861	113	Kratt	Johannes Theodor Martin	Pastor Martin	Drenberger	Magdal.	27-Jul	Geiger	Johannes & Kath.	y
									(1) Schmidt	(1) Marg.	
114	1861	113	Lindauer	Marg. Johanna Heinrich Friedr.	Christian	Gessmwein	Rosina	28-Jul	(2) Gesswein	(2) Hanna	y
115	1861	113	Kermeier	Philipp	August	Gottlike	Maria	28-Jul	Brockmann	Philipp	y
116	1861	113	Umbach	Johannes	Georg	Wolfram	M. Sus.	28-Jul	Konig	Johann	y
117	1861	113	Holzschuh	Anna Helena	Karl	Einsiedel	Christiana	04-Aug	Zimmermann	Anna Hel.	y
118	1861	113	Unkart	Christiana	Adam	Tanauer	Anna M.	04-Aug	Baum	Christiana	y
119	1861	113	Herold	Karl Heinrich	Georg	Schuhler	Maria Elis.	04-Aug	Herold	Kath.	y
120	1861	113	Holzner	Theodor	Karl	Steiner	Auguste	04-Aug	die Eltern		y
121	1861	115	Lambrecht	Johanna Henrietta	Christian	Bammle	Henriette	04-Aug	Hemahloch	Johanna Henriette	y
122	1861	115	Shiefer	Elisabetha	Joh.	Fritz	Maria Kath.	08-Aug	Heisner	Elis.	y
123	1861	115	Lehmann	Anna Margaretha	Joh. Ad.	Traum	Christina	11-Aug	Traum	Anna Marg.	y
124	1861	115	Bedell	Conrad	Karl	Kieser	Sophie Kath.	11-Aug	Furstenhofer	Conrad	y
125	1861	115	Heidt	Elis. Cecilia	Georg	Schmidt	Elisab.	11-Aug	Tanz [?]	Elis. Cecilia	y
									(1) Behr	(1) Conrad	
126	1861	115	Dehler	Conrad Marg. Johanna	Georg	Dressel	Elis. Carlina	12-Aug	(2) Dressel	(2) Anna Hel.	y
127	1861	115	Redehas	Barbara	Karl	Weisheit	Magd.	12-Aug	Nussel	Joh. Ad. & Marg.	y
128	1861	115	Staudt	Johann Friedrich	Karl	Mengert	Friedrike	18-Aug	Staudt	Joh. Friedr.	y
129	1861	115	Zapf	Georg Michael	Georg	Schmidt	Maria	18-Aug	Zapf	Georg Michael	y
									(1) Scharz	(1) Magd.	
									(2) Zimmermann	(2) Magd	
130	1861	115	Hessenauer	Barbara Magdalena	Joh.	Kross	Anna	18-Aug	(3) Holzner	(3) Barb.	y
131	1861	115	Siebrecht	Anna Katharina	Georg	Gese	Carolina	18-Aug	Heinemann	Anna Kath.	y
132	1861	115	Vetter	Johann Georg	Michael	Teller	Dorothea	25-Aug	Vetter	Joh. Georg	y
133	1861	115	Korting	Amelia Katharine	Wilhelm	Genthner	Maria	25-Aug	Weiss	Elis.	y
134	1861	115	Appel	Nikolaus	Eduard	Hammel	Maria	25-Aug	Appel	Nikolaus	y
135	1861	115	Budde	Wilhelm	Wilhelm	Muller	Marg.	28-Aug	die Eltern		y
136	1861	115	(unknown)	Joh. Heinrich	(unknown)	Penning	Marg.	01-Sep	Hoffmann	Joh. Heinrich	y
137	1861	115	Fritsch	Karl	Karl	Penning	Elisab.	01-Sep	Schuh	Karl	y

Trinity German Lutheran
Baptisms

No.	Year	Page	Surname	Given Name	Father	M Surname	M Given	Bapt	W Surname	W Given	More Info
138	1861	115	Rösner	Georg Christian	Valentin	Marhenke	Friedrika	08-Sep	Rösner	Christian	y
139	1861	115	Ruhl	Sophia	Georg	Stucker	Marg.	08-Sep	Heim	Sophia	y
140	1861	115	Grim	Johann Adam	Joh.	Urbel	Marg.	08-Sep	Grim	Joh. Adam	y
141	1861	115	Winkelmann	Katharina Johanna	Hermann	Weber	Marg.	26-Sep	Geiger	Chatharina	y
142	1861	115	Reckenberger	Georg	Joh. Georg	Huber	Margaretha	29-Sep	Huber	Johannes	y
143	1861	115	Graf	Marie Katharina	August	Fink	Maria	02-Oct	Schonhals	Maria Kath.	y
144	1861	115	Burger	Karl Martin	Christian	Rauk	Carol.	06-Oct	(1) Lang / (2) Herbich	(1) Carlina / (2) Marg.	y
145	1861	115	Koppenhofer	Karl	Christian	Wustner	Carolina	06-Oct	Wustner	Michael	y
146	1861	115	Fischer	Johann Herrmann	Karl	Dwelbeck	Marg.	06-Oct	Heise	Joh. M.	y
147	1861	115	Staupf	Friedr. Wilhelm	Karl	Hafer	Joha. Friedrike	07-Oct	die Eltern		y
148	1861	115	Leidich	Heinrich Carl	Georg	Reiz	Rosalie	07-Oct	Stumpf	Karl	y
149	1861	115	Schwier [?]	Heinrich Friedrich Traugottina	Ernst Fr.	Schumann	Maria Elis.	13-Oct	Walkmeir	Heinrich Fr.	y
150	1861	115	Wiederhacke	Wilhelmina	Carl.	Burghold	Augusta	13-Oct	Knippschild	Traugottine V. & Jak.	y
151	1861	115	Dietrich	Heinrich	Heinrich	Schworer	Theressa	13-Oct	Maurer	Heinrich	y
152	1861	115	Wolfermann	Joh. Georg	Matthaus	Schneider	Clara	13-Oct	Wolfermann	Joh.	y
153	1861	115	Distler	Katharina	Conrad	Distler	Marg.	13-Oct	Lehneis	Conrad	y
154	1861	115	Schonhals	Heinrich	Wilhelm	Jeckel	Emilie	13-Oct	Jeckel	Marg. & Heinrich	y
155	1861	115	Philippi	Anna Katharina	Peter	Rausher	Mariea Regina	04-Oct	Philippi	Anna Kath.	y
156	1861	115	Ballmann	Johannes	Christian B.	Dobing	Anna	15-Oct	Haberkost	Joh. Mathai & Anna Marg.	y
157	1861	115	Ballmann	Ann Martin Johannes	Christian B.	Dobing	Anna	15-Oct	Haberkost	Joh. Mathai & Anna Marg.	y
158	1861	115	Rohbrecht	Kunigunde	Christian	Fischer	Barb.	16-Oct	Gemahloh	Johanna Kunigunde	y
159	1861	115	Geiger	Ida May	Charles	Philippi	Emilie	18-Oct	Geiger	Katharine	y
160	1861	115	Roth	Johanne Christiana Kunigunde Maria	Heinrich	Muller	Christ. Elis.	20-Oct	Muller	Johann Chr.	y
161	1861	115	Burger	Carol	Heinrich	Hoffmann	Sophie	20-Oct	(1) Lang / (2) Dohler	(1) Carl / (2) Maria Kunig.	y
162	1861	115	Volker	Kath. Elis.	Heinrich	Ernst	Elis.	20-Oct	Schneider	Elisab.	y
163	1861	115	Jung	Anna Maria	Franz	Bernkmer	Rosina	20-Oct	Solkmann	Christine Maria	y
164	1861	115	Rushmeier	Karl Heinrich	Heinrich	Fusting	Auguste	20-Oct	Vollerdt	Karl Eduard	y
165	1861	117	Vogt	Wilhelm Heinrich Elisabetha	August	Vollmer	Carolina	22-Oct	(1) Vollmer / (2) Appel	(1) Friedr. / (2) Joh.	y
166	1861	117	Korber	Katharina	Joh.	Eichmuller	Barbara	27-Oct	(1) Schmidt / (2) Eichmuller	(1) Friedr. / (2) Kath.	y
167	1861	117	Schneider	Wilhelm Heinrich	Heinrich	Keil	Maria	27-Oct	Schneider	Wilhelm Heinrich	y
168	1861	117	Weimer	Magdalena	Joh. Mart.	Ewald	Felicita	27-Oct	Hansen	Magdalena	y
169	1861	117	Hartwich	Friedrich	Jakob	Strohl	Kath.	27-Oct	Hartwich	Friedr.	y
170	1861	117	Allers	Anna Maria	Gerhard H.	Kunze	Anna Marg.	03-Nov	Moller	Anna Maria	y
171	1861	117	Petersen	Helbich Georg	Joh. G.	Roder	Marg.	03-Nov	Koch	Helbich	y
172	1861	117	Meier	Conrad	Philipp	Freund	Regina	03-Nov	Freund	Conrad	y
173	1861	117	[blank]	Ludwig Heinrich		Bilekob	Marg	03-Nov	Momberger	Heinrich	y
174	1861	117	Horst	Johannes	Conrad	Lenz	Christina	03-Nov	Koch	Joh.	y
175	1861	117	Wenchel	Susana Elisab.	Conrad	Koch	Elis.	03-Nov	Wenchel	Sus. Elis.	y

Trinity German Lutheran
Baptisms

No.	Year	Page	Surname	Given Name	Father	M Surname	M Given	Bapt	W Surname	W Given	More Info
176	1861	117	Röder	Louise Josephina	Joh.	Hille	Christina	06-Nov	Hut	Elise	y
177	1861	117	Wirth	Johannes	Michael	Gebhardt	Marg	10-Nov	Los	Joh.	y
178	1861	117	Muth	Katharina	Joh.	Bach	Maria	10-Nov	Ziegenhain	Kath.	y
179	1861	117	Zeller	Georg Wilhelm	Friedr.	Gieg	Barbara	10-Nov	Gieg	Adam	y
180	1861	117	Pilgrimm	Christian Georg	Christian	Ulrich	Elis.	10-Nov	Sohn	Christ.	y
181	1861	117	Hilsemann	Anna Maria	Friedr. V.	Pilgrimm	Kath. M.	10-Nov	Beissner	Anna M.	y
182	1861	117	Hilsemann	Louise Carolina	Friedr. V.	Pilgrimm	Kath. M.	10-Nov	Erbrink	Louise C.	y
183	1861	117	Roth	Johannes	Joh.	Bauer	Barbara	15-May	Neubert	Joh.	y
184	1861	117	Koffenberger	Wilhelm Heinrich Louise	Heinrich	Flemming	Marg.	28-Nov	(1) Gurley (2) Hoffmann	(2) Sarah (1) Louis (1) Maria	y
185	1861	117	Rosskanele [?]	Maria Elisabetha	Friedr.	Schacht	Elisabetha	01-Dec	(1) Nagel (2) Metzger	(2) Elis.	y
186	1861	117	Knacke	Sophie	Carl	Wegner	Anna	06-Dec	Gartner	Sophie	y
187	1861	117	Pfister	Katharina	Georg	Graber	Barb.	08-Dec	Wessel	Kath. M.	y
188	1861	117	Breitenstein	Emma Klara Anna Elisab.	August	Beisswanger	Rebekka	08-Dec	(1) Liebhardt (2) Beisswanger (3) Stotz	(1) Emma (2) Clara (3) Conrad	y
189	1861	117	Heiss	Antonetta	Christian	Wieners	Maria	08-Dec	Wieners	Antonetta	y
190	1861	117	Erhardt	Karl Heinrich	Theodor	Roher	Christiana	10-Dec	die Eltern		y
191	1861	117	Erhardt	Emilia Sophia Anna Kath.	Theodor	Roher	Christiana	10-Dec	Burger	Emile Sophie	y
192	1861	117	Warneke	Wilhelmina	Georg	Fricke	Wilha.	15-Dec	Hecker	Kath.	y
193	1861	117	Zeis	Johannes	Niklaus	Stein	Marg.	19-Dec	die Eltern		y
194	1861	117	Reitz	Heinrich	Peter	Ritzer	Kath.	22-Dec	Volz	Heinrich	y
195	1861	117	Faitz	Margareth Magda. Carol	Heinrich	Rausher	Maria	22-Dec	Hohldefer	Marg. Louise & Carol.	y
196	1861	117	Wittgrefe	Louise	Conard	Nordmann	Louise	25-Dec	Nordmann	Magdal.	y
197	1861	117	Zimmermann	Elisabetha	Dietrich H.	Maier	Elis.	25-Dec	Maier	Elis.	y
198	1861	117	Kenthner	Georg	Kaspar	Tein	Magdal.	25-Dec	Amberg	Georg	y
199	1861	117	Deichmuller	Heinrich Wilhelm	Heinrich	Fischer	Maria	25-Dec	Schulz	Heinrich	y
200	1861	117	Herget	Andreas Philipp	Joh.	Freund	Magdalena	25-Dec	Maier	Andr. Phil.	y
201	1861	117	Kinder	Kathintja Elis.	Theodor	Weiss	Kath.	25-Dec	Schuchardt	Kathintja Elis.	y
202	1861	117	Trautner	Johann Georg	Andreas	Stegmann	Maria	25-Dec	Beirdt	Joh. G.	y
203	1861	117	Groh	Peter	Lorenz	Emerling	Kath.	29-Dec	die Eltern		y
204	1861	117	Groh	Christina	Lorenz	Emerling	Kath	29-Dec	die Eltern (1) Göller	(1) Ludwig	y
205	1861	117	Ebel	Ludwig Christian	Heinrich	Göller	Elis.	29-Dec	(2) Ebel	(2) Christian	y
206	1861	117	Diez	Kath.	Valentin	Schmidt	Elis.	29-Dec	Schmidt	Kath.	y
207	1861	117	Benthaler	Karl Dietrich	Carl	Muller	Elis.	29-Dec	Lohmuller	Dietrich	y
208	1861	117	Strunz	Eduard Paul Gottlieb	August	Teme	Philippina	29-Dec	Danz	Eduard	y
209	1861	117	Arnies [?]	Wilhelm	Wilhelm	Schurr	Auguste	29-Dec	Schurr	Paul	y
210	1861	117	Berger	Alexander Conr.	Martin	Lehneis	Kunigunde	30-Dec	Lehneis	Conrad	y
1	1862	119	Pappler	Karl Ferdinand	Balthasar	Tost	Marg.	01-Jan	Fulker	Karl Ferdinand	y

Trinity German Lutheran
Baptisms

No.	Year	Page	Surname	Given Name	Father	M Surname	M Given	Bapt	W Surname	W Given	More Info
2	1862	119	Becker	Johann Heinrich	Swerin	Kramer	Kath.	05-Jan	(1) Schonhals (2) Dietrich	(1) Joh. (2) Heinrich	y
3	1862	119	Hamann	Heinrich Wilhelm	Philipp	Marquart	Louise	05-Jan	(1) Rothe (2) Wittgrefe	(1) Heinrich (2) Wilh.	y
4	1862	119	Tokes	Marg. Maria	Joh. Jak.	Loew	Christine	05-Jan	(1) Lotz (2) Reinert	(1) Marg. (2) Maria	y
5	1862	119	Steinmetz	Friedrich	Georg W.	Minninger	Elis.	12-Jan	Steinmetz	Friedrich	y
6	1862	119	Schreiber	Johannes	Ernst	Leilich	Henriette	12-Jan	Pletscher	Joh.	y
7	1862	119	Beck	Emilia	Franz	Blarr	Marg	12-Jun	die Eltern		y
8	1862	119	Baier	Eva	Balthasar	Hoch	Anna G.	12-Jan	Muller	Eva	y
9	1862	119	Oeh	Barbara	Joh.	Seidel	Marg.	19-Jan	Reis	Barb.	y
10	1862	119	Oeh	Anna Johanna	Joh.	Seidel	Marg.	19-Jan	Meier	Anna Johanna	y
11	1862	119	Oeh	Dorothea	Joh.	Seidel	Marg.	19-Jan	Pick	Dorothea	y
12	1862	119	Oeh	Louise	Joh.	Seidel	Marg.	19-Jan	Hannebal	Louise	y
13	1862	119	Hogelgans	Johann Peter	Joh. S.	Schneider	Elis.	26-Jan	Schneider	Joh. Peter	y
14	1862	119	Muck	Jakob	Heinrich	Altrick	Kath.	26-Jan	Heinz	Johann	y
15	1862	119	Mierz	Johann Wilhelm	Johann Wilhelm	Riethmeier	Kath.	26-Jan	Riethmeier	Wilhelm	y
16	1862	119	Singewald	Hanna Sophia	Heinrich	Stossel	Sophia	26-Jan	Abt	Anna Chr.	y
17	1862	119	Langut	Christian Christina	Georg N.	Nagel	Anna B.	26-Jan	Kaiser	Christian	y
18	1862	119	Popp	Wilhelmina	Georg	Rambocher	Maria	26-Jan	Matthes	Wilhelmina	y
19	1862	119	Reuter	Georg	Georg	Sandmann	Marg.	29-Jan	Sandmann	Georg	y
20	1862	119	Trischmann	Heinrich	Karl	Pilgrimm	Helena	02-Feb	Pilgrimm	Heinrich	y
21	1862	119	Götze	Heinrich	Georg	Raglaub	Elis.	02-Feb	Schmidt	Heinrich	y
22	1862	119	Heinz	Maria Bitronella	Albert	Direr	Bitronella	08-Feb	Dikiners	Bitronella	y
23	1862	119	Gerke	Anna Johann	August	Burke	Wilha.	09-Feb	Swerin	Anna Christiane	y
24	1862	119	Kudblauch	Maria Theresia	August	Rems	Johanna	09-Feb	Rudblauch	Maria Th.	y
25	1862	119	Kudblauch	Louise Christiane	August	Rems	Johanna	09-Feb	Schoeppel	Louise	y
26	1862	119	Breitschwerdt	Friedrich	Conrad	Mormann	Elis.	16-Feb	Theil	Friedr.	y
27	1862	119	Sommer	Kath. Wilhelmina	Martin	Popper	Mathilde	17-Feb	Stackmann	Kath. W.	y
28	1862	119	Stotz	Anna Friedrika	Theiss Gottlob	Schadel	Sophie Fr.	18-Feb	(1) Horn (2) Rabold	(1) Kath.	y (2)
29	1862	119	Martin	Christian	Georg	Pasquai	Friedrike	18-Feb	Pasquai	Wilha.	y
30	1862	119	Prinz	Johann Wilhelm	Conrad	Schmidt	Elis. K.	23-Feb	Prinz	Johann	y
31	1862	119	Kormeier	Sophie	Albert	Heimbuch	Phila.	23-Feb	Schneider	Sophie	y
32	1862	119	Bower	Georg Gottfried	Heinrich	Sakob	Wilha.	02-Mar	Taylor	Gottfried	y
33	1862	119	Schneemann	Anna Katharina	Karl	Flottmanns	Anna M.	09-Mar	Reuntell	Anna Kath.	y
34	1862	119	Meser	Kath. Wilhelmina	John	Muller	Maria	09-Mar	Muller	Kath.	y
35	1862	119	Fortner	Auguste	Joh.	Gressel	Elis.	09-Mar	Langanke	Auguste	y
36	1862	119	Schmidt	Wilhelm	Joh.	Grauling	Elis.	16-Mar	Schmidt	Wilhelm	y
37	1862	119	Seitz	Georg Michael	Jakob	Pfaus	Johanna	16-Mar	Seitz	Georg	y
38	1862	119	Felber	Louis Eduard	Louis	Bietsch	Henriette Charl.	16-Mar	(1) Felber (2) Seipp	(1) Eduard (2) Christina	y
39	1862	119	Christ	Heinrich	Philipp	Grieser	Elis.	16-Mar	Koffeberger	Adam & Karl. G.	y
40	1862	119	Lentz	Margaretha	Joh. David	Ramsauer	Kath. Marg.	23-Mar	King	Mary	y
41	1862	119	Heymann	Georg Conrad	Theodor	Dohler	Kunigunde	27-Mar	Dohler	Georg Conrad	y

Trinity German Lutheran Baptisms

No.	Year	Page	Surname	Given Name	Father	M Surname	M Given	Bapt	W Surname	W Given	More Info
42	1862	119	Amend [?]	Henrietta Theodora	Jakob	Ritter	Henriette	30-Mar	die Eltern		
43	1862	119	[blank]	Karl…	…	Kass	…isina	30-Mar	Wachter	Adam	y
44	1862	121	Jung	Maria	Kaspar	Horst	Elisab.	04-Apr	Horst	Anna Maria	y
45	1862	121	Slater	Heinrich Augustus	Wilhelm	Eisenroth	Lena	06-Apr	Slater	Heinrich	y
46	1862	121	Killian	Anna Kath. Maria	Joh. Mich.	Horstmann	Katharina	13-Apr	Killian	Kath.	y
47	1862	121	Spenner	Anna Sophia Adelphina	Georg	Wittrich	Elis.	20-Apr	Hafner	Anna Sophia	
										(1) Josephina	
										(2) Magar. Cart.	
				Josephina Mathilde					(1) Muller	Maria	(3)
48	1862	121	Missbelhorn	Maria Johanna	Friedrich	Prilopp	Elis.	20-Apr	(2) Nickel	Johanna	y
									(3) Hauck		
49	1862	121	Jeckel	Adolph	Joh.	Wagner	Marg.	20-Apr	Kullmann	Adolph	y
									(1) Kullmann	(1) Elise	
50	1862	121	Stroh	Elis. Georg Elmer	Wilhelm	Wagner	Elis.	20-Apr	(2) Appel	(2) Elise	y
51	1862	121	Weitzel	Ellsworth	Martin	Horst	Elisa.	20-Apr	Hofmeister	Georg	y
52	1862	121	Gleichmann	Johannes	Friedr.	Krebs	Anna Chr.	20-Apr	Gleichmann	Johann	y
53	1862	121	Riehl	Maria	Conrad	Frank	Maria	20-Apr	Deuber	Maria	y
									(1) Martin	(1) Wilhelm	
54	1862	121	Russel	Wilhelm Heinrich	Herrmann	Prinz	Marg.	20-Apr	(2) Cross	Heinrich	(2)
55	1862	121	Pfaff	Johann Georg	Georg	Noll	Maria Kath.	20-Apr	Pfaff	Joh.	y
56	1862	121	Gerbig	Elisab.	Joh.	Kniesel	Kath.	27-Apr	Heisser	Elisa.	y
57	1862	121	Kolbe	Elisab. Barbara	Joh.	Hutter	Carlina	27-Apr	Dressel	Elisab.	y
58	1862	121	Nollert	Carolina	Joh.	Born	Carolina	30-Apr	die Eltern		y
59	1862	121	Benhof	Heinrich	Froedr/	Rocker [Rucker]	Friedrika	04-May	Pecht	Heinrich	y
60	1862	121	Hassel	Joh. Karl Christian	Joh. K. Christ	[blank]	Sophie	04-May	die Eltern		y
61	1862	121	Strauch	Maria	Heinrich	Rott	Kath.	04-May	Wagner	Maria	y
62	1862	121	Vollmer	Clara Elise Mina	Karl Reinhardt	Lang	Elise	11-May	Maier	Clara	y
63	1862	121	Feldhaus	Anna Susana Kath. Maria	Eduard	Imken	Marg.	11-May	Bauer	Susana	y
									(1) Schomm	(1) Kath.	
64	1862	121	Erk	Ernstina	Karl	Stauss	Martha	11-May	(2) Krel [Krehl]	Ernstina	(2)
65	1862	121	Dörrer	Joh. Conrad	Joh.	Lambrecht	Elise	18-May	Reeder	Joh. Conrad	y
66	1862	121	Wiessner	Eva Maria	Conrad	Hoch	Charl.	18-May	Hoch	Eva M.	y
67	1862	121	Broder	Georg	Friedr.	Braunroth	Henrietta	18-May	Kraft	Joh.	y
68	1862	121	Kramer	Heinrich Dietrich	August	Horstmann	Soph. M.	23-May	Horstmann	Heinrich	y
69	1862	121	Gronewald	Heinrich	Georg	Adam	Elis.	25-May	Gronewald	Heinrich	y
									(1) Klemm	(1) Joh.	
70	1862	121	Fraske	Joh. Martin Saroch Elisabetha (Harwick)	Carl	Sekamp	Gesine	25-May	(2) Muth	(2) Martin	y
71	1862	121	Schickner	Joh. Thomas	Friedr.	[blank]	[blank]	01-Jun	Maier	Peter	y
									(1) Wagner	(1) Thomas	
72	1862	121	Heiss	Friedrich	Joh. Martin	Dwellbeck	Maria Elis.	01-Jun	(2) Frey	(2) Peter	y
73	1862	121	Frey	Johann Wilhelm	Friedr. Peter	Bartels	Kath.	01-Jun	Heiss	Joh. M.	y
74	1862	121	Bauer	Emma Auguste	Franz	Printz	Elise	01-Jun	die Eltern		y
75	1862	121	Pamsslitz	Friedr. Aug. Otto	Friedr. Aug.	Otto	Louise	01-Jun	Otto	Friedr. & Adam & Aug.	y

Trinity German Lutheran Baptisms

No.	Year	Page	Surname	Given Name	Father	M Surname	M Given	Bapt	W Surname	W Given	More Info
76	1862	121	Eichner	Wilhelm David	David	Lenzner	Maria	01-Jun	(1) Weik (2) Gutbrod	(1) Wilhelm (2) Maria	y
77	1862	121	Doring	Elisabetha	Valentin	Faber	Maria	08-Jun	Oppertshausser	Elise	y
78	1862	121	Kanzler	Emma Rosalie	Karl	Zorbach	Anna	08-Jun	Wolf	Maria	y
79	1862	121	Kuss	Friedrich Karl	Karl	Schneider	Friedrike	08-Jun	der Vater		y
80	1862	121	Maier	Johanna Karolina	Johann	Schenk	Kath.	08-Jun	Michael	Joh. & Karolina	y
81	1862	121	Vollmer	Louise Sarah	Christian	Bartholomay	Anna M.	08-Jun	Vollmer	Sarah	y
82	1862	121	Ammer	Anna Katharina	Jakob	Schirmer	Anna M.	08-Jun	Rohendorn	Anna Kath.	y
83	1862	121	Hertel	Elise Maria	John	Vogel	Rosina B.	08-Jun	Rosenberger	Elise M.	y
84	1862	121	Winter	Auguste Henriette Emilia Karl Herrmann	Ludwig	Schneller	Emile	08-Jun	Schneller	Friedrike	y
85	1862	121	Fehde	August	Karl	Friedrich	Justine	08-Jun	Fehde	Hermann	y
86	1862	121	Urban	Anna	Adam	Kaltwasser	Anna	08-Jun	Kaltwasser	Anna	y
87	1862	123	Zimmer	Heinrich	Johann	Schorr	Kath.	08-Jun	die Eltern		y
88	1862	123	Muller	Conrad	Adam	Muller	Elisa.	08-Jun	Seipp	Conrad	y
89	1862	123	Lobenwein	Johann Ludwig	Joh.	Gogelein	Regina	09-Jun	Wagner	Ludwig	y
90	1862	123	Kronau	Heinrich Karl Heinrich	Conrad	Steiner	Christina	09-Jun	Eversmeier	Heinrich	y
91	1862	123	Heitmuller	Conrad	Wilhelm	Salpe	Charlotte	29-Jun	Siebert	Conrad	y
92	1862	123	Schnitker	Anna Maria Engel	Joh. Heinrich	Krusen	Anna Sophie	29-Jun	Schnitker	Anna M. Engel	y
93	1862	123	Rumtell	Christian Heinrich	Heinrich	Flathmann	Kath.	29-Jun	Hasshagn	Heinrich	y
94	1862	123	Freund	Maria Magdalena	John	Freund	Marg.	29-Jun	Herget	Maria Magda.	y
95	1862	123	Heise	Heinriette	August	Krapf	Marg.	29-Jun	Meidling	Henriette	y
96	1862	123	Eisenroth	Margaretha	Georg	Bauer	Elisab.	29-Jun	Kurtzberger	Dorothea & Marg.	y
97	1862	123	Amberg	Joh. Heinrich	Georg	Renthner	Kath.	06-Jul	Renthner	Joh.	y
98	1862	123	Himmer	Conrad Gesina Marg.	Christoph	Mark	Barb.	06-Jul	Willner	Conrad	y
99	1862	123	Lange	Katharina	Heinrich	Messermann	Elis.	06-Jul	Lange	Elisab.	y
100	1862	123	Gotze	Heinrich	Heinrich	Hupp	Marg.	06-Jul	die Eltern		y
101	1862	123	Humberg	Karl	Bernhardt	Hohn	Kath.	01-Jul	die Eltern		y
102	1862	123	Kern	Joh. Andreas	Raul	Butscher	Marg.	13-Jul	Butscher	Joh. Andr.	y
103	1862	123	Stahl	Maria Emilie	Joh.	Koch	Theresia	13-Jul	Koch	Maria Emilie	y
104	1862	123	Prinz	Karl	Johann	Mahl	Louise Ros.	20-Jul	Mahl	Ernst Karl	y
105	1862	123	Muller	Maria Louise	Wilhelm	Witt	Henriette	27-Jul	Poppler	Louise	y
106	1862	123	Black	Anna Maria	Herrmann	Miller	Maria	27-Jul	Gehlinghorst	Marg. Kath.	y
107	1862	123	Hein	Joh. Friedrich	Joh. Friedr.	Stuckert	Sophie	27-Jul	Hein	Joh. Friedr.	y
108	1862	123	Dickelmann	Kath. Maria	H. Rudolph	Bubers	Anna M.	25-Jul	die Eltern		y
109	1862	123	Schutte	Wilhelmina Johanna August	August	Klemm	Kath.	25-Jul	Schrimm	Wilhelm	y
110	1862	123	Brodbecker	Anna Martha	Georg	Brodbeck	Kath.	03-Aug	Turau	Anna Martha	y
111	1862	123	Barns	Louis	Wilhelm	Riddel	Anna	03-Aug	Riddel	Louis	y
112	1862	123	Danz	Friedrika Augusta	Georg Fr.	Holdart	Friedrk. Aug.	03-Aug	die Eltern		y
113	1862	123	Kasselauer	Kath. Elisab.	Wilhelm	Hoffmann	Johanna	03-Aug	Schlutter	Kath.	y
114	1862	123	Scheuck	Georg Heinrich	Herrm. Heinrich	Bartels	Anna Kath.	06-Aug	(1) Hobelmann (2) Scheuck	(1) Johanna (2) Georg H.	y

Trinity German Lutheran
Baptisms

No.	Year	Page	Surname	Given Name	Father	M Surname	M Given	Bapt	W Surname	W Given	More Info
115	1862	123	Hoffmann	Karl	Karl	Dober	Elis.	08-Aug	die Mutter		
116	1862	123	Brock	Maria Anna	Karl Friedr.	Knase	Maria Kath.	10-Aug	Deller	Maria	y
117	1862	123	Riehl	Joh. Heinrich	Joh. H.	Block	Kath.	10-Aug	der Vater		y
118	1862	123	Nelke	Christian Friedrich	Friedr. Aug.	Maier	Doroth. Carl.	10-Aug	Nelke	Christian	y
119	1862	123	Vollmer	Maria Katharina	Daniel	Stumpner	M. Barb.	14-Aug	Schlefinger	Maria Kath.	y
120	1862	123	Volkert	Maria Louise	Nikl. Heinrich	Schultheiss	Maria	17-Aug	Sonnemann	Louise	y
121	1862	123	Kleis	Kath. Mathilde	Joh.	Kroll	Anna M.	19-Aug	Sevrein	Kath.	y
122	1862	123	Kramer	Friedrich	Caspar	Ebersberger	Kath.,	24-Aug	Kramer	Friedr.	y
123	1862	123	Niklaus	Georg Wilhelm Friedrike	Louis	Lowenstein	Elisab.	31-Aug	(1) Lowenstein (2) Niklaus	(1) Georg (2) Wilh.	y
124	1862	123	Krug	Wilhelmina	Joh.	Befhel	Concordia	31-Aug	Rommebaum	Friedrka Wilha.	y
125	1862	123	Rothe	Heinrich Wilhelm	Heinrich	Jäger	Maria	31-Aug	Rothe	Wilh. & Heinrich	y
126	1862	123	Kehr [Kuhr]	Elis. Marg.	Adolph	Ramsauer	Marg.	31-Aug	Utz	Elis. Marg.	y
127	1862	123	Schanz	Georg Albert Eduard Anton	Georg Wilhlm	Mattenschmidt	Joha. Hedrich	31-Aug	die Eltern	Eduard & Anton	y
128	1862	123	Maier	Christian	Karl	Lissfort	Anna	07-Sep	Kullinger	Louis	y
129	1862	123	Bast	Louis	John	Lehmkuhl	Dorth.	07-Sep	Heiliger	(1) Wilha. (2) Carol. (3) Marg.	y
130	1862	125	Rosenthal	Wilhelmina Marg. Carolina Kunigunde	Friedrich	Dolty	Auguste	07-Sep	(3) Karte	Kunigunde	
131	1862	125	Kaiser	Georg Friedr.	Georg	Geiger	Kath.	14-Sep	Bauer		y
132	1862	125	Appel	Heinrich	Friedr.	Sippel	Magda.	16-Sep	Appel	Christian	y
133	1862	125	Moser	Georg	Adam	Hamann	Kath.	16-Sep	Hanft	Mathilde & Georg	y
134	1862	125	Burger	Amalie	Joh.	Link	Maria	21-Sep	Link	Amalie	y
135	1862	125	Weiss	Maria Margaretha	Georg	Fehr	Maria Marg.	21-Sep	Mohring	Barba.	y
136	1862	125	Steinkamp	Wilhelm Friedrich	Joh. Heinrich	Vanasprecht	Katha.	21-Sep	die Eltern		y
137	1862	125	Malter	Maria Elisabetha	John	Arenz	Marg.	23-Sep	Arenz	Elis.	y
138	1862	125	Riehl	Emilia Magdalena	Heinrich	Kahl	Christiana	28-Sep	Glaser	Emilia Magda.	y
139	1862	125	Hofmeister	Josephine	Georg	Holdefer	Barba.	28-Sep	Holdefer	Josephine	y
140	1862	125	Ress	Maria	Georg	Erbing	Elisa.	28-Sep	Gotz	Maria	y
141	1862	125	Kenthner	Dorothea	Niklaus	Lehnert	Anna Marg.	05-Oct	Zeidler	Dorothea	y
142	1862	125	Marquardt	Johann Matthias	Wilhelm	Kuster	Meta	05-Oct	Hamann	Philipp	y
143	1862	125	Wustner	Marg. Mathilde Carolina Georgina	Michael	Maurer	Barbara	05-Oct	(1) Stricker (2) Engelhardt (3) Gorner	(1) Marg. (2) Marg. (3) Mathilde Karla. & Georgina &	y
144	1862	125	Lange	Auguste	Karl	Brandt	Amalie	05-Oct	Brandt	Augusta	y
145	1862	125	Neidhardt	Johannes	Johann	Vollrath	Elis	.12 oct	Vollrath	Joh.	y
146	1862	125	Kramer	Margaretha	Michael	Wittig	Elis.	12-Oct	Ott	Marg.	y
147	1862	125	Lang	Heinrich	Conrad	Schilling	Maria	12-Oct	Lang	Heinrich	y
148	1862	125	Bachmann	Johannes	Conrad	Dohler	Barbara	12-Oct	Bachmann	Johann	y
149	1862	125	Kaiser	Georg Michael	Christ. Adam	Weber	Louise	19-Oct	(1) Langut (2) Sroffarth [?]	(1) Georg (2) Michael	y
150	1862	125	Ulrich	Heinrich Christoph	Joh.	Wagensuhrer	Maria	19-Oct	Wagensuhrer	Heinrich Christoph	y

Trinity German Lutheran Baptisms

No.	Year	Page	Surname	Given Name	Father	M Surname	M Given	Bapt	W Surname	W Given	More Info
151	1862	125	Franziskas	Maria Katharina	Peter	Kaiser	Kath.	26-Oct	die Eltern		y
152	1862	125	Krieg	Johann Christian	August	Thomas	Elsiab.	26-Oct	Thomas	Christian	y
153	1862	125	Schmidt	Emilie	John	Busch	Elisab.	26-Oct	die Eltern		y
									(1) Auschutz	(1) Valentin	
				Valentin Heinrich					(2) Mack	(2) Heinrich	
154	1862	125	Auschutz	Louis	Friedr.	Behnmann	Anna M.	02-Nov	(3) Draude	(3) Louis	y
155	1862	125	Walz	Conrad	John	Spinnmaier	Maria	02-Nov	die Eltern		y
									(1) Muller	(1) Heinrich	
156	1862	125	Matthai	Heinrich Eduard	Eduard	Miller	Elis.	09-Nov	(2) Matthai	(2) Eduard	y
157	1862	125	Schneider	Maria Philippina	Friedr.	Loffet	Sophia	09-Nov	Kormaier	Maria Philippina	y
158	1862	125	Hadermann	Anna Johanna	Kaspar	Schneider	Elis.	09-Nov	Stauber	Eva & Joha.	y
159	1862	125	Maier	Johann Friedrich	Friedr.	Walz	Magdalena	09-Nov	die Eltern		y
160	1862	125	Kummerlein	Johann Conrad	Michael	Haas	Louise	09-Nov	Seim	Joh. Conrad	y
161	1862	125	[blank]	[blank]	[blank]	[blank]	Louise	01-Nov	[blank]		y
162	1862	125	Schammel	Karl Louis	August	Riehl	Karoline	16-Nov	die Eltern		y
163	1862	125	Feller	Katharina Margaretha	Johann	Berling	Wilhelmin	16-Nov	die Eltern		y
164	1862	125	Hecker	Anna Kath. Elisabetha	Johann	Lickel	Louise	16-Nov	die Eltern		y
165	1862	125	Druge	Louise Georgina Henrietta	Karl	Petersen	Caroline	23-Nov	die Eltern		y
166	1862	125	Druge	Wilhelmina Carolina	Karl	Petersen	Caroline	23-Nov	die Eltern		y
167	1862	125	Hoos	Conrad	Joh.	Friedrich	Marg.	23-Nov	Freund	Conrad	y
168	1862	125	Claggett	Elly Susane	William	Claggett	Elisa.	23-Nov	die Eltern		y
169	1862	125	Schneider	Eva	Joh. Theiss	Ritter	Martha Elis.	30-Nov	Schneider	Eva	y
170	1862	125	Grauling	Elise Maria	Friedr.	Lindemann	Carolina	07-Dec	Grauling	Elise	y
171	1862	125	Schieferer	Johann Christoph	Gottfried	Wolk	Charlotte	07-Dec	Heiss	Christoph	y
172	1862	127	Kullmann	Elisabetha	Adolph	Wagner	Elisab.	07-Dec	Schafer	Elisab.	y
173	1862	127	Romer	Katharina Hermann Heinrich	Conrad	Hubner	Anna Elis.	07-Dec	Kullmann	Kath.	y
174	1862	127	Hobelmann	Friedrich	Heinrich	Morrmann	Maria Dorth.	11-Dec	Hobelmann	Joh. Heinrich	y
175	1862	127	Kohlepp	Elisabetha	Johann	Kehrberger	Kath.	14-Dec	Mack	Elis.	y
176	1862	127	Brandt	Wilhelm	Karl	Gagen	Carolina	14-Dec	Druge	Wilhelm	y
177	1862	127	Ehlers	Anna Katharina	Heinrich	Aspelmeier	Charlotte	14-Dec	Aspelmeier	Anna K.	y
178	1862	127	Flentje	Friedrich Georg	Friedr. W.	Ritzius	Anna Els.	14-Dec	Hartmann	Georg	y
179	1862	127	Gruner	Anna Maria	Martin	Krumm	Margaretha	25-Dec	die Mutter		y
180	1862	127	Gruner	Georg	Martin	Krumm	Margaretha	25-Dec	Gutbrod	Georg	y
181	1862	127	Gruner	Margaretha	Martin	Krumm	Margaretha	25-Dec	Meier	Christina	y
182	1862	127	Gruner	Carolina	Martin	Hill	Elis.	25-Dec	Zulauf	Carolina	y
183	1862	127	Kohler	Katharina Antje Friedrike	Wilhelm			25-Dec	Zaur	Kath.	y
184	1862	127	Louis	Harmina	Louis Conrad	Schmidt	Elis.	25-Dec	Jakobs	Thalina	y
185	1862	127	Konig	Friedrich	Georg	Schmidt	Margaretha	26-Dec	Hax	Christian & Peter, Jr	y

Trinity German Lutheran
Baptisms

No.	Year	Page	Surname	Given Name	Father	M Surname	M Given	Bapt	W Surname	W Given	More Info
186	1862	127	Carle	Margaretha Dorth. Carolina	John C.	Heinzmann	Kath.	28-Dec	(1) Heinzmann (2) Grote (3) Both (4) Schlauder (5) Hammel	(1) John (2) Marg. (3) Friedka. (4) Carolina Herrmann	y
187	1862	127	Muller	Johann Herrmann	John	Klotsch	Aug. Carol.	28-Dec	Klotsch	Herrmann	y
188	1862	127	Hartmann	Eduard Herrmann	Heinrich	Schrader	Christina	28-Dec	Geehlhaar	Eduard Herrmann	y
189	1862	127	Vogt	Maria Elisb.	Heinrich	Grosshans	Maria Kath.	29-Dec	(1) Connor (2) Grosshans	(1) Maria (2) Elis.	y
190	1862	127	Geiss	Magdalena	Sylvestir	Hansler	Anna	14-Dec	Sinsel	Maria	y
1	1863	127	Wack	Anna Louise	Heinrich	Kalbhenn	Maria	04-Jan	(1) Schule (2) Wack	(1) Louise (2) Anna K.	y
2	1863	127	Budda	Hermann Heinrich	Wihelm	Muller	Kath. M.	04-Jan	Muller	Hermann Heinrich	y
3	1863	127	Umbach	August	Georg	Wolfram	Maria	11-Jan	Wolfram	August	y
4	1863	127	Hessenauer	Maria Elisabeth	Joh.	Kress	Anna	11-Jan	Kurtzberger	Elis.	y
5	1863	127	Freund	Maria Margaretha	Conrad	Friedrich	Elis.	11-Jan	Hans	Maria Marg.	y
6	1863	127	Schlessinger	Petrus Heinrich Wilh.	Joh. P.	Schropser	[blank]	11-Jan	Schlessinger	Peter	y
7	1863	127	Wastermann	August	Aug.	Biermann	Charlotte	18-Jan	Lange	Heinrich	y
8	1863	127	Appel	Joh. Adam	Joh.	Schneider	Eva	18-Jan	Appel	Adam	n
9	1863	127	Reiz	Eva	Georg	Reimbott	Elis.	18-Jan	Schmidt	Eva	y
10	1863	127	Knobloch	Georg August	Georg Aug.	Rems	Joha.	24-Jan	die Mutter		y
11	1863	127	Egersdorfer	Conrad	Christoph	Hunnenwarter	Christ.	25-Jan	Goll	Conrad	y
12	1863	127	Korner	Kath. Barbara Anna Martha	Michael	Marcks	Kath.	25-Jan	Fager	Kath. Barb.	y
13	1863	127	Burmeister	Elisab.	Friedr.	Rehmann	Christina	25-Jan	Siliax	Elis.	y
14	1863	127	Kenthner	Katharina	Joh.	Muller	Marg.	25-Jan	Amberg	Kath.	y
15	1863	127	Ermer	Heinrich	Friedr.	Eckloffstein	Kath.	01-Feb	Ermer	Heinrich	y
16	1863	127	Zeidler	Katharina	Joh.	Kenthner	Doroth.	01-Feb	Amberg	Kath.	y
17	1863	127	Scheihing	Johann Gottlob	Gottlob	Zinger	Rosina	01-Feb	Scheihing	Joh.	y
18	1863	127	Bohler	Maria Christina	Franz	Schmelz	Angelika	01-Feb	Schmelz	Maria Louise	y
19	1863	127	Schlessinger	Johannes	Georg	Brockmann	Joha. Maria	01-Feb	Schmalzel	Joh.	y
20	1863	127	Reif	Georg Leonhardt	Leonhardt	Mittlander	Kath.	08-Feb	Hahlmann	Georg	y
21	1863	127	Kaffeberger	Kath. Elisab.	Adam	Greiser	Kath.	08-Feb	Kaffeberger	Kath.	y
22	1863	127	Dressel	Albertina	Conrad	Fuchtelberger	Marg.	08-Feb	die Eltern		
23	1863	127	Danz	Philippina Augusta Gertraud	Eduard	Gemicke	Marg.	15-Feb	Strunz Danz	(1) Philippina (2) Augusta	y
24	1863	127	Moll	Margaretha	Heinrich	Flach	Marg.	15-Feb	Moll	Gerdraut Marg.	y
25	1863	129	Jungling	Sophia	Karl	Ruppert	Kath.	15-Feb	Ruppert	Sophia Maria	y
26	1863	129	Wohner	August	Gottlieb	Lauer	Kath.	15-Feb	die Mutter		y
27	1863	129	Wohner	Katharina	Gottlieb	Lauer	Kath.	15-Feb	die Mutter		y
28	1863	129	Wohner	Hanna Sophia	Gottlieb	Lauer	Kath.	15-Feb	die Mutter		
29	1863	129	Muller	Johann Heinrich	Caspar Heinrich	Kramers	Kath. Marg.	22-Feb	(1) Muller (2) Budda	(1) Joh. Friedr. (2) Wilh.	y

58

Trinity German Lutheran Baptisms

No.	Year	Page	Surname	Given Name	Father	M Surname	M Given	Bapt	W Surname	W Given	More Info
30	1863	129	Muller	Friedrich Wilhelm	Joh. Friedrich	Pieneman	Henriette	22-Feb	Muller	Caspar Heinrich & Joh. Friedrich	y
31	1863	129	Vollerdt	Christoph Eduard	Eduard	Fusting	Maria	22-Feb	Heiss	Christoph Eduard	y
32	1863	129	Spengmann	Paulina Emilie	Peter	Eckhardt	Kath. M.	22-Feb	(1) Schluter Eckhardt (2) Vonter (3)	(1) Anna K. (2) Joh. (3) Kath.	y
33	1863	129	Kolbe	Kath. Margaretha	Heinrich	Bomm	Dorothea	22-Feb	(1) Wagner (2) Kolbe	(1) Kath. (2) Marg.	y
34	1863	129	Frank	Christina	Karl	Stoll	Maria	22-Feb	Berger	Christiane	y
35	1863	129	Pfortzer	Idda	Georg	Urban	Magdalena	22-Feb	Herzog	Idda	y
36	1863	129	Heinberg	Maria	Bernhardt	Hohn	Kath.	01-Mar	Hohn	Maria	y
37	1863	129	Koch	Maria	Joh.	Wintscher	Allima	02-Mar	Maus	Maria	y
38	1863	129	Edelmann	Georg	Jakob	Gebhardt	Kath.	01-Mar	Sinner	Georg	y
39	1863	129	Ritterbusch	Maria Elisabetha	Adam	Sahm	Theressa	01-Mar	Freiholz	Maria Elis.	y
40	1863	129	Schonhals	Heinrich Friedrich	John	Jung	Anna Kath.	01-Mar	Buchmeier	Friedr.	y
41	1863	129	Beck	Maria Carolina	Heinrich	Roth	Philippina	01-Mar	Dickhardt	Anna Carol.	y
42	1863	129	Pitterhan	Elisab. Helena	John	[blank]	Elis.	01-Mar	Fritsch	Elis. Helena	y
43	1863	129	Schneider	Wilhelm Andreas Katharina	John	Storts	Maria	02-Mar	die Mutter		y
44	1863	129	Götz	Margaretha	Georg	Unglaub	Elisab.	05-Mar	Schmidt	Kath. Marg.	y
45	1863	129	Strott	Conrad	Conrad	Herbert	Marg.	08-Mar	Lotz	Conrad	y
46	1863	129	Kahmer	Philipp Ludwig	Philipp	Reukert	Maria	08-Mar	Reukert	Philipp Ludwig	y
47	1863	129	Erdbrink	Henrietta Auguste	Joh. Herrmann	Schnittger	Louise C.	08-Mar	Erdbrink	Kath. Elisab.	y
48	1863	129	Freiholz	Eva	Friedr.	Ritterbusch	Elis.	22-Mar	Pecht	Eva	Y
49	1863	129	Repp	Eva Elisabetha Johann Doroth.	Joh. Georg	Haup	Agathe	28-Mar	Day	Anna Marg.	y
50	1863	129	Jansen	Caroline	Peter	Nordmann	Caroline	22-Mar	Decker	Johanna	y
51	1863	129	Heinke	Wilhelm Julius	August	Marks	Maria	22-Mar	Strottmeier	Wilh. Julius	y
52	1863	129	Willner	Gottfried Karl	Conrad	Dossfner [Dopfner]	Wilh. Friedrka.	29-Mar	Heistleid [?]	Gottfried Karl	y
53	1863	129	Nickel	Georg	Christian	Kaltwasser	Elisab.	29-Mar	Nickel	Georg	y
54	1863	129	Nickel	Elisabetha	Christian	Kaltwasser	Elisab.	29-Mar	Fager	Elisab.	Y
55	1863	129	Nickel	Barbara	Christian	Kaltwasser	Elisab.	29-Mar	Hofferbert	Barbara	y
56	1863	129	Raupp	Anna Elis. Marg.	Christian	Braunroth	Anna M.	05-Apr	(1) Omrei Braunroth (2)	(1) Marg. (2) Anna	y
57	1863	129	Eckert	Maria Barbara	Gottlieb	Zimmermann	Caroline	05-Apr	Kaiser	Maria Barb.	y
58	1863	129	Eckhardt	Emma	Andreas	Schaflein	Wilhelmina	05-Apr	Mulzer	Emma	y
59	1863	129	Bentrupp	Adam	Friedr.	Meser	Kath.	05-Apr	Schwab	Adam	y
60	1863	129	Reisenweber	Katharina	John	Lechner	Elis.	05-Apr	Schmidt	Kath.	y
61	1863	129	Kessler	Anna Marg. Virginia	Leonhardt	Rommel	Doroth.	05-Apr	Danz	Marg.	y
62	1863	129	Ramanopp	Katharina	August	Muller	Wilha.	06-Apr	Maier	Kath.	y
63	1863	129	Zeller	Conrad	Friedr.	Giep	Barb.	06-Apr	Ritz	Conrad	y
64	1863	129	Steuble	Anna Marg. Kath.	Joh. Friedr.	Schrienstohl	Anna Marg.	06-Apr	Gunther	Kath.	y
65	1863	129	Vollmer	Johann Bernhardt	Reinhardt	Lang	Elis.	06-Apr	Lang	Johann	y
66	1863	129	Horn	Maria Barbara	Adam	Distler	Anna K.	12-Apr	Ebert	Maria Barb.	y
67	1863	129	Schmidt	Louis	Louis	Fehner	Franzis	12-Apr	die Eltern		y

Trinity German Lutheran
Baptisms

No.	Year	Page	Surname	Given Name	Father	M Surname	M Given	Bapt	W Surname	W Given	More Info
68	1863	131	Corsen	Heinrich	Heinrich	Oehlschlager	Minna	12-Apr	die Eltern	Francis	y
69	1863	131	Baier	Paulina Maria	Georg	Briel	Marg.	12-Apr	Baier	Louis	y
70	1863	131	Baier	Louis	Georg	Briel	Marg	12-Apr	Hilgartner	Louis	y
71	1863	131	Kenger	Elisabeth Dorothea	Heinrich	Hemerich	Anna B.	19-Apr	Nellner	Elis. Doroth.	y
				Joh. Hermann						Hermann Heinrich	
72	1863	131	Maier	Heinrich	Heinrich	Steinkamp	Anna Louise	19-Apr	Tiemann	Hermann Heinrich	y
73	1863	131	Dauber	Maria Katharina	Karl	Muller	Maria	19-Apr	Schlimm	Kath.	y
74	1863	131	Stephan	Katharina	Joh.	Vogel	Theresia	19-Apr	Spielmann	Kath.	y
75	1863	131	Pickel	Katharina	Joseph	Scharfmeister	Anna	19-Apr	Michael	Kath.	y
										(1) Stutzer	
				Charlotte Karoline						(2) Osterloo	
76	1863	131	Degner	Katharina	Karl	Lubke	Friedrike	19-Apr	(3) Grup	(3) Kath.	y
77	1863	131	Pohle	Wilhelm Georg	Adam	Schneider	Kath.	19-Apr	Monat	Georg	y
78	1863	131	Jung	Heinrich	Franz	Klein	Rosina	26-Apr	Gerke	Heinrich	y
				Friedrike Carol.							
79	1863	131	Hertlein	Louise	Karl	Sommer	Barbara	26-Apr	Willner	Friedrik C. L.	y
				Johanna							
80	1863	131	Munch	Margaretha	Heinrich	Zimmermann	Elis.	26-Apr	Munch	Johanna Marg.	y
				Kath. Wilhelmina							
81	1863	131	Ritterbusch	Elis.	Wilhelm	Klingeljohan	Elis.	26-Apr	Ritterbusch	Kath. Wilha. Elis.	y
82	1863	131	Heymann	Maria Barbara	Theodor	Dohler	Kunigunde	03-May	Doehler	Barbara	y
83	1863	131	Lotz	Margaretha	Karl	Musch	Maria	03-May	Musch	Margaretha	y
84	1863	131	Kormeier	Heinrich	Albert	Heimbuch	Philippina	01-May	Degenhardt	Karl Heinrich	y
85	1863	131	Horn	Joh. Friedrich	Peter	Ackerhausen	Kunigunde	04-May	Pfriser	Joh. Freidr.	y
86	1863	131	Kafer	Louis	Joh.	Ban	Elis.	10-May	Kieser	Louis	y
87	1863	131	Appel	Regina Christina	Georg	Munch	Karolina	10-May	Munch	Reg. Christina	y
88	1863	131	Bohnert	Jakob	Michael	Heissinger	Eva	12-May	Bohnert	Jakob	y
89	1863	131	Sutbrak	Anna Margaretha	Heinrich	Neuhaus	Kath.	14-May	Diemann	Anna Marg.	y
										(1) Joh. Mich.	
90	1863	131	Harner [Humer]	Johannes	Joh.	Gotz	Math.	17-May	(1) Stricker	(2) Mich.	y
91	1863	131	Schlesinger	Johann Georg	Anton	Vogler	Maria Kath.	24-May	(2) Wustner	Joh. Georg	y
92	1863	131	Dressel	Johann	Jojechin	Burlein	Elis.	24-May	Schlesinger	John	y
										Kolbe	(1) Bertha
93	1863	131	Heitmuller	Bertha	Heinrich	Wissler	Charlotte	24-May	(1) Michael	(1) Bertha	y
94	1863	131	Feller	Alice Virginia	Karl	Riehl	Louise	24-May	(2) Wissler	(2) Emma	y
95	1863	131	Hottes	Augusta Elise.	John	Schmidt	Elis.	24-May	Gerhardt	Marg.	y
96	1863	131	Wirth	Marg. Magdalena	Georg	Memhardt	Rosine	24-May	Schmidt	Elisab.	y
									Unger	Marg.	
									(1) Hessenauer	(1) Wilha.	
97	1863	131	Holzmann	Wilhelmina	Christian	Weichel	Barbara	25-May	(2) Himmler	(2) Maria	y
				Johanna Maria							
98	1863	131	Hilbert	Jane	Adam	Hecker	Louise	25-May	Hecker	Johanna	y
99	1863	131	Heymach	Laura Auguste	Gustav	Hilbert	Maria	25-May	Plitt	Laura	y
100	1863	131	Gotze	Wilhelm August	August	Kolkhorst	Christ.	01-Jun	die Eltern		y
101	1863	131	Wachter	Johann Ludwig	Adam	Flugel	Barbara	01-Jun	Brandt	Johann	y
									(1) Feldmann	(1) Anna	
102	1863	131	Konig	Anna Maria	August	Wartberg	Meta	01-Jun	(2) Theiss	(2) Maria	y

Trinity German Lutheran Baptisms

No.	Year	Page	Surname	Given Name	Father	M Surname	M Given	Bapt	W Surname	W Given	More Info
103	1863	131	Nagel	Barbara Marg.	Heinrich	[blank]	Rosina	14-Jun	Grau	Barb. Marg.	y
104	1863	131	Bedell	Karlina	Karl	Kieser	Sophia	14-Jun	Kieser	Carolina	y
105	1863	131	Schreiber	Gertraud Elisab.	Ernst	Leilich	Henriette	14-Jun	Roth	Gertraud Elis.	y
106	1863	131	Brecht	Friedrich Heinrich Conrad	Georg	Pahnemann	Amalia	14-Jun	(1) Huter (2) Brecht	(1) Conrad (2) Ludwig	y
107	1863	131	Huter	Karl Georg Eduard	Conrad	Noll	Kath.	14-Jun	(1) Huter (2) Brecht	(1) Karl Georg	(2)
108	1863	131	Leimbach	Franziska Katharina	Joh. V.	Fries	Wilha.	21-Jun	Griefzu	Kath.	y
109	1863	131	Kallmay	Friedrich Wilhelm Georg Heinrich	Conrad F.	Peiters	Theresia	21-Jun	Kallmay	Gerhardt F. Wilh.	y
110	1863	131	Pfriser	Wilhelm	Heinrich	Roder	Karolina	21-Jun	die Eltern		y
111	1863	133	Lang	Louis	Heinrich	Kohlmann	Anna	24-Jun	Kohlmann	Louis	y
112	1863	133	Lang	Heinrich	Heinrich	Kohlmann	Anna	24-Jun	Lang	Heinrich	y
113	1863	133	Viessmann	Emma	Georg	Martin	Marg.	24-Jun	Ochs	Emma	y
114	1863	133	Lang	Georg	Heinrich	Umbach	Kath.	28-Jun	Lang	Conrad	y
115	1863	133	Denison	Klaggson	Edwin	Wenner	Marg.	28-Jun	Dennison	Klaggsin	y
116	1863	133	Berbich	Maria	Joh. Mich.	Scheuermann	Kath.	28-Jun	Scheuermann	Maria	y
117	1863	133	Lang	Louis	Heinrich	Kohlmann	Anna	24-Jun	Kohlmann	Louis	y
118	1863	133	Lang	Heinrich	Heinrich	Lang	Kath.	05-Jul	Lang	Heinrich	y
119	1863	133	Lange	Anna Margaretha	Georg	Burkhardt	Anna Maria	05-Jul	Burkhardt	Anna Marg.	y
120	1863	133	Scheppler	Heinrich	Joh. G.	Schiller	Kath.	05-Jul	Puck	Heinrich	y
121	1863	133	Scheppler	Kath. Barbara	Joh. G.	Schiller	Kath.	05-Jul	Rössler	Kath. Barb.	y
122	1863	133	Holdefer	Johannes Heinrich	Wilhelm	Holdefer	Marg.	05-Jul	Holdefer	Joh. & Heinrich	y
123	1863	133	Leidich	Philipp	Georg	Rentz	Rosina	12-Jul	Maier	Philipp	y
124	1863	133	Krogmann	Karl Moritz	Louis	Breckhoff	Johanna	12-Jul	Schad	Karl Moritz	y
125	1863	133	Hartung	Anna	Jakob	Strohl	Kath.	19-Jul	die Mutter		
126	1863	133	Erdenbrecht	Anna Barbara	Georg	Muller	Magdalena	19-Jul	Erdenbrecht	Anna Barb.	y
127	1863	133	Rupp	Joh. Georg	Nikolaus	Beck	Kath.	19-Jul	Wolfrum	Joh. Georg	y
128	1863	133	Rupp	Anna Maria	Nikolaus	Beck	Kath	19-Jul	Beck	Anna Maria	y
129	1863	133	Bubert	Johann Friedrich	Hermann	Dohner	Kath. Adelheit	19-Jul	Brandt	Joh. Gerhardt	y
130	1863	133	Fischer	Kath. Margaretha	Karl	Dwellbeck	Marg.	19-Jul	(1) Schroder (2) Otto	(1) Herrmann (2) Kath.	y
131	1863	133	Wenchel	Carolina Katharina	Conrad	Koch	Elisab.	19-Jul	Heimbuch	Carol. Kath.	y
132	1863	133	Löffler	Emma Henrietta	Heinrich	Lauffer	Kath.	19-Jul	die Eltern		y
133	1863	133	Döhler	Wilhelmina	Georg	Buchhold	Marg.	19-Jul	Bories	Henriette Wilhe.	y
134	1863	133	Maier	Gerhardt Friedrich	Friedr.	Redemann	Henriette	23-Jul	Redemann	Joh. Gerhardt	y
135	1863	133	Ziegler	Karl Johannes Georg Christian	John	Gunther	Elisa	26-Jul	Glaser	Karl Johannes	y
136	1863	133	Sack	Karl	Georg	Rau	Berta	02-Aug	Sack	Georg Chr. Karl	y
137	1863	133	Kaiser	Anna	Friedr.	Grabfelder	Maria	02-Aug	Grabfelder	Anna	y
138	1863	133	Kaiser	Emma	Friedr.	Grabfelder	Maria	02-Aug	Prinz	Emma	y
139	1863	133	Kaiser	August Friedrich	Friedr.	Grabfelder	Maria	02-Aug	Dössing	Aug. Friedr.	y
140	1863	133	Turk	Adam	Sebast.	Bubin	Elis.	23-Aug	Horn	Adam	y
141	1863	133	Gäde	Karl Wilhelm	Friedr.	Rothe	Carolina	23-Aug	der Vater		y

Trinity German Lutheran
Baptisms

No.	Year	Page	Surname	Given Name	Father	M Surname	M Given	Bapt	W Surname	W Given	More Info
142	1863	133	Schäferlein	Johann Friedrich	Adam	Leikaub	Marg.	23-Aug	[blank]		y
143	1863	133	Schäferlein	Adam	Adam	Leikaub	Marg.	23-Aug	[blank]		y
144	1863	133	Röder	Charlotte Laura	Joh. Adam	Reuss	Eva Marg.	23-Aug	Heitmuller	Charlotte	y
145	1863	133	Dietrich	Anna Marg.	Heinrich	Schrorer	Theressa	23-Aug	Becker	Anna Marg.	y
146	1863	133	Ruschmann	Anna	Heinrich	Fisting	Angnes	23-Aug	Vollerdt	Anna	y
				Alexandr. Julius					(1) Brandt	(1) Alex.	
									(2) Sigmund	(2) Julius	
147	1863	133	Brandt	Johannes	Georg A.	Heine	Kath.	23-Aug	(3) Storr	(3) Joh.	y
148	1863	133	Campel	Ernst Wilhelm	Kennard	Balster	Elis.	05-Sep	Horstmeier	Ernst Wilh.	y
				Maria Magdalena					(1) Koch	(1) Mina	
149	1863	133	Glaser	Wilhelmina Rosina	Joh.	Hamburger	Sophie	05-Sep	(2) Weiss	(2) Maria	y
150	1863	133	Dunk	Carolina	Otto	Fruka	Mina	13-Sep	(1) Ritter	(1) Wilhelmina	
									(2) Neten	(2) Rosina	y
151	1863	133	Schuh	Eduard Friedrich	Joh.	Bock	Wilhelmina	13-Sep	Feller	Eduard	y
152	1863	133	Spelein [Spulein]	Johannes	Georg Mich.	Malker	Rosina	20-Sep	Kenthner	Johannes	y
153	1863	133	Connor	Johannes	John	Grosshans	Marg.	21-Sep	Hageldorn	Martha Elis.	y
				Johann Valentin					(1) Lubeker	(1) Joh. Valentin	
154	1863	135	Kolbe	Philipp	John	Hetter	Caroline	27-Sep	(2) Reisinger	(2) Joh. Philipp	y
									(1) Schmidt	(1) Anna Elis.	
155	1863	135	Walter	Elisabetha	Heinrich	Waldschmidt	Elise	27-Sep	(2) Stubrisch	(2) Heinrich	y
156	1863	135	Köster	Metta Elis. Maria	Heinrich	Heils	Kath.	04-Oct	Brauer	Metta	y
157	1863	135	Jeckel	Heinrich	Goerg	Hubner	Barbara	03-Oct	Hubner	Martin	y
158	1863	135	Becker	Emma Louise	John.	Heiss	Friedrike	11-Oct	Becher	Eva	y
159	1863	135	Heimuller	Margaretha	Christian	Detinger	Mina	11-Oct	Heiss	Marg.	y
160	1863	135	Winkler	Johannes	Joh.	Hergenheimer	Marg.	11-Oct	Hergenheimer	John	y
161	1863	135	Winkelmann	Anna Maria	John	Meisslahn	Doroth.	11-Oct	Zimmermann	Anna	y
162	1863	135	Faitz	Petrus	Heinrich	Rausher	Maria	11-Oct	Philippi	Peter	y
163	1863	135	Bucker	Heinrich Jakob	Heinrich	Muller	Louise	11-Oct	Schmidt	Jakob	y
164	1863	135	Kritzmann	Friedrich	John	Gebhardt	Sellma	11-Oct	Gebhardt	Friedrich	y
									(1) Donauer	(1) John	
165	1863	135	Eckert	John Friedrich	Louis	Donauer	Kunigunde	15-Oct	(2) Karte	(2) Friedrich	y
166	1863	135	Kenthner	Elisabetha	Kaspar	Dein	Magdal.	18-Oct	Muller	Elis.	y
167	1863	135	Stitelberg	Elisabetha	Joh.	[blank]	Marg.	18-Oct	Stitelberg	Elis.	y
168	1863	135	Busch	Heinrich Wilhelm	Heinrich Wilhelm	Donnhauser	Theressia	18-Oct	der Vater		y
169	1863	135	Hinkel	Johann Louis	Conrad	Ohr	Elis.	25-Oct	Kistler	Joh. Louis	y
170	1863	135	Mohring	Thomas	Matth.	Stecker	Barb.	25-Oct	Weihe	Thomas	y
				Emma					(1) Horst	(1) Maria	
171	1863	135	Jung	Christoph	Caspar	Horst	Elis.	25-Oct	(2) Marquardt	(2) Kath.	y
172	1863	135	Bartmann	Columbus	Christoph	Hamann	[blank]	25-Oct	Bartmann	Christoph C.	y
173	1863	135	Glenzer	Maria	Joh. Heinrich	Liebenau	Wilha.	01-Nov	Kaiser	Maria	y
174	1863	135	Paul	Georg	Friedrich	Liiigeositz	Emilie	01-Nov	Heisser	Georg	y
175	1863	135	Bonack	Anna	Philipp	Leilich	Gerdraut	01-Nov	Pletscher	Anna	y
176	1863	135	Beissner	Christian	Heinrich	Holtmann	Maria	08-Nov	Roth	Christian	y
177	1863	135	Wagner	Johann Conrad	Johann	Schnittker	Anna	08-Nov	Heinzelberger	Conrad	y
178	1863	135	Gerhardt	Katharina	Conrad	Wagner	Kath. Elis.	08-Nov	Kallmann	Kath.	y

Trinity German Lutheran Baptisms

No.	Year	Page	Surname	Given Name	Father	M Surname	M Given	Bapt	W Surname	W Given	More Info
179	1863	135	Deetjen	Maria Anna	Georg F.	Raschen	Betty	08-Nov	Reinhardt	Maria Anna	y
180	1863	135	Christ	Emilie Christina	Philipp	Kaffeberger	Elis.	08-Nov	die Mutter		y
181	1863	135	Krauk	Emma Dina	Wilhelm	Kolkhorst	Maria Louise	15-Nov	Krauk	Dina	y
182	1863	135	Pfister	Dietrich Herrmann	Georg	Grabner	Barbara	15-Nov	Winkelmann	Dietrich H.	y
183	1863	135	Bradyhouse	Regina Arnoldina	Richard	Rosenhauer	Henrietta	18-Nov	der Vater		y
184	1863	135	Lang	Margaretha	Karl	Scheuermann	Maria	22-Nov	Schwingert	Margaretha	y
185	1863	135	Ochs	Maria	Lorenz	Huttaer	Elis.	22-Nov	Kraus	Maria	y
									(1) Maier	(1) Friedrike	
									(2) Heisser	(2) Elis.	
186	1863	135	Ompteda	Friedrike Wilha. Elise	Georg	Fischer	Louise	22-Nov	(3) Kuns	(3) Heinrich	y (2)
									(1) Hoffmann	(1) Anna	
187	1863	135	Hildwein	Anna Margaretha	Adam	Hoffmann	Anna	22-Nov	(2) Hohn	Marg.	y
188	1863	135	Schaaf	Johann	Peter	Hammel	Elise	06-Dec	Hammel	Johann	y
189	1863	135	Hagelganss	Johann Theiss	Joh. Simon	Schneider	Elis.	06-Dec	Schneider	Joh. Theiss	y
190	1863	135	Schnitker	Anna Maria Louise	Joh. Heinrich	Kruse	Maria Soph.	06-Dec	Kruse	Anna Maria Elise	y
191	1863	135	Schieferer	Johann	Johannes	Fritz	Maria	10-Dec	Marx	Joh.	y
192	1863	135	Zachow	Paulina Gertraud	Louis	Schmidt	Paulina	10-Dec	Muller	Gertraud	y
									(1) Fuhler	(1) Anton	
									(2) Raunius	(2) Wilhelm	
193	1863	135	Schanke	Anton Wilhelm Ferdinand	Heinrich	Fuhler	Carolina	13-Dec	(3) Schanke	(3) Ferdinand	y
									(1) Horn	(1) Joh.	
194	1863	135	Rubrecht	Johannes	Christian	Fischer	Barbara	13-Dec	(2) Hemmehlich	(2) Joh.	y
195	1863	135	Zimmermann	Georg	Dietrich H.	Maier	Louise	13-Dec	Kugteda [?]	Georg	y
									(1) Horner	(1) Joh.	
196	1863	135	Stecker	Karl	Michael	Horner	Marg.	17-Dec	(2) Wustner	(2) Michael	y
197	1863	135	Jarss	Anna Elisabetha	Wilhelm	Romer	Anna Elisab.	11-Oct	Schmidt	Anna Elisab.	y
198	1863	137	Stintz	Otto Herrmann	Wilh. Ferdinand	Volkland	Barb.	25-Dec	Scharff	Otto	y
199	1863	137	Stintz	Karl Wilhelm	Wilh. Ferdinand	Volkland	Barb.	25-Dec	Lange	Karl Heinrich	y
200	1863	137	Stintz	Bertha	Wilh. Ferdinand	Volkland	Barb.	25-Dec	Scharff	Bertha	y
201	1863	137	Meser	Margaretha	John	Muller	Maria	25-Dec	Meser	Marg.	y
202	1863	137	Roth	Magdalena Lisette	Justus	Winter	Barb.	25-Dec	Scheidenreich	Maria Magd.	y
203	1863	137	Flentje	Anna Kath.	Wilhelm	Ritzius	Elise	26-Dec	Ritzius	Anna Kath.	y
204	1863	137	Urban	Adam	Adam	Kaltwasser	Anna	26-Dec	Schmidt	Jakob	y
205	1863	137	Schmidt	Amalia	Jakob	Schroder	Auguste	26-Dec	Urban	Anna	y
206	1863	137	Nelker	Eduard	Aug. Friedr.	Meier	Dorth. C.	27-Dec	Pape	Eduard	y
207	1863	137	Hartan	Marg. Kath.	Niklaus	Kaiser	Marg.	27-Dec	Kaiser	Marg. Kath.	y
1	1863	137	Reitz	Georg	Peter	Ritzel	Kath.	27-Dec	Hohn	Georg	y
2	1864	137	Schmidt	Georg	Joh.	Grauling	Elisab.	03-Jan	die Eltern	Johann	y
	1864	137	Weiss	Johannes	Valentin	Bechtel	Eva	03-Jan	Klein	(1) Heinrich	
									(1) Holthaus	(2) Jane	
3	1864	137	Kaffeberger	Henry Clay	Heinrich	Flemings	Marg.	03-Jan	(2) Patterson	Karl	y
4	1864	137	Baier	Karl	Balthasar	Hoch	Anna	03-Jan	Segner	Wilhelmina M.	y
5	1864	137	Geiger	Wilhelmina Virginia	Joh.	Weber	Katharina	03-Jan	Fischer		y
6	1864	137	Wilson	Elisabetha				04-Jan			y
7	1864	137	Ickes	Katharine	Joh.	Lewer	Christine	10-Jan	Ickes	Kath.	y
8	1864	137	Ickes	Johannes	Heinrich	Beckel	Kath.	10-Jan	Ickes	Johann	y

Trinity German Lutheran Baptisms

No.	Year	Page	Surname	Given Name	Father	M Surname	M Given	Bapt	W Surname	W Given	More Info
9	1864	137	Lindenberger	Conrad	Philipp	Kampf	Sophia	10-Jan	Freund	Conrad	y
10	1864	137	Pannetta	Anna Margaretha	Ernst Ferd.	Gammer	Anna Barb.	10-Jan	Pannetta	Anna Marg.	y
11	1864	137	Heine	Karl Friedrich	Friedrich	Sanners	Emilie	10-Jan	der Vater		y
12	1864	137	Weber	Emilie Katharina	Wilh. Heinrich	Braun	Sophia Ph.	12-Jan	Weber	Kath. & Kath.	y
13	1864	137	Gört	Lorenz Wilhelm	Lorenz K.	Arnold	Carolina	14-Jan	die Mutter		y
14	1864	137	Schuchmann	Karl	Theodor	Doll	Maria	17-Jan	Doll	Karl	y
15	1864	137	Wild	Dorothea Lenora Conrad August	Stephan	Schlager	Elisab.	19-Jan	Brandt	Dorothea	y
16	1864	137	Wittgrefe	Wilhelm	Conrad	Nordmann	Louise	24-Jan	Wittgrefe	Wilhelm	y
17	1864	137	Röhner	Heinrich	Valentin	Marhenken	Friedrike	24-Jan	Glas	Heinrich	y
18	1864	137	Bahl	Bernhardina	Christian	Dobing	Anna	30-Jan	Martin	Bernhardina	y
19	1864	137	Schäfer	Maria Elisabetha Katharina	August	Fischer	Anna	31-Jan	die Mutter		y
20	1864	137	Gref	Margaretha	Johann	Winter	Maria	31-Jan	Oeder	Kath.	y
21	1864	137	Laufer	Heinrich	Conrad	Schmidt	Kath.	31-Jan	Riehl	Heinrich	y
22	1864	137	Meitling	Johannes Karl Heinrich	Friedr.	Heise	Louise	06-Feb	Krapf	Joh.	y
23	1864	137	Bretthold	Wilhelm	Wilhelm	Muller	Kath.	07-Feb	Wedler	Heinrich Fr.	y
24	1864	137	Glas	Martin	Georg	Gunther	Kath.	07-Feb	Lotz	Matthaus	y
25	1864	137	Heinemann	Maria Elisab.	John	Muller	Kath.	07-Feb	Muller	Maria Elis.	y
26	1864	137	Frank	Wilhelm	Heinrich	Hering	Marg.	13-Feb	die Eltern		y
27	1864	137	Ermer	Anna Christina	John	Hax	Maria	14-Feb	Hax	Anna Christ.	y
28	1864	137	Riehl	Karl Friedrich	Karl Fried.	Block	Kath.	17-Feb	die Eltern		y
29	1864	139	Heinz	Johanna Elisab.	Albert	Derov	Bitronella	20-Feb	Jansen	Elisab.	y
30	1864	139	Holzmann	Johannes	Theodor	Steiner	Auguste	21-Feb	Schröer	Joh.	y
31	1864	139	Spengemann	Theodora Fanny	Peter H.	Eckhardt	Kath. M	24-Feb	die Mutter		y
32	1864	139	Wolf	Georg	Christian	Ohlen	Sophia	28-Feb	Hartmann	Georg	y
33	1864	139	Zeis	Maria	Nikl. Heinrich	Stein	Marg.	06-Mar	Wagner	Maria	y
34	1864	139	Schneider	Anna Elisabetha	Georg	Zahn	Marg.	06-Mar	Förtner	Anna Elis.	y
35	1864	139	Fleischmann	Barbara Theressia	Friedr.	Hess	Louise	06-Mar	die Mutter		y
36	1864	139	Bennert	Maria Elisab.	Johann	Brenning	Carol.	13-Mar	Gotting	Maria Elis.	y
37	1864	139	Hertel	Johann Heinrich	Andreas	Vogel	Rosina	13-Mar	Muller	Joh. H.	y
38	1864	139	Baumbach	Maria	Johann	Stein	Elis.	13-Mar	Riehl	Maria	y
39	1864	139	Dietz	Elisab. Barbara Mina Magdal.		Furst	Marg.	13-Mar	Rubetel	Elis.	y
40	1864	139	Heiliger	Mathilde Wilh. Ferdinand	Louis	Lehmkuhl	Sophie W.	13-Mar	Lehmkuhl	Mina	y
41	1864	139	Heiliger	Friedr.	Louis	Lehmkuhl	Sophie W.	13-Mar	Berenthnusel	Wilh.	y
42	1864	139	Heiliger	John Julius	Louis	Lehmkuhl	Sophie W.	13-Mar	Bast	John.	y
43	1864	139	Zeis	Johannes	Nikl	Stein	Marg.	14-Mar	der Vater		y
44	1864	139	Maier	Karl	Philipp	Freund	Regina	20-Mar	Kriner	Karl	y
45	1864	139	Gerold	Heinrich Wilhelm	Heinrich	Schuler	Anna B.	20-Mar	Gerold	Wilh.	y
46	1864	139	Hilz	Carolina Barbara	Conrad	Grambauer	Carolina	20-Mar	Grambauer	Carolina	y
47	1864	139	Martin	Jakob	Georg	Pasquai	Friedrika	22-Mar	Pasquai	Jakob	y
48	1864	139	Printz	Karl Christian	Conrad	Schmidt	Carol.	27-Mar	Schmidt	Karl	y
49	1864	139	Unger	Johann Georg	Adam	Dornau	Maria	27-Mar	Petz	Georg	y

Trinity German Lutheran
Baptisms

No.	Year	Page	Surname	Given Name	Father	M Surname	M Given	Bapt	W Surname	W Given	More Info
50	1864	139	Esselmann	Georg	Peter	Fuss	Marg.	27-Mar	Pizenbrinker	Georg	y
51	1864	139	Philippi	Anna Maria	Peter	Rausher	Regina	27-Mar	Faitz	Maria	y
52	1864	139	Ludwig	Anna Mathilde	Andreas	Doell	Kath.	27-Mar	Kampf	Anna Eml.	y
53	1864	139	Rapp	Friedrich	Joh.	Honig	Elis.	27-Mar	Rapp	Friedrich	y
54	1864	139	Muller	Heinrich Johann	Jakob	Bernhardt	Kath.	27-Mar	Bernhardt	Heinrich & Joh.	y
55	1864	139	Kaiser	Jakob Heinrich	Jakob	Muller	Gerdraut	27-Mar	Muller	Jakob	y
56	1864	139	Kaiser	Marg. Katharina	Jakob	Muller	Gerdraut	27-Mar	Muller	Kath.	y
57	1864	139	Distler	Adam	Conrad	Distler	Marg.	27-Mar	Horn	Adam	y
				Georg Christian							
58	1864	139	Hilsemann	Frank	Heinrich	Wagner	Maria	27-Mar	Wagner	Joh. Chr. Frank	y
59	1864	139	Bettig	Marg. Barbara	Friedr.	Heisser	Elisab.	03-Apr	Brandel	Marg. Barb.	y
60	1864	139	Ehrlinger	Barbara	Georg	Fischer	Marg.	03-Apr	Rubrecht	Barbara	y
61	1864	139	Wolfermann	Johann Franz	Michael	Fehd	Marg.	03-Apr	Wagner	Franz	y
				Ernst Friedrich							
62	1864	139	Forg	Georg	Wilhelm	Geiger	Theressia	03-Apr	Blumaier	Ernst Friedr.	y
63	1864	139	Gleickmann	Kunigunde	Wilhelm	Tiefel	Elis.	03-Apr	Muller	Kunigunde	y
64	1864	139	Zink	Michael	Joh.	Schmidt	Barb.	03-Apr	Körner	Michael	y
65	1864	139	Dreyer	Friedrich Heinrich	Friedr.	Radecke	Anna Adelh.	10-Apr	Radecke	Hermann	y
66	1864	139	Rommel	Johann Wilhelm	Ernst Nikl.	Kallmay	Maria	10-Apr	Kolkmeier	Joh. Wilh.	y
67	1864	139	Krantz	Elisabetha	Georg	Buchheimer	Marg.	08-Apr	Krantz	Elisabetha	y
68	1864	139	Waranke	Rosine Carolina	Georg	Fricke	Wilha.	10-Apr	Fricke	Carl & Rosina	y
69	1864	139	Reif	Maria Magdal.	Bleonhardt	Mittländer	Kath.	10-Apr	Mittländer	Magdal.	y
									(1) Severs	(1) Dietr.	(2)
70	1864	139	Hamann	Georg	Philipp	Marquardt	Louise	10-Apr	(2) Broons	Georg	y
									(1) Schonning	(1) Karl	
71	1864	139	Marquardt	Karl Philipp	Wilhelm	Köster	Meta	10-Apr	(2) Hamann	(2) Phil.	y
72	1864	139	Heim	Marg. Theresia	Karl	Schmidt	Wilha.	10-Apr	Raucheiner [?]	Marg.	y
73	1864	141	Hicken	Wilhelm Silvester	Joh. Wilh.	Bogenbeck	Kath. Charl.	18-Apr	Siliax	John.	y
74	1864	141	Mävers	Albert Louis Oscar	Karl	Daige	Auguste	18-Apr	Stenge	Oscar	y
75	1864	141	Lukbe	Louis	Carl	Weise	Maria	18-Apr	Weise	Louis	y
76	1864	141	Muhlhauser	Gustav Adolph	Heinrich	Metzmann	Kath.	24-Apr	Häfner	Gust. Adolph	y
									(1) Breuner	(1) Kath.	
77	1864	141	Schafer	Carolina Katharina	Karl	Geng	Kath.	24-Apr	(2) Grosting	(2) Aug.	y
78	1864	141	Rohle	Gustav Adolph	Adam	Schneider	Kath.	01-May	Häfner	G. Adolph	y
									(1) Tiemann	(1) Johanna	
79	1864	141	Tiemann	Johanna Charlotta	Frantz L.	Mormann	Elis.	01-May	(2) Mormann	(2) Charlotta	y
				Anna Maria							
80	1864	141	Lang	Franciska	John	Wagner	Emile	05-May	die Mutter		y
									(1) Schmidt	(1) Hubert	
81	1864	141	Kohl	Huberta Holda	Moritz	Rauterberg	Bertha	05-May	(2) Teigel	(2) Holda	y
82	1864	141	Shafner	Friedr.	Conrad	Billmann	Barb.	08-May	Schuh	Friedr.	y
83	1864	141	Heberkamp	Johann	Joh.	Hablitscheck	Magda.	08-May	die Eltern		y
84	1864	141	Härle	Robert	Bernhardt	Ehrbar	Elis.	08-May	Buser	Joseph	y
85	1864	141	Herz	Auguste Dorothea	Georg	Eckert	Elis.	08-May	Herz	Dorothea	y
86	1864	141	Mulzer	Marg.	August	Eckert	Eva	15-May	Fischer	Marg.	y
	1864	141	Hoffmann	Anna Marg.	Heinrich	Reuer	Barbara	15-May	Hoffmann	Anna Marg.	y

Trinity German Lutheran
Baptisms

No.	Year	Page	Surname	Given Name	Father	M Surname	M Given	Bapt	W Surname	W Given	More Info
87	1864	141	Neuweiler	Anna Kath.	Louis	[blank]	Maria	15-May	Hergenheimer	Kath.	y
88	1864	141	Sohn	Magdalena	Moritz	Muller	Christina	15-May	Sohn	Maria	y
89	1864	141	Walz	Maria Barbara	John.	Spinmaier	Kath.	15-May	Glaser	Kath.	y
90	1864	141	Sommer	Katharina	Martin	Bopper	Mathilde	15-May	Mohr	Georg	y
91	1864	141	Weitzel	Georg Martin	Martin	Horst	Elis.	15-May	Buchheimer	Barbara	y
92	1864	141	Vollmer	Barbara	Christian	Bartholomay	Anna	15-May	Vollmer	Gertraud	y
93	1864	141	Walker	Elisabeth Gertraud	Johann	Arenz	Margaretha	15-May	die Eltern		y
94	1864	141	Heimbuch	Margaretha	Thomas	Gunther	Louise	15-May	Schrot	Karl	y
95	1864	141	Vogt	Karl Heinrich	Louis	Eilers	Maria	15-May	die Eltern		y
96	1864	141	Hofmeister	Maria Sophia	Philipp	Bringel	Doroth.	18-May	Gendel	Karl	y
				Karl Friedrich				22-May	(1) Brauer	(1) Bertha	
									(2) Schuermann	Anna (2)	
97	1864	141	Quintell	Meta Anna Johanna	Heinrich	Flothmann	Kath.	29-May	(3) Quintell	Johanna (3)	y
98	1864	141	Meyer	Conrad	Herrmann	Dohler	Maria	30-May	Dohler	Conrad	y
99	1864	141	Schutte	Emma Wilhelmina	August	Klehm	Kath.	27-May	Schrimm	Emma Wilhelmina	y
100	1864	141	Pilgrim	Katharina	Heinrich	Ulrich	Elisab.	04-Jun	Ulrich	Kath.	y
101	1864	141	Mille	Heinrich	Jakob	Sterbe	Friedrika	05-Jun	Sterbe	Heinrich	y
102	1864	141	Bauer	Katharina	Georg	Stein	Marg.	05-Jun	Stein	Kath.	y
103	1864	141	Ritter	Joh. Karl Ludwig	Joh. K.	Korop	Johanna	05-Jun	Jocssheck	Joh. Friedr.	y
104	1864	141	Rode	Elisabetha	Karl	Hudgins	Elisab.	05-Jun	Klehm	Elis.	y
105	1864	141	Ermer	Georg Wilhelm	Friedr.	Eckloffstein	Kath.	08-Jun	Ermer	Georg Wilh.	y
106	1864	141	Maurer	Maria Christiana	Karl	Liphert	Ernstina	19-Jun	Rau	Maria	y
107	1864	141	Griefzu	Joh. Robert	Joh.	Leimbach	Anna Kath.	19-Jun	Schmidt	Joh. Rob.	y
108	1864	141	Riehl	Elisabetha	Joh. Heinrich	Block	Kath.	13-Jun	Block	Elis.	y
109	1864	141	Heise	Johann Heinrich	August	Krapf	Marg.	26-Jun	Heer	Joh. Heinrich	y
									(1) Eitel	(1) Georg	
110	1864	141	Ochse	Georg	Karl	Nolte	Elisab.	26-Jun	Huther	(2) Kath.	y
111	1864	141	Heim	Johann Heinrich	Ludwig	Krauss	Magdal.	03-Jul	Krause	Joh. Heinrich	y
112	1864	141	Pohler	Franz Heinrich	Franz Heinrich	Schwalz [?]	Angelika	03-Jul	die Mutter		y
113	1864	141	May	Maria Mathilde	August	Schmidt	Marg.	21-Jul	Dupps	Maria	y
114	1864	141	Schmidt	Karl Friedrich	Friedrich	Katländer	Elis.	24-Jul	Markert	Karl	y
115	1864	141	Röber	Johann Martin	Karl	Schubert	Carolina	24-Jul	Heiss	Joh. Martin	y
116	1864	143	Feldmann	Heinrich Louis	Friedr.	Friese	Anna	24-Jul	Tewes	Heinrich Louis	y
117	1864	143	Bregel	Ida Wilhelmina	Joseph	Valentin	Maria Anna	20-Jul	Christ	Wilhelmina	y
118	1864	143	Appel	Peter	Eduard	Hammel	Maria	28-Jul	Schaaf	Peter	y
119	1864	143	Petinae [?]	Auguste	Joseph	Will	Elisab.	27-Jul	Will	Auguste	y
120	1864	143	Kampe	Anna Honig	Joh. Wilh.	Pforte	Anna Maria	31-Jul	Klein	Anna Maria	y
									(1) Horn	(1) Kath.	
121	1864	143	Notz	Katharina Christina	Christ. Gottlob	Schadel	Friedrika	31-Jul	(2) Körner	(2) Christina	y
									(1) Westermaier	(1) Joh.	
									(2) Deetjen	(2) H. G.	
122	1864	143	Hasjagers	Herrmann Heinrich	Joh. Dietrich	Wilkens	Anna	31-Jul	(3) Schneider	(3) Georg	y

Trinity German Lutheran Baptisms

No.	Year	Page	Surname	Given Name	Father	M Surname	M Given	Bapt	W Surname	W Given	More Info
123	1864	143	Fendt	Ema	Heinrich	Schultheiss	Emilie		(1) Zehner	(1) Emilie	
									(2) Sommerfeldt	(2) Julie	
									(3) Strupp	(3) Lena	
124	1864	143	Hoffmann	Louise	Karl	Debrich (Reinhardt)	Elis.	04-Aug	(4) Schlöm	(4) Betty	y
125	1864	143	Brandt	Franziska	Karl	Hagen	Carolina	07-Aug	Vollmer	John	y
126	1864	143	Riehl	Andreas	Conrad	Frank	Maria	07-Aug	Hagen	Franziska	y
127	1864	143	Döring	Joseph	Valentin	Faber	Maria	07-Aug	Baumbach	Andreas	y
128	1864	143	Kanzler	Joseph Anton	Karl	Zorbach	Anna	07-Aug	Conrad	Joseph	y
129	1864	143	Schieferer	Louise	Gottfried	Wolk	Charlotte	07-Aug	Zeller	Franz Joseph	y
130	1864	143	Hobelmann	Marg. Maria	Herman H.	Mormann	Maria	07-Aug	Rathgeber	Louise	y
131	1864	143	Caroll	William Henry	William	Schlosser	Elis.	08-Aug	Mormann	Marg. Maria	y
				Mathilde Henriette					(1) Ohle	(1) Heinrich	
132	1864	143	Muller	Mina	Friedr.	Ohle	Minna	14-Aug	(2) Wollenweber	(2) Mathilde	y
133	1864	143	Groh	Philippina	Lorenz	Emmerling	Kath.	14-Aug	Danz	Philippina	y
134	1864	143	Förster	Philipp Alvin	Joh.	Kaiser	Marg.	14-Aug	Muller	Heinrich	y
135	1864	143	Förster	Heinrich	Joh.	Kaiser	Marg.	14-Aug	Kaiser	Philipp A.	y
136	1864	143	Förtner	Johannes	John	Geissel	Elis.	14-Aug	Muller	Joh.	y
137	1864	143	Vogel	Kunigunde	Heinrich	Hertlein	Anna B.	21-Aug	Schwemmer	Kunigunde	y
138	1864	143	Körzer [Körper]	Christian	Joh.	Eichmuller	Barb.	21-Aug	Loffler	Christian	y
139	1864	143	Eiler	Louise Margaretha	Conrad	Haar	Caroline	21-Aug	Kummerlein	Louise Marg.	y
140	1864	143	Mai	Margaretha	Joh.	Kroth	Kunigunde	08-Sep	Roth	Margaretha	y
141	1864	143	Körner	Maria	Paul	Butscher	Marg.	12-Sep	Butscher	Maria	y
142	1864	143	Körner	Elisabetha	Paul	Butscher	Marg.	12-Sep	Butscher	Elisab.	y
143	1864	143	Bonacker	Joh. Ernst	Philipp	Winter	Maria	18-Sep	Schreiber	Joh. Ernst	y
144	1864	143	Schumann	Margaretha	Joh.	Ott	Elisab.	23-Sep	Ott	Margaretha	y
145	1864	143	Ritterpusch	Theresia	Heinrich	Schule	Kath. W.	25-Sep	Ritterpusch	Theresia	y
146	1864	143	Leistner	Katharina	Joseph	Bauer	Doroth.	25-Sep	Schwalm	Anna Kath.	y
147	1864	143	Bellmann	Margaretha	Conrad	Weicher	Margaretha	02-Oct	die Eltern		y
148	1864	143	Westermann	Wilhelm August	Aug. Friedr.	Biermann	Charlotte	09-Oct	Westermann	Wilhelm	y
149	1864	143	Telljohann	Charlotte Carolina	Heinrich	Sureh	Sophie	09-Oct	Meikel	Charlotta C.	y
150	1864	143	Kramer	Michael	Michael	Witting	Elis.	09-Oct	Klumpp	Michael	y
151	1864	143	Muller	Andreas	Joh.	Heinle	Magdal.	09-Oct	Mening	Andreas	y
									(1) Jung	(1) Heinrich	
152	1864	143	Schönhals	Heinrich Wilhelm	John	Jung	Anna Kath.	09-Oct	(2) Fink	(2) Wilh.	y
153	1864	143	Hupp	Herrmann Jakob	John.	Busch	Dorothea	16-Oct	Hupp	Jakob	y
154	1864	143	Umbach	Elisab.	Georg	Wolfram	Maria	23-Oct	Umbach	Elis.	y
155	1864	143	Ahrens	Wilhelmina Louisa	Wilhelm	Jensen	Louise	23-Oct	die Mutter		y
156	1864	143	Schowier [Schnier]	Herrmann Heinrich	Ernst	Schumann	Anna	23-Oct	Bienke	Herrmann	y
157	1864	145	Prinz	Karoline	Ernst	Wohl	Elis.	23-Oct	Huss	Carolina	y
158	1864	145	Schmidt	Anna	Peter	[blank]	Maria	23-Oct	Grothaus	Maria	y
									(1) Kuhlmann	(1) Louis	
159	1864	145	Lang	Louis	Heinrich	Kuhlmann	Anna	23-Oct	(2) Lang	(2) Georg	y
160	1864	145	Frank	Regina Margaretha	Heinrich	Stoll	Maria	23-Oct	Stoll	Reinhardt	y
161	1864	145	Holstein	Louise	Aug. Friedr.	Quate	Carolina	30-Oct	Aukamz	Louise	y
162	1864	145	Rockstroh	Karl Friedrich	Franz Fr.	Wollrath	Elis. S.	30-Oct	Selbrich	Karl	y

Trinity German Lutheran
Baptisms

No.	Year	Page	Surname	Given Name	Father	M Surname	M Given	Bapt	W Surname	W Given	More Info
163	1864	145	Muller	Kath. Wilhelmine	Joh.	Klotsch	Auguste	30-Oct	Muller	Kath	y
164	1864	145	Peters	Anna	Georg N.	[blank]	Marg.	30-Oct	Sperber	Anna	y
165	1864	145	Knupp	Friedrich Sigmund	Heinrich	Seibel	Elis.	30-Oct	Baum	Friedr. Sigmund	y
				Auguste Bertha							
166	1864	145	Arens	Mathilde	Wilhelm	Schur	Augusta	30-Oct	Schubert	Mathilde	y
167	1864	145	Brodt	Johannes	Heinrich	Fischer	Rosina	06-Nov	Graf	Joh.	y
									(1) Esselmann	(1) Henriette	
168	1864	145	Eicsenroth	Henrietta Augusta	Georg	Bauer	Elis	06-Nov	(2) Letmate	(2) Heinrich A.	y
169	1864	145	Bienenstein	Katharina	Friedrich	Gerbig	Marg.	06-Nov	Maier	Kath.	y
170	1864	145	Ulrich	Maria	Joh.	Herget	Eva	13-Nov	Herget	Maria	y
171	1864	145	Muller	Anna Maria	Ernst	Kehlert	Anna	13-Nov	Beissner	Anna M.	y
172	1864	145	Berbig	Katharina	Joh. Mich.	Scheuermann	Kath.	13-Nov	Elsusser	Kath.	y
173	1864	145	Muller	Karl Julius	Julius	Maier	Gesine	17-Nov	der Vater		y
174	1864	145	Knapp	Carolina	Joseph	Muller	Maria	19-Nov	Kirchner	Carolina	y
175	1864	145	Roberts	Thomas Peter	Thomas	Schmidt	Mathilde	19-Nov	Schmidt	Peter	y
176	1864	145	Sutter	Johannes	Georg	Umbach	Elisab.	20-Nov	Grunewald	Johannes	y
177	1864	145	Kentner	Andreas	Caspar	Shein	Magdal.	20-Nov	Kentner	Andreas	y
178	1864	145	Pohl	Rosina	Georg R.	Himmelfaber	Marg.	20-Nov	Dietrich	Rosina	y
179	1864	145	Schutz	Robert	Christoph	Trautvetter	Elis.	20-Nov	White	Robert	y
180	1864	145	Schammel	Anna Elisabetha	Bernhardt	Friedrich	Gertraud	20-Nov	Geiger	Elisab.	y
									(1) Glaser	(1) Friedr.	
181	1864	145	Moll	Friedrich Heinrich	Heinrich	Flach	Marg.	27-Nov	(2) Moll	(2) Heinrich	y
182	1864	145	Kummerlien	Conrad Michael	Joh. Mich.	Haar	Louise	27-Nov	Eiler	Conrad	y
				Johanna Helena							
183	1864	145	Sack	Christiana	Georg	Rau	Berta	27-Nov	Rau	Joha. Hela. Christa.	y
184	1864	145	Bittes	Louise	Louis	Spiess	Kath.	01-Dec	Bittes	Louis	y
				Martha Maria							
185	1864	145	Danz	Sophia	Friedr.	Gollhardt	Augusta	04-Dec	Munck	Maria Soph.	y
186	1864	145	Körber	Wilhelm	Georg	Bauer	Kunigunde	04-Dec	Gauselt	Wilhelm	y
									(1) Schieferer	(1) Charlotte	
187	1864	145	Hecss	Charlotta Elisab.	Christoph	Mieners	Maria	04-Dec	(2) [blank]	(2) Elisab.	y
188	1864	145	Willner	Anna Barbara	Conrad	Dopfner	Friedrika	11-Dec	Hertlein	Anna Barb.	y
189	1864	145	Preis	Joh.	Joh. Heinrich	Link	Anna	11-Dec	Link	Joh.	y
190	1864	145	Bauer	Eduard	Franz	Prinz	Elisab.	25-Dec	der Vater		y
191	1864	145	Ernst	Heinrich	Heinrich	Strohl	Wilhelmina	25-Dec	der Vater		y
192	1864	145	Schmidt	Anna	Peter	Lieze [?]	Maria	27-Nov	Haas	Maria	y
193	1864	145	Kirschner	August Wilhelm	Louis	Dunkenberg	Eva Elis.	25-Dec	Dill	August	y
194	1864	145	Romer	Conrad	Conrad	Hubner	Anna Elis.	25-Dec	Jöckel	Conrad	y
195	1864	145	Kenger [?]	Elisab. Maria	Heinrich	Hemmroch	Anna Barb.	26-Dec	Ohr	Elis. Maria	y
196	1864	145	Maier	Eva Maria	Joh. Friedr.	Walz	Magda.	26-Dec	Ritterpusch	Eva	y
1	1865	147	Muller	Maria Elisab.	Adam	Muller	Elisab.	01-Jan	Muller	Maria Elis.	y
2	1865	147	Witter	Thomas	Friedr.	Pfaff	Elisab.	11-Dec	Heyg [?]	Thomas	y
3	1865	147	Durr	Johan Jakob	Joh.	Fischer	Rosina	08-Jan	Christ	Joh. Jakob	y
4	1865	147	Schmalzel	Karl Heinrich	Joh.	Netzel	Barbara	08-Jan	Geiger	John & Karl H.	y
5	1865	147	Klotsch	Rosina	Ferdinand	Schoules	Kath.	12-Jan	Schoules	Rosina	y

Trinity German Lutheran Baptisms

No.	Year	Page	Surname	Given Name	Father	M Surname	M Given	Bapt	W Surname	W Given	More Info
6	1865	147	Vollmer	Franz Ernst	Karl Reinhardt	Lang	Elisab.	15-Jan	(1) Unterwagner (2) Pizenbrinker	(1) Franz (2) Franz	y
7	1865	147	Hecker	Anna Maria	Joh.	Luckel	Louise	22-Jan	Luckel	Maria	y
8	1865	147	Buchheimer	Barbara Emilie	Peter	Botts	Hanna	22-Jan	Buchheimer	Barbara	y
9	1865	147	Schuchmann	Johanna Augusta	Alexander	Bagans	Maria	29-Jan	(1) Lehmann (2) Schuchmann	(1) Frieda. (2) Aug.	y
10	1865	147	Bentrupp	Maria	Friedr.	Meser	Kath.	29-Jan	Meser	Maria	y
11	1865	147	Hoos	Anna Maria	Joh.	Friedrich	Marg.	29-Jan	Lindenberger	Anna Maria	y
12	1865	147	Flentje	Anna Catharina	F. Wilh.	Ritzius	Anna Elis.	05-Feb	Kraus	Kath.	y
13	1865	147	Hoffmeier	Franz Friedrich	Friedr.	Bruggemaier	Elis.	12-Feb	Weinreich	Franz	y
14	1865	147	Blumeier	Maria Henrietta Dorothea	Ernst	Hiller	Friedrika	12-Feb	(1) Frank (2) Shrader (3) Kropp	(1) Maria (2) Henrietta (3) Doroth.	y
15	1865	147	Schneider	Kaspar Wilhelm	Friedr.	Lefert	Sophia	12-Feb	Hadermann	Kaspar	y
16	1865	147	Deipel	Bertha Augusta Georgina	Karl H.	Kahl	Holde	13-Feb	(1) Kahl (2) Kahl (3) Deissel	(1) Bertha (2) Augusta (3) Georgina	y
17	1865	147	Denison	Julia Elisab.	Edward	Werner	Marg.	17-Feb	Werner	Marg. Elis.	y
18	1865	147	Bohm	Georg Adam	Joh.	Muller	Louise	19-Feb	die Eltern		y
19	1865	147	Steinmetz	Gertraud	Georg	Weninger	Elis.	19-Feb	Hemeter	Gerdraut	y
20	1865	147	Körntel	Karl Joseph	Karl	Brugel	Anna Marg.	19-Feb	Hofmeister	Philipp	y
21	1865	147	Tatjenhorst	Maria Elis.	Friedr. W.	Brugel	Rebekka	19-Feb	Scherer	Elis.	y
22	1865	147	Konig	Friedr. Wilhelm	Friedr.	Molkenstrott	Charlotte	19-Feb	Imfange	Friedr.	y
23	1865	147	Kratt	George Henry	Martin	Fischer	Wilhelmina M.	22-Feb	(1) Fischer (2) Stromberg	(1) George (2) Henry	y
24	1865	147	Keines	Conrad	Karl	Freund	Marg.	26-Feb	Freund	Conrad	y
25	1865	147	Schreiber	Johann Ernst	Ernst	Leilich	Henrietta	26-Feb	Schreiber	Ernst	y
26	1865	147	Fink	Johann	Wilhelm	Jung	Elisab.	25-Feb	Schonhals	Joh.	y
27	1865	147	Ickes	Maria	Heinrich	Beckel	Kath.	26-Feb	Beckel	Maria	y
28	1865	147	Feller	Margaretha Maria	George	Berling	Wilhelmina	26-Feb	Feller	Marg. & Maria	y
29	1865	147	Wohner	Wilhelm	Gottl.	Lauwall	Kath.	26-Feb	die Mutter		y
30	1865	147	Brecht	Elisabetha Louise	Georg	Pinemann	Amalie	05-Mar	Umbach	Elisab.	y
31	1865	147	Simon	Johann Heinrich	Joh.	Schorr	Kath.	05-Mar	Stecker	Joh. Heinrich	y
32	1865	147	Götz	Katharina	Georg	Götz	Elisab.	28-Feb	Vogtmann	Kath.	y
33	1865	147	Thomas	Christian	Georg	Stoll	Marg.	19-Mar	Walther	Christian	y
34	1865	147	Appel	Johann	Friedr.	Sippel	Madal	19-Mar	Watson	Joh. C.	y
35	1865	147	Schmidt	Louis	Georg	Kiefer	Carolina	26-Mar	Kiefer	Louis	y
36	1865	147	Naumann	Anna Dorothea	Wiegand	Schmidt	Elisab.	26-Mar	Naumann	Anna Doroth.	y
37	1865	147	Wustner	Katharina	Michael	Maurer	Barb.	27-Mar	(1) Rossler (2) Horner	(1) Kath. (2) Math.	y
38	1865	147	Reder	Conrad	Joh.	Keller	Christina	27-Feb	Lauterbach	Conrad	y
39	1865	147	Pfaff	Maria Katharina	Georg	Noll	Kath.	02-Apr	Sellmann	Maria Kath.	y
40	1865	147	Kuster	Heinrich	Heinrich	Geils	Kath.	02-Apr	der Vater		y
41	1865	147	Waxter	Emma Theresia	Karl	Meier	Elisab.	02-Apr	Waxter	Emma Theresia	y
42	1865	149	Schlessinger	Friedrike Magdalena	Peter	Schropfer	Friedrike Magd.	09-Apr	Schropfer	Maria Chr.	y

Trinity German Lutheran
Baptisms

No.	Year	Page	Surname	Given Name	Father	M Surname	M Given	Bapt	W Surname	W Given	More Info
43	1865	149	Kessler	Wilhelmina	Peter	Emerich	Kath.	16-Apr	Emerich	Wilhelmina	y
				Wilhelm August					(1) Schulz	(1) Wilhelm	
44	1865	149	Konig	Julius	August	Wartberg	Meta	16-Apr	(2) Geier	(2) August	y
45	1865	149	Laufler	Elisabetha	Conrad	Schmidt	Kath.	16-Apr	Lotz	Valentin & Elisab.	y
46	1865	149	Liebermann	Wilhelm Eduard	Peter	Gemecke	Carolina	17-Apr	Danz	Eduard	y
47	1865	149	Bockelmann	Karl	Wilhelm	Schlur	Elis.	17-Apr	der Vater		y
48	1865	149	Bockelmann	Wilhelm	Wilhelm	Schlur	Elis.	17-Apr	der Vater		y
49	1865	149	Bockelmann	Anna	Wilhelm	Schlur	Elis.	17-Apr	der Vater		y
50	1865	149	Engelmann	Christina Helena	Gustav	German	Anna M.	17-Apr	Germann	Christina Helena	y
51	1865	149	Engelmann	Karl Friedrich	Gustav	German	Anna M.	17-Apr	Germann	Karl Friedr.	y
									(1) Schröder	(1) Alvina	
52	1865	149	Engelmann	Alvina Katharina	Gustav	German	Anna M.	17-Apr	(2) Germann	(2) Kath.	y
53	1865	149	Winsel	Joh. Heinrich	Joh. Heinrich	Rohdert	Kath. M.	19-Apr	Winsel	Joh. H.	y
54	1865	149	Wittgrefe	Rosina Wilhelmina	Wilhelm	Hamann	Elisab.	16-Apr	Matthes	Rosina Wihlemina	y
55	1865	149	Lewer	Johann Wolfgang	Otto	Frisch	Anna	23-Apr	Frisch	Joh. Wolfgang	y
56	1865	149	Schmidt	Franz	Heinrich	Koch	Wilhelmina	23-Apr	die Mutter		y
57	1865	149	Horst	Johann	Conrad	Scharg	Anna M.	23-Apr	Scharg	Johann	y
58	1865	149	Reineck	Joh. Matthaus	Joh.	Lotz	Marg.	23-Apr	Lotz	Matthaus	y
59	1865	149	Körner	Jakob Heinrich	Heinrich	Eckhardt	Christina	23-Apr	Eckhardt	Jakob	y
60	1865	149	Decker	Magdalena	Joseph	Kaiser	Johanna	30-Apr	Jansen	Magdalena	y
61	1865	149	Dietz	Louise	Valentin	Schmidt	Elisab.	30-Apr	Bontschuh	Louise	y
									(1) Jäger	(1) Eduard	
62	1865	149	Pothe	Eduard Karl	Heinrich	Jäger	Maria	30-Apr	(2) Pothe	(2) Karl	y
63	1865	149	Itzel	Adam Georg	Adam	Lindner	Barbara	30-Apr	Ochs	Georg	y
64	1865	149	Heinke	Maria Margaretha	August	Marx	Maria	28-Apr	die Mutter		y
65	1865	149	Schneider	Eleonora	Joh. Theiss	Ritter	Martha Elis.	07-May	Schonhals	Eleonora	
									(1) Ranumms	(1) Kath.	(2)
66	1865	149	Vogler	Ernstina Katharina	Heinrich	Stegler	Maria	07-May	(2) Schutt	Ernstina	y
67	1865	149	Hadermann	Sophia	Kaspar	Schneider	Elisab.	07-May	Schneider	Sophia	y
68	1865	149	Stahl	Karolina	Joh.	Koch	Theresia	24-May	Fontzer	Carolina	y
69	1865	149	Heinmuller	Louise	Christian	Bausch	Mina	24-May	Bausch	Louise	y
70	1865	149	Hoffmann	Anna Margaretha	Heinrich	Heinner	Anna	21-May	Hohn	Anna & Marg.	y
71	1865	149	Breitschwerdt	Georg Johann	Conrad	Mohrmuller	Elis.	14-May	Spangenberg	Joh.	y
									(1) Hubner	(1) Ida	
72	1865	149	Dietzel	Ida Maria	Adam	Kirstein	Ernstina	21-May	(2) Stephans	(2) Maria	y
73	1865	149	Rimler	Susanna	Eristes [?]	Grootd	Helena	24-May	Herold	Johanna	y
				Elenora Meta					(1) Häfner	(1) Elenora Soph.	
74	1865	149	Horstmeier	Sophia	Conrad	Häfner	Marg.	01-Jun	(2) Horstmeier	(2) Maria	y
75	1865	149	Muller	Martin	Gottfried	Dittmar	Elisab.	04-Jun	Hübner	Martin	y
76	1865	149	Dressel	Anna Margaretha	Joh. E.	Biermann	Elisab.	04-Jun	Kronister	Anna Marg.	y
77	1865	149	Schonhals	Georg	Wilhelm	Jöckel	Emilia	04-Jun	Jöckel	Georg	y
78	1865	149	Hoffmann	Ernst Friedrich Karl	Christoph	Schwörer	Elisab.	04-Jun	Maier	Ernst Friedr.	y
79	1865	149	Biermann	Emma Mathilde	Bomas	Lehof	Johanna	04-Jun	Wallis	Emma Math.	y
									(1) Schickner	(1) Heinrich	
80	1865	149	Schickner	Heinrich Emilius	Friedrich	Harwick	Sarah Elis.	11-Jun	(2) Springmaier	(2) Louise	y
81	1865	149	Ramsauer	Marg. Elisab.	Bernhardt	Ledderer	Anna	11-Jun	Helwick	Marg. Elis.	y

Trinity German Lutheran
Baptisms

No.	Year	Page	Surname	Given Name	Father	M Surname	M Given	Bapt	W Surname	W Given	More Info
82	1865	149	Schmidt	Albert Edwin	Wilhelm	Hax	Charlotte	11-Jun	Christ	Charlotte	y
83	1865	149	Schmidt	Emma Christina	Wilhelm	Hax	Charlotte	11-Jun	Hax	Christina	y
84	1865	151	Heissner	Margaretha	Karl	Burk	Marg.	11-Jun	Burk	Marg.	y
85	1865	151	Trischmann	Conrad	Karl	Pilgrimm	Helena	11-Jun	Guttig	Conrad	y
86	1865	151	Reis	Elisab.	Wilhelm	Loos	Kath.	11-Jun	Reis	Elisa.	y
87	1865	151	Pfaff	Emma	Conrad	Wehner	Kath.	13-Jun	Hildebrandt	Kath. Emma	y
88	1865	151	Kopp	Maria	Georg	Haug	Agatha	13-Jun	(1) Dey (2) Link	(1) Heinrich (2) Maria	y
89	1865	151	Blomeier	Wilhelm	Christian	Christ	Eva	22-Jun	Blomeier	Wilhelm	y
90	1865	151	Weiss	Heinrich Friedr. Wilhelm Christian	Conrad	Wallbrandt	Christina	26-Jun	die Eltern		y
91	1865	151	Scheppler	Katharina Maria	Georg	Schiller	Kath.	25-Jun	Scheppler	Maria	y
92	1865	151	Philippi	Johann Conrad	Peter	Rauscher	Regina	25-Jun	Lang	Joh. Conrad	y
93	1865	151	Ress	Johann Heinrich	Georg	Erwing	Elisab.	01-Jul	Kaiser	Joh. Heinrich	
94	1865	151	Koppenhofer	Johann Friedrich	Christian	Wustner	Caroline	04-Jul	(1) Horner (2) Wustner	(1) Joh. (2) Joh.	y
95	1865	151	Tiemann	Heinrich	Franz Louis	Mormann	Elisab.	04-Jul	Mormann	Herman Heinrich	y
96	1865	151	Koffeberger	Emilie Elisab.	Adam	Greiser	Kath.	02-Jul	Choist	Emilie & Elis.	y
97	1865	151	Kenthner	Rosina Margaretha	Joh.	Muller	Barb.	09-Jul	Schuhlein	Margaretha Ros.	y
98	1865	151	Ziegler	Adolph Gustav	Wilhelm	Farber	Elisab.	09-Jul	(1) Karrer (2) Zolihofer	(1) Adolph (2) Mina	y
99	1865	151	Ziegler	Maria Christiana	Wilhelm	Farber	Elisab.	09-Jul	(1) Ziegler (2) Fellmann	(1) Maria Georg	y (2)
100	1865	151	Lauer	Maria Elisab.	Daniel	Wellner	Barbara	16-Jul	Freiholz	Maria El.	y
101	1865	151	Seevers	Joh. Heinrich Karl	Dietrich	Schneeheim	Doroth.	16-Jul	(1) Bernhardt (2) Schroder	(1) Karl Heinrich	y (2)
102	1865	151	Turk	Margaretha	Sebastian	Bubin	Elisab.	23-Jul	Bubin	Marg.	y
103	1865	151	Amberg	Johann Conrad	Georg	Kenthner	Kath.	23-Jul	Zeidler	Joh. Conrad	y
104	1865	151	Christ	Anna Katharina	Philipp	Greiser	Elisab.	23-Jul	Grieser	Anna Kath.	y
105	1865	151	Lehner	Georg Wilhelm	Wendel	Eisenroth	Christina	23-Jul	Eisenroth	Georg	y
106	1865	151	Brechthold	Louise Carolina	John	Brechthold	Kath.	23-Jul	(1) Brechthold (2) Hartung (3) Vogler	(1) Carolina (2) Louise (3) Elisab.	y
107	1865	151	Schmidt	Sophia Henrietta	Georg	Walter	Adelina	23-Jul	Waller	Sophia	y
108	1865	151	Ludsche	Anna Elisabetha	Karl	Kraus	Anna Martha	24-Jul	die Eltern		y
109	1865	151	Gaiser	Johann Georg	Joh.	Doer	Barbara	30-Jul	Link	Joh. Georg	y
110	1865	151	Schammel	Maria Ellen	August	Riehl	Caroline	30-Jul	Riehl	Christiana	y
111	1865	151	Detgen	Georg Wilhelm	Friedr. Wilh.	Vollrath	Christiana	01-Aug	der Vater		y
112	1865	151	Holle	Wilhelm Heinrich	Heinrich	Ellermann	Marg.	02-Aug	die Eltern		y
113	1865	151	Grothaus	Anna Margaretha	Johann	Haas	Maria	02-Aug	Haas	Anna Marg.	y
114	1865	151	Schlessinger	Betty Louise	Georg	Brockmann	Johanna	04-Aug	Knipschild	Betty	y
115	1865	151	Hilsemann	Hermann August	Heinrich	Riedel	Minna	06-Aug	Maier	Hermann Aug.	y
116	1865	151	Adebahr	Eva Katharina	Wilhelm	Muller	Marg.	08-Aug	Pecht	Eva	y
117	1865	151	Simon	Alfred Tobias	David	Hahn	Louise	16-Aug	Löser	Johanne Maria	y
118	1865	151	Adams	Alexander Eduard	Jakob	Williams	Marg.	25-Aug	die Mutter		y

Trinity German Lutheran Baptisms

No.	Year	Page	Surname	Given Name	Father	M Surname	M Given	Bapt	W Surname	W Given	More Info
119	1865	151	Rathgeber	Charlotte Maria	Joh.	Ilz	Theresia	27-Aug	(1) Schieferer (2) Karle	(1) Charlotte (2) Gottfried	y
120	1865	151	Kohler	Alvin Karl	Wilhelm	Hill	Louise	31-Aug	(1) Sturgel (2) Ludwig (1) Schmidt	(1) Alvin (2) Karl (1) Kath. Elis.	y
121	1865	151	Jung	Kath. Elisab.	Franz	Kleng	Rosina	03-Sep	(2) Sibeneicher	(2) Bernhardt	y
122	1865	151	Körner	Friedrich	Michael	Marx	Kath.	03-Sep	Lors	Heinrich	y
123	1865	151	Reif	Maria Magdalene	Leonhardt	Mittländer	Kath.	11-Sep	Mittländer	Maria Magd.	y
124	1865	151	Weller	Anna Kath. Elisab.	John	Wittenberg	Elisab.	10-Sep	Quintels	Kath.	y
125	1865	151	Faiz	Maria Elisab.	Heinrich	Rauscher	Maria	10-Sep	Faiz	Elisab.	y
126	1865	151	Gebhardt	Margaretha	Friedrich	Laudner	Bertha	10-Sep	Gebhardt	Marg.	y
127	1865	153	Heymann	Caroline Sophia Maria Kath.	Theodor	Dohler	Kunigunde	10-Sep	(1) Nitzel (2) Heymann (1) Schepperle	(2) (1) Carolina (2) Sophia (1) Maria	y
128	1865	153	Schuchmann	Auguste	Theodor	Dill	Maria	24-Sep	(2) Gritzan (1) Honberger	(2) Kath. (1) Maria	y
129	1865	153	Woltjen	Maria Anna	Enrst	Honberger	Anna Kath.	24-Sep	(2) Hertister	(2) Anna	y
130	1865	153	Herget	Karl	Johann	Freund	Magdalena	01-Oct	Keiner	Karl	y
131	1865	153	Repp	August	Nicklaus	Beck	Kath.	01-Oct	Wolfram	August	y
132	1865	153	Maier	Malinde Anna	Friedr.	Redemann	Anna M.	01-Oct	Fulton	Malinde Ann	y
133	1865	153	Slater	Christiana	Wilhelm	Eisenroth	Lena	01-Oct	Lohners	Christiana	y
134	1865	153	Heimbuch	Johann Heinrich	Thomas	Gunter	Louise	01-Oct	Ziegler	John & Heinrich	
135	1865	153	Horner	Babette Maria Friedrike	Johann	Götz	Mathilde	01-Oct	(1) Wustner (2) Fischer (3) Wustich	(1) Babette (2) Maria (3) Friedrike	y
136	1865	153	Sohns	Wilhelmine Judiette Louise Amalia	Wilhelm	Withaupt	Elisab.	08-Oct	Born	Wilhelmine J.	y
137	1865	153	Haien	Augusta Anna Maria	Hermann	Gölke	Auguste	08-Oct	Wulsch	Louise	y
138	1865	153	Gleichmann	Margaretha	Friedr. S.	Krebs	Anna Chr.	08-Oct	die Eltern		y
139	1865	153	Stieg	Anna Sophia Louise	Joh.	Heidenreich	Katharina	08-Oct	Bauer	Anna	y
140	1865	153	Fülling	Herviminn Charlotte	Joh.	Lier	Dorothea	08-Oct	Lier	Sophia	y
141	1865	153	Schneider	Georg Adam	John	Stortz	Maria	09-Oct	die Mutter		y
142	1865	153	Daurer	Franz	Joh.	Lambrecht	Elisab.	09-Oct	Gurtler	Franz	y
143	1865	153	Lenz	Katharina	Conrad	Schneider	Marg.	15-Oct	Schneider	Kath.	y
144	1865	153	Langemann	Maria Dorothea Heinrich Georg	Georg	Dittmann	Marg.	15-Oct	Stevens	Dorothea	y
145	1865	153	Deetjen	Tjark	Georg T.	Rashen	Betty	15-Oct	der Vater	Joh.	y
146	1865	153	Link	Johannes	Joh.	Deur	Marg.	22-Oct	Gaiser	Joh.	y
147	1865	153	Fischer	Johannes Marg. Elisab.	Joh.	Schmidt	Elisab.	22-Oct	Reisenweber	John	y
148	1865	153	Rauch	Dorothea	Christoph	Brunner	Anna M.	22-Oct	Laupus	Marg. Elis. Dorothea	y
149	1865	153	Schaake	Louis Wilhelm	Heinrich	Fiessaler	Caroline	22-Oct	(1) Wentzel (2) Heinemann	(1) Louis A. (2) Wilhelm	y

Trinity German Lutheran
Baptisms

No.	Year	Page	Surname	Given Name	Father	M Surname	M Given	Bapt	W Surname	W Given	More Info
150	1865	153	Rau	Johann Balthasar	Georg	Schaaf	Maria	22-Oct	Muller	Johann	y
151	1865	153	Heiss	William Sherman	Joh. Georg	Dwellbeck	Maria Elis.	29-Oct	(1) Heiss (2) Gerbitt (1) Schuler	(1) Elisab. (2) John (1) Joh.	y
152	1865	153	Röder	Johannes Frank	John	Reuss	Marg.	29-Oct	(2) Frank	(2) Joh.	y
153	1865	153	Petersen	Maria Augusta	John	Moller	Elisab.	05-Nov	Haien	Maria Augusta	y
154	1865	153	Hülsemann	Johann Hermann Friedr. Wilhelm	Friedr. M.	Pilgrimm	Maria	05-Nov	Erdbrink	Joh. Hermann	y
155	1865	153	Erdbrink	Eduard	Joh. Hermann	Schutze	Caroline	05-Nov	Hülsemann	Friedr. Wilh.	y
156	1865	153	Lammers	Bernhardt Heinrich	Heinrich	Heck	Wilhelmina	05-Nov	Brackland (1) Richert	Bernhardt (1) Wilhelm	y
157	1865	153	Körber	Adela Henrietta Ulrike	Michael	Richert	Auguste	05-Nov	(2) Spielmeier (2) Lehnhardt (1) Ulrike	(2) Wilhelmina (1) Ulrike	y
158	1865	153	Sander	Johanna	Louis	Kissner	Elis. Kath.	05-Nov	(2) Leonhardt	(2) Heinrich	y
159	1865	153	Bartholmas	Kaspar Andreas	Georg	Haim	Marg.	12-Nov	Kentner	Kaspar	y
160	1865	153	Kolbe	Margaretha	John	Hutter	Carolina	12-Nov	Kolbe	Margaretha	y
161	1865	153	Bell	John Henry	Samuel	Wohner	Kath. Elis.	12-Nov	die Mutter		y
162	1865	153	Becker	Maria Wendelina	Christian	Brandt	Louise	12-Nov	Becker	Maria	y
163	1865	153	Feller	Ida Wilhelmina	Karl	Riehl	Louise	27-Nov	Feller	Wilhelmine	y
164	1865	153	Jorss	Joh. Wilhelm Doroth. Marg.	Wilhelm	Romer	Elisab.	29-Nov	der Vater	Doroth. Marg. Magda.	y
165	1865	153	Prack	Magdala.	Christian	Brull	Anna M.	19-Nov	Bestel	Kath.	y
166	1865	153	Fuchs	Katharina Sophia	Nicklaus	Adam	Anna Kath.	12-Nov	Ruhl	Joh. Friedr.	y
167	1865	153	Nelke	Joh. Friedr.	Friedr. Aug.	Maier	Doroth. Carolina	03-Dec	Nelke (1) Kaiser (2) Weller (3) Heimbold (4) Gurtemann	(1) Louis (2) Heinrich (3) Johanne (4) Kath.	
168	1865	153	Weller	Louis Heinrich	Heinrich	Waldschmidt	Elis.	03-Dec	Bestel		y
169	1865	155	Ritterpusch	Georg	Adam	Sohm	Theresia	03-Dec	Sohm (1) Lang	Georg Friedr. (1) Julia	y
170	1865	155	Lang	Julia Caroline Friedrike	Karl	Scheuermann	Maria	03-Dec	(2) Scheuermann	(2) Carolina	y
171	1865	155	Hasselt	Wilhelmina	Wilhelm	Hammerant	Wilhelmina	03-Dec	Schäfter	Friedrike Wilhelmina	y
172	1865	155	Eckhardt	Georg	Andreas	Schäferlein	Wilhelmine	10-Dec	Schäferlein	Georg	y
173	1865	155	Gerke	Maria Elisabetha	Herrmann Mich.	Krusen	Maria L.	17-Dec	George	Marie Elisab.	y
174	1865	155	Wietscher	Karl	Wilhelm Albert	Krep	Anna M.	17-Dec	Krep	Karl	y
175	1865	155	Requardt	Harrietta Ernstina	Joh. Jakob	Henriks	Julia	17-Dec	Haslop [Hasloss]	Ernstina	y
176	1865	155	Danz	Wilhelmina Carolina Elisab. Wilhelmina Johanna Math.	Karl Aug.	Vonderhaide	Elisab.	18-Dec	Liebermann	Wilhelmine Carol.	y
177	1865	155	Ott		Georg	Dietsch	Anna	24-Dec	Dietsch	Elisab.	y
178	1865	155	Wollenweber	Amalia	Daniel	Lohmann	Mathilde	24-Dec	Hasger	Johanna	y
179	1865	155	Jäger	Karl Heinrich	Anton	Mittelkämp	Kath.	24-Dec	die Eltern		y
180	1865	155	Kopke	Wilhelm Heinrich	Heinrich	Meisen	Wilhelmina	24-Dec	der Vater		y
181	1865	155	Bahl	Georg	Christian	Fenne	Doroth. W.	24-Dec	Fleischmann	Georg	y

Trinity German Lutheran
Baptisms

No.	Year	Page	Surname	Given Name	Father	M Surname	M Given	Bapt	W Surname	W Given	More Info
182	1865	155	Fischer	Christian Friedrich	Karl	Dwellbeck	Marg. Elisab.	24-Dec	(1) Fischer (2) Binder	(1) Christian (2) Charlotte	y
183	1865	155	Monat	Maria Laurel	Georg	Ochse	Elisab.	24-Dec	Ochse	Maria	y
184	1865	155	Kripp	Georg Karl Wilhelm	Wilhelm	Kasemacher	Doroth.	24-Dec	(1) Frank (2) Rothe	(1) Karl Doroth.	(2) (3)
185	1865	155	Schneider	Elisab. Kunigunde	Ferdinand	Wölfel	Anna	25-Dec	Ledderer Wölfel	Georg Kunigunde	y y
186	1865	155	Danz	Heinrich Peter	Eduard	Gemecke	Marg.	31-Dec	(1) Lang (2) Liebermann	(1) Heinrich (2) Peter	y
187	1865	155	Schmidt	Marg. Elisab.	Gewalsen	Arnold	Maria	31-Dec	Lehnert	Marg. Elis.	y
1	1866	155	Richter	Christian	Andreas	Schneider	Kath.	01-Jan	Schubert	Christian	y
2	1866	155	Campbell	George Henry Louise Carol.	Kennard	Balster	Elis.	01-Jan	Balster	George	y
3	1866	155	Jansen	Wilhelmina	Peter	Nordmann	Carolina	07-Jan	Wittgrefe	Doroth. L.	y
4	1866	155	Koch	Johann Eduard	Joh.	Wietscher	Alvina	07-Jan	Wietscher	Eduard	y
5	1866	155	Ehmann	Johann Richard	John	Hax	Maria	07-Jan	der Vater		y
6	1866	155	Bedell	Anna Katharina	Karl	Kiefer	Sophia	07-Jan	Bedell	Anna Kath.	y
7	1866	155	Kiefer	Louis	Louis	Helm	Friedrike	07-Jan	der Vater		y
8	1866	155	Viestmann	Barbara Georgina	Georg	Martin	Marg.	08-Jan	(1) Thomas (2) Ochs	(1) Barbara (2) Georg	y
9	1866	155	Reitz	Wilhelm	Peter	Ritzel	Kath.	14-Jan	Schminke	Wilhelm	y
10	1866	155	Hildebrandt	Louis Heinrich Heinrich Wilhelm	Heinrich	Denges	Marg.	14-Jan	Hildebrandt	Louis Heinrich	y
11	1866	155	Nix	Eduard	Peter	Ley	Marg.	21-Jan	Lintig	Heinrich Wilh. Ed.	y
12	1866	155	Biessner	Anna Emilie	Heinrich	Holtmann	Anna Maria	22-Jan	Muller	Anna Emilie	y
13	1866	155	Jöckel	Wilhelm	Georg	Hübner	Barbara	28-Jan	Schonhals	Wilhelm	y
14	1866	155	Schmidt	Philipp Jakob	Louis	Fohner	Franziska	28-Jan	Fohner	Jakob	y
15	1866	155	Conrad	Maria Emilie	Joh.	Dambmann	Elisab.	28-Jan	Becker	Maria Emilie	y
16	1866	155	Schmidt	Louise Katharina	Georg	Weber	Friedrike Wilha.	04-Feb	Thiem	Louise Kath.	y
17	1866	155	Urban	Katharina	Adam	Kaltwasser	Anna	04-Feb	Schwartzkopf	Kath.	y
18	1866	155	Weifenbach	Augusta	Joh. Val.	Landgraf	Wilha.	04-Feb	Zehner	Auguste	y
19	1866	155	Jüngling	Karl Christian	Karl	Ruppert	Kath.	11-Feb	Jüngling	Christian	y
20	1866	157	Languth	Johannes	Nicklaus	Nagel	Barb.	11-Feb	Nagel	Joh.	y
21	1866	157	Brandt	Louise Henrietta Augusta Heinrich Theodor	August	Singmundt	Carolina	11-Feb	(1) Schwab (2) Rosenthal (3) Sauer	(1) Daniel (2) Auguste (3) Henrietta	y
22	1866	157	Ernst	Gottfried	Wilhelm	Graham	Maria	11-Feb	Ernst	Heinrich	y
23	1866	157	Krämer	Reinhardt	August	Horstmann	Sophia	18-Feb	die Eltern		y
24	1866	157	Krämer	Thomas	August	Horstmann	Sophia	18-Feb	die Eltern		y
25	1866	157	Knuppschild	George	Aug. Wilh.	Brockmann	Betty	19-Feb	Schlessinger	Georg	y
26	1866	157	Krautzberg	Anna Maria Sophia	Karl	Hakers	Anna	20-Feb	Muller	Louise	y
27	1866	157	Spranger	Maria	Valentin	Schreiber	Kath.	23-Feb	Schreiber	Maria	y
28	1866	157	Eisinger	Maria Sophia Georgina	Paul	Schmidt	Joha. M.	25-Feb	Schmidt	Maria S. & Georg	y
29	1866	157	Helm	Sophia Elisabetha	Joh. Friedr.	Stuckert	Sophia	25-Feb	Krantz	Elisab.	y

Trinity German Lutheran
Baptisms

No.	Year	Page	Surname	Given Name	Father	M Surname	M Given	Bapt	W Surname	W Given	More Info
30	1866	157	Ermer	Joseph Wilhelm Georg Friedrich	Friedr.	Eckloffstein	Kath.	25-Feb	Fangmann	Karl Joseph	y
31	1866	157	Nordmann	Conrad	Heinrich	Bollmer	Maria	04-Mar	Wittgrefe	Conrad	y
32	1866	157	Nenny	Caroline Mathilde	Heinrich	Schnitger	Louise	05-Mar	Erdbrink	Carolina	y
33	1866	157	Nenny	Herrmann Heinrich	Heinrich	Schnitger	Louise	05-Mar	die Mutter		y
34	1866	157	Freund	Joh. Wilhelm	Matthaus	Meier	Caroline	06-Mar	Freund	Joh (1) Wilh. (2) Thomas (3) Conrad	y
35	1866	157	Luitzmann	Wilhelm Thomas Conrad	Otto	Gebhardt	Sellma	11-Mar	Dannengfalzer		y
36	1866	157	Krug	Anna	Joh.	Beshel	Concordia	11-Mar	die Mutter		y
37	1866	157	Duckhardt	Johannes	Georg	King	Carolina	11-Mar	Winchester	John	y
38	1866	157	Filling	Wilhelm August Karl	Joh.	Lier	Dorothea	18-Mar	Lier	Wittwe	y
39	1866	157	Filling	Paul Louis Karl	Joh.	Lier	Dorothea	18-Mar	Lier	Wittwe	y
40	1866	157	Ritterpusch	Adam	Heinrich	Antons	Maria	18-Mar	Ritterpusch	Adam	y
41	1866	157	Preis	Georg Eduard Hermann	Heinrich	Link	Anna	18-Mar	Ocster	Georg	y
42	1866	157	Filling	Julius	Joh.	Lier	Doroth.	30-Mar	Rossler	Peter	y
43	1866	157	Filling	Joh. Peter Louis	Joh.	Lier	Doroth.	30-Mar	Lier	Louis	y
44	1866	157	Mauer	Karl Friedrich	Jakob M.	Kronaw	Elisab.	30-Mar	Meier	Jakob	y
45	1866	157	Diacon	Georg Gustav	Adam	Garrett	Josephina	01-Apr	Lagust	Gustav	y
46	1866	157	Döring	Joh. Baptist	Conrad	Leibold	Maria	01-Apr	Reinwald	Joh. Baptist	y
47	1866	157	Traute	Friedrich	Andreas	Stegemann	Anna M.	01-Apr	Hahn	Friedrich	y
48	1866	157	Traute	Conrad	Andreas	Stegemann	Anna M.	01-Apr	Meid	Conrad	y
49	1866	157	Lambrecht	Friedrich Wilhelm	Karl	Hummel	Maria	01-Apr	(1) Lambrecht (2) Klein	(1) Freidr. (2) Wilhelm	y
50	1866	157	Dietrich	Katharina	Heinrich	Schworer	Theresia	01-Apr	Becker	Katharina	y
51	1866	157	Hinkel	Lena	Conrad	Ohr	Maria	01-Apr	Bauer	Lena	y
52	1866	157	Ulrich	Katharina Maria Elisab.	John	Wagenfuhrer	Maria Elis.	01-Apr	(1) Ulrich (2) Riehl (3) Naumann	(1) Ulrich (2) Maria (3) Elisab.	y
53	1866	157	Winkler	Georg Andreas	Joh.	Hergenheimer	Marg.	02-Apr	Otto	Georg A.	y
54	1866	157	Lange	Augusta Elisabetha	August	Bruns	Maria	05-Apr	der Vater		y
55	1866	157	Dietsch	Sebastian	Joh. Georg	Kropf	Wilhelmina	08-Apr	Turk	Sebastian	y
56	1866	157	Butscher	Joh. Georg	Joh. And.	Streib	Friedrike	08-Apr	Streib	Joh. Georg	y
57	1866	157	Löffler	Conrad	Heinrich	Laufer	Katharina	08-Apr	Riehl	Conrad	y
58	1866	157	Clagget	Ida May	William	Tudor	Elisab.	12-Apr	[blank]	[blank]	y
59	1866	157	Clagget	Clara Lee Friedrika Carolina	William	Tudor	Elisab.	12-Apr	[blank]	[blank]	y
60	1866	157	Wolritz	Louise	August	Hommel	Maria	15-Apr	[blank]	[blank]	y
61	1866	157	Wolritz	Eva Barbara	August	Hommel	Maria	15-Apr	[blank]	[blank]	y
62	1866	159	Hagelhans	Anna Elisabetha	Simon	Schneider	Elisab.	15-Apr	Ebert	Anna Elis.	y
63	1866	159	Ickes	Louise	Joh.	Löwers	Christine	19-Apr	Löwer	Louise	y
64	1866	159	Weitzel	Friedrich Wilhelm	Martin	Horst	Elisab.	22-Apr	Holdefer	Friedr. Wilhelm	y
65	1866	159	Fritz	Anna Katharina	Conrad	Fetzer	Maria	22-Apr	Fritz	Anna Kath.	y

Trinity German Lutheran Baptisms

No.	Year	Page	Surname	Given Name	Father	M Surname	M Given	Bapt	W Surname	W Given	More Info
66	1866	159	Mulzer	Andreas Wilhelm	August	Eckert	Eva	22-Apr	Mulzer	Andr W.	y
67	1866	159	Falkenstein	Augusta Eva Margaretha	Georg	Gottbehut	Eva Marg.	22-Apr	Klas (1) Temps (2) Kirschbaum	Augusta Eva (1) Georg (2) Georg	y
68	1866	159	Werner	Georg Eduard	Eress Fr.	Kirschbaum	Emilie	22-Apr	die Eltern		y
69	1866	159	Kleinjohann	Franz Wilhelm	Karl H.	Walther	Carolina E.	22-Apr	die Eltern		y
70	1866	159	Kleinjohann	Wilhelm Friedrich	Karl H.	Walther	Carolina E.	22-Apr	die Eltern		y
71	1866	159	Kleinjohann	Gustav Adolph	Karl H.	Walther	Carolina E.	22-Apr	die Eltern		y
72	1866	159	Kleinjohann	Paulina Ernstina	Karl H.	Walther	Carolina E.	22-Apr	die Eltern		y
73	1866	159	Lahm	Anna Elisabetha	Heinrich	Goldstrom	Elis.	29-Apr	Erhardt	Elisab.	y
74	1866	159	Heiner	Johann	Theodor	Schmidt	Susanna	29-Apr	Fischer	Joh.	y
75	1866	159	Stevens	Babetta M. August Karl	Georg	Dittmann	Doroth.	29-Apr	Dittmann (1) Ebbighausen (2) Lambrecht	Babetta M. (1) Heinrich (2) Karl	y
76	1866	159	Ebbighausen	Heinrich	August	Wauker	Minna	29-Apr	(1) Diem (2) Diem	(1) Christ. (2) Aug.	y
77	1866	159	Diem	Christoph August Wilhelm	Joh.	Nordmann	Susanna	06-May	(3) Wittgrefe (1) Appel	(3) Wilhelm (1) Eduard	y
78	1866	159	Kämmler	Joh. Karl Eduard	Joh.	Herold	Maria	06-May	(2) Peter	(2) Joh. Karl	y
79	1866	159	Zachow	Wilhelm Louis	Louis	Schmidt	Pauline	06-May	Schmidt (1) Witz	Wilhelm (1) Heinrich	y
80	1866	159	Fischbach	Heinrich	Gottfried	Witz	Maria	06-May	(2) Schmidt	(2) Kath.	y
81	1866	159	Schmidt	Andreas	Ernst	Helfenbein	Anna E.	13-May	Helfenbein	Andreas	y
82	1866	159	Hertel	Anna Rosine	Joh.	Vogel	Rosina	20-May	Muller	Anna P.	y
83	1866	159	Vollmer	Heinrich	Friedrich	Jakob	Kath.	20-May	Notz (1) Suter	Christ. G. (1) Georg	y
84	1866	159	Brecht	Georg Wilhelm	Georg	Reinemann	Emilie	20-May	(2) Brecht	(2) Ludwig	y
85	1866	159	Meier	Anna Margaretha	Wilhelm	Oedter [?] Aedtz	Kath.	20-May	Muller (1) Bankritz (2) Mengersen	Anna M. (1) Heinrich (2) Aug. (3)	y
86	1866	159	Hensen	Heinrich Aug. Peter	Georg	Muller	Louise	20-May	(3) Männer	Peter	y
87	1866	159	Wack	Elisa Carolina	Heinrich	Kolb	Maria	20-May	Pfeil	Elisab.	y
88	1866	159	Straub	Franz Georg	Georg	Geckle	Friedrike	20-May	die Eltern		y
89	1866	159	Ehrmann	Maria Christina	Georg	Krieg	Kath.	20-May	Ehrmann	Maria Ch.	y
90	1866	159	Hilz	Elisabetha	Conrad	Grambauer	Elisab.	20-May	Heinemann	Elisab.	y
91	1866	159	Heinz	Henrietta Eva	Albert	Dirou	Betty	20-May	White	Eva	y
92	1866	159	Bacher	Johann James	Johann	Heise	Friedrike	20-May	die Eltern		y
93	1866	159	Heitmuller	Heinrich Lee	Heinrich	Wissler	Charlotte	20-May	Michael (1) Siebrecht (2) Blomaier	Heinrich (1) Heinrich (2) Ernst	y
94	1866	159	Hille	Heinrich Ernst Georg	August	Sachs	Kath.	20-May	(3) Kopper	(3) Georg	y
95	1866	159	Kiebler	Karl Heinrich	Jakob	Lehr	Henrietta	20-May	Lang	Karl H.	y
96	1866	159	Reichardt	Wilhelm	Georg L.	Graf	Barbara	21-May	die Eltern		y
97	1866	159	Ehlers	Theodor	Heinrich	Aspelmaier	Charlotta	21-May	Vietsch	Theodor	y
98	1866	159	Holstadt	August Franklin	Nathenael	Lehmann	Katharina	22-May	Lehmann	August	y
99	1866	159	Baier	Anna Gertraud	Balthasar	Hoch	Anna G.	27-May	die Mutter		y

Trinity German Lutheran Baptisms

No.	Year	Page	Surname	Given Name	Father	M Surname	M Given	Bapt	W Surname	W Given	More Info
100	1866	159	Baier	Johann	Balthasar	Hoch	Anna G.	03-Jun	der Vater		y
101	1866	159	Wille	Friedrich Edwin	Jakob	Strubel	Wilhelmina	27-May	Baier	Friedr. Edwin	y
102	1866	159	Wabel	Eduard	Karl	Bitter	Anna	27-May	die Eltern		y
103	1866	159	Riedel	Anna Maria	Christoph	Förster	Anna M.	27-May	die Mutter (1) Hackett (2) Schrader	(1) Anna Henrietta (2) (3)	y
104	1866	161	Siebrecht	Anna Henrietta Maria	Heinrich	Eckert	Margareth.	27-May	(3) Bank	Maria	y
105	1866	161	Ludhardt	Joh. Georg	Kaspar	Herzog	Kunigunde	28-May	Herzog	Joh. Georg	y
106	1866	161	Bonert	Katharina	Michael	Haissinger	Eva Kunigunda	04-Jun	Unglaub	Kath.	y
107	1866	161	Ellinger	Katharina	Georg	Fischer	Marg.	03-Jun	Vogel	Kath.	y
108	1866	161	Witter	Johann Adam	Friedr.	Pfaff	Elisab.	03-Jun	Pfaff	John & Adam	y
109	1866	161	Pannetta	Ernst Ferdinand	Ernst Ferdinand	Gammer	Anna B.	03-Jun	Pannetta	Georg Ernst	y
110	1866	161	Buchheimer	Peter Eduard	Peter	von Hollin	Hannah	03-Jun	von Hollin	Peter	y
111	1866	161	Römer	Joh. Heinrich	Joh	Tischer	Elisabetha	10-Jun	Herold	Heinrich	y
112	1866	161	Amendt	Jakob Peter	Jakob Peter	Ritter	Henrietta	10-Jun	der Vater		y
113	1866	161	Roth	Georg	Justus	Winter	Barbara	10-Jun	der Vater		y
114	1866	161	Riehl	Wilhelm Heinrich	Karl Friedr.	Block	Kath.	18-Jun	Riehl	Joh. Heinrich	y
115	1866	161	Laudenberger	Lavina	John	Kamm	Elisab.	18-Jun	Muller	Lavina	y
116	1866	161	Lind	Johanna Wilhelmina	Sebastian	Kaufmann	Kath.	19-Jun	Heinemann	Anna Kath.	y
117	1866	161	Engelhardt	Carolina	Friedr.	Wustner	Marg.	21-Jun	Wustner	Carolina	y
118	1866	161	Maurer	Joh. Heinrich	Karl	Lipfert	Ernstina	17-Jun	Hessenauer	Joh. Heinrich	y
119	1866	161	Hammann	Louise Margaretha	Philipp	Marquardt	Louise	17-Jun	Marquardt	Marg.	y
120	1866	161	Hartann	Maria Maria Elise	Niklaus	Kaiser	Marg.	18-Jun	Sicherling	Marg. Barb.	y
121	1866	161	Holthaus	Franziska	Wilh. F.	Zimmermann	Rosina	21-Jun	Holthaus	Franziska	y
122	1866	161	Sieber	Magdalena Barbara	Heinrich	Otto	Barb.	24-Jun	Otto	Magd. Barb.	y
123	1866	161	Meier	Wilhelm Edwin	Christian	Ries	Anna Marg.	24-Jun	die Eltern		y
124	1866	161	Fritsch	Otto	Friedr.	Gebhardt	Emilie	24-Jun	Kritzmann	Otto	y
125	1866	161	Fritsch	Anna Kunigunde	Friedr.	Gebhardt	Emilie	24-Jun	Hübner	Anna Kunigunda	y
126	1866	161	Reisenweber	Joh.	Joh (II)	Lechner	Elise	01-Jul	Reisenweber	Joh (I)	y
127	1866	161	Euler	Anna Maria Kath.	Conrad	Haas	Carolina	01-Jul	Kohler	Kath.	y
128	1866	161	Schnitker	Heinrich Ludwig	Joh H.	Kruser	Anna S.	01-Jul	Schnitker	Heinrich Ludwig	y
129	1866	161	Kirchner	Georg Christian	Christian	Frei	Kath.	05-Jul	die Eltern		y
130	1866	161	Bartels	Karl Wilhelm	Heinrich	Holwig	Johanna	08-Jul	Wietscher	Joh. Wilh.	y
131	1866	161	Rost	Georg	Georg	Hoffmann	Sophia	11-Jul	die Eltern		y
132	1866	161	Götz	Margaretha	Georg	Unglaub	Elisab.	15-Jul	Freund	Marg. (1) Joh.	y
133	1866	161	Vogel	Joh. Jakob	Heinrich	Hertlein	Barbara	15-Jul	(1) Hartmann (2) Allgeier	(2) Jakob	y
134	1866	161	Walthers	Clara	Joh.	Ahrens	Margaretha	22-Jul	Fritz	Clara	y
135	1866	161	Schmidt	Anna Carolina	Georg	Leimbach	Margaretha	22-Jul	Griefzu	Anna	y
136	1866	161	Pfaff	Wilhelm Heinrich	Conrad	Wehner	Kath.	25-Jul	(1) Dauterich (2) Dauterich	(1) Heinrich (2) Wilh.	y
137	1866	161	Bertsch	Maria Margaretha	Philipp	Lindenberger	Maria	29-Jul	Lindenberger	Maria	y
138	1866	161	Wolf	Anna	Andreas	Seibert	Kunigunde	29-Jul	Trautner	Anna	y
139	1866	161	Hinkel	Wilhelm Gottfried	Gottfried	Muller	Maria	31-Jul	die Eltern		y

Trinity German Lutheran Baptisms

No.	Year	Page	Surname	Given Name	Father	M Surname	M Given	Bapt	W Surname	W Given	More Info
140	1866	161	Stoss	Johann	Joh.	Trautmann	Kath.	02-Aug	Elgert	John	y
141	1866	161	Ahrens	Heinrich Wilhelm	Heinrich W.	Jansen	Louise	19-Aug	der Vater		y
142	1866	161	Körper	Johannes	Georg	Bauer	Kunigunde	12-Aug	Ruhl	Joh.	y
143	1866	161	Langenberger	Emilie	Ernst	Finn	Florentina	10-Aug	Wagner	Emilie	y
144	1866	161	Muth	Jakob Friedrich	Joh.	Bach	Maria	19-Aug	Beckel	Jakob	y
145	1866	161	Sanders	Wilhelmina Carolina	Conrad	Petersen	Sophia	22-Aug	Drege	Carolina W.	y
146	1866	161	Knopp	Karl	Joseph	Muller	Maria	30-Aug	Muller	Karl	y
147	1866	163	Busch	Anna Katharina	Wilhelm	Dornhauser	Theresia	02-Sep	Meier	Anna Kath.	y
148	1866	163	Muller	Amelia Elisab.	Heinrich Christ.	Kehr	Doroth.	02-Sep	Muller	Amalia Elis.	y
149	1866	163	Schantze	Friedrich Wilhelm	Georg W.	Wattenschmidt	Hedwig	02-Sep	Bauer	Friedr.	y
150	1866	163	Schantze	Emma	Georg W.	Wattenschmidt	Hedwig	02-Sep	Kleppel	Emma	y
151	1866	163	Huber	Kath. Maria	Anton	Single	Rosina	02-Sep	Lang	Kath. Maria	y
152	1866	163	Rubrecht	Anna Kath.	Christian	Fischer	Barb.	09-Sep	Leikam	Anna Kath.	y
153	1866	163	Kratt	Karl Alexander	Martin	Fischer	Wilhelmina M.	02-Sep	Fischer	Philipp Alex.	y
154	1866	163	Schneider	Anna Elisab.	Kaspar	Imhof	Anna E.	09-Sep	Mauer	Elis.	y
155	1866	163	Meier	Marg. Ernestine	Heinrich	Muller	Ernstina	09-Sep	Frenner [?]	Marg.	y
156	1866	163	Meier	Georg Paulus	Hermann	Dohler	Maria	09-Sep	Dohler	Georg A.	y
157	1866	163	Fey	August Bernhardt Christina	August	Ludwig	Maria	16-Sep	Freusigmann	Bernhardt	y
158	1866	163	Fey	Wilhelmina	August	Ludwig	Maria	16-Sep	Ludwig	Christina	y
159	1866	163	Fey	Regina Friedrike	August	Ludwig	Maria	16-Sep	Straub	Regina Friedrike	y
160	1866	163	Kopp	Eva Kath. Ida	Joh. Georg	Haup	Agatha	16-Sep	Eppler	Eva Kath. Ida	y
161	1866	163	Weidinger	Georg	Georg	Kratz	Maria	16-Sep	Schmuff	Georg	y
162	1866	163	Schmalzel	Georg Wilhelm Johanna Carolina	John	Nitzel	Barb.	16-Sep	Schlesinger (1) Muller (2) Kopp	Georg W. (1) Karl (2) Joh.	y (2)
163	1866	163	Muller	Wilhelmina	Friedr.	Ohle	Marg.	09-Sep	Horst	John	y
164	1866	163	Döring	Joh. Louis	Georg	Steigleiter	Anna	18-Sep	die Mutter		y
165	1866	163	Bauer	Margaretha	Georg	Stein	Margaretha	23-Sep	Schechner	Friedr. Gottl.	y
166	1866	163	Stintz	Robert Friedrich	Wilh. F.	Volkand	Karol.	23-Sep	Schantze	Georg W.	y
167	1866	163	Kleppel	Georg Alford	Hermann	Wattenscheid	Emma	23-Sep	Siebrecht	Heinrich	y
168	1866	163	Lenzer	Heinrich Otto	Ferdinand	Eckhardt	Louise	23-Sep	Trakenbrodt	Joh. Petr.	y
169	1866	163	Paulus	Joh. Peters	Joh. Paul	Rost	Elisab.	23-Sep	Schlimm	Heinrich	y
170	1866	163	Gross	Joh. Heinrich	Friedr.	Wetter	Marg.	30-Sep	Gronewald	Anna Elis.	y
171	1866	163	Thomas	Anna Elisabetha	Kaspar	Kungerhans	Christina	30-Sep	Gross	Friedr.	y
172	1866	163	Schlimm	August Friedr.	Heinrich	Stroh	Marg.	30-Sep	Gross	Karl	y
173	1866	163	Schmidt	Adolph Karl	Michael	Schmidt	Louise	30-Sep	Frank	Joh.	y
174	1866	163	Riefner	Johann Martin	John R.	Brugel	Maria	30-Sep	Martin		y
175	1866	163	Resch	Amelia Concordia	Frank	Hankes	Magdalena	30-Sep	Krug (1) Glässer	Amalia Concordia (2) (1) John	y
176	1866	163	Glässer	John Wilhelm	Kaspar	Brandt	Clementina	30-Sep	Brandt	(2) Wilhelmina	y
177	1866	163	Muller	Thomas	Niklaus	Stohlberger	Marg.	30-Sep	Ochs	Thomas	y
178	1866	163	Riehl	Margaretha	Joh. Heinrich	Block	Kath.	01-Oct	Block	Margaretha	y
179	1866	163	Kispert	Karl	Wilhelm	Weber	Kath.	01-Oct	Kispert	Karl	y
180	1866	163	Ditzel	Georg	Conrad	Grosch	Maria	05-Oct	Kohle	Georg	y
181	1866	163	Ernst	Heinrich	Conrad	Christ	Marg.	07-Oct	Ernst	Heinrich	y

Trinity German Lutheran
Baptisms

No.	Year	Page	Surname	Given Name	Father	M Surname	M Given	Bapt	W Surname	W Given	More Info
182	1866	163	Lohmann	Ellen	Christian H.	Schmidt	Barbara	07-Oct	Schmidt	Ellen	y
									(1) Schäfer	(1) Heinrich Conrad	
183	1866	163	Schäfer	Heinrich Conrad	Friedr.	Gärtner	Henrietta W.	07-Oct	(2) Gärtner	(2) Heinrich	y
									(1) Schneider	(1) Carolina	
184	1866	163	Rosenthal	Caroline Friedrika	Friedr.	Dölz	Augusta	07-Oct	(2) Thiele	(2) Friedka.	y
185	1866	163	Hottes	Georg	John	Schmidt	Elisab.	07-Oct	Hottes	Georg	y
186	1866	163	Schmidt	Elisab.	Adolph	Horr	Veronika	07-Oct	Schmidt	Elis.	y
187	1866	163	Walthers	Maria Rosine	Adam	Hartan	Marg.	14-Oct	Kohn	Maria S.	y
188	1866	163	Tresch	Dorothea	August	Niklaus	Kath.	15-Oct	Niklaus	Doroth.	y
									(1) Freund	(1) Philipine Sophia	
189	1866	163	Freund	Philippine Sophia	Peter	Bartels	Kath.	21-Oct	(2) Bartels	(2) Sophia	y
190	1866	165	Diehl	Georg	Heinrich	Anschutz	Johanna	21-Oct	Umbach	Georg	y
191	1866	165	Ulrich	Katharina	John	Herget	Eva	21-Oct	Krahnert	Kath.	y
192	1866	165	Pfortzer	Georg Louis	Georg	Urban	Lina	21-Oct	Schneider	Louis	y
									(1) Bornister	(1) Carolina	
193	1866	165	Pohle	Ida Maria Louise	Adam	Schneider	Kath.	21-Oct	Monath	(2) Elis.	y
194	1866	165	Bornister	Georg Heinrich	Joseph	Schneider	Maria	21-Oct	Bornister	Wilhelm	y
195	1866	165	Frank	Anna Kath.	Karl	Stoll	Maria	21-Oct	Schek	Anna Kath.	y
196	1866	165	Wagner	Anna Maria	Joh.	Schnitker	Anna M. E.	28-Oct	Dontrup	Anna Maria	y
									(1) Schmidt	(1) Joh.	
197	1866	165	Brandt	Georg Johann	Georg	Heine	Kath.	28-Oct	(2) Osing	(2) Georg	y
198	1866	165	Strohl	Karl Wilhelm	Jakob	Schafer	Elisab.	28-Oct	Strohl	Karl Wilhelm	y
199	1866	165	Ahler	Margaretha	Joh.	Blum	Maria	28-Oct	Heinz	Karl & Marg.	y
200	1866	165	Pohlmann	Johann Wilhelm	Hermann	Ruf	Maria I.	28-Oct	Ruf	Joh. Mich.	y
201	1866	165	Esselmann	Heinrich	Peter	Fuss	Marg.	28-Oct	der Vater		y
202	1866	165	Schutte	Emma Maria	August	Klehm	Kath.	28-Oct	Schramm	Emma Maria	y
203	1866	165	Vollmer	Anna Elisab.	Christian	Bartholomey	Marg.	28-Oct	Bartholomey	Anna Elisab.	y
204	1866	165	Hopp	Christian Gottlieb	Philipp	Bohm	Kunigunde	04-Nov	Wilkening	Christian Gottlieb	y
									(1) Moller	(1) August	
205	1866	165	Quintell	Joh. August Heinrich Christian	Heinrich	Flothmann	Kath.	04-Nov	(2) Hening	(2) Karl	y
									(1) Quintell	(1) Heinrich	
206	1866	165	Hening	Karl	Karl	Hoffmann	Rosa	04-Nov	(2) Dickhardt	(2) Karl Fr.	y
207	1866	165	Marschek	Peter	Adam	Link	Magdalena	05-Nov	Link	Peter	y
									(1) Muller	(1) Lissette	
208	1866	165	Bretthold	Emma Louise	Wilhelm	Muller	Elisab.	11-Nov	(2) Behrens	(2) Louise	y
									(1) Meier	(1) Heinrich	
209	1866	165	Bonacker	Heinrich Lorenz	Philipp	Wintells	Maria	11-Nov	(2) Meier	(2) Lorenz	y
210	1866	165	Gritzan	Karl	Adam	Schuchmann	Kath.	11-Nov	Schuchmann	Adam	y
211	1866	165	Göttig	Anna Maria Engel	Conrad	Henkel	Kath.	11-Nov	Trusmeier	Anna Maria Engel	y
212	1866	165	Lever	Christina Louise	Otto	Frisch	Anna	18-Nov	Frisch	Christina Louise	y
213	1866	165	Hoffmann	Georg Friedrich	Friedrich	Schweitzer	Kath.	18-Nov	Hild	Wilhelm	y
									(1) Hodges	(1) John T.	
214	1866	165	Reiyls	Joh. August	Heinrich	Albers	Elis.	18-Nov	(2) Muller	(2) Auguste	y
215	1866	165	Frankenberger	Heinrich	Joh.	Hartan	Marg.	18-Nov	Geiss	Heinrich	y
216	1866	165	Hildebrandt	Bertha	Karl	Kohler	Anna Maria	15-Nov	Sauerland	Maria	y
217	1866	165	Hobelmann	Hermann Heinrich	Hermann H.	Mormann	Maria	23-Nov	Mormann	Hermann	y

Trinity German Lutheran
Baptisms

No.	Year	Page	Surname	Given Name	Father	M Surname	M Given	Bapt	W Surname	W Given	More Info
218	1866	165	Valentin	Georg Heinrich	Anton	Rohling	Elis.	25-Nov	Walzer	Georg Heinrich	y
219	1866	165	Hofmeister	Barbara Ellen	Philipp	Brugel	Dorothea	25-Nov	Hofmeister	Barbara	y
220	1866	165	Rapp	Heinrich	John	Honig	Elisab.	25-Nov	Rapp	Heinrich	y
221	1866	165	Schmidt	Anna Marg.	Georg	Kiefer	Carolina	25-Nov	Schmidt	Anna Maarg.	y
222	1866	165	Petersen	Joh. Friedr. Niklaus	Georg Nikl.	Röder	Marg.	27-Nov	Geiger	Joh. Friedr.	y
									(1) Jöckel	(1) Barb.	(2)
223	1866	165	Jöckel	Barbara	Joh.	Wagner	Marg.	28-Nov	(2) Hinkel	Elis.	y
224	1866	165	Roth	Joh. Georg	John	Bauer	Marg.	29-Nov	Bauer	Joh. Georg	y
225	1866	165	Lammers	Wilhelm Johann Carolina Wilhelmina	Heinrich Simon	Heck	Wilhelmina	02-Dec	Lammers	Wilhelm	y
226	1866	165	Mavers	August	Karl	Deike	Augusta	02-Dec	Paal	Wihelmina	y
227	1866	165	Pilgrim	Georg Wilhelm	Heinrich	Ulrich	Elis.	02-Dec	Monath	Georg Wilh.	y
228	1866	165	Fink	Anna Katharina	Wilhelm	Jung	Elisab.	02-Dec	Schonhals	Anna Kath.	y
229	1866	165	Burke	Anna Katharina	Joh. Heinrich	Mormann	Elisab.	02-Dec	Mormann	Anna Kath.	y
				Johann Louise						Johanne Louise	
230	1866	165	Erdbrink	Mathilde	Herrmann	Schnitger	Carolina	04-Dec	Ninni	Math.	y
231	1866	165	Fink	Elisab.	Joh. Georg	Schumann	Carolina	05-Dec	Ca... [?]	Elisab.	y
232	1866	165	Bien	Elisabetha	John	Ott	Margaretha	19-Nov	die Eltern		y
233	1866	167	Niemann	Christoph Heinrich	Christoph	Muller	Henrietta	08-Dec	der Vater		y
234	1866	167	Körper	Johann Wolfgang	Johann	Eichmuller	Barb.	09-Dec	Unglaub	Joh. Wolfgang	y
235	1866	167	May	Katharina Pauline	August	Schmidt	Marg.	09-Dec	Mai	Pauline	y
236	1866	167	Ickes	Anna Margaretha	Heinrich	Beckel	Kath.	12-Dec	Nagel	Anna Marg.	y
									(1) Götz	(1) Conrad	
237	1866	167	Frank	Conrad Albert	Heinrich	Hering	Marg.	17-Dec	(2) Bleich	(2) Albertina	y
238	1866	167	Printz	Ida Beningna	Conrad	Schmidt	Carolina	25-Dec	Schmidt	Beningna	y
239	1866	167	Bauer	Eleanora	Frantz	Printz	Elisab.	25-Dec	die Eltern		y
									(1) Schaub	(1) Joh.	(2)
240	1866	167	Schmidt	Johann Wilhelm	Herrmann	Schaub	Charlotte	25-Dec	(2) Printz	Wilhelm	y
241	1866	167	Eisenroth	Wilhelmina Louise	Georg	Bauer	Elisab.	25-Dec	Rameng	Louise	y
242	1866	167	Gaiser	Heincrih Adolph	Joh.	Durr	Barbara	25-Dec	Ochse	Heinrich Adolph	y
									(1) Meinhardt	(1) Friedr.	
243	1866	167	Schaake	Friedrich Heinrich	Ferdinand	Meinhardt	Maria	25-Dec	(2) Schaake	(2) Heinrich	y
244	1866	167	Haase	Oskar Wilhelm	Gottlieb	Hannecke	Emilie	25-Dec	Haase	Wilhelm	y
245	1866	167	Graf	Johanna Maria	Joh.	Winter	Maria	25-Dec	Neidal	Joh.	y
246	1866	167	Riehl	Johannes	Conrad	Ulrich	Maria	30-Dec	Ulrich	John	y
247	1866	167	Lind	Katharina	Andreas	Ganss	Maria	30-Dec	Lind	Kath.	y
									(1) Kremeier	(1) August	
248	1866	167	Feldmann	August	Friedr.	Friese	Anna	31-Dec	(2) Theiss	(2) Maria	y
1	1867	167	Dickmann	Maria Dorothea	Friedr.	Egers	Doroth.	01-Jan	Hurtzig	Maria	y
2	1867	167	Hoffmann	Heinrich Wilhelm	Heinrich	Renner	Barb.	01-Jan	Eckert	Heinrich	y
3	1867	167	Krantz	Joh. Christian	Georg	Buchheimer	Marg.	01-Jan	Krantz	Joh. Chr.	y
									(1) Hulsemann	(1) Cord	
									(2) Scherlitz	(2) Mina	
4	1867	167	Hulsemann	Clara Mina Carolina	Heinrich	Wagner	Main	06-Jan	(3) Wagner	(2) Carol.	y
5	1867	167	Naumann	Joh. Conrad	Wiegand	Schmidt	Kath. Elis.	06-Jan	Seim	Joh. Conrad	y
6	1867	167	Huf	Louise	Wilhelm	Donges	Marg.	13-Jan	Donges	Louise	y

Trinity German Lutheran
Baptisms

No.	Year	Page	Surname	Given Name	Father	M Surname	M Given	Bapt	W Surname	W Given	More Info
7	1867	167	Vogt	Kunigunde	Louis	Eilers	Maria	13-Jan	Arch	Kunigunde	y
8	1867	167	Bockelmann	Maria	Christian	Kronike	Christine	13-Jan	Herrmann	Maria	y
9	1867	167	Kniescher	Joh. Wilhelm	Joh.	Kratz	Christine	13-Jan	Schmidt	Joh.	y
				Johann Sophia			Johanna Sus.				
10	1867	167	Heier	Wilhelmina	Joh.	Salm	Marg.	17-Jan	Garret	Sophia	y
11	1867	167	Holdefer	Josephine	Wilhelm	Holdefer		20-Jan	Holdefer	Josephine	y
									(1) Gebauer	(1) Johanna	
12	1867	167	Romer	Johanna Maria	Gottfried	Weinrich	Augusta	20-Jan	(2) Weinrich	(2) Maria	y
13	1867	167	Kramer	Wilhelm Friedr.	Michael	Wittig	Elisab.	20-Jan	Feller	Wilhelm Friedr.	y
14	1867	167	Leistner	Johann Conrad	Joseph	Bauer	Dorothea	20-Jan	Link	Conrad	y
15	1867	167	Eckstein	Anna	Joh.	Urban	Kath.	27-Jan	Urban	Anna Maria	y
16	1867	167	Sachs	Georg Wilhelm	Joh.	Lang	Friedrike	27-Jan	Rasler	Georg & Wilhelm	y
									(1) Horner	(1) Joh.	
17	1867	167	Wustner	Joh. Friedr.	Michael	Maurer	Barbara	28-Jan	(2) Gross	(2) Friedr.	y
				Mathilde Emilie							
18	1867	167	Reinhardt	Louise	Conrad	Dressel	Friedrike	01-Feb	Kertsch	Mathilde	y
				Maria Sophia							
19	1867	167	Muhlenfels	Elisabetha	Friedr.	Kracke	Maria	03-Feb	Ritterpusch	Maria Soph. Elis.	y
20	1867	167	Muller	Maria Caroline	John	Klotsch	Auguste	03-Feb	Cklotsch	Carol. M.	y
21	1867	167	Wittgrefe	Maria Elisab.	Conrad	Nordmann	Louise	03-Feb	Wittgrefe	Maria Elis.	y
22	1867	167	Mehring	Thomas	Matthaus	Stecker	Barb.	03-Feb	Weise	Thomas	y
23	1867	167	Spetz	Margaretha	Louis	Treur	Regina	03-Feb	Treur	Marg.	y
24	1867	167	Umbach	Georg	Georg	Wolfrom	Maria	03-Feb	Suter	Georg	y
25	1867	169	Hardemann	Maria Sophia	Caspar	Schneider	Elis.	03-Feb	Schneider	Maria Soph.	y
									(1) Hangen	(1) Soph.	(2)
26	1867	169	Vonwurber	Sophia Elisabetha	Joh. H.	Hangen	Sophia Emilie	10-Feb	(2) Schäfer	Elis.	y
27	1867	169	Christ	Adam Eduard	Philipp	Grieser	Elisab.	10-Feb	Grieser	Adam	y
28	1867	169	Pfaff	Heinrich Conrad	Conrad	Wohner	Kath.	10-Feb	Dauterich	Heinrich	y
29	1867	169	Ammer	Heinrich	Jakob	Schirmer	Marg.	10-Feb	Trumner	Heinrich	y
30	1867	169	Kiefer	Elisab. Barbara	Louis	Helm	Friedrike	12-Feb	Helm	Elisab. Barbara	y
31	1867	169	Bechthold	Maria Carolina	John	Bechthold	Lisette	17-Feb	Wich	Maria	y
				Carolina					(1) Fink	(1) Carolina	
32	1867	169	Fink	Margaretha	Julius	Tring	Marg.	17-Feb	(2) Tring	(2) Marg.	y
33	1867	169	During	Georg Jakob	Valentin	Faber	Maria	17-Feb	Weber	Georg Jakob	y
34	1867	169	Laumann	Heinrich	Adam	Dannenfelser	Elis.	17-Feb	Weitzel	Heinrich	y
35	1867	169	Schonhals	Anna Margaretha	Joh.	Jung	Anna Kath.	17-Feb	Horsemann	Anna Marg.	y
36	1867	169	Strassner	Friedrich	Conrad	Billmann	Barb.	24-Feb	Schuh	Friedr.	y
37	1867	169	Meier	Joh. Philipp	Philipp	Treuer	Regina	24-Feb	Herget	John	y
38	1867	169	Kraus	Franz Anton	Joh.	Bollinger	Elisab.	24-Feb	die Eltern		y
39	1867	169	Rauch	Eva Barbara	Christopph	Brunner	Anna Maria	24-Feb	Kautz	Eva Barb.	y
40	1867	169	Mittelsdörfer	Adelheid	Georg	Sopp	Josephine	24-Feb	Mittelsdörfer	Adelheid	y
41	1867	169	Sack	Carolina Wilhelmina	Georg	Rau	Berta	28-Feb	Hoppert	Wilhelmina	y
42	1867	169	Schiminger	Kath. Christiana	Fabian	Frautz	Christina	06-Mar	Geier	Kath. Christianna	y
43	1867	169	Schmeisser	Johannes	Joh.	Grasser	Anna	02-Mar	Grasser	Joh.	y
44	1867	169	Kemper	Johann Heinrich	Heinrich	Hemmrich	Anna B.	03-Mar	Kolbe	John	y

Trinity German Lutheran
Baptisms

No.	Year	Page	Surname	Given Name	Father	M Surname	M Given	Bapt	W Surname	W Given	More Info
45	1867	169	Lingert	Auguste Wilhelmina	Philipp	Battenfeld	Kath.	10-Mar	Berichels [?]	Auguste	n
46	1867	169	Lingert	Minna Susanna	Philipp	Battenfeld	Kath.	10-Mar	Battenfeld	Susanna	y
47	1867	169	Habis	Conrad Louis	Friedrich	Becker	Marg.	10-Mar	(1) Wagner	(1) Conrad	y
48	1867	169	Lehnhauser	Emma Eva Bertha	Conrad	Fleischer	Sophia	13-Mar	(2) Becker	(2) Louis	y
49	1867	169	Förster	Maria Jane	Joh.	Kaiser	Anna Marg.	16-Mar	Lehnhauser	Ema Eva Bertha	n
50	1867	169	Kummerlein	Georg	Michael	Haas	Marg. Louise	16-Mar	die Eltern		n
51	1867	169	Fink	Elisab.	John	Schumann	Carolina	17-Feb	[blank]		y
52	1867	169	Horstmeier	Karl Eduard	Conrad	Häfner	Marg.	24-Mar	Kurth	Elisab.	y
				Marg. Elis.					die Eltern		
53	1867	169	Bromwell	Henrietta	Wilhelm	Heiner	Henriette	31-Mar	Heissner	Marg. Elis.	y
54	1867	169	Warneke	Georg Wilhelm	Georg	Fricke	Wilhelmine	03-Apr	die Mutter		y
55	1867	169	Brun	Wilhelm	Joh.	Balk	Elis.	07-Apr	Brun	Wilhelm	y
56	1867	169	Weifenbach	Helena	Joh. V.	Landgraf	Wilhelmina	14-Apr	Zimmermann	Helena	y
57	1867	169	Kraus	Rosina Henrietta	Wilhem	Weinreich	Rosa	14-Apr	(2) Kraus	(1) Rosina	y
									Musse	(2) Heinrich	
									(1) Musse	(1) Maria Elis.	
58	1867	169	Weinreich	Maria Elisab. Minna	Franz	Musse	Elisab.	14-Apr	(2) Weinreich	(2) Wilha.	y
59	1867	169	Bernhardt	Elisabetha	Heinrich	Eisfeld	Sallie	15-Apr	Muller	Elisab.	y
60	1867	169	Thiele	Friedrich	Friedrich	Ochs	Elisab.	21-Apr	der Vater		y
61	1867	169	Unkert	Johannes	Adam	Dornau	Anna M.	21-Apr	Ruhl	Joh.	y
62	1867	169	Engelmann	Maria	Gustav	Germann	Maria	21-Apr	Schirm	Maria	y
				Johanna Christina							
63	1867	169	Rubenkonig	Adolphina	Friedr.	Bohnewals	Louise	21-Apr	Fahlbusch	Christina	y
64	1867	169	Hoos	Heinrich	Joh.	Friedrich	Marg.	21-Apr	Hartmann	Heinrich	y
65	1867	169	Kessler	Maria Katharina	Peter	Emerich	Kath.	21-Apr	Emerich	Maria Kath.	y
									(1) Vollrath	(2) (1) Karl	(2)
66	1867	169	Hertwig	Karl Wilhelm	Georg	Vollrath	Anna	21-Apr	Hertwig	Wilh.	y
67	1867	169	Fay	Karl	Karl	Schreiber	Elisab.	21-Apr	die Eltern		y
68	1867	169	Reif	Georg Bernhardt	Georg Bernhard	Mittlander	Kath.	27-Apr	der Vater		y
69	1867	171	Wolfermann	Katharina	Michael	Fehr	Marg.	28-Apr	Reitz	Kath.	y
70	1867	171	Geiger	Eduard Alexander	Joh.	Weber	Katharina	28-Apr	der Vater		y
71	1867	171	Ochse	Louis Friedrich	Friedrich	Deckenberg	Maria	28-Apr	Kirschner	Louis	y
									(1) Seebo	(1) Aug.	
				Auguste Friedrike					(2) Schneemann	(2) Friedr.	
72	1867	171	Schneemann	Leonora Emilie	Heinrich	Seebo	Carolina	29-Apr	(3) Fidler	(3) Leonora	y
73	1867	171	Guth	Georg Bernhardt	Niklaus	Muller	Dorothea	05-May	Hoffmann	Bernhardt	y
				Wilhelmina					(1) Kestner	(1) Wilhelmine	
74	1867	171	Vobbe	Katharina	Rudolph	Kropf	Louise	05-May	(2) Ruppert	(2) Kath.	y
75	1867	171	Schmidt	Barbara Elisab.	Friedr.	Kallander	Elisab.	05-May	Wustner	Barbara	y
									(1) Schuppel	(1) Georg	
76	1867	171	Fischer	Joh. Georg	Georg Friedr.	Rehkepler	Christina	05-May	(2) Schmidt	(2) Kath.	y
									(1) Vätitz [?]	(1) Bernhardine	
77	1867	171	Balster	Maud Lee	Chas.	Wetterstein	Marg. Elisb.	05-May	(2) Scoerin	(2) Marg.	y
78	1867	171	Landgraf	Joh. Friedr. Conrad	Friedr.	Jäger	Elisab.	05-May	Jäger	Conrad	y

Trinity German Lutheran Baptisms

No.	Year	Page	Surname	Given Name	Father	M Surname	M Given	Bapt	W Surname	W Given	More Info
79	1867	171	Notz	Maria	Christ. Gottl.	Schädel	Soph. Friedrike	07-May	Horn	Maria Kath.	y
80	1867	171	Hartmann	Joh. Karl	Heinrich	Meineke	Christine	12-May	Best	John	y
81	1867	171	Kratz	Margaretha	Philipp	Pfaff	Maria	12-May	Stiebritz	Marg.	y
82	1867	171	Muller	Michael	Heinrich	Steinmetz	Elisab.	12-May	Nitzel	Michael	y
83	1867	171	Jüngling	Joseph	Karl	Ruppert	Kath.	12-May	Ruppert	Joseph	y
				Mina Carol.					(1) Buchholz	(1) Minna	
									(2) von der Wettern	(2) Karoline	
84	1867	171	von der Wettern	Dorothea	August	Buchholz	Dorothea	12-May	(3) Buchholz	(3) Dorothea	y
85	1867	171	Keffeberger	Margaretha	Heinrich	Flemming	Marg.	15-May	Brown	Anna	y
86	1867	171	Wirth	Georg	Georg	Meinhardt	Rosina	19-May	Hesterott	Georg	y
									(1) Hammel	(1) Kath.	
87	1867	171	Hammel	Emma	Heinrich Ph.	Robert	Kath.	19-May	(2) Robert	(2) Will	y
88	1867	171	Wich	Maria Elisabetha	Niklaus	Bechthold	Maria	19-May	Bechthold	Elisab.	y
89	1867	171	Schwab	Anna Barbara	Friedr.	Bosshardt	Kath.	19-May	Herold	Anna Barb.	y
90	1867	171	Bauernschmidt	Lena	Georg	Wiessner	Marg.	19-May	Pfaff	Lena	y
91	1867	171	Reineck	Katharina	Joh.	Lotz	Marg.	19-May	Lotz	Kath.	y
92	1867	171	Schichner	Friedrich	Friedr.	Blum	Marg.	24-May	der Vater	Heinrich	y
93	1867	171	Wollenweber	Joh. Heinrich	Karl	Knapp	Karolina	26-May	Knapp	Elisab.	y
94	1867	171	Moher	Anna Elisab.	Adam	Ernst	Kath.	26-May	Elgert	(1) Maria	y
95	1867	171	Braun	Maria Magdalena	Peter M.	Nordmann	Magdal.	26-May	(2) Jansen	(2) Magdal.	y
96	1867	171	Schlesinger	Anna Elisabetha	Peter	Schröpfer	Friedrike M.	02-Jun	Schlesinger	Anna Elisab.	y
97	1867	171	Holderf	Anna Maria	Corsten	Schnitger	Anna M. Elis.	02-Jun	Wagner	Anna Maria	y
98	1867	171	Rost	Ida Rosa	Georg	Hoffmann	Sophie	05-Jun	Herzog	Ida	y
99	1867	171	Eckardt	Thomas	Andreas	Schäferlein	Wilhelmina	09-Jun	Ochs	Thomas	y
100	1867	171	Becker	Friedrich	Christian	Dell	Marg.	09-Jun	Becker	Friedr.	y
101	1867	171	Ernst	Anna Elisab.	Heinrich	Strohl	Wilhelmina	09-Jun	Koch	Anna Elis.	y
102	1867	171	Kerndel	Heinrich Gustav	Karl	Briegel	Anna Marg.	09-Jun	Winkelmann	Heinrich	y
103	1867	171	Kemna	Heinrich	Christian	Luers	Minna	09-Jun	Luers	Heinrich	y
104	1867	171	Dressel	Johann Jojachim	Joh. Jojach.	Burlein	Elis.	09-Jun	Kronister	Joh. Jojach.	y
105	1867	171	Schneider	Jakob Wilhelm	Friedr.	Leffert	Sophie	09-Jun	Leffert	Jakob	y
106	1867	171	Thiemann	Christina	Andreas	Kellner	Auguste	13-Jun	Kellner	Christina	y
107	1867	171	Thiemann	Rosina	Andreas	Kellner	Auguste	13-Jun	Trautfelder	Rosina	y
108	1867	171	Heissner	Joh. Ernst	John. Ernst	Heiner	Marg. Elis.	09-Jun	der Vater	Joh. Peter	y
109	1867	171	Lehmann	Joh. Peter	Joh. Adam	Trauer	Christina	16-Jun	Block	Joh. Peter	y
110	1867	171	Appel	Eva Elisab.	John	Schneider	Eva	16-Jun	Rael	Eval Elisab.	y
				Margaretha							
111	1867	173	Moll	Katharina	Joh. Heinrich	Flach	Marg.	16-Jun	Buttner	Marg.	y
112	1867	173	Philippi	Louise	Peter	Rauscher	Anna reg.	16-Jun	Storer	Louise	y
				Anna Friedrike							
113	1867	173	Gebhardt	Emilie	Friedr.	Hübner	Anna Kunig.	23-Jun	Streck	Emilie	y
114	1867	173	Engel	Margaretha	Conrad	Helfenbein	Elisab.	23-Jun	Helfenbein	Marg.	y
115	1867	173	Ferges	Maria Augusta	Gottfried L.	Schmidt	Anna Elis.	23-Jun	Riehl	Maria	y
116	1867	173	Krug [Keng?]	Georg Heinrich	Georg	Clark	Len	23-Jun	Keng	Heinrich	y
117	1867	173	Edelmann	Maria Elisab.	Karl	Nix	Elisab.	23-Jun	Oswald	Maria Elis.	y
118	1867	173	Schnauffer	Wilhelm	Wilhelm	Schnauffer	Elise	23-Jun	Roll	Karl	y

Trinity German Lutheran Baptisms

No.	Year	Page	Surname	Given Name	Father	M Surname	M Given	Bapt	W Surname	W Given	More Info
119	1867	173	Schnauffer	Wilhelmina	Wilhelm	Schnauffer	Elise	23-Jun	die Eltern		y
120	1867	173	Schnauffer	Elisabetha	Wilhelm	Schnauffer	Elise	23-Jun	Schnauffer	Elise	y
121	1867	173	Schnauffer	Carolina Elisa	Karl Heinrich	Moos	Elise	23-Jun	Franz	Carolina	y
122	1867	173	Schnauffer	Karl Maria	Karl Heinrich	Moos	Elise	23-Jan	Schming	Maria	y
123	1867	173	Schming	Amelia Elisabetha	Alouis	Moos	Maria	23-Jun	Schnauffer	Elise	y
124	1867	173	Schming	Carolina	Alouis	Moos	Maria	23-Jun	Franz	Carolina	y
125	1867	173	Höflich	Wilhelm	Adam	Göbel	Marg.	24-Jun	Göbel	Wilhelmina	y
126	1867	173	Schlesinger	Johanna Katharina	Georg	Brockmann	Johanna M.	27-Jun	die Mutter		y
127	1867	173	Endress	Elisabetha	Johann	Suter	Marg.	30-Jun	Dondorf	Elisab.	y
128	1867	173	Degner	Martin	Karl	Bäbke	Friedrika	30-Jun	Dressel	Martin	y
129	1867	173	Weiss	Rosina Amelia	Valentin	Bechteld	Eva	02-Jul	Weiss	Rosina	y
130	1867	173	Scau	Charles Robert Maria Louise	Friedr.	Rew	El.	14-Jul	die Eltern		y
131	1867	173	Kallmay	Franziska	Friedr.	Pieters	Louise	14-Jul	Kolkmeier	Maria	y
132	1867	173	Schmenk	Wilhelm Heinrich	Wilhelm	Lang	Kath. Elis.	19-Jul	die Eltern		y
133	1867	173	Nix	Johann Heinrich	Peter	Ley	Marg.	21-Jul	Ley	Heinrich & Joh.	y
134	1867	173	Reis	Georg	Wilhelm	Detlein	Kath.	21-Jul	Schmidt	Georg	y
135	1867	173	Printz	Karl	Johann	Wahl	Rosa Louise	21-Jul	Wahl	Karl	y
136	1867	173	Meinert	Eva Henrietta Zettner	Georg Zettner	Maus	Elisab.	21-Jul	(1) Ritterpusch (2) Meinert	(1) Eva (2) Henriette Zettner	y
137	1867	173	Distler	Katharina	Conrad	Distler	Marg.	28-Jul	Lehneis	Kath.	y
138	1867	173	Schlote	Wilhelm August	Wilhelm	Eisenroth	Lena	28-Jul	die Eltern		y
139	1867	173	Hess	Joh. Heinrich Caroline	Georg	Bosshammer	Elis.	28-Jul	Bosshammer	Joh. Heinrich	y
140	1867	173	Denge	Rudolphina	Karl	Petersen	Carolina	03-Aug	Petersen	Rudolph	y
141	1867	173	Horst	Maria	Christian	Stuckert	Elise.	04-Aug	Horst	Maria	y
142	1867	173	Lehneis	Henrietta	Wendel	Eisenroth	Christiana	05-Aug	Eisenroth	Henrietta	y
143	1867	173	Liebig	Joh. Wilhelm	Joh. Gottl.	Opel	Anna C.	05-Aug	Lohners	Wendel	y
144	1867	173	Gerken	Franziska Estella	Heinrich	Homer	Constina	08-Aug	Holthaus	Franziska	y
145	1867	173	Roberts	Anna Bergida	Thomas	Schmidt	Mathilde	08-Aug	Schmidt	Anna Bergida	y
146	1867	173	Stenger	Friedrich Conrad	Karl	Schneider	Maria	08-Aug	(1) Wienke (2) Seippel	(1) Friedr. (2) Conrad	y
147	1867	173	Hartwig	Wilhelm	Jakob	Strohl	Kath.	11-Aug	Hartwig	Wilhelm	y
148	1867	173	Schmidt	Conrad	Ernst	Helfenbein	Anna Elis.	11-Aug	Engel	Conrad	y
149	1867	173	Kehm [?Keher]	Friedrich	Friedrich	Stohlberger	Wilhelmina	11-Aug	der Vater		y
150	1867	173	Bishelberger	Gertraud	Karl	König	Rosina	11-Aug	Reges	Gertraud	y
151	1867	173	Vogel	Emilie Elisabetha	Joh. Heinrich	Hertlein	Anna Barb.	11-Aug	Heissner	Emilia & Elisab.	y
152	1867	173	Schuppel	Rosina Maria	Heinrich	Hess	Eva	11-Aug	Schuppel	Rosina	y
153	1867	173	Krämer	Karl Alexander	Joh.	Weller	Marg.	11-Aug	Spence	Karl & Alexander	y
154	1867	175	Kaiser	Georg	Georg	Geiger	Kath.	18-Aug	Holl	Georg	y
155	1867	175	Rathgeber	Karl	Joh.	Ilz	Theresia	18-Aug	Braunmyer	Karl	y
156	1867	175	Grier	Friedrich	Adam	Muth	Elis. Marg.	18-Aug	Schröder	Friedr.	y
157	1867	175	Heil	Joh. Wilhelm Karl	Wilhelm	Meinschein	Maria	18-Aug	(1) Martin (2) Nikl.	(1) Wilh. (2) Nikl.	y
158	1867	175	Jones	Wilhelm Nicklaus	Karl	Erbacher	Louise	23-Aug	Langut	Joh.	y
159	1867	175	Winkelmann	Anna Kath. Maria	Joh.	Meisslahn	Doroth.	23-Aug	Küssner	Anna Kath. Maria	y

Trinity German Lutheran Baptisms

No.	Year	Page	Surname	Given Name	Father	M Surname	M Given	Bapt	W Surname	W Given	More Info
160	1867	175	Schwartz	Philipp Heinrich	Jakob	Schmick	Anna Kath.	25-Aug	Schmick	Philipp Alex.	y
161	1867	175	Schmick	Kath. Franziska	Philipp	Wayman	Francis	25-Aug	Schmick	Kath.	y
162	1867	175	Pohler	Emilie Wilhelmina	Franz	Schmelz	Angelika	01-Sep	die Eltern		y
163	1867	175	Heimuller	Maria Christina	Christian	Buscher	Minna	01-Sep	Hax	Maria Christina	y
164	1867	175	Kentner	Anna Maria Marg.	Kaspar	Tein	Magdalena	08-Sep	Bartholomay	Anna M. Marg.	y
165	1867	175	Groh	Katharina	Lorenz	Emeling	Kath.	05-Sep	die Eltern		y
166	1867	175	Schmeisser	Anna	Georg	Herz	Magdalena	01-Sep	Hoffmann	Anna	y
167	1867	175	Weber	Victoria Maria	Anton D.	Schmidt	Betty Fr.	08-Sep	Korb	Victoria	y
168	1867	175	Schneider	Maria	Joh.	Ritter	Martha E.	08-Sep	Meser	Maria	y
169	1867	175	Dannenfelser	Georg Otto	Conrad	Gebhardt	Emma	08-Sep	(1) Luitzmann (2) Dannenfelser	(1) Otto (2) Georg	y
170	1867	175	Baitz	Lorenz	Heinrich W.	Lien	Sophie Fr.	08-Sep	Wenchel	Lorenz	y
171	1867	175	Scheppler	Georg	Joh.	Schiller	Kath.	15-Sep	Gemuhlich	Georg	y
172	1867	175	Grieser	Wilhelm Eduard	Peter	Frey	Anna Kath.	15-Sep	Dann	Wilh. Eduard	y
173	1867	175	Dill	Katharina Elisabetha	August	Helmer	Elisab.	15-Sep	Kirschner	Elisab.	y
174	1867	175	Blomeyer	Marg. Friedrike Charlotte	Ernst	Hille	Friedrike	15-Sep	(1) Siebrecht (2) Kunst	(1) Marg. (2) Friedrike	y
175	1867	175	Heinlein	Margaretha	Joh.	Martin	Marg.	15-Sep	Viessmann	Marg.	y
176	1867	175	Martin	Simon	Joh.	Knauss	Hanna	15-Sep	Komauer	Simon	y
177	1867	175	Weise (White)	Maria Ellen	Wilhelm	Martin	Kath.	15-Sep	Weise (White)	Maria	y
178	1867	175	Stahl	Maria Barbara	Joh. Georg	Koch	Theresia	22-Sep	Dohler	Maria Barb.	y
179	1867	175	Kentner	Ludwig	John	Muller	Marg.	22-Sep	Kuchemeister	Ludwig	y
180	1867	175	Kolbe	Joh. Emil	Joh.	Hutter	Carolina	22-Sep	Schmuck (1) Pflauen (2) Gabriel (3)	Joh. (1) Georg (2) Paul (3) Elise	y
181	1867	175	Gabriel	Arthur	Joh.	Sellke	Ida	22-Sep	Barth	Wilhelm	y
182	1867	175	Kohlepp	Wilhelm Frank	Joh.	Kehrberger	Kath.	22-Sep	Frank	Dorothea	y
183	1867	175	Maurer	Dorothea	Michael	Kronau	Elise	28-Sep	Leistner	Bernhardt & Frau	y
184	1867	175	Holstein	Bernhardt	Justus	Quatti	Carolina	29-Sep	Haschell		y
185	1867	175	Schunke	Joh. Peter Gottlieb	Joh.	Seitz	Elise	29-Sep	der Vater		y
186	1867	175	Schunke	Georg Wilhelm	Joh.	Seitz	Elise	29-Sep	der Vater		y
187	1867	175	Seitz	Maria Louise	Karl	Freder	Louise	29-Sep	[blank]		y
188	1867	175	Pfotzer	Heinrich	Georg	Urban	Magdalena	29-Sep	Kussner	Valentin	y
189	1867	175	Schuch	Adolph Philipp	Ferdinand	Goob	Kath.	29-Sep	Semmel	Adolph	y
190	1867	175	Schantz	Louise Katharina	Wilhelm	Seeger	Kath.	29-Sep	Traube	Louise & Andr.	y
191	1867	175	Huber	Helena	Anton	Single	Rosina	02-Oct	Single	Helena	y
192	1867	175	Christ	Maria Louise	Jakob	Bringel	Charlotta	03-Oct	(1) Butzer (2) Meiers	(1) Louise (2) Maria	y
193	1867	175	Heiss	Friedrich August Friedrike	Joh. M.	Kabernagel	Marg.	03-Oct	Fischer	Karl	y
194	1867	175	Gehemand	Wilhelmina	Georg	Stoss	Louise	06-Oct	Ehrmann	Friedrike	y
195	1867	175	Nordheim	Augusta	Christian	Barthelmer [?]	Auguste B.	06-Oct	Anschutz	Elise	y
196	1867	177	Roos	Joh. Andreas	Friedrich	Meier	Kath.	13-Oct	Burk	Joh.	y
197	1867	177	Heiss	Anna Regina	Chrisian	Wieners	Maria	13-Oct	Rauscher	Anna Reg.	y

Trinity German Lutheran
Baptisms

No.	Year	Page	Surname	Given Name	Father	M Surname	M Given	Bapt	W Surname	W Given	More Info
198	1867	177	Bruns	Anna Josephina Georg Michael	Heinrich	Kieffner	Magdal.	13-Oct	(1) Kieffner (2) Kuhn	(1) Jakob (2) Kath.	y
199	1867	177	Kispert	Wilhelm	Wilhelm	Weber	Kath.	13-Oct	Kispert	Georg	y
200	1867	177	Elgert	Ferdinand	John	Stoss	Kath.	13-Oct	Muller	Ferdinand	y
201	1867	177	Mengert	Maria Katharina	Heinrich	Horst	Kath.	13-Oct	Horst	Maria	y
202	1867	177	Fromm	Johann Wilhelm	Joh.	Ringshauser	Regina	20-Oct	Korb	Joh. Wilh.	y
203	1867	177	Ritterpusch	Elisabetha	Heinrich	Antholz	Maria	20-Oct	Freund	Elisab.	y
204	1867	177	Lang	Maria Barbara	Heinrich	Umbach	Kath.	20-Oct	(1) Umbach (2) Wustner	(1) Maria (2) Barb.	y
205	1867	177	Meier	Philipp	Heinrich	Lang	Kath.	20-Oct	Hufhett	Philipp Alex.	y
206	1867	177	Meier	Michael	Joh. Friedr.	Walz	Christina M.	20-Oct	Kubler	Benedicta	y
207	1867	177	Rau	Julius	Georg	Schaf	Maria	20-Oct	Mai	Karl Julius	y
208	1867	177	Reiz	Alexander	Peter	Ritzel	Kath.	27-Oct	Kratz	Alexander	y
209	1867	177	Bentrup	Johann	Friedrich	Meser	Kath.	27-Oct	Meser	Joh.	y
210	1867	177	Meser	Elisabetha	John	Muller	Maria	27-Oct	Muller	Elis.	y
211	1867	177	Trischmann	Louis	Karl	Pilgrim	Helena	27-Oct	Huther	Louise	y
212	1867	177	Heiner	Louise	Christian	Meier	Louise	27-Oct	Meier	Louise	y
213	1867	177	Ritter	Emilie	Wilhelm	Schantze	Kath.	27-Oct	Schantze	Emilie	y
214	1867	177	Schantze	Martin	Georg	Wattenschmidt	Hedwig	27-Oct	Schantze	Martin	y
215	1867	177	Languth	Karl Julius	Niklaus	Nagel	Anna Barb.	03-Nov	Jones	Karl	y
216	1867	177	Schammel	Eduard Heinrich Anna Elisabetha	August	Riehl	Carolina	03-Nov	die Mutter		
217	1867	177	Schönhals	Angelica	Wilhelm	Jeckel	Emilie	03-Nov	Hinckel	Elisab.	y
218	1867	177	Jeckel	Georg	Georg	Hübner	Barb.	03-Nov	der Vater		y
219	1867	177	Lenz	Christiana Pauline Emilie	Eugen	Klein	Augusta	03-Nov	(1) Betschau (2) Blum	(1) Christiana (2) Pauline	y
220	1867	177	Geist	Anna Maria	Georg Ph.	Horst	Maria	03-Nov	Stein	Anna Maria	y
221	1867	177	Muller	Gertraud Georg Wochim	Valentin	Kleiber	Maria	03-Nov	Muller	Gertraud Georg Jojachim	y
222	1867	177	Huber	Eugen	Wilhelm	Reily	Ottilia	09-Nov	Schulz	Eugen	y
223	1867	177	Monat	Elisabetha	Georg	Ochse	Anna Elisab.	04-Nov	Monat	Georg	y
224	1867	177	Seibert	Joh. Wolf	Joh.	Lehneis	Kunigunde	10-Nov	Bornickel	Joh. Wolf	y
225	1867	177	Danz	Friedr. Wilhelm	Christ. Friedr.	Gollhardt	Augusta	10-Nov	Danz	Heinrich Wilh.	y
226	1867	177	Bautz	Karl Christian Wilhelmina	August	Schmidt	Franziska	10-Nov	(1) Kranz (2) Bautz	(1) Joh. C. (2) Karl	y
227	1867	177	Buchheimer	Eleonora	Peter	[blank]	Hanah	10-Nov	Walker	Wilhelmin Elis.	y
228	1867	177	Schuchmann	Maria Elisab.	Alexander	Bagens	Maria	10-Nov	Bagens	Maria	y
229	1867	177	Turk	Joh. Georg Johanna Wilhelmina	Sebastian	Bubin	Elisab.	10-Nov	Dietsch	Joh. Georg	y
230	1867	177	Depkin	Elisab.	Ernst	Otter	Barb.	11-Nov	Otter	Johann Wilha. Elis.	y
231	1867	177	Jorss	Louise Helena	Wilhelm	Romer	Anna Elis.	11-Nov	Janson	Louise Helena	y
232	1867	177	Schwier	Anna Maria Engel	Friedr.	Schonmann	Maria Elis.	14-Nov	(1) Wisener (2) Walkemeier	(1) Anna M. Engel (2) Anna Maria E.	y

Trinity German Lutheran Baptisms

No.	Year	Page	Surname	Given Name	Father	M Surname	M Given	Bapt	W Surname	W Given	More Info
233	1867	177	Schwier	Maria Elisabetha	Friedr.	Schonmann	Maria Elis.	14-Nov	(1) Wisener	(1) Anna M. Engel	y
									(2) Walkemeier	(2) Anna Maria E.	y
234	1867	177	Klein	Frank Wilhelm	Joh. Erdmann	Dannen	Maria	17-Nov	Howard	Frank	y
235	1867	177	Stoss	Anna Maria	Joh.	Trautmann	Kath.	17-Nov	Trautmann	Anna	y
236	1867	177	Hax	Maria Christina	Louis	Strichel	Josephina	17-Nov	Hax	Maria Christina	y
237	1867	177	Lang	Georg Eberhardt	Karl	Scheuermann	Maria	17-Nov	Lang	Georg & Eberhardt	y
238	1867	177	Ehlers	Magdal. Henrietta	Christian	Kohrs	Dorothea	23-Nov	Kohrs	Magdal. & Heinrich	y
239	1867	179	Keiner	Heinrich August	Karl	Freund	Marg.	24-Nov	Werner	Cheinrich August	y
240	1867	179	Riehl	Heinrich	Franz L.	Grauling	Kath.	24-Nov	Block	Heinrich	y
241	1867	179	Blomaier	Anna Maria	Christian	Geist	Eva	24-Nov	Muller	Anna Maria	y
242	1867	179	Probst	Lucia	Richard	Bauer	Anna Clara	27-Nov	die Eltern		y
243	1867	179	Neuschafer	Joh. Christoph	Wilh.	Schneider	Henriette	01-Dec	Schneider	Joh. Christoph	y
244	1867	179	Nellert	Louis August	Joh.	Born	Carol.	01-Dec	Rediger	Louis Aug.	y
245	1867	179	During	Georg Daniel	Georg	Stegleiter	Anna	01-Dec	der Vater		y
246	1867	179	Lahm	Elisa	Heinrich	Goldstrom	Elis.	08-Dec	Schleicher	Elis.	y
247	1867	179	Schafermann	Wilhelm Heinrich	Heinrich	Robertson	Henriette	08-Dec	Schafermann	Wilh. H.	y
248	1867	179	Sutbrack	Kath. Wilhelmina	Heinrich	Neuhaus	Kath. Wa.	08-Dec	die Mutter		y
249	1867	179	Ditzel	Maria	Conrad	Grosch	Maria	08-Dec	Ranft	Maria	y
250	1867	179	Ditzel	Margaretha	Conrad	Grosch	Maria	08-Dec	Kuntz	Marg.	y (2)
251	1867	179	Burkhardt	Joh. Friedr. Peter	Peter David	Raschner	Joha.	08-Dec	(1) Burkhardt	(1) Peter	y
									(2) Raschner	Friedr.	y
252	1867	179	Reitzmann	Julius	Adam	Gebhardt	Sellma	25-Dec	Gebhardt	Bernhardt	y
253	1867	179	Zachow	Sophia	Louis	Schmidt	Lena	25-Dec	Hoffmann	Sophia	y
254	1867	179	Ahrens	Georg Wilhelm	Wilh.	Schur	Aug. Amalie	25-Dec	Braning	Gerhardt	y
255	1867	179	Velte	Jane	August	Altvater	Kath.	25-Dec	Balido	Jane	y
256	1867	179	Assis	Sophia Kath. Louise	Friedr.	Bondes	Marg.	25-Dec	Kuhn	Sophia	y
257	1867	179	Muller	Emilie Carolina	Hermmann	Dogge	Ottilie	26-Dec	Fendt	Emilie	y
258	1867	179	Muller	Albert Hermann	Hermann	Dogge	Ottilie	26-Dec	Dogge	Albert	y
259	1867	179	Lenhardt	Emilie	Joh. Mart.	Altvater	Maria	23-Dec	die Eltern		y
260	1867	179	Hasel	Joh. Friedrich	Friedrich	Hirschmann	Kath.	22-Dec	Walker	Michael	y
				Georg August					(1) Muller	(1) Georg W.	
									(2) Brandt	(2) Aug.	
									(3) Schmidt	(3) Wilh.	
1	1868	179	Siegmund	Wilhelm Herrmann	Georg H. J.	Zeidler	Carolina	01-Jan	(4) Haring	(4) Herrmann	y
2	1868	179	Muller	Katharina Carolina	Georg Washington	Zeidler	Autusta	01-Jan	Siegmund	Carolina	y
3	1868	179	Feller	Helena Elisabetha	Georg	Berling	Wilhelmina	02-Jan	Herr	Helena	y
4	1868	179	Bohnlofink	Heinrich	Joh.	Reimann	Minna	05-Jan	Weinreich	Heinrich	y
5	1868	179	Neidhardt	Conrad Johannes	Joh	Vollrath	Elisab.	05-Jan	Muller	Conrad	y
									(1) Link	(1) Joh.	
6	1868	179	Otto	Johannes Andreas	Georg	Link	Maria	05-Jan	(2) Otto	(2) Andreas	y
				Friedrike Caroline							
7	1868	179	Dopfner	Louise	[blank]	Dopfner	Marie Elis.	08-Jan	Willner	Friedrike	y
8	1868	179	Willner	Gottfried Karl	Conrad	Dopfner	Friedricke	12-Jan	Hertlein	Gottfried Karl	y
9	1868	179	Meier	Paulina	Friedr.	Redemann	Anna M.	12-Jan	die Eltern		y
10	1868	179	George	Anna Margaretha	Franz	Krusen	Maria Elis.	12-Jan	Nissel	Anna Marg.	y

Trinity German Lutheran Baptisms

No.	Year	Page	Surname	Given Name	Father	M Surname	M Given	Bapt	W Surname	W Given	More Info
11	1868	179	von der Wettern	Caroline Elis. Maria	Wilhelm	Bergmann	Doroth. W.	12-Jan	Wettern	Carolina	y
12	1868	179	von der Wettern	Elis. Doroth.	Wilhelm	Bergmann	Doroth. W.	12-Jan	Rumann	Elisab.	y
13	1868	179	von der Wettern	Heinrich August Gerhardt	Wilhelm	Bergmann	Doroth. W.	12-Jan	Wettern	Heinrich	y
14	1868	179	Schwarz	Friedr. Anton	Johann	Humfeld	Emilie	14-Jan	(1) Humfeld / (2) Schwarz	(1) Friedr. / (2) Friedr.	y
15	1868	179	Deetjen	Christian Ludwig	Georg T.	Raschen	Betty	19-Jan	Harthagen	Joh. Dietr.	y
16	1868	179	Dontrupp	Anna Maria Engel	Friedr.	Schnittger	Eleonora	26-Jan	[blank]		
17	1868	179	Lohse	Maria	Wilhelm	Kappmeier	Sophie	23-Jan	(1) Greiner / (2) Kappmeier	(1) Albertina / (2) Maria	y
18	1868	179	Vogel	Andreas Vogler Heinrich Georg	Friedr.	Muller	Marg.	23-Jan	Vogler	Andreas Heinrich Georg	y
19	1868	181	Sperber	Theodor	Joh.	Obersfulde	Anna	26-Jan	Fries	Theodor	y
20	1868	181	Hein	Daniel Wilhelm	Wilhelm	Gronmuller	Elisab.	02-Feb	Lauer	Daniel	y
21	1868	181	Hofmeier	Wilhelmine Louise	Friedr.	Briggemeier	Kath. El.	02-Feb	(1) Bar / (2) Hofmeier	(1) Wilhelmine / (2) Louise	y
22	1868	181	Weinnling	Katharina Mathilde	Heinrich	Sanders	Charlotta	02-Feb	(1) Depasse / (2) Lohmuller	(1) Kath. / (2) Fitr. [?]	y
23	1868	181	Schneider	Andreas Robert	Kaspar	Kruss	Clara Antonia	02-Feb	Richter	Andreas	y
24	1868	181	Schneider	Louise Clara	Kaspar	Kruss	Clara Antonia	02-Feb	Schubert	Louise	y
25	1868	181	Schneider	Louise Franziska	Kaspar	Kruss	Clara Antonia	02-Feb	Erb	Louise	y
26	1868	181	Schneider	Wilhelmina	Kaspar	Kruss	Clara Antonia	02-Feb	Bohnlofink	Wilhelmina	y
27	1868	181	Lehneis	Conrad	Georg	Distler	Barbara	09-Feb	Lehneis	Conrad	y
28	1868	181	Schmidt	Johann Wilhelm	Joh.	Busch	Elisab.	09-Feb	Mohr	Joh.	y
29	1868	181	Tiemann	Elisabetha	Franz Louis	Mormann	Elisab.	09-Feb	Mormann	Elisab.	y
30	1868	181	Heimbuch	Christian Eduard	Thomas	Gunther	Louise	09-Feb	Lautz	Joh.	y
31	1868	181	Klein	Joseph Sophia Auguste	Theodor	Herman	Maria	09-Feb	Kruse	Joseph	y
32	1868	181	Klein	Carolina	Theodor	Herman	Maria	09-Feb	Klein	Soph. A. Carol.	y
33	1868	181	Rösner	Wilhelm Valentin	Joh. Christ.	Gerhold		09-Feb	Rösener	Valentin	y
34	1868	181	Heer	Maria Friedrike	Karl	Glaser	Carol.	13-Feb	(1) Glaser / (2) Heer	(1) Maria / (2) Friedrike	y
35	1868	181	Wittmer	Sophia	Heinrich	Siebert	Elise	16-Feb	Wittmer	Philipp	y
36	1868	181	Grasmick	Maria Susanna	Louis	Huf	Elisab.	16-Feb	Grasmick	Maria Sus.	y
37	1868	181	Eckels	Heinrich Ferdinand	Louis	Lenzer	Carolina	23-Feb	Siebrecht	Heinrich	y
38	1868	181	Jammer	Hermann Wilhelmina	Jakob	Bär	Elis.	23-Feb	Hoppe	Hermann	y
39	1868	181	Kratt	Dorothea	Martin	Fischer	Wilh. M.	23-Feb	German	Dorothea	y
40	1868	181	Fleckenschild	Sophia Margaretha	Heinrich	Johanns	Clementina	01-Mar	die Eltern	Anna M.	y
41	1868	181	Suter	Anna Maria Amalia	Georg	Umbach	Elisab.	01-Mar	Brecht		y
42	1868	181	Bertsch	Maria Elisabetha	Philipp	Lindenberger	Maria	01-Mar	(1) Anschutz / (2) Hoor	(1) Maria / (2) Elise	y (2)
43	1868	181	Hademann	Friedrich Imanuel	Kaspar	Schneider	Elisab.	01-Mar	(1) Schneider / (2) Hademann	(1) Friedr. / Imanuel	y
44	1868	181	Schlenker	Carolina	Erhardt	Baumhörr	Bertha	02-Mar	Baumhörr	Carolina	y

Trinity German Lutheran
Baptisms

No.	Year	Page	Surname	Given Name	Father	M Surname	M Given	Bapt	W Surname	W Given	More Info
				Karl Wilhelm							
45	1868	181	Wedschke	Franzis	Karl	Hildebrandt	Friedrike	08-Mar	(1) Hildebrandt	(1) Karl Fr.	
									(2) Meyer	(2) Friedr W.	y
46	1868	181	Schmidt	Carolina	Georg	Kiefer	Carolina	09-May	Bedell	Carolina	y
47	1868	181	Walz	Johann	Conrad	Ries	Maria	15-May	Reges	Joh.	y
48	1868	181	Hartenger [?]	Maria Margaretha	Johann	Mader	Marg.	15-May	Mader	Maria Marg.	y
49	1868	181	Sicherlein	Barbara	Johann	Muller	Dorothea	15-May	Ochs	Barbara	y
50	1868	181	Atwell	Anna Katharina	Joseph	Tellmann	Kath. Elis.	16-May	Jäger	Anna Kath.	y
51	1868	181	Dietsch	Anna Barbara	Joh. Georg	Kropf	Wilhelmina	22-May	Bubin	Anna Barbara	y
52	1868	181	Muller	Margaretha	Niklaus	Stohlberger	Marg.	22-May	Grune	Marg.	y
53	1868	181	Gerke	Anna Maria Louise	Wilhelm	Krusen	Louise	22-May	Schumacher	Maria Louise	y
54	1868	181	Heitmuller	Karl	Heinrich	Wissler	Charlotta	22-May	die Eltern		y
55	1868	181	Bedell	Louise	Karl	Kiefer	Sophie	23-May	Huber	Louise	y
56	1868	181	Rothe	Johann	Heinrich	Jäger	Maria	29-May	Gieseler	Joh. G.	y
57	1868	181	Deschler	Conrad	Joh.	Romer	Elisab.	29-May	Romer	Conrad	y
58	1868	181	Ernst	Daniel	Conrad	Christ	Marg.	30-Mar	Völker	Ernst	y
59	1868	181	Naumann	Kath. Elisab.	Wiegand	Schmidt	Kath. Elis.	05-Apr	die Eltern		y
60	1868	181	Freund	Anna Margaretha	Joh.	Freund	Marg.	05-Apr	Schoner	Anna Marg.	y
61	1868	183	Riehl	Eduard Friedrich	Karl	Block	Kath.	10-Apr	die Eltern		y
62	1868	183	Bohl	Friedrich	Christ.	Fehner	Maria	11-Apr	die Eltern		y
63	1868	183	Walter	Johannes	Joh.	Ahrens	Marg.	12-Apr	Walter	Joh.	y
64	1868	183	Burger	Friedrich	Christ	Erhardt	Anna	12-Apr	Ermer	Friedr.	y
65	1868	183	Koch	Johann Friedrich	Friedrich	Brinks	Maria	12-Apr	Koch	Joh. Fr.	y
66	1868	183	Stock	Louise Amalie	Emil	Zirkler	Elisab.	12-Apr	Reiblich	Amalie	y
67	1868	183	Weiss	Georg Niklaus	Joh.	Fischer	Dorothea	12-Apr	Herbert	Georg Nikl.	y
68	1868	183	Dittrich	Clara Anna Maria	August	Baum	Rosa Louise	12-Apr	Baum	Anna	y
									(1) Heim	(1) Karl	
									Volz	(2) Heinrich	
69	1868	183	Faber	Paul Heinrich Dietrich Friedrike	John	[blank]	Kath.	12-Apr	Faber	(3) Dietrich	y
70	1868	183	Weller	Wilhelmina	Heinrich	Waldschmidt	Elis.	13-Apr	(1) Fuchs	(1) Friedrich	y
									(2) Kunthermann	(2) Wilhelmine	
71	1868	183	Bien	Anna Barbara	Joh.	Ott	Marg. Christ.	19-Apr	Jung	Anna Barb.	y
72	1868	183	Keil	Conrad	Heinrich	Kreb	Elis.	19-Apr	Keil	Conrad	y
73	1868	183	Franz	Louis	Valentin	Meier	Barb.	26-Apr	Kring	Louis	y
74	1868	183	Grothans	Johannes	Joh.	Haas	Maria	23-Apr	Haas	Johann Wilha. Elis.	y
75	1868	183	Martin	Georg	Georg	Pasquen	Friedrike	26-Apr	Plitt	Georg	y
76	1868	183	Fink	Margaretha Elisb.	Julius	Tring	Marg.	01-May	(1) Bruns	(1) Elisab.	y
									(2) Tring	(2) Marg.	
77	1868	183	Werner	Regina	Heinrich	Freund	Elisab.	03-May	Meier	Regina	y
78	1868	183	Bauernschmidt	Georg	Georg	Wissner	Marg.	03-May	die Eltern		y
79	1868	183	Bauernschmidt	Margaretha	Georg	Wissner	Marg.	03-May	die Eltern		y
80	1868	183	Krug	Johann Georg Christoph Dietrich	Heinrich	Pierpoint	Anna	04-May	Krug	Joh. Georg	y
81	1868	183	Bitter	Theodor	Dietrich	Rath	Maria	03-May	die Eltern		y
82	1868	183	Theiss	Marg. Maria	Friedr.	Friese	Maria	10-May	Konig	Marg. Maria	y
83	1868	183	Pfaff	Elisabetha	Georg	Noll	Maria Kath.	10-May	Pfaff	Elisab.	y
84	1868	183	Bernhardt	Johann Martin	Andreas	Maudler	Elisab.	10-May	Bernhardt	Joh. Martin	y

Trinity German Lutheran Baptisms

No.	Year	Page	Surname	Given Name	Father	M Surname	M Given	Bapt	W Surname	W Given	More Info
85	1868	183	Falkenstein	Magdalena Emilie	Georg	Gottbehut	Eva	14-May	Hartmeier	(1) Magdal.	y
86	1868	183	Viessmann	Anna Katharina	Georg	Martin	Marg.	20-May	Schmidt	(2) Emilie Anna Kath.	y
87	1868	183	Ford	Charlotte Henrietta	Heinrich	Langenfelder	Elis.	17-May	Gunther	Charlotte	y
88	1868	183	Urban	Adam	Adam	Kaltwasser	Anna	24-May	Urban	Adam	y
89	1868	183	Fischer	Anna Maria	Johannes	Sippel	Maria	24-May	Gegner	Anna M.	y
90	1868	183	Heinzenberger	Ludwig	Ludwig	Osswald	Elis.	24-May	Heinzenberger	Conrad	y
91	1868	183	Ehrmann	Rosina Margaretha	Joh.	Hax	Maria	24-May	Ehrmann	Anna Marg.	y
92	1868	183	Eiler	Maria Katharina Maria Thresia	Conrad	Haas [Haar]	Carolina	24-May	Schäflein	Maria	y
93	1868	183	Dietrich	Henrietta	Heinrich	Schwörer	Maria Thresia	31-May	Hoffmann	Maria Thresia	y
94	1868	183	Bendel	Maria Katharina	Joh.	Schlenker	Agatha	31-May	Wallis	Maria Kath.	y
95	1868	183	Heim	Joha.	Friedr.	Stuckert	Sophia	31-May	Heim	Sophia	y
96	1868	183	Clinton	Anna Dorothea	David	Muth	Marg.	31-May	Muth	Anna Doroth.	y
97	1868	183	Reimann	Wilhelm Otto	Hugo	Dressel	Elis.	31-May	Reimann	Wilhelm Otto	y
98	1868	183	Rosenthal	August Wilhelm Hermann	Friedr.	Dolz	Auguste	31-May	(1) Brandt (2) Schmidt (3) Heinz	(1) Aug. (2) Wilh. (3) Herrmann	y
99	1868	183	Duckhardt	Carolina	Georg	King	Carol.	31-May	Kottmann	Carolina	y
100	1868	183	Happel	Eva	Heinrich	Schmidt	Auguste	31-May	Schneider	Eva	y
101	1868	183	Rosenthal	Johann Heinrich	Wilhelm	Wittig	Kath.	31-May	Port	Joh.	y
102	1868	183	Rosenthal	Karl Lossen	Wilhelm	Wittig	Kath.	31-May	Pfeifer	Karl	y
103	1868	183	Scheib	Margaretha May	Jakob	Wittig	Marg.	31-May	Wittig	Kath.	y
104	1868	183	Otto	Amalia Henrietta	August	Weiss	Anna Marg.	01-Jun	Ermer	Amalie	y
105	1868	185	Ochse	Eva Margaretha	Heinrich	Eberling	Eva Marg.	07-Jun	die Mutter		y
106	1868	185	Jung	Wilhelm	Heinrich	Ott	Barb.	07-Jun	Fink	Wilhelm	y
107	1868	185	Körner	Maria Elisabetha	Adolph	Zollhofer	Anna	07-Jun	Siebert	Maria Elis.	y
108	1868	185	Wolch	Elisab.	Wilhelm	Hoffmann	Marg.	07-Jun	Engel	Elis.	y
109	1868	185	Gaiser	Johannes	Joh.	Durr	Barb.	05-Jun	Durr	Joh.	y
110	1868	185	Fischer	Ottilie	John	Gunter	Elis.	14-Jun	Schäferlein	Ottilie	y
111	1868	185	Feller	Anna Dorothea	Karl	Riehl	Louise	14-Jun	Williams	Anna Doroth.	y
112	1868	185	Schuchmann	Emilie	Theodor	Dill	Maria K.	14-Jun	Pfarr	Emilie	y
113	1868	185	Heinke	Louise Beata	August	Marx	Maria	16-Jun	Heinke	Beata	y
114	1868	185	Wittgrefe	Friedr. Wilhelm	Wilhelm	Hamann	Louise	21-Jun	der Vater		y
115	1868	185	Kümmerlein	Michael	Maria Sophia	Haas	Louise	21-Jun	Heissner	Maria	y
116	1868	185	Grüne	Johanna Charlotte	Peter	Stahlberger	Marg.	21-Jun	Stahlberger	Joha. Charlotte	y
117	1868	185	Ahles	Carolina	Joh.	Blum	Maria	21-Jun	Wedel	Carolina	y
118	1868	185	Bauer	Bertha	Friedr. Wilh.	Lotz	Elis.	21-Jun	Graf	Carolina	y
119	1868	185	Odensass	Anna	Georg	Rebbrich	Martha E.	26-Jun	die Mutter		y
120	1868	185	Lambrecht	Anna Maria	Karl	Bennewith	Maria	24-Jun	Lambrecht	Kath.	y
121	1868	185	Odensass	Anna	Georg	Rebbrich	Martha	24-Jun	die Mutter		y
122	1868	185	Weise	Valesca Laura	Karl Louis Robert	Berthold	Cecilia	28-Jun	Hahn	Valesca & Robert C. (2)	y
123	1868	185	Brunner	Heinrich Friedr. Karl	Heinrich Fr.	Schacht	Louise	28-Jun	(1) Brunner (2) Eberling	(1) Friedr. Karl	y
124	1868	185	Huther	Joh. Peter	Louis	Schmidt	Anna Kath.	28-Jun	Schneider	Joh. Peter	y

Trinity German Lutheran
Baptisms

No.	Year	Page	Surname	Given Name	Father	M Surname	M Given	Bapt	W Surname	W Given	More Info
125	1868	185	Kring	Fany Maria Bernhardine Eleonora	Georg	Cocke	Gesina	28-Jun	Hafhett	Maria	y
126	1868	185	[blank]	Margaretha	Friedr. August			05-Jul	(1) Siems	(2) Bernhardt	
									Amelung	(2) August	y
									(1) Habis	(1) Marg.	
127	1868	185	Wagoner	Kath. Margaretha	Conrad	Becker	Doroth.	05-Jul	(2) Gebhardt	(2) Kath.	y
128	1868	185	Herzog	Jakob Friedrich	Thomas	Hacker	Christiana	05-Jul	Albrecht	Jakob Friedr.	y
129	1868	185	Regner	Elisab.	Jakob	Ritterpusch	Elis.	05-Jul	Regner	Elis.	y
				Carolina Wilhelmina					(1) Blomeier	(1) Carol.	
									(2) Lambrecht	(2) Wilha.	
									(3) Hommel	(3) Antonia	
130	1868	185	Schulz	Antonia Maria	Joh.	Lambrecht	Elise	05-Jul	(4) Kritel	(4) Maria	y
131	1868	185	Rost	Georg August	Georg	Zirkel	Elise	06-Jul	Rost	Georg	y
132	1868	185	Eckstein	Joh. Adam	Joh.	Urban	Kath.	07-Jul	Eckstein	Adam	y
133	1868	185	Tschudi	Emilie Agatha	Jost	Wagner	Theresia	09-Jul	Sauter	Agathe	y
134	1868	185	Sauter	Wilhelm	Wilhelm	Tschudi	Agatha	09-Jul	Tschudi	Jost	y
135	1868	185	Dorguth	Karl	Friedr.	Kispert	Eugenia	12-Jul	Kispert	Karl	y
136	1868	185	Kuchenmeister	Anna Maria Magdalena	Ludwig	Kentner	Eva Dina	12-Jul	Kentner	Magdalena	y
137	1868	185	Duck	Johann	Friedr.	Ruck	Barbara	12-Jul	Steigmeier	Joh.	y
138	1868	185	Altvater	Elmer Ellsworth	Heinrich	Kraus	Theresia	12-Jul	Berlin	Georg A.	y
139	1868	185	Wietscher	Johannes	Wilhelm	Kreb	Anna Maria	12-Jul	Koch	Joh.	y
140	1868	185	Quast	Emma Elisabetha	Heinrich	Bin	Anna	12-Jul	Westpfahl	Emma Elis.	y
141	1868	185	Preis	Johann Michael	John M.	Link	Anna	12-Jul	Link	Joh. Michael	y
142	1868	185	Kratz	Maria Henrietta	Conrad	Stutt	Dorothea	13-Jul	Stutt	Maria Henrietta	y
143	1868	185	Klein	Karl Heinrich	Joh. Adam	Stutt	Elis.	13-Jul	die Eltern		y
144	1868	185	Weifenbach	Friedrike	Joh. Val.	Landgraf	Wilhelmina	14-Jul	die Mutter		y
145	1868	185	Heckmann	Margaretha	Wilhelm	Johannes	Anna	17-Jul	Heidereich	Marg.	y
146	1868	185	Fink	Johann Matthaus	Joh.	Schumann	Carolina	16-Jul	Volz	Joh. Matth.	y
147	1868	185	Nelson	Maria Elisabetha	Eduard	Menges	Hanna	17-Jul	Heinemann	Maria Elis.	y
148	1868	185	Bachsein	Otto Johannes	Louis	Otto	Carolina	10-Jul	die Eltern		y
149	1868	187	Hoffmann	Hermann	Christoph	Schwörer	Elisab.	19-Jul	Rohs	Hermann	y
150	1868	187	Thomas	Katharina	Thomas	Zink	Marg.	19-Jul	Eckardt	Kath.	y
151	1868	187	Frankenberger	Johannes	Joh.	Hartan	Elisab.	26-Jul	Hartan	Joh.	y
152	1868	187	Nordmann	Ludwig	Friedr.	[blank]		26-Jul	Siebert	Ludwig	y
153	1868	187	Freund	Conard	Matthaus	Meier	Carol.	26-Jul	Freund	Conrad	y
154	1868	187	Strohl	Anna	Jakob	Schäfer	Anna Elis.	26-Jul	Ernst	Anna	y
									(1) Kabernagel	(1) Kath. M.	
155	1868	187	Fischer	Maria Louise	Karl	Dwellbeck	Marg.	29-Jul	(2) Fischer	(2) Christian	y
156	1868	187	Romer	Anna Kath.	John	Tischer	Elis.	02-Aug	(1) Martin	(1) Kath.	
									(2) Martin	(2) Heinrich	y
157	1868	187	Humberg	Heinrich Wilhelm	Aug.	Reimann	Doroth.	02-Aug	(1) Corth	(1) Weigand	
									(2) Fasing	(2) Heinrich	y
158	1868	187	Szwizki [?]	Alexander	Joseph	Engelhardt	Magdalena	02-Aug	Szwizki	Alexander	y
159	1868	187	Williams	Katharina	John	Plock	Anna Doroth.	02-Aug	Enders	Kath.	y
160	1868	187	Rohner	Emma Barbara	John Kasp.	Straub	Sus.	02-Aug	Schupferling	Barb.	y

Trinity German Lutheran
Baptisms

No.	Year	Page	Surname	Given Name	Father	M Surname	M Given	Bapt	W Surname	W Given	More Info
161	1868	187	Steitz	Karl Robert	Wilhelm	Volkland	Carolina	04-Aug	die Eltern		y
162	1868	187	Streck	Heinrich	Kaspar	Fritsch	Emilie	09-Aug	Scherer	Heinrich	y
163	1868	187	Schmalzel	John Eduard	John	Nitzel	Barb.	09-Aug	(1) Mebscher (2) Schmalzel	(1) Eduard John	(2)
164	1868	187	Fischer	John Heinrich	Conrad	Pfaff	Anna B.	11-Aug	Fischer	Joh. & Heinrich	y
165	1868	187	Hockemeier	Maria Magdalena	Heinrich	Reppler	Anna M.	16-Aug	Heitmuller	Maria Magda.	y
166	1868	187	Rietz	Maria Elisab.	Bernhardt	Reinhardt	Kath.	16-Aug	Grun	Maria Elis.	y
167	1868	187	Thiele	Ludwig	Friedr.	Ochs	Elis.	17-Aug	Fuhrmann	Ludwig	y
168	1868	187	Pfannenschmidt	Georg	John	Grauling	Elis.	17-Aug	Mallois	Georg M.	y
169	1868	187	Lehnert	Heinrich Wilhelm	John	Grusemuller	Marg.	23-Aug	Bock	Heinrich	y
170	1868	187	Campbell	Margaretha	Heinrich Kennard	Balster	Elis.	26-Aug	die Mutter		y
171	1868	187	Famme	Karl Henrietta	August	Muller	Meta	29-Aug	Moser	Karl	y
172	1868	187	Behr	Magdalena	Wilh. H. L.	Hoffman	Carolina Henrietta	02-Sep	Hoffman	Henrietta	y
173	1868	187	Behr	Carolina Wilhelmina	Wilh. H. L.	Hoffman	Carolina Henrietta	02-Sep	Behr	Wilhelm	y
174	1868	187	Behr	Wilhelm Heinrich	Wilh. H. L.	Hoffman	Carolina Henrietta	02-Sep	Hoffman	John H.	y
175	1868	187	Kopp	Kath. Gertraud	Georg	Haug	Agathe	06-Sep	Reges	Kath. Gertraud	y
176	1868	187	Schneider	Ida Mathilde	John	Stortz	Maria	07-Sep	die Mutter		y
177	1868	187	Kraft	Wilhelm Heinrich	Karl	Schneider	Maria	07-Sep	die Mutter		y
178	1868	187	Schnitker	Georg Heinrich	Joh. Heinrich	Krusen	Maria	09-Sep	(1) Kruse (2) Burmann	(1) Gerhardt (2) Joh. H.	y
179	1868	187	Bergheimer	Kath.	Leonhardt	Emrich	Wilha.	13-Sep	Kessler	Kath.	y
180	1868	187	Muller	Heinrich Justus Katharina	Georg	Leonhardt	Marg.	13-Sep	Muller	Heinrich	y
181	1868	187	Schuppel	Magdalena	Georg	Rehkugler	Rosina	21-Sep	Schmidt	Kath.	y
182	1868	187	Koppenhofer	Friedrich	Christian	Wustner	Carolina	21-Sep	Engelhardt	Friedr.	y
183	1868	187	Kiefer	Anna Marg.	Louis	Helm	Friedrike	22-Sep	Kronister	Anna Marg.	y
184	1868	187	Ahrens	Johan Heinrich	Wilhelm	Jansen	Louise	26-Sep	Behrens	Joh.	y
185	1868	187	Ottis	Elisabetha	Georg M.	Grauling	Marg.	26-Sep	Grauling	Elis.	y
186	1868	187	Ottis	Maria Susanna	Georg M.	Grauling	Marg.	26-Sep	Graf	Maria	y
187	1868	187	Winkler	Caroline Adelheid	Heinrich	Pelz	Sophia	26-Sep	(1) Eckels (2) Habermelz	(1) Carolina (2) Adelheid	y
188	1868	187	Landgraf	Johann Heinrich	Friedr.	Jäger	Elis.	26-Sep	Landgraf	Joh.	y
189	1868	187	Deetjen	Angnes Christiana	Friedr.	Vollrath	Christina	04-Oct	die Eltern		y
190	1868	189	Koch	Wilhelm Albert	Joh.	Wietscher	Alwina	04-Oct	Wietscher	Wilhelm A.	y
191	1868	189	Koch	Karl Johann	Joh.	Wietscher	Alwina	04-Oct	Scharch	Johann	y
192	1868	189	Kleppel	Eduard Heinrich	Hermann	Wattenscheid	Emma	04-Oct	Scherf	Heinrich	y
193	1868	189	Doller	Emma Louise	Christoph	Heck	Carolina	08-Oct	Huther	Louise	y
194	1868	189	Dill	Wilhelm	Wilhelm	Lotz	Elisab.	08-Oct	Bauer	Friedr. Wilh.	y
195	1868	189	Schuhmann	Johannes	Joh.	Ott	Elisab.	11-Oct	Sturenfels	Joh.	y
196	1868	189	Hess	Maria Katharina	Georg	Bosshammer	Elis.	11-Oct	Bosshammer	Maria K.	y
197	1868	189	Ochs	Martin	Georg	Thomas	Barbara	11-Oct	Kratt	Martin	y
198	1868	189	Muller	Kath. Margaretha	Friedr.	Binenmann	Henriette	18-Oct	Muller	Kath. M.	y
199	1868	189	Friese	Anna Elisabetha	Friedr. Wilh.	Muller	Meta Maria	18-Oct	Schneppel	Anna	y

Trinity German Lutheran Baptisms

No.	Year	Page	Surname	Given Name	Father	M Surname	M Given	Bapt	W Surname	W Given	More Info
200	1868	189	Posther	Joh. Friedr. Wilhelm Heinrich Andreas	Friedr.	Schädel	Barbara	18-Oct	die Eltern		y
201	1868	189	Quantmeyer	Christian	Heinrich C.	Schroder	Sophia	18-Oct	Juste	Heinrich Andreas Johanna	y
202	1868	189	Hobelmann	Johanna Dorothea	Hermann H.	Mormann	Maria D.	18-Oct	Wehr	Philipp	y
203	1868	189	Enright	Philipp Heinrich	Frank	Schmick	Carolina	18-Oct	Schmick		y
204	1868	189	Hulsemann	Courth Jakob	Heinrich	Wagner	Minna	25-Oct	(1) Hulsemann (2) Wagner	(1) Courth (2) Jakob	y
205	1868	189	Diem	Katharina	Joh.	Nordmann	Susann	25-Oct	Diem	Kath.	y
206	1868	189	Buchsbaum	Barbara Helena	Heinrich	Kaiser	Elis.	25-Oct	(1) Pittroff (2) Buchsbaum	(1) Barb. (2) Helena	y
207	1868	189	Heinemann	Heinrich Jakob	Joh.	Muller	Kath.	25-Oct	Muller	Heinrich Jakob	y
208	1868	189	Dietz	Johann	Joh.	Furst	Margaretha	25-Oct	Weissmann	Joh.	y
209	1868	189	Hottes	Louise Ernstina	Joh.	Schmidt	Elisab.	25-Oct	Rosenfeld	Louise Ernstina	y
210	1868	189	Bohners	Wilhelm	Michael	Heisinger	Eva Kunig.	28-Oct	Prehle	Wilha.	y
211	1868	189	Buchshamer	Helena	Joh. Heinrich	Heilmann	Paulina	11-Nov	Buchshamer	Helena	y
212	1868	189	Brugel	Johannes	Heinrich	Preis	Marg.	08-Nov	Widmann	Joh.	y
213	1868	189	Mauer	Johannes	Michael	Kronau	Elise	08-Nov	Engel	Joh.	y
214	1868	189	Brandt	Karl August	August	Siegmand	Carolina	08-Nov	Brandt	Karl	y
215	1868	189	Rau	Wilhelmina Lilla	Christ.	Murphy	Anna M.	08-Nov	(1) Kohl (2) Rau (3) Rau	(1) August W. (2) Christiane (3) Eduard	y
216	1868	189	Altvogt	Friedr. Wilhelm	Friedr.	Dohler	Marg.	12-Nov	Brendel	Friedr. Wilh.	y
217	1868	189	Schmeiser	Maria Marg.	Joh.	Dohler	Rosina	12-Nov	Altvogt	Maria M.	y
218	1868	189	Schwarz	Joh. Christoph Valentin Christ.	Joh.	Nitzel	Maria	12-Nov	Schwarz	Joh. Christoph	y
219	1868	189	Witter	Heinrich	Friedr.	Pfaff	Elise	13-Nov	Witter	Val. Christ.	y
220	1868	189	Reges	Elise Agatha	Joh.	Reis	Gerdraut	15-Nov	Kopp	Agatha	y
221	1868	189	Huber	Elisab.	Anton	Singler	Rosina	15-Nov	Klein	Elis.	y
222	1868	189	Christ	Friedr. Joh. Heinrich	Lorentz	Ohemacht	Philippina	15-Nov	(1) Rosenthal (2) Busch (1) Behrens Rumann Oberg	(1) Friedr. (2) Heinrich (1) Erna (2) Elise (3) Math.	y
223	1868	189	von der Wettern	Erna Elis. Mathilde Linna	August	Buchholz	Dorothea	22-Nov	Buchholz	(4) Linna	n
224	1868	189	Hartan	Georg	Niklaus	Kaiser	Marg.	22-Nov	Hartan	Joh.	y
225	1868	189	Ulrich	Johann Heinrich	Joh.	Wagenfuhrer	Maria	22-Nov	Pilgrim	Heinrich	y
226	1868	189	Bauer	Georg Dietrich	Friedr.	Hoppe	Auguste	22-Nov	Rau	Georg Dietrich	y
227	1868	189	Lohmann	Karl Theodor	Christian Heinrich	Schmidt	Barbara	26-Nov	Eichhorn	Theodor	y
228	1868	189	Wagner	Heinrich Conrad Christina Maria	Joh.	Schnittger	Anna M.	26-Nov	(1) Schnittger (2) Gerhardt	(1) Heinrich (2) Conrad	y
229	1868	189	Burmeister	Kath. Elise	Friedr.	Wehmann	Christina	26-Nov	die Eltern		y
230	1868	189	Fink	Katharina	Wilhelm	Jung	Anna Elis.	29-Nov	Feldpusch	Kath.	y
231	1868	189	Knische	Elisabetha	Karl	Kratz	Christina	29-Nov	Lingert	Elise	y

Trinity German Lutheran
Baptisms

No.	Year	Page	Surname	Given Name	Father	M Surname	M Given	Bapt	W Surname	W Given	More Info
232	1868	191	Vobbe	Joh. Georg	Rudolph	Kropf	Louise	06-Dec	(1) Link (2) Schmidt (3) Vobbe	(1) Georg C. (2) Georg (3) Herman	y
233	1868	191	Martin	Hermann	Georg Wilh.	Heckmann	Kath. El.	06-Dec	Jones	Maria Louise	y
234	1868	191	Streb	Maria Louise	Louis	Deist	Kath. Elis.	06-Dec	die Mutter		y
235	1868	191	Wolf	Kath. Elisabetha	Conrad	Scharper	Mina	06-Dec	Wolf	Conrad	y
236	1868	191	Ritterhof	Conrad	Friedr.	Harms	Emilie	06-Dec	Harms	Hermann	y
237	1868	191	Wakefild	Georg Hermann	Heinrich	Jud	Elis.	13-Dec	Jud	Karl	y
238	1868	191	Horst	Karl	Joh.	Jäger	Kath.	13-Dec	(1) Weitzel (2) Weitzel	(1) Johann (2) Heinrich	y
239	1868	191	Friedrich	Joh. Heinrich	Friedrich	Lechner	Kath.	13-Dec	Lechner	Elise	y
240	1868	191	Friedrich	Elisabetha	Friedrich	Lechner	Kath.	13-Dec	Wittmer	Heinrich	y
241	1868	191	Horst	Heinrich	Christian	Stuckert	Elise	13-Dec	Horst	Georg	y
242	1868	191	Steinmacher	Georg	Niklaus	Stricker	Marg.	13-Dec	(1) Wustner (2) Fischer	(1) B. (2) Maria	y
243	1868	191	Fessmann	Katharina	Philipp	Pfotzer	Elise	15-Dec	die Mutter		y
244	1868	191	Hiebel	Eduard	Gustav	Adebahr	Marth	25-Dec	Nagel	Marg.	y
245	1868	191	Fleischmann	Marg. Francisca	Georg	Hess	Louise	25-Dec	Bohlmann	Friedr.	y
246	1868	191	Doring	Friedrich	Valentin	Faber	Maria	25-Dec	Stock	Emil	y
247	1868	191	Vollmer	Emil	J. Christian	Bartholomai	Marg.	25-Dec	Vollmer	Karl Gottlob	y
248	1868	191	Heier	Karl Gottlob	Joh.	Salm-Salm	Johanna	27-Dec	Meier	Julius	y
249	1868	191	Pohle	Julius	Adam	Schneider	Kath.	27-Dec	Schneider	Heinrich	y
250	1868	191	Muller	Karl Heinrich Heinrich Louise Friedrich	Friedr.	Ohle	Wilhelmina	27-Dec	(1) Ohle (2) Bock (3) Reitemeier	(1) Heinrich (2) Louise (3) Joha.	y
251	1868	191	Ickes	Emma	Heinrich	Beckel	Kath.	27-Dec	(1) Beckel (2) Matthesius	(1) Maria Maria (2)	y
252	1868	191	Dohme	Clara Emma Louise	Gustav C.	Doeschel	Laura	31-Dec	Caspari	Louise	y
1	1869	191	Muller	Franz	Georg	Dopfner	Apolonie	03-Jan	Muller	Franz	y
2	1869	191	Jansen	Thomas Heinrich	Peter	Nordmann	Carol.	03-Jan	(1) Koch (2) Joh. Scharch (3)	Heinrich (1) Joh. (2) Joh. (3) Conrad	y
3	1869	191	Schmidt	Joh. Conrad	Ernst Chr.	Helfenbein	Anna E.	03-Jan	Kratz	Conrad	y
4	1869	191	Schmidt	Mathilde Katharina Ernstina Elisabetha	Herrmann	Schaub	Charlotte	03-Jan	Schaub	Math. Kath.	y
5	1869	191	Kiesling	Kath.	Albert	Riedel	Louise	03-Jan	Riedel	Ernstine E. K.	y
6	1869	191	Kunzheimer	Barbara	Joh.	Schmidt	Kunig.	03-Jan	Schmidt	Barb.	y
7	1869	191	Paulus	Georg	Joh. Paul	Dietrich	Koroth	08-Jan	Paulus	Georg	y
8	1869	191	Gotz	Elisab. Barbara	Georg	Unglaub	Elisab.	10-Jan	Deger	Barb.	y
9	1869	191	Meyer	Conrad Ludwig	Christoph	Kerzins	Josephine	10-Jan	Eckhardt	Conrad L.	y
10	1869	191	Hohenberger	Friedrich	Heinrich	Hildebrandt	Maria	10-Jan	Henricks	Friedr.	y
11	1869	191	Fink	Karl Julius	Jakob	Hamm	Marg.	10-Jan	Goldhamer	Karl & Julius	y
12	1869	191	Burkhardt	Anna Christina Emma Maria	David	Raschen	Henrietta I.	14-Jan	Raschen	Anna Christina	y
13	1869	191	Klein	Carolina	Joh.	Martini	Emma	17-Jan	(1) Zeller (2) Eckhardt	(1) Maria (2) Carol.	y

94

Trinity German Lutheran
Baptisms

No.	Year	Page	Surname	Given Name	Father	M Surname	M Given	Bapt	W Surname	W Given	More Info
14	1869	191	Franke	Heinrich	Joh. Christ.	Braunroth	Elisab.	17-Jan	Noll	Heinrich	y
15	1869	191	Gebhardt	Johanna	Friedr.	Lauter	Barbara	21-Jan	Gebhardt	Joh.	y
16	1869	191	Schlesinger	Georg	Georg	Brockmann	Joha. M.	24-Jan	die Eltern		y
									(1) Lang	(1) Henrich	
									(2) Gross	(2) Friedr.	
									(3) Horner	(3) Joh.	
17	1869	191	Wustner	Heinrich Friedrich							
18	1869	191	Williamson	Joh. Niklaus	Michael	Maurer	Barb.	25-Jan	(4) Steinmacher	(4) Nikl.	y
19	1869	191	Pilgrim	Carolina Elisabetha	Karl	Holm	Auguste	28-Jan	Schonfeld	Carolina	y
20	1869	191	Meyer	Maria	Heinrich	Ulrich	Elisab.	30-Jan	Ulrich	Maria	y
21	1869	193	Staap [Staass]	Karl Otto	Heinrich	Dodt	Anna	03-Feb	Hillebrandt	Karl	y
22	1869	193	Bernhardt	Karl Anton	Karl Aug.	Moller	Maria Fr.	07-Feb	Hoflich	Anton	y
23	1869	193	Braun	Margareth	Joh.	Altvater	Maria	07-Feb	Altvater	Margaretha	y
				Louise Caroline	Peter M.	Nordmann	Magda.	13-Feb	Wessel	Louise	
									(1) Schumacher	(1) Joh.	
24	1869	193	Schumacher	Joh. Friedrich	Joh.	Becker	Kath.	18-Feb	(2) Schumacher	(2) Friedr.	y
25	1869	193	Diacont	Estella	Adam	Gotze	Josephine	21-Feb	Jung	Carolina	y
									(2) (1) Kahl	(1) Louise	
26	1869	193	Stallknecht	Louise Maria							
				Auguste	Ernst Adolph	Halbritter	Joha. E.	21-Feb	Doefsel	(2) Maria	y
27	1869	193	Werner	Georg	Georg	Viehmann	Christina	21-Feb	Werner	August	y
				Joh. Theodor							
				Hermann Wilhelm							
28	1869	193	Ahlborn	Heinrich	Georg	Holste	Joha.	28-Feb	Ahlborn	Wilhelm	y
29	1869	193	Ditzel	Carolina Josephina	Adam	Kirstein	Ernstine	28-Feb	Kirstein	Carolina	y
									(1) Dittmann	(1) Joh. Georg	
30	1869	193	Langemann	Joh. Georg	Georg	Dittman	Marg.	28-Feb	(2) Stevens	(2) Georg	y
									(1) Naumann	(1) Friedr.	
31	1869	193	Frey	Friedrich Louis	Peter	Bartels	Kath.	28-Feb	(2) Frey	(2) Louis	y
				Laura Martha					(1) Haefner	(1) Sophia	
32	1869	193	Schlinke	Blanche Clara	Richard Ludwig W. Haefner		Carol. Pha.	28-Feb	(2) Schlinke	(2) Laura	y
33	1869	193	Hartwig	Louis Robert	Louis	Klärlein	Christiana	07-Mar	(3) Raiber	(3) Louise	y
				Wilhelmine					die Eltern		
34	1869	193	Fink	Katharina	Heinrich	Momberger	Kath.	14-Mar	Momberger	Eilha. Katha.	y
35	1869	193	Neidig	Ernst August	August	Loffler	Doroth.	14-Mar	Pohl	Ernst Aug.	y
36	1869	193	Mai	Marg. Louise	Aug. H.	Schmidt	Marg.	14-Mar	Mohr	Louise	y
37	1869	193	Schneider	Joh. Heinrich	Caspar	Imhof	Elisab.	14-Mar	Diehl	Joh. H.	y
38	1869	193	Reineck	Anna Elisabetha	Joh. Conrad	Lotz	Marg.	14-Mar	Reineck	Anna Elisab.	y
39	1869	193	Leistner	Anna Kath.	Joseph	Bauer	Doroth. W.	14-Mar	Gebel	Anna Kath.	y
40	1869	193	Kemper	Marg. Barbara	Heinrich	Hemmrich	Barb.	27-Mar	Ostreich	Margareth. Barb.	y
41	1869	193	Beckthold	Karl Wilhelm	Joh.	Beckthold	Elis.	28-Mar	Bechthold	Karl & Wilh.	y
42	1869	193	Schneider	Wilhelm	Heinrich	Sträfel	Minna	28-Mar	Beck	Wilhelm	y
43	1869	193	Beck	Heinrich	Heinrich	Roth	Wilha.	28-Mar	Schneider	Henrietta	y
44	1869	193	Losser	Emil Friedr. Julius	Friedr.	Scheibel	Henrietta	28-Mar	Fyrolph	Julius	y
45	1869	193	Mellema	Johanna Helena	Fones Kempt	Brader	Helena	28-May	die Eltern		y
46	1869	193	Schneider	Georg	Justus	Lotz	Kath.	28-Mar	Grau	Georg	y
47	1869	193	Patztchke	Joh. Friedr. August	Tobias	Steinmetz	Maria	28-Mar	Steinmetz	Joh.	y

Trinity German Lutheran
Baptisms

No.	Year	Page	Surname	Given Name	Father	M Surname	M Given	Bapt	W Surname	W Given	More Info
48	1869	193	Mautz	Joh. Friedrich	Joh. Ad.	Hermann	Kath. Marg.	28-Mar	Foos	Joh. Friedr.	y
49	1869	193	Schuchmann	Augusta	Gustav	Broscher	Maria	28-Mar	Schuchmann	Augusta	y
50	1869	193	Flach	Anna Eva	Karl	Schieber	Mina	28-Mar	Ulrich	Anna Eva	y
51	1869	193	Philippi	Anna Regina	Peter	Rauscher	Anna Reg.	28-May	die Eltern		y
52	1869	193	Schmidt	Joh. Friedr. Wilhelm Friedr. August	Georg	Leimbach	Marg.	28-Mar	Leimbach	Joh. Friedr. Wm.	y
53	1869	193	Muller	Ludwig	Heinrich	Kohr	Doroth.	29-Mar	Muller	Friedr. Aug. Ludwig	y
54	1869	193	Höflich	Julius Friedr.	Adam	Gebel	Marg.	04-Apr	Sandrock	Julius Friedr.	y
55	1869	193	Körber	Johann	Joh.	Eichmuller	Barb.	11-Apr	Greifenstein	Joh.	y
56	1869	193	Hensen	Friedr. Ernst	Georg	Muller	Friedrika H.	11-Apr	Muller	Friedrike H.	y
57	1869	193	Ernst	Karl	Conrad	Christ	Marg.	11-Apr	Völker	Karl	y
58	1869	193	Tanenfelser	Joh. Caspar Georg Friedr.	Conrad	Gebhardt	Emma	11-Apr	Streck	Joh. Caspar	y
59	1869	193	Oeser	Washington	Heinrich	Huber	Vernoika	11-Apr	Goob	Georg Friedr.	y
60	1869	193	Riehl	Elisabetha	James	Grauling	Kath.	11-Apr	Rehn	Elisab.	y
61	1869	193	Hesselbach	Georg Bernhardt	Georg	Fritz	Marg.	17-Apr	(1) Gerolt (2) Fritz	(1) Barb. Barb.	(2)
62	1869	193	Ochs	Anna	Lorentz	Huttner	Elisab.	17-Apr	Kirchner	Anna	y
63	1869	193	List	Philippina Catharine	Friedr.	Schirm	Maria	18-Apr	List	Philippina Kath.	y
64	1869	193	Hartwig	Heinrich Thomas Wilh.	Jakob	Strohl	Kath.	16-May	Hartwig	Heinrich	y
65	1869	195	Ernst	Antonius	Wilhelm	Jochem	Maria	18-Apr	der Vater (1) Keller (2) Krumm	(1) Maria (2) Kath.	y
66	1869	195	Krumm	Katharina Maria	Wilhelm	Krause	Christina	18-Apr	(3) Luck	(1) Alb.	y
67	1869	195	Gögel	Heinrich Martin	Martin	Löser	Louise	18-Apr	Löser	Martin	y
68	1869	195	Moss	Karl	Joh. Georg	Hamerschlag	Juliua	18-Apr	Nöthen	Karl	y
69	1869	195	Hecker	Johann Christian	Joh.	Bickel	Louise	18-Apr	Bickel	Christian	y
70	1869	195	Reif	Johann Leonhardt	Georg	Midlander	Kath.	19-Apr	Reif	Joh. Leonhardt	y
71	1869	195	Kemp	Hermann Heinrich	Gerrit	Soth	Elisab.	25-Apr	Kemp	Hermann H.	y
72	1869	195	Fischer	Wilhelm Friedrich	Georg Fr.	Rehkegler	Christina	25-Apr	Rehkegler	Joh. G.	y
73	1869	195	Riehl	Karl Friedrich	Joh. H.	Block	Kath.	25-Apr	Riehl	Karl Fr.	y
74	1869	195	Wineberg	Henrietta Louise	Wilhelm	Brack	Louise	25-Apr	Lagorja (1) Wolf	Henrietta L. (1) Alex.	y
75	1869	195	Wineberg	Emil Alexander	Wilhelm	Brack	Louise	25-Apr	(2) Hartge	(2) Emil O.	y
76	1869	195	Hartan	Heinrich	Joh.	Walker	Henrietta	29-Apr	Hartan	Nikl.	y
77	1869	195	Mengert	Joh. Nikl.	Henry	Horst	Kath.	02-May	Foos	John N.	y
78	1869	195	Vollmer	Maria	Karl	Geiger	Emma	09-May	Kormann	Maria	y
79	1869	195	Meyer	Kath. Margaretha Bernhardt Franz	Wilhelm	Dietrich	Elis.	09-May	(1) Paulus (2) Nerwein	(1) Kath. (2) Marg.	y
80	1869	195	Oehm	Ferdinand	Franz Ferdinand	Bona	Anna Hel.	09-May	Bona	Bernhardt	y
81	1869	195	Belle	Georg Heinrich Louise	Franz	Bastian	Amalia	16-May	Bastian	Georg H.	y

Trinity German Lutheran
Baptisms

No.	Year	Page	Surname	Given Name	Father	M Surname	M Given	Bapt	W Surname	W Given	More Info
82	1869	195	Schwabenland	Heinrich	Conrad	Donovan	Hanna	16-May	Scherer	Heinrich	y
83	1869	195	Wagner	Auguste Henrietta	Karl	Kaufmann	Anna	16-May	(1) Rosenthal	(1) August	y
									(2) Freimuller	(2) Henrietta	y
84	1869	195	Rock	Clara Wilhelmina	Wilhelm	Stagemann	Auguste	16-May	Kruger	August	y
85	1869	195	Sehnbert [Lehnbert]	Maria	Christian	Schwarz	Louise	16-May	Richter	Maria	y
86	1869	195	Hildebrandt	Kunigunde	Karl	Kohler	Maria	16-May	Haschert	Kunigunde	y
87	1869	195	Buchheimer	Emma Christine	Peter	Bott	Hana	23-May	Buchheimer	Anna Christine	y
88	1869	195	Frieselen	Christian Gottlob	Ernst H.	Blumenthal	Louise W.	30-May	Notz	Christ. Gottlob	y
89	1869	195	Heim	Kath. Sophi	Louis	Krauss	Magdal.	06-Jun	Hamann	Kath.	y
90	1869	195	Bertsch	Eva Elisabetha	Phil.	Lindenberger	Maria	06-Jun	Freund	Elisab.	y
91	1869	195	Engel	August	Adolph	Batz	Dorothia	11-Jun	der Vater		y
92	1869	195	Marburger	Georg	Hermann	Bockelmann	Carolina	11-Jun	Escherick	Joha. L.	y
93	1869	195	Thiemann	Maria	Franz	Mormann	Elis.	13-Jun	Mormann	Maria	y
94	1869	195	Schwinn	Louise	Georg	Heintzmann	Kath.	13-Jun	Heintzmann	Louise	y
95	1869	195	Och	Karl Felix	Joh.	Seidel	Marg.	13-Jun	Lindner	Karl Felix	y
				Anna Johanna							
96	1869	195	Och	Katharina	Joh.	Seidel	Marg.	13-Jun	Rau	Anna Joha. Kath.	y
97	1869	195	Och	Elisabetha	Joh.	Seidel	Marg.	13-Jun	Geiger	Elis.	y
98	1869	195	Frohlich	Elisab.	Joh.	Pfeifer	Anna Kath.	14-Jun	Pfeifer	Elis.	y
99	1869	195	Schwarz	Emma Emilie	Joh.	Humfeld	Emilie	16-Jun	(1) Roth	(1) Emma	y
									(2) Fowler	(2) Emma	y
100	1869	195	Schammel	Anna Virginia	August	Riehe	Carolina	17-Jun	Feller	Anna Virginia	y
				Hermann Friedr.					(1) Schlenkmann	(1) Hermann	
101	1869	195	Bretthold	Gerhardt	Wilh.	Muller	Elisab.	20-Jun	(2) Bohnenberg	(2) Friedr.	(3)
									(3) Walmeyer	Gerhardt	y
102	1869	195	Kolbe	Joh. Heinrich	Joh. Adam	Kretzmann	Carol Ernstine	20-Jun	(1) Kolbe	(1) Joh.	y
									(2) Kolbe	(2) Heinrich	y
103	1869	195	Laumann	Barbara Elisabetha	Adam	Tannenfelser	Elisab.	20-Jun	Laumann	Barb. Elisab.	y
				Sophia Margaretha					(1) Franz	(1) Valentin	
104	1869	195	Bonecker	Anna Barb.	Phil.	Windels	Maria	20-Jun	(2) Franz	(2) Babetta	y
105	1869	195	Bauer	Louise Agnes	Karl August	Riechenberger	Anna M.	20-Jun	Dill	Elis.	y
				Karl Friedrich Adam	Friedr.				(1) Hadermann	(1) Friedr.	
106	1869	195	Schneider	Joh. Robert		Loffert	Sophia	23-May	(2) Heimbuch	(2) Adam	y
									(1) Kramer	(1) John	
107	1869	197	Fehlencamp	Heinrich	Heinrich	Weller	Maria E.	20-Jun	(2) Fehlencamp	(2) Heinrich	y
108	1869	197	Moll	Anna Barbara	Heinrich	Flach	Marg.	20-Jun	Kropf	Anna Barb.	y
109	1869	197	Naumann	Jakob Michael	Joh.	King	Emma	27-Jun	Maurer	Jakob M.	y
110	1869	197	Schönemann	Heinrich	Ludwig	Vettem	Kath.	27-Jun	Bachobaum	Heinrich	y
111	1869	197	Schönemann	Friedrich	Ludwig	Vettem	Kath.	27-Jun	Killmann	Friedr.	y
112	1869	197	Aspril	David Springer	David	Bruggemann	Anna	27-Jun	die Eltern		y
113	1869	197	Panetti	Anna Kath.	Ernst	Gammer	Barb	27-Jun	Gammer	Anna Kath.	y
114	1869	197	Wittgrefe	Georg Heinrich	Conrad	Nordmann	Louise	04-Jul	die Eltern		y
115	1869	197	Götz	Conrad	Louis	Ott	Marg.	04-Jul	Götz	Conrad	y
116	1869	197	Hummel	Anna Maria Louise	Heinrich	Robert	Kath.	11-Jul	Robert	Maria	y
117	1869	197	Böhm	August	Friedr.	Pohl	Wilhelmina	11-Jul	Pohl	August	y
118	1869	197	Laut	Ernstina Emilie	Wilhelm	Frank	Henrietta	11-Jul	Frank	Emilie	y

Trinity German Lutheran
Baptisms

No.	Year	Page	Surname	Given Name	Father	M Surname	M Given	Bapt	W Surname	W Given	More Info
119	1869	197	Maurer	Regina Leonore	Christian	Reese	Mary	11-Jul	Hildebrandt	Regina	y
120	1869	197	Schmidt	Margaretha	Louis	Fehner	Frances	11-Jul	Stevens	Marg.	y
121	1869	197	Frank	Maria Carolina	Wilhelm	Meissall	Kath.	11-Jul	die Eltern		y
122	1869	197	Kerndel	Doroth. Charlotte Rosalie	Karl	Briegel	Anna M.	18-Jul	Pfeifer	Rosalie	y
123	1869	197	Briegel	Alice Rebekka	Joseph	Hammel	Maria	18-Jul	Hammel	Maria R.	y
124	1869	197	Hammel	Joseph Valentin	Eduard	Briegel	Maria R.	18-Jul	Briegel	Joseph F.	y
125	1869	197	Hens	Heinrich Adam	Heinrich	Blumenau	Kath.	25-Jul	Hoos	Adam	y
126	1869	197	Hagelhans	Maria Elisab.	Joh. L.	Schneider	Elis.	25-Jul	Schneider	Maria Elis.	y
127	1869	197	White	Anna Kath.	Wilh. O.	Martin	Kath.	25-Jul	die Eltern		y
128	1869	197	Baier	Elise Emilie	Balthasar	Hoch	Anna G.	25-Jul	Henkel	Elise	y
129	1869	197	Baier	Barbara Emma	Balthasar	Hoch	Anna G.	25-Jul	Lauer	Barb.	y
130	1869	197	Martin	Henry Warner	Lawson M.	Hening	Jane R.	28-Jul	die Eltern		y
131	1869	197	Rosenberger	Maria Emilie	Heinrich	Volker	Elis.	01-Aug	(1) Graf (2) Graf	(1) Maria (2) Emilie	y
132	1869	197	Heimuller	Doroth. Charlotta	Christ.	Buscher	Wilhelmina	01-Aug	Sperhase [?]	Doroth. Charlotta	y
133	1869	197	Kreisel	Elisabetha	Ernst	Nix	Anna M.	08-Aug	Edelmann	Elis.	y
134	1869	197	Weisenbach	Georg Wilhelm	Joh.	Landgraf	Wilhelmina	08-Aug	die Eltern		y
135	1869	197	Lambrecht	Clara Crescentia Anna Elisab	Karl	Benedict	Maria	08-Aug	Hempel (1) Weinreich	Clara Crescentia (1) Elise	y
136	1869	197	Dorgut	Wilhelmina	Friedr.	Kispert	Eugenia	08-Aug	(2) Kispert	(2) Georg	y
137	1869	197	Muhfeld	Hatta	Friedr.	Kracke	Maria	15-Aug	Wagner	Hatta	y
138	1869	197	Fischer	Anna	Heinrich Aug.	Wich	Barb.	15-Aug	Fischer	Anna M. E.	y
139	1869	197	Graf	Bernhardt	Joh.	Winter	Maria	15-Aug	Schorr	Bernhardt	y
140	1869	197	Ehlers	Wilhelm	Christ.	Koors	Doroth.	15-Aug	Kemp	Wilh.	y
141	1869	197	Holzmann	Karl	Joh. Christ.	Weigel	Barb.	16-Aug	die Mutter		y
142	1869	197	Schuh	Barbara	Friedr.	Billmann	Elisab.	22-Aug	Strassner	Barb.	y
143	1869	197	Grauel	Anna Maria	Joh.	Andesch	Lotte	22-Aug	Ramsauer	Anna M.	y
144	1869	197	Werner	Karl Theodor	H. Aug.	Freund	Elis.	22-Aug	Keiner	Karl	y
145	1869	197	Ellinger	Joh. Martin	Georg	Fischer	Marg.	22-Aug	Bergner	Martin	y
146	1869	197	Thim	Joh. Georg	Christian	Dey	Anna Marg.	22-Aug	Kopp	Joh. Georg	y
147	1869	197	Walter	Elise	Joh.	Arenz	Marg.	22-Aug	Arenz (1) Brause	Elise (2) (1) Aug.	y
148	1869	197	Rommer	August Martin	Gottfried	Weinreich	Auguste	22-Aug	Rommer	(2) Martin	y
149	1869	197	Wolfram	Caroline	Michael	Fehd	Marg.	29-Aug	Freund	Carolina	y
150	1869	199	Scheppler	Anna Barbara	Joh.	Schuler	Kath.	29-Aug	Bock	Anna Barb.	y
151	1869	199	Fahte	Katharina	Gottfried	Reif	Kath.	30-Aug	Spindler	Kath.	y
152	1869	199	Deetjen	Georg Heinrich	G. T.	Raschen	Betty	05-Sep	der Vater		y
153	1869	199	Bien	Friedrich Eduard	Joh. H.	Lambrecht	Minna	05-Sep	(1) Bien (2) Renneberg	(1) Friedrich (2) Eduard	y
154	1869	199	Lautz	Hartwig Joseph	Eugen	Klein	Agnes	05-Sep	(1) Blum (2) Peschau	(1) Hartwig F. (2) Joseph K.	y
155	1869	199	Reisenweber	Martin	John	Kaiser	Barb.	05-Sep	Kratt	Pastor Martin	y
156	1869	199	Bauer	Albert	Franz	Printz	Elisab.	12-Sep	Meyer	Joh.	y
157	1869	199	Kaffenberger	Samuel Walker	Henry	Flemming	Marg.	12-Sep	Smith	Samuel F.	y
158	1869	199	Schuppel	Bernhardt	Heinrich	Hess	Eva Kunig.	12-Sep	Schuppel	Bernhardt	y
159	1869	199	Heintz	Louise Emma	John	Adolph	Maria	12-Sep	Stohmann	Louise	y

Trinity German Lutheran
Baptisms

No.	Year	Page	Surname	Given Name	Father	M Surname	M Given	Bapt	W Surname	W Given	More Info
160	1869	199	Hoff	Juliana Augusta	Heinrich	Funk	Marg.	12-Sep	(1) Grauling (2) Grauling	(1) Juliana (2) Math.	y
161	1869	199	Hulsmann	Mathilde Emilie	Friedr. W.	Pilgrim	Kath. M.	12-Sep	die Eltern		y
162	1869	199	Kropp	Doroth. Marg. Anna	Wilh.	Kropp	Doroth.	12-Sep	(1) Roder (2) Danz (3) Kropp	(1) Doroth. (2) Marg. (3) Anna	y
163	1869	199	Lammers	Anna Maria Christina	Heinrich	Heck	Wilhelmina	12-Sep	Brockland	Anna Maria Christ.	y
164	1869	199	Christ	Joh. Jakob	Heinrich	Ronnibot [?]	Emilie	12-Sep	(1) Christ (2) Rauvibot [?]	(1) Joh. Jakob (2) John	y
165	1869	199	Riehl	Clara Rebekka	Karl	Block	Kath.	13-Sep	die Eltern		y
166	1869	199	Birkemeyer	Margaretha Wilhelm Adam	August	Seibert	Marg.	19-Sep	Seiberg	Marg.	y
167	1869	199	Statt	Eduard	Friedr. Wm.	Raub	Marg.	26-Sep	Klemm	Joh. Adam	y
168	1869	199	Rathgeber	Gottfried	Joh.	Ilz	Theresia	26-Sep	Karle	Gottfried	y
169	1869	199	Habis	Wilhelm Ferdinand	Friedr.	Becker	Marg.	26-Sep	Schneider	Ferdinand	y
170	1869	199	Nellert	Friedr. Wilhelm Wilhelmina Emilie	Johann	Born	Carolina	03-Oct	Budde	Friedr. W.	y
171	1869	199	Schneider	Sophia	Friedr.	Ratlender	Elise	03-Oct	Griffin	Sophia	y
172	1869	199	Ritterpusch	Daniel	Heinrich	Antholz	Maria	03-Oct	Lauer	Daniel	y
173	1869	199	Schmeisser	Barbara	Joh.	Krasse	Anna	03-Oct	Krasse	Barb.	y
174	1869	199	Conrad	Heinrich August Albert Wilhe.	Aug.	Arras	Maria	10-Oct	Arras	Heinrich	y
175	1869	199	Horstmeyer	August	Conrad	Häffner	Marg.	10-Oct	die Eltern		y
176	1869	199	Meser	Johann	Joh.	Weller	Maria	10-Oct	Schneider	John	y
177	1869	199	Critzmann	Johann Chrisostumus	Otto	Gebhardt	Selma	10-Oct	Kruger	John	y
178	1869	199	Lilly	Eduard	Wilh.	Behr	Maria	10-Oct	Behr	Chrisosthomas	y
179	1869	199	Hartmann	Heinrich	John	Mader	Marg.	13-Oct	die Eltern		y
180	1869	199	Sack	Theodor Friedr. Ernst Sophia Marg.	Georg C. N.	Rau	Beata	17-Oct	Sack	Theodor Friedr. Ernst	y
181	1869	199	Kriech	Babetta	Louis	Meyer	Kath.	17-Oct	(1) Franz (2) Franz	(1) Valentin (2) Babetta	y
182	1869	199	Reisenweber	Joseph Heinrich	John	Lechner	Elise	17-Oct	Schmidt	Joseph H.	y
183	1869	199	Albrecht	Johannes	Timotheus	Lechner	Maria	17-Oct	Reisenweber	John	y
184	1869	199	Baitz	Anna Emilie	Heinrich W.	Lieu	Sophia	17-Oct	die Eltern		y
185	1869	199	Naumann	Heinrich Wigand Louse Maria	Heinrich Wig.	Schmidt	Kath. Elis.	17-Oct	die Eltern		y
186	1869	199	Riehl	Kathinka	Erhardt	Maier	Philippina	17-Oct	Maier (1) Wollenweber	Maria Kath. (1) Rosina	y
187	1869	199	Wollenweber	Ida Lena Rosina	Daniel	Lohmann	Mathilde	17-Oct	Lohmann	(2) Lena	y
188	1869	199	Kühne	Joh. Heinrich	Friedr.	Stahl	Wilhelmina	17-Oct	Schulten	Joh. H.	y
189	1869	199	Appel	Katharina	Joh.	Schneider	Eva Kunig.	17-Oct	Seibert	Kath.	y
190	1869	199	Dietrich	Anna Babetta	Joh.	Kropf	Wilhelmina	17-Oct	Mertlein	Anna Barb.	y
191	1869	199	Rohner	Augusta	Valentin	Marhenke	Friedrika	17-Oct	Conradis	Augusta	y
192	1869	199	Kieffer	Maria Eleonora	Louis	Helm	Friedrike	19-Oct	Nitzel	Maria	y

Trinity German Lutheran
Baptisms

No.	Year	Page	Surname	Given Name	Father	M Surname	M Given	Bapt	W Surname	W Given	More Info
193	1869	201	Kratt	Mathilde Wilhelmine	Martin	Fischer	Wilhelmine M.	24-Oct	[blank]		y
194	1869	201	Grubert	Laura Francisca Louise	Rudolph	Ziehn	Mathilde	24-Oct	Ziehn	Bernhard	y
195	1869	201	Altvater	Auguste Friedrike	Heinrich	Kraus	Theresia	24-Oct	Kraus	Francisca	y
196	1869	201	Reitz	John	Peter	Ritzel	Kath.	24-Oct	Hogel [?]	John	y
197	1869	201	Roth	Anna	Justus	Winter	Barb.	24-Oct	Alendorf	Anna	y
198	1869	201	Stein	Joh. Valentin Wilhelm Georg	Georg	Muller	Maria	24-Oct	Muller	Joh. V.	y
199	1869	201	Muller	Washington	Joh. W.	Klaiber	Maria	24-Oct	Jäger	Wilh. G. Washington	y
200	1869	201	Kentner	Caspar Johann Conrad Friedr.	Joh.	Muller	Barb.	31-Oct	Kentner	Caspar	y
201	1869	201	Rothenberg	Ferdinand	Friedr.	Dopfner	Elise	31-Oct	Willner	Conrad	y
									(1) Keller	(1) Heinrich	
									(2) Nicoll	(2) Will.	
202	1869	201	Keller	Henry Nicoll	Joh.	January	Amalia Martha	31-Oct	(3) Nicoll	(3) Anna	y
203	1869	201	Holderf	Georg Heinrich	Casten	Schnitger	Elisab.	31-Oct	Bukosky	Georg H.	y
204	1869	201	Krab	Louise	Louis	Richter	Bertha	02-Nov	Schwartz	Louise	y
									(1) Grund	(1) Anna Wa.	
205	1869	201	Schem	Anna Wilhelmina	Joh.	Broseke	Johanna	07-Nov	(2) Balt	(2) Wilhelm	y
206	1869	201	Sachs	Ema	Justin	Berger	Maria	14-Nov	die Mutter		y
207	1869	201	Sachs	Elisabetha	Justin	Berger	Maria	14-Nov	Rigenbricker	Elise	y
208	1869	201	Tisch	Sarah Elisabetha	Heinrich	Sammet	Carolina	18-Nov	Schlickner	Sarah E.	y
209	1869	201	Mormann	Heinrich	Heinrich	Schiemann	Johanna	18-Nov	Mormann	Heinrich	y
210	1869	201	Wich	Carolina Alice	Joh. N.	Bechthold	Maria	21-Nov	die Eltern		y
211	1869	201	Hasel	Kath. Christina	Friedr.	Hirschmann	Kath.	21-Nov	Volker	Christina	y
212	1869	201	Slater	Georg Heinrich	Wilhelm	Eisenroth	Lena	21-Nov	Eisenroth	Georg H.	y
213	1869	201	Gebhardt	Maria	Friedr.	Hübner	Kunigunde	05-Dec	Gebhardt	Maria	y
214	1869	201	Groneberg	Jane Virginia	August E.	Happel	Maria	05-Dec	Happel	Theodor J.	y
215	1869	201	Groneberg	Maria Helena	August E.	Happel	Maria	05-Dec	Happel	Jakob	y
216	1869	201	Groneberg	Henrietta Ardine	August E.	Happel	Maria	05-Dec	Vobbe	Rudolph	y
217	1869	201	Ermer	Georg Friedrich	Friedr.	Eckloffstein	Kath.	12-Dec	Ermer	Georg	y
									(1) Bass	(1) Joh.	
									(2) Klein	(2) Joh	
218	1869	201	Klein	Joh. Ludwig	Karl	Klein	Maria	12-Dec	(3) Hemmel	(3) Heinrich	y
									(1) Klein	(1) Maria	
219	1869	201	Koch	Maria Kath.	Joh.	Krause	Julia	12-Dec	(2) Krause	(2) Kath.	y
220	1869	201	Brumer	Karl Ernst Edwin Adam	Friedr.	Bubin	Barb.	19-Dec	Gleie	Karl	y
									(1) Horn	(1) Adam	
221	1869	201	Miller	Conard	Conrad	Hanaker	Hanna J.	19-Dec	(2) Meily	(2) Conrad	y
222	1869	201	Wittmer	Philipp	Heinrich	Friedrich (Siebert)	Elise	25-Dec	Wittmer	Phil.	y
223	1869	201	Haas	Louis Friedrich Joh. Heinrich	Gottlieb	Harneke	Emilie	25-Dec	Lukai	Louis Friedr.	y
224	1869	201	Muller	Adolph	Julius	Maier	Christine	25-Dec	Fahlbusch	Joh. H. Adolph	y
225	1869	201	Schuler	August Heinrich	Aug. Heinrich	Muller	Marg.	26-Dec	Geller	August H.	y
226	1869	201	Schneider	Joh. Peter	Joh. Theiss	Ritter	Martha E.	26-Dec	Schneider	Joh. Peter	y

Trinity German Lutheran Baptisms

No.	Year	Page	Surname	Given Name	Father	M Surname	M Given	Bapt	W Surname	W Given	More Info
227	1869	201	King	Christian	Christian	Bremer	Anna	26-Dec	die Eltern		y
228	1869	201	Ammer	Wilhelm	Jakob	Schirmer	Marg.	26-Dec	Leukel	Wilhelm	y
				Ernst Oldwig							
229	1869	201	Geelhaar	Alexander	Eduard	Wakers	Emma	26-Dec	Geelhaar	Ernst	y
230	1869	201	Albrecht	Katharina	Friedr.	Eckhardt	Kunigunde	26-Dec	Eckhardt	Kath. E.	y
231	1869	201	Rau	Heinrich	Georg	Schaaf	Maria	26-Dec	Gemeken	Heinrich	y
232	1869	201	Heim	Georg Friedrich	Friedrich	Schmidt	Bergide	26-Dec	Schmidt	Peter	y
233	1869	201	Wittemann	Friedr. Leonhardt	Friedr.	Weeken	Lina	21-Nov	die Eltern		y
234	1869	201	Willner	Margaretha	Conrad	Doepfner	Friedrike	10-May	Doepfner	Margaretha	y
235	1869	201	Willner	Maria Elisabetha	Conrad	Doepfner	Friedrike	10-May	Doepfner	Maria Elis.	y
1	1870	203	Bauer	Joh. Peter	Joh.	Frantz	Magdalena	02-Jan	Schneider	Joh. Peter	y
2	1870	203	Lahm	Johanna Sophia	Heinrich	Goldstrom	Elis.	02-Jan	Mormann	Johanna Sophia	y
3	1870	203	Pagel	Friedrike Elise	Karl	Lindemann	Auguste	02-Jan	die Eltern		y
4	1870	203	Pagel	Carolina Auguste	Karl	Lindemann	Auguste	02-Jan	die Eltern		y
5	1870	203	Schunk	Heinrich Nicolaus	John	Seitz	Elise	06-Jan	Schunk	Heinrich N.	y
6	1870	203	Bigraf	Heinrich	Heinrich	Campel	Betty	06-Jan	der Vater		y
7	1870	203	Schmidtberger	W. Aget	Joseph	Monat	Maria D.	08-Jan	die Mutter		y
				Margaretha							
8	1870	203	Stevens	Wilhelmina	Georg	Dittmann	Doroth.	09-Jan	Weber	Marg. W.	y
9	1870	203	Kafer	Wilhelm Friedrich	Wilhelm	Hahnlein	Elisab.	09-Jan	Deichler	Wilh. Friedr.	y
10	1870	203	Weiss	Joh. Georg	Valentin	Bechtel	Eva Kunig.	09-Jan	Keller	Joh. Georg	y
				Emma Elisab.							
11	1870	203	Riefner	Caecilia	John	Waldberger	Maria	09-Jan	Rieffner	Kath.	y
12	1870	203	Kentner	Eva Dina	Caspar	Dein	Magdal.	11-Jan	Kuchemeister	Eva Dina	y
									(1) Wagner	(1) Christoph	
13	1870	203	Wagner	Christiana Mathilde	Georg Thom.	Wierschnitzer	Emilie	16-Jan	(2) Frank	(2) Mathilde	(2)
									(1) Kimmermann	(1) Ernst	
14	1870	203	Stabenau	Ernst Karl	Karl Friedr.	Nante	Friedrike	16-Jan	(2) Schneider	Karl	y
15	1870	203	Gunther	Karl Theodor	Ernst	Gunther	Carolina	23-Jan	Wagandt	Karl Theodor	y
16	1870	203	Fink	Eduard Heinrich	Julius	Trimp [Trims]	Marg.	23-Jan	Oberbeck	Eduard	y
									(1) Hartmann	(1) Wilhelmina	
17	1870	203	Kämmerer	Carolina Wilhelmina	Karl	Setz	Katharina	23-Jan	(2) Hamel	(2) Carolina	y
18	1870	203	Brandt	Katharina	August	Sigmund	Carolina	23-Jan	Tiemann	Kath.	y
19	1870	203	Pfaff	Simon	Friedr.	Erhardt	Maria	24-Jan	Jones	Simon	y
									(1) Jansen	(1) Carol.	
20	1870	203	Braun	Carolina Paulina	Peter	Nordmann	Magdal.	30-Jan	(2) Klotzbacher	Pauline	y
21	1870	203	Kepler [Kessler]	Maria Elisabetha	Peter	Emrich	Kath.	30-Jan	Emrich	Wilhelmina	y
22	1870	203	Kistler	Johannes	Joh.	Theiss	Kath.	30-Jan	Betz	Joh.	y
23	1870	203	Kistler	Heinrich	Joh.	Theiss	Kath.	30-Jan	Kistler	Heinrich	y
24	1870	203	Bitter	Oscar	Dietrich	Kett	Maria	30-Jan	die Eltern		y
25	1870	203	Schütte	Margaretha	August	Klemm	Kath.	30-Jan	Turnbull	Marg.	y
26	1870	203	Volker	Heinrich	Heinrich	Ernst	Elisab.	01-Feb	Ernst	Heinrich	y
									(1) Brandt	(1) Marg.	
27	1870	203	Eichinger	Marg. Anna	Heinrich	Muller	Mari	03-Feb	(2) Becker	(2) Anna	y
28	1870	203	Barth	August Wilhelm	Wilhelm	Kleinschmidt	Johanna	06-Feb	Stevens	August W.	y

Trinity German Lutheran Baptisms

No.	Year	Page	Surname	Given Name	Father	M Surname	M Given	Bapt	W Surname	W Given	More Info
29	1870	203	Romer	Elisabetha	Conrad	Hubner	Anna E.	06-Feb	(1) Hubner (2) Nagel	(2) (1) Elisab. (2) Marg.	y
30	1870	203	Buchsbaum	Karl	Bernhardt	Heilmann	Helena	06-Feb	Buchsbaum	Karl H.	y
31	1870	203	Brack	Joh. Karl Emil Friedrich	Karl Emil	Treulieb	Henriette	10-Feb	(1) Brack (2) Treulieb	(1) Conrad (2) Joh. Melchor	y
32	1870	203	Treulieb	Joh. Friedrich Emil	Georg Peter	Kemp	Maria	10-Feb	(1) Treulieb (2) Kemp	(1) Joh. Melchor (2) Joh. Friedr.	y
33	1870	203	Kaiser	Ida Marg. Elisab.	Joh. Hermann	Miller	Kath. Mathilde	13-Feb	(1) Miller (2) Seemann	(1) Kath. (2) Marg.	y
34	1870	203	Heim	Margaretha	Philipp	Pimeisel	Barb.	13-Feb	Heim	Marg.	y
35	1870	203	Michael	Johann Peter	Joh. H.	Schleier	Maria	13-Feb	Schleier	Joh. Peter	y
36	1870	203	Ochse	Helena Paulina	Heinrich	Eberle	Barb.	20-Feb	Jost	Helena Paulina	y
37	1870	203	Lindner	Emma	Heinrich	Bastian	Louise	20-Feb	Bastian	Amalie	y
38	1870	203	Lindner	Heinrich Karl	Heinrich	Bastian	Louise	20-Feb	Bastian	Heinrich	y
39	1870	203	Kaatz	Holda	Otto	Lindner	Louise	20-Feb	die Mutter		
40	1870	203	Krantz	Georg Heinrich	Georg	Buchheimer	Marg.	20-Feb	(1) Plitt Siegmann	(2) (1) Georg (3) (2) Heinrich (3) Heinrich	y
41	1870	203	Single	Friedr.	Michael	Klemm	Elisab.	26-Feb	Roeskel Single	Friedr.	y
42	1870	203	Keil	Maria Elisabetha	Heinrich	Krep	Elisab.	27-Feb	Knifs	Anna Elisab.	y
43	1870	203	Jorss	Maria Emma	Wilhelm	Romer	Maria	27-Feb	Wherrett	Maria E.	y
44	1870	203	Meyer	Heinrich Theodor	Hermann	Dohler	Friedrike	06-Feb	Heimann	Theodor	y
45	1870	205	Staap	Maria Anna	August	Möller	Agatha	06-Feb	Lubbehasen	Marai Anna	y
46	1870	205	Kopp	Joh. Georg	Joh. Georg	Haug	Kath.	01-Mar	die Eltern		y
47	1870	205	Velte	Karl	August	Altvater	Kath. Elis.	03-Mar	Trepp	Karl	y
48	1870	205	Hofmeier	Anna Kath.	Friedrich	Bruggemayer	Anna Marg.	03-Mar	Lehluter	Anna Kath.	y
49	1870	205	Förster	Johanna Maria	Joh.	Kaiser	Mathilde	03-Mar	Wunder	Johanna Maria	y
50	1870	205	Roberts	Peter Georg Heinrich Friedr.	Thomas	Schmidt	Hanna	03-Mar	Schmidt	Peter	y
51	1870	205	Brille	Conrad	Heinrich	Hosper	Kath.	05-Mar	Freimann	Friedr.	y
52	1870	205	Brandt	Heinrich Rudolph	Georg	Heine	Anna	06-Mar	Rudolph	Heinrich	y
53	1870	205	Urban	Mathilde	Adam	Kaltwasser	Mina	06-Mar	Stahl	Mathilde	y
54	1870	205	Kemno	Anna Margaretha	Christian	Luers	Kath.	06-Mar	Deist	Anna	y
55	1870	205	Eckstein	Johannes	John	Urban	Alexine	06-Mar	die Eltern		y
56	1870	205	Oppermann	Anna Maria Laura	Karl	Waitz	Helena	13-Mar	Wietscher	Anna M.	y
57	1870	205	Wittmer	Georg	Philipp	Hübner	Barbara	13-Mar	Hübner	Georg	y
58	1870	205	Jung	Johannes	Heinrich	Ott	Marg.	20-Mar	Bien	Joh.	y
59	1870	205	Muller	Friedrich	Georg	Leonhardt	Anna	20-Mar	Muller	Friedr. Aug. Ludwig	y
60	1870	205	Hartwig	Mathilde	Georg	Vollrath	Minna	27-Mar	die Eltern		y
61	1870	205	Hulsemann	Christine Wilhelmina	Heinrich	Wagner	Elise	27-Mar	Vonderhorst (1) Kronmuller	Christine (1) Maria (2) Carol.	y
62	1870	205	Hain	Maria Carolina	Wilhelm	Kronmuller	Elise	27-Mar	Schaumann		y
63	1870	205	Knoche	Carolina Elisabetha	Louis	Fischer	Rosina	03-Apr	Scheidler	Carol. Elise	y
64	1870	205	Schroeder	Georg Joseph	Hermann	Mackel	Anna Kath.	11-Apr	Mackel	Joseph	y
65	1870	205	Schönhals	Anna Kath.a	John	Jung		10-Apr	Grauer	Anna Kath.	y

Trinity German Lutheran Baptisms

No.	Year	Page	Surname	Given Name	Father	M Surname	M Given	Bapt	W Surname	W Given	More Info
66	1870	205	Pohl	Christina Elisabetha	Georg P.	Himmelheber	Marg.	12-Apr	Pohl	Christina	y
67	1870	205	Gaiser	Maria Elisabetha	Joh.	Durr	Barb.	17-Apr	Link	Anna Marg.	y
									(1) Dimling	(1) Kath.	(2)
68	1870	205	Lang	Kath. Marg.	John Eberhardt	Kramer	Maria	17-Apr	(2) Lang	Marg.	y
69	1870	205	Dickhaut	Emma Barbara	Georg	King	Carol.	17-Apr	King	Barb.	y
70	1870	205	Eckels	John Louis	Louis	Lenzer	Carol.	17-Apr	Eckels	John	y
71	1870	205	Rauch	Carolina	Christoph	Brunner	Maria	17-Apr	Rauch	Carolina	y
72	1870	205	Hilz	Ellen Marg.	Philipp	Stutt	Christina	17-Apr	Stutt	Marg.	y
73	1870	205	Heitmuller	Louise	Heinrich	Wissler	Charlotte	17-Apr	Kruger	Louise	y
									(1) Kolbe	(1) Anna Marg.	
74	1870	205	Kolbe	Anna Marg. Pauline	John	Hutter	Carolina	17-Apr	(2) Kolbe	(2) Pauline	y
75	1870	205	Paulus	Anna Marg.	John Paul	Jakobs	Kath.	18-Apr	Jakobs	Anna Marg.	y
76	1870	205	Filliaux	Joh. Bernhardt	Christian	Stittelberg	Maria	24-Apr	Born	Joh. Bernhardt	y
77	1870	205	Huber	Johannes	Joh.	Single	Rosina	24-Apr	Single	Joh.	y
									(1) Dietrick	(1) Emilie	
78	1870	205	Dietrick	Emilie Margarehta Auguste Theresia	Adam	Braungart	Emilie	24-Apr	(2) Altvater	(2) Marg.	y
									(1) Bauer	(1) Auguste	
79	1870	205	Weber	Friedrike	Gottlieb	Mengis	Maria	24-Apr	(2) Peters	Theresia	y
80	1870	205	Manus	Johann Adolph	Adam	Herrmann	Marg.	25-Apr	Zinkand	Johann	y
81	1870	205	Turk	Friedrike	Sebastian	Bubin	Elisab.	01-May	Loos	Friedrike	y
82	1870	205	Weidinger	Martin	Georg	Kratz	Maria	01-May	Weizel	Martin	y
83	1870	205	Kispert	Olga Sophia Nanette	Wilhelm	Weber	Kath.	01-May	Teufel	Olga Sophia Nanette	y
84	1870	205	Hiebel	Heinrich Wilhelm	Gustav	Adebahr	Martha E.	15-May	Muller	Heinrich	y
bla	1870	205	Buckmann	Maria Auguste Elise Friedr.		Bruns	Minna	08-May	Heinzerling	Maria	y
85	1870	205	Huiss	Karl	Joh. Georg	Hammendlig [?]	Julie	04-Mar	Neder	Karl	y
86	1870	207	Siegmann	Anna Mathilde	Heinrich	Frasch	Elisabetha	15-May	Siegmann	Anna	y
87	1870	207	Siegmann	Anna Katharina	Heinrich	Frasch	Elisabetha	15-May	Siegmann	Anna Kath.	y
88	1870	207	Siegmann	Joh. Heinrich	Heinrich	Frasch	Elisabetha	15-May	Siegmann	Joh. Gerhardt	y
89	1870	207	Siegmann	Conrad Wilhelm	Niklaus	Frank	Regina Magdala.	15-May	Trockenbrodt	Conrad	y
90	1870	207	Neider	Maria Katharina	Niklaus	Frank	Regina Magdala.	15-May	Trockenbrodt	Kath.	y
91	1870	207	Neider	Peter Leonhardt	Niklaus	Frank	Regina Magdala.	15-May	Siegmann	Peter	y
92	1870	207	Neider	Karl Heinrich	John	Ott	Marg.	15-May	Götz	Heinrich	y
93	1870	207	Bien	Margaretha	August	Ries	Barb.	22-May	Meier	Marg.	y
94	1870	207	Meier	Joh. August	John	Block	Anna Doroth.	29-May	Block	Joh.	y
95	1870	207	Williams	Margaretha	Georg Wilhelm	Holdefer	Marg.	29-May	Horst	Marg.	y
96	1870	207	Holdefer	Wilhelm	Heinrich	Schinick	Anna	31-May	Krug	Georg	y
97	1870	207	Krug	Thomas Heinrich	Karl	Wedel	Marg.	05-Jun	Blum	Thom	y
98	1870	207	Heim	Maria Marg.	Georg	Heim	Marg.	05-Jun	Wiener	Maria Marg.	y
99	1870	207	Barthelmes	Eva Babette	Georg	Janeh	Johanna	05-Jun	Hack	Eva B.	y
100	1870	207	Thomann	Mathilde Kath.						Math.	
									(1) Laupus	(1) Marg.	
101	1870	207	Laupus	Marg. Kath.	Wilhelm	Ries	Ellen	05-Jun	(2) Ries	(2) Kath.	y
102	1870	207	Distler	Adam	Conrad	Distler	Marg.	05-Jun	Horn	Adam	y

Trinity German Lutheran Baptisms

No.	Year	Page	Surname	Given Name	Father	M Surname	M Given	Bapt	W Surname	W Given	More Info
103	1870	207	Spatz	Louise	Ludwig	Treuer	Regina	11-Jun	Lerhner	Maria	y
104	1870	207	Reich	Karl Joh. August	Hermann	Clas	Magdal.	12-Jun	(1) Clas / (2) Reich	(1) Karl Joh. / (2) Aug.	y
105	1870	207	Niemeyer	Wilhelm Heinrich	Joh.	Neubert	Magdal.	12-Jun	Wagner	Wilhelm	y
106	1870	207	Hess	Kath. Rebekka	Georg	Bosshamer	Elise	12-Jun	Humberg	Kath. Rebekke	y
107	1870	207	Becker	Maria Elise	Christian	Dell	Marg.	12-Jun	(1) Schulz / (2) Becker	(1) Maria / (2) Elise	y
108	1870	207	Bock	Heinrich Wilhelm	Wilhelm	Stegemann	Auguste	12-Jun	Schleuning	Heinrich	y
109	1870	207	Hatterich	Adam	Heinrich	Frischkorn	Elise	19-Jun	Hätterich	Adam	y
110	1870	207	Dack	Friedrich Karl	Friedr.	Ruck	Barb.	19-Jun	Ross	Friedr. Karl	y
111	1870	207	Klein	Hermann Heinrich	Joh. Erdmann	Damme	Maria	19-Jun	Vonderhorst	Hermann H.	y
112	1870	207	Happel	Maria	Heinrich	Schmidt	Auguste	19-Jun	Ulrich	Maria	y
113	1870	207	Dill	Johann Heinrich	Wilh.	Lotz	Elise	19-Jun	(1) Dill / (2) Dill	(1) Joh. / (2) Heinrich	y (2)
114	1870	207	Koch	Carolina Kath.	Leonhardt	Bohn	Louise	21-Jun	(1) Bohn / (2) Koch	(1) Carol. Kath. / (2) Kunig. (2)	y
115	1870	207	Plitt	Georg Louis	Louis	Kropf	Maria	21-Jun	(1) Plitt / (2) Plitt	(1) Georg / (2) Louis	y
116	1870	207	Flach	Johann	Karl Aug.	Schiebel	Wilhelmina	26-Jun	Ulrich	Joh.	y
117	1870	207	Schneeman	Friedrich	Heinrich	Seebo	Carol.	26-Jun	Krauk	Friedr.	y
118	1870	207	Frankenberger	Maria	Joh.	Hartan	Kath.	26-Jun	Itzel	Maria	y
119	1870	207	Hilz	Christina	Conrad	Grambauer	Carolina	26-Jun	Hilz	Christina	y
120	1870	207	Schmandt	Martha	Karl	Klein	Minna	26-Jun	Lohwing	Martha Lina	y
121	1870	207	Schmandt	Kath. Eleonore	Karl	Klein	Minna	26-Jun	(1) Arras / (2) Funk	(1) Kath. Agatha / (2) Eleonora	y
122	1870	207	Schmandt	Theresia	Karl	Wernecke	Amalie	26-Jun	Albrecht	Theresia	y
123	1870	207	Rossing	Heinrich	Joh.Friedr.	Harb	Kath.	28-Jun	Depkin	Heinrich	y
124	1870	207	Kempe	Auguste Louise	Heinrich	Muhl	Elisab.	01-Jul	Arlein	Auguste Louise	y
125	1870	207	Ulrich	Heinrich Friedrich	Peter	Fuss	Marg.	03-Jul	der Vater		y
126	1870	207	Esselmann	Gertraud	Peter	Schröpfer	Friedrike	10-Jul	Meinschein	Gertraud	y
127	1870	207	Schlesinger	Hanna Sophia / Karl Heinrich				10-Jul	(1) Klipper / (2) Klipper	Hanna Sophia / (1) Karl W. / (2) Heinrich	y
128	1870	207	Goeb	Wilhelm	Valentin	Klipper	Carol. Elis.	10-Jul	Kempe	Joh. Friedr.	y
129	1870	209	Weneke	Friedrich Wilhelm	Joh.	Harb	Carolina	13-Jul	Altvater	Juliana	y
130	1870	209	Forell	Juliana	Conrad	Altvater	Juliana	16-Jul	Schmidt	Rosina	y
131	1870	209	Schantz	Rosina	Wilhelm	Seeger	Kath.	17-Jul	Schuppel	Georg	y
132	1870	209	Kümmerlein	Johann Georg	Joh. Michael	Haas	Louise Marg.	17-Jul	Hammer	Karl	y
133	1870	209	Zacho	Louis Karl	Louis	Schmidt	Paulina	19-Jul	die Eltern		y
134	1870	209	Buchheimer	Ella	Peter	Bott	Hanna	19-Jul	Bauernschmidt	Elise Marg.	y
135	1870	209	Bauernschmidt	Elisab. Marg.	Georg	Wiessner	Marg.	19-Jul	Bauernschmidt	Joh.	y
136	1870	209	Kraft	Johann	Conrad	Pfaff	Anna	29-Jul	Fischer	Juliana	y
137	1870	209	Fischer	Anna Elisabetha	Conrad	Lips	Barbara	29-Jul	Fischer	Anna Elisab.	y
138	1870	209	Weitzel	Maria Elisabetha	Heinrich	Grosch	Magda.	04-Aug	Weitzel	Maria Elise	y
139	1870	209	Grieser	Philipp	Peter	Frey	Anna	07-Aug	Christ	Philipp	y
140	1870	209	Ditzel	Georg	Conrad	Muller	Maria	07-Aug	Kohlepp	Georg	y
141	1870	209	Siegelin	Rosa	Joh.		Doroth.	07-Aug	Faber	Rosa	y

Trinity German Lutheran
Baptisms

No.	Year	Page	Surname	Given Name	Father	M Surname	M Given	Bapt	W Surname	W Given	More Info
142	1870	209	Weinreich	Franz Christoph	Franz	Musse	Elisab.		(1) Weinreich (2) Sonneborn (3) Bohl	(1) Christoph (2) Christian (3) Maria	
143	1870	209	Allison	Christian	Noah	Hecklen	Ellen	07-Aug	die Eltern		y
144	1870	209	Wagner	Laura Bithinea	Joh.	Schnitker	Engel	12-Aug	die Eltern		y
145	1870	209	Euler	Emilie	Conrad	Haas	Carolina	14-Aug	Grasmuck	Georg Wilhelm	y
146	1870	209	Decker	Georg Wilhelm	Joseph	Kaiser	Johanna	14-Aug	Jansen	Carolina	y
147	1870	209	Wolsch	Eleonora	Friedrich	Golke	Louise	18-Aug	Mohrfeld	Eulert	y
148	1870	209	Walz	Friedrich Eulert	Conrad	Reis	Maria	21-Aug	Reis	Marg.	y
149	1870	209	Horst	Margaretha	Christian	Stuckert	Elise	21-Aug	die Eltern		y
150	1870	209	Kleinjohann	Karl Christian	Karl H.	Walter	Carolina W.	23-Aug	die Mutter		y
151	1870	209	Heller	Ida	Conrad	Schumann	Elisab.	28-Aug	Sylvester	Sophia Dina	y
152	1870	209	Link	Sophia Dina	Joh.	Berger	Maria	28-Aug	Berger	Oscar Otto Leopold	y
153	1870	209	Mellema	Oscar Otto Leopold	Heinrich	Brader	Lena	28-Aug	die Eltern		y
154	1870	209	Mellema	Dorothea Helena	Heinrich	Brader	Lena	28-Aug	die Eltern		y
155	1870	209	Schuhmann	Louise Sophia Helena Louisa Wilhelm Karl Friedr.	Heinrich	Bauer	Louise	29-Aug	Schad	Helena Louisa	y
156	1870	209	Fischer	Bismark	Karl	Dwellbeck	Margaretha	04-Sep	Gillmann	Johann	y
157	1870	209	Nelson	Johann	Edward	Mengers	Hannah	04-Sep	Heinemann	Joh.	y
158	1870	209	Kleppel	Emma Holda	Hermann	Wattenscheidt	Emma	04-Sep	Wattenscheidt	Holda	y
159	1870	209	Kreutzberg	Karl Friedr. Wilhelm Karl		Hacker	Hannah	11-Sep	die Eltern		y
160	1870	209	Ochs	Johann Thomas	Georg	Thomas	Barb.	11-Sep	(1) Ochs (2) Ochs	(1) Thomas (2) John	y
161	1870	209	Schmidt	Heinrich Wilhelm	Joh.	Kropf	Maria	18-Sep	(1) Ochs (2) Schmidt	(1) Heinrich (2) Wilh.	y
162	1870	209	Vobbe	Friedr. Hermann	Rudolph	Kropf	Louise	18-Sep	(1) Vobbe (2) Vobbe	(1) Friedr. (2) Hermann	y
163	1870	209	Bautz	Kath. Louise	August	Schmidt	Francisca	19-Sep	(1) Schmidt (2) Bautz	(1) Kath. (2) Louise	y
164	1870	209	Stecker	Friedr. Gottfried	Friedr. Gottfr.	Paul	Helena	17-Sep	der Vater		y
165	1870	209	Götz	Joh. Conrad	Georg	Unglaub	Elise	25-Sep	Beck	Joh. Conrad	y
166	1870	209	Hein	Friedr. Hermann	Hermann	Gölke	Auguste	25-Sep	die Eltern		y
167	1870	209	Pohler	Philipp Edmund	Franz	Schmalz	Angelica	25-Sep	die Eltern		y
168	1870	209	Stock	Valentin Frank	Emil	Zirkler	Elisab.	25-Sep	Doring	Valentin	y
169	1870	209	Degner	Martin Constantin	Karl	Lubke	Friedrike	25-Sep	(1) Dressel (2) Wolf	(1) Martin (2) Constantin	y
170	1870	209	Guth	Minna	Niklaus	Muller	Dorothea	02-Oct	Schneider	Minna	y
171	1870	209	Meier	Maria Magdalena	Philipp	Freund	Regina	02-Oct	Herget	Maria Magdal.	y
172	1870	211	Kohler	Georg Heinrich	Wilhelm	Hill	Louise	09-Oct	(1) Magsamen (2) Budefisch	(1) Heinrich (2) Heinrich	y
173	1870	211	Rimmler	Friedr. Wilhelm	Justus	Herold	Helena	09-Oct	Gareis	Joh. A.	y
174	1870	211	Ritz	Anna Julia	Leonhardt	Reichert	Kath.	16-Oct	Schmidt	Anna Julia	y
175	1870	211	Ritz	Anna Maria	Leonhardt	Reichert	Kath.	16-Oct	Frohlich	Anna M.	y
176	1870	211	Wemmling	Anna Elisabetha	Heinrich	Sanders	Charlotte	16-Oct	Jorrs	Anna Elisab.	y

Trinity German Lutheran Baptisms

No.	Year	Page	Surname	Given Name	Father	M Surname	M Given	Bapt	W Surname	W Given	More Info
177	1870	211	Beck	Heinrich	Heinrich	Roth	Philippina	21-Oct	der Vater		y
178	1870	211	Blumer	Maria Rosina	Saml.	Schaefer	Marg.	23-Oct	(1) Fischer	(1) Maria	y
									(2) Hering	(2) Aug.	
179	1870	211	Reif	Auguste Marg.	Leonhardt	Midländer	Kath.	24-Oct	(3) Hahn	(3) Rosa	y
180	1870	211	Witter	Joh. Peter	Friedr.	Pfaff	Elisab.	28-Oct	Midländer	Joh. Peter	y
181	1870	211	Bichsmann	Adam Joseph	August	Kutscher	Maria	20-Nov	Landau	Adam Joseph	y
182	1870	211	Garling	Ernst Christian	Friedr.	Heidlage	Carolina	20-Nov	Nordheim	Ernst C.	y
				Christina Regina					Heidlage	Christina Reg.	
				Maria Magdala.							
183	1870	211	Hausmann	Elisab.	Conrad	Weifarth	Kath.	20-Nov	Hausmann	Maria	y
184	1870	211	Otto	Georg Andreas	Georg T.	Link	Maria	27-Nov	Otto	Georg A.	y
185	1870	211	Ludwig	Heinrich Andreas	Theodor	Deibel	Kath.	27-Nov	(1) Deibel	(1) Heinrich	y
									(2) Ludwig	(2) And.	
186	1870	211	Kemp	Hermann Heinrich	Georg	Kocke	Gesine	27-Nov	Kemp	Hermann H.	y
187	1870	211	Von der Mast	Maria Katharina	Adolph	Kocke	Antonia	27-Nov	Kemp	Kath.	y
188	1870	211	Schmidt	Heinrich Andreas	Georg	Will	Maria Eva	27-Nov	Walter	Heinrich	y
189	1870	211	Meier	Wilhelm	Joh. Georg	Schmidt	Christiana D.	30-Nov	die Eltern	Charlotte	y
190	1870	211	Meier	Friedrich	Joh. Georg	Schmidt	Christiana D.	30-Nov	Schmidt	Barb.	y
191	1870	211	Schumann	Anna Katharina	John	Ott	Anna Kath.	04-Dec	Ott	Anna K.	y
192	1870	211	Dapmann	Ida Virginia	Joh.	Durr	Kath.	04-Dec	Dapmann	Julie	y
193	1870	211	Heimbuch	Maria Elisabetha	Thomas	Gunther	Louise	04-Dec	Ziegler	Maria Elis.	y
194	1870	211	Wolf	Gottlieb Wilhelm	Heinrich	Schonhaar	Wilhelmina	04-Dec	Burgel	Gottl. Christ.	y
195	1870	211	Ritterpusch	Joh. Heinrich	Adam	Weber	Anna	04-Dec	Weber	Joh. Heinrich	y
196	1870	211	Printz	Charlotte Cecilia	Conrad	Schmidt	Carolina	11-Dec	Schmidt	Charlotte	y
197	1870	211	Schmidt	Ida Benigna	Hermann	Schaub	Charlotta	11-Dec	Schmidt	Benigna	y
198	1870	211	Burkerd	David	David	Raschen	Johanna H.	11-Dec	die Eltern		y
199	1870	211	Vollmer	Kath.	Karl	Geiger	Emma	14-Dec	Geiger	Kath.	y
				Joh. Heinrich							
200	1870	211	Ford	Charles	Heinrich	Langenfelder	Elise	15-Dec	die Eltern		y
201	1870	211	Schneider	Emma Lena	Kaspar	Imhof	Anna E.	25-Dec	Imhof	Emma L.	y
202	1870	211	Eser	Maria Margaretha	Heinrich	Huber	Veronika	25-Dec	Volz	Maria M.	y
				Joh. Heinrich							
203	1870	211	Wolf	Wilhelm	Adam	Fischer	Emma	25-Dec	Franke	John H. W.	y
				Johanna Wilhelmina							
204	1870	211	Depkin	Elisab.	Ernst August	Otto	Magdalena B.	25-Dec	Otto	Johann W. E.	y
205	1870	211	Buchsbaum	Johann Hermann	Heinrich	Kaiser	Elisab.	25-Dec	Glaser	Johann	y
206	1870	211	Kammler	Joh. Simon Heinrich	Joh.	Herold	Maria	26-Dec	Hagelgans	Joh. Simon	y
207	1870	211	Kraus	Conrad Imanuel	Imanuel	Gebel	Minna	26-Dec	Ernst	Conrad	y
									(1) Stoll	(1) Conrad	
									(2) Koch	(2) Heinrich	
208	1870	211	Frank	Carl Heinrich	Karl	Stoll	Maria	26-Dec	(3) Wisseler	(3) David	y
				Conrad David							
1	1871	213	Heimuller	Johannes	Christian	[blank]		01-Jan	Tripp	Joh.	y
2	1871	213	Klein	Minna Carolina	Joh.	Martine	Emma	01-Jan	Schneider	Minna	y
									(1) Ehrmann	(1) Philipp	
3	1871	213	Wustner	Karl	Michael	Maurer	Barb.	01-Jan	(2) Horner	(2) John	

106

Trinity German Lutheran Baptisms

No.	Year	Page	Surname	Given Name	Father	M Surname	M Given	Bapt	W Surname	W Given	More Info
4	1871	213	Brummer	Karl Heinrich	heinrich	Schacht	Louise	01-Jan	Rohjahn	Heinrich	y
5	1871	213	Schaefer	Joh. Georg	Friedr.	Gartner	Henrietta	01-Jan	Schwingler	Joh. Georg	y
6	1871	213	Laut	Gerdraut Mathilde	Wilhelm	Frantz	Henrietta	01-Jan	Simpson	Gertraud	y
7	1871	213	Wolf	Lilly May	John C.	Bromley	Elise Jane	05-Jan	die Eltern		y
8	1871	213	Freund	Andreas Wilhelm Georg	Matth.	Meier	Carol.	08-Jan	Meier	Andr.	y
9	1871	213	Fink	Washington	Joh. Georg	Schumann	Carol.	08-Jan	Becker	Wilh.	y
10	1871	213	Nordmann	Anna Margaretha	Friedr.	Dabbers	Anna M.	08-Jan	Foer	Anna Marg.	y
11	1871	213	Regner	Maria Margaretha	Jakob	Ritterpusch	[blank]	08-Jan	Zimmermann	Maria Marg.	y
12	1871	213	Schneider	Eduard Philipp	John	Stortz	Maria	09-Jan	die Eltern		y
13	1871	213	Josenhans	Maria Eleonore	Kar H.	Schneider	Laura	15-Jan	Schneider	Maria	y
14	1871	213	Ulrich	Johann Matthaus	Joh.	Herget	Anna Eva	15-Jan	(1) Keiner (1) Bohnlofink	(2) (1) Joh. (2) Matth. (1) Karl	y
15	1871	213	Schneider	Karl Friedrich	Caspar	Kruse	Clara	15-Jan	(2) Lempert	(2) Friedr.	y
16	1871	213	Schmidt	Robert Andreas	Andreas	Fleck	Wilhelmina	15-Jan	Schneider	Robert Andr.	y
17	1871	213	Hartwig	Minna	Jakob	Strohl	Kath.	22-Jan	Hartwig	Minna	y
18	1871	213	Lange	Johann Adam Friedr. Heinrich	Joh. Friedr.	Meyer	Meta Kath.	22-Jan	Meurer	Joh. Adam	y
19	1871	213	Stortz	Wilhelm	Reinhardt	Hofmeyer	Louise	22-Jan	Hofmeyer	Friedr.	y
20	1871	213	Grothans	Paulina Friedrike	Joh.	Haas	Maria	22-Jan	Epple	Paulina Fr.	y
21	1871	213	Schaub	Emma	Joh.	Berwig	Henrietta	22-Jan	die Eltern		y
22	1871	213	Scoring	Friedr. Leonhardt Eduard Karl	Traugott	Reinhardt	Friedrike	29-Jan	(1) Bintz (2) Buttner (1) Graefe	(1) Friedrike (2) Leonhardt (1) Eduard	y
23	1871	213	von der Wettern	Gerhardt	Wilhelm	Bergmann	Doroth.	29-Jan	(2) Rumann	(2) Eduard	y
24	1871	213	Bachsein	Gustav Friedrick	Louis	Otto	Carolina	04-Feb	die Eltern		y
25	1871	213	Bachsein	Maria Louise	Louis	Otto	Carolina	04-Feb	die Eltern		y
26	1871	213	Bachsein	Eleonore Friedrike	Louis	Otto	Carolina	04-Feb	die Eltern		y
27	1871	213	Bachsein	Louise Johanna	Louis	Otto	Carolina	04-Feb	die Eltern		y
28	1871	213	Bachsein	Carl August	Louis	Otto	Carolina	04-Feb	die Eltern		y
29	1871	213	Braun	Ida Viola Mathilde	Julius	Wittmann	Maria	05-Feb	Braun	Mathilde	y
30	1871	213	Schmuck	Johann Heinrich	Joh.	Hahnlein	Kath.	05-Feb	Walker	Heinrich	y
31	1871	213	Winkler	Anna	Heinrich	Pelz	Sophia	05-Feb	Kohler	Anna	y
32	1871	213	Horst	Conrad	Joh.	Jager	Kath.	12-Feb	Jager	Conrad	y
33	1871	213	Brandt	Rosa Sophia	Georg	Heine	Kath.	14-Feb	Sinkenbrink (1) Schonhals	Rosa (1) Joh.	y
34	1871	213	Decker	Joh. Conrad	John	Fink	Amalia Martha	19-Feb	(2) Decker	(2) Conrad	y
35	1871	213	Schmeiser	Margaretha	Georg	Harz	Magdal.	19-Feb	Schmeiser	Marg.	y
36	1871	213	Trischmann	Kath.	Karl	Pilgrim	Helena	19-Feb	Göttig	Kath.	y
37	1871	213	Gottig	Karl Heinrich	Conrad	Hinkel	Kath.	19-Feb	Trischmann	Karl	y
38	1871	213	Alt	Friedrich Feige	Peter	Smith	Maria	22-Feb	Feige	Friedr.	y
39	1871	213	Hartmann	Elisabetha	Heinrich	Eisenroth	Elise	26-Feb	Eisenroth	Elise Marg.	y
40	1871	213	Hartan	Karl	Niklaus	Kaiser	Marg.	26-Feb	die Eltern		y
41	1871	213	Willner	Wilhelmina Carolina Charlotte	Joh.	Wehr	Eva Barb	05-Mar	Willner	Wilhelmina Carol. Charlotte	y

Trinity German Lutheran
Baptisms

No.	Year	Page	Surname	Given Name	Father	M Surname	M Given	Bapt	W Surname	W Given	More Info
42	1871	213	Fleckenschild	Louise Henrietta	Heinrich	Johanns	Dina	05-Mar	Heiss	Louise	y
43	1871	215	Freund	Conrad	Conrad	Friedrich	Elise	05-Mar	Freund	Conrad	y
				Sarah Marg.							
44	1871	215	Dietrick	Dorothea	Joh.	Brunker	Kath. M.	05-Mar	Adicks	Doroth. Charlotta	y
45	1871	215	Stutt	Elisabetha	Joh. H.	Butcher	Maria	05-Mar	Butcher	Elisab.	y
									(1) Scheidt	(1) Anna	
46	1871	215	Scheidt	Anna Elise	Karl	Remhild	Elise E.	05-Mar	(2) Scheidt	(2) Louise	y
47	1871	215	Sachs	Auguste Wilhelmina	Justin	Bengner	Maria	05-Mar	die Eltern		y
				Emilie Wilhelmina							
48	1871	215	Rapp	Gesine	Wilhelm	Bedelmann	Gesina	11-Mar	Degener	Eduard	y
49	1871	215	Hager	Anna Maria	Niklaus	Kissling [Kipling]	Maria	12-Mar	Hager	Anna M.	y
50	1871	215	Mader	Johann Heinrich	Joh.	Pollock	Marg.	12-Mar	Hoffmann	Joh. H.	y
				Marg. Augusta Ida					(1) Hering	(1) Marg. Aug. Ida	
									(2)	(2) Kath.	
51	1871	215	Brandt	Kath.	August	Sigmund	Lena	13-Mar	Thiemann		y
52	1871	215	Howe	Georg Ernst	Ernst	Riemann	Elise	19-Mar	die Eltern		y
53	1871	215	Wittmer	Katharina	Heinrich	Friedrich	Elise	19-Mar	Friedrich	Fritz & Kath.	y
54	1871	215	Friedrich	Helena Philippina	Fritz	Lechner	Kath.	19-Mar	Wittmer	Helena & Philipp	y
55	1871	215	Pregge	Courth	Heinrich	Herold	Bertha	19-Mar	Hulsmann	Courth	y
56	1871	215	Grunewald	Heinrich Georg	Wilhelm	Schweitzer	Maria	02-Apr	Grunewald	Georg	y
57	1871	215	Muller	Heinrich	Heinrich	Schweiger	Anna M.	02-Apr	Eichner	Heinrich	y
58	1871	215	Gubernatis	Hermann August	Joh.	Kleinhann	Louise E.	02-Apr	Hick	Johanna	y
59	1871	215	Fischer	Joh. Heinrich	Georg Fr.	Rehkugler	Christina	02-Apr	Baumler	Joh. H.	y
60	1871	215	Kness	Katharina	John	Keil	Elise	09-Apr	Keil	Kath.	y
61	1871	215	Rau	Anna Louise	Christian H.	Murphy	Anna	09-Apr	Kahl	Anna	y
									(1) Bocher	(1) Wilhelm	
62	1871	215	Keil	Heinrich Wilhelm	Heinrich	Kress	Elise	09-Apr	(2) Keil	(2) Conrad	y
63	1871	215	Kreisel	Emma	Ernst	Nix	Maria	09-Apr	Schad	Emma L.	y
64	1871	215	Zippling	Georg Wilhelm	Julius	Schumacher	Maria B.	09-Apr	Schumacher	Georg Ph.	y
65	1871	215	Holzmann	Heinrich Wilhelm	Herrmann	Seiffert	Marg.	09-Apr	Hegemann	Heinrich	y
66	1871	215	Berkemeyer	Georg	August	Seibert	Anna Elise	09-Apr	Seibert	Georg	y
67	1871	215	Fink	Anna Elisabetha	Wilhelm	Jung	Elise	09-Apr	Jung	Anna E.	y
68	1871	215	Weber	Dorothea Carolina	Louis	Bommer	Julie	09-Apr	Crane	Dorothea C.	y
69	1871	215	Heiss	Katharina	Joh. G.	Hammerschlag	Beata	16-Apr	Werner	Kath.	y
70	1871	215	Sack	Margaretha	Georg	Rau	Marg. Doroth.	23-Apr	Neidhardt	Marg.	y
71	1871	215	Hildebrandt	Adolph Wilhelm	Heinrich	Doenges	Susana	23-Apr	Dreemann	Adolph Wilh.	y
72	1871	215	Diem	Maria Anna	Joh.	Nordmann	Kath.	30-Apr	Klein	Maria Anna	y
73	1871	215	Heinemann	Wilhelm Heinrich	Joh.	Muller	Eugenia	30-Apr	Muller	Wilhelm H.	y
74	1871	215	Kieffner	Louise Katharina	Adam Gottlieb	Kleinmayer	Friedrike	07-May	Ringsdorf	Louise	y
75	1871	215	Hoffmann	Anna Kath.	Joh.	Betz	Sophia	07-May	Hoffmann	Anna Kath.	y
76	1871	215	Heim	Anna Katharina	Friedrich	Stuckert		14-May	Stuckert	Anna Kath.	y
				Anna Kath.							
77	1871	215	Ernst	Elisabetha	Wilhelm	Graham	Maria	14-May	Siegmann	Anna Kath. E.	y
78	1871	215	Balster	Joh. Christian	Georg	Ritterpusch	Eva Barb	19-May	die Eltern		y
79	1871	215	Feige	Gustav Adolph	Wilhelm	Theinerl	Anna Auguste	14-May	Theinerl	Gustav Adolph	y
80	1871	215	Thim	Anna Marg. Agathe	Christian	Dey	Marg.	21-May	Kopp	Agathe	y

Trinity German Lutheran
Baptisms

No.	Year	Page	Surname	Given Name	Father	M Surname	M Given	Bapt	W Surname	W Given	More Info
81	1871	215	Naumann	Maria Elisabetha	Wiegand	Schmidt	Kath. Elise	21-May	die Eltern		y
82	1871	215	Schneider	Margaretha	Heinrich	Strover	Wilhelmina	21-May	Schneider	Marg.	y
83	1871	215	Oehm	Karl Nikolaus	Franz Ferdinand	Bonn	Anna Helena	21-May	Oehm	Charles N.	y
84	1871	217	Forster	Karl	Eberhardt	Spindler	Kath.	22-May	Reichersperg	Joh. Christ. Karl	y
85	1871	217	Janson	Karl Eduard	Peter	Nordmann	Carolina	28-May	die Eltern		y
86	1871	217	Gunther	Joseph	Adolph	Weiss	Rosalia	28-May	(1) Weiss / (2) Forrest	(1) Joseph / (2) Josephina	y
87	1871	217	Koch	Johann Conrad	Joh.	Wietscher	Alwina	28-May	Kratz	Joh. Conrad	y
88	1871	217	Wiefenbach	Johann Valentin	Joh. Val.	Landgraf	Wilha.	28-May	die Mutter		y
89	1871	217	Patzky	Georg Peter	Tobias	Steinmetz	Anna Maria	28-May	Winter	Georg Peter	y
90	1871	217	Bauernschmidt	Ernst Lebrecht	Joh.	Franz	Magdalena	28-May	Horner	Ernst Lebrecht	y
91	1871	217	Eck	Maria Anetta	Friedrich	Engel	Christina	28-May	Engel	Maria	y
92	1871	217	Lenz	Bertha	Friedrich	Klein	Agnes	06-Jun	Wittig	Bertha	y
93	1871	217	Rothenberg	Martin Ludwig / Louise Johanna	Friedr.	Dopfner	Lissette	11-Jun	Dopfner	Martin Ludwig	y
94	1871	217	Ungert	Charlotte	Albert	Theil	Charlotta	11-Jun	die Mutter		y
95	1871	217	Naumann	Joh. Heinrich	Joh.	Konig	Emma L.	11-Jun	Naumann	J. H.	y
96	1871	217	Tschudi	Friedrich	Frriedrich	Harmann	Maria	11-Jun	der Vater		y
97	1871	217	Bauer	Joh. Friedrich	Friedrich	Hoppe	Auguste	18-Jun	Bauernschmidt	Joh. Friedr.	y
98	1871	217	Willner	Martin	Conrad	Dopfner	Friedrike	18-Jun	Dopfner	Martin	y
99	1871	217	Printz	Mathilde Auguste	Joh.	Körner	Wilhelmina	18-Jun	Körner	Auguste Louise	y
100	1871	217	Gries	Maria	Adam	Muth	Marg.	18-Jun	Muth	Maria	y
101	1871	217	Lange	Joh. Paulus	Joh. Georg	Heinlein	Barb.	18-Jun	Körner	Joh. Paul	y
102	1871	217	Bartels	Katharina	Karl	Ornerd	Emma	25-Jun	Frey	Kath.	y
103	1871	217	Laumann	Anna Susanna	Adam	Danenfelser	Elise	25-Jun	Kapler	Anna Susanna	y
104	1871	217	Thurmann	Wilhelmina / Kath. Marg.	Adelbert	Bockelmann	Carolina	02-Jul	Bockelmann	Wilhelmina	y
105	1871	217	Mengert	Elisabetha	Heinrich	Horst	Kath.	02-Jul	Ebersmann	Kath. M. E.	y
106	1871	217	Aspril	Cora May	David	Bruggemann	Anna	02-Jul	die Mutter		y
107	1871	217	Heinzenberger	Katharina	Louis	Oswald	Elise	09-Jul	Wetzel	Kath.	y
108	1871	217	Schaake	Friedrich Adam	Heinrich	Fieseler	Carolina	09-Jul	Meinhardt	Friedr.	y
109	1871	217	Brille	Karl Heinrich Daniel	Heinrich	Harper	Johanna	16-Jul	(1) Wollenweber / (2) Wollenweber / (3) Harper / (1) Otterbein	(1) Karl / (2) Daniel / (3) Heinrich / (1) Joh.	y
110	1871	217	Wietscher	Johann Eduard	Albert	Greb	Anna Maria	23-Jul	(2) Wietscher	(2) Eduard	y
111	1871	217	Klein	Louis	Wilhelm	Beckel	Maria	23-Jul	Beckel	Louise	y
112	1871	217	Fink	Friedrike Betty	Eduard	[blank]	Maria	30-Jul	Ricke	Kath.	y
113	1871	217	Tiemann	Louise Emma / Eduard Karl	Franz	Mormann	Maria E.	30-Jul	Humberg	Louise Emma	y
114	1871	217	Nenzel	Ludolph	Georg	Hahnlein	Carolina	01-Aug	Schwerdtmann	Eduard K. Ludolph	y
115	1871	217	Schwingler	Joh. Vitus	Joh. Georg	Zeis	Anna M.	06-Aug	Schwingler	Joh. Vitus	y
116	1871	217	Preis	Maria Mathilde	Heinrich	Link	Anna	06-Aug	die Eltern		y
117	1871	217	Schlesinger	Gottfried Karl	Peter	Schropfer	Friedrike	09-Aug	Schropfer	Gottfried Karl	y
118	1871	217	Kiefer	Anna Katharina	Louis	Helm	Friedrike	08-Aug	Reinhardt	Anna Marg.	y
119	1871	217	Fischer	Georg	Joh.	Schmidt	Louise	13-Aug	Reges	Georg	y

Trinity German Lutheran
Baptisms

No.	Year	Page	Surname	Given Name	Father	M Surname	M Given	Bapt	W Surname	W Given	More Info
120	1871	217	Hess	Maria Kath.	Georg P.	Bosshammer	Elise	13-Aug	Bosshammer	Maria	y
121	1871	217	Muller	Wilhelmine Caroline Friedr. August	Friedr.	Ohle	Wilhelmina	13-Aug	Ohle	Carolina	y
122	1871	217	Doller	Ludwig Karl Heinrich	Christoph	Hecklen	Caroline	13-Aug	Muller	Friedr.	y
123	1871	217	Kulow	Bernhardt	Adolph	Umlauf	Carol	13-Aug	Franke	Karl	y
124	1871	217	Krug	Stephan Eduard	Thomas	Haas	Rosina	20-Aug	Nunn	Stephan Eduard	y
125	1871	217	Loffler	Anna	Heinrich	Laufen	Kath.	20-Aug	die Eltern		y
126	1871	217	Albrecht	Johann	Friedr.	Eckardt	Kunigunde	20-Aug	Eckardt	Joh.	y
127	1871	219	Roberts	Ida Mathilda	Thomas	Schmidt	Mathilde	22-Aug	die Eltern		y
128	1871	219	Bertsch	Heinrich	Philipp	Lindenberger	Maria	27-Aug	Lindenberger	Heinrich	y
129	1871	219	Senft	Anna Babette	Joh.	Koenig	Dorothea	01-Sep	Schleier	Anna Babette	n
130	1871	219	Sendelbach	Louise	Joh.	Muller	Kath.	03-Sep	Hoffmann	Louise	y
131	1871	219	Buchsbaum	Heinrich	Bernhardt	Heilmann	Helena	03-Sep	Buchsbaum	Heinrich	y
132	1871	219	Eckstein	Friedrich Wilhelm	Joh.	Urban	Kath.	05-Sep	die Eltern		y
133	1871	219	Weitzel	Heinrich	Heinrich (jun)	Lips	Helena	06-Sep	Weitzel	Heinrich	y
134	1871	219	Werner	Joh. Heinrich	Heinrich	Herget	Maria	10-Sep	Freund	Joh.	y
135	1871	219	Marriott (Fields)	Jennie Eleonore		Hoffmann	Margaretha	10-Sep	Gotzinger		y
136	1871	219	Wolf	Wilhelm	Wilhelm	Schaub	Mathilde	17-Sep	Gotzinger	Wilhelm	y
137	1871	219'	Heinrich	Heinrich	Conrad	Scharper	Minna	17-Sep	Scharper	Heinrich	y
138	1871	219	Kramer	Louise	Michael F.	Wittig	Elisab.	17-Sep	Krumm	Louise	y
139	1871	219	Rock	Justus	Wilhelm	Stegemann	Auguste	17-Sep	Ludolph	Justus	y
140	1871	219	Bross	Ida	Eduard	Kraft	Kath.	11-Jun	die Eltern		y
141	1871	219	Bross	Emma	Eduard	Kraft	Kath.	11-Jun	die Eltern		y
142	1871	219	Bross	Mina	Eduard	Kraft	Kath.	11-Jun	die Eltern		y
143	1871	219	Bross	Elizabetha	Eduard	Kraft	Kath.	11-Jun	die Eltern		y
144	1871	219	Bross	Rudolph	Eduard	kraft	Kath.	11-Jun	die Eltern		y
145	1871	219	Heim	Elisabetha	Philipp	Pimeisel	Marg.	24-Sep	die Eltern		y
146	1871	219	Kemper	Georg Wilh. Oscar	Heinrich	Hemrich	Anna B.	25-Sep	Jansen	Georg W. Oscar	y
147	1871	219	Leistner	Johannes Thomas Georg	Joseph	Bauer	Dorothea	26-Sep	Leistner	Joh.	y
148	1871	219	Stutt	Heinrich	Friedr W.	Rab	Marg.	01-Oct	Stutt	Joh. H. (1) Carolina K. (2) Friedrike	y
149	1871	219	Fahlenkamp	Caroline Friedrike	Heinrich	Weller	Maria	08-Oct	(1) Kramer (2) Gehmann		y
150	1871	219	Kemp	Gerhardt Georg Margarehta	Gerit	Soth	Elise	08-Oct	Soth	Gerhardt	y
151	1871	219	Gotz	Christiana Maria Soph.	Louis	Ott	Marg.	08-Oct	Bien	Marg. Ch.	y
152	1871	219	Horstmeier	Friedrike	Conrad	Haffner	Marg.	15-Oct	die Eltern		y
153	1871	219	Fink	Andreas Friedrich	Heinrich	Momberger	Kath.	15-Oct	Spengler	Andr Friedr.	y
154	1871	219	Mai	August Heinrich	August	Schmidt	Marg.	15-Oct	die Eltern		y
155	1871	219	Seitz	Johannes	Karl	Freder	Louise	16-Oct	Brandel	John	y
156	1871	219	Seitz	Friedrich	Karl	Freder	Louise	16-Oct	Kirsch	Friedrich	y
157	1871	219	Humel	Wilhelm Heinrich	Heinrich	Roberson	Kath.	22-Oct	Roberson	Wilhelm	y
158	1871	219	Pilgrim	Conrad	Heinrich	Ulrich	Elisab.	22-Oct	Gottig	Conrad	y

Trinity German Lutheran Baptisms

No.	Year	Page	Surname	Given Name	Father	M Surname	M Given	Bapt	W Surname	W Given	More Info
159	1871	219	Staap	Georg Franz	August	Muller	Friedrike	29-Oct	(1) Meier	(1) Georg	
									(2) Beckmann	(2) Francisca	y
160	1871	219	Rodey	Karl Wilhelm	Karl	Hudgins	Elise	29-Oct	Schmidt	Francisca	y
161	1871	219	Hildebrandt	August Wilhelm	Karl	Kohler	Anna M.	29-Oct	Lindenstruth	Aug. W.	y
162	1871	219	Hoflich	Julius Karl	Adam	Gobel	Marg.	30-Oct	Sandrock	Julius	y
163	1871	219	Jors	Leon Lefevre	Wilhelm	Romer	Anna E.	05-Nov	Lefevre	Leon	y
164	1871	219	Hasel	Wilhelm	Friedr.	Hirschmann	Kath.	05-Nov	Volker	Michael	y
165	1871	219	Buck	Louis Karl Gerhardt	August	Giers	Doroth.	12-Nov	(1) Giers	(1) Louis	
									(2) Giers	(2) Karl	
									(3) Buch	(3) Gerh.	y
166	1871	219	Schwabeland	Maria Anna	Conrad	Donovan	Anna	12-Nov	(1) Louis	(1) Maria	
									der Vater	(2) Theodor	y
167	1871	219	Kampel	Daniel	Denward	Balster	Elise	12-Nov	der Vater		y
168	1871	219	Mai	Kath. Louise	Julius	Mohr	Louise	12-Nov	die Mutter		y
169	1871	219	Krug	Eduard Nunn	Heinrich	Schwing	Anna	12-Nov	Nunn	Stevan Ed.	y
170	1871	221	Langemann	Gustav	Georg	Dittmann	Marg.	14-Nov	Dittmann	Gustav Adolph	y
171	1871	221	Romer	Katharina	Conrad	Hubner	Anna E.	19-Nov	Romer	Maria	y
172	1871	221	Rau	Maria	Georg	Schaaf	Maria	19-Nov	die Eltern		y
				Joh. Theodor					(1) Muller	(1) Heinrich	
173	1871	221	Peper	Heinrich	Heinrich	Muller	Maria K.	19-Nov	(2) Behrens	(2) Theod.	y
174	1871	221	Rapp	Friedrike Auguste	Wilhelm	Budelmann	Gesina	25-Nov	Hecker	Friedrich	y
175	1871	221	Keller	Maria Auguste	Karl	Killmann	Emma	26-Nov	Lowell	Maria	y
				Wilhelm Heinrich							
176	1871	221	Kattenhorn	Theodor	Fritz	Steinberger	Christina	26-Nov	[blank]		y
									(1) Rauscher	(1) Joh.	
177	1871	221	Philippi	Johann Martin	Peter	Rauscher	Regina	26-Nov	(2) Philippi	(2) Joh.	y
178	1871	221	Kirchner	Margaretha	Eduard	Schmidt	Kath.	03-Dec	Schmidt	Marg.	y
179	1871	221	Slater	Florence Agnes	Wilhelm	Eisenroth	Lena	10-Dec	Ward	Theresia	y
180	1871	221	Herzog	Louis	Thomas	Hacker	Christina	10-Dec	Beck	Louis	y
181	1871	221	Holdefer	Friedr. Wilhelm	Friedr. W.	Holdefer	Marg.	17-Dec	der Vater		y
182	1871	221	Schmidt	Elise	Louis	Fehner	Francisca	17-Nov	Sommer	Elise Marg.	y
183	1871	221	Romer	Theresia	Gottfried	Weinreich	Auguste	17-Dec	Weinreich	Theresia	y
184	1871	221	Gritzan	Amalia Elise	Adam	Schuchmann	Kath.	24-Dec	Muller	Amalie E.	y
185	1871	221	Gerlach	Friedr. Wilhelm	Friedr. W.	Weitzel	Maria E.	24-Dec	Weitzel	Friedr.	y
									(1) Durr	(1) Joh.	
186	1871	221	Geiser	Johann Louis	Joh.	Durr	Barbara	25-Dec	(2) Geiser	(2) Louis	y
187	1871	221	Schuppel	Karl	Heinrich	Hess	Eva Barb	25-Dec	Vollbauer	Karl	y
188	1871	221	Paulus	Barbara	Paul	Jakob	Kath.	25-Dec	Kaiser	Barbara	y
189	1871	221	Walter	Heinrich	Joh.	Arenz	Marg.	25-Dec	Staffel	Heinrich	y
190	1871	221	Geelhaar	Anna Dorothea	Eduard	Wackers	Emma	25-Dec	Wirschnitzer	Anna	y
191	1871	221	Kaiser	Joh. Wilhelm	Joh. Hermann	Muller	Kath. M.	31-Dec	der Vater		y
192	1871	221	Gerhardt	Heinrich	Conrad	Laps	Louise	31-Dec	Alt	Heinrich	y
193	1871	221	Sitterding	Joh. Friedrich	Friedr.	Vickers	Sophia	31-Dec	der Vater		y
									(1) Meinhardt	(1) Anna	
194	1871	221	Schaake	Anna Maria	Ferdinand	Meinhardt	Maria	31-Dec	(2) Limpert	(2) Maria	y
1	1872	223	Schonhals	Anna Maria	John	Jung	Anna Maria	01-Jan	Wahl	Maria Kath.	y

Trinity German Lutheran Baptisms

No.	Year	Page	Surname	Given Name	Father	M Surname	M Given	Bapt	W Surname	W Given	More Info
2	1872	223	Riehl	Emma Virginia	Carl Fr.	Block	Kath.	01-Jan	die Mutter		y
3	1872	223	Wagner	Johann Severin	Conrad	Becker	Doroth.	01-Jan	Wagner	Johann	y
4	1872	223	Mehring	Georg	Matth.	Stecker	Barb.	07-Jan	Pfeiffer	Georg	y
5	1872	223	Tapmann	Joh. Heinrich	John	Durr	Kath.	07-Jan	Durr	Joh.	y
6	1872	223	Wiesmann	Heinrich	Georg	Martine	Marg.	07-Jan	Schuchardt	Heinrich	y
7	1872	223	Burkheimer	Wilhelmina	Balthasar	Kraft	Carolina	07-Jan	Burkheimer	Wilhelmina	y
8	1872	223	Wagner	Maria Ernstina	Caspar	Beck	Henrietta	07-Jan	Beck	Ernstina	y
9	1872	223	Hoos	Heinrich Wilhelm	Joh.	Friedrich	Marg.	14-Jan	Henss	Heinrich	y
10	1872	223	Horst	Kath. Elisabetha	Christian	Stuckert	Elise	14-Jan	die Mutter		y
11	1872	223	Wolfermann	Elisabetha Oscar Hermann	Michael	Feth	Marg.	21-Jan	Freund	Elisab.	y
12	1872	223	Menzel	Wilhelm	Herrmann	Barnstorf	Ernstina	21-Jan	Heinemann	Wilhelm	y
13	1872	223	Franz	Marai Carolina	Valentin	Borst	Sophia B.	28-Jan	Stutzer	Maria	y
14	1872	223	Fink	Augusta Theresia	Julius	Trimp	Marg.	28-Jan	Quartmann	Theresia (1) Friedr.	y
15	1872	223	Hocher	Joh. Friedrich	Joh.	Sehsing	Johanna	28-Jan	(1) Kort (2) Stenzel	(2) Joh.	y
16	1872	223	Schleinbecker	Georg Heinrich	Gottlieb	Hanne	Carolina	28-Jan	Hanne	Georg	y
17	1872	223	Gartner	Anna Maria	Friedr.	Marsch	Kath.	04-Feb	Budde	Maria M.	y
18	1872	223	Reges	Conrad	Joh.	Reis	Gertraud	04-Feb	Reis	Conrad	y
19	1872	223	Brethold	Eduard	Wilh.	Muller	Elise	04-Feb	Rössel	Leonhard	y
20	1872	223	Roth	Johann Hermann Wilhelm Georg	Joh. Friedr.	Kramer	Elisab.	07-Feb	Vorsten	Joh. H.	y
21	1872	223	Muller	Eduard	Georg	Sachse	Christiana	07-Feb	Muller	Georg E.	y
22	1872	223	von Osten	Georg	Bernhardt	Rudier	Emilie	11-Feb	Hofmeister	Georg	y
23	1872	223	Fehrmann	Johanna Wilhelmina Louis	Louis	Vollerdt	Francisca	11-Feb	Vollerdt	Maria Anna	y
24	1872	223	Muller	Katharina	Georg	Leonhardt	Marg.	18-Feb	Leonhardt	Kath.	y
25	1872	223	Krich	Joh. Karl Georg	Adam	Meyer	Kath.	25-Feb	Meyer	Joh.	y
26	1872	223	Kentner	Ludwig	Joh.	Muller	Elisab.	02-Mar	Kuchenmeister	Ludwig	y
27	1872	223	Schneider	Maria	Joh. Theiss	Ritterpusch	Martha E.	17-Mar	Meser	Maria	y
28	1872	223	Keiner	Joh. Georg Karl	Karl	Freund	Marg.	17-Mar	(1) Herget (2) Herget	(1) Joh. (2) Karl	y
29	1872	223	Printz	Joh. Bartholomaus	Joh.	Wahl	Rosina	17-Mar	Katzenmeier	Joh. Barthol.	y
30	1872	223	Dickhaut	Emilie	Georg	Kuhn	Carolina	23-Mar	die Eltern		y
31	1872	223	Dickhaut	Mathilde	Georg	Kuhn	Carolina	23-Mar	die Eltern		y
32	1872	223	Winterhalter	Clara Elisabetha	August	Dill	Susana C.	24-Mar	(1) Winterhalter (2) Winterhalter	(1) Elise (2) Joh.	y
33	1872	223	Lehneis	Anna Kath. Louise Louise Sophia	Joh. Georg	Distler	Barb.	31-Mar	Bramer	Louise	y
34	1872	223	Pfingsten	Wilhelmina	Wilhelm	Potthoff	Louise	31-Mar	Potthoff	Wilhelmina	y
35	1872	223	Stecker	Kath. Maria Louise	Friedr.	Raul	Helena	31-Mar	Becker	Kath. Maria L.	y
36	1872	223	Urban	Wilhelm	Adam	Kaltwasser	Anna	31-Mar	Stahl	Wilhelm	y
37	1872	223	Stahl	Mathilde Anna	Wilhelm	Appel	Mathilde	31-Mar	Urban	Anna	y
38	1872	223	Eiler	Sophia Theresia	Conrad	Haus	Carolina	07-Apr	Stiefel	Sophie Theresia	y
39	1872	223	Plitt	Friedr. Wilhelm	Louis	Kropf	Maria	08-Apr	(1) Kropf (2) Plitt	(1) Friedr. (2) Wilhelm	y

Trinity German Lutheran
Baptisms

No.	Year	Page	Surname	Given Name	Father	M Surname	M Given	Bapt	W Surname	W Given	More Info
40	1872	223	Lang	Maria Elise	Joh. Eberhardt	Kramer	Maria	14-Apr	Kramer	Maria E.	y
41	1872	223	Eichner	Joh. Georg Heinrich	Heinrich	Muller	Maria	14-Apr	Kohlepp	Joh. G.	y
42	1872	223	Michael	August Heinrich	John M.	Schleier	Maria	14-Apr	Schleier	August H.	y
43	1872	223	Lang	Joh. Philipp	Heinrich	Umbach	Kath.	14-Apr	Wustner	John	y
44	1872	225	Fraeger [Traeger]	Margaretha	Adam	Wagner	Emilie	15-Apr	Frank	Marg.	y
45	1872	225	Kampe	Anna Louise	Joh. Friedr.	Harle	Kath.	17-Apr	Kampe	Anna Louise	y
46	1872	225	Ochs	Amalia Estella	Lorenz	Lechner	Elise	21-Apr	Holdefer	Amalia	y
47	1872	225	Wittmer	Heinrich	Philipp	Hübner	Helena	21-Apr	Wittmer	Heinrich	y
48	1872	225	Heim	Ema Mathilde	Friedr.	Schmidt	Bergida	21-Apr	Roberts	Mathilde	y
49	1872	225	Schmidtbleicher	Johann	Jakob	Themant	Marg.	23-Apr	die Eltern		y
50	1872	225	Schmidtbleicher	Christina	Jakob	Themant	Marg.	23-Apr	die Eltern		y
51	1872	225	Rettberg	Elisabetha	Heinrich	Pracht	Emilie	24-Apr	(1) Schaffner (2) Jensch	(1) Elise (2) Kath.	y
52	1872	225	Rettberg	Wilhelm Peter Ottilie Lucy	Heinrich	Pracht	Emilie	24-Apr	(1) Schaffner (2) Muth (2) Sch...	(1) Peter (2) Louis (3) Karl	y
53	1872	225	Werner	Theresia	Otto H.	Stahlford	Helena Wa.	28-Apr	Stahlford	Lucy	y
54	1872	225	Korn	Joh. Friedrich	Joh.	Engelhardt	Carolina	28-Apr	Korn	Friedr.	y
55	1872	225	Bohn	Barbara	Joh.	Gries	Justina	05-May	Bohn	Barb.	y
56	1872	225	Brandt	Karl	Joh.	Bohn	Louise	05-May	Bohn	Karl	y
57	1872	225	Wenzel	Marg. Elisab.	John L.	Stahlford	Theresia	05-May	(1) Schaefer (2) Schaefer	(1) Elise (2) Marg.	y
58	1872	225	Hausmann	Joh. Wilhelm	John	Steinmeier	Kath.	05-May	Maier	Wilhelm	y
59	1872	225	Behn	Louise Dorothea Gesine	Joh.	Lambrecht	Minna	12-May	(1) Schulz (2) Behn (3) Niehof	(1) Louise (2) Doroth. (3) Gesina	y
60	1872	225	Kentner	Anna Magdalena	Caspar	Theinerl	Magd.	19-May	Karl	Magd.	y
61	1872	225	Muhlenfeld	Louise Maria	Friedr.	Kracke	Maria	19-May	(1) Vogt (2) Kracke	(1) Louise Maria	(2)
62	1872	225	Worthmann	Adolph Wilhelm	Adolph	Imfange	Elise	19-May	(1) Imfange (2) Worthmann	(1) Heinrich (2) Adolph	y
63	1872	225	Graffen	Wilhelmina Emilie	Heinrich	Bollwie	Sophia	19-May	Bidelmann	Wilhelmina	y
64	1872	225	Bidelmann	Ferdinand Karl Georg Wilhelm	Ferdinand	Ritter	Wilhelmina	19-May	der Vater		y
65	1872	225	Laupus	Heinrich	Wilhelm	Reed	Ellen	19-May	Reed	(1) Georg (2) Georg H.	y
66	1872	225	Diacont	Maria Albertina	Adam	Gady	Josephina	19-May	(2) Laupus	Maria	y
67	1872	225	Buchsbaum	Helena	Joh. H.	Heilmann	Paulina	19-May	Buchsbaum	Helena	y
68	1872	225	Dietrich	Maria Lilla Rosa	August	Baum	Rosa	19-May	Tebens	Maria	y
69	1872	225	Kaufmann	Adolph Helfrich	Helfrich	Alves	Johanna	20-May	Alves	Adolph	y
70	1872	225	Stoll	Joh. Michael	Wiegand	Graf	Anna B.	26-May	Graf	Joh.	y
71	1872	225	Rithmaier	Heinrich	Franz	Ewig	Maria	26-May	Benert	Heinrich	y
72	1872	225	Bonacker	Georg	Phil.	Wintells	Maria	26-May	Eith	Georg	y
73	1872	225	Stoll	Joh. Michael	Wiegand	Graf	Anna B.	26-May	[blank]		y

Trinity German Lutheran Baptisms

No.	Year	Page	Surname	Given Name	Father	M Surname	M Given	Bapt	W Surname	W Given	More Info
74	1872	225	Braun	Susanna Magdalena	Peter	Nordmann	Magdalena	02-Jun	Diem	Susanna	y
				Gustav Karl					(1) Ohlenroth	(1) Gustav	
75	1872	225	Thieme	Hermann	Hermann	Ohrmann	Ida	02-Jun	(2) Thieme	(2) Karl	y
76	1872	225	Schmidt	Maria Elise	Friedr.	Kattlander	Elise	06-Jun	die Eltern		y
				Heinrich Peter					(1) Brille	(1) Heinrich	
77	1872	225	Freiman	Wilhelm	Friedr.	Gebhardt	Elise	09-Jun	(2) Bubenheim	(2) Peter	y
									(1) Stritter	(1) Elise	
78	1872	225	Hartmann	Elise	Gotlieb	Stritter	Elsie	13-Jun	(2) Lehmann	(2) Elise	y
									(1) Hübner	(1) Georg	
79	1872	225	Frank	Georg Wiegand	Karl	Stoll	Maria	16-Jun	(2) Stoll	(2) Wiegand	y
80	1872	225	Rubenkonig	Oscar	Friedr.	Bohnewald	Louise	16-Jun	die Eltern		y
81	1872	225	Rubenkonig	Emma	Friedr.	Bohnewald	Louise	16-Jun	die Eltern		y
82	1872	225	Muller	Johann Heinrich	Georg	Klausing	Maria	30-Jun	Klausing	Joh. Heinrich	y
83	1872	225	Files	Karl Frank	Wilh. H.	Roth	Elise	30-Jun	Treusch	Karl	y
84	1872	225	Breier	Maria Christina	Joh. Georg	Gunter	Anna M.	30-Jun	Pollock	Maria Chr.	y
85	1872	225	Hofmeier	Philipp Reinhardt	Friedr.	Bruggemeier	Kath. E.	30-Jun	Storz	Philipp R.	y
86	1872	227	Hildebrandt	Heinrich	Heinrich	Donges	Marg.	07-Jul	die Eltern		y
87	1872	227	Buchheimer	Ida	Peter	Bott	Hannah	07-Jul	die Eltern		y
88	1872	227	Schneider	Elisabetha	Justus	Lotz	Kath.	07-Jul	Roth	Elise	y
89	1872	227	Thompson	Augusta	John	Kruger	Auguste	07-Jul	Ruck	Augusta	y
									(1) Segner	(1) Maria	
90	1872	227	Holderf	Maria Elisab.	Casten	Schnittker	Anna M.	07-Jul	(2) Nelson	(2) M.	y
									(1) Matzen	(1) Karl	
91	1872	227	Adix	Karl Gerhardt	Dietrich	Brunken	Kath.	07-Jul	(2) Gal	(2) Gerh.	y
92	1872	227	Morman	Frank	Heinrich	Thieman	Johann L.	07-Jul	Thieman	Frank	y
				Ernstina Augusta							
93	1872	227	Duck	Antonetta	Friedr.	Ruck	Barb.	07-Jul	Steigmaier	Ernstina	y
94	1872	227	Ulrich	Carolina	John	Herget	Eva	14-Jul	Maier	Carolina	y
95	1872	227	Laupus	Carolina	Gustav	Griebel	Elise	19-Jul	Griebel	Carolina	y
96	1872	227	Bär	Maria	Peter	Muller	Maria	21-Jul	Schmidt	Maria	y
97	1872	227	Carrer	Georg Adolph	Adolph	Zollhofer	Anna	26-Jul	Zollhofer	Georg	y
98	1872	227	Schreiber	Anna Margaretha	Friedr. E.	Friedrich	anna M.	04-Aug	Friedrich	Kath.	y
99	1872	227	Eckels	Friedrich Heinrich	Louis	Lenzer	Carolina	04-Aug	Osterling	Friedr. H.	y
									(1) Ringsdorf	(1) Peter	
100	1872	227	Krumm	Peter Wilh. Heinrich	Wilh.	Kraus	Christina	11-Aug	(2) Kraus	(2) Wm.	y
101	1872	227	Heimbach	Katharina	Thom.	Gunther	Louise	11-Aug	Lang	Kath.	y
102	1872	227	Zink	Heinrich Friedrich	Friedr. Aug.	Brunner	Louise	11-Aug	[blank]	Friedr.	y
				Friedrike					(1) Weinreich	(1) Wilhelmina	
103	1872	227	Link	Wilhelmina	Friedrich	Weinreich	Maria	18-Aug	(2) Link	(2) Friedka.	y
104	1872	227	Ludwig	Sigmund	Theodor	Deibel	Carolina	25-Aug	Ludwig	Sigmund	y
105	1872	227	Eitel	Agnes	John	Weifenbach	Wilhelmina	25-Aug	Klein	Agnes	y
106	1872	227	Eser	Maria B.	Heinrich	Huber	Veronika	25-Aug	Kaufmann	Maria B.	y
									(1) Krantz	(1) Elisab.	
107	1872	227	Hadermann	Louise Henrietta	Caspar	Schneider	Elisab.	25-Aug	(2) Steube	(2) Eva	y
108	1872	227	Ring	Joh. Heinrich	Christian	Schmidt	Anna Marg.	01-Sep	Schmidt	Joh. H.	y

Trinity German Lutheran Baptisms

No.	Year	Page	Surname	Given Name	Father	M Surname	M Given	Bapt	W Surname	W Given	More Info
109	1872	227	Kessler	Anna MArgaretha	Peter	Emerich	Kath.	08-Sep	Reinig	Anna M.	y
110	1872	227	Pieper	Magdalena	Karl	Gronewald	Friedrike	08-Sep	Schaferlein	Lena	y
111	1872	227	Flach	Karl August	August	Schiebel	Minna	08-Sep	Flach	Karl Aug.	y
112	1872	227	Weidinger	Jakob	Georg	Kratz	Maria	15-Sep	Edelmann	Jakob	y
113	1872	227	Albrecht	Dora Theresia	Wilhelm	Lindner	Theresia	15-Sep	(1) Arras (2) Schmandt	(1) Dora (2) Minna K.	
114	1872	227	Wollenweber	Emma Amalia	Daniel	Lohmann	Mathilde	22-Sep	(1) Ohrmann (2) Muller	(1) Amalia (2) Julie	y
115	1872	227	Landsberg	Henrietta Adelhaid Theresia	Dr. Wihelm S.	Boenike	Thekla	22-Sep	(1) Landsberg (2) Kistler (1) McLane	(1) Friedrike (2) Jakob (1) John	y
116	1872	227	Schmidt	Johann Wilhelm	Georg	Will	Eva	23-Sep	(2) Hartmann	(2) Wilh.	y
117	1872	227	Schaub	Karl	Johann	Berwig	Henrietta	29-Sep	Schmidt	Karl	y
118	1872	227	Fay	Kath. Emilie	Joh. Georg	Dörr	Kath.	29-Sep	Jockel	Emilie	y
119	1872	227	Dietrich	Friedr. August	Adam	Braungart	Emilie	29-Sep	(1) Braungart (2) Braungart	(1) Friedr. (2) Aug.	y
120	1872	227	Ewertt	Harry Hermann Abraham Ward	Wilhelm	Kemps	Elise	29-Sep	Kemps	Hermann	y
121	1872	227	Jones	Melvin	Wilhelm	Kemps	Kath.	29-Sep	Ward	Abraham	y
122	1872	227	Ernst	Karl Wilhelm	Heinrich	Strohl	Wilhelmina	06-Oct	Strohl	Karl W.	y
123	1872	227	Brommel	Robert	Wilhelm	Heiner	Lena	06-Oct	Townsond	Robert	y
124	1872	227	Richter	Maria Theresia	Georg	Steger	Marg.	13-Oct	Richter	Maria Theresia	y
125	1872	227	Schmidt	Christian Georg	Christian	Wedel	Caroline	13-Oct	(1) Wedel (2) Schmidt	(1) Georg (2) Georg	y
126	1872	227	Schmidt	Carolina	Jakob Friedrich	Weissmuller	Bertha	13-Oct	die Eltern		y
127	1872	227	Hoffmann	Joh.	Johann	Betz	Friedrike	13-Oct	Mader	Joh.	y
128	1872	229	Rosendom	Heinrich	Franz	Schulz	Wilhelmina	13-Oct	die Eltern		y
129	1872	229	Rosendom	Georg	Franz	Schulz	Wilhelmina	13-Oct	die Eltern		y
130	1872	229	Rosendom	Anna	Franz	Schulz	Wilhelmina	13-Oct	die Eltern		y
131	1872	229	Rosendom	Joh. Franz	Franz	Schulz	Wilhelmina	13-Oct	die Eltern		y
132	1872	229	Rosendom	Gustav Adolph	Franz	Schulz	Wilhelmina	13-Oct	die Eltern		y
133	1872	229	Rosendom	Christina Philippina	Franz	Schulz	Wilhelmina	13-Oct	die Eltern		y
134	1872	229	Rosendom	Philipp Albert	franz	Schulz	Wilhelmina	13-Oct	die Eltern		y
135	1872	229	Wolf	Friedr.	Adam	Fischer	Emma	15-Oct	Fischer	Friedr.	y
136	1872	229	Hecker	Anna Kath. Friedrika	Joh.	Sickel	Louise	20-Oct	Hecker (1) Muller	Friedrike (2) (1) Joh.	y
137	1872	229	Muller	Johann Andreas	Conrad	Wirting	Anna	20-Oct	Wirting	(2) Andr.	y
138	1872	229	Schutte	Kath. Louise	August	Klehm	Kath.	20-Oct	Schwinn	Kath.	y
139	1872	229	Gareis	Maria Elisabetha	Karl Aug.	Muller	Marg.	20-Oct	Muller	Maria E.	y
140	1872	229	Meusel	Johanna	Heinrich	Wirsching	Marg.	22-Oct	[blank]		y
141	1872	229	Meusel	Wilhelmina	Heinrich	Wirsching	Marg.	22-Oct	[blank]		y
142	1872	229	Meusel	Charlotta Nanetta	Heinrich	Wirsching	Marg.	22-Oct	[blank]		y
143	1872	229	Meusel	Augusta	Heinrich	Wirsching	Marg.	22-Oct	[blank]		y
144	1872	229	Henig	Franz Julius	Gustav	Herdt	Elise	22-Oct	Henig	Franz Julius	y
145	1872	229	Gronewald	Wilhelm August	Wilhelm	Schweizer	Maria	27-Oct	die Eltern		y

Trinity German Lutheran
Baptisms

No.	Year	Page	Surname	Given Name	Father	M Surname	M Given	Bapt	W Surname	W Given	More Info
146	1872	229	Wirth	Karl	Georg	Memmhardt	Rosina	27-Oct	Hüterot	Karl	y
147	1872	229	Krieg	Frida	Albert	Schwarz	Anna M.	27-Oct	Schwarz	Georgina	y
148	1872	229	Sicherling	Bernhardina Christina	Joh.	Muller	Doroth.	03-Nov	Budemayer	Bernhardina Christine	y
149	1872	229	Wandtke	Eduardt Hermann	Hermann E.	Schreiber	Henrietta	10-Nov	die Eltern		y
				Kath. Brigida							
150	1872	229	Eilers	Barbara	Friedr.	Ermer	Barb.	10-Nov	Ermer	Kath.	y
151	1872	229	Reif	Katharina Elisab.	Leonhardt	Midländer	Kath. E.	15-Nov	die Eltern		y
152	1872	229	Korber	Sophia Theresia	Joh.	Eichmuller	Barb.	24-Nov	Ehrmann	Sophia	y
153	1872	229	Schmidt	Charlotte Cecilia	Herrmann	Schaub	Charlotte	28-Nov	die Eltern		y
154	1872	229	Schubert	Rosa Christina	Christian	Schwarz	Louise	01-Dec	(1) Seidling	(1) Maria R.	y
									(2) Bohnlofink	(2) Christina	
155	1872	229	Otto	Johann Theis	Georg W. T.	Link	Maria	01-Dec	Ulrich	Joh. Theis	y
156	1872	229	Schwinn	Georg	Georg	Heinzelmann	Kath.	01-Dec	Schwinn	Georg	y
157	1872	229	Schwinn	Margaretha	Conrad	Heinzelmann	Lena	01-Dec	Schwinn	Margaretha	y
158	1872	229	Stintz	Theresia Carolina	Wilhelm	Volkland	Carolina	22-Dec	die Mutter		y
159	1872	229	Arenz	Freidrike Amalia	Wilhelm	Schur	Augusta Amalie	25-Dec	die Eltern		y
160	1872	229	Bernhardt	Anna Gertraud	Joh. Martin	Altvater	Marai	25-Dec	Geier	Anna Gertraud	y
161	1872	229	Bruschack	Alma Augusta	Johann	Domsche	Christina	26-Dec	Liebmann	Anna	y
162	1872	229	Rost	Emma	Philipp	Heidel	Sophia	26-Dec	die Eltern		y
163	1872	229	Rost	Philipp	Philipp	Heidel	Sophia	26-Dec	die Eltern		y
164	1872	229	Rost	Edwin	Philipp	Heidel	Sophia	26-Dec	die Eltern		y
165	1872	229	Rost	Karl Friedr. Wilhelm	Philipp	Baum	Wilhelmina	26-Dec	die Eltern		y
166	1872	229	Ring	Maria	Gottfried	Flick	Marg.	29-Dec	Leinz	Maria	y
167	1872	229	Schlesinger	Georg Richardt	Georg	Brockmann	Johanna	09-Aug	(1) Ones	(1) Richard	y
									(2) Schlesinger	(2) Georg	
168	1872	229	Stallknecht	Wiegand	Ernst Adolph	Halbritter	Johanna E.	29-Dec	Curth	Wigand	y
169	1872	229	Kemno	Christian Conrad	Christian	Luers	Wilhelmina	29-Dec	der Vater		y
1	1873	231	Pieper	Katharina	Heinrich	Doellner	Laura	01-Jan	Pieper	Kath.	y
2	1873	231	Hucker	Conrad	Nikl.	Stengel	Kath.	01-Jan	Engel	Conrad	y
				Henrietta Adelhaid							
3	1873	231	Treulieb	Theresia	Georg Peter	Kemps	Maria	01-Jan	Brack	Henrietta	y
4	1873	231	Schmeiser	Georg Ernst	Joh.	Krasser	Anna	05-Jan	Weggel	Georg Ernst	y
5	1873	231	Schaferman	Sarah Elise	Heinrich	Roberts	Henrietta	12-Jan	Schafermann	Sarah	y
				Anna Marg.							
6	1873	231	Requardt	Adelhaid	Joh. Jak.	Schmidt	Maria	19-Jan	Schmidt	Anna Ma. A.	y
7	1873	231	Requardt	Bertha Elise	Joh. Jak.	Schmidt	Maria	19-Jan	Requardt	Bertha E.	y
8	1873	231	Muller	Joh. Michael	Georg	Dopfner	Adolphina	19-Jan	Muller	Joh. M.	y
9	1873	231	Muller	Anna Elisabetha	Georg	Dopfner	Adolphina	19-Jan	Dopfner	Anna Elis.	y
				Joh. Heinrich					(1) Jung	(1) Joh.	
10	1873	231	Schneider	Conrad	Caspar	Kruse	Clara Antonetta	19-Jan	(2) Becker	(2) Conrad	y
11	1873	231	Uhing	Heinrich Friedrich	Heinrich	Bellman	Barb.	21-Jan	[blank]		y
12	1873	231	Kissling	Albert	Albert	Riedel	Louise	26-Jan	der Vater		y
13	1873	231	Bubenhein	Carolina Elise Lena	Peter	Gebhardt	Christina	26-Jan	(1) Wollenweber	(1) Caroline	y
									(2) Freiman	(2) Elise	

Trinity German Lutheran
Baptisms

No.	Year	Page	Surname	Given Name	Father	M Surname	M Given	Bapt	W Surname	W Given	More Info
14	1873	231	Keil	Elisab.	Heinrich	Krep	Elise	26-Jan	Kness	Elise	y
15	1873	231	Muller	Elisab. Dorothea Marg. Kath.	Joh. Mich	Mehringer	Elise	26-Jan	(1) Mehringer (2) Muller (1) Zurmihl (2) Albers	(1) Doroth. (2) Elise (1) Kath. (2) Marg.	y
16	1873	231	Albers	Friedrike	Wilhelm	Zurmihl	Mathilde	26-Jan	Kolb	Joh. Georg	y
17	1873	231	Wiessner	Joh. Georg	Joh.	Kolb	Maria	02-Feb	Westerman	Marg. Adl.	y
18	1873	231	Hiebel	Marg. Adelhaid	Gustav	Adebahr	Martha E.	02-Feb	Burkheimer	Heinrich Ph.	y
19	1873	231	Buchsbaum	Heinrich Philipp	Heinrich	Kaiser	Elise	02-Feb	Lauer	Daniel	y
20	1873	231	Huther	Daniel	Louis	Schmidt	Kath.	09-Feb	Pfeifer	Anna K.	y
21	1873	231	Wittstadt	Anna Kunigunde	Andreas	Egelseer	Kunigunde	09-Feb	Pannetti	Dr. Joh.	y
22	1873	231	Pannetti	Philipp Adam Ernst Heinrich	Ernst Adolph	Gammer	Barb.	12-Feb	(1) Moller (1) Holdefer	(1) Christine E (2) Anna (1) Marg.	y
23	1873	231	Berner	Christian Anna Marg.	Wm.	Hussmann	Kath. M.	16-Feb	(2) Moller (2) Renner	(2) Anna D.	y
24	1873	231	Renner	Dorothea	Joh.	Holdefer	Amalia	16-Feb	(1) Geelhaar	(1) Eduard	(2)
25	1873	231	Wirschnitzer	Karl Eduard	Karl	Geelhaar	Anna	23-Feb	(2) Becker	Karl	y
26	1873	231	Kentner	Dorothea Carolina	Joh.	Schnell	Christine	01-Mar	Zeidler (1) Hosper (2) Ohman (3) Gunther	Doroth. Charlotta (1) Wilha. (2) Elise (3) Emil	y
27	1873	231	Brille	Wilhelmina Elise Anna	Heinrich	Hosper	Anna	01-Mar	(4) Heupke	(3) Aug.	y
28	1873	231	Gerlach	Margaretha	Ludwig Friedr.	Weitzel	Maria Elise	01-Mar	Weitzel	Marg.	y
29	1873	231	Zick	Adam Friedrich	Friedrich	Leuthenser	Maria	09-Mar	Leuthenser	Adam	y
30	1873	231	Hess	Johann Friedrich	Georg Ph.	Bosshamer	Elisab.	09-Mar	Holste	Joh. Fr.	y
31	1873	231	Bitter	Jakob Friedrich	Wilhelm	Greb	Christina	09-Mar	Herzog	Jakob Fr.	y
32	1873	231	Gotz	Margaretha Caroline	Georg	[blank]	Elisab.	16-Mar	Freund (1) Dittmann	Margaretha (1) Gustav	y
33	1873	231	Langemann	Georg Gustav	Georg	Dittmann	Marg.	16-Mar	(2) Stevens	(2) Georg	y
34	1873	231	Schroder	Franz Louis	Hermann	Mackel	Rosine	23-Mar	Schroder	Franz B.	y
35	1873	231	Hoffmann	Maria	Heinrich	Wild	Doroth.	23-Mar	Brauninger	Maria	y
36	1873	231	Werner	Anna Eva	Heinrich	Herget	Maria	23-Mar	Ulrich	Eva	y
37	1873	231	Booth	Maria Barbara	Robert	Ricket	Hannah	26-Mar	Schissler	Maria B.	y
38	1873	231	Booth	Dina	Robert	Ricket	Hannah	26-Mar	Maloney	Dina	y
39	1873	231	Hilz	Philipp	Conrad	Grambauer	Carolina	30-Mar	Hilz	Philipp	y
40	1873	231	Wagner	Karl	Joh. Casp.	Beck	Henrietta	06-Apr	Wagner	Carl	y
41	1873	231	Hanson	Caroline Friedrike	Georg	Muller	Louise	06-Apr	Muller	Caroline	y
42	1873	233	Witter	Friedr. Wilhelm	Friedr.	Pfaff	Elise	10-Apr	der Vater		
43	1873	233	Merz	Louise Maria	Louis	Meise	Kath.	13-Apr	(1) Meise (2) Eichenbrodt (1) Ohrman (2) Hempke (2) Leimbach	(1) Louise (2) Maria (1) Karl (2) Aug. Karl	y (3) (4)
44	1873	233	Hasper	Karl August Emil	Heinrich	Wolter	Minna	13-Apr	(3) Gunther	Emil	y

Trinity German Lutheran Baptisms

No.	Year	Page	Surname	Given Name	Father	M Surname	M Given	Bapt	W Surname	W Given	More Info
45	1873	233	Mellema	Doroth. Francisca	Heinrich	Brader	Helena	13-Apr	Gaffin	Henrietta	
46	1873	233	Borneman	Henrietta	Joh. H. W.	Guntram	Maria	13-Apr	die Eltern		y
47	1873	233	Mohr	Harrison Nathanel	Joh. Franklin	Borneman	Maria	13-Apr	Borneman	Maria	y
48	1873	233	Schuchmann	Juliise Anna	Theodor	Döll	Maria	13-Apr	Zirkel	Eduard	y
49	1873	233	Schuchmann	Eduard Valentin	Theodor	Döll	Maria	13-Apr	Schuchman	Louise	y
50	1873	233	Fink	Emma Louise	Julius	Trimp	Marg.	13-Apr	Eckelman	Maria	y
51	1873	233	Fanzelan	Maria Eleonore	Jakob	Wolf	Maria	20-Apr	Gfaschnei	Wilhelmina	y
52	1873	233	Burkheimer	Wilhelmina	Leonhardt	Emerich	Wilha.	20-Apr	Emrich	Wilhelmina	y
53	1873	233	Lindeman	Maria Elisabetha	Karl	Brodehans	Philippina	20-Apr	(1) Brodehans (2) Muller	(1) Maria (2) Elisab.	y
54	1873	233	Patschky	Georg Peter	Tobias	Steinmetz	Maria	20-Apr	Winter	Georg Peter	y
55	1873	233	Fischer	Georg Alford	Karl	Dwellbeck	Marg.	27-Apr	Jellman	Joh. G.	y
56	1873	233	Nauman	Kath. Elisab.	Joh.	King	Ema L.	27-Apr	Nauman	Kath.	y
57	1873	233	May	Karl Christoph Eduard	Karl J.	Mahr	Louise	27-Apr	der Vater		y
58	1873	233	Hartung	Joh. Henrich Friedrich	August	Helfrich	Kath.	27-Apr	Meisel	Jakob	
59	1873	233	Kahl	Barb. Henrietta	Karl	Seiffert	Kath.	27-Apr	(1) Wustner Frank	(2) (1) Joh. (2) Henrietta	y
60	1873	233	Schwabeland	Maria Christina	Conrad	Donovan	Anna	27-Apr	Sohn	Maria Christina	y
61	1873	233	Menzel	Wilhelm	Herrmann	Barschdorf	Ernstine	04-May	Barschdorf	Wilhelm	y
62	1873	233	Wich	Joh. Wilhelm Karl	Joh. Nikl.	Bechtold	Anna M.	04-May	(1) Feik (2) Sim...	(1) Wilhelm (2) Karl	y
63	1873	233	Distler	Barbara	Conrad	Distler	Marg.	04-May	Lehneis	Barb.	y
64	1873	233	Kellner	Heinrich	Karl	Killmann	Emma	11-May	Kellner	Heinrich	y
65	1873	233	Kieffer	August	Louis	Helen	Friedrike	11-May	Weiss	August	y
66	1873	233	Fleischman	Margarethe	Lorenz	Schneider	Eva E.	14-May	Walsh	Marg.	y
67	1873	233	Kemps	Gesina Bernhardine Antonia	Gerhardt	Kocke [?]	Gesina	18-May	Niehof	Gesina	y
68	1873	233	Rathgeber	Carolina	Joh.	Ilz	Theresia	18-May	Steinmuller	Carolina	y
69	1873	233	Beckman	Joh. Heinrich Gustav Adolph	Friedr.	Bruns	Johanna W.	25-May	Fahlbusch	Adolph	y
70	1873	233	Bruns	Joh. Heinrich Christian	Wilhelm	Fischer	Johanna Aug.	25-May	Fahlbusch	Adolph	y
71	1873	233	Glaser	Friedrike Elisabetha	Karl F.	Herrman	Elisab.	01-Jun	Glaser	Friedrika E.	y
72	1873	233	Worthmann	Friedrich	Adolph	Imfange	Elisab.	01-Jun	Imfange	Friedrich	y
73	1873	233	Turk	Joh. Georg	Sebastian	Bubin	Elisab.	01-Jun	Dietsch	Joh. G.	y
74	1873	233	Weinreich	Kath. Auguste	Franz	Musse	Elisab.	01-Jun	(1) Brause (2) Hasebert	(1) August (2) Kath.	y
75	1873	233	Lovie	Joh. Rudolph Paul	Albert	Fellman	Emma	01-Jun	(1) Hitz (2) Fellman (3) Weiss	(1) Joh. (2) Rudolph (3) Maria D.	y

Trinity German Lutheran Baptisms

No.	Year	Page	Surname	Given Name	Father	M Surname	M Given	Bapt	W Surname	W Given	More Info
76	1873	233	Staap	Reinhardt Ludwig Theodor	August	Moller	Friedrike	08-Jun	Borneman	Reinhardt L. Th.	y
77	1873	233	Stratten	Louis Philipp	Julius Thor	Krumm	Ema L.	15-Jun	Krumm	Louis Ph.	y
78	1873	233	Maier	Johannes	Philipp	Freund	Regina	15-Jun	Freund	Joh.	y
79	1873	233	Schroder	Emilie Sophia	Franz Bernh.	Oetzel	Sophia	22-Jun	(1) Mackel	(1) Sophia	
									(2) Schroder	(2) Emilia	y
80	1873	233	Ohlendorf	Charlotte	Heinrich	Wiessner	Charlotte	22-Jun	Wiessner	Charlotte S.	y
81	1873	233	Werrlein	Caroline	Joh.	Weise	Christina	29-Jun	Weise	Caroline	y
82	1873	233	Rode	George Washington	Karl	Hudgins	Elise	30-Jun	die Eltern		y
83	1873	233	Falkenstein	Anna Carolina	Friedr.	Wentz	Anna	06-Jul	die Eltern		y
84	1873	233	Petri	Bernhard Heinrich	Georg	Fischer	Auguste	06-Jul	(1) Buchsbaum	(1) Bernh.	
									(2) Buchsbaum	(2) Heinrich	y
85	1873	235	Laupus	Doroth. Elise Marg.	Gustav Ad.	Griebel	Elisab.	13-Jul	Laupus	Doroth. E. M.	y
86	1873	235	Kuntz	Johannes	Heinrich	Grosch	Marg.	13-Jul	Wehrum	Joh.	y
87	1873	235	Thein	Katharina	Christian	Dey	Marg.	20-Jul	Schuch	Kath.	y
88	1873	235	Asprii	Joh. Willm. Parker Heinrich Karl	David	Bruggemann	Anna	20-Jul	Dey	Joh.	y
89	1873	235	Kraatzer	Theodor	Theodor	Riehl	Elise	20-Jul	(1) Riehl	(1) Heinrich	
									Riehl	(2) Karl	y
90	1873	235	Mening	Anna Marg. Katharina	Joh.	Albers	Anna	20-Jul	Albers	Anna Marg. K.	
									(1) Heide	(1) Helena	
91	1873	235	Lohr	Anna Friedrike Hd.	Friedr.	Longguth	Bertha	20-Jul	(2) Lohr	(2) Anna	y
92	1873	235	Preis	Joseph	Heinrich	Link	Anna	27-Jul	Philipps	Joseph	y
93	1873	235	Schlesinger	Elisab. Kath. Maria	Georg	Brockmann	Johanna M.	03-Aug	Schlesinger	Elisab.	y
94	1873	235	Hartwig	Emma	Jakob	Strohl	Kath.	10-Aug	Vollrath	Emma	y
95	1873	235	Guteknust	Lilly Gertraud	August	Backer	Julie M.	10-Aug	die Eltern		y
96	1873	235	Fink	Heinrich	Wilhelm	Jung	Elisab.	10-Aug	Jung	Heinrich	y
97	1873	235	Sitterding	Friedrich Gerhardt	Friedrich	Wickers	Sophia	17-Aug	die Eltern		y
98	1873	235	Printz	Georg Heinrich	Conrad	Schmidt	Carl. E.	17-Aug	Ross	Georg H.	y
99	1873	235	Heim	Wilhelm	Philipp	Pemeisel	Barb.	17-Aug	der Vater		y
100	1873	235	Krug	Kath. Barbara	Thomas	Haas	Rosina	17-Aug	Krug	Kath. B.	y
101	1873	235	Frey	Maria Elisabetha	Peter	Bartels	Kath.	18-Aug	Weitzel	Maria E.	y
102	1873	235	Frey	Peter	Peter	Bartels	Kath.	18-Aug	der Vater		y
103	1873	235	Frankenberger	Meta	John	Hartan	Marg.	24-Aug	Kastens	Meta	y
104	1873	235	Freund	Conrad	Conrad	Friedrich	Elisab.	24-Aug	Maier	Conrad	y
105	1873	235	Reich	Friedr. Hermann	Hermann	Clas	Magd.	31-Aug	Willberg	Friedr.	y
106	1873	235	Moore	Wilhelm Heinrich	Joh. Fr.	Borneman	Maria	31-Aug	Borneman	Heinrich W.	y
107	1873	235	Moore	Richard Asbury	Joh. Fr.	Borneman	Maria	31-Aug	Chamberlin	Rich. Asbury	y
108	1873	235	Kastens	Louis	Hermann	Koppman	Kath.	31-Aug	Kastens	Louis	y
109	1873	235	Schleinbecker	Emilie Marg.	Gottlieb	Hanne	Carolina	31-Aug	Hanne	Emilie M.	y
110	1873	235	Seicks	Daniel Eduard	Adam	Henschel	Emilie	03-Sep	Kopp	Daniel	y
111	1873	235	Kemper	Anna Maria Lena	Heinrich	Hemrich	Anna B.	07-Sep	Wein	Anna M. L.	y
112	1873	235	von Gosseln	Sophie	Robert	Weber	Johanna	09-Sep	Blome	Sophie Theresia	y
113	1873	235	Balster	Barbara Elisab.	Georg	Ritterpusch	Eva	11-Sep	Lauer	Barb. E.	y

Trinity German Lutheran
Baptisms

No.	Year	Page	Surname	Given Name	Father	M Surname	M Given	Bapt	W Surname	W Given	More Info
114	1873	235	Blomer	Friedrike Caroline	Samuel	Schafer	Marg.	11-Sep	(1) Lohr	(1) Friedr.	y
									(2) Lohr	(2) Carol.	y
115	1873	235	Hasel	Georg	Friedr.	Herschman	Kath.	14-Sep	Kamptman	Georg	y
116	1873	235	Gerken	Johanna Dorothea	Wilhelm	Krusen	Louise	14-Sep	Wehr	Johanna D.	y
117	1873	235	Lindeman	Elisab.	Karl	Serth	Maria	14-Sep	Serth	Elisab.	y
118	1873	235	Schmeiser	Katharina	Georg	Harz	Magd.	14-Sep	Schmeiser	Kath.	y
119	1873	235	Teufel	Heinrich August	Lampert	Kispert	Nanette	15-Sep	Fischer	Heinrich Aug.	y
120	1873	235	Pasquay	Maria Francisca	Jakob	Schneider	Rosa	18-Sep	(1) Schneider	(1) Maria	y
									(2) Pasquay	(2) Francisca	y
121	1873	235	Eiler	Susana Maria	Conrad	Haas	Carol.	21-Sep	Grasmick	Susane M.	y
122	1873	235	Niedergesäss	Augusta	Karl	Frese	Maria	23-Sep	Hening	August	y
123	1873	235	Josenhans	Karl Wilhelm	Karl	Schneider	Laura	28-Sep	der Vater		y
124	1873	235	Muller	Ferdinand Karl	Adam	Beck	Emilie	28-Sep	Muller	Ferdinand	y
125	1873	235	Ritterpusch	Friedr. Christian	Heinrich	Antholz	Maria	28-Sep	Freiholz	Friedr. Chr.	y
126	1873	235	Koch	Anna Barbara	Bernhard	Bohm	Louise	28-Sep	Koch	Anna B.	y
127	1873	235	Kratt	Wilhelm Martin	Martin	Fischer	Wilhelmina M.	14-Sep	[blank]		y
128	1873	237	Kamphans	Anna Katharina Ernst August	Heinrich	Thumser	Aug.	05-Oct	Woltjen	Anna K.	y
129	1873	237	Langemann	Ferdinand	Joh.	Mohr	Kath.	05-Oct	Nothnagel	Ernst Aug. F.	y
130	1873	237	Habrecht	Oscar Felix	Wilh.	Darsler	Emilie L.	05-Oct	Barschdorf	Wilh.	y
131	1873	237	Garling	Friedrich Rudolph	Friedrich	Heidlage	Carol.	11-Oct	Heidlage	Rudolph	y
132	1873	237	Nellert	Elise Anna	Joh.	Burn	Carol.	12-Oct	Bauer	Elise Anna	y
133	1873	237	Ahles	Joh. Georg	Joh.	Blum	Maria	12-Oct	Schmidt	Joh. Georg	y
134	1873	237	Burkard	August	David	Raschen	Johanna M.	12-Oct	Heise	August	y
135	1873	237	Wustner	Anna Barbara	Joh.	Maurer	Barb.	13-Oct	(1) Hertlein	(1) Barb.	y
									(2) Lang	(2) Kath.	y
									(3) Weber	(3) Math.	y
									(4) Hermann	(4) Eva	y
136	1873	237	Homberg	Kath. Johanna	Martin	Brase	Bertha	16-Oct	Homberg	Kath.	y
137	1873	237	Gerold	Karl Martin	Heinrich	Gareis	Anna B.	19-Oct	Buschelberger	Karl M.	y
138	1873	237	Eitel	Heinrich	John	Weiffenbach	Wilhelmina	19-Oct	die Eltern		y
139	1873	237	Brautigam	Karl Adam	Adam	Happel	Augusta	19-Oct	Hottes	Karl	y
140	1873	237	Geelhaar	Georg Karl Georg Heinrich	Eduard	Wackers	Emma	19-Oct	(1) Baier	(1) Georg	y (2)
									(2) Wirschnitzer	(2) Karl	
141	1873	237	Schaake	Theodor	Ferdinand	Meinhardt	Maria	19-Oct	(1) Schmidt	(1) Theodor	y
									(2) Meinhardt	(2) H.	y
142	1873	237	Zippling	Louis	Julius	Schumacher	Maria	21-Oct	Schumacher	Louise	y
143	1873	237	Eberwein	Jakob Friedrich	Wilhelm	Hinkel	Kath.	22-Oct	Eberwein	Jak. F.	y
144	1873	237	Schaferman	Auguste Wilhelmina Henrietta	Friedr. L.	Gartner	Wilha.	23-Oct	Herbst	Aug. W. H.	y
145	1873	237	Klein	Margaretha Johanna Kath.	Wilhelm	Beckel	Maria	26-Oct	Kutzberger	Marg.	y
146	1873	237	Degner	Elisabeth	Karl H.	Lippke	Friedrike	26-Oct	Dressel	Kath.	y
147	1873	237	Horst	Georg Wilhelm	John	Jager	Kath.	26-Oct	Ranft	Georg W. Oscar	y

Trinity German Lutheran
Baptisms

No.	Year	Page	Surname	Given Name	Father	M Surname	M Given	Bapt	W Surname	W Given	More Info
148	1873	237	Peper	Bertha Sophia Friedrika	Heinrich	Miller	Maria	26-Oct	Miller	Bertha	y
149	1873	237	Ulrich	Matthaus Andreas	Joh.	Herget	Anna Eva	26-Oct	(1) Herget	(1) Matthaus	y
									(2) Herget	(2) Andr.	
150	1873	237	Ziergebel	Amalia	Michael	Bechtold	Carol.	29-Oct	Ludwig	Amalia	y
151	1873	237	Wehe	Johannes	Joseph	Mann	Johanna	02-Nov	Wehe	Joh.	y
152	1873	237	Gries	Maria Elisabetha	Adam	Muth	Elisab. M.	09-Nov	Muth	Maria E.	y
153	1873	237	Gaisle	Johannes	Conrad	Schaberlein	Barb.	09-Nov	Mader	Joh.	y
154	1873	237	Wittmer	Emma Friedrika Louise Doroth.	Philipp	Hübner	Helena	16-Nov	Glenn	Emma R.	y
155	1873	237	Kaufman	Augusta	Helfrich	Alvers	Johanna	16-Nov	Hecker	Elise	y
									(1) Mohler	(1) Wilhelm	
156	1873	237	Eckhardt	Wilhelm Heinrich	Wilhelm	Ackle	Marg.	23-Nov	(2) Merz	(2) Heinrich	y
157	1873	237	Grieser	Heinrich Georg	Peter	Frey	Anna	23-Nov	Frey	Heinrich	y
158	1873	237	Hofmeister	Philipp	Philipp	Briegel	Doroth.	23-Nov	der Vater		y
159	1873	237	Wietscher	Anna	Albert	Greb	Anna M.	23-Nov	Schmuff	Anna	y
160	1873	237	Bachtels	Maria Elisabetha Ludwig Jakob	Heinrich	Hollwig	Johanna	23-Nov	Wietscher	Anna M.	y
161	1873	237	Rubrecht	Wilhelm	Christian	Fischer	Barb.	30-Nov	Bissert	Ludwig J. W.	y
162	1873	237	Hamel	Katharina	Joseph	Kosche	Barb.	01-Dec	Krug	Kath.	y
163	1873	237	Schwinn	Maria	Conrad	Heinzelmann	Lena	10-Dec	Heinzelmann	Maria	y
164	1873	237	Wiegel	Theodor Wilhelmina	Georg	Bachman	Elise	14-Dec	Bachmann	Theodor	y
165	1873	237	Hassinger	Christina	Wilhelm	Hassinger	Christina	14-Dec	Hassinger	Wilhelmina	y
166	1873	237	Dannenfelser	Georg Louis	Ludwig	Lepper	Maria	16-Dec	Davis	Louis	y
167	1873	237	Regner	Anna	Jakob	Ritterpusch	Elisab.	19-Dec	Ritterpusch	Anna	y
168	1873	237	Joars	Johann Romer	Wilhelm	Romer	Anna E.	21-Dec	Schmidt	Joh. Romer	y
169	1873	237	Thiemann	Maria Ida	Frank	[blank]	Mathilde	21-Dec	Glaser	Anna M.	y
170	1873	237	Fields	Katharina	Georg	Schaub	Maria	25-Dec	Schaub	Kath.	y
171	1873	239	Filiaux	Karl	Christian	Slittelberger		25-Dec	Bonn	Karl	y
									(1) Naumann	(1) Joh.	(2)
172	1873	239	Nauman	Johann August	Heinrich	Helfenbein	Kath.	25-Dec	(2) Naumann	August	y
173	1873	239	Holdefer	Magdalena	Wilhelm	Holdefer	Marg.	25-Dec	Holdefer	Magdalena	y
174	1873	239	Behrens	Anna Auguste	Wilhelm H.	Neuhaus	Sophie	25-Dec	Hinna	Augusta	y
175	1873	239	[blank]	Emma Henrietta		Jung	Laura Virginia	26-Dec	Schulze	Georg Heinrich	y
1	1874	239	Lahm	Rosina	Heinrich	Goldstrohm	Elisab.	01-Jan	Goldstrohm	Rosina	y
2	1874	239	Kentner	Christiana	Caspar	Thein	Magd.	04-Jan	Kentner	Christiana	y
3	1874	239	Liebman	Peter Karl	Moritz	Roberts	Alma	04-Jan	Ringsdorf	Peter Karl	y
				Karl Friedrich					(1) Lammers	(1) Heinrich	
4	1874	239	Heim	Wilhelm	Friedrich	Stugkert	Sophie	04-Jan	(2) Horr	(2) Wm.	y
5	1874	239	Gareis	Margaretha Lillie	Karl A.	Muller	Marg.	05-Jan	die Eltern		y
6	1874	239	Heimbach	Wilhelm Adam	Adam	Pieper	Elise M.	14-Jan	Pieper	Wilhelm	y
7	1874	239	Buchheimer	Edward Rudolph	Peter	Botts	Hanna	18-Jan	die Eltern		y
8	1874	239	Hager	Anna Johanna	Nikl.	Kissling [Kipling]	Maria	18-Jan	Schiedel	Anna Johanna	y
9	1874	239	Pfannenschmidt	Louis	Joh.	Grauling	Elise	18-Jan	die Eltern		y
10	1874	239	Abbe	Charlotte Lissette	Richardt W.	Dulong	Lissette	18-Jan	die Eltern		y

Trinity German Lutheran
Baptisms

No.	Year	Page	Surname	Given Name	Father	M Surname	M Given	Bapt	W Surname	W Given	More Info
11	1874	239	Balster	Christianna		Lahm	Sophia	25-Jan	[blank]		y
12	1874	239	Schmidt	Josephina	Wilh.	Will	Eva	26-Jan	die Eltern		y
13	1874	239	Roth	Friedrich Wilhelm	Georg	Kramer	Anna E.	30-Jan	die Eltern		y
14	1874	239	Kümmerlein	Georg	Joh. Fr.	Haas	Louise	01-Feb	Schuppel	Rosina	y
15	1874	239	Bohn	Rosina Katharina	Joh. Mich.	Frank	Maria	01-Feb	Bohn	Joh. Adam	y
				Joh. Adam	Karl				(1) Muller	(1) Friedr.	(2)
16	1874	239	Eck	Ella Friedrike Kath.	Friedr.	Engel	Christina	01-Feb	(2) Eck	Kath.	y
17	1874	239	Kieffner	Heinrich	Gottlieb	Kleinmaier	Eugenia	01-Feb	Lang	Heinrich	y
18	1874	239	Eckes	Paulina Carolina	Heinrich	Ritter	Amalia	04-Feb	Ritter	Pauline C.	y
19	1874	239	Schell	Minna	Heinrich	Wunner	Christina	08-Feb	Eckhardt	Minna	y
									(1) Weinreich	(1) Franz	(2)
20	1874	239	Linck	Francisca Henrietta	Friedr.	Weinreich	Maria	08-Feb	(2) Link	H.	y
21	1874	239	Hacker	Joh.	Nikl.	Stenger	Kath.	10-Feb	Engel	Joh.	y
22	1874	239	Kübler	Margaretha	Franciscus	Thomas	Anna	15-Feb	Hartstock	Friedrich	y
23	1874	239	Behrens	Meno Eilers	Meno	May	Bertha L.	15-Feb	der Vater		y
24	1874	239	Schmidt	Katharina	Christian	Wedel	Carolina	15-Feb	Vogel	Kath.	y
				Eduard Heinrich							
25	1874	239	Wischmeyer	Karl	Eduard	Duckstein	Effie	15-Feb	Wischmeyer	Eduard	y
26	1874	239	Kriech	Sophia Wilhelmina	Louis	Maier	Kath.	22-Feb	Kroninger	Soph.	y
									(1) Cronau	(1) Maria	
27	1874	239	Wildman	Maria Louise	Ernst Adolph	Cronau	Kath.	22-Feb	(2) Wildman	(2) Louise	y
28	1874	239	Schaaf	Johann	Joh.	Hubka	Johanna	01-Mar	Eckes	Joh.	y
29	1874	239	Schnapp	Joh. Adam	Joh.	Schoner	Christina	01-Mar	Nissel	Joh. Ad.	y
30	1874	239	Klein	Paul Constantin	Aug.	Sandberg	Agnes	03-Mar	Blome	Hartwig	y
31	1874	239	Klein	Wilhelmina Agnes	Aug.	Landberg	Agnes	03-Mar	Eitel	Wilhelmina	y
32	1874	239	Kutch	Georg	Georg	Schreiber	Anna K.	03-Mar	die Eltern		y
33	1874	239	Borneman	Oliver Albert	John H.	Guntram	Maria A.	08-Mar	die Eltern		y
				Anna Maria							
34	1874	241	Stubing	Katharina	Heinrich	Rudolph	Kath.	14-Mar	Rudolph	Kath. E.	y
35	1874	241	Mengel	Louise Emilie	Herrmann	Barschdorf	Ernstine	15-Mar	Habrecht	Louise E.	y
36	1874	241	Klosowski	Maria Wilhelmina	Wilhelm	Goldberg	Henrietta	15-Mar	Rolf	Maria	y
37	1874	241	Hildebrandt	Alexander	Karl	Sahn	Maria	22-Mar	Kratz	Alexander	y
38	1874	241	Single	Kath. Maria Louise	Friedr.	Schneider	Elisab.	22-Mar	Lang	Kath. Maria	y
39	1874	241	Bär	Jakob	Peter	Muller	Maria	22-Mar	Bär	Jakob	y
40	1874	241	Guth	Emilie Helena	Emil F.	Schorr	Emilie P.	29-Mar	Lang	Helena	y
41	1874	241	Krug	Heinrich	Heinrich	[blank]		04-Apr	die Eltern		y
42	1874	241	Fischer	Pauline Louise	Heinrich A.	Wich	Barb.	04-Apr	Schertlein	Pauline C.	y
				Minna Auguste							
43	1874	241	Kreutzberg	Margaretha	Karl	Hacker	Anna	05-Apr	Fama	Meta A.	y
44	1874	241	Gaiser	Louise	Joh.	Durr	Barb.	05-Apr	Meinert	Louise	y
45	1874	241	Hoos	Philipp	John	Friedrich	Marg.	05-Apr	Bearch	Philipp	y
				Johanna Carolina					(1) Wollenweber	(1) Caroline	
46	1874	241	Muller	Louise	Friedr.	Ohle	Wilhelmina	05-Apr	(2) Reitenmaier	(2) Louise	y
47	1874	241	Reif	Joh. Jakob	Leonhardt	Mitlander	Kath. E.	06-Apr	Mitlander	Joh. Jak.	y

122

Trinity German Lutheran
Baptisms

No.	Year	Page	Surname	Given Name	Father	M Surname	M Given	Bapt	W Surname	W Given	More Info
48	1874	241	Haske	Friedr. Aug.	Wilhelm	Peters	Auguste	12-Apr	(1) Hartman	(1) Aug.	
49	1874	241	Krause	Alexander	Julius	Hahn	Kath.	14-Apr	(2) Peters	(2) Friedr.	y
									Fribertshauser	Charlotte	y
50	1874	241	Krause	Charlotta Amanda	Julius	Hahn	Kath.	14-Apr	Fribertshauser	Charlotte	y
51	1874	241	Ludwig	Wilhelm Adam Theodor	Theodor	Deibel	Kath.	19-Apr	der Vater		y
52	1874	241	Heinzelberger	Peter Heinrich	Conrad	Oswald	Maria	19-Apr	(1) Gebhard	(1) Peter	y
									(2) Buch	(2) Heinrich	y
53	1874	241	Theiss	Rosina Theresia	Andreas	Battenfeld	Kath.	19-Apr	Battenfeld	Rosina	y
54	1874	241	Urban	Clara Wilhelmina Constantina	Adam	Kaltwasser	Anna	26-Apr	Kemno	Wilhelmina	y
55	1874	241	Schmidt	Johanna Kath.	Andreas	Fleck	Wilha.	26-Apr	Lind	Kath.	y
56	1874	241	Holste	Arnold	Joh. Friedr.	Bosshammer	Maria	26-Apr	Holste	Arnold	y
57	1874	241	Schöner	Joh. Matthaus	Johann Peter	Maienschein	Gertraud	28-Apr	Schöner	Joh. Matth.	y
58	1874	241	Kellerbeck	Sophia Anna Maria	Joseph	Bennett	Maria	03-May	Schick	Sophie	y
59	1874	241	Hamel	Magdalena	Heinrich	Robertson	Kath.	03-May	Leidenfrost	Magda.	y
60	1874	241	Worthmann	Elise Wilhelmina	Heinrich	Bollwie	Wilha.	03-May	die Mutter		y
61	1874	241	Schmidt	Karl	Karl	Koppman	Marg.	10-May	Kopp	Karl	y
62	1874	241	Schroter	Maria Marg.	Herrman	Mackel	Rosina	10-May	Mader	Maria	y
63	1874	241	Schneider	Joh. Heinrich	Joh. Theiss	Ritter	Elisab.	10-May	Schneider	Heinrich	y
64	1874	241	von Osten	Bernhardt	Bernhardt	Rudiger	Emilie	13-May	der Vater		y
65	1874	241	Hartwig	Wilhelm Heinrich	Louis	Klarlein	Christina	14-May	Klarlein	Wilh. H.	y
66	1874	241	Freiman	Carol. Doroth. Kath.	Friedr.	Gebhardt	Elisab.	17-May	(1) Bubenhain	(1) Christina	y
									(2) Wollenweber	(2) Carol.	y
67	1874	241	Muller	Joh.	Conrad	Bopp	Maria	17-May	Muller	Joh.	y
68	1874	241	Ziegler	Friedr. Wilhelm	Georg Wilh.	Faber	Elisab.	19-May	[blank]		y
69	1874	241	Ziegler	Georg Freidrich	Georg Wilh.	Faber	Elisab.	19-May	[blank]		y
70	1874	241	Ziegler	Heinrich Louis	Georg Wilh.	Faber	Elisab.	19-May	die Eltern		y
71	1874	241	Windler	Heinrich	Heinrich	Betz	Sophia	22-May	der Vater		y
72	1874	241	Kabernagel	Maria Isabella	Herrman	Griesmer [Gniesmer]	Kath.	24-May	Heiss	Maria I.	y
73	1874	241	Kabernagel	Joh. Christ. Karl	Georg J.	Friess	Maria A.	24-May	Heiss	John C. K.	y
74	1874	241	Eckstein	Barbara Anna	Joh.	Urban	Kath.	24-May	Schmuck	Anna B.	y
75	1874	241	Berge	Joh. Arend	Dietrich	Mayer	Kath.	24-May	Bergman	John	y
76	1874	243	Bach	Louis Karl Gerhardt	Joh. Peter	Hofmeister	Louise	30-May	(1) Weber	(1) Louis	y
									(2) Roth	(2) Karl	y
77	1874	243	Muller	Georg	Ludwig Aug.	Schmick	Kath.	30-May	Muller	Georg	y
78	1874	243	Adicks	Johanna Katharina	Joh. Dietrich	Brunken	Kath. M.	30-May	die Eltern		y
79	1874	243	Geiman	Heinrich Harrison	Heinrich	Lamsbach	Louise	30-May	Schulte	Harrison	y
80	1874	243	Mulzer	Joh. Heinrich	Joh.	Krein	Marg.	31-May	der Vater		y
81	1874	243	Stein	Gertraud Elisabetha	Georg	Muller	Maria	31-May	Muller	Gertraud	y
82	1874	243	Letterer	Emma Dorothea	Caspar	Scheuring	Kath.	31-May	Muller	Dorothea	y
83	1874	243	Hottes	Wilhelm	Joh.	Schmidt	Elisab.	31-May	der Vater		y
84	1874	243	Brodtman	Georg Matthaus	Matthaus	Freudenstein	Louise	31-May	Hottes	Georg	y
85	1874	243	Schneider	Margaretha	Justus	Lotz	Kath.	07-Jun	Fuller	Marg. (2)	y
86	1874	243	Greve	Wilhelm	Wilhelm	Breitenbach	Wilhelmina	07-Jun	(1) Henpke	(1) Aug. Franz	y
									(2) Breitenbach		

Trinity German Lutheran Baptisms

No.	Year	Page	Surname	Given Name	Father	M Surname	M Given	Bapt	W Surname	W Given	More Info
87	1874	243	Stahlfort	Johanna Dorette		Krädel	Selma	07-Jun	(1) Krödel	(1) Elvira	
									(2) Stalfort	(2) Dorette	y
88	1874	243	Hess	Elvira	Joh. C.	Bosshamer	Maria E.	14-Jun	Bosshamer	Kath. E.	y
89	1874	243	Sendelbach	Kath. Elisabetha	Georg Ph.	Muller	Kath.	21-Jun	Unterwagner	Eva	y
90	1874	243	Maier	Eva	John	Wilson	Virginia	28-Jun	Götz	Anna E.	y
91	1874	243	Fehrman	Anna Elisabetha	Lorenz	Vollerdt	Francisca	28-Jun	Vollerdt	Karl W.	y
92	1874	243	Bechtold	Karl Wilhelm	Louis	Frohlich	Kath.	03-Jul	Bechtold	Louise	y
93	1874	243	Hartmann	Louise	John	Mader	Marg.	05-Jul	Mackel	Joseph	y
				Joseph							
				Martha Anna							
94	1874	243	Stutt	Virginia	Joh. H.	Butscher	Martha E.	07-Jul	Korn	Anna	y
95	1874	243	Hartan	Johann	Niklaus	Kaiser	Marg.	12-Jul	Muller	Joh.	y
96	1874	243	Heim	Karl	Karl	Fulton	Kath.	19-Jul	der Vater		y
97	1874	243	Plitt	Georg	Louis	Kropf	Maria	19-Jul	Lorenz	Georg	y
98	1874	243	Korn	Wilhelm Joseph	Joh.	Engelhardt	Carolina	19-Jul	Niedhardt	Wilhelm	y
99	1874	243	Heller	Emilie	Conrad	Schumann	Elisab.	23-Jul	Wiessner	Emilie	y
									(1) Brinkman	(1) Bernh.	
									(2) Brinkman	(2) Joh. D.	
100	1874	243	Otten	Otto Dietrich	Bernhardt	Brinkman	Betti Dietricka	23-Jul	(3) Otten	(3) Carol. L.	y
101	1874	243	Wittner	Anna Margaretha	Joh.	Wehr	Eva Barb.	26-Jul	Hübner	Anna Marg.	y
102	1874	243	Muller	Herman Heinrich	Georg	Klausing	Maria	26-Jul	Klausing	Herman H.	y
103	1874	243	Tinker	John Charles	Eugen A.	Snyder	Louise M.	02-Aug	die Mutter		y
104	1874	243	Sisson	Christoph William	Christoph	Meyers	Elida	08-Aug	McLane	William	y
105	1874	243	Stoll	Georg	Wiegand	Graf	Anna B.	09-Aug	Hübner	Georg	y
106	1874	243	Klein	Anna Margaretha	John	Damme	Maria	17-Aug	Thim	Anna M.	y
107	1874	243	Brummer	Margaretha	Friedr.	Bubin	Marg.	23-Aug	Bubin	Marg.	y
108	1874	243	Dittrich	Johann August	August	Baum	Rosa	23-Aug	Schmidt	Johanna D.	y
109	1874	243	Pitscher	Johann Michael	Joh.	Schick	Carol.	23-Aug	die Eltern		
				Anna Barbara					(1) Marburger	(1) Anna	
110	1874	243	Schmidt	Wilhelmina	Joh. Ernst	Wedel	Carol.	25-Aug	(2) Marburger	(2) Wilhelmina	y
				Wilhelmina					(1) Marschendorf	(1) Wilhelmina	
111	1874	243	Haake [Hanke]	Dorothea	Joh.	Marschendorf	Elisab. D.	30-Aug	(2) Haake	(2) Elisab.	y
112	1874	243	Altenburg	Laura	Wilhelma	Stahl	Marg.	30-Aug	die Eltern		y
113	1874	243	Mader	Conrad	Joh.	Bolach	Marg.	30-Aug	Geisler	Conrad	y
114	1874	243	Schussler	Johannes	Joh.	Maierhof	Maria	30-Aug	die Eltern		y
				Ella Christiana					(1) Rasch	(1) Christiana	
115	1874	243	Becker	Johanneta	Dr. Louis	Raschen	Christiana	06-Sep	Schmitts	(2) Johanna	y
				Georg Friedr.							
116	1874	243	Vollmer	Landgraf	Joh. Christ.	Bartholomay	Marg.	06-Sep	Landgraf	Friedr.	y
117	1874	243	Holzmann	Johann Georg	Herrmann	Seiffert	Maria Barb.	20-Sep	Weber	Joh. Jakob	y
118	1874	245	Bezold	Bertha	Reinhold	Seitz	Kath.	14-Sep	Seitz	Sophia	y
119	1874	245	Bezold	Helferich	Reinhold	Seitz	Kath.	14-Sep	Seitz	Sophia	y
120	1874	245	Appel	Anna Margaretha	Friedrich	Allen	Maria	20-Sep	Schlosser	Anna Marg.	y
121	1874	245	Bullerdick	Philipp	Joh.	Meinken	Kath.	20-Sep	Hiltz	Philipp	y
122	1874	245	Schuh	Wilhelmina Helena	Joh. Konrad	Bock	Wilha.	20-Sep	Rebele	Karl & Maria	y
				Kath. Joha.							
123	1874	245	Seitz	Margaretha	Johann	Langewitsch	Charlotte	27-Sep	Eidig	Kath. Johha Marg.	y

Trinity German Lutheran Baptisms

No.	Year	Page	Surname	Given Name	Father	M Surname	M Given	Bapt	W Surname	W Given	More Info
124	1874	245	Diacont	Eleonora	Adam Philipp	Götze	Josepha	27-Sep	Lindlich	Elenora	y
125	1874	245	Krieg	Georg Wilhelm	Albert	Schwarz	Anna	27-Sep	Vierling	Georg Wilhelm	y
126	1874	245	Hammer	Martha Elisabeth	Eduard	Butscher	Elisb.	19-Oct	Stutt	Martha	y
127	1874	245	Bosshammer	Katharina	Heinrich	Ribnicht	Kath.	25-Oct	Schuppel	Kath.	y
128	1874	245	Ulrich	Julia	Johs.	Hermann	Marg.	25-Oct	Grossmück	Julia	y
129	1874	245	Kness	Anna	John	Keil	Anna Elisab.	08-Nov	Williams	Anna Dorothea	y
130	1874	245	Otto	Heinrich	Georg Theodor Werner	Link	Maria Christiana	08-Nov	Preis	Heinrich	
131	1874	245	Hartmann	Mina Luise	Gottlieb	Strite	Elisb.	09-Nov	Schul	Mina	y
132	1874	245	Schwinn	Margaretha Maria	Georg	Heinzmann	Kath.	22-Nov	Heinzmann	Marg. Maria	y
133	1874	245	Horstmaier	Meta Ernstine	Konrad	Häfner	Marg.	26-Nov	die Eltern		y
134	1874	245	Hoeflich	Adolf Friedrich	Adam	Hebel	Marg.	26-Nov	Friedrich	Adolf Friedrich	y
135	1874	245	Holdefer	Anna Elisabeth	Heinr.	Weitzel	Elisabeth	13-Dec	(1) Weitzel (1) Mader	(1) Elisabeth (2) Anna (1) Johann	y
136	1874	245	Bollach	Margareta	Johann Veit	Hupfa	Marg. Magd.	27-Dec	Holdefer Mader	(2) Marg.	y
137	1874	245	Hofmann	Maria	Johann	Koppman	Karolina	27-Dec	Rets	Maria M.	y
138	1874	245	Hofmann	Karl	Heinrich	Will	Dorothea	27-Dec	Schweizer	Karl	y
139	1874	245	Beartsch	Josefina	Philipp	Lindenberger	Maria	27-Dec	die Eltern		y
140	1874	246	Schubert	Christian Andreas	Christian	Schwarz	Louise	28-Feb	Richter	Christian Andreas	y
[bla	1875	246	Gareis	Otto Karl	Johann R.	Schneider	Sophia	01-Jan	[blank]		y
1	1875	246	Grauling	Georg	Fried.	Linnemann	Karol.	07-Jan	die Mutter (1) Eberhardt (2) Volk	(1) Margareta (2) Mina	y
2	1875	246	Mertz	Margareta Mina	Louis	Meise	Kath.	10-Jan	Vogel	Friedr.	y
3	1875	246	Hiebel	Friedrich Wilhelm	Gustav	Muller	Marg.	24-Jan	Zick	Dorothea	y
4	1875	246	Zick	Emma	friedrich	Leithauser	Maria	31-Jan	Maier	Helena	y
5	1875	246	Staap	Augusta Helena	August	Möller	Friedrike	14-Feb	Homberg	August	y
6	1875	246	Link	August Alexander	Johann M.	Homberg	Emma	28-Feb	die Eltern		y
7	1875	246	Muller	Georg	Georg	Leonhardt	Margareta	07-Mar	Meyd	Emma	y
8	1875	246	Gross	Emma	Israel	Staar	Kate	07-Mar	Schwarz	Maria Margareta	y
9	1875	246	Wiessner	Maria Margareta	Johann	Kolb	Maria	14-Mar	Schwarz	Johanna D.	y
10	1875	246	Ohlendorf	Johann Heinrich	Heinrich	Wiessner	Charlotte	14-Mar	Lo...	John	y
11	1875	246	Kemno	Johann	Christian	Luers	Mina	21-Mar	Nollert	Elise	y
12	1875	246	Stamford	Karl Wilhelm	Karl	[blank]	Emilie	21-Mar	Luthardt	Mathilde	y
13	1875	246	Baier	Mathilde	Heinrich	Luthardt	Eva	28-Mar	Lotterer	Kath.	y
14	1875	246	Borsch	Katharina Luise	Karl	Buchert	Luise	28-Mar	Maier	Friedrich	y
15	1875	246	Lohlein	Friedrich Georg Friedr.	Joseph	Maier	Elisabeth	28-Mar	He...	Georg Philipp Friedr.	
16	1875	246	Philippe	Heinrich	Peter	Rauscher	Anna Regina	28-Mar	Glaser	Maria Kath.	y
17	1875	246	Glaser	Maria Kath. Sophie	Karl Johann	Hermann	Elisabeth	28-Mar	Hoffmann	Johann Heinrich	y
18	1875	247	Hoffmann	Johann Heinrich	Andreas	Krug	Kath. Barb.	04-Apr	Rudolph	Georg	y
19	1875	247	Schmeisser	Georg	John	Krasser	Anna	04-Apr	Pfaff	Luise	y
20	1875	247	Witter	Luise Anna Ferdinanda	Friedrich	Pfaff	Elisabeth	04-Apr			
21	1875	247	Weber	Adriann	Heinrich	Richter	Barbara	04-Apr	Richter	Ferdinanda Adriann	y
22	1875	247	Ritterpusch	Wilhelm Daniel	Konrad	Behr	Anna	08-Apr	die Mutter		y

125

Trinity German Lutheran
Baptisms

No.	Year	Page	Surname	Given Name	Father	M Surname	M Given	Bapt	W Surname	W Given	More Info
23	1875	247	Pieper	Georg	Karl	Grunewald	Friedrike	11-Apr	Hobruck	Georg	y
24	1875	247	Menning	Johann Heinrich	Johann	Albers	Anna	11-Apr	der Vater		y
25	1875	247	Wildmann	Georg August	Ernst	Tronau	Kath.	11-Apr	Wildmann	August	y
26	1875	247	Schwarz	Thomas August	Thomas August	Sindling	Rosina Maria	25-Apr	der Vater		y
27	1875	247	Keil	Maria Minna Barbara	Heinrich	Drepp	Elisabeth	25-Apr	Rihl	Maria	y
28	1875	247	Behrens	Elisabeth	Heinrich	Volmer	Barbara	16-May	Lauer	Mrs. Barbara	y
29	1875	247	Baerrons	Georg Balster	Peter	Peterson	Anna	16-May	die Eltern		y
30	1875	247	Kolbe	Ida	Heinrich	Biehl	Laura	16-May	die Eltern		y
31	1875	247	Kolbe	Laura	Heinrich	Biehl	Laura	16-May	die Eltern		y
32	1875	247	Amberg	Georg	Valentin	Schafer	Elise Kath.	17-May	Busch	Georg	y
33	1875	247	Hartwich	Heinrich	Jacob	Strohl	Kathar.	21-May	Hartwich	Heinrich	y
34	1875	247	Glaeser	Wilhelm	Johann	Simon	Kath.	23-May	Bauer	Wilhelm	y
35	1875	247	Wolf	Luise Henrietta	Adam	Fischer	Emma	23-May	Franck	Luise Henriette	y
36	1875	247	Preis	Maria Christina	Heinrich	Link	Anna	06-Jun	Otto	Marai Christina	y
37	1875	247	Hastings	Raimund Wilhelm Johann Friedrich	Scott	Goldermann	Johann	09-Jun	Hartmann	Wilhelm	y
38	1875	248	Berner	Wilhelm	Wilhelm	Hussmann	Kath.	13-Jun	Albers	Joh. Friedr.	y
39	1875	248	Kamps	Wilhelm	Gerritt	Soth	Elise	02-Jul	die Eltern		y
40	1875	248	Kamps	Karl	Gerritt	Soth	Elise	02-Jul	die Eltern		y
41	1875	248	Hüter	Louis	Anna	Schmidt	Kath.	08-Jul	Schmidt	Anna	y
42	1875	248	Schleinbecker	Emil	Gottlieb	Hanne	Kath.	18-Jul	Stock	Emil	y
43	1875	248	May	Johann Julius	Julius	Mohr	Luise	18-Jul	die Eltern		y
44	1875	248	Werrlein	Johann Georg	Johann	Wiese	Christine	01-Aug	Wiener	John Georg	y
45	1875	248	Mohr	Anna Elisabeth	John F.	Ubert	Sophie	05-Aug	(1) Geyer (2) Mohr	(1) Adam Marg.	y (2)
46	1875	248	Mohr	Eleonora Virginia	John F.	Ubert	Sophie	05-Aug	Marburger	Eva Carolina	y
47	1875	248	Winter	Johann Heinrich August Imanuel	John	Walter	Maria	15-Aug	(1) Winter (2) Walter	(1) John (2) Heinrich Immanuel Freid.	y
48	1875	248	Albers	Friedr. Wilhem Heinrich Fried.	Wilhelm	Zurmihl	Mathilde	15-Aug	Zurmihl	Wilh.	y
49	1875	248	Kolbe	Wilhelm Emma Therese	John	Pohl	Christa.	18-Aug	(1) Walter (2) Pohl	(1) Heinrich (2) Wilhelm	y
50	1875	248	Neumann	Luise	Gottfried	Schyppope [?]	Luise	22-Aug	(1) Weinard (2) Eichler	(1) Luise (2) Maria	y
51	1875	248	Schaake	Ferdinand Karl	Ferdinand	Meinhart	Maria	22-Aug	Schlögel	Karl	y
52	1875	248	Menzel	Ernstina Mina	Hermann	Barchdorf	Ernstina	22-Aug	die Eltern		y
53	1875	248	Lotterer	Ludwig	Laszar	Scheuring	Kath.	23-Aug	Eckels	Ludwig	y
54	1875	248	Braenninger	Katharina Luise	Karl	Aukhainz	Luise	05-Sep	Hattchen	Katharina	y
55	1875	249	Muller	Barbara	John	Popp	Maria	12-Sep	(1) Schlenk (2) Schlenk	(1) John (2) Barbara	y
56	1875	249	Kraft	Maria Regina	Karl	Schneider	Maria	13-Sep	die Mutter		y
57	1875	249	Walter	Georg	Gustav	Katheder	Margareta	14-Sep	Walter	Georg	y
58	1875	249	Jaeckel	Anna	Georg	Hübner	Barb.	26-Sep	Hübner	Martin	y
59	1875	249	Krieg	Katharina Elise	Albert	Schwarz	Anna	26-Sep	Schwarz	Kath.	y

Trinity German Lutheran Baptisms

No.	Year	Page	Surname	Given Name	Father	M Surname	M Given	Bapt	W Surname	W Given	More Info
60	1875	249	Fischer	Georg (Heinrich) Eduard	Karl	Dwelbeck	Margareta	30-Sep	Fischer	Friedrich	y
61	1875	249	Klein	Johann August	Wilhelm	Böckel	Maria	03-Oct	Hermann	Balthasar	y
62	1875	249	Kamps	Georg Adolf	Gerhardt	Ko...	Rosina	03-Oct	von der W...se	Adolf	y
									(1) Waerhoff	(1) Wilh. H.	
63	1875	249	Eckhardt	Heinrich Louis	Wilhelm	Rittler	Margareta	10-Oct	(2) Eckhardt	(2) Louis	y
64	1875	249	Bullerdick	Johannes	John	Meinken	Kath.	14-Oct	Mohrfield	Eilert	y
										(1) Georg	
										(2) Frau Anna	
65	1875	249	Weidinger	Anna Gertrud	Georg	Kratz	Maria	17-Oct	(1) Schmuff	Gertrud	y
66	1875	249	Koenig	Karl Wilhelm	Karl	Liddeck	Johanna	17-Oct	(2) Schmuff	Charles	y
67	1875	249	Kamphaus	Emilie Auguste	Joh. Heinr.	Thumser	Auguste	17-Oct	Wiesner	Emilie	y
68	1875	249	Baum	Friedrich Siegmund	Friedr. Siegmund	Inbens	Maria Marg.	17-Oct	Bauerfeld		y
69	1875	249	Fleischmann	Albert Georg	Lorenz	Schneider	Eva Elisabeth	24-Oct	der Vater	Albert	y
				Christian Gottlieb					(1) Grothaus	(1) Christian Gottlieb	
70	1875	249	Grothaus	Lorenz	Wilh. Gottlieb	Richter	Maria Theresia	31-Oct	(2) Richter	(2) Lorenz	y
71	1875	249	Pasquay	Laura Eleonora	Jacob	Schneider	Rosa	16-Nov	Schneider	Laura Eleonora	y
				Franziska Babetta						Valentin & Frau	
72	1875	249	Krich	Maria	Ludwig	Meyers	Kath.	05-Dec	Franz	Babette	y
									(1) Noz	(1) Joh. Jak.	
73	1875	249	Bengel	Jakob Friedrich	Joh. Georg	Dissler	Margareta	05-Dec	(2) Bengel	(2) Friedrich	y
74	1875	249	Bauer	Johann	Jakob	Hirsch	Maria	19-Dec	Roth	Johann	y
75	1875	250	Bauer	Georg Andreas	Franz	Printz	Elisabeth	25-Dec	Maier	Joh. Andreas	y
				Nelly Luise							
76	1875	250	Prinz	Elisabeth	John	Körner	Wilhelmina	25-Dec	Körner	Karl	y
				Wilhelm Karl							
77	1875	250	Prinz	Conrad	John	Körner	Wilhelmina	25-Dec	Körner	Luise	y
78	1875	250	Geelhaar	Eduzrd Ernst	Eduard	Wackes	Emma	26-Dec	Geelhaar	Ernst	y
1	1876	250	Stalfort	Hermann Louis	J. Chr. Ludwig	Krödel	Selma Maria Lina	01-Jan	Vonderheide	Hermann Henr.	y
									(1) Krödel	(1) Maria Selma L.	
1	1876	250	Stalfort	Geraldine Maria	J. Chr. Ludwig	Krödel	Selma Maria Lina	01-Jan	(2) Stalfort	(2) Karl Gerhard E.	y
2	1876	250	Reichert	Franziska Ulricke	Karl	Muller	Amalie	16-Jan	Fehrmann	Franziska	y
3	1876	250	Muller	Georg	Georg	Dopfner	Apollonia	16-Jan	Sommer	Georg	y
				August Gustav							
4	1876	250	Krapp	Johann	August	Retzlaff	Wilhelmina	18-Jan	Frank	Gustav	y
5	1876	250	Hoelscher	Ernst Hermann	Hermann	Lohmeyer	Bertha	21-Jan	Lohmeyer	Ernst	y
6	1876	250	Schmidt	Karl Konrad	Louis	Fehhner	Franzis	23-Jan	Schmidt	Conrad	y
7	1876	250	Schutte	Eleonora Christine	August	Klehm	Kath.	23-Jan	Fäthe	Eleonora Christine	y
									(1) Eichhorn	(1) Richard	
									(2) Faul	(2) Gustav	
										(3) Georg	
8	1876	250	Eichhorn	Heinrich Wilhelm	Otto	Wolf	Maria	29-Jan	Hebbel	Georg	y
9	1876	250	Hübner	Maria Elisabetha	Heinrich	Döring	Kath.	05-Feb	Döring	Maria Elisab.	y
10	1876	250	Worthmann	Emma Luise	Heinrich	Bolwie	Wilhelmina	08-Feb	die Eltern		y
11	1876	250	Reichert	Amalie Sophie	Johs.	Hhahn	Rosina	13-Feb	Reichert	Amalie	y

Trinity German Lutheran
Baptisms

No.	Year	Page	Surname	Given Name	Father	M Surname	M Given	Bapt	W Surname	W Given	More Info
12	1876	251	Ludwig	Kath. Emilie	Theodor	Deibel	Karoline	13-Feb	(1) Ludwig (2) Deibel (3) Elten (1) Rathgeber (2) Gramlich (3) Schifferer	(1) Kath. (2) Kath. (3) Emilie (1) Joh. (2) Georg (3) Friedrich	y
				Johann Georg							
13	1876	251	Gramlich	Friedrich	Friedrich	Albrecht	Kath.	13-Feb	(4) Hess	(3) Sophie	y
14	1876	251	Hülz	Georg Konrad	Conrad	Krumbauer	Karoline	20-Feb	Berger	Joh. Mich.	y
15	1876	251	Kümmerlein	Friedrich Wilhelm	Joh. M.	Haas	Luise Marg.	20-Feb	Lang	Friedrich	y
16	1876	251	Miller	Georg Jakob	Johann Jak.	Stein	Kath. Elisb.	05-Mar	Stein	Georg	y
17	1876	251	Hillebrand	Luise Marie	Karl	Sahm	Maria	05-Mar	Weitzel	Luise Maria	y
18	1876	251	Stübing	Anna Margareta	Heinrich	Rudolf	Kath.	19-Mar	Rudolf	Anna	y
19	1876	251	Schaefermann	Alice Bertha	Heinrich	Robert	Henriette	26-Mar	Schäfermann	Marg. Maria	y
				Anna Katharina							
20	1876	251	Eclermann	Elisabeth	Johann	Johannes	Maria	31-Mar	Hackmann	Anna Kath. Elisb.	y
21	1876	251	Muller	Karl Adolf Friedrich	Friedrich	Ohle	Mina	02-Apr	die Eltern		y
22	1876	251	Brack	Anna Maria	Albert	Holly	Wilhelmina	09-Apr	Neidhart	Anna Maria	y
23	1876	251	Boon	Katharina Rosetta	Karl	Frank	Maria	11-Apr	Frank	Kath.	y
24	1876	251	Halbfahs	Emma Julia Maria	Julius	Schultze	Helena	13-Apr	die Eltern		y
25	1876	251	Schroeder	Lina Margareta	Hermann	Mackel	Rosina	16-Apr	Mackel	Marg.	y
26	1876	251	Grieser	Margareta	Adam	Berger	Luise	16-Apr	Hermann	Marg.	y
									(1) Schwinn	(1) Jakob	(2)
27	1876	251	Schwinn	Jakob Heinrich	Georg	Heinzmann	Kath.	16-Apr	(2) Heinzmann	Heinrich	y
28	1876	251	Pitscher	Maria Helena	Georg [?]	Schick	Karol.	23-Apr	Schick	Lina	y
29	1876	251	Thurmann	August	Adalbert	Bockelmann	Karola.	25-Apr	Munesan [?]	Wilhelm	y
30	1876	251	Glaser	Elisabeth Helena	Karl Johann	Hermann	Elisabeth	30-Apr	Glaser	Elisabeth Helena	y
31	1876	252	Lohmeyer	Margareta Helene	Adolf	Böhr	Anna	30-Apr	Lohmeyer	Kathar.	y
32	1876	252	Kellermann	Friederika Katharina Gustav		Strumsdörfer	Marg.	30-Apr	Schilderwachter	Kath.	y
33	1876	252	Edelmann	Johann Jakob	Johs. Karl	Vietsch	Anna Emilie	02-May	Edelmann	Joh. Jak.	y
				Anna Kath.							
34	1876	252	Liedtke	Elisabeth	Fritz	Stamm	Emilie	08-May	die Mutter		y
35	1876	252	Kutsch	Louis	Georg	Schreiber	Anna Kath.	21-May	die Eltern		y
36	1876	252	Holdefer	Sibylle Katharine	Heinrich	Weitzel	Elisabeth	25-May	Horst	Sibylle Katharine	y
37	1876	252	Schaf	Elisabeth Mathilde	Philipp	Weber	Martha	28-May	Frank	Elisabeth Mathilde	y
38	1876	252	Lindenstruth	Elise	A. W.	Hebbel	Minna	28-May	Hebbel	Sibylle	y
39	1876	252	Lindenstruth	Katharina	A. W.	Hebbel	Minna	28-May	Naumann	Kath.	y
				August Michael					(1) Niedermeyer	(1) Zach.	
40	1876	252	Lindenstruth	Zacharius	A. W.	Hebbel	Minna	28-May	(2) Jakob	(2) Michael	y
41	1876	252	Schmidt	Karl Frank	Georg Andr.	Will	Eva	31-May	die Mutter		y
									(1) Musse	(1) Heinrich	
42	1876	252	Sonneborn	Julie Henriette	Christian	Musse	Kath.	04-Jun	(2) Musse	(2) Julie	y
									(1) Krauss	(1) Wilhelm	(2)
43	1876	252	Weinreich	Wilhelm Emil	Franz	Musse	Elisabeth	04-Jun	(2) Musse	Emma	y
44	1876	252	Gunther	Emma Hulda	Karl August	Mundt	Friedrika Therese	04-Jun	Pletscher	Hermanst [?] Anna	y
45	1876	252	Balster	Georg Daniel	Georg	Lauer	Eva	11-Jun	der Vater		y

Trinity German Lutheran Baptisms

No.	Year	Page	Surname	Given Name	Father	M Surname	M Given	Bapt	W Surname	W Given	More Info
46	1876	252	Ulrich	Karl	Johs.	Hermann	Marg.	11-Jun	Greb	Karl	
47	1876	252	Hasel	Martin	Friedr.	Hirschmann	Kath.	18-Jun	Hasel	Jakob	y
48	1876	252	Zick	Ludwig	Friedrich	Leithauser	Maria	09-Jul	Viererk [?]	Louis	y
49	1876	252	Will	Emma Katharina	Jakob	Knauer	Elisabeth	10-Jul	Maifort [?]	Kathar.	y
50	1876	253	Friedrich	Kath. Emma	Karl	Greifzu	Anna	13-Jul	Greifzu	Anna Kath.	y
51	1876	253	Schnapp	Anna Margareta	Johannes	Schöner	Christine	30-Jul	Schöner	Anna Marg.	y
52	1876	253	Muller (?)	Maria Elisabetha	Heinrich	Pförtner	Elisabeth	06-Aug	Rothenberg	Maria Elisabeth	y
				Anna Barbara							
53	1876	253	Kemper	Christine	Heinrich Peter	Gemmrich	Anna Barb.	20-Aug	Schmidt	Anna Barb.	y
54	1876	253	Maier	Heinrich	Friedrich	Redemann	Henrietta	20-Aug	Maier	Heinrich	y
55	1876	253	Lohlein	Adam	Joseph	Maier	Elisabeth	20-Aug	Lohlein	Adam	y
56	1876	253	Wildmann	Elisabeth	Ernst	Kronau	Berth.	20-Aug	Ueberschmid	Elisab.	y
57	1876	253	Benz	Lina Margareta	Albert	Möller	Sophie	23-Aug	Nehrig	Lina	y
58	1876	253	Hofmann	Katharina Barbara	Andreas	Krug	Kath. Barb.	27-Aug	Krug	Kath. Barb.	y
59	1876	253	Gieser	August	Heinrich	Maier	Joha. Antoinette	03-Sep	Bismann	August	y
60	1876	253	Ringdorf	Heinrich Georg	Jakob	Bartels	Kath.	08-Sep	Bartels	Heinr. Georg	y
61	1876	253	Horstmeier	Meta Ernstine	John L.	King	Emmrillis	10-Sep	Horstmeier	Ernst Meta	y
62	1876	253	Eckstein	Elisabeth	John	Urban	Katharina	10-Sep	Urban	Lizzie	y
63	1876	253	Baschart	Margareta	Heinrich	Frosberg	Marg.	10-Sep	Doyl	Maggie	y
64	1876	253	Monk	Henriette	Karl	Himmer	Rosine	10-Sep	Himmer	Henriette	
									(1) Stalfort	(1) Johann Dietrich	
									(2) Stalfort	(2) Johann Christian	
65	1876	253	Werner	Johann Dietrich Theodor	Otto Hermann	Stalfort	Wilhelmina	17-Sep	(3) Stalfort	(3) Sophia Dorothea	y
66	1876	253	Marquardt	Wilhelm Georg Eduard	Wilhelm	Kaiser	Elisabeth	17-Sep	Kaiser	Johann Georg	
									(1) Gardner	(1) Sophie	
67	1876	253	Lutz	Sophie Elisabeth	Philipp	Hahner	Henrietta	24-Sep	(2) Riemann	(2) Elisab. Henrietta	y
									(1) Lehneis	(1) Georg	
68	1876	253	Wolf	Georg	Johann Conrad	Lehneis	Anna	24-Sep	(2) Lehneis	(2) Barb.	y
69	1876	311	Boyd	Clara	Karl E.	Wagner	Karoline	01-Oct	Boyd	Laura	y
				Karl Friedrich						Karl Daniel	
70	1876	311	Holzmann	Wilhelm	Hermann	Seifert	Maria Barbara	08-Oct	Maurer	Karlina	y
71	1876	311	Eck	Karolina	Friedrich	Engelhardt	Christina	19-Oct	Fischer	(1) Karoline	y
				Bertha Karol.						Wilhelmine	
									(1) Gemmicke		
72	1876	311	Zachow	Wilhelmine	Ludwig	Schmidt	Paulina	05-Nov	(2) Pfleger	(2) Bertha	y
73	1876	311	Streg	Jakob	Peter	Bartels	Kath.	05-Nov	Edelmann	J.	y
74	1876	311	Hild	Johann Robert	John L.	Stephan	Kath.	08-Nov	die Mutter		
75	1876	311	Butler	George Vilmar	John R.	Mehr	Anna	19-Nov	Mehr	George	y
76	1876	311	Fischer	Rosine Karoline	Joh. Georg	Eckhart	Eva	26-Nov	Vlodick	Rosine Karoline	y
77	1876	311	Warnick	Jakob Thomas	William Thomas	Will	Auguste	03-Dec	Will	Jakob	y
78	1876	311	Neuschaefer	Christiann	Wilhelm	Schneider	Henrietta	10-Dec	Schneider	Christiann	y
79	1876	311	Christ	Kate A'Stella	Heinrich	Rosslet	Emilie	11-Dec	die Mutter		y
									(1) Seidling	(1) Johanna	
80	1876	311	Schwarz	Juliana Katharina	Thomas August	Siedling	Rosina Maria	24-Dec	(2) Richter	(2) Kath.	y
81	1876	311	Dietzel	Johanna Sophia	Adam	Grote	Luise	24-Dec	Grote	Johanna D.	y

Trinity German Lutheran
Baptisms

No.	Year	Page	Surname	Given Name	Father	M Surname	M Given	Bapt	W Surname	W Given	More Info
82	1876	311	Linz	Adolf Otto	Georg	Simon	Karoline	24-Dec	(1) Simon	(1) Adolf	
								24-Dec	(2) Simon	(2) Otto	y
83	1876	311	Simon	Elise Barbara	Wilhelm	Schmitt	Susanna	25-Dec	(1) Herche	(1) Elise	y
									(2) Gecks	(2) Barbara	
84	1876	311	Röhner	Friedrich Ludwig	Pankratius	Ochs	Christine	25-Dec	Martienssen	Fried. Ludwig	y
85	1876	311	Eckles	August Ernst	Ludwig	Lenzer	Karoline	25-Dec	Blomaier	August Heinrich	y
86	1876	311	Young	Wilhelm August	Caspar	Odensach	Elise	25-Dec	Sauer	Wilhelm	y
87	1876	312	Hübner	Johann Heinrich	Heinrich	Döring	Kath.	31-Dec	der Vater		y
88	1876	312	Bullerdick	Heinrich	John	Meinken	Kath.	31-Dec	Holthusen	Heinrich	y
				Ernst August	Georg Theod.						
89	1876	312	Otto	Ferdinand	Werner	Link	Maria Christina	31-Dec	Depkin	Ernst Agu.	y
1	1877	312	Krapp	Karl Hermann	August	Retzlaff	Wilhelmina	07-Jan	Roth	Karl	y
									(1) Gohlke	(1) Karl Ludwig	
									Gohlke	(2) Luise Christine	
									(3)	(3) Conrad	
2	1877	312	Semmler	Ludwig Conrad Helenn Eucharia	Franz Heinrich	Hensel	Elisabeth	08-Jan	Semmler		y
3	1877	312	Prinz	Adelgunde	Conrad	Schmidt	Karoline	28-Jan	die Mutter		y
4	1877	312	Körber	Karolina	Johann	Eichmuller	Anna Barb.	04-Feb	Hiltz	Karoline	y
5	1877	312	Tinker	Wilhelm Augustin	Eugen A.	Schneider	Louise M.	11-Feb	die Mutter		y
6	1877	312	Schuh	Wolfgang Heinrich	Joh. Conrad	Brost	Wilhelmine	18-Feb	Kummer	Wolfgang	y
				Karoline Wilhelmine							
7	1877	312	Frank	Friedrike	Louis	Steven [?]	Friedrike	19-Feb	die Eltern		y
8	1877	312	Wissner	Johann	John	Kohlepp	Maria	25-Feb	Schwarz	John	y
9	1877	312	Meister	Julius Philipp	Julius	Gröber	Maria	25-Feb	Lutz	Johann Philipp	y
									(1) Singel	(1) Franz	
10	1877	312	Buchsbaum	Franz Wilhelm	Heinrich	Kaiser	Elise	11-Mar	Burk	(2) Wilhelm	y
11	1877	312	Stoll	Margareta Maria	Wigand	Graf	Anna	12-Mar	Frank	Marg. Maria	y
12	1877	312	Retzius	Wilhelmina Dezette Albertine Magd.	Karl	Buthnuser	Anna	18-Mar	Gaubatz	Mina Albertine Magdl.	y
13	1877	312	Haegerich	Barb.	Karl Wilhelm	Marquart	Elise Sophie	18-Mar	Hägerich	Barb.	y
14	1877	312	Werrlein	Louise	John	Wiese	Christine	18-Mar	Wiese	Louise	y
									(1) Ahrens	(1) Otto	
15	1877	313	Kandler	Otto Johann Franz	Paul	Hoffmann	Anna	25-Mar	(2) Meyer	(2) Johann	y
16	1877	313	Worthmann	Anna Elise	Heinrich	Bolwie	Wilhelmine	05-Apr	die Eltern		y
17	1877	313	Thumser	Johann Karl Ludwig	Georg	Jäger	Barbara	06-May	Bauer	Johann Karl Ludwig	y
18	1877	313	Hoffmann	Maria Magdalena	Heinrich	Will	Dorothea	13-May	Weson	Maria Magdalena	y
19	1877	313	Reissenweber	Elisabeth	Johann	Lechner	Elisabeth	17-May	Lechner	Elisabeth	y
20	1877	313	Poehler	Margareta	Franz Heinrich	Schmelz	Angelica	20-May	Pöhler	Margareta	y
21	1877	313	Behrens	Anna Martha	Heinrich	Vollmer	Barbara	27-May	Muller	Kath.	y
22-26	1877	313	no entry								
27	1877	313	Ritter	Heinrich	Friedrich Wilhelm	Schanze	Katharina	27-May	Eckes	Heinrich	y
28	1877	313	Reiff	Johanna Elisabeth	Johann Valentin	Dutty [Duttij]	Martha Elisab.	03-Jun	die Mutter		y
29	1877	313	Grothaus	Katharina	Wilhelm Gottlieb	Richter	Maria Therese	10-Jun	Richter	Kath.	y

Trinity German Lutheran Baptisms

No.	Year	Page	Surname	Given Name	Father	M Surname	M Given	Bapt	W Surname	W Given	More Info
30	1877	313	Adolph	Katharina	Johann	Stephann	Maria	24-Jun	Adolph	Kathre.	y
31	1877	313	Deschler	Elisabeth	Johann	Romer	Louise	01-Jul	Romer	Elisabeth	y
32	1877	313	Krieg	Friedrich Adam	Friedrich	Joh	Louise	01-Jul	(1) Scheuermann	Clara	y
										(1) Amalie	
33	1877	313	Wagner	Amalie Katharine	Georg	Fan...	Anna Maria	01-Jul	(2) Krieg	(2) Fr.	y
									(1) Kocke	(1) Dora	
34	1877	313	Kocke	Dorothea Auguste	Heinrich	[?]	Dorothea	01-Jul	(2) [?]	(2) Auguste	y
35	1877	314	Orth	Sophie Elisabeth	Johann	Eckert	Anna Elisabeth	01-Jul	Stump	Sophie	y
36	1877	314	Vogler	Wilhelm	Heinrich	Wehl	Louise	01-Jul	die Mutter		y
37	1877	314	[blank]	Heinrich	[blank]	Stolzenbach	Lissie	01-Jul	die Mutter		y
38	1877	314	Barthen	Bernhard	Bernhard	Gugel	Margareth	04-Jul	die Eltern		y
39	1877	314	Wagner	Friedrich	Konrad	Becker	Dorothea	12-Jun	Haxis [?]	Friedr.	y
40	1877	314	[?] ...urtz	Christian Reinhard	Reinhard	Hoffmeier	Louise	15-Jul	Weber	Christian	y
41	1877	314	Nicolai	Paul Daniel	Heinrich	Guth	Johanna	15-Jul	Henkens [?]	Daniel	y
42	1877	314	Hottes	Johann Eduard	Johann	Schmidt	Elisabeth	15-Jul	die Eltern		y
				Adam Christian							
43	1877	314	Friedrichs	Heinrich	Heinrich Gottlieb	Peters	Katharina	15-Jul	Peters	Joh. Ad. & Frau	y
44	1877	314	Himmer	Eva Barbara	Georg Michael	Schmidt	Henrietta	29-Jul	Appel	Eva Barbara	y
45	1877	314	Neumann	Johann	Gottfried	Schetk...	Louise	05-Aug	Neumann	Augustina	y
46	1877	314	Krumm	Anna Christina	Wilhelm	Kran...	Christine	05-Aug	Kraur [?]	Fried.	y
				Wilhelm Ferdinand							
47	1877	314	Schaake	Anton	Ferdinand	Meinhard	Maria	05-Aug	Schaake	Wilh. Ferd. Anton	y
48	1877	314	Schaake	Katharina Christina	Ferdinand	Meinhard	Maria	05-Aug	Mahr	Kath. Christine	y
49	1877	314	Tr....	Johann Friedrich	Heinrich Friedrich	Wedel	Magdalena	07-Aug	Sch...ger	Joh. Fr.	y
50	1877	315	Schmidtbleicher	Johann Michael	Christian	Wedel	Karline	12-Aug	Reithlingshufle	Joh. Mich.	y
				Margaretha							
51	1877	315	Mader	Magdalena	Johann	Pollack	Margaretha	19-Aug	Pollack	Marg. Magd.	y
52	1877	315	Kamps	Katharina Maria	Georg	Kocke	Gesina Hermine	19-Aug	Jones	Katharine	y
53	1877	315	Horn	Katharine	Adam	Descher	Anna Katharine	26-Aug	Dollinger	Katharine	y
54	1877	315	Wehrheim	Friedrich Wilhelm	Philipp	Reich	Margareth	09-Sep	Wehrheim	Friedr. Wilh.	y
55	1877	315	Wehrheim	Albert Philipp	Georg	Scheib	Auguste	09-Sep	Ehrhardt	Albert	y
56	1877	315	Bär	Georg	Heinrich	Luthardt	Eva	12-Sep	Bär	Georg	y
									(1) Knapp	(1) Kath. Maria	(2)
									(2) Gerlach		(3)
57	1877	315	Klein	Maria Katharine	Wilhelm	Bockelmann	Maria	09-Sep	(3) ...get	Lissie	y
				Elisabeth					(1) Endrich	(1) J. Wilh.	
58	1877	315	Volkert	Wilhelm August	Ferdinand	Leinhard	Johanna	16-Sep	(2) Reinhart	(2) Aug.	y
				Anna Maria							
59	1877	315	Landgraf	Chrstine	Friedrich	Jäger	Anna Elise.	23-Sep	Siem	Maria Christine	y
60	1877	315	Wolf	Johann Adam	Adam	Fischer	Emma	07-Oct	Sauer	Joh. Adam	y
61	1877	315	Grunewald	Maria	Wilhelm	Schweitzer	Maria	07-Oct	die Eltern		y
62	1877	315	Ecklofstein	Louise Margaretha	Johann	Paff	Christianna	21-Oct	Paff	Louise Maria	y
63	1877	315	Willner	Friedrich	Frank	Grauling	Karoline	21-Oct	Grauling	Friedrich	y
									(1) Dietrich	(2) (1) Joh.	
64	1877	316	Weber	Georg Wilhelm	Wilhelm	Kröger	Maria	09-Oct	Kröger	(2) Emma	y
65	1877	316	Gehm [?]	Maria Wilhelmina	Heinrich	Maier	Rebecca	21-Oct	Hofer...	Maria	y

Trinity German Lutheran
Baptisms

No.	Year	Page	Surname	Given Name	Father	M Surname	M Given	Bapt	W Surname	W Given	More Info
66	1877	316	Karstadt	Ernst Arnold	Ernst	Wie..auth	Friedricke	21-Oct	Vonde...	Arnold	y
67	1877	316	Albers	Karl Johann Heinrich	Wilhelm	Zurmuhl	Marg. Mathilde	28-Oct	Sommer	Karl	y
68	1877	316	Thies	Johann Oskar	Heinrich	Guth	Elisabeth	28-Oct	Thies	Joh. H.	y
69	1877	316	Schubert	Louis Wilhelm	Christian	Kahter	Louise	28-Oct	(1) Jotz... (2) Fischer	(1) Louis (2) Wilh.	y
70	1877	316	Mann	Louise Ellis Maria Mathilde	Wilhelm	Stenger	Margaretha	04-Nov	Ellis	Louise	y
71	1877	316	May	Rosine	Julius	Mohr	Louise	04-Nov	Koch [?]	Maria	y
72	1877	316	Sopelin	Margaretha	Johann	Muller	Dorothea	04-Nov	[?]	Margaretha	y
73	1877	316	Stump	Heinrich	Friedrich	Orth	Sophie	04-Nov	die Eltern		y
74	1877	316	Krieg	Georg Johann Augusta Sabina	Louis	Meyers	Katharine	18-Nov	Sch...	Johanna	y
75	1877	316	[?]...iedlich	Bernhardine	Georg	Schafer	Elenora	21-Nov	[?]	Augusta Sabine	y
76	1877	316	Reinno	Elisabeth	Konrad Christian	Lures	Wilhelmine	25-Nov	[?]	Eleonora	y
77	1877	316	Jung	Anna	Caspar	Odensach	Louise	25-Nov	Vith...	Anna	y
78	1877	317	Haffer	Emma Wilhelmine	Heinrich	Richard	Maria	02-Dec	die Eltern		y
79	1877	317	Walduer	Friedrike	Ludwig	Schafer	Gertrud	02-Dec	Schafer	Wilhelmine	y
80	1877	317	Mohrmann	Elma	Heinrich	Thiemann	Johanna Sophie	02-Dec	Thiemann	Johanna	y
81	1877	317	Stalfort	Louise Clara Wilhelmine Louise Amalie	Johann C.	Krödel	Selma	02-Dec	(1) Diner (2) Stalfort (3) Werner	(1) Wilh. (2) Gerhard Friedr. (3) Helenn Wilh. G.	y
82	1877	317	Stalfort	Franziska	Johann C.	Krödel	Selma	02-Dec	Krödel	[blank]	y
83	1877	317	Freund	Elisabeth	Konrad	Braun	Anna	09-Dec	Freund	Elisabeth	y
84	1877	317	Burness	Melvin Startzmann	Cornelius William	Siegrist	Elisabeth	09-Dec	Startzmann	Melvin	y
85	1877	317	Thiemeyer	Johann Hermann Wilhelm	Heinrich Adolph	Hilfer	Caroline	09-Dec	(1) Thiemeyer (2) Wilhelmsen [?] (3) Ridge	(1) Joh. Herrm. (2) Wilh. (3) John	y (3)
86	1877	317	Pasquai	Karoline Katharine	Jakob	Schneider	Rosine	03-Dec	Martin	Karoline	y
87	1877	317	Koch	Dietrich Friedrich Wilhelm	Johann Hermann Friedrich Wilhelm	Meyers	Albertine Hennietta	16-Dec	(1) Koch (2) Thiemeyer	(1) Dietrich Fr. (2) Ernst Fr. Wilh.	y
88	1877	317	Muller	Johann	Johann	Bockelmann	Maria	16-Dec	Schlenk	Johann	y
89	1877	317	Pister	Eugen Daniel	Jakob	Fangmaier	Dorothea	23-Dec	Lauer	Daniel	y
90	1877	317	Baumgartner	Johann	Johann	Bohning	Fried.	25-Dec	Ott	Johanna T. Kunigunde	y
91	1877	317	Geelhaar	Ernst Robert	Eduard Karl	Wacker	Emma	25-Dec	Geelhaar	Ernst	y
92	1877	318	Krengel [?]	Barbara Katharina Emilie Elise Anna	Karl Friedr.	Schuler	Amalie	25-Dec	Schuler	Barbara	y
93	1877	318	Baum	Barbara	Friedrich	Tabens	Maria Marg.	25-Dec	(1) Tabens (2) Baum	(1) Emilie Elise (2) Anna Barbara	y
94	1877	318	Flamm	Katharina Emilie Katharine Auguste	Wilhelm	Baitz	Katharina	26-Dec	Ein...	Emilie	y
95	1877	318	Eckes	Wilhelmine	Heinrich	Ritter	Amalie	28-Dec	Ritter	Katharina	y
96	1877	318	Kullmann	Maria Magdalena	Friedrich	Pilgrim	Maria	30-Dec	(1) Kullmann (2) Eckert	(1) Maria (2) [?]	y

Trinity German Lutheran
Baptisms

No.	Year	Page	Surname	Given Name	Father	M Surname	M Given	Bapt	W Surname	W Given	More Info
97	1877	318	Schleinbecker	Heinrich	Gottlieb	Hanne	Karoline	30-Dec	Fischer	Heinrich	y
98	1877	318	Schmidt	Maria Karoline	Johann	Kropf	Maria	31-Dec	Koch	Maria Karoline	y
1	1878	318	Lohlein	Johann Joseph	Joseph	Meyer	Elisabeth	01-Jan	Krechsbacher	Johann	y

Trinity German Lutheran Confirmations

No.	Surname	Given Name	Birthdate	Residence	Year	Page
1	Sinkinbring	Franziska	25 Jul 1861	76 Market Square	1876	321
2	Schuh	Luise	15 Sep 1861	265 Alion Auss	1876	321
3	Amendt	Henrietta Theodora	24 Oct 1861	59 Bank St	1876	321
4	Schroeder	Charlotte Louise	26 Nov 1861	51 Whitson St	1876	321
5	Wittgrefe	Luise	8 Dec 1861	30 S. Bond St	1876	321
6	[blank]	[blank]	[blank]	[blank]	1876	321
7	Meier	Karoline	10 May 1862	336 Boston Ave	1876	321
8	Vollmar	Luise Sarah	14 May 1862	143 S. Spring St	1876	321
9	Jaeger	Luise Marg.	17 Jul 1862	75 1/2 East. Av.	1876	321
10	Ebbighausen	Charlotte	17 Jul 1862	229 Canton Av.	1876	321
11	Krug	Friederika Wilhelmine	4 May 1862	160 S. Spring St	1876	321
12	Berndt	Wilhelmine	18 Aug 1862	170 E. Lombard St.	1876	321
13	Hadermann	Anna Johanna	8 Oct 1862	49 S. Central Av.	1876	321
14	Erdbrink	Henrietta Auguste	13 Oct 1862	25 Conway St.	1876	321
15	Schneider	Maria Philippine	20 Oct 1862	45 N. Caroline St	1876	321
16	Grauling	Elsa	5 Nov 1862	166 S. Chappel St	1876	321
17	Freiholz	Eva	16 Nov 1862	Ecke Ann & Aliceanna St	1876	321
18	Redemann	Maria Elise	20 Nov 1862	24 Albemarle St	1876	321
19	Schorr	Leonora	6 Jan 1863	124 S. Caroline St	1876	321
20	Lang	Josephine	27 Jan 1863	Ecke Albemarle & Pres[ident] St	1876	321
21	Herrmann	Karoline	25 Mar 1863	156 S. Spring St	1876	321
22	Fischer	Kath. Marg.	17 Apr 1863	73 East. Av.	1876	321
23	Werth	Maria	6 May 1863	31 Philpot	1876	321
24	Endress	Regina	13 May 1863	214 Canton Ave	1876	321
25	Wambach	Kath. Dores Adelaide	6 Jun 1863	256 Alice-Ann St	1876	321
26	Schmidt	Amalia	12 Jul 1863	28 Henriette St	1876	321
27	Glaser	Maria Magdalena	23 Aug 1863	44 Essex St	1876	321
28	Zachow	Paulina	1 Dec 1863	Eck H… & ..Granby St	1876	321
29	Schmidt	Auguste	6 Dec 1863	Ecke Lombard & Caroline Sts	1876	321
30	Graf	Kath. Marg.	12 Dec 1863	Ecke N. Bethel & Walker St	1876	321
31	Noz	Kath. Christine	31 Dec 1863	53 Stiles St	1876	321
[blank]	Greifzu	Johann	15 May 1864	112 N. Chappel St	1876	321
[blank]	Hartmann	Heinrich Fr.	2 Nov 1864	Trinity St	1876	321
[blank]	Heinz	Maria	31 Jan 1862	228 S. Ann St	1876	321
[blank]	Jansen	Johann	4 Mar 1863	319 Alice Ann St	1876	321

Trinity German Lutheran Confirmations

No.	Surname	Given Name	Birthdate	Residence	Year	Page
1	Förster	Phil. Albin	15 Oct 1861		1877	322
2	Kramer	Fried.	11 Jul 1862		1877	322
3	Vetter	Ernst Herm.	25 Oct 1862		1877	322
4	Gebhard	Nicol. Ernst	9 Dec 1862		1877	322
5	Borger	Christian	13 Dec 1862		1877	322
6	Wollenweber	Friedrich	16 Dec 1862		1877	322
7	Edelmann	Georg	11 Jan 1863		1877	322
8	Eiler	Christian	25 Jan 1863		1877	322
9	Homberg	Auguste	26 Mar 1863		1877	322
10	Schmidt	Ludwig	17 Mar 1863		1877	322
11	Fischer	Joh. Georg	11 Apr 1863		1877	322
12	Westermann	Heinrich Wilh.	18 Apr 1863		1877	322
13	Norberg	August	24 May 1863		1877	322
14	Weber	Joseph	27 May 1863		1877	322
15	Brocklender	Heinrich	23 Jul 1863		1877	322
16	Lohmeyer	Wilhelm	27 Jul 1863		1877	322
17	Weidinger	Johann	18 Aug 1863		1877	322
18	Feitz	Peter	12 Sep 1863		1877	322
19	Will	Georg	8 Oct 1863		1877	322
20	Hagelgans	Joh. Georg	18 Oct 1863		1877	322
21	Omeis	Zacharias	26 Nov 1863		1877	322
22	Esselmann	Georg	20 Dec 1863		1877	322
23	Wittgrefe	Wilhelm	2 Jan 1864		1877	322
24	Schmidt	Heinrich	3 Jan 1864		1877	322
25	Roehner	Heinrich	5 Jan 1864		1877	322
26	Schnert	Fried. Wilhelm	22 Feb 1864		1877	322
27	Bonnett	Johann	3 Mar 1864		1877	322
28	Greifzu	Johann Robert	15 Mar 1864		1877	322
29	Schlimm	Heinr. Philipp	23 Jun 1864		1877	322
30	Feldmann	Ludwig	19 Jul 1864		1877	322
31	Witter	Thomas	14 Sep 1864		1877	322
32	Kummerlein	Conrad Mich.	22 Oct 1864		1877	322
33	Hartmann	Heinr. Fried.	2 Nov 1864		1877	322
1	Scholneck	Julia	29 Apr 1861		1877	322
2	Barthol	Christina Elis.	2 Nov 1861		1877	322

Trinity German Lutheran Confirmations

No.	Surname	Given Name	Birthdate	Residence	Year	Page
3	Schneider	Clara Louise	24 Nov 1861		1877	322
4	Müller	Kath. Magd.	29 Dec 1861		1877	322
5	Hoffmann	Louise Ottilia	7 Apr 1862		1877	322
6	Christie	Johanna	1 Aug 1862		1877	322
7	Pfaff	Wilhelmine	28 Sep 1862		1877	322
8	Schlenker	Elisb.	28 Oct 1862		1877	322
9	Jansen	Johanna	4 Mar 1863		1877	322
10	Kirchner	Louise Marg.	17 Mar 1863		1877	322
11	Lahm	Kath.	25 Apr 1863		1877	322
12	Beker	Emma Louisa	13 Sep 1863		1877	322
13	Ochs	Maria	26 Sep 1863		1877	322
14	Frank	Emilie	28 Sep 1863		1877	322
15	Schacke	Emma Christina	14 Oct 1863		1877	322
16	Christ	Emilie Christine	20 Oct 1863		1877	322
17	Körber	Kath.	31 Oct 1863		1877	322
18	Hartan	Kath.	5 Dec 1863		1877	322
19	Kaiser	Margareta	25 Jan 1864		1877	322
20	Mulzer	Marg.	8 Feb 1864		1877	322
21	Fleischmann	Barb. Theresa	22 Feb 1864		1877	322
22	Vogt	Maria	26 Mar 1864		1877	322
23	Jaeger	Rosina	27 Mar 1864		1877	322
24	Ziegler	Barbara	11 Apr 1864		1877	322
25	Vollmar	Rosina Gertrud	21 Apr 1864		1877	322
26	Ahrens	Maria	28 Apr 1864		1877	322
27	Schütte	E. Wilhelmine	6 May 1864		1877	322
28	Pilgrim	Kath.	2 Jun 1864		1877	322
29	Rohner	Anna Johanna	6 Jun 1864		1877	322
30	Horn	Barbara	4 Jul 1864		1877	322
31	Frank	Margareta	7 Aug 1864		1877	322
32	Willner	Eva Dor.	18 Sep 1864		1877	322
33	Müller	Maria Elisb.	9 Dec 1864		1877	322
34	Loos	Marg.	12 Jan 1865		1877	322
35	Fischer	Emma	25 Mar 1865		1877	322
36	Lang	Therese	2 Apr 1865		1877	322
37	Rathgeber	Lotte	8 May 1865		1877	322

Trinity German Lutheran Marriages

Groom Surname	G. Given Name	Birthplace	Bride Surname	B. Given Name	Birthplace	Year	Date	Page	Number	Additional Data
Faber	Dietrich		Jakob	Barbara		1853	21-Feb	256	1	y
Wenig	Kaspar	Sachsen	Nicklas	Johanna		1853	28-Feb	256	2	y
Metzger	John	Wurtemberg	Bauer	Margaretha Margaretha		1853	28-Feb	256	3	y
Kratz	Johannes		Vogelsang	Theresia		1853	23-Mar	256	4	y
Gross	John Justus	Kurhessen	Springer	Chatharina Maria		1853	27-Mar	256	5	y
Fuchs	Adam Friedrich Carl	Kurhessen	Metzmann	Magdalena		1853	18-Apr	256	6	y
Volkmann	August	Hannover Eckhardsborn,	Kampe	Maria		1853	11-Apr	256	7	y
Görschel	Ernst	Darmstadt	Dickhaut	Louise		1853	27-Apr		8	y
Meister	Georg	Darmstadt Hessen	Pfeiffer	Barbara		1853	24-Apr	256	9	y
Deckebach	Christian	Darmstadt Hessen	Beckel	Maria Dorothea		1853	28-Apr	256	10	y
Krug	August	Darmstadt	Hahn	Elisabetha		1853	28-Apr	256	11	y
Dickhaut	Adam	Darmstadt	Koffenberger	Margretha		1853	01-May	256	12	y
Emmerich	Johannes	Darmstadt	Scheuermann	Margretha Johanna		1853	01-May	256	13	y
Götz	Friedrich	Baiern	Willecke	Wilhelmina	Braunschweig	1853	08-May	256	14	y
Hermann	Bernhard	Baden	Hodermann	Eva Margretha	Hannover	1853	15-May	256	15	y
Horstmeier	Ernst	Preussen	Balster	Meta	Wurtemberg	1853	25-May	257	16	y
Holzstein	Justus	Kurhessen Hessen	Nestle	Christina		1853	05-Jun	257	17	n
Kampel	Heinrich	Darmstadt	Erst	Johannette	Waldenburg	1853	12-Jun	257	18	n
Schaber	Andreas	Wurtemberg Altenburg,	Honselmann	Christina	Wurtemberg	1853	12-Jun	257	19	n
Schleier	Friedrich August	Sachsen	Fischer	Mathilda	Sachsen	1853	... Jun	257	20	n
Fischer	Georg	Kurhessen	Muller	Anna Katharina	Baltimore	1853	19-Jun	257	21	n
Barcknert	Friedrich	Bentzhausen,	Fischer	Christina Louise	Baden Schleisinger,	1853	19-Jun	257	22	n
Werner	John Georg	Preussen	Koch	Fridricka	Preussen	1853	25-Jun	257	23	n
Hamann	Philipp	Baltimore Werden,	Schmidt	Maria	Baltimore Werden,	1853	26-Jun	257	24	n
Hiltzmann	Friedrich	Westphalen Schwalmbach,	Pilgrim	Anna Maria	Westphalen Schillinger,	1853	26-Jun	257	25	n
Muller	John Peter	Preussen Zeuninger,	Meier	Elisabetha	Schweitz Reichenbach,	1853	10-Jul	257	26	y
Schiller	John Georg	Wurtemberg	Blessing	Louise Christina	Wurtemberg	1853	10-Jul	257	27	n
Marocs	Heinrich	Kurhessen Hessen	Hoffmann	Maria	Kurhessen	1853	10-Jul	257	28	n
Dietz	Valentin	Darmstadt Schleswigholzstei	Schmidt	Elisabetha Katharina	Hessen Darmstadt	1853	17-Jul	257	29	n
Hulsemann	Heinrich	n	Jakob	Elisabeth	Hessen Kassel	1853	17-Jul	257	30	n
Harb	Peter	Baltimore	Hess	Barbare	Baden	1853	24-Jul	257	31	n

Trinity German Lutheran Marriages

Groom Surname	G. Given Name	Birthplace	Bride Surname	B. Given Name	Birthplace	Year	Date	Page	Number	Additional Data
Wencheck [?]	Conrad Eberhardt	Hessen Darmstadt	Koch	Elisabetha	Kurhessen	1853	24-Jul	257	32	n
Horstmeier	Wilhelm	Linnen, Westphalen Lubeke,	Vogt	Anna Maria	Baden	1853	31-Jul	258	33	n
Meier	Ludwig	Westphalen	Garreckt	Anna	Werdheim, Baden	1853	07-Aug	258	34	n
Ohr	Friedrich	Baltimore	Schmidt	Clara Maria	Baltimore	1853	07-Aug	258	35	n
Meset	John	Baiern	Tröger	Barbara	Baiern	1853	07-Aug	258	36	n
Andres	John Georg	Baiern	Reiss	Barbara	Baiern	1853	07-Aug	258	37	n
Willig	Friedrich	Baiern	Slierkof	Magdalena Dorethea	Baiern	1853	07-Aug	258	38	n
Ress	Georg	Baltimore	Erben	Elisabetha Katharina	Sachsen	1853	21-Aug	258	39	n
Killian	John Michael	Baltimore	Horstmann	Elisabeth	Hannover	1853	11-Sep	258	40	n
Fischer	Wilhelm	Kurhessen	Muller	Katharina	Kurhessen	1853	18-Sep	258	41	n
Raneke	Karl	Wolfeszagen bei Braunsch.	Mitteldorf	Carolina Friedricka	Wolfeszagen bei Braunsch.	1853	18-Sep	258	42	n
Köster	John	Danzig	Zeitler	Wilhelmina	Baltimore	1853	18-Sep	258	43	n
Stumpner	Paulus	Baiern	Märtz	Barbara	Baiern	1853	18-Sep	258	44	n
Müller	John	Baiern	Köster	Barbara	Baltimore	1853	02-Oct	258	45	n
Greissmann	Heinrich	Wolfeszagen	Hesse	Hanna Carolina	Baltimore	1853	02-Oct	258	46	y
Kämpf	Martin	Wurtemberg	Brucking	Maria	Wurtemberg	1853	02-Oct	258	47	n
Pfaff	Adam	Hessen Darmstadt	[blank]	Elisabetha		1853	28-Sep	258	48	n
Georg	Bernhard	Wurtemberg	Almendirger	Maria	Wurtemberg	1853	10-Oct	258	49	n
Heigele	Conrad	Hessen	Binder	Susanne	Sachsen	1853	10-Oct	258	50	y
Berge	John	Darmstadt	Döring	Carolina	Wurtemberg	1853	16-Oct	258	51	n
Bernhard	August	Bremen	Pessling	Wilhelmine	Sachsen	1853	16-Oct	258	52	n
Grauling	Friedrich	Baltimore	Lindemann	Carolina	Baltimore	1853	23-Oct	259	53	n
Keidel	Conrad	Kurhessen	Schurr	Christiane	Baltimore	1853	23-Oct	259	54	n
Biemuller	Edward	Baltimore	Mackel	Anna Maria	Baiern	1853	24-Oct	259	55	n
Heiser	John	Baden	Zipse	Juliana	Baden	1853	07-Nov	259	56	n
Wallenwein	Georg	Baden	Wallenwein	Elenore	Baden	1853	07-Nov	259	57	n
Henricke	John Georg	Baden	Heimann	Katharina	Neckergmund, Baden	1853	07-Nov	259	58	n
Reickert	Joseph	Amerback am Main	Müller	Margretha	Baden	1853	08-Nov	259	59	n
Sillmann	John Hermann	Hanover	Osterlohe	Margretha	Hanover	1853	09-Nov	259	60	n
Schaaf	Peter	Hessen Darmstadt	Hammel	Elisabetha	Baltimore	1853	12-Nov	259	61	n
Helmle	Carl	Wurtemberg	Beir	Anna Barbara	Wurtemberg	1853	12-Nov	259	62	n
Dietrick	Friedrick	Hessen Darmstadt	Scheidt	Margretha	Hessen Darmstadt	1853	12-Nov	259	63	n
Hollank	Heinrich		Thorwand	Maria	Baltimore	1853	18-Nov	259	64	n
Klotz	John Georg	Wurtemberg	Standt	Elisabetha	Sachsen	1853	20-Nov	259	65	n

Trinity German Lutheran Marriages

Groom Surname	G. Given Name	Birthplace	Bride Surname	B. Given Name	Birthplace	Year	Date	Page	Number	Additional Data
Walz	Jakob	Hessen Darmstadt	Reyes	Katharina	Hessen Darmstadt	1853	20-Nov	259	66	n
Rullmann	Wiegar		Müller	Elisabetha		1853	01-Oct	259	67	n
Lahm	Heinrich	Hessen Darmstadt	Goldstrom	Elisabetha	Hessen Darmstadt	1853	13-Dec	259	68	n
Kroh	Ferdinand	Preussen Hessen	Weinberg	Friedricka Wilhelmina	Baltimore	1853	13-Dec	259	69	
Schwartzkopf	Georg	Darmstadt	Loesch	Katharina	Kurhessen	1853	13-Dec	259	70	n
Hofer	John Georg	Baiern	Güt	Margretha	Baiern	1853	19-Dec	259	71	n
Budde	Friedrich Wilhelm	Hannover	Müller	Kath. Margretha Katharina	Hannover	1853	19-Dec	259	72	n
Schminke	Wilhelm	Kurhessen	Lang	Elisabetha	Baltimore	1853	25-Dec	260	73	n
Vogt	Georg	Sachsen	Ernst	Carolina	Sachsen	1853	25-Dec	260	75	n
Geiger	Johannes	Baiern	Seibold	Elisabethe	Baiern	1853	25-Dec	260	76	n
Geiger	John Georg	Wurtemberg	Günther	Regina	Wurtemberg	1853	25-Dec	260	77	n
Hubner	Georg	Baiern	Greiff	Katharina	Baltimore	1853	26-Dec	260	78	n
Bothe	Wilhelm	Bremen	Krepp	Regine	Kurhessen	1853	30-Dec	260	79	n
Zink	Johannes	Baiern	Obelhardt	Maria Barbara	Baiern	1854	01-Jan	260	1	n
Zink	Joh. Heinrich	Baiern Hessen	Renner	Sophia Friedrika	Baiern	1854	01-Jan	260	2	n
Schafer	Heinrich	Darmstadt Hessen	Schnabel	Sophia	Hessen Darmstadt	1854	01-Jan	260	3	y
Fink	Friedrich	Darmstadt Hessen	Hardtmann	Anna	Kurhessen	1854	01-Jan	260	4	n
Wagner	Nicklass	Darmstadt	Löffler	Wilhelmine	Baltimore	1854	01-Jan	260	5	n
Heinle	Georg	Homburg	Nägele	Eva	Baiern	1854	08-Jan	260	6	n
Vogt	Friedrich	Wurtemberg	Brinkmann	Carolina	Hessen Darmstadt	1854	08-Jan	260	7	n
Elgerood	Friedrich	Hanover	Sammet	Christina	Wurtemberg	1854	08-Jan	260	8	n
Franke	Johannes Wilhelm	Darmstadt	Hansin	Johanne Regina Henriette Fried.	Sachsen	1854	08-Jan	260	9	n
Ode	Hermann	Hamburg	Wiswe	Magd.	Altena	1854	15-Jan	260	10	n
König	Heinrich	Sachsen	Bitteldorf	Karolina	Sachsen	1854	22-Jan	260	11	n
Raap	Christian	Waldorf	Himming	Eva Maria	Sachsen	1854	22-Jan	260	12	n
Meisel	Georg	Baiern	Schmalbach	Katharine	Darmstadischen	1854	22-Jan	260	13	n
Nolte	Heinrich		Emda	Elise	Grosherzogthum	1854	27-Jan	260	14	n
Keil	Conrad	Grosherzogthum Darmstadt	Lutz	Wilh. Regine	Darmstadt	1854	29-Jan	260	15	n
Röder	Michael	Kurhessen	Röder	Eva	Kurhessen	1854	05-Feb	260	16	n
Reul	Valenten	Kurhessen	Siebert	Anna Maria	Baltimore	1854	05-Feb	260	17	n
Heiback	John Heinrich	Baiern Hessen	Körner	Anna Barbara	Baiern	1854	05-Feb	261	18	n
Schafer	John	Darmstadt Wolfsanger,	Busch	Christina	Hessen Darmstadt Georghausen,	1854	12-Feb	261	19	n
Siebert	John August	Hessenkassel	Henning	Wilhelmine	Güllingen	1854	19-Feb	261	20	n

Trinity German Lutheran Marriages

Groom Surname	G. Given Name	Birthplace	Bride Surname	B. Given Name	Birthplace	Year	Date	Page	Number	Additional Data
Spindler	John Georg	Baltimore	Zais	Katharina	Brucksal, Baden	1854	19-Feb	261	21	n
Hetz	Georg	Baiern	Eckert	Elisabetha	Baiern	1854	19-Feb	261	22	n
Krösch	Georg H.	Baltimore	Adelmann	Magdalene	Baiern	1854	19-Feb	261	23	n
Griesmeier	Philipp	Baiern	Ihlein	Rosine	Baden	1854	19-Feb	261	24	n
Dannenfelser	Ludwig	Baiern	Lepper	Anna Maria	Hessen Darmstadt	1854	26-Feb	261	25	n
Himmer	Christoph	Hessen	Mark	Barbara	Baiern	1854	26-Feb	261	26	n
Stein	Peter	Darmstadt	Jost	Maria	Hessen Darmstadt	1854	09-Mar	261	27	n
Landbeck	Georg Christian	Bietigheim, Wurtemberg	Andres	Elisabethe	Bietigheim, Wurtemberg	1854	19-Mar	261	28	n
Unger	Heinrich		Hermann	Maria		1854	21-Mar	261	29	n
Happel	Conrad	Kurhessen	Grell	Katherina	Kurhessen	1854	29-Mar	261	30	n
Betzel	Gottfried	Sachsen	Blohs	Elisabetha	Baltimore	1854	29-Mar	261	31	n
Wildt	Carl Wilhelm Albert	Mekelburg	Eltermann	Friedricka Henriette	Mekelburg	1854	31-Mar	261	32	n
Stein	Johan Ernst	Mekelburg	[blank]	Johanne Maria	Mekelburg	1854	28-Mar	261	33	n
Hardtmann	John	Baltimore	Stoffregen	Wilhelmina Dorethea	Hanover	1854	02-Apr	261	34	n
Hupp	Johannes	Baltimore	Busch	Johanne	Hannover	1854	02-Apr	261	35	n
Weissen	Friedrich August	Preussen	Einsiedel	Elisabetha	Baltimore	1854	09-Apr	261	36	n
Hoebest	Ernst	Preussen	Loesch	Louise	Kurhessen	1854	09-Apr	261	37	n
Nader	Johannes	Kurhessen	Weimer	Elise	Baiern	1854	17-Apr	262	38	n
Dielmann	Ludwig	Frankfurt	Müller	Theodore	Hanover	1854	20-Apr	262	39	n
Schneider	Johannes	Baiern	John	Margretha	Sachsen	1854	23-Apr	262	40	n
Clas	Heinrich	Sachsen	Fruhaaf	Barbara	Sachsen	1854	24-Apr	262	41	n
Rauch	Heinrich	Baltimore	Bitzinger	Maria	Baltimore	1854	25-Apr	262	42	n
Muller	Johannes	Baiern	Pfeiffer	Anna Barbara	Darmstadt	1854	30-Apr	262	43	n
Fritz	Lorentz	Baiern	Pflaam	Magdalene	Baiern	1854	30-Apr	262	44	n
Glenk	Christopf Heinrich	Baiern Hessen	Hoffmann	Anna M. Magdalena	Baiern	1854	09-May	262	45	n
Breitenstein	August	Darmstadt Hessen	Beiswanger	Maria Rebecca	Baltimore	1854	23-May	262	46	n
Körner	Paulus	Darmstadt	Berghofer	Elise Kath.	Hessen Darmstadt	1854	21-May	262	47	n
Keiner	Carl	Kurhessen	Freund	Margretha	Kurhessen	1854	29-May	262	48	n
Kratz	Heinrich		Varnan	Maria Engel		1854	27-May	262	49	y
Wiedersheim	Philipp		Seipp	Sophia		1854	29-May	262	50	n
Dehne	Heinrich Ernst	Hannover	Berger	Louise	Hannover	1854	05-Jun	262	51	n
Weber	David	Darmstadt	Siemon	Maria	Westphalen	1854	11-Jun	262	52	n
Schröder	Christoph	Hannover	Weber	Katharina	Hessen Darmstadt	1854	11-Jun	262	53	y
Vollmer	John Friedrich	Wurtemberg	Wandmuller	Gertraud	Baltimore	1854	18-Jun	262	54	n
Gemmellich	Georg	Baiern	Meitenbauer	Margretha	Baiern	1854	18-Jun	262	55	n
Gemmellich	Johann	Baiern Hessen	Bandle	Kunigunde	Baiern	1854	18-Jun	262	56	n
Spangenberger	Georg	Darmstadt	Enler [Euler]	Carolina	Hessen Darmstadt	1854	18-Jun	262	57	n
Steube	Kaspar	Sachsen	Schnider	Elisabeth Wilh.	Sachsen	1854	18-Jun	262	58	n

Trinity German Lutheran Marriages

Groom Surname	G. Given Name	Birthplace	Bride Surname	B. Given Name	Birthplace	Year	Date	Page	Number	Additional Data
Zimmer	John Peter	Baltimore	Ilob [?]	Kunigunde	Baltimore	1854	23-Jun	263	59	n
Birkenstock	Heinrich	Darmstadt Hessen	Schall	Maria	Hessen Darmstadt	1854	25-Jun	263	60	n
Schafer	Heinrich Conrad	Darmstadt	Wenzel	Elisabetha	Hessen Darmstadt	1854	25-Jun	263	61	n
Schahlein	Michael	Baiern	Volker	Rosina	Baiern	1854	25-Jun	263	62	n
Schaler	Heinrich	Sachsen	Weilig	Maria Barbara Maria	Baiern	1854	25-Jun	263	63	n
Kaspar	John Matheus	Baiern	Kraus	Kunigunde	Baiern	1854	25-Jun	263	64	n
Pohlmann	Nickolaus	Baiern	Kaspar	Anna Apolina Auguste C.	Baiern	1854	01-Jul	263	65	n
Schuh	John Conrad	Baltimore	Bock	Wilhelmine	Baltimore	1854	02-Jul	263	66	n
Kehm	Philipp Heinrich	Baiern	Tetta	Henrietta Doretha	Kurhessen	1854	03-Jul	263	67	n
Strand	Christian	Mekelburg	Willbrand	Christina Ernstine	Mekelburg	1854	06-Jul	263	68	n
Dietzel	Adam	Sachsen Hessen	Kirstein	Wilhelmine	Sachsen	1854	16-Jul	263	69	n
Meiter	Samuel	Darmstadt	Hinges	Magdale	Hessen Darmstadt	1854	23-Jul	263	70	n
Keil	Christian	Sachsen	Vernau	Maria	Kurhessen	1854	23-Jul	263	71	n
Brendel	Carl	Rehnzfaltz Hessen	Krantz	Christina	Sachsen	1854	23-Jul	263	73	n
Schön	Wilhelm	Darmstadt	Deuber [?]	Elenore	Hessen Darmstadt	1854	30-Jul	263	74	n
Hacker	Andreas	Baiern	Bälz	Anna	Wurtemberg	1854	30-Jul	263	75	n
Kohler	conrad	Darmstadt	Hoffmann	Anna Maria	Sachsen	1854	06-Aug	263	76	n
Weiss	Johannes	Baiern	Vesche	Doretha	Baltimore	1854	13-Aug	263	77	n
Schwemmer	Johannes	Baiern	Pickel	Kunigunde	Baiern	1854	13-Aug	263	78	n
Schnitzer	Andreas	Baltimore	Henning	Sofia Christ.	Frankfurt	1854	13-Aug	263	79	n
Ritterbusch	Wilhelm	Baltimore	Klingheber	Elisabeth	Kurhessen	1854	13-Aug	264	80	n
Dresel	Leonhard	Baiern	Sperber	Lena	Baiern	1854	20-Aug	264	81	n
Elsasser	Peter	Baden	Schacker	Katharina	Baiern	1854	20-Aug	264	82	n
Meier	Mattheus Heinrich Wilhelm	Baden	Gnade	Tolete	Baltimore	1854	27-Aug	264	83	y
Heise	August	Hanover	Krapf	Margretha	Hessen	1854	27-Aug	264	84	n
Stiepel	Johann Georg Friedrich	Baiern	Daubert	Maria	Marburg-Hessen	1854	27-Aug	264	85	n
Bendrab	Wilhelm	Preussen Marburg,	Mesel	Maria Katharina	Hessen Darmstadt	1854	27-Aug	264	86	n
Dern	Jakob	Kurhessen	Schafer	Wilhelmine	Kurhessen	1854	31-Aug	264	87	n
Seipp	Wilhelm	Baltimore	Zapp	Maria Elisabethe	Baltimore	1854	03-Sep	264	88	n
Rau	Johann Conrad	Kurhessen	Schafer	Margretha	Hessen Darmstadt	1854	07-Sep	264	89	n
Weiss	Georg	Baltimore	Bernst	Christine	Hessen Kassel	1854	10-Sep	264	90	y
Brautigam	Michael	Baiern	Hardtmann	Babette	Baiern	1854	17-Sep	264	91	n
Kreninger	Heinrich	Baiern	Bentzel	Sofia	Baiern	1854	17-Sep	264	92	n
Freund	Conrad	Kurhessen	Friedrich	Elisabethe	Kurhessen	1854	17-Sep	264	93	n
Schmidt	Nicklaus	Baiern	Vogel	Maria	Baiern	1854	17-Sep	264	94	n

Trinity German Lutheran Marriages

Groom Surname	G. Given Name	Birthplace	Bride Surname	B. Given Name	Birthplace	Year	Date	Page	Number	Additional Data
Freund	Mattheus	Kurhessen	Meier	Caroline	Kurhessen	1854	24-Sep	264	95	n
Desel	Simon	Baltimore	Arnold	Maria	Baltimore	1854	24-Sep	264	96	y
Gautz	Friedrich	Baltimore County Hessen	Muller	Babetta	Baltimore County	1854	01-Oct	264	97	y
Sutter	Georg	Darmstadt	Umbach	Elisabeth	Hessen Darmstadt	1854	01-Oct	264	98	n
Keller	Andreas	Kurhessen	Satzmann	Katharina	Kurhessen	1854	01-Oct	264	99	n
Kroft	Georg	Kurhessen	Rag [?]	Katharina	Kurhessen	1854	08-Oct	265	100	n
Hardtmann	Lorentz	Baiern	Killian	Maria	Baiern	1854	08-Oct	265	101	n
Erdenbrecht	Johann Leonhard	Hessen Darmstadt	Dihl	Maria Margrethe Anna Maria	Hessen Darmstadt	1854	09-Oct	265	102	n
Braunhorn	Chritopf Fried.	Hanover	Lange	Wilh.	Preussen	1854	11-Oct	265	103	n
Vetter	Georg	Baiern Friesenhausen, Unterfranken	Körner	Sibille	Baiern	1854	15-Oct	265	104	n
Gleichmann	Michael	Baiern	Gustine	Barbet	Baiern	1854	16-Oct	265	105	n
Hahn	Georg	Hessen	Bittropf	Margretha	Baiern	1854	17-Oct	265	106	n
Heiser	Georg	Darmstadt Hessen	Binding	Elisabetha	Hessen Darmstadt	1854	26-Oct	265	107	n
Bau	Heinrich	Darmstadt	Schneller	Katharina	Hessen Darmstadt	1854	29-Oct	265	108	n
Apy	Georg	Preussen	Meier	Maria	Preussen	1854	29-Oct	265	109	n
Koch	Johann	Baiern	Wielsher	Alwine	Baiern	1854	04-Nov	265	110	n
Troppmann	Heinrich	Baden	Laute	Sophia Henriette Fried.	Holzstein	1854	05-Nov	265	111	n
Roth	Friedrich	Baiern	Zierlein	Magd.	Baiern	1854	05-Nov	265	112	n
Ritterbusch	Johann	Preussen	Kuhnlein	Margretha	Baltimore	1854	05-Nov	265	113	n
Keiser	Johann Georg	Baiern	Geiger	Katharina	Baiern	1854	05-Nov	265	114	n
Kleis	Johann	Baltimore	Kroll	Maria	Holzstein	1854	05-Nov	265	115	n
Gotzinger	Anton Leonhardt	Darmstadt	Hummel	Magdalene	Wurtemberg	1854	12-Nov	265	116	n
Reihnhard	Conrad	Sachsen	Dresel	Rosine Friedrika	Sachsen	1854	12-Nov	265	117	n
Reuther	Lambert	Reihnbaiern	Schmidt	Katharina	Baiern	1854	13-Nov	265	118	n
Eigenbrod	Johannes	Darmstadt	Bangert	Eva	Darmstadt	1854	19-Nov	265	119	n
Ziegler	Johannes	Sachsen	Gunther	Elisabetha	Sachsen	1854	26-Nov	265	120	n
Siegrist	Condrad	Kurhessen	Wagner	Margretha	Kurhessen	1854	04-Dec	265	121	n
Vogel	Heinrich	Baiern	Friedrich	Kunagunde	Baiern	1854	06-Dec	266	122	n
Pertersen	Johann	Schweden	Möller	Elise	Hanover	1854	10-Dec	266	123	n
Oeller	Johann	Baiern	Adler	Katharina	Baiern	1854	10-Dec	266	124	n
Hertel	Johann Heinrich	Baiern	Izorer [?]	Lisette Charlotte	Baiern	1854	10-Dec	266	125	n
Eversmeier	Friedrich	Hanover	Neu	Caroline	Baden	1854	17-Dec	266	126	n
Pfister	Georg	Baiern	Graber	Margretha	Baiern	1854	26-Dec	266	127	n
Seippert	Friedrich	Baiern	Lehn	Barwette Karolina	Baiern	1854	19-Dec	266	128	n
Neumeister	Georg Carl	Sachsen	Wisen	Friedrika	Sachsen	1854	26-Dec	266	129	n

Trinity German Lutheran Marriages

Groom Surname	G. Given Name	Birthplace	Bride Surname	B. Given Name	Birthplace	Year	Date	Page	Number	Additional Data
Rehner	Valenten	Baltimore	Marhenker	Friedricka Christina	Baltimore	1854	26-Dec	266	130	n
Volkmann	Johann Georg	Darmstadt	Schmidt	Friedrika	Hessen Darmstadt	1854	30-Dec	266	131	n
Hembert	Ludwig	Baltimore	Bartolami	Christine	Baltimore	1854	26-Dec	266	132	n
Ludwig	Conrad	Kurhessen	Biemuller	Juliana	Baiern	1855	01-Jan	266	1	n
Brendel	Michael	Baiern	Eckerl	Margretha	Baiern	1855	01-Jan	266	2	n
Metz	Heinrich Wilhelm	Kurhessen	Gunst	Elisabetha	Kurhessen	1855	07-Jan	266	3	n
Bohme	Simon	Baiern	Dorner	Barbara	Baiern	1855	14-Jan	266	4	n
Hecker	Johann Friedrich	Baden	Bach	Juliane	Baden	1855	28-Jan	266	5	n
Gabler	Carl	Preussen	Kummer	Dorethea	Preussen	1855	28-Jan	266	6	n
Wildner	Conrad	Baiern	Dopfner	Friedricka	Baiern	1855	28-Jan	266	7	n
Muller	Lorentz	Kurhessen	Tappe	Wilhelmina	Braunschweig	1855	28-Jan	266	8	n
Teigmann	Johann	Baiern	Eichberger	Anna Charlotte	Baiern	1855	04-Feb	267	9	n
Wahl	Friedrich	Wurtemberg	Dannes	Caroline	Hanover	1855	15-Feb	267	10	n
Burkhardt	Johann	Baltimore	Willershausen	Katherina	Baltimore	1855	11-Feb	267	11	n
Hennemann	Carl	Braunschweig	Rodermund	Wilhelmine	Hannover	1855	18-Feb	267	12	n
Baier	Georg	Baiern	Briel	Margretha	Marburg	1855	18-Feb	267	13	n
Goob	Georg Friedrich	Baden	Wilhelmine	Schmotzer	Baltimore	1855	18-Feb	267	14	n
Anderson	Peter	Schweden	Thitius	Louise Minna	Schweden	1855	25-Feb	267	15	n
Unglaub	Johann Wolfgang Johann Carl	Baiern	Derner	Katherina Johanne	Baiern	1855	04-Mar	267	16	y
Schumacher	Wilhelm	Mekelburg	Grotkopfs	Friedrika	Mekelburg	1855	04-Mar	267	17	n
Hooker	James	Baltimore	Gable	Sarah	Baltimore	1855	15-Mar	267	18	n
Gohl	Johann	Baltimore	Wehrmann	Sophia	Baltimore	1855	18-Mar	267	19	n
Neubert	Andreas	Baiern	Seeberger	Barbara	Baiern	1855	18-Mar	267	20	n
Wild	Joachim Fried. H.	Mekelburg	Schuld	Louise Johanne Sophia	Mekelburg	1855	18-Mar	267	21	n
Heiser	Johann Georg	Baden	Maller	Eva Elisabetha	Baden	1855	26-Mar	267	22	n
Schmalbach	Johann Heinrich		Gunther	Maria		1855	25-Mar	267	23	n
Hubbner	Johann Nikolaus	Sachsen	Meser	Margretha	Baiern	1855	01-Apr	267	24	n
Amberg	Georg	Kurhessen	Kreitner	Katharina	Baltimore	1855	09-Apr	267	25	n
Kramer	Friedrich	Baiern	Kussmaul	Anna Maria	Baltimore	1855	09-Apr	267	26	n
Bartholomaus	Georg	Frankreich	Heimann	Margretha	Baiern	1855	09-Apr	267	27	n
Pfetzer	Michael		Heitlage	Maria	Baltimore	1855	12-Apr	267	28	n
Schultheiss	Christoph		Fickenmuller	Margretha Auguste C.	Baiern	1855	29-Apr	267	29	n
Hardtmann	Johann	Preussen	Stenzel	Wilhelmine	Hannover	1855	06-May	267	30	n
Windeknecht	Johann	Kurhessen Hessen	Bechmann	Helena	Baiern	1855	05-May	268	31	n
Walz	Johannes	Darmstadt	Spielmeier	Maria	Hannover	1855	06-May	268	32	n
Wagner	Conrad	Kurhessen	Regner	Katherina	Baiern	1855	06-May	268	33	n
Hertel	Johann	Baiern	Hardtmann	Margretha	Baiern	1855	13-May	268	34	n

Trinity German Lutheran Marriages

Groom Surname	G. Given Name	Birthplace	Bride Surname	B. Given Name	Birthplace	Year	Date	Page	Number	Additional Data
Barberich	Joseph	Hessen	Schloss	Marg.		1855	15-May	268	35	n
Holzmer	Theodor	Darmstadt Hessen	Heimer	Auguste	Sachsen	1855	20-May	268	36	n
Glass	Georg	Darmstadt	Gunther	Katharina	Kurhessen	1855	20-May	268	37	n
Pfaff	Georg Johann	Kurhessen	Null	Katharina	Kurhessen	1855	27-May	268	38	n
Ohnemuller	Wolfgang	Baiern	Bock	Barbara	Baiern	1855	17-Jun	268	39	n
Hausmann	Georg	Wurtemberg	Mansdorfer	Anna Christina	Baltimore	1855	18-Jun	268	40	n
Orb	Adam	Wurtemberg	Hammel	Auguste	Wurtemberg	1855	24-Jun	268	41	n
Hoffmann	Johann	Baiern	Strobel	Anna Johanne	Baiern	1855	24-Jun	268	42	n
Lobewein	Johann	Baiern	Gogelein	Regina Wilhelmine	Wurtemberg	1855	01-Jul	268	43	n
Korsen	Heinrich	Danemark	Ohlsflager	Louise	Bremen	1855	08-Jul	268	44	n
Imschloss	Johann Georg	Baiern	Dill	Barwette	Baiern	1855	08-Jul	268	45	n
Fricke	Ludwig	Kurhessen	Nolte	Wilhelmine	Kurhessen	1855	15-Jul	268	46	n
Weiss	Zacharias	Wurtemberg	Mieth	Auguste	Hessen Darmstadt	1855	22-Jul	268	47	n
Rink	Gottfried	Baltimore	Fluk	Johanna	Baltimore	1855	23-Jul	268	48	y
Ritter	Ludwig		Schafer	Maria Louise		1855	25-Jul	268	49	n
Hillgartner	Heinrich	Darmstadt Hessen	Appel	Helene	Hessen Darmstadt	1855	29-Jul	268	50	n
Edwards	Richard H.	Baltimore	Ross	Hannie W.	Baltimore	1855	10-Aug	268	51	y
Noll	Carl	Darmstadt Furstenhagen, Hessen	Zinkand	Maria	Hessen Darmstadt	1855	08-Aug	268	52	n
Voigt	August	Hanover	Lohrmann	Sophia	Baltimore	1855	19-Aug	269	53	n
Dener	Michael	Baiern	Wilk	Katharina	Kurhessen	1855	20-Aug	269	54	n
Trautwein	Georg	Baden	Weber	Anna	Baltimore	1855	28-Aug	269	55	n
Herget	Frantz Joseph	Baiern Bonlanden, Wurtemberg	Trautwein	Christina	Baden	1855	28-Aug	269	56	n
Hildt	Heinrich	Baltimore	Sanders	Susanna	Amerika	1855	01-Sep	269	57	n
Burkhardt	Heinrich	Hessen	Seitz	Auguste	Baltimore	1855	02-Sep	269	58	n
Momberger	Georg Carl	Darmstadt Hessen	Falk	Katharina	Hessen Darmstadt	1855	02-Sep	269	59	n
Beckel	Heinrich Johann	Darmstadt	Seipp	Margaretha	Baltimore	1855	07-Sep	269	60	n
Oster	Nickalaus	Preussen	Kob	Barbara	Baden	1855	09-Sep	269	61	n
Ritterbusch	Heinrich	Baltimore	Schuld	Wilhelmine	Kurhessen	1855	16-Sep	269	62	n
Eckel	Conrad	Darmstadt	Noll	Katharina	Hessen Darmstadt	1855	16-Sep	269	63	n
Buter	Heinrich	Braunschweig Bielefeld,	Kreb	Sophia Wilhelmine	Wurtemberg	1855	23-Sep	269	64	n
Busche	Frantz Anton	Preussen	Hussmann	Charlotte	Osnabruck, Hanover	1855	27-Sep	269	65	n
Trautner	Michael	Baiern	Salen	Anne	Baiern	1855	30-Sep	269	66	n
Weintraut	Carl H.	Baiern	Ermling	Maria		1855	25-Sep	269	67	n
Ohm	Heinrich Philipp	Kurhessen	Muller	Katharina	Darmstadt	1855	04-Oct	269	68	n
Lauterback	Conrad	Baiern	Hoffknecht	Barbara	Baiern	1855	28-Sep	269	69	n

Trinity German Lutheran Marriages

Groom Surname	G. Given Name	Birthplace	Bride Surname	B. Given Name	Birthplace	Year	Date	Page	Number	Additional Data
Meese	Ludwig	Hanover	Schmidt	Margretha	Hessen Darmstadt	1855	07-Oct	269	70	n
Stamminger	Jakob	Baiern	Sichermann	Margretha	Baiern	1855	07-Oct	269	71	n
Killmeier	Johann	Wurtemberg	Baier	Barbara	Wurtemberg	1855	08-Oct	269	72	y
Wagner	Friedrich	Baltimore	Vollbrecht	Aguste Charlotte	Hanover	1855	14-Oct	269	73	y
	Johannes									
Frantz	Hermann	Baltimore	Klemm	Caroline	Baltimore	1855	14-Oct	270	74	n
Huppe	Hermann	Kurhessen	Fischer	Louise Katherine	Baltimore	1855	14-Oct	270	75	y
Berbig	Johann Michael	Wurtemberg	Scheuermann	(Caroline)	Baiern	1855	17-Oct	270	76	y
Fischer	Heinrich	Hessen	Ruppenstein	Maria	Baiern	1855	21-Oct	270	77	n
Bentz	Christian	Baden	Adam	Maria	Baden	1855	28-Oct	270	78	n
Herbner	Johann Conrad	Baltimore	Rottkamp	Friedricka	Baltimore	1855	04-Nov	270	79	n
Schrader	Carl	Hanover	Liebermann	Henriette	Hanover	1855	04-Nov	270	80	n
Dresel	Johann	Baiern	Gaubatz	Johannette	Hessen Darmstadt	1855	11-Nov	270	81	n
Emmerich	Johannes	Darmstadtischen	Korbing	Christina	Darmstadtischen	1855	11-Nov	270	82	n
Born	Johann	Kurhessen	Biermann	Elisabetha		1855	11-Nov	270	83	n
Becht	Johann Heinrich	Baltimore	Ritterbusch	Eva	Baltimore	1855	11-Nov	270	84	n
Starkey	Robert	Baltimore	Meils	Maria Christina	Baltimore	1855	17-Nov	270	85	n
Braungart	Adam		Drescher	Carolina	Sachsen	1855	18-Nov	270	86	n
Reitz	Georg	Kurhessen	Reinboll	Elisabetha	Kurhessen	1855	18-Nov	270	87	n
		Hessen								
Schmidt	Georg	Darmstadt	Nickalaus	Wilhelmine		1855	12-Nov	270	88	n
Fritz	Johannes	Baltimore	Waltfeld	Ann Maria	Baltimore	1855	25-Nov	270	89	n
Metzger	Johann	Hessen	Kamze	Florentine Maria	Baltimore	1855	25-Nov	270	90	n
		Londorf, Hessen								
Hillgartner	Ludwig	Darmstadt	Dietz	Kunegunde	Baiern	1855	23-Dec	270	91	n
Wagner	Carl	Baiern	Wild	Kunigunde	Baiern	1855	26-Dec	270	92	n
				Maria Kath. Hen.						
Ebel	Adam	Kurhessen	Herrburg	Elenore	Kurhessen	1856	06-Jan	271	1	n
	Heinrich									
Diemann	Hermann	Hanover	Grumke	Elisabetha	Baiern	1856	20-Jan	271	2	y
Berger	Martin	Sachsen	Lehneis	Kunigunde	Baiern	1856	20-Jan	271	3	n
Lehners	Johann	Baiern	Wolf	Kunigunde	Baiern	1856	20-Jan	271	4	n
		Hessen								
Rumpf	Georg	Darmstadt	Schneider	Elisabetha	Nassau	1856	20-Jan	271	5	n
Gunther	Friedrich		Walber	Katharina		1856	22-Jan	271	6	n
Kohler	Johann	Baiern	Flick	Elisabetha		1856	27-Jan	271	7	y
Maltfeld	Carl Friedrich	Baltimore	Roth	Katharina	Hessen Darmstadt	1856	03-Feb	271	8	n
		Hessen								
Groh	Johannes	Darmstadt	Becker	Ottilia	Kurhessen	1856	10-Feb	271	9	n
		Hessen								
Kessler	Georg	Darmstadt	Stoffel	Margretha	Baltimore	1856	17-Feb	271	10	n
Spielmeier	Johann Heinrich	Hanover	Richert	Wilhelmine	Preussen	1856	24-Feb	271	11	n
Graf	Carl August		Fink	Anna Maria	Hessen Darmstadt	1856	09-Mar	271	12	y
Sudbrak	Heinrich	Preussen	Neuhaus	Katharina	Hanover	1856	09-Mar	271	13	n

Trinity German Lutheran Marriages

Groom Surname	G. Given Name	Birthplace	Bride Surname	B. Given Name	Birthplace	Year	Date	Page	Number	Additional Data
Wefer	Friedrich	Elsfleth in Altenburg	Hedden	Johann Katharina	Elsfleth in Altenburg	1856	09-Mar	271	14	n
Seitz	Wilhelm	Baltimore	Knauer	Barbara	Baltimore	1856	24-Mar	271	15	n
Unkert	Johann Ernst	Sachsen	Pohmann	Katharina Maria Adelheit	Sachsen	1856	26-Mar	271	16	n
Hagenauer	Michael	Baiern	Nietzel	Barbara	Baiern	1856	31-Mar	271	17	n
Schmidt	Johann	Baltimore	Grauling	Elise	Baltimore	1856	31-Mar	271	18	n
Bauer	Georg Elias	Baltimore	Dresel	Sophia	Baltimore	1856	01-Apr	271	19	n
Blenkner	Ferdinand	Baltimore Hessen	Hergenheimer	Margretha		1856	06-Apr	271	20	n
Rau	Jost	Darmstadt	Schaaf	Maria	Hessen Darmstadt	1856	06-Apr	271	21	n
Raisch	Georg Jakob	Wurtemberg	Gramer	Caroline Regine	Wurtemberg	1856	20-Apr	272	22	y
Unhaupt	Johann Andreas	Wurtemberg	Heunsch	Auguste	Sachsen	1856	27-Apr	272	23	n
Kroll [?]	Heinrich	Kurhessen	Ritter	Elisabetha	Kurhessen	1856	27-Apr	272	24	n
Leissner	Johann Heinrich	Preussen	Hollmann	Anna Maria	Preussen	1856	27-Apr	272	25	n
Hanser	Niels	Dannemark	Dell	Magdalena	Sachsen	1856	04-May	272	26	n
Hanfl	Matheus	Baiern	Hamann	Elisabetha	Baiern	1856	04-May	272	27	n
Seibert	Johann	Kurhessen	Schad	Sibille	Kurhessen	1856	11-May	272	28	n
Popp	Georg	Baiern	Rambacher	Maria	Wurtemberg	1856	11-May	272	29	n
Stoffel	Heinrich	Baltimore	Hammerbacher	Barbara	Baltimore	1856	11-May	272	30	n
Hammerbacher	Johann	Baltimore	Letz	Katharina	Baltimore	1856	11-May	272	31	n
Moll	Johannes	Kurhessen	Neber	Katharina	Kurhessen	1856	10-May	272	32	n
Schweikle	Christopf Ludwig	Wurtemberg	Geissner	Maria Agnes		1856	11-May	272	33	n
Dell	Conrad	Baltimore Hessen	Heinrich	Elisabetha	Baltimore	1856	18-May	272	34	n
Bergheimer	Leonhard	Darmstadt	Busch	Margretha	Hessen Darmstadt	1856	18-May	272	35	n
Mayer	Jacob Friedrich		Munder	Henriette Sophie		1856	20-May	272	[blank]	y
Reinke	Johann	Raden, Preuss Minden	Schenk	Katharina	Baiern Neuenkirchen,	1856	25-May	272	36	y
Bretthol	Carl Heinrich W.	Niedan-Hessen	Muller	Katharina Elise	Oldenburg	1856	08-Jun	272	37	n
Diehlmann	Christian		Haffner	Dorethea	Wurtemberg	1856	08-Jun	272	38	n
Lang	Kasper	Kurhessen	Ehrticher	Elisabetha	Baiern	1856	08-Jun	272	39	n
Hutz	Thomas	Wurtemberg	Wankmuller	Katharina	Baden	1856	15-Jun	272	40	n
Seven	Johann Andreas	Sachsen	Oppel	Christina	Sachsen	1856	15-Jun	272	41	n
Meier	Johann Friedrich	Baiersdorf, Baiern	Selig	Kunigunde	Baiern	1856	15-Jun	272	42	y
Friedrich	Johann Leonhard	Baiern	Weiss	Margretha	Berkheim, Baiern	1856	22-Jun	273	43	n
Lingelbach	Christian		Bruing	Louise		1856	22-Jun	273	44	n
Karl	Johann Michael	Wurtemberg	Honselmann	Maria	Wurtemberg	1856	29-Jun	273	45	n
Muller	Wilhelm	Bremen	Hilsemann	Louise	Bremen	1856	24-Jun	273	46	y
Schäder	Georg August Carl	Baltimore	Gartner	Johanne Friedricka Wilh.	Baltimore	1856	06-Jul	273	47	n
Matheus	Christian Edward	Sachsen	Miller	Elisabetha	Baltimore	1856	07-Jul	273	48	n

Trinity German Lutheran Marriages

Groom Surname	G. Given Name	Birthplace	Bride Surname	B. Given Name	Birthplace	Year	Date	Page	Number	Additional Data
Götschel	Georg	Baiern	Schammel	Babetha	Baiern	1856	20-Jul	273	49	y
Lenz	Johann Philipp		Dressel	Elisa		1856	31-Jul	273	50	n
Graf	Johann Wilhelm	Baiern	Naser	Kunigunde		1856	03-Aug	273	51	n
Wagner	Heinrich	Kurhessen	Fliedner	Maria		1856	03-Aug	273	52	n
Sander	August	Hanover	Panzel	Helena	Oldenburg	1856	03-Aug	273	53	n
Pfaff	Johannes		Sauer	Katharina		1856	07-Aug	273	54	n
Reges	Johann	Baiern	Reiss	Getraud		1856	10-Aug	273	55	n
Eibert	Simon	Baiern	Raber	Margretha	Baiern	1856	10-Aug	273	56	n
Schleicker	Johann		Stumpf	Maria Anna		1856	17-Aug	273	57	n
Leidel	Friedrich	Baiern	Keller	Elisabetha	Baiern	1856	17-Aug	273	58	n
Rahn	Heinrich		Silhardt	Elisabetha		1856	17-Aug	273	59	n
Kornmann	Heinrich		Rausch	Eva Elisabetha		1856	21-Aug	273	60	y
Pilgrim	Heinrich	Kurhessen	Uhlrich	Elizabetha	Kurhessen	1856	28-Aug	273	61	n
Becker	Conrad	Hessen Darmstadt	Noll	Henriette		1856	31-Aug	273	62	n
Repp	Philipp	Darmstadt	Schlimmlach	Josephine	Baiern	1856	31-Aug	273	63	n
Weinrich	Johann Adam	Baiern	Schädel	Katharina Margretha	Baiern	1856	07-Sep	274	64	n
Feik	Adam	Hessen Darmstadt	Gliss	Katharina	Hessen Darmstadt	1856	07-Sep	274	65	n
Dreger	Wilhelm	Hanover	Gärtner	Magdalene Martha	Wurtemberg	1856	07-Sep	274	66	n
Schneider	Johann Theis	Kurhessen	Ritter	Elisabetha	Kurhessen	1856	07-Sep	274	67	n
Schluter	Heinrich		Spänemann	Anna Kath.		1856	07-Sep	274	68	y
Stark	Carl Christian Friedrich	Hessen	Muller	Hanna Caroline Christine		1856	15-Sep	274	69	n
Hillgartner	Balthaser	Darmstadt	Nachtigall	Elisabetha	Hessen Darmstadt	1856	16-Sep	274	70	n
Wehe	Max	Baiern	Bernreiter	Barbara	Baiern	1856	24-Sep	274	71	n
Meier	Georg August		Dreger	Wilhelmina Martha	Hanover	1856	28-Sep	274	72	n
Happel	Johann Justus	Kurhessen	Happel	Elisabetha	Kurhessen	1856	12-Oct	274	73	y
Ankele	Ernst	Reutlingen	Muller	Christina		1856	02-Nov	274	74	y
Schwier	Ernst Friedrich	Hanover	Schüremann	Maria Elisabethe	Hanover	1856	02-Nov	274	75	n
Stapf	Melchior	Sachsen	Rothhaupt	Savine Georgine	Sachsen	1856	11-Nov	274	76	n
Weisheit	Theodor	Sachsen	Bruning	Henriette	Baltimore	1856	15-Nov	274	77	n
Backer	Wilhelm	Washington	Bruning	Caroline	Baltimore	1856	15-Nov	274	78	n
Schön	Johannes	Wurtemberg	Bittmann	Katharina Marg.	Baiern	1856	15-Nov	274	79	n
Kolmai	Johann Heinrich	Hanover	Beiter	Maria Louise	Hanover	1856	20-Nov	274	80	n
Benzin	Johann Jochim H.	Mekelburg	Wilke	Sophia W. Ch.		1856	15-Nov	274	81	n
Huth	Frantz	Kurhessen	Gardner	Louise		1856	23-Nov	274	82	y
Serth	Johannes	Hessen Darmstadt	Karl	Maria		1856	23-Nov	274	83	y

Trinity German Lutheran Marriages

Groom Surname	G. Given Name	Birthplace	Bride Surname	B. Given Name	Birthplace	Year	Date	Page	Number	Additional Data
Dietrichs	Menna Albertus	Ostfriesland	Witte	Sophia Maria Elisa		1856	30-Nov	274	84	n
Elgert	Hartdmann	Kurhessen	Ehrlicher	Maria Elisabethe	Baiern	1856	07-Dec	275	85	n
Schaber	Carl	Hanover	Hildebrecht	Friedrike	Hanover	1856	07-Dec	275	86	n
Becker	Heinrich	Braunschweig	Löwenthal	Friedrike	Preussen	1856	07-Dec	275	87	n
Hartenstein	Joseph	Baiern	Junkert	Maria	Baiern	1856	21-Dec	275	88	n
Wittgrebe	Wilhelm	Westfalen	Tost	Maria Elise		1856	25-Dec	275	89	y
Reiss	Conrad	Baltimore	Hammel	Christiana Margretha	Baltimore	1856	26-Dec	275	90	n
Hammerbacher	Johann Georg	Baltimore	Burkhardt	Sophia	Baiern	1856	26-Dec	275	91	n
Kempper	Johann Heinrich	Preussen Hessen	Emmerich	Anna Maria	Baiern	1856	28-Dec	275	92	n
Enders	Conrad	Darmstadt Hessen	Sing	Elisabetha	Hessen Darmstadt	1857	04-Jan	275	1	n
Winter	Wilhelm	Darmstadt Hessen	Ringshausen	Anna Elisab. Maria Helene	Hessen Darmstadt	1857	31-Jan	275	2	n
Lange	August Peter	Schlesswig-Holstein	Bruns	Christine	Hanover	1857	15-Feb	275	3	n
Walther	Ernst		Ernst	Juliane Pauline	Bielefeld	1857	17-Feb	275	4	n
Osse	Hermann	Sachsen	Noll	Elisabetha	Hessen Darmstadt	1857	22-Feb	275	5	n
Wolf	Carl	Baiern	Wunder	Lizette		1857	22-Feb	275	6	y
Scherbelien	Michael	Baiern	Leikmann	Margretha	Baiern	1857	01-Mar	275	7	n
Frank	Adam	Braunschweig	Marg.	[blank]		1857	01-Mar	275	8	n
Kuhn	Carl	Wurtemberg	Wittemann	Rosine	Wurtemberg	1857	02-Apr	275	[blank]	n
Fricke	Georg Carl Heinrich	Braunschweig	Kunkel	Johanne Louise Caroline	Braunschweig	1857	08-Apr	275	9	n
Hegmann	Theodor	Sachsen	Döhler	Kunigunde	Baiern	1857	05-Apr	275	10	n
Unglaub	Johann Adam	Baiern	Zapf	Margretha	Baiern	1857	05-Apr	276	11	n
Ammer	Jakob	Reutlingen, Wurtemberg	Schirmer	Margretha	Hessen Darmstadt	1857	12-Apr	276	12	n
Glindmaier	Johann Dietrich Fried. Ludwig	Preussen	Nolke	Anna Louise	Baltimore	1857	13-Apr	276	13	n
Riel	Heinrich	Baltimore	Block	Katharina Elisabetha	Baltimore	1857	13-Apr	276	14	n
Felber	Edward	Sachsen	Seipp	Cicillia	Hessen Darmstadt	1857	07-May	276	15	n
Zechelein	Philipp Heinrich		Vollrath	Margretha		1857	07-May	276	16	n
Deetjen	Heinrich George Tyark	Hanover Hessen	Raschen	Betty	Hanover	1857	24-May	276	17	n
Elsäser	Michael	Darmstadt Hessen	Fischer	Maria	Wurtemberg	1857	24-May	276	18	y
Knopp	Christian Christoph	Darmstadt	Braunrod	Maria	Hessen Darmstadt	1857	01-Jun	276	19	n
Buttler	Friedrich	Kurhessen	Gundloch	Anna Katharina	Kurhessen	1857	01-Jun	276	20	n
Brüggemann	Claus Heinrich		Uhlrich	Amalie		1857	01-Jun	276	21	n
Schieferer	Gottfried	Wurtemberg	Wolf	Charlotte	Wurtemberg	1857	07-Jun	276	22	n
Hausmann	Heinrich	Hanover	Nolker	Maria	Hanover	1857	07-Jun	276	23	n

Trinity German Lutheran Marriages

Groom Surname	G. Given Name	Birthplace	Bride Surname	B. Given Name	Birthplace	Year	Date	Page	Number	Additional Data
Ermer	Friedrich	Baiern	Eckloffstein	Katharina	Baiern	1857	21-Jun	276	24	n
Urban	Adam	Nassau	Kaltwasser	Maria	Nassau	1857	21-Jun	276	25	n
Och	Johann	Baiern	Gegner	Magdalena	Baiern	1857	21-Jun	276	26	n
Gesswein	Friedrich	Oberamt Gaildorf Wurtemberg,	Feldner	Sarah	Oberamt Gaildorf	1857	28-Jun	276	27	n
Hainke	Wilhelm August	Polen	Marx	Anna Maria	Hanover	1857	12-Jul	276	28	n
Strott	Conrad	Kurhessen	Herbert	Margretha	Kurhessen	1857	12-Jul	276	29	n
Rudolpki	Carl	Hanover	Gunther	Friedrike	Duderstadt, Hanover	1857	20-Jul	276	30	n
Volker	Michael	Baiern	Hasel	Christine	Wurtemberg Gaildorf,	1857	20-Jul	276	31	n
Lindauer	Christian	Wurtemberg	Gesswein	Rosine	Wurtemberg	1857	20-Jul	277	32	n
Bock	Heinrich	Baiern	Eberhardt	Margretha Martha	Baiern	1857	26-Jul	277	33	y
Erck	Carl	Baiern	Stauss	Elisabetha	Hessen Darmstadt	1857	09-Aug	277	34	n
Ickes	Christopf	Friedrich City	Will	Sophia		1857	09-Aug	277	35	n
Crum	Johann Wilhelm	Friedrich City	Malfeld	Margretha	Baltimore	1857	12-Aug	277	36	n
Turk	Sebastian	Baiern	Buben	Elisabetha	Baiern	1857	16-Aug	277	37	n
Schlessinger	Georg	Baltimore Hessen	Brockmann	Johanne Maria	Bremen	1857	18-Aug	277	38	n
Pfaff	Uhlrich	Darmstadt	Fink	Anna	Hessen Darmstadt	1857	23-Aug	277	39	y
Schuler	Christopf August	Baltimore	Huber	Maria Katharina	Baltimore	1857	30-Aug	277	40	n
Hofer	Michael	Baiern	Keyl	Elisabetha	Baiern	1857	30-Aug	277	41	n
Erdenbrecht	Johann Georg	Nidda, Hessen	Muller	Magdalena	Nidda, Hessen	1857	27-Sep	277	42	n
Barth	Louis	Darmstadt	Fritziges	Elisabetha	Darmstadt	1857	27-Sep	277	43	n
Ritterbusch	Adam Heinrich	Baltimore Hessen	Saum	Theresia	Baltimore	1857	27-Sep	277	44	y
Stoffel	Christoph Georg Friedrich	Darmstadt Schönhagen,	Kreuzer	Margretha	Hessen Darmstadt	1857	27-Sep	277	45	y
Kopper	Ludwig	Hanover	Spellenberg	Christiana Margretha	Ussla, Hanover	1857	04-Oct	277	46	y
Holl	Georg	Baiern Badbergen,	Kayser	Barbara Anna Christina	Baiern	1857	11-Oct	277	47	y
Wensel	Herman Heinrich	Hanover	Grünbach	Maria	Baltimore	1857	01-Nov	277	48	y
Reitz	Georg	Schrau, Baden	Rosenaker	Magdalene	Baden	1857	08-Nov	277	49	y
Neumeister	Christian	Baltimore County	Muller	Christine	Baltimore	1857	08-Nov	278	50	y
Munch	Heinrich	Wonsees, Baiern	Zimmermann	Elisabetha	Streil, Baiern	1857	15-Nov	278	51	y
Brecht	Georg	Baden	Binnemann	Amalie Charlotte	Hanover Obbelspoken,	1857	15-Nov	278	52	y
Pizinger	Johannes	Altheim, Baiern Stockheim, Hessen	Klein	Pauline	Wurtemberg	1857	06-Dec	278	53	y
Ickes	Johannes	Darmstadt	Löwer	Christine	Stockheim, Hessen Darmstadt	1858	25-Dec	278	54	y

Trinity German Lutheran Marriages

Groom Surname	G. Given Name	Birthplace	Bride Surname	B. Given Name	Birthplace	Year	Date	Page	Number	Additional Data
Kohler	Georg Heinrich	Baiern	Grotsch	Maria Barbara	Baiern	1858	10-Jan	278	1	y
Seitz	Ludwig	Rheinbaiern	Brehm	Eva	Baiern	1858	17-Jan	278	2	y
Holzmann	Johann Christopf Charl. M.	Wurtemberg	Weickel	Johane Kath. Barbara	Wurtemberg	1858	17-Jan	278	3	y
Lobeck	Hermann		Reschausen	Elisa Barbara		1858	18-Jan	278	4	n
Meier	Edward		Schäfer	Wilhelmine		1858	21-Jan	278	5	n
Schafer	Friedrich Ludwig	Eufelsdorf, Rintela, Hessen	Gärtner	Henriette		1858	24-Jan	278	6	y
Schad	Jakob	Baiern	Nolte	Louise Martha		1858	14-Feb	278	7	y
Wurdig	Conrad	Kurhessen	Weimen	Elisabetha	Emden, Hanover	1858	14-Feb	278	8	y
Steker	Georg		Wirth	Margretha		1858	28-Mar	278	9	n
Hamm	Johannes		Hamburger	Regine		1858	28-Mar	278	10	n
Umbach	Georg Werner	Baltimore	Wolfrom	Maria Susanne	Baltimore	1858	18-Apr	278	11	y
Theiss	Friedrich	Wurtemberg	Frese	Maria	Bremen	1858	18-Apr	278	12	y
Reth	Johannes	Baltimore Hessen	Bauer	Anna Margaretha	Baiern	1858	25-Apr	278	13	y
Hotz	Conrad	Darmstadt	Beiswanger	Elise Katherina	Wurtemberg	1858	24-May	279	14	y
Lehneis	Johann	Baltimore	Gebl	Elizabetha Margarethe		1858	30-May	279	15	y
Wolfermann	Michael	Baltimore	Seth	Mathilde	Biber, Kurhessen	1858	30-May	279	16	y
Fuchsberger	Valentin	Baiern	Sieberger	Louise	Baiern	1858	30-May ?	279	17	y
Klausner	Johann	Baiern	Hornfeck	Anna Rosina	Baiern	1858	30-May ?	279	18	y
Kohlepp	Johann	Kurhessen	Kerberger	Catharina	Chur Hessen	1858	04-Jul	279	19&20	y
Nunner	Friedrich	Baiern	Christanz	Lisette	Baltimore	1858	18-Jul	279	21	y
Debus	Valentin	Baltimore	Baumani	Eva	Baltimore	1858	08-Aug	279	22	y
Henkel	Conrad	Kurhessen	Wagner	Maria	Baltimore	1858	15-Aug	279	23	y
Kopke	Klaus Heinrich	Kiel, Holstein	Meisser	Wilhelmine	Buh..., Hessen	1858	29-Aug	279	24	y
Solle	Georg		Solle	Peny	Hanover	1858	29-Aug	279	25	n
Allmendinger	Georg	Wurtemberg	Kleinhein Bienenstein	Elizabetha	Hessen	1858	12-Sep	279	26	y
Neels	Wilhelm	Wurtemberg Reutlingen, Wurtemberg	Wiesmann (Stinbacheners)	Elizabetha	Baiern	1858	19-Sep	279	27	y
Vohdin	Samuel Johann			Barbara	Wurtemberg	1858	26-Sep	279	28	y
Seufert	Wolfgang	Baiern	Scherber	Wilhelmine	Koburg	1858	03-Oct	279	29	y
Kentner	Johann	Baiern	Muller	Barbara	Icohs, Meiria	1858	10-Oct	279	30	y
Schröder	Peter Jansen	Danemark	Bienenstein	Elizabetha	Baiern	1858	10-Oct	279	31	n
Hartan	Johann	Sachsen, Koburg Hessen	Walter	Ida	Sachsen, Koburg	1858	24-Oct	279	32	y
Hottes	John	Darmstadt	Schmidt	Elisabetha	Baltimore	1858	xx-Oct	280	33	y
Garbade	Heinrich	Hanover	Schulze	Rebecka	Hanover	1858	xx-Nov	280	34	y

Trinity German Lutheran Marriages

Groom Surname	G. Given Name	Birthplace	Bride Surname	B. Given Name	Birthplace	Year	Date	Page	Number	Additional Data
Heim	Friedrich	Crosberg, Sachsen	Stackert	Sophia	Baltimore	1858	19-Dec	280	35	y
Schammel	Christian	Baltimore	Jakobi	Louise	Baltimore	1859	16-Jan	280	1	y
Rimmler	Justus	Gross Baden	Herold	Helena	Fursthenth.., Preussen	1859	13-Feb	280	2	y
Mayer	Georg Christian	Baiern	Steil	Katharina	Preussen	1859	27-Feb	280	3	y
Heiss	Christopf	Wurttemberg	Wieners	Maria	Preussen	1859	27-Feb	280	4	y
Eyman	Karl	Baltimore	Michael	Elisa	Baltimore	1859	06-Mar	280	5	n
Kümerlein	Joh. Mich.	Wurttemberg	Goes [?]	Margaret Louise	Wurttemberg	1859	06-Mar	280	6	y
Grill	Joh. Gottl.	Wurttemberg	Bauer	Anna Barbara	Baiern	1859	06-Mar	280	7	y
Rickenberger	Joh. Georg	Baiern	Maind	Elisabetha	Baiern	1859	13-Mar	280	8	y
Buchheimer	Friedr.	... Lippe Preussen	Scharp	Maria	Hessen Darmstadt	1859	20-Mar	280	9	y
Walch	Joh. Georg	Weimar	Zeilinger	Anna Maria	Baiern	1859	20-Mar	280	10	n
Guter [?]	Conrad	Gross Hessen	Noll	Kath.	Gross Hessen	1859	27-Mar	280	11	n
Schneider	Joh. Peter	Kurhessen	Weber	Eva Dorothea Sophia	Kurhessen	1859	03-Apr	280	12	n
Haman	Philipp	Baltimore	Marquardt	Louise	Baltimore	1859	01-May	280	13	y
Vollmer	Joh. Christ.	Baltimore	B..thel...	Anna Marg.	Baltimore	1859	08-May	280	14	y
Grill	Johannes	Bayern	Urbel	Margaretha Elisa Marg.	Bayern	1859	15-May	281	15	y
Weyel	Johannes	Bayern	Eckhardt	Magdalena	Bayern	1859	17-May	281	16	y
Mainhardt	Heinrich	Darmstadt	Mohr	Maria	Darmstadt	1859	22-May	281	17	y
Bumblatt	Friedrich Wilhelm	Erfurth	Grohardt	Johanna Elenora	Henssnitz, Breussen	1859	22-May	281	18	n
Trischmor	Karl	Kurhessen	Pilgrim	Helena	Kurhessen	1859	22-May	281	19	n
Ulrich	Joh.	Kurhessen	Magnafohner	Maria Louise	Sacshen Gotha	1859	29-May	281	20	y
Baker	John	Baltimore	Heise	Friedricke		1859	08-Jun	281	21	n
Dennes	Louis	Baltimore	Seel	Maria		1859	11-Jun	281	22	n
Pullmann	Georg	Hanover	Weinrich	Henrietta	Hanover	1859	03-Jul	281	23	y
Neuhart	Wilhelm	Darmstadt	Engelhart	Maria	Sachsen ...	1859	03-Jul	281	24	y
Holzer	Friederich	Munchberg, Bayern	Herterich	Margaretha	Munchberg, Bayern	1859	21-Jul	281	25	n
Kreuzer	Heinrich	Baltimore	Hemmrich	Anna Barbara	Bayern	1859	24-Jul	281	26	y
Mulzer	August	Bayern	Eckert	Eva	Bayern	1859	16-Mar	281	27	y
Hohmann	Conrad	Baltimore	Kuenzle	Henriette	Baltimore	1859	31-Jul	281	28	n
Buchmann	Conrad Emauel	Kurhessen	Doehlert	Anna Barbara	Bayern	1859	21-Aug	281	29	y
Kaperschatz	Wilhelm	Hanover	Relm	Wilhelmina	Preussen	1859	21-Aug	281	30	n
Appel	Edward		Zammel	M.	Baltimore	1859	11-Sep	281	31	y
Schmidt	Friedrich	Hessen Kassel	Hedlender	Elis.	Hanover	1859	21-Sep	281	32	y
Monat	Christian	Hessen Darmstadt	Landgruber	Maria	Kurhessen	1859	29-Aug	281	33	y
Rissert	Ernst	Baltimore	Urban	Margaretha	Baltimore	1859	13-Sep	281	34	n
Weiss	Valentin	Bayern	Bechtel	Eva	Kurhessen	1859	18-Sep	281	35	n
Weber	Ludwig	Baltimore	Wagner	Anna	Bayern	1859	02-Oct	281	36	y
Nukel	Christian	Herzogthum, Nassau	Kaltwasser	Elisab.	Herzogthum, Nassau	1859	02-Oct	281	37	n

Trinity German Lutheran Marriages

Groom Surname	G. Given Name	Birthplace	Bride Surname	B. Given Name	Birthplace	Year	Date	Page	Number	Additional Data
Eylrichmann	Friedrich	Baltimore	Krebs	Anna Christina	Baltimore	1859	09-Oct	282	38	n
Puhl	Adam	Baltimore	Schneider	Katharina	Baltimore	1859	09-Oct	282	39	n
Fuchsberger	John.	Baltimore	Powman	Marg. Anna	Baltimore	1859	10-Oct	282	40	n
Brinks	Herman Heinrich	Hanover Hessen	Schurmann	Anna Maria	Hanover	1859	16-Oct	282	41	n
Schmidt	Henrich	Darmstadt	Lindauer	Margaretha	Wurttemberg	1859	30-Oct	282	42	n
Kirschbaum	Joh.	Bayern	Rodel	Sophia	Bayern	1859	30-Oct	282	43	n
Kohler	Joh. M.	Baltimore County	Schlenk	Margaretha		1859	21-Nov	282	44	n
Hofstetter	Georg	Baltimore County	Günter	Mary	Baltimore	1859	21-Nov	282	45	n
Soran	Charles F.	Baltimore	Burk	Hannah		1859	28-Nov	282	46	n
Dim	Joh.	Baltimore	Fischer	Barbara Wilhelmina	Hessen Darmstadt	1859	07-Dec	282	47	y
Ellsworth	Friedrich	Baltimore	Spurling	Henriette	Reuss Schleus [?]	1859	11-Dec	282	48	n
Freyholz	Friedrich	Baltimore	Ritterhuff	Maria E.	Baltimore	1859	11-Dec	282	49	n
Schruder	Johannes	Bayern	Fruchtemeier	Julia Henriette	Hanover	1859	19-Dec	282	50	n
Payer	Friedrich	Baltimore County	Dillman	Rosina	Baltimore County	1859	22-Dec	282	51	n
Kramer	Michael	Bayern	Wittig	Anna Elis.	Kurhessen	1859	25-Dec	282	52	n
Jackel	Joh. Jakob	Baltimore	Stoffel	Maria	Baltimore	1859	25-Dec	282	53	n
Schonhals	Joh.	Baltimore	Jung	Katharina	Darmstadt	1859	26-Dec	282	54	n
Kallmann	Joh. Philipp	Baltimore	Georg	Lukontia D.	Baltimore	1859	28-Dec	282	55	n
Panetti	John M. P.	Baltimore	Hendel	Marg.	Baltimore	1859	28-Dec	282	[blank]	n
Appel	Friedrich	Baltimore	Sippel	Magdal.		1860	09-Jan	283	1	n
Schneider	Adam	Baltimore	Kramer	Maria	Baltimore	1860	12-Feb	283	2	n
Vollmar	Reinhart	Baltimore	Lang	Elise	Baltimore	1860	21-Feb	283	3	n
Besse	Herrman	Baltimore	Sauser	Margaretha		1860	26-Feb	283	4	n
Pahl	Joh. G. W.	Hanover	Pleus	Kath. W.		1860	11-Mar	283	5	n
Dittel	Ferdinand	Baltimore	Walter	Margaretha		1860	11-Mar	283	6	y
Muller	Gottfried	Baltimore	Dittmar	Lisette		1860	18-Mar	283	7	y
Thomas	Louis	Baltimore	Mayer	Kath.		1860	25-Mar	283	8	n
Balz	Bernhardt	Baltimore	Jüngling	Maria Theres.		1860	08-Apr	283	9	n
Lehmann	Joh. Adam	Baltimore	Brauen	Christina	Hessen Darmstadt	1860	09-Apr	283	10	n
Neidhardt	Johannes	Bayern	Vollrath	Elis.	Baltimore	1860	09-Apr	283	11	y
Kinder	Theodor	Preussen	Seibel	Katharina	Baltimore	1860	12-Apr	283	12	y
Trammer	Joh.	Baltimore	Denk	Dorothea		1860	15-Apr	283	13	n
Urbel	Georg	Bayern	Grimm	Anna Maria		1860	22-Apr	283	14	n
Kohler	Wilhelm	Preussen	Peterson	Anna M. Kath.	Hanover	1860	06-May	283	15	n
Raumus	Wilhelm	Preussen	Peterson	Kath.	Baltimore	1860	13-May	283	16	n
Moll	Joh. Heinrich	Baltimore	Flay	Marg.		1860	14-May	283	17	n
Hiederoth	Georg	Kurhessen	Matre	Magd. B.	Bayern	1860	20-May	283	18	n
Eickmeier	Joh. Heinrich	Preussen	Steinkanz	Anna Lo.		1860	27-May	283	19	n
Westermann	August Fr.	Preussen	Burmann	Charl. H. Louise	Hanover	1860	28-May	283	20	n
Domeier	Engelhardt	Kurhessen	Vaubel	Louise		1860	10-Jun	283	21	n

Trinity German Lutheran Marriages

Groom Surname	G. Given Name	Birthplace	Bride Surname	B. Given Name	Birthplace	Year	Date	Page	Number	Additional Data
Brunhun	Christopf	Baltimore	Lutz	Maria		1860	20-Jun	283	22	n
Kratt	Wilhelm	Wurttemberg	Dirnberger	Sophia M.	Baltimore	1860	24-Jun	283	23	y
Hagelgans	Martin	Kurhessen	Schneider	Elis.		1860	01-Jul	283	24	n
Sturmfeld	Joh. Simon	Hessen								
	Joh.	Darmstadt Grossherzogth.	Mastis [?]	Margarethe		1860	07-Jul	283	25	n
Mohr	Friedrich	Hessen	Reb	Katharina		1860	15-Jul	283	26	n
Kehr	Wilhelm A.	Sachsen	Korner	Louise		1860	22-Jul	283	27	y
Arens	W..hen	Baltimore	Scheur	Aug. A.		1860	24-Jul	283	28	n
Maier	Joh. Wilh.	Bayern	Strober	Elisab.		1860	29-Jul	283	29	n
Heiermann	Joh.	Baltimore	Muller	Kath.		1860	08-Aug	283	30	n
Theuser	Georg	Baltimore	Tager	Barbare	Wurttemberg	1860	12-Aug	283	31	n
Berkemeier	August	Hanover	Seibert	Margaretha	Bayern	1860	22-Aug	283	32	n
Stanze	Paul	Kurhessen	Eskupfer	Marg.	Baltimore	1860	02-Sep	283	33	n
Engelhardt	Joh. Fr.	Wurttemberg	Wustner	Marg.		1860	02-Sep	283	34	n
Eberle	Georg	Wurttemberg	Eibert	Eva Marg.	Bayern	1860	09-Sep	283	35	n
Auruch [?]	Traugott Fr.	Baltimore County	Blankner	Dorothea		1860	09-Sep	283	36	n
Philippi	Peter	Baltimore	Runfhel	Anna Reg.		1860	12-Sep	283	37	n
Lang	Henrich	Baltimore	Kuhlmann	Anne		1860	12-Sep	283	38	n
Schmidt	Johan Adam	Preussen	Preuzer	Marg.	Darmstadt	1860	16-Oct	283	39	n
Enders	Johannes	Baltimore	...ter	Magdalena		1860	16-Oct	283	40	n
Kuhlmann	Franz Hermann	Preussen	Kussmaul	Louise	Baltimore	1860	30-Oct	284	41	n
Schrater	Johannes	Kurhessen	Fritz	Maria Kath.		1860	14-Oct	284	42	n
Wolfermann	Matthaus	Kurhessen	Schneider	Laura	Hessen Darmstadt	1860	14-Oct	284	43	n
Glock	Johannes	Kurhessen	Pau	Sophie	Baltimore	1860	21-Oct	284	44	n
Hertel	Johann	Baltimore	Vogel	Rosina Barb.		1860	28-Oct	284	45	n
Ermer	Joh. Hr. S.	Bayern	Friedmann	Marg. K.		1860	04-Nov	284	46	n
Gerber	Wilhelm	Gross. Baden	Walther	Rosina	Baltimore	1860	04-Nov	284	47	n
Connor	John	Baltimore	Cross	Maria		1860	15-Nov	284	48	n
Zeller	Friedrich	Kurhessen	Gieg	Barbara	Hessen Darmstadt	1860	25-Nov	284	49	n
Roggenhofer	Christian	Wurttemberg	Wustner	Maria		1860	25-Nov	284	50	n
Herrmann	Michael	Wurttemberg	Henninger	Rosina		1860	09-Dec	284	51	n
Gertlein	Gottfried	Bayern	Sommer	Anna B.	Schwarzburg, Rudolstadt	1860	16-Dec	284	52	n
Burger	Henrich	Bayern	Schwarz	Sophie		1860	16-Dec	284	53	n
Ebersack	Johannes	Bayern	Rosner	Marg		1860	23-Dec	284	54	n
Rosner	Bonkratz	Bayern	Ochs	Christine		1860	23-Dec	284	55	n
Wittgrefe	Conrad	Baltimore	Nordmann	Louise		1860	23-Dec	284	56	n
Fields	Charles	Baltimore	Westley	Carol		1860	26-Dec	284	57	n
Block	Heinrich	Baltimore	Mikle	Elis.		1861	18-Jan	284	1	n
Kerhner	Nikl.	Baiern	Berndt	Marg.		1861	20-Jan	284	2	n
Rau	Adam	Baiern	Michel	Anna M.		1861	27-Jan	284	3	n
Diemann	Herrman	Baltimore	Steinkanz	Margaretha	Preussen	1861	03-Feb	284	4	n
Liebrecht	Joh. Karl	Preussen	Pening	Marg.	Baltimore	1861	03-Feb	284	5	n
Multer	Georg	Baiern	Grau	Kunigunde		1861	10-Feb	284	6	n

Trinity German Lutheran Marriages

Groom Surname	G. Given Name	Birthplace	Bride Surname	B. Given Name	Birthplace	Year	Date	Page	Number	Additional Data
Geiglein	Lorenz	Baltimore	Gutlein	Paulina		1861	17-Feb	284	7	n
Schnitker	Heinrich	Hanover	Kruse	Anna M. L.		1861	17-Mar	284	8	n
Hadermer	Kaspar	Baltimore	Schneider	Elis.		1861	24-Mar	284	9	n
Kurger [Korger]	Johannes	Baiern	Eichmuller	Elis.		1861	31-Mar	284	10	n
Meser	Johannes	Baltimore	Muller	Maria		1861	31-Mar	284	11	n
Kenthner	Kaspar	Baiern	Dein	Magda		1861	07-Apr	284	12	n
Bauer	Joh.	Baltimore	Raiser	Kunigunde		1861	14-Apr	284	13	n
Schanze	Georg Wilhelm	Kurhessen	Vattenschnit	Johanna	Preussen	1861	14-Apr	284	14	n
Schuermann [?]	Heinr. Karl	Hanover	Flaymann [?]	Magd.		1861	14-Apr	284	15	n
Badenmuller	Jakob Heinrich	Baden	Keltner	Sybilla	Rheinpfalz	1861	07-Jul	284	16	n
Lahner	Johannes	Konige Baiern	Hennermann	Elis.		1861	14-Jul	284	17	n
Stiegle	Wilh. ...tz	preussen	Hirschmann	Barb.	Baiern	1861	14-Jul	284	18	n
Heim	Ludwig	Wurttemberg	Krauss	Magdal.		1861	04-Aug	284	19	n
Brand	Karl Ludwig	Braunschweig	Hagner	... C. M.	Preussen	1861	11-Aug	284	20	n
Hensen	Georg	Hanover	Muller	Louise	Herzog Sachsen	1861	01-Sep	284	21	n
Keil	Johann	Hessen Darmstadt	Muller	Gertraud		1861	01-Sep	284	22	n
Winkelmann	Johann	Baltimore	Meisslohn	Maria Dorth.		1861	06-Sep	284	23	n
Diering	Heinrich	Baltimore	Rauch	Christina		1861	08-Sep	284	24	n
Richter	Heinrich	Preussen	Arz	Elisab.	Baltimore	1861	06-Oct	284	25	n
Jung	Kaspar	Grossh. Hessen	Harst	Elisab.		1861	20-Oct	284	26	n
McGibon	Valentin	Baltimore	Ribot	Amanda		1861	27-Oct	285	27	n
Schneider	Friedrich	Sachsen	Lurendt	Sophie	Kurhessen	1861	03-Nov	285	28	n
Amend	Andreas	Baiern	Gager	Barb.		1861	03-Nov	285	29	n
Soefor [?]	Johannes Effkes	Hanover	Bothe	Marg.	Bremen	1861	17-Nov	285	30	n
Stritter	Peter	Baltimore	Shreiber	Maria		1861	08-Dec	285	31	n
Schickner	Friedrich	Baltimore	Harwick	Sara		1861	08-Dec	285	32	n
Sohn	Christian	Kurhessen	Grill	Marg.	Baiern	1862	19-Jan	285	1	n
Becker	Franz Herrmann	Konig Baiern	Blarr	Marg.		1862	26-Jan	285	2	n
Schlesinger	Joh. Peter	Baltimore	Sprupfer	Fredrika M.		1862	23-Feb	285	3	n
Zeidler	Joh.	Baiern	Kenthner	Dorthea		1862	23-Feb	285	4	n
Horst	Conrad	Baltimore	Lenz	Christina		1862	04-Mar	285	5	y
Heine	Karl	Kurhessen	Schmidt	Wilhelmina	Preussen	1862	06-Apr	285	6	n
Spengemann	Peter Heinrich	Baltimore	Eckhardt	Eath. M. ...		1862	06-Apr	285	7	n
Schmidt	Ludwig	Baltimore	Feuer	Franzis		1862	20-Apr	285	8	n
Schneider	Hermann	Baltimore	Tchuhof	Maria		1862	27-Apr	285	9	n
Burmeister	Friedrich	Preussen	Wehrmann	Christina	Hanover	1862	08-Jun	285	10	n
Unger	Kaspar	Baltimore	Fritzer	Auguste	Sachsen Weimar	1862	08-Jun	285	11	n
Schmidt	Jakob	Baltimore	Schröder	Auguste		1862	13-Jul	285	12	n
Sack	Georg Nikl Conrad	Baiern	Rau	Carol. Chr. Kath. Marg.		1862	20-Jul	285	13	n
Vonderhorst	Joh. Herman	Baltimore	Vertitz	Elis.		1862	24-Jul	285	14	n
Steinback	Jakob	Baiern	Blei	Christiana	Sachsen	1862	27-Jul	285	15	n
Schritenberger	Joh.	Baltimore	Nukall	Barbara		1862	24-Aug	285	16	n
Campbell	Kennard	Baltimore	Balster	Elisab.		1862	11-Sep	285	17	n

Trinity German Lutheran Marriages

Groom Surname	G. Given Name	Birthplace	Bride Surname	B. Given Name	Birthplace	Year	Date	Page	Number	Additional Data
Krentler	Georg	Baltimore	Reiber	Elisab.		1862	14-Sep	285	18	n
Jager	Conrad	Baltimore	Krug	Elisa.		1862	27-Sep	285	19	n
Egis	Heinrich	Baltimore	Beckel	Kath.	Howard County	1862	02-Nov	285	20	n
Lotz	Karl	Baltimore	Musch	Maria		1862	02-Nov	285	21	n
Brandt	Georg K. W.	Baltimore	Hegne	Catharina		1862	09-Nov	285	22	n
Ruppert	Jakob	Baltimore	Reichert	Marg.		1862	23-Nov	285	23	n
Curse	Friedrich	Baltimore	Menius	Christina		1862	25-Nov	285	24	y
Jeckel	Georg	Baltimore	Hübner	Barbara		1862	26-Nov	285	25	n
Wagner	Johannes	Baltimore	Schuctker	Anna		1862	26-Nov	285	26	n
Wolf	Johannes	Kurhessen	Sesemuhl	Albertina	Baltimore	1862	07-Dec	285	27	n
Ahrenus	Wilhelm	Hanover	Gansen	Louise F.		1862	07-Dec	285	28	n
Wiering	John H.	Baltimore	Leidenfrost	Marg.		1862	11-Dec	285	29	n
Brining	Georg	Oldenberg	Wassels	Maria	Bremen	1862	18-Dec	285	30	n
Rodey	Charles R.	Baltimore	Hirdgins	Elizab.		1862	24-Dec	285	31	n
Zaehon	Louis	Baltimore	Schmidt	Paulina		1863	04-Jan	286	1	n
Siluski	Joseph	Preussen	Engelhardt	Magda.	Bayern	1863	18-Jan	286	2	n
Bris	Christian	Baltimore	Kampf	Maria A.		1863	25-Jan	286	3	n
Köster	Heinrich K.	Hanover	Grils	Anna K.		1863	25-Jan	286	4	n
Morgeroth	Friedr. Eduard	Baltimore	Horn	M. Christ.		1863	28-Jan	286	5	n
Letmate	Heinrich Aug.	Baltimore	Stine	Kath. Elis.		1863	03-Feb	286	6	n
Timmann	Franz G.	Baltimore	Mormann	Maria Elis.		1863	08-Feb	286	7	n
Lassel	Georg		Bartholomas	Rosina		1863	08-Feb	286	8	n
Naidel	Joh.	Baltimore	Frank	Maria		1863	08-Feb	286	9	n
Seiler	Joseph	Baiern	Seifferth	Anna D.	Sachs. Koburg	1863	15-Feb	286	10	n
Wille	Jakob	Kurhessen	Sterbe	Fredrika Wa.	Hanover	1863	15-Feb	286	11	n
Sommer	Michael	Baltimore	Schmidt	Elisab.		1863	26-Feb	286	12	n
Lindenberger	Joh. Georg.	Kurhessen	Bollemann	Cora Elis.	Baltimore	1863	26-Feb	286	13	n
Neuweiler	Ludwig Friedr.	Baltimore	Weishaupt	Maria		1863	01-Mar	286	14	n
Seamers	Heinrich	Baltimore	Feller	Louise		1863	17-Mar	286	15	n
Lang	Johann	Baltimore	Wagner	Eva		1863	06-Apr	286	16	n
Kreutzer	Theodor	Baltimore	Witzleben	Carol.		1863	08-Apr	286	17	n
Gerlach	Joh. Adam	Baltimore	Merz	Elis.		1863	12-Apr	286	18	n
Bersh	Georg	Baltimore	Wagner	Elisa.		1863	19-Apr	286	19	n
Eritzmann	Otto	Baltimroe	Sellmer	Auguste		1863	03-May	286	20	n
Baumbach	Andreas	Baltimore	Koehler	Elise		1863	03-May	286	21	n
Eritzmann	Wilhelm	Baltimore	Zapf	Theresia		1863	04-May	286	22	n
Fisher	Heinrich	Baltimore	Reinheim	Kath.		1863	25-May	286	23	n
Schmemisset [?]	John	Baiern	Krassar	Anna		1863	21-Jun	286	24	n
Miller	Freidrich	Baltimore	Eigenbrodt	Maria		1863	01-Jul	286	25	n
Hübner	Martin	Baltimore	Burkhardt	Marg.		1863	12-Jul	286	26	n
Kimmermann	Ignatius	Baltimore	Pfaff	Marga.		1863	14-Jul	286	27	n
Schoerich	Christian	New York	Kaa	Doroth.		1863	24-Aug	286	28	n
Lambreht	Karl	Baltimore	Hamel	Marie		1863	07-Sep	286	29	n
Ellstel	Friedrick	Harford County	Weber	Anna		1863	14-Sep	286	30	n
Rusteberg	Karl	Baltimore	Lein	Kath.		1863	20-Sep	286	31	n
Ulroh	Johann	Baltimore	Herpel	Eva		1863	27-Sep	286	32	n
Benzinger	Andreas	Wurttemberg	Rethgeber	Johanna		1863	27-Sep	286	33	n

Trinity German Lutheran Marriages

Groom Surname	G. Given Name	Birthplace	Bride Surname	B. Given Name	Birthplace	Year	Date	Page	Number	Additional Data
Otto	Georg	Baltimore	Hurstmeyer	Maria A.		1863	04-Oct	286	34	n
Lindner	Joh. Gottlieb	Baltimore	Herbold	Elisab.		1863	04-Oct	286	35	n
Schmidt	Georg	Baltimore	Will	Maria C.		1863	05-Oct	286	36	n
Schmalzel	John	Baltimore	Nitzel	Barbara		1863	06-Oct	286	37	n
Kessler	Johann Peter	Baltimore	Emerich	Kath.		1863	11-Oct	286	38	n
Laugemann	Georg		Dickmann	Marg.		1863	18-Oct	286	39	n
Mohr	Adam	Baltimore	Ernst	Kath.		1863	25-Oct	286	40	n
Sangle	Georg Friedr	Baltimore	Slader	Maria		1863	01-Nov	286	41	n
Robbeson	Karl	Baltimore	Meyer	Amalia		1863	04-Nov	286	42	n
Gaferkamb	Louis	Preussen	Hoier	Christine	Bayern	1863	08-Nov	286	43	n
Bonecker	Philipp	Hess.	Wintells	Anna M.	Hanover	1863	20-Dec	287	44	n
Dietrichs	Richard Aug.	Preussen	Baumani	Rosina	Baltimore	1863	27-Dec	287	45	n
Faulstig	Incundus [?]	Baiern	Hofmeier	Anna M. S.	Hanover	1863	27-Dec	287	46	n
Eiler	Conrad	Baltimore	Haas	Karolina		1863	27-Dec	287	47	n
Ehringer	Georg	Baiern	Fischer	Marg.		1864	17-Jan	287	1	n
Meyers	Christian	Chestertown Koenigr.	Ries	Anna Marg.	Baltimore	1864	04-Feb	287	2	n
Hubert	Anton	Wurttemberg	Sinngle	Rosina		1864	07-Feb	287	3	n
Reichert	Michael	Baltimore	Williger	Maria		1864	10-Feb	287	4	n
Price	Heinrich	Baltimore	Link	Anna		1864	21-Feb	287	5	n
Konig	Friedrich	Baltimore	Molkenstrott	Charlotte	Hanover	1864	28-Feb	287	6	n
Durr	Johannes	Baltimore Hessen	Fischer	Rosina		1864	06-Mar	287	7	n
Schafer	Karl	Darmstadt Hessen	Kampf	Juliana		1864	20-Mar	287	8	n
Lewer	Otto	Darmstadt Hessen	Frisch	Anna Marg	Baltimore	1864	28-Mar	287	9	n
Fink	Wilhelm	Darmstadt	Jung	Anna Elis.		1864	03-Apr	287	10	n
Schef	Friedr	Hanover	Dewer	Rosa	Baiern	1864	03-Apr	287	11	n
Naumann	Wiegand	Kurhessen	Seim	Elise		1864	03-Apr	287	12	n
Flohr	Moritz	Fursth. Russ	Sehm	Johanna	Hanover	1864	14-Apr	287	13	y
Meyers	Hermann	Baltimore	Döker	Marie		1864	21-Apr	287	14	n
Stackpole	Charles A.	Maine	Wagner	Marth.	Baltimore	1864	24-Apr	287	15	n
Rathgeber	John	Baltimore	Keiser	Christin		1864	01-May	287	16	n
Schumerr [?]	Johann	Baltimore	Ott	Elis. Christ.	Baiern	1864	01-May	287	17	n
Ranft	Georg	Waldeck	Taubert	Maria	Darmstadt	1864	01-May	287	18	n
Rorbin	Conrad	Baltimore	Schaar	Chlotilde		1864	08-May	287	19	n
Lotz	Niklaus	Baltimore	Sperzel	Elis		1864	09-May	287	20	n
Rauch	John Christopf	Baltimore	Brunner	Anna M.		1864	16-May	287	21	n
Ranscher	Louis	Baltimore	Pratz	Emilie		1864	19-May	287	22	n
Maier	Friedrich	Baltimore	Brugemann	Louise		1864	23-May	287	23	n
Baur [?]	Heinrich	Harford County	Jammer	Elisab.		1864	06-Jun	287	24	n
Silau	Bernhardt	Holstein	Henkel	Anna Kath.	Hessen Darmstadt	1864	12-Jun	287	25	n
Stiegg	Joh.	Baiern	Heidereich	Kath.		1864	18-Jul	287	26	n
Duggs	Christopf	Baltimore	Mayer	Maria		1864	21-Jul	287	27	n
Bahl	Christian	Baltimore	Faun	Amalia		1864	30-Jul	287	28	n
Schäffer	Heinrich	Baltimore	Rabert	Henriette		1864	31-Jul	287	29	n

Trinity German Lutheran Marriages

Groom Surname	G. Given Name	Birthplace	Bride Surname	B. Given Name	Birthplace	Year	Date	Page	Number	Additional Data
Sack	Heinrich	Baltimore	Beitzel	Viktoria		1864	15-Aug	287	30	n
Roberts	Thomas	Baltimore	Schmidt	Mathilde		1864	16-Aug	287	31	n
Geiser	Johann	Wurttemberg	Derr	Barbara		1864	04-Sep	287	32	n
Miesel	Jakob	Baltimore	Richard	Johanna		1864	07-Sep	287	33	n
Bien	Joh. Heinrich	Hessen	Alt	Marg. Christine	Baiern	1864	12-Sep	287	34	n
Adebahr	Wilhelm	Hanover	Muller	Martha		1864	12-Sep	287	35	n
Koch	Elbert Heinrich	Hanover	Winter	Maria M.		1864	18-Sep	288	36	n
Link	Georg	Baltimore	Durr	Johanne Maria		1864	25-Sep	288	37	n
Heinkel	Karl	Baltimore	Heim	Kath.		1864	27-Sep	288	38	n
Richter	Joh. Andr.	Baltimore	Kermann	Kath.		1864	02-Oct	288	39	n
Schmidt	Hubert	Baltimore	Zehaer	Emilie		1864	06-Oct	288	40	n
Eckhardt	Joh. Ernst	Baltimore	Zimmermann	Maria		1864	09-Oct	288	41	n
Schmidt	Lorenz	Baltimore	Schumann	Marg.		1864	15-Oct	288	42	n
Sinners	Andrew	Baltimore	Morlock	Rosa B.		1864	18-Oct	288	43	n
Tucker	John	Baltimore	Atwell	Sarah S.		1864	06-Nov	288	44	n
Germer	Georg	Baltimore	Helmuth	Maria		1864	16-Nov	288	45	n
Bayer	Adam	Baltimore	Angst	Magdal.		1864	27-Nov	288	46	n
Diem	Johann	Baltimore	Nordmann	Johanna		1864	25-Dec	288	47	n
Mader	Johann	Baltimore	Bolach	Marg.		1864	25-Dec	288	48	n
Hofmeier	Friedrich	Baltimore	Borggemeier	Elias		1864	23-May	288	49	n
Rensel	Joh. Michahl	Baltimore	Radinger	[blank]		1865	01-Jan	288	1	n
Hatgen	Heinrich James	Baltimore	Gooke	Rebekka		1865	08-Jan	288	2	n
Ernst	William	Baltimore	Graham	Mary		1865	10-Jan	288	3	n
Hammel	Henry R.	Baltimore	Robert	Kath.		1865	15-Jan	288	4	n
Kiefer	Louis	Baltimore	Helen	Joha. Frna.		1865	24-Jan	288	5	n
Wietscher	Wilh. Albert	Baltimore	Kreb	Anna Maria		1865	29-Jan	288	6	n
Ritterpusch	Heinrich		Antholz	Maria		1865	01-Feb	288	7	n
Simmons	George W.	Baltimore	Hoffmann	Barb. Mary		1865	05-Feb	288	8	n
Rethmann	Karl C.	Baltimore	Stone	Maria		1865	05-Feb	288	9	n
Posther	Friedr.	Baltimore	Schadel	Barb.		1865	12-Feb	288	10	n
Ney	Joh. Peter	Baltimore Hessen	Legon	Marg.		1865	21-Feb	288	11	n
Ragel	Jakob	Darmstadt	Rommer	Marg.		1865	19-Mar	288	12	n
Vogt	Adolph	Baltimore	Merz	Anna E.		1865	02-Apr	288	13	n
Kuchmeister	Ludwig G.	Baltimore	Kentner	Eva Dina		1865	17-Apr	288	14	n
Dill	Wilhelm	Baltimore	Oswingkle	Maria A.		1865	16-Apr	288	15	n
Kleppel	Hermann	Baltimore	Wattenschmidt	Emma		1865	20-Apr	288	16	n
Feadley	Henry L.	Baltimore	James	Catharine		1865	30-Apr	288	17	n
Muller [?]	Wilhelm	Baltimore	Ontter	Katharina		1865	09-May	288	18	n
Urbach	Friedrich	Baltimore	Hermann	Wilhelmina		1865	11-May	288	19	n
Siebrecht	Geinrich	Baltimore	Eckhardt	Marthe		1865	14-May	288	20	n
Nordmann	Heinrich	Baltimore	Bollmer	Maria		1865	14-May	288	21	n
Butscher	Joh. Andr.	Baltimore	Streib	Friedrike		1865	04-Jun	288	22	n
Bromwell	William G.	Baltimore	Heiner	Lena		1865	04-Jun	288	23	n
Diacont	Adam	Baltimore	Gotty	Josephine		1865	08-Jun	288	24	n
Braun	Otto	Baltimore	Weht	Barbara		1865	18-Jun	288	25	n
Pfirrmann	Georg M.	Baltimore	Ziegler	Carolina		1865	16-Jul	289	26	n

Trinity German Lutheran Marriages

Groom Surname	G. Given Name	Birthplace	Bride Surname	B. Given Name	Birthplace	Year	Date	Page	Number	Additional Data
Passauer	Julius	Baltimore	Gotzinger	Magdalena		1865	16-Jul	289	27	n
Frankenberger	Joh.	Baltimore	Gortan	Kath.		1865	27-Jul	289	28	n
Schenkel	Gernhard	Baltimore	Mayers	Louise		1865	13-Aug	289	29	n
Kler	Peter	Baltimore	Knusmann	Margaretha		1865	15-Aug	289	30	n
Brandt	Alexander	Baltimore	Reineck	Maria		1865	01-Sep	289	31	n
Bertsch	Philipp	Baltimore	Lindenberger	Marie		1865	03-Sep	289	32	n
Gebhardt	Kaspar	Baltimore	Stohre	Barbara		1865	04-Sep	289	33	n
Heck	Heinrich	Baltimore	Metzlar	Kath.		1865	10-Sep	289	34	n
Tamon	Andrew	Baltimore	Callender	Auguste		1865	17-Sep	289	35	n
Muller	Niklaus	Baiern	Stahlberger	Marg.		1865	24-Sep	289	36	n
Schmidt	Joh. Bernhardt	Gotte-Hanover	Blach	Johanna Charlotte		1865	26-Sep	289	37	n
Medinger	George A.	Baltimore	Slater	Margaret		1865	27-Sep	289	38	n
Ernst	Conrad	Kurhessen	Christanz	Marg.		1865	01-Oct	289	39	n
Eckhardt	Conrad	Preussen	Matthes	Anna R.	Sachs. W.	1865	08-Oct	289	40	n
Pohlmann	John H.	Baltimore	Ruff	Maria		1865	15-Oct	289	41	n
	Friedr. Wilh.									
Luers	Bernh	Baltimore	Voss	Anna Joha. M.		1865	26-Oct	289	42	n
Ochse	Friedr.	Baltimore	Duckenberg	Maria		1865	09-Nov	289	43	n
Reinhardt	Louis	Baltimore	Sekwinger	Louise		1865	26-Nov	289	44	n
Barnes	Thomas	Baltimore	Sneider	Mary		1865	15-Nov	289	45	n
Penning	John	Baltimore	Knayer	Anna M.		1865	30-Nov	289	46	n
Quinn	John	Baltimore	Hutton	Beckey Ann		1865	30-Nov	289	47	n
Schneider	Kaspar	Hessen Cassel	Imhof	Ann Cath.		1865	03-Dec	289	48	n
Hurtzing	Friedr.	Baltimore	Burkamp	Maria M.		1865	05-Dec	289	49	n
Theile	Philipp	Baltimore	Theile	Margaretha		1865	24-Dec	289	50	n
Wankmuller	Karl Friedr.	Baltimore	Oleidhardt	Marg.		1865	21-Dec	289	51	n
Schmidt	Michael	Baltimore	Haschett	Elis.		1865	24-Dec	289	52	n
Schubert	Christian	S. W.	Schwarz	Louise Henrietta	Baltimore	1866	01-Jan	289	1	n
Hartmann	Georg	Baltimore	Bondz	Elisab.		1866	02-Jan	289	2	n
Sommer	Michael	Baiern	Görtz	Anna Barb.		1866	07-Jan	289	3	n
Altvater	Heinrich	Baltimore	Krauss	Christina		1866	21-Jan	289	4	n
Kehl	Georg Ph.	Baltimore	Bundes	Soph. Elis.		1866	21-Jan	289	5	n
Schaake	Ferdinand	Baltimore	Meinhardt	Maria		1866	23-Jan	289	6	n
Fink	Julius	Baltimore	Drimb [?]	Marg.		1866	14-Jan	289	7	n
Dietsch	Joh. Georg	Baiern	Kropff	Wilhelmina		1866	28-Jan	289	8	n
Busch	Joh. Joseph	Osnabruck	Dickmann	Doroth. L.		1866	04-Feb	289	9	n
Belsel	Heinrich	Baltimore	Lang	Anna		1866	16-Feb	289	10	n
Aspril	David	Baltimore	Bruggemann	Anna		1866	19-Feb	289	11	n
Morst	Conrad	Baltimore	Rollins	Martha		1866	26-Feb	290	12	n
Krammer	Geroge	Baltimore	Hilz	Marg.		1866	13-Mar	290	13	n
Daeschler	Joh.	Baltimore	Romer	Elisab.		1866	19-Mar	290	14	n
Strohl	Jakob	Baltimore	Völker	Elis.		1866	27-Mar	290	15	n
Ebert	Joh.	Baltimore	Brandau	Barb.		1866	25-Mar	290	16	n
Dickmann	Ernst Friedr.	Baltimore	Eggers	Anna Doroth.		1866	01-Apr	290	17	n
Seibert	Joh.	Baltimore	Bitter	Maria		1866	01-Apr	290	18	n

Trinity German Lutheran Marriages

Groom Surname	G. Given Name	Birthplace	Bride Surname	B. Given Name	Birthplace	Year	Date	Page	Number	Additional Data
von der Wettern	August	Baltimore	Buchholz	Doroth.		1866	01-Apr	290	19	n
Habis	Friedr.	Baltimore	Becker	Anna M.		1866	02-Apr	290	20	n
Wagner	Conrad	Baltimore	Becker	Doroth.		1866	02-Apr	290	21	n
Beinard	Karl	Baltimore	Himmer	Barbara		1866	08-Apr	290	22	n
Matthews	Edwin	Baltimore	Henshall	Louise		1866	22-Apr	290	23	n
Heim	Karl	Baltimore	Wedel	Marg.		1866	22-Apr	290	24	n
Paul	Caspar	Baltimore	Ott	Anna M.		1866	29-Apr	290	25	n
Frietsch	Georg	Wurttemberg	Roth	Eva Barb. K.	Meiningen	1866	06-May	290	26	n
Wich	Joh. Nikl.	Baltimore	Bechthold	Maria		1866	06-May	290	27	n
Schmidt	Karl	Baltimore	Gielhaas	Amalia		1866	10-May	290	28	n
Engel	Conrad	Baltimore	Helfenbein	Elisab.		1866	13-May	290	29	n
Valentin	Anton	Baltimore	Reling	Elisab.		1866	13-May	290	30	n
Germann	Chas. Fred.	Baltimore	Schaffer	Malinda		1866	16-May	290	31	n
Kehn	Wilhelm Adloph	Baltimore	Deisse	Anna Marg.		1866	15-May	290	32	n
Dill	August	Baltimore	Helmer	Elisab.		1866	20-May	290	33	n
Muller	Heinrich	Baltimore	Kehr	Doroth.		1866	21-May	290	34	n
Schon	John F. Emilius	Baltimore	Ray	Elisab.		1866	29-May	290	35	n
Shilling	George	Baltimore	Kettering	Maria		1866	30-May	290	36	n
Strong	Charles C.	St. Francisco	McLaren	Jane	Baltimore	1866	05-Jun	290	37	n
Kunst	Friedrich	Baltimore	Dafner	Friedrike		1866	03-Jun	290	38	n
Gehrhardt	Conrad	Baltimore	Wagner	Kath.		1866	10-Jun	290	39	n
Miller	Wilh. F.	Baltimore	Homlein	Helena		1866	30-Jun	290	40	n
Heil	Wilh.	Baltimore	Meinschein	Maria		1866	01-Jul	290	41	n
Hartmann	Joh.	Baltimore	Mader	Margaretha		1866	02-Jul	290	42	n
Muller	Joh. G.	Baltimore	Dopfner	Appolonia		1866	01-Jul	290	43	n
Schunninger	Fabian	Baltimore	Frantz	Christina		1866	29-Jul	290	44	n
Bettner	Renhardt	Baltimore	Stunep	Clara		1866	01-Aug	290	45	n
Link	Joh.	Baltimore	Haas	Kath.		1866	19-Aug	290	46	n
Eichhorn	Theodor	Baltimore	Wentzel	Auguste		1866	09-Sep	290	47	n
Brunes	Heinrich	Baltimore	Kiffner	Lina		1866	26-Aug	290	48	n
Brandt	Louis	Baltimore	Kraft	Marg.		1866	12-Sep	290	49	n
Horst	Christian	Baltimore	Stuckert	Elis.		1866	26-Sep	290	50	n
Rahn	Joh.	Baltimore	Keil	Kath.		1866	02-Sep	290	51	n
Marquardt	Wilhelm	Baltimore	Diremdam	Carol.		1866	23-Sep	290	52	n
Eckels	Louis	Baltimore	Lenzer	Carolina		1866	23-Sep	290	53	n
Bauscher	Joh.	Baltimore	Stegmeier	Barb.		1866	08-Oct	290	54	n
Malin	August	Virginie	Tetzel	Auguste	Gernay [?]	1866	11-Oct	291	55	n
Moore	William	Baltimore	Brandt	Mary		1866	15-Oct	291	56	n
Schmidberger	Joseph	Baltimore	Monath	Maria D.		1866	21-Oct	291	57	n
Schleier	Joh. Peter	Baltimore	Bremstiller	Anna B.		1866	28-Oct	291	58	n
Muhlenfeld	Friedr.	Baltimore	Crocker	Maria		1866	30-Oct	291	59	n
Link	Peter	Baltimore	Enderling	Veronika		1866	05-Nov	291	60	n
Stecker	Friedr.	Baltimore	Maifahrt	Lena		1866	11-Nov	291	61	n
Ritter	Friedr. Wilhelm	Baltimore	Schantze	Kath. Elis.		1866	11-Nov	291	62	n
Retzlaff	Wilhelm	Baltimore	Barbewick	Magdalena		1866	11-Nov	291	63	n
Crusse	John N.	Baltimore	Balster	Christina		1866	14-Nov	291	64	n
Gries	Adam	Baltimore	Muth	Elis. Marg.		1866	18-Nov	291	65	n

Trinity German Lutheran Marriages

Groom Surname	G. Given Name	Birthplace	Bride Surname	B. Given Name	Birthplace	Year	Date	Page	Number	Additional Data
Vetter	Zacharias	Baltimore	Gesellensitter	Julia		1866	18-Nov	291	66	n
Depkin	Ernst	Baltimore	Otto	Margaretha		1866	25-Nov	291	67	n
Schuch	Ferdinand	Baltimore	Goob	Kath.		1866	02-Dec	291	68	n
Walters	William J.	Baltimore	Wensel	Anna C.		1866	04-Dec	291	69	n
Sponsel	Joh. Georg	Baiern	Gresser	Anna		1866	02-Dec	291	70	n
Kamps	Georg	Baltimore	Rocke	Gosina		1866	09-Dec	291	71	n
Dennis	Peter	Baltimore	Meyer	Kath.		1866	17-Dec	291	72	n
Meyers	August	Baltimore	Martin (Angst)	Francis		1866	24-Dec	291	73	n
Bär	Jakob	Baltimore	Kaiser	Anna Kath.		1866	23-Dec	291	74	n
Hartring	Louis	Baltimore	Klärlein	Christina Christine		1866	23-Dec	291	75	n
Harris	Joh. Karl	Baltimore	Mayer	Friedricke		1866	23-Dec	291	76	n
Klein	Joh. Erdmann	Baltimore	Damme	Maria		1866	23-Dec	291	77	n
Milless	Laertes A.	Baltimore	Spearmann	Gustine		1866	26-Dec	291	78	n
Laut	Wilhelm	Baltimore	Frank	Henrietta		1866	23-Dec	291	79	n
Roth	Simon	Baltimore	Stahler	Maria		1866	25-Dec	291	80	n
Lohr	Joh. Georg	Baltimore	Scheibel	Henriette		1867	01-Jan	291	1	n
Berwig	Henry	Baltimore	Hecker	Chatharina		1867	01-Jan	291	2	n
Schuppel	Heinrich	Baltimore	Hess	Eva		1867	01-Jan	291	3	n
Bauss	August Hermann	Baltimore	Schmidt	Franciska		1867	06-Jan	291	4	n
Born	Adolph	Baltimore	Muller	Henrietta		1867	20-Jan	291	5	n
Rösler	Georg Wilh.	Baltimore	Sachs	Emilie		1867	27-Jan	291	6	n
Hubach	Daniel	Baiern	Hohn	Elisab.		1867	27-Jan	291	7	n
Bonhage	Heinrich	Baltimore	Kuhn	Helena		1867	31-Jan	291	8	n
Kumno	Christian	Baltimore	Lues	Minna		1867	03-Feb	291	9	n
Geimann	Heinrich	Hanover	Lemsbach	Louise		1867	03-Feb	291	10	n
Gotz	Louis	Baltimore	Oth	Marg.		1867	03-Feb	291	11	n
Seibert	Johann	Baltimore	Bergner	Kunigunde		1867	10-Feb	292	12	n
Hain	Wilhelm	Baltimore	Kronmuller	Elis. Barb.		1867	19-Feb	292	13	n
Frey	Georg H.	Baltimore	Williams	Mary		1867	17-Mar	292	14	n
Mangold	Wilhelm	Baltimore	Germann	Kath.		1867	24-Mar	292	15	n
Bernhardt	Joh. Martin	Baltimore	Altvater	Maria		1867	31-Mar	292	16	n
Fahlencamp	Heinrich K.	Baltimore	Weller	Maria K.		1867	07-Apr	292	17	n
Requardt	Joh. Jak.	Baltimore	Kleist	Anna		1867	07-Apr	292	18	n
Allbright	Chas.	Baltimore Co.	Greenwald	Marg.		1867	11-Apr	292	19	n
Behr	Nikolas	Baltimore	Keistner	Kath.		1867	11-Apr	292	20	n
Baumer	Friedrich	Baltimore	Hoppe	Auguste		1867	16-Apr	292	21	n
Kreiter	Hermann	Baltimore	Birkey	Emilie		1867	16-Apr	292	22	n
Wittmer	Heinrich	Baltimore	Siebert	Elise		1867	21-Apr	292	23	n
Heckemeier	Heinrich	Baltimore	Kappler	Anna Maria		1867	22-Apr	292	24	n
Himmelhaber	Niklaus	Baltimore	Eckhardt	Kath.		1867	25-Apr	292	25	n
Schmidt	James	Baltimore	Cook	Kath.		1867	27-Apr	292	26	n
Jones	Charles T.	Baltimore	Erbacher	Louise		1867	29-Apr	292	27	n
Bätz	Joh.	Baltimore	Krein	Kunigunde		1867	05-May	292	28	n
Könecke	Wilhelm L.	Baltimore	Krackstadt	Henriette		1867	05-May	292	29	n
Hoffmann	Caspar	Baltimore	Miller	Elise		1867	06-May	292	30	n

Trinity German Lutheran Marriages

Groom Surname	G. Given Name	Birthplace	Bride Surname	B. Given Name	Birthplace	Year	Date	Page	Number	Additional Data
Strick	Joh. Casp	Baltimore	Frietsch	Emilie		1867	12-May	292	31	n
Wätz	Conrad	Baltimore	Reis	Julianna Maria		1867	12-May	292	32	n
Stoffregen	Heinrich	Baltimore	Hermann	Rosine		1867	12-May	292	33	n
Werner	Heinrich Aug.	Baltimore	Freund	Elisab.		1867	02-Jun	292	34	n
Thyrotph	Julius	Baltimore	Heinsbach	Henriette		1867	02-Jun	292	35	n
Paulus	Karl	Baltimore	Roth	Chatharina		1867	02-Jun	292	36	n
Atwell	Joseph	Baltimore	Muller	Elisab.		1867	03-Jun	292	37	n
Denninger	Karl F. B.	Baltimore	Taylor	Mary		1867	11-Jun	292	38	n
Hartung	John C.	Baltimore	Bader	Kath.		1867	21-Jun	292	39	n
Walch	Wilhelm	Baltimore	Hoffmann	Marg.		1867	23-Jun	292	40	n
Lang	Jakob	Baltimore	Angst	Marg.		1867	01-Jul	292	41	n
Heck	Heinrich	Baltimore	Hoffmann	Caroline		1867	07-Jul	292	42	n
Doeller	Joh. C.	Baltimore	Heck	Carolina		1867	07-Jul	292	43	n
Ritterpusch	Adam	Baltimore	Weker	Anna		1867	21-Jul	292	44	n
Clinton	David	Baltimore	Musch	Marg.		1867	21-Jul	292	45	n
Reis	Wilhelm	Baltimore	Dietlein	Kath.		1867	21-Jul	292	46	n
Hax	Louis	Baltimore	Michel	Josephine		1867	21-Jul	292	47	n
Wehr	Friedrich	Baltimore	Hobelmann	Johanna		1867	25-Jul	292	48	n
Lambrecht	Karl	Baltimore	Bennewitt	Maria		1867	04-Aug	292	49	n
Hasel	Friedrich	Baltimore	Hirschmann	Carolina		1867	28-Jul	292	50	n
Jarmson	Heinrich	Baltimore	Johnson	Kath.		1867	28-Jul	292	51	n
Horst	Joh.	Baltimore	Jager	Kath.		1867	08-Aug	292	52	n
Ziegelhöfer	Jakob	Baltimore	Büttner	Doroth.		1867	11-Aug	292	53	n
Muller	Georg	Baltimore	Bernhardt	Marg.		1867	11-Aug	293	54	n
Brunninger	Paul	Baltimore	Ruckert	Maria		1867	18-Aug	293	55	n
Ahlborn	Geroge	Baltimore	Holze	Jane		1867	18-Aug	293	56	n
Krug	Heinrich	Baltimore	Pierpoint	Anna		1867	29-Aug	293	57	n
Wittmer	Joh.	Baltimore	Schmeiser	Kunigunde		1867	01-Sep	293	58	n
Grune	Peter	Baiern	Stahlberger	Marg.		1867	01-Sep	293	59	n
Schilling	Joh.	Baiern	Spengler	Marg.		1867	08-Sep	293	60	n
Seitz	Adam	Baltimore	Reinhardt	Elis.		1867	08-Sep	293	61	n
Grenzer	Bernhardt	Baltimore	Weisner	Kath.		1867	15-Sep	293	62	n
Mack	Frank	Baltimore	Frank	Elise		1867	16-Sep	293	63	n
Siechelin	Joh.	Baiern	Muller	Dorothea		1867	15-Sep	293	64	n
Reitz	Heinrich	Baltimore Sachsen	Grosch	Marg.		1867	15-Sep	293	65	n
Schmuck	Joh.	Kurhessen	Rothe	Kath.		1867	22-Sep	293	66	n
Link	Heinrich	Hess. Darmst.	Mumberg	Kath.		1867	26-Sep	293	67	n
Wakefield	Henry	Baltimore	Jung	Elisab.		1867	24-Sep	293	68	n
Steinmacher	Niklaus	Baltimore	Stricker	Anna Marg.		1867	29-Sep	293	69	n
Kraft	Karl C.	Baltimore	Schneider	Maria Regina		1867	08-Oct	293	70	n
Karrer	Adolph	Baltimore	Zollinhofer	Anna		1867	10-Oct	293	71	n
Larmour	Robert	Baltimore	Grothaus	Maria C.		1867	03-Oct	293	72	n
Lüttke	Henrich	Baltimore	Schneider	Anna F.		1867	13-Oct	293	73	n
Schulte	Moritz Christ.	Baltimore	Lembke	Anna		1867	13-Oct	293	74	n
Schon	Karl	Baltimore	Klees	Kath.		1867	06-Oct	293	75	n
Jung	Heinrich	Baltimore	Ott	Anna Barb.		1867	13-Oct	293	76	n

Trinity German Lutheran Marriages

Groom Surname	G. Given Name	Birthplace	Bride Surname	B. Given Name	Birthplace	Year	Date	Page	Number	Additional Data
Korn	Joh.	Baltimore	Engelhardt	Carolina		1867	13-Oct	293	77	n
Enright	Francis	Baltimore	Schmick	Carolina		1867	14-Oct	293	78	n
Ochse	Georg	Baltimore	Thomas	Barbara		1867	20-Oct	293	79	n
Garies	Joh.	Baltimore	Schreiber	Sophia		1867	27-Oct	293	80	n
Funk	Franz	Baltimore	Priester	Maria Eva		1867	27-Oct	293	81	n
Mellenia [Melleina]	Christian	Hanover	Bradte	Mary M.		1867	27-Oct	293	82	n
Meyer	Simon Julius	Bremen	Steinberg	Maria El.		1867	22-Oct	293	83	n
Lindenberger	Joh.	Baltimore	Ress	Elis.		1867	03-Nov	293	84	n
Engermann	Wilhelm	Baltimore	Waxter	Carolina		1867	18-Nov	293	85	n
Meyer	Georg	Baltimore	Giesner	Veronika		1867	01-Dec	293	86	n
Schumacher	John	Baltimore	Becker	Kath.		1867	05-Dec	293	87	n
Kupferschmidt	Friedr.	Baltimore Hessen	Porsinger	Marg.		1867	15-Dec	293	88	n
Fuchs	Joh.	Darmstadt	Bernhardt	Maria		1867	22-Dec	293	89	n
Eichner	Heinrich	Baltimore	Muller Kranetz geboren	Maria		1867	25-Dec	293	90	n
Schleier	Johannes	Baltimore	Ochnemann	Minna		1867	26-Dec	293	91	n
Schmidt	Christian L. W.	Baltimore	Gernöhlig	Johanna K.		1868	07-Jan	294	1	n
Hiebel	Gustav	Baltimore	Adebahr	Martha		1868	23-Jan	294	2	n
Burkheimer	Leonhardt	Baltimore	Emrich	Wilha.		1868	26-Jan	294	3	n
Rickert	Anton L.	Baltimore	Nantje	Augusta Fr.		1868	26-Jul	294	4	n
Thurman	Albert	Baltimore	Bockelman	Carol.		1868	29-Jan	294	5	n
Köfer	Joh.	Baltimore	Deuchler	Maria		1868	02-Feb	294	6	n
Nelson	Eduard	Baltimore	Mingiers	Johanna		1868	05-Feb	294	7	n
Paulus	John P.	Baltimore	Dietrich	Doroth.		1868	09-Feb	294	8	n
Holzer	Georg Bernhardt Hermann	Baltimore	Fischer	Marg.		1868	13-Feb	294	9	n
Hoppe	Adolph	Baltimore	Berdemann	Elis.		1868	16-Feb	294	10	n
Heise	August	Baltimore	Ruppert	Marg.		1868	23-Feb	294	11	n
Schlinke	Richardt Louis	Baltimore	Häfner	Carolina		1868	24-Feb	294	12	n
Tiemand	Louis	Baltimore	Magrahn [Mayrahn	Christina		1868	08-Mar	294	13	n
Schwabelland	Conrad	Baltimore	Danerin	Anna		1868	15-Mar	294	14	n
Reiss	Carl	Baltimore	Bartz	Mathilde		1868	16-Mar	294	15	n
Appel	Friedrich	Baltimore	Bainard	Barb.		1868	22-Mar	294	16	n
Monk	Christoph L.	Baltimore	Geisendofer	Anna M.		1868	23-Mar	294	17	n
Kolbe	Joh. Adam	Baltimore	Rathhner	Ernstine Paulina		1868	12-Apr	294	18	n
List	Friedr.	Baltimore	Schirm	Maria		1868	13-Apr	294	19	n
Rohr	Georg heinrich	Baiern	Schmayer	Caroline Emma	Preussen	1868	26-Apr	294	20	n
Walter	Heinrich	Baltimore	Kross	Lena		1868	03-May	294	21	n
Amberg	Valentin	Baltimore	Schafer	Kath. Elis.		1868	29-Mar	294	22	n
Schmidt	Karl	Baltimore	Kopp	Marg.		1868	10-May	294	23	n
Kubler	Christopf	Baltimore	Poppler	Marg.		1868	13-May	294	24	n
Beyer	Friedr.	Baltimore	Stroh	Louise		1868	18-May	294	25	n
Heger	Uriakus	Baltimore	Lang	Barb.		1868	24-May	294	26	n
Keilbar	Georg	Baltimore	Fischer	Anna B.		1868	24-May	294	27	n

Trinity German Lutheran Marriages

Groom Surname	G. Given Name	Birthplace	Bride Surname	B. Given Name	Birthplace	Year	Date	Page	Number	Additional Data
Fischer	Conrad	Baltimore	Pfaff	Barb.		1868	24-May	294	28	n
Schwarz	Michael	Baltimore	Barth	Elisab.		1868	25-May	294	29	n
Rock	Karl Mich. Aug.	Baltimore	Stegmann	Albertina		1868	31-May	294	30	n
Wittemann	Friedr	Baltimore	Wenken	Lina		1868	31-May	294	31	n
Lilly	Wilhelm D.	Baltimore	Behr	Maria		1868	28-May	294	32	n
Ermer	Heinrich	Baltimore	Kaiser	Amalia		1868	01-Jun	294	33	n
Sippel	Joh. Georg	Baltimore	Hinkel	Kath. Elis.		1868	07-Jun	294	34	n
Hartmann	Reinhardt	Baltimore	Lanz	Elis.		1868	07-Jun	294	35	n
Frank	Wilhelm	Baltimore	Meisolla	Carol.		1868	15-Jun	294	36	n
Fischer	Heinrich Aug.	Baltimore	Winch	Barbara		1868	21-Jun	294	37	n
Kreisel	Ernst	Baltimore	Six	Anna Maria		1868	28-Jun	294	38	n
Schuster	Otto	Baltimore	Laukammer	Kath.		1868	05-Jul	294	39	n
Schroder	Friedr. Herrmann	Baltimore	Mackel	Rosine		1868	05-Jul	294	40	n
Breitshwerdt	Conrad	Baltimore	Rossmark	Kath.		1868	06-Jul	294	41	n
Ludsch	Georg	Baltimore	Eckhardt	Barb.		1868	07-Jul	294	42	n
Unverzegt	Wilhelm	Baltimore	Kehrling	Elis.		1868	02-Jul	295	43	n
Nikolas	Jakob	Baltimore	Rexroth	Elis.		1868	09-Jul	295	44	n
Benson	Frank	Neu Orl.	Wallhook	Anna S.	London	1868	29-Jul	295	45	n
Gellert	Jakob	Baltimore	Röding	Barb.		1868	30-Jul	295	46	n
Wittich	Karl	Baltimore	Thomas	Bertha		1868	12-Aug	295	47	n
Owens	Joseph	Baltimore	Jenkins	Georgeann		1868	15-Aug	295	48	n
Schudel	Joh.	Baltimore	Jung	Elisab.		1868	23-Aug	295	49	n
Theiss	Andr. Heinrich	Baltimore	Bettenfeld	Kath.		1868	31-Aug	295	50	n
Fuchs	Friedrich	Baltimore	Mergenroth	Maria		1868	06-Sep	295	51	n
Werner	Georg	Baltimore	Wiehmann	Christina		1868	20-Sep	295	52	n
Hens [?]	Heinrich	Baltimore	Bartels	Kath.		1868	20-Sep	295	53	n
Ochs	John F. Emilius	Baltimore	Kimmel	Maria E.		1868	22-Sep	295	54	n
Bohm	Friedr.		Pahl	Johanna W.		1868	27-Sep	295	55	n
Schupp	Joh. Georg	Baltimore	Hahn	Emme V.		1868	27-Sep	295	56	n
Heimerich	Adolpf	Hanover	Geb	Elisab.	Preussen	1868	11-Oct	295	57	n
Nause	Heinrich A. J.	Baltimore	Kirmse	Henrietta		1868	11-Oct	295	58	n
Kowze	Clement	Baltimore	Heiner	Theresia		1868	14-Oct	295	59	n
Beckes	Friedr	Baltimore	Kregel	Anna		1868	25-Oct	295	60	n
Albers	Wilhelm	Baltimore	Zurmuhl	Malthilde		1868	01-Nov	295	61	n
Decher	Joh.	Darmstadt	Fink	Amalia	Oldenberg	1868	01-Nov	295	62	n
Zoll	Joh. Georg	Baltimore	Tammen	Wilha. A.		1868	08-Nov	295	63	n
Euler	Joh.	Baltimore	Altvater	Elis.		1868	25-Oct	295	64	n
Isermann	Harno	Baltimore	Lehnmacher	Wilha.		1868	29-Oct	295	65	n
Meckk [?]	Emil H.	Baltimore	Sack	Christianna		1868	26-Nov	295	66	n
Mormann	Henry	Baltimore	Tiemann	Joha. S.		1868	29-Nov	295	67	n
Geilhaar	Eduard	Baltimore	Wackers	Emma		1868	06-Dec	295	68	n
Noistmann	Henry	Baltimore	Weisgerber	Johannetta		1868	06-Dec	295	69	n
Kaiser	Joh. H.	Baltimore	Miller	Kath.		1868	16-Dec	295	70	n
Borst	Hermann	Baltimore	Gauss	Maria		1868	20-Dec	295	71	n
Albrecht	Friedrich		Eckhardt	Kath.		1868	21-Dec	295	72	n
Timm	Christian	Baltimore	Dey	Margaretha		1868	27-Dec	295	73	n

Trinity German Lutheran Marriages

Groom Surname	G. Given Name	Birthplace	Bride Surname	B. Given Name	Birthplace	Year	Date	Page	Number	Additional Data
Gallmeyer	Julius	Baltimore	Ruppert	Margar.		1868	31-Dec	295	74	n
Wachmer	August	Baltimore	Hess	Mina		1869	03-Jan	296	1	n
Dietrick	Adam	Baltimore	Brangarl	Emilie		1869	05-Jan	296	2	n
Kanne	Wilhelm	Baltimore	Ohlendorf	Johanna		1869	07-Jan	296	3	n
Conrad	August	Baltimore	Arras	Maria		1869	03-Jan	296	4	n
Rothenberg	Friedr.	Baltimore	Dopfner	Maria L.		1869	10-Jan	296	5	n
Tuslein	Joh.	Baltimore	Wilke	Marg.		1869	10-Jan	296	6	n
Hein	Friedr	Baltimore	Schmidt	Bergide M.		1869	11-Jan	296	7	n
Fleischmann	Heinrich H.	Baltimore	Ochswinkel	Helena		1869	24-Jan	296	8	n
Weitzel	Heinrich	Baltimore	Lipe	Lena		1869	28-Jan	296	9	n
Brumer	Friedr.	Baltimore	Babin [Bohm]	Barb.		1869	31-Jan	296	10	n
Requardt	Joh. Jak.	Baltimore	Schmidt	Maria		1869	31-Jan	296	11	n
Elgert	Joh.	Baltimore	Trautwein	Maria B.		1869	04-Feb	296	12	n
Grazier	Chas.	Baltimore	Betzel	Francis		1869	14-Feb	296	13	n
Reichert	Georg	Baltimore	Zenthofer	Kath.		1869	16-Feb	296	14	n
Smith	Chas.	Harford County	Hamilton	Anna		1869	23-Feb	296	15	n
Long	Lewis	Baltimore	Emmart	Maggie		1869	25-Feb	296	16	n
Loser	Martin	Baltimore	Maser	Anna		1869	28-Feb	296	17	n
Singler	Michael	Baltimore	Klemm	Elisab.		1869	28-Feb	296	18	n
Hager	Niklaus	Baltimore	Kissling	Maria		1869	03-Mar	296	19	n
Kippling	Julius	Baltimore	Lehnmacher	Maria		1869	15-Mar	296	20	n
Hock	Wilhelm A.	Rotterdam	Schmidt	Klasine M.		1869	17-Mar	296	21	n
Stabenan	Karl	Baltimore	Ruckert	Friedrike		1869	21-Mar	296	22	n
Hellever	Georg	Baltimore	Barret	Marg.		1869	22-Mar	296	23	n
Stevenson	Robert	Baltimore	Tannin	Maggie		1869	23-Mar	296	24	n
Franke	Heinrich	Baltimore	Fischer	Louise		1869	29-Mar	296	25	n
Cook	Eugen	Baltimore	Marktley	Maria		1869	31-Mar	296	26	n
Kriech	Louis	Baltimore	Meyer	Kath.		1869	11-Apr	296	27	n
Schopfling	Jakob	Baltimore	Weiler	Maria		1869	06-Apr	296	28	n
Paulus	Joh. Paul	Baltimore	Jakob	Kath.		1869	14-Apr	296	29	n
Shott	Friedr.	Baltimore	Reabt [?]	Margaretha		1869	20-Apr	296	30	n
Seim	John Conrad	Baltimore	Jager	Maria Christina		1869	02-May	296	31	n
Kohl	Gustav	Baltimore	Dietz	Maria		1869	09-May	296	32	n
Hedner	Absolam	Baltimore	Be..yder [?]	Maria		1869	14-May	296	33	n
Guyton	John	Baltimore	Long	Elisab.		1869	28-May	296	34	n
Koch	John	Baltimore	Leffert	Maria		1869	06-Jun	296	35	n
Damme	Heinrich	Baltimore	Hasselhoff	Anna		1869	06-Jun	296	36	n
Brille	Heinrich	Baltimore	Hasper	Johanne		1869	25-May	296	37	n
Behm	Johann	Baltimore	Lambrecht	Minne		1869	16-May	296	38	n
Käfer	Wilhelm	Baltimore	Hahnlein	Elis.		1869	16-May	296	39	n
Valentin	Heinrich	Baltimore	Ehlers	Wilhelmine		1869	16-May	296	40	n
Christ	King	Baltimore	Smith	Anna M.		1869	13-Jun	296	41	n
Sauer	Franz	Baltimore	Kelly	Anna		1869	13-Jun	296	42	n
Scoring	Traugott	Baltimore	Reinhardt	Friedr.		1869	13-Jun	296	43	n
Schmidt	Jakob	Baltimore	Rose	Francisca		1869	20-Jun	297	44	n
Schmidt	Joh.	Baltimore	Cropp	Marie		1869	27-Jun	297	45	n
Wagner	Casper	Baltimore	Becker	Henrietta		1869	27-Jun	297	46	n

Trinity German Lutheran Marriages

Groom Surname	G. Given Name	Birthplace	Bride Surname	B. Given Name	Birthplace	Year	Date	Page	Number	Additional Data
Heim	Phil.	Baltimore	Pimeisel	Barb.		1869	27-Jun	297	47	n
Lang	Eberhardt	Baltimore	Kramer	Maria		1869	04-Jul	297	48	n
Lenz	Heinrich	Baltimore	Steinmetz	Elis.		1869	11-Jul	297	49	n
von Brandenstein	Wilhelm	Baltimore	Kranzer	Joha.		1869	22-Jul	297	50	n
Thamer	Joseph	Baltimore	Wissner	Maria		1869	01-Aug	297	51	n
Wittmer	Philipp	Baltimore	Hübner	Helena		1869	01-Aug	297	52	n
Gubernatis	Joh.	Baltimore	Kleinhenn	Louise		1869	08-Aug	297	53	n
Williamson	Chas	Baltimore	Holm	Auguste		1869	27-Jul	297	54	n
Hager	Joh. Conrad	Baltimore	Wahl	Marg.		1869	15-Aug	297	55	n
Garling	Friedr.	Baltimore	Heidlage	Carolina		1869	17-Aug	297	56	n
Bender	Jakob	Baltimore	Schafer	Friedricke		1869	16-Aug	297	57	n
Miller	Conrad	Baltimore	Worling	Anna M.		1869	30-Aug	297	58	n
Hax	Joh. P. V.	Baltimore	Smith	Maria E.		1869	05-Sep	297	59	n
Ruppert	Joseph	Baltimore	Braun	Sophia		1869	20-Jun	297	60	n
Budecke	George H.	Baltimore	Grothans	Wilhelmina		1869	14-Sep	297	61	n
Balszter	Geroge	Baltimore	Ritterpusch	Eva		1869	03-Oct	297	62	n
Barth	Wilhelm	Baltimore	Hein	Johanna		1869	09-Oct	297	63	n
Stratten	Julius Thor	Baltimore	Krumm	Emma A.		1869	10-Oct	297	64	n
Hausemann	Conrad	Baltimore	Weiffarth	Maria C.		1869	30-Sep	297	65	n
Quatty	Christoph	Baltimore	Severin	Marg.		1869	19-Oct	297	66	n
Kappler	Joh.	Baltimore	Kappler	Mathilde		1869	31-Oct	297	67	n
Ringsdorf	Peter	Baltimore	Flugel	Auguste		1869	03-Nov	297	68	n
Kolbe	Georg F.	Baltimore	Bremer	Elise		1869	14-Nov	297	69	n
Dorn	Friedr.	Baltimore	Mirlenbrink	Theresia		1869	17-Nov	297	70	n
Mertz	Louis	Baltimore	Meise	Kath		1869	18-Nov	297	71	n
Meyers	Otto	Baltimore	Kerr	Susanna		1869	23-Nov	297	72	n
Richter	Moritz	Baltimore	Hildebrandt	Kath.		1869	05-Dec	297	73	n
Mantrey	Heinrich	Baltimore	Wriske	Maria		1869	24-Nov	297	74	n
Teufel	Lambert	Baltimore	Kispert	Nannette		1869	28-Mar	297	75	n
Geiger	Joh.	Baltimore	Singer	Elis.		1869	19-Jun	297	76	n
Just	Karl		Pachta	Veronika		1870	01-Jan	298	1	n
Malek	John L.		Kolb	Barb		1870	02-Jan	298	2	n
Topman	Joh. Landel		Durr	Maria K.		1870	02-Jan	298	3	n
Wagner	Christian F.		Hoffmann	Anna J.		1870	09-Jan	298	4	n
Vorhopp	Joh.		Amrhein	Eva Kath		1870	16-Jan	298	5	n
Klein	Wilhelm		Beckel	Maria		1870	16-Jan	298	6	n
Grannith	Joseph		Heiger	Lizzie		1870	25-Jan	298	7	n
Storz	Heinrich		Hofmeier	Louise		1870	30-Jan	298	8	n
Reddehese	Karl		Schroder	Maria		1870	06-Feb	298	9	n
Bollmann	August		Creamer	Carolina		1870	06-Feb	298	10	n
Schick	Jakob		Kron	Elise		1870	07-Feb	298	11	n
Vogt	Christian		Stante	Henrietta		1870	09-Mar	298	12	n
Ickes	John		Lehaberlein	Marg.		1870	20-Mar	298	13	n
Heines	Joh. Heinrich		Schaefer	Kath.		1870	20-Mar	298	14	n
Schonhar	Emanuel Karl		Wolf	Maria		1870	27-Mar	298	15	n
Letterer	Joh. Georg		Miller	Kath.		1870	31-Mar	298	16	n
Stuth	Joh. H.		Butcher	Maria		1870	03-Apr	298	17	n

Trinity German Lutheran Marriages

Groom Surname	G. Given Name	Birthplace	Bride Surname	B. Given Name	Birthplace	Year	Date	Page	Number	Additional Data
Reichert	Heinrich		Muller	Henriette		1870	03-Apr	298	18	n
Reach	Michael		Mathesius	Anna M.		1870	10-Apr	298	19	n
Schmuck	John		Hahn	Kath.		1870	17-Apr	298	20	n
Schlenning	Heinrich J.		Ettling	Christina		1870	17-Apr	298	21	n
Lechner	Anton L.		Koch	Emilie		1870	01-May	298	22	n
Grunewald	Wilhelm		Schweitzer	Maria		1870	01-May	298	23	n
Wenschensteine	George M.		Kraft	Elise		1870	02-May	298	24	n
Staeffel	Heinrich		Ahrenz	Philippine		1870	15-May	298	25	n
Link	John		Fuchs	Elisab.		1870	15-May	298	26	n
Young	Michael		Sallomay	Sarah		1870	12-Jun	298	27	n
Dill	Heinrich		Leder	Maria		1870	19-Jun	298	28	n
Thoman	Georg		Janch	Johanna		1870	05-Jun	298	29	n
Meyer	Jakob		Amschler	Marg. Barb.		1870	19-Jun	298	30	n
Gebhardt	Friedr.		Baum	Marg.		1870	30-May	298	31	n
Werner	Heinrich		Herget	Maria		1870	17-Jul	298	32	n
Maloney	James		Hanson	Denia		1870	25-Jul	298	33	n
Braun	Julius		Witmann	Maria		1870	31-Jul	298	34	n
Schmidt	Johann Georg		Peters	Maria L.		1870	07-Aug	298	35	n
Scheffler	Heinrich		Blessing	Christina		1870	14-Aug	298	36	n
Krug	Thomas		Haas	Rosina		1870	21-Aug	298	37	n
Wolf	Adam		Fischer	Emma		1870	29-Aug	298	38	n
Unger	Albert		Porter	Francisca		1870	06-Sep	298	39	n
Süss	Wilhelm		Rullmann	Auguste		1870	11-Sep	298	40	n
Unger	Albert		Portner	Francisca		1870	[blank]	298	41	n
Worthmann	Friedrich A. C.		Imfange	Henrietta		1870	23-Oct	299	42	n
Hardesty	George W.		Chester	Martha		1870	01-Nov	299	43	n
Vinson	Jakob		Zeiss	Kath. Elise		1870	27-Nov	299	44	n
Rettberg	Heinrich		Bracht	Emilie		1870	01-Dec	299	45	n
Kellner	Chas.		Kilmann	Emma		1870	14-Dec	299	46	n
Schwingler	Joh. Georg		Zeller	anna Marg.		1870	18-Dec	299	47	n
Schmidt	Joh.		Ziegler	Doroth.		1870	22-Dec	299	48	n
Becker	Joh. Georg		Bartholomay	Elise		1870	20-Nov	299	49	n
Bell	Emil H.		Kolb	Kath.		1870	06-Nov	299	50	n
Stoll	Wiegand		Graf	Anna Barb.	Baltimore	1871	23-Apr	299	51	n
Harms	Joh.		Rosenthal	Rosa	Baltimore	1871	22-Jan	299	1	n
Pisani	Max		Epple	Rosa M.	Baltimore	1871	22-Jan	299	2	n
Schwarz	Joh.		Wiessman	Marg	Baltimore	1871	29-Jan	299	3	n
Muth	Heinrich		Bonhach	Christina	Baltimore	1871	29-Jan	299	4	n
Todt	Wilh.		Rudolph	Maria	Baltimore	1871	03-Feb	299	5	n
Weidle	Stephan		Becker	Henrietta	Baltimore	1871	05-Feb	299	6	n
Eckstein	Wilh.		Dill	Maria	Baltimore	1871	17-Feb	299	7	n
Küssner	Veit		Schmidt	Henrietta	Baltimore	1871	19-Feb	299	8	n
Wandtke	Hermann E.		Schreiber	Amelia	Baltimore	1871	20-Feb	299	9	n
Helbig	Friedr. W.		Berger	Marg	Baltimore	1871	05-Mar	299	10	n
Richter	Georg N.		Steger	Carol.	Baltimore	1871	19-Mar	299	11	n
Burkheimer	Balthasar		Kraft	Marg.	Baltimore	1871	19-Mar	299	12	n
Kaefer	Georg Friedr.		Kaefer		Baltimore	1871	27-Mar	299	13	n

Trinity German Lutheran Marriages

Groom Surname	G. Given Name	Birthplace	Bride Surname	B. Given Name	Birthplace	Year	Date	Page	Number	Additional Data
Rice	John P.		Sauerwein	Anna	Baltimore	1871	21-Feb	299	14	n
Fries	Joseph		Lleifer	Rosina	Baltimore	1871	09-Apr	299	15	n
Hobson	John		Reese	Barb.	Baltimore	1871	09-Apr	299	16	n
Zinn	August		Bramer	Louise	Baltimore	1871	09-Apr	299	17	n
Reichersperg	Karl		Dietz	Elisab.	Baltimore	1871	18-Apr	299	18	n
Buschmann	Victor		Reinheimer	Elisab.	Baltimore	1871	20-Apr	299	19	n
Long	Frank		Single	Maria	Baltimore	1871	23-Apr	299	20	n
Fehrmann	Ludwig Aug.		Vollerdt	Francisca	Baltimore	1871	30-Apr	299	21	y
Lang	Joh.		Mohr	Kath.	Baltimore	1871	30-Apr	299	22	n
Dasing	Francis		Pohl	Christianna	Baltimore	1871	30-Apr	299	23	n
Hausmann	Joh.		Steinmeier	Kath.	Baltimore	1871	30-Apr	299	24	n
Uhl	Joh.		Kolber	Louise	Baltimore	1871	07-May	299	25	n
Lotz	Martin		Schlesinger	[blank]	Baltimore	1871	07-May	299	26	n
Schoner	Joh. Peter		Kopke	Carolina	Baltimore	1871	14-May	299	27	n
Thompson	Joh.		Kruger	Auguste	Baltimore	1871	28-May	299	28	n
Claus	Hans		Arends	Gertraud J.		1871	28-May	299	29	n
Behr	Peter		Muller	Maria		1871	28-May	300	30	n
Ochs	Lorenz		Lechner	Maria E.		1871	28-May	300	31	n
Gerlach	Friedr.		Weitzel	Maria E.		1871	28-May	300	32	n
Kattenbeg	Friedr.		Steinberger	Christine		1871	11-Jun	300	33	n
Jager	Ernst Adolph		Best	Sophia		1871	11-Jun	300	34	n
Schlenbecker	Gottlieb		Hanne	Carol.		1871	18-Jun	300	35	n
Wienert	Wilhelm L.		Garke	Wilha.		1871	22-Jun	300	36	n
Pittorf	Valentin		Bing	Kath.		1871	25-Jun	300	37	n
Grote	Joh. Herrmann		Hinternisch	Anna Mary		1871	13-Jul	300	38	n
Kaffenberger	Jakob		Kropf	Juliana		1871	16-Jul	300	39	n
Hartel	Karl		Zeppel	Maira		1871	18-Jul	300	40	n
Gerbis	Frank		Gemmecke	Elise		1871	30-Jul	300	41	n
Breyer	Joh. Georg		Bunther	Anna M.		1871	30-Jul	300	42	n
Muller	Joh. Michael		Mehringer	Elise Barb.		1871	06-Aug	300	43	n
Elgert	Joh.		Ermer	Kath.		1871	06-Aug	300	44	n
Freimann	Friedr.		Gebhardt	Elise		1871	13-Aug	300	45	n
Jonas	Wilhelm		Huth	Carolina		1871	20-Aug	300	46	n
Owens	Heinrich		Bohlmann	Barb.		1871	24-Aug	300	47	n
Sauer	Karl		Lang	Maria		1871	28-Aug	300	48	n
Eitel	Joh.		Weisenbach	Wilhelmine		1871	17-Sep	300	49	n
Petri	Georg		Fischer	Auguste		1871	17-Sep	300	50	n
Link	Friedr.		Weinreich	Maria		1871	02-Oct	300	51	n
Claus	Karl C.		Mackenstein	Maria W. O.		1871	05-Oct	300	52	n
Cozine	James W.		Ballauf	Louise J.		1871	11-Oct	300	53	n
Gareis	Karl A.		Muller	Marg.		1871	15-Oct	300	54	n
Schmidt	Christian		Wedel	Carolina		1871	16-Oct	300	55	n
Bosshamer	Heinrich		Ruknecht	Kath.		1871	23-Oct	300	56	n
Fay	Georg		Durr	Kath		1871	29-Oct	300	57	n
Taylor	Wilhm.		Vincent	Maria		1871	01-Nov	300	58	n
Hacke	Fritz		Polle	Theresia		1871	02-Nov	300	59	n
Putsche	Joh. G.		Senft	Adelina		1871	05-Nov	300	60	n

Trinity German Lutheran Marriages

Groom Surname	G. Given Name	Birthplace	Bride Surname	B. Given Name	Birthplace	Year	Date	Page	Number	Additional Data
Mensinck	Guido		Schleinheye	Adolphine		1871	09-Nov	300	61	n
Dietrich	Joh.		Lohmann	Elise		1871	19-Nov	300	62	n
Wirschnitzer	Christian		Geelhaar	Anna		1871	19-Nov	300	63	n
Meiser	Joh.		Reed	Rebekka		1871	19-Nov	300	64	n
Ohlendorf	Heinrich		Wiesner	Charlotte		1871	20-Nov	300	65	n
Sitterding	Friedr.		Vickers	Sophia		1871	25-Nov	300	66	n
Eilers	Friedr.		Ermer	Barb		1871	26-Nov	300	67	n
Miller	Georg		Klausing	Maria		1871	27-Nov	300	68	n
Kurtz	Leonhardt		Reinhardt	Auguste		1871	10-Dec	300	69	n
Smith	John T.		Smith	Clemency [?]		1871	10-Dec	300	70	n
Ford	Heinrich		Kraft	Barb	Baltimore	1872	07-Jan	301	1	n
Hartung	Friedr. Aug.		Helbinger	Kath.	Baltimore	1872	07-Jan	301	2	n
Fields	Georg Wilh.		Schaub	Math.	Baltimore	1872	11-Jan	301	3	n
Leitz	Joseph		Humel	Antonetta	Baltimore	1872	14-Jan	301	4	n
Schultheis	John		Seifert	Mary M.	Baltimore	1872	14-Jan	301	5	n
Keller	Joh. Jak.		Semler	Elise	Baltimore	1872	16-Jan	301	6	n
Glaser	Karl		Hermann	Elise	Baltimore	1872	24-Jan	301	7	n
Heimbach	Adam		Pfeifer	Elise	Baltimore	1872	04-Feb	301	8	n
Wissner	John		Kohlepp	Maria	Baltimore	1872	18-Feb	301	9	n
Wehr	August		Hobelmann	Helena	Baltimore	1872	22-Feb	301	10	n
Hucker	Nikl.		Stengel	Kath.	Baltimore	1872	03-Mar	301	11	n
Bubenheim	Peter		Gebhardt	Christine	Baltimore	1872	03-Mar	301	12	n
Appel	Friedr.		Garry	Mary Ellen	Baltimore	1872	08-Mar	301	13	n
During	John		Frainter	Barb.	Baltimore	1872	10-Mar	301	14	n
Mening	Joh.		Albers	Anna	Baltimore	1872	17-Mar	301	15	n
Laupers	Gustav		Grubel	Elise	Baltimore	1872	26-Mar	301	16	n
Behrens	Wilh. H. Theodor		Neuhaus	Sophia Charlotte	Baltimore	1872	09-Apr	301	17	n
Bengelsdorf	Karl		Baker	Elise	Baltimore	1872	11-Apr	301	18	n
Martini	Albert		Zimmermann	Elise	Baltimore	1872	14-Apr	301	19	n
Grill	Gottfried		Miller	Dora	Baltimore	1872	21-Apr	301	20	n
Reising	Georg		Feger	Sophia	Baltimore	1872	21-Apr	301	21	n
Beyer	Joh.		Walter	Anna	Baltimore	1872	28-Apr	301	22	n
Meier	Heinrich		Herbert	Christine	Baltimore	1872	04-May	301	23	n
Doessel	Martin		Kleinhenn	Anna Elise	Baltimore	1872	05-May	301	24	n
Lass	Richardt		Berner	Marg.	Baltimore	1872	12-May	301	25	n
Anderfuhren	Christian		Toperman	Kath.	Baltimore	1872	27-May	301	26	n
Kaiser	Joh.		Drinks	Carol.	Baltimore	1872	23-Jun	301	27	n
Plitt	George		Kanne	Sophia	Baltimore	1872	18-Jul	301	28	n
Pasquay	Jakob		Schneider	Rosa	Baltimore	1872	23-Jul	301	29	n
Booth	Robert		Rickert	Hanna	Baltimore	1872	08-Jul	301	30	n
Herrmann	Oscar		Wambach	Auguste	Baltimore	1872	06-Aug	301	31	n
Jonas	Albert		Roberts	Maria	Baltimore	1872	11-Aug	301	32	n
Koestens	Herrmann		Koppmann	Kath.	Baltimore	1872	18-Aug	301	33	n
Amberg	Georg		Stich	Kath		1872	25-Aug	301	34	n
Lamers	Heinrich		Prantz	Elisab.		1872	11-Sep	301	35	n
Markert	Richard		Schmidt	Marg.		1872	01-Oct	301	36	n

Trinity German Lutheran Marriages

Groom Surname	G. Given Name	Birthplace	Bride Surname	B. Given Name	Birthplace	Year	Date	Page	Number	Additional Data
Walkemaier	Herrman		Baitz	Maria E.		1872	06-Oct	301	37	n
Schutt	Joh. C.		Braun	Marg. M.		1872	13-Oct	301	38	n
Hinson	Richard		Meisner	Kath.		1872	17-Nov	301	39	n
Amtzer	Joh. Christian		Grein	Marg.		1872	24-Nov	301	40	n
Schutz	Otto		Kaufmann	Kath.		1872	28-Nov	301	41	n
Wiese	Conrad		Bockelman	Louisa		1872	01-Dec	301	42	n
Kunphans	Joh. Heinrich		Thueuser	Auguste		1872	27-Oct	301	43	n
Muller	Joh.		Popp	Maria	Baltimore	1872	08-Dec	302	44	n
Kitzig	Wilhelm		Köhne	Theresia	Baltimore	1872	22-Dec	302	45	n
Eckes	Heinrich		Ritter	Amalia		1872	15-Dec	302	46	n
Dollinger	Friedrich		Treitmann	Friedrike		1873	06-Jan	302	1	n
Kratz	Alexander		Erhardt	Maria	Baltimore	1873	09-Jan	302	2	n
Sehnbert	Heinrich V.		Jordan	Elise		1873	12-Jan	302	3	n
Single	Friedr.		Schneider	[blank]		1873	19-Jan	302	4	n
Fleischmann	Lorenz		Schneider	Eva E.		1873	16-Feb	302	5	n
Stalfort	Joh. Christian		Krödel	Selma		1873	18-Feb	302	6	n
Seelinger	Leonhardt		Heit	Henrietta		1873	01-Mar	302	7	n
Kimmelmann	Andreas		Nisslan	Cora		1873	25-Mar	302	8	n
Abbe	Richardt F. W.		Doulong	Auguste T.		1873	30-Mar	302	9	n
Schwartz	August		Setling	Maria		1873	30-Mar	302	10	n
Stubing	Heinrich		Rudolph	Kath.		1873	04-May	302	11	n
Schnapp	Joh.		Schoner	Christina		1873	11-May	302	12	n
Behrens	Meno Anton		May	Bertha L.		1873	18-May	302	13	n
Wildman	Ernst Adolph		Kroner	Kath.		1873	22-May	302	14	n
Baum	Friedr. Sigm.		Theebens	Maria Marg.		1873	01-Jun	302	15	n
Peter	Joh. Aug.		Schilke	Auguste		1873	03-Jun	302	16	n
Strieder	Louis		Ringsdorf	Kath.		1873	08-Jun	302	17	n
Heim	Karl		Seltan	Kath.		1873	22-Jan	302	18	n
Haskel	Wilh.		Peters	Auguste		1873	06-Jul	302	19	n
Link	Joh. Mich.		Homberg	Emma		1873	10-Jul	302	20	n
Sturmski	Louise		Karcher	Maria		1873	22-Jul	302	21	n
Rever	Louis		Bucker	Kath.		1873	10-Aug	302	22	n
Werner	Heinrich		Zimmermann	Doroth.		1873	17-Aug	302	23	n
Worthmann	Heinrich H.		Bolvie	Louise W.		1873	24-Aug	302	24	n
Bolach	Joh. Veit		Hupfer	Marg. M.		1873	14-Sep	302	25	n
Hamer	Eduard		Butscher	Elisab.		1873	18-Sep	302	26	n
Chisler	Joh.		Maierhof	Maria		1873	25-Sep	302	27	n
Pfeifer	Joh.		Marburger	Kath.		1873	28-Sep	302	28	n
Hohenberger	Heinrich		Bracker	Anna M.		1873	28-Sep	302	29	n
Weggel	Georg Ernst		Hecker	Maria		1873	28-Sep	302	30	n
Hilz	Joh.		Aulbach	Maria		1873	01-Oct	302	31	n
Konig	Georg		Wirth	Anna E.		1873	05-Oct	302	32	n
Rensch	Friedr.		Bodinard	Marg.		1873	05-Oct	302	33	n
Grothans	Wilh. Gottl.		Richter	Maria Th.		1873	10-Aug	302	34	n
Holste	Joh. Friedr.		Bosshamer	Maria K.		1873	27-Apr	302	35	n
Tinker	Eugen A.		Snyder	Louise M.		1873	10-Oct	302	36	n
Becker	Louis		Rasch	Christiane		1873	07-Oct	303	37	n

Trinity German Lutheran Marriages

Groom Surname	G. Given Name	Birthplace	Bride Surname	B. Given Name	Birthplace	Year	Date	Page	Number	Additional Data
Bodinard	Heinrich		Freyer	Maria		1873	12-Oct	303	38	n
Behrens	Heinrich		Fausel	Barb.		1873	12-Oct	303	39	n
Ramsel	Leopold		Schneider	Anna		1873	15-Oct	303	40	n
von der Heide	Karl		Junger	Maria		1873	19-Oct	303	41	n
Ziegenhain	Frank		Slater	Anna		1873	21-Oct	303	42	n
Mening	Andreas		Schroder	Maria		1873	23-Oct	303	43	n
Klotsch	Eduard		Frank	Mary E.		1873	26-Oct	303	44	n
Wagner	Joh.		Weninger	Kath.		1873	26-Oct	303	45	n
Bauzenbeck	Joh.		Volkert	Kath.		1873	26-Oct	303	46	n
Kemps	Wilhelm		Wendt	Ida B.		1873	27-Oct	303	47	n
Demme	Joh. Georg		Wien	Anna M.		1873	02-Nov	303	48	n
Baer	Christian		Wolf	Anna E.		1873	02-Nov	303	49	n
Kabernagel	Georg Joh.		Friess	Maria A.		1873	06-Nov	303	50	n
Hof	Heinrich		Funk	Marg.		1873	23-Nov	303	51	n
Eck	Karl		Appel Staubenan [Shaubenan]	Elisab.		1873	23-Nov	303	52	n
Weissmann	Joh.		Maurer	Friedrike		1873	23-Nov	303	53	n
Huchthausen	August W.		Gosenwitsch	Elisab.		1873	23-Nov	303	54	n
Freter	Wilh.		Elbring	Auguste		1873	03-Dec	303	55	n
Lehmkuhl	Heinrich		Neuman	Emma		1873	02-Dec	303	56	n
Pierson	August		Schuch	Anna		1873	31-Dec	303	57	n
Eigner	Joh.		Buchner	Kath.		1874	01-Jan	303	1	n
Buckling	Julius		Baughen	Sophia		1874	15-Jan	303	2	n
de Vachon	Seraphim		Ewig	Laura Emilie		1874	18-Jan	303	3	n
Grandel	Joseph Joh.		Amelia	Maria		1874	25-Jan	303	4	n
Smith	Charles		Tensmaier	Christina		1874	01-Feb	303	5	n
Block	Heinrich		Heissner	Anna E.		1874	01-Feb	303	6	n
Borling	William E.		Lohr	Maria		1874	03-Feb	303	7	n
Ritterpusch	Conrad		Balke	Anna		1874	01-Mar	303	8	n
Rosenorn	Theodor		Bohr	Auguste		1874	01-Mar	303	9	n
Lohmeyer	Adolph		Muller	Anna		1874	03-Mar	303	10	n
Jakob	Joh.		Rolle	Anna M.		1874	15-Mar	303	11	n
Schink	Otto		Wambach	Anna		1874	15-Mar	303	12	n
Kirschbaum	Joh. C.		Lemke	Anna		1874	19-Mar	303	13	n
Horn	Theodor		Simon	Mariana		1874	22-Mar	303	14	n
King	Karl		Arbin	Mathilde		1874	23-Mar	303	15	n
Schumacher	Friedrich		Minick	Maria		1874	24-Mar	304	16	n
Herzog	Thomas		Rauch	Anna M.		1874	29-Mar	304	17	n
Steubig	Wilhelm		Krug	Kath.		1874	29-Mar	304	18	n
Hoffmann	Andreas		Aukamp	Kath. B.		1874	04-Apr	304	19	n
Brauninger	Karl		Steinmetz	Elisab.		1874	08-Apr	304	20	n
Schumm	Karl		Sigmond	Christina		1874	23-Apr	304	21	n
Thone	Franz		Kranzer	Carolina		1874	26-Apr	304	22	n
Amrein	John		Keitel	Amalia		1874	26-Apr	304	23	n
Weitzel	Frank P.		Kammler	Louise		1874	26-Apr	304	24	n
Martini	Georg H.		Walkers	Louise		1874	14-May	304	25	n
Stevens	Wilhelm			Kath. V.		1874	17-May	304	26	n

Trinity German Lutheran Marriages

Groom Surname	G. Given Name	Birthplace	Bride Surname	B. Given Name	Birthplace	Year	Date	Page	Number	Additional Data
Teves	Heinrich L.		Schnappinger	Lena		1874	19-May	304	27	n
Collins	John C.		Fritz	Elisab.		1874	19-May	304	28	n
Rohnacher	Louis		Nordheim	Caecilia		1874	19-May	304	29	n
Rosenthal	Friedr.		Thierauf	Elisab.		1874	24-May	304	30	n
Birkholz	Karl A.		Young	Laur V.		1874	04-Jun	304	31	n
Rösler	Wilhelm		Muller	Maria A.		1874	06-Jul	304	32	y
Breitenbach	Karl		Hasper	Minna		1874	16-Jul	304	33	n
Hartung	Karl		Raio	Anna		1874	20-Jul	304	34	n
Behrens	Jakob K. C.		Ramsauer	Magdal.		1874	26-Jul	304	35	n
Rege [?]	Heinrich		Schlomann	Louise		1874	26-Jul	304	36	n
Mährle	Lewis		Geissendorfer	Marg.		1874	26-Jul	304	37	n
Spangler	Wilhelm		Sitterding	Maria		1874	28-Jul	304	38	n
Monk	Karl		Hiemer	Rosina		1874	05-Aug	304	39	n
Schmidt	Lorenz		Funk	Elisab. V.		1874	16-Aug	304	40	n
Ott	George L.		Euler	Kath.		1874	20-Aug	304	41	n
Beter	Wilhelm		Landemann	Christina		1874	30-Aug	304	42	n
Hodges	Alfred		Forster	Minna		1874	01-Sep	304	43	n
Dogge	Albert		Becker	Anna		1874	01-Sep	304	44	n
Bengel	Johann Georg	Biedigheim, Wurttemberg 209 Canal Street	Distler	Margareta	53 Stiles Street, Baltimore	1874	11-Oct	304	45	y
Boettinger	Wilhelm	Baltimore	Christ	Henrietta	96 East. Av.	1874	25-Nov	304	46	y
Burmeister	Karl		Hahn	Pauline		1875	Jan	304	[blank]	y
Edelmann	Johannes Karl	Baltimore	Wietsch	Anna Emilia	Baltimore	1875	24-Jan	305	1	y
Fritzissus	Karl	Baltimore	Serbach	Dora	Baltimore	1875	07-Feb	305	2	y
Winter	Johann	Baltimore	Walter	Maria	Baltimore	1875	14-Mar	305	3	n
Poggendick	Dietrich Wilhelm	Hanover	Gögen	Louise Katharina	Hanover	1875	21-Mar	305	4	y
Miller	Joh. Jakob	Baltimore	Stein	Elisabeth	Baltimore	1875	28-Mar	305	5	y
Heck	Stephan	Baltimore	Johnson	Karolina Luise	Baltimore	1875	15-Apr	305	6	y
John	Emil	Preussen Hessen	Clas [?]	Eve Augusta	Stiles Street, Baltimore	1875	22-Apr	305	7	y
Horst	Johann Conrad	Darmstadt Gottingen,	Wolf	Anna	139 Spring St. Baltimore	1875	03-May	305	8	y
Krapp	Karl August	Hannover	Retzlaff	Hermina	68 Albemarle Str.	1875	09-May	305	9	y
Macher	Joseph	Baltimore	Heinlein Wehnuck geb.	Margareta	Baltimore	1875	17-May	305	10	y
Schnebeli	Rudolf	Schweiz Jaxthausen,	Hasselbach	Margareta	2 N. Front Street Jaxthausen,	1875	11-Jul	305	11	y
Gramlich	Christof Fried. Karl Johann	Wurttemberg	Albrecht	Joha. Kath. Margareta	Wurttemberg	1875	11-Jul	305	12	y
Joehnke	Jürgen	Hamburg	Brooks	Agnes	Baltimore	1875	24-Aug	305	13	y
Horstmeier	John L.	Baltimore	King	Emritis	Baltimore	1875	07-Sep	305	14	y
Baumgartner	Johann Ernst	Berf..., Baiern	Benning	Anna		1875	12-Sep	305	15	y
Flack	Bernhard	Baden	Pausch	Katharina	Prov. Hessen	1875	19-Oct	306	16	y

Trinity German Lutheran Marriages

Groom Surname	G. Given Name	Birthplace	Bride Surname	B. Given Name	Birthplace	Year	Date	Page	Number	Additional Data
Wolf	Johann Conrad	Baiern	Lehneis	Anna	Baltimore	1875	31-Oct	306	17	y
Stophel	Heinrich	Baltimore	McGenny	Kate	Baltimore	1875	16-Nov	306	18	y
Schultheis	Heinrich A. J.	Hessen	Sylva Reinhard geb.	Ella M.		1875	19-Dec	306	19	y
Young	Caspar	Darmstadt	Odensach	Elisa	Kurhessen	1875	25-Dec	306	20	y
Holdöfer	Heinrich	Baltimore	Dannenfelser	Anna Maria	Baltimore	1875	26-Dec	306	21	y
Becker	Hermann	Baltimore	Janies	Louisa	82 Bank Street	1876	02-Jan	306	1	y
Ludwig	Karl L.	Baltimore	Lucke	Luise A.	19 N. Calvert St	1876	09-Jan	306	2	y
Steinbrink	Friedrich		Stein geb. Christ Rupprecht geb.	Christina	98 Fort Av.	1876	11-Jan	306	3	y
Doellinger	Friedrich		Soberwein	Kath.	114 S. Spring St.	1876	30-Jan	306	4	y
Hellmers	Johann Heinrich	Baltimore	Richter	Anna Barbara	Baltimore	1876	27-Feb	306	5	y
Kildentoft	Johann	Fleisburg, Schleswig	Zieroth	Wilhelmina	Hammerstein, Westpreussen	1876	11-Mar	306	6	y
Eichner	Johann	Reudrossenfeld, Kulmbach, Baiern	Ambros, geb. Wenzel	Maria	Mainz, Hess. Darmstadt Volkmassen,	1876	26-Mar	307	7	y
Lamparter	Georg	Reutlingen, Wurtemberg	Michels	Franziska	Hessen Darmstadt	1876	28-Mar	307	8	y
Seupt	Franz August Friedrich	Velzke, Preu. Sachsen	Schmidt	Othilde	Stramendorf, Hessen Darmstadt	1876	02-Apr	307	9	y
Halbfass	Julius	Kurhessen	Schultze	Helena	Baltimore	1876	13-Apr	307	10	y
Lenz	Friedrich	Baltimore	Graf	Eva Marg.	Baltimore	1876	30-Apr	307	11	y
Hoegl	Frank	Oldenburg	Schmidt	Maria Fr.	Hessen Darmstadt	1876	18-Jun	307	12	y
Traeger	Georg	Baiern Breslau,	Menthey Nolte geb.	Maria	Carroll Co.	1876	19-Jun	307	13	y
Vietsch	Karl	Schlesien	Breitenbach	Johanna		1876	25-Jun	307	14	y
Otto	A..er Wilh.	Baltimore	Rausch	Anna Louise	Sachsen Weimar	1876	13-Jul	307	15	y
Himmer	Georg	Baltimore	Schmidt	Henrietta	Baltimore	1876	31-Aug	307	16	y
Pretzsch	Aurelius	Berlin	Popp	Christina	Baltimore	1876	03-Sep	307	17	y
Müller	Emil	Sachsen Coburg	Hermann	Emma	Baltimore	1876	10-Sep	307	18	y
Bepperling	Ludwig		Distler	Margareta	Hessen Darmstadt	1876	17-Sep	307	19	y
Kridenoff	Karl Christian	Baltimore	Dill	Wilhelmina	Baltimore	1876	21-Sep	307	20	y
Kraft	Wilhelm	Baltimore Horsten, Kreis Rindel,	Schneider	Emma Virginia	Baltimore	1876	10-Oct	307	21	y
Daul	Johann Conrad	Kurhessen	Distler Richter geb.	Elisabeth	Baltimore	1876	29-Nov	308	22	y
Mann	Johann Wilhelm	Baltimore	Steger	Margareta	Baltimore	1876	30-Nov	308	22	y
Messet	Conrad	Baltimore	Amberg	Drude	Baltimore	1876	24-Dec	308	23	y
Freund	Conrad	Baltimore	Braun	Anna	Baltimore	1876	31-Dec	308	24	y
Maier	Wilhelm Fried	Baltimore	Lutz	Anna Maria	Baltimore	1876	31-Dec	308	25	y
Macher	Wilhelm	Baiern	Preusel	Catharina	Baltimore	1877	02-Jan	308	1	y
Wittgrefe	Wilhelm	Prova. Hannover	Hicken	Anna	Baltimore	1877	18-Jan	308	2	y
Messner	Caspar	Wurttemberg	Bernstadt	Katharina M.	Preussen	1877	18-Jan	308	3	y
Willner	Frank	Baltimore	Grauling	Karolina	Baltimore	1877	18-Feb	308	4	y

Trinity German Lutheran Marriages

Groom Surname	G. Given Name	Birthplace	Bride Surname	B. Given Name	Birthplace	Year	Date	Page	Number	Additional Data
King	Branard	Baltimore	Sang	Dora	Baltimore	1877	01-Mar	308	5	y
Marquardt	Georg Wilhelm	Prov. Hannover	Lutz	Kath.	Baiern	1877	15-Mar	308	6	y
Dondorf	Johann	Baltimore	Geller	Kath. Maria	Hessen Darmstadt	1877	01-Apr	308	7	y
Kennedy	Walter D. Friedrich	Baltimore Hessen	Fehrmann geb. Vollerdt	Franzis	Baltimore	1877	02-Apr	308	8	y
Schmidt	Wilhelm	Darmstadt	Budenberger	Maria Marg.	Baltimore	1877	15-Apr	308	9	y
Bösser	Heinrich	Prov. Hessen	Rudolph	Anna Marg.	Prov. Hessen	1877	01-May	308	10	y
Miller	Henry J.	Baltimore	Horn	Elisabeth	Baltimore	1877	02-May	308	11	y
Schmidt	Johann Jakob Friedrich	Baltimore	Wilson	Margareth Virginia	Baltimore	1877	15-Jul	309	12	n
Seinf [?]	Wilhelm	Baltimore	Wath [?]	Katharina	Baltimore	1877	17-Aug	309	13	n
Weisbecker	Johann	Baltimore	Mayer	Maria	Baltimore	1877	22-Aug	309	14	n
Meyers	Johann Georg Andreas	Ulternierstein [?], Baiern	Ault [?]	Lisse	Baltimore	1877	30-Aug	309	15	n
Meyer	Nicolaus	Baiern	Wolf	Anna	Sachsen	1877	02-Sep	309	16	y
Kermer [?]	Heinrich	Baltimore	Schwartz	Sophia	Baltimore	1877	02-Sep	309	17	n
Pfeiffer	Louis Martin Johann	Baltimore	Bermuhl	Friedrike	Baltimore	1877	04-Sep	309	18	n
Miller	Sebastian	Baltimore Deckenhofen in	Greenfeld	Maria Franziska	Baltimore Deckenhofen in	1877	06-Sep	309	19	n
Kroner	Johann Georg	Bayern	Riegel	Elisabethe	Bayern	1877	16-Sep	309	20	n
Schwar	Friedrich	Alsfeld in	Farhe	Maria	Baltimore	1877	07-Oct	309	21	y
Lindermann	Philipp	Khessen	Koch	Catarina	Baltimore	1877	04-Oct	309	22	n
Nox	Heinrich	Baltimore	Fu..berger	Anna Maria	Baltimore	1877	11-Oct	309	23	n
..well	Georg D.	Baltimore	...	Mary A.	Baltimore	1877	21-Oct	309	24	n
Sindling	J.J.Peter	Baltimore	Hook	Emilia V. H.	Baltimore	1877	21-Oct	310	25	n
Elgert	Johann	Feirnwecke in	Hulsmann	Katharina	Itebna, Konigr.	1877	15-Nov	310	26	n
...	Ludwig	Hannover	Rottger	Karolina	Bayern	1877	18-Nov	310	27	y
Sackmann [?]	Wilhelm Heinrich	..., Hannover	Gartner	Lissie	Brertheim, Bayern	1877	25-Nov	310	28	n
Schaub	Hermann	Baltimore	Sa...	Ida	Baltimore	1877	25-Nov	310	29	n
Wiltner	Ludwig	Baltimore	Niehm [?]	Christina	Baltimore	1877	09-Dec	310	30	n
Burkhart	Charles	Baltimore	Davis	Henrietta	Baltimore	1877	23-Dec	310	31	n
Thompson	Wm	Baltimore	Thomas	Ida	Hagerstown	1877	23-Dec	310	32	n
Koppelmann	Karl	Baltimore	...ner	Margaretha	Baltimore	1877	30-Dec	310	33	y

Trinity German Lutheran Private Communion

No.	Surname	Given Name	Year	Date	Address	Death	Page
1	Doellinger	Therese	1875	05-Jun	114 Spring St	12-Jan	323
2	Neubert	Joh. Gg.	1875	27-Jan	30 Albemarle St	29-Jan	323
3	Winkler	Heinrich	1875	18-Feb	111 S. Caroline St	14-Mar	323
4	Bentrup	Katharina	1875	24-Feb	143 S. Bethel		323
5	Urban	Conrad	1875	12-Mar	66 Albemarle St	14-Mar	323
6	Schick	Frau	1875	12-Apr	260 E. Pratt St		323
7	Marquardt	Frau Karol.	1875	09-May	142 S. Spring St	13-May	323
8	Jung	Frau	1875	17-May	249 S. Broadway	28-Jun	323
9	Wittgreff	Fried.	1875	03-Jun	22 S. Broadway		323
9	Wittgreff	Fried.	1875	15-Nov	22 S. Broadway	16-Nov	323
10	Lechleitner	Johann	1875	09-Jun	206 S. Register	10-Jun	323
11	Küstner	Veit	1875	24-Jun	13 Elliott St, Canton	29-Jun	323
12	Schmidt	Wittwe C. E.	1875	09-Aug	133 S. High St	15-Aug	323
13	Hiebel	Martha Marg.	1875	28-Aug	194 S. Chappel St	29-Aug	323
14	Haas	Frau alt Kath.	1875	04-Oct	249 Chase St	03-Nov	323
15	Appel	John	1875	06-Oct	S. Wolf St between Pratt & Lombard	07-Oct	323
16	Fehrmann	Louis	1875	12-Oct	192 Granby St	31 Jan 1876	323
17	Distler	Conrad	1875	09-Nov	Ecke Trinity & Albemarle	3 Jan 1876	323
1	Knoche	Wittwe Maria	1876	11-Jan	Ecke Central Av & Watson St		324
2	Bengel	Wittwe Christine	1876	12-Mar	53 Stiles St	14-Mar	324
3	Engel	Kirchenrath H.	1876	14-Apr	Georg St.	27-Apr	324
4	Stumpf	Frau	1876	24-Oct	59 James Lane	2 Jan 1877	324
5	Kildentoft	Johann	1876	27-Oct	112 N. Eden St	28-Oct	324
6	Ramsauer	Bernhard	1876	03-Dec	113 Castle Aly.	5 Feb 1877	324
1	Gütlein	Pauline (wittwe)	1877	13-Jan	249 S. Durham St		324
2	Koch	Tochter des Wittwe	1877	03-Feb	in Borth St	bald darauf	324
3	Vogt	We. Maria	1877	04-Feb	54 Gough St	04-Feb	324
4	Poggendick	Frau Louise	1877	28-Feb	183 East. Ave		324
5	Daves	Frau	1877	02-Mar	19 Spruen Aly ?		324
6	Hackmann	Frau	1877	07-Mar	Bank St	24-Mar	324
7	Gorlien u. sein Mutter	Engelbert	1877	01-May	154 South Spring St	01-May	324

Trinity German Lutheran Burials

No.	Year	Surname	Given Name	Father	Moth Surname	Moth Given Name	Sp Surname	Sp Given Name	Age	Death	Burial	Page
1	1853	Knecht	Johanne Henriette	Heinrich	Laumann	Anna Maria			25-09-01	21-Feb	23-Feb	325
2	1853	Schorr	Friedrich	Friedrich	Schorr	Magdalena			00-11-06	22-Feb	23-Feb	325
3	1853	Friedrich	Ludwig	Johann	Hanser	Maria			04-00-02	03-Mar	04-Mar	325
4	1853	Wagner	Johann Wilhelm						23-01-14	06-Mar	07-Mar	325
5	1853	Damert	Christoph				Kreil	Christiana	42-11-12	06-Mar	07-Mar	325
6	1853	Eichenberg	Katharina				Moore	Heinrich	abt 59 yrs	08-Mar	09-Mar	325
7	1853	Möller	Johann H.	Ernst H.	Möller	Christiana			01-01-01	07-Mar	10-Mar	325
8	1853	Kämpe								09-Apr	10-Apr	325
9	1853	Binding	Johann Wilhelm	Georg Ludwig	Reinhardt	Elisabetha			06-01-02	28-Mar	30-Apr	325
10	1853	Dress	Wilhelmina				Meier	Wilhelm	30-06-00	21-Apr	23-Apr	325
11	1853	Hoffmann	Friedrika				Janck	Christian	abt 45 yrs	09-Apr	11-Apr	325
12	1853	Damme	Johann Adolf						10-04-14	16-May	18-May	325
13	1853	Scherrer	Baraba	Conrad	Scherrer	Barbara			02-04-28	14-May	16-May	325
14	1853	Virnau	Valintin				Virnau	Engel	34-07-27	03-Jun	04-Jun	325
15	1853	Freund	Conrad	Johann	Freund	Margretha			02-06-00	24-Jun	26-Jun	325
16	1853	Ihslar	Caspar H.	Caspar	Ihslar	Maria			00-10-00	24-Jun	26-Jun	325
17	1853	Reuber	Christophf	Philipp	Nau	Anna Elisabeth			09-11-01	28-Jun	29-Jun	325
18	1853	Debes	Conrad	Valentin	Nau	Dorothea			04-10-00	16-May	18-May	325
19	1853	Debes	Justus	Valentin		Dorothea			02-10-05	22-Jun	24-Jun	325
20	1853	Reubert		Philipp		Anna Elisabetha				01-Jul	02-Jul	325
21	1853	Henker	Jakob						00-09-00	04-Jul	06-Jul	327
22	1853	Hamon	Heinrich	Kasper		Katharina			6 weeks	03-Jul	06-Jul	327
23	1853	Burkhardt	Eva Barbara Rosina				Schwan		abt 56 yrs	22-Jul	24-Jul	327
24	1853	Schweitzer	Johann Conrad	Andreas		Magdalena			06-09-00	22-Jul	24-Jul	327
25	1853	Lehr	Conrad				Pfeiffer	Anna Katharina	51-09-03	05-Aug	06-Aug	327
26	1853	Zimmermann	Johanne Christina	Johann Friedrich					18-05-26	12-Aug	13-Aug	327
27	1853	Doring	Johann Conrad				Schantz	Maria	63-06-15	19-Aug	20-Aug	327
28	1853	Wessel	Heinrich				Wessel	Katharina	34-00-00	17-Aug	19-Aug	327
29	1853	Nelken	Anna Maria						27-00-00	24-Aug	25-Aug	327
30	1853	Hofmann	Johann Adam				Julius	Anna Maria	48-00-26	26-Aug	27-Aug	327
31	1853	Unglaub	Friedrich	Adam	Krieshammer	Barbara			28-08-14	07-Sep	08-Sep	327
32	1853	Loos	Conrad	Johann	Loos	Anna Maria			abt 29 yrs	08-Sep	09-Sep	327
33	1853	Lang	Georg Philipp	aus Eichelsdorf, Hessen			Raum	Johannes	abt 40 yrs	08-Oct	09-Oct	327
34	1853	Loos	Margretha	aus Konigsberg, Hessen					56-10-16	09-Oct	11-Oct	327
35	1853	Schub	Margretha	aus Geilberg, Baden			Hankel	Christian	abt 47 yrs	23-Oct	24-Oct	327
36	1853	Himmelmann	Christina				Schumacher		abt 58 yrs	29-Oct	31-Oct	327
37	1853	Schminck	Johann Friedrich						19-05-15	10-Nov	12-Nov	327
38	1853	Vallinten	Helena Magdalena	Johann Georg aus Darmstadt					15-11-14	14-Dec	15-Dec	327
39	1853	Faitz	Johann Peter	aus Gelenbach, Preussmunde			Müller	Anna Maria	71-04-09	15-Dec	17-Dec	329
40	1853	Wellmann	Wilhelm						21-00-00	18-Dec	20-Dec	329
41	1853	Flick	Johann Heinrich						abt 40 yr	30-Nov	01-Dec	329
42	1853	Gnade	Ludwig	aus Lippedetmolt					43-01-21	29-Dec	30-Dec	329

Trinity German Lutheran Burials

No.	Year	Surname	Given Name	Father	Moth Surname	Moth Given Name	Sp Surname	Sp Given Name	Age	Death	Burial	Page
1	1854	Jakob	Kunigunde	aus Baiern	Wolf	Katharina			abt 29 yrs	02-Jan	04-Jan	329
2	1854	Schröder	Conrad	Valentin					02-03-03	10-Jan	12-Jan	329
3	1854	Braunlein	Maria Katharina	Johann Uhlrick		Maria Auguste			00-11-25	20-Jan	22-Jan	329
4	1854	Teljohan	Katharina Sophia						03-08-20	05-Feb	07-Feb	329
5	1854	Roth	Peter	aus Baiersdorf, Baiern			Antrete	Wilhelmina	42-11-24	11-Mar	13-Mar	329
6	1854	Lohmüller	Conrad H.						3 weeks	19-Mar	20-Mar	329
7	1854	Fink	Anna Barbara			Barbara			01-08-00	21-Mar	23-Mar	329
8	1854	Schafelein	Rosina	Jakob aus Breitenstein, Prussia					06-08-07	29-Mar	30-Mar	329
9	1854	Delle	Johanne Maria	aus Dissen, Hanover			Klege	Wilhelm	41-10-00	02-Apr	04-Apr	329
10	1854	Wildmann	Carolina			Elisabetha			16-05-00	02-Apr	03-Apr	329
11	1854	Valenten	Ludwig	Johann Philipp		Maria			00-06-01	03-Apr	04-Apr	329
12	1854	Hertel	Kunigunda Katharina	Johann		Katharina			00-06-00	15-Apr	16-Apr	329
13	1854	Lehr	Henrietta	Peter aus Dressen, Sachsen					00-04-03	21-Apr	23-Apr	329
14	1854	Jahn	Carl Christoph	Ernst Nicklas aus Maltgers, Reinhessen	Scherlene [?]	Christiane			50-06-00	27-Apr	29-Apr	329
15	1854	Rommel	Johann H.		Kolmer	Maria Elise			01-11-14	28-Apr	29-Apr	329
16	1854	Ommert	Henrietta	Jakob		Christina	Ommert	Philipp	abt 28 yrs	04-May	05-May	329
17	1854	Beiswanger	Auguste	Hieronymus aus Emden					01-00-15	21-May	22-May	329
18	1854	Brickner	Hieronymus	aus Niedergemunden	Saalhoff	Vanna Eilerdina			08-08-01	28-May	30-May	329
19	1854	Bünding	Georg				Seippert	Elisabetha	abt 38 yrs	02-Jun	03-Jun	329
20	1854	Carl	Martin					Anna Maria	abt 23 yrs	04-Jun	06-Jun	329
21	1854	Uhlbrand	Georg H.	Johann Georg	Dolbig	Maria Elise			02-03-00	08-Jun	09-Jun	329
22	1854	Debus	Katharina	Valenten	Nau	Dorothea			01-00-00	21-Jun	22-Jun	331
23	1854	Kolkmeyer	Maria	Wilhelm	Engel	Maria			02-00-00	23-Jun	24-Jun	331
24	1854	Budemeier	Regine Wilhelmina	Wilhelm aus Nordheim, Hessen	Altvogt	Regine			00-13-26	25-Jun	27-Jun	331
25	1854	Schmid	Philipp				Schneider	Anna Magdalena	52-02-20	29-Jun	30-Jun	331
26	1854	Erhne	Carolina						36868	30-Jun	01-Jul	331
27	1854	[blank]	[blank]						[blank]	[blank]	[blank]	331
28	1854	Lehner	Elisabetha	aus Zaiherswegher, Wurtemberg			Fegert	Jakob Friedrich	62-00-11	04-Jul	05-Jul	331
29	1854	Zimmermann	Johann Heinrich	Johann					02-09-15	04-Jul	05-Jul	331
30	1854	Zimmermann	Anna Margaretha	Johann					01-01-09	04-Jul	05-Jul	331
31	1854	Fischer	Anna Katharina	aus Rothenkirchen, Hessen			Pfaff	Johannes	45-10-08	01-Jul	02-Jul	331
32	1854	Almendriger	Anna Maria	aus Schlattsall, Wurtemberg			Bernhard	Conrad	20-09-13	10-Jul	11-Jul	331
33	1854	Frische	Christina Sofia Wilhelm	Johann Wolfgang		Sofia Wilhelmina			00-08-00	14-Jul	15-Jul	331
34	1854	Duling	Maria Louise	Johann Christian	Kleinbring	Henriette			01-11-00	14-Jul	15-Jul	331

Trinity German Lutheran Burials

No.	Year	Surname	Given Name	Father	Moth Surname	Moth Given Name	Sp Surname	Sp Given Name	Age	Death	Burial	Page
35	1854	Grimm	Ludwig	aus Hessen Darmstadt					69-00-00	20-Jul	21-Jul	331
36	1854	Göltheiser	aus Facha, Sachsen				Schwartz	Barbara	58-00-00	22-Jul	23-Jul	331
37	1854	Mohrmann	Johann Rudolpf	aus Hanover			Winter	Margarethe Maria	39-09-27	26-Jul	28-Jul	331
38	1854	Feit	Magdalena	aus Neuses-a-Berg, Baiern					26-00-00	05-Aug	06-Aug	331
39	1854	Grauling	Friedrich Wilhelm	Friedrich		Caroline	Desel	Simon	4 weeks	09-Aug	10-Aug	331
40	1854	Dresel	Johannes	Johann Georg aug Silzburg,	Bierlein	Elise			00-10-00	12-Aug	13-Aug	331
41	1854	Rund	Wilhelm	Baiern			Kehler	Anna	abt 42 yrs	17-Aug	18-Aug	331
42	1854	Neubert	Johann Andreas	Johann Adam aus Zwingelberg,		Anna Margaretha			00-09-00	21-Aug	22-Aug	331
43	1854	Rickert	Ludwig	Darmstadt		Elisabetha	Rothes	Katharina	43-00-00	24-Aug	25-Aug	331
44	1854	Monat	Maria	Georg		Louise			00-15-00	27-Aug	28-Aug	331
45	1854	Zimmermann	Johannes	Dietrich H.		Elisabetha			02-01-00	03-Sep	04-Sep	331
46	1854	Strobel	Johann	Georg	Simon				08-10-00	04-Sep	05-Sep	331
47	1854	Kolb	Christoph	aus Bariel, Baiern aus Ruckengen,			Schneider	Margaretha	35-00-00	04-Sep	05-Sep	331
48	1854	Jahn	Christine	Kurhessen aus Ruckengen,			Jahn	Jakob (I)	62-00-00	11-Sep	12-Sep	331
49	1854	Frantz	Katharina	Kurhessen aus Uslar b.			Nelsen	Peter	31-00-00	15-Sep	16-Sep	331
50	1854	Holze	Friedrich	Braunschweig aus Uslar b.					62-00-00	16-Sep	17-Sep	331
51	1854	Otto	Charlotte	Braunschweig			Holze	Friedrich	62-00-00	16-Sep	17-Sep	331
52	1854	Thomas	Maria	Jakob	Dell	Maria			08-00-00	13-Sep	14-Sep	333
53	1854	Kropf	Anna Sofia	Johann Friedrich	Schafer	Johanne			00-06-00	18-Sep	19-Sep	333
54	1854	Buffler	Johannes	Johann aus Oberfranken,	Barthel	Elisabetha			03-00-00	18-Sep	19-Sep	333
55	1854	Unglaub	Elisabetha	Baiern aus Reickenbach,			Unglaub	Johann	34-26-00	19-Sep	20-Sep	333
56	1854	Reinhardt	Maria	Wurtemberg aus Frantzheim,			Rehkugler	Johann G.	50-00-00	19-Sep	21-Sep	333
57	1854	Christ	Eva	Baiern			Meier	Johannes	45-00-00	21-Sep	22-Sep	333
58	1854	Osterkamp	Wilhelmine	aus Preussen	Müller	Juliane	Altevogt		34-03-07	21-Sep	22-Sep	333
59	1854	Schmidt	Heinrich	Adam	Burr	Christine Katharina			04-06-16	26-Sep	27-Sep	333
60	1854	Hotz	Johann Georg	Johann Georg		Christine			01-00-00	26-Sep	27-Sep	333
61	1854	Monch	Ludwig	Carl	Fritz	Katharina			02-10-10	25-Sep	26-Sep	333
62	1854	Wagner	Peter	Heinrich		Anna Elisabethe			01-00-00	27-Sep	28-Sep	333
63	1854	Wolf	Daniel	Justus					02-06-00	03-Oct	04-Oct	333
64	1854	Bleck	Heinrich	aus Gross Selheim, Kurhessen aus Volkendorf,			Maus	Anna Margaretha	45-00-00	05-Oct	06-Oct	333
65	1854	Spantzel	Magdalena	Baiern		Barbara	Pfister	Georg	33-05-20	05-Oct	06-Oct	333
66	1854	Andres	Barbara	Georg		Wilhelmine			01-00-04	10-Oct	11-Oct	333
67	1854	Kettler	Friedrich August	Friedrich A.	Gunther	Charlotte			01-00-00	13-Oct	14-Oct	333
68	1854	Christ	Katharine	Philipp					36870	13-Oct	14-Oct	333

Trinity German Lutheran Burials

No.	Year	Surname	Given Name	Father	Moth Surname	Moth Given Name	Sp Surname	Sp Given Name	Age	Death	Burial	Page
69	1854	Heinler	Maria Engel	Tobias		Charlotte	Heiler	Georg	64-00-00	16-Oct	17-Oct	333
70	1854	Burg	August						02-10-23	17-Oct	18-Oct	333
71	1854	Schmidt	Conrad	aus Oberhessen			Schmidt	Anna	33-11-10	21-Oct	22-Oct	333
72	1854	Braun	Georg						36-00-00	21-Oct	22-Oct	333
73	1854	Wyneke	Wilhelm						18-06-00	22-Oct	24-Oct	333
74	1854	Ziegler	Eva Elisabetha						20-00-00	24-Oct	25-Oct	333
75	1854	Christ	Philipp	aus Freundsheim bei Burkheim			Hummerich	Charlotte	57-07-00	25-Oct	25-Oct	333
76	1854	Schlute	Katharina	Heinrich	Harter	Anna			01-00-00	23-Oct	24-Oct	333
77	1854	Wiehand [?]	Rosia	Arnold		Nahna [?]			3 weeks	23-Oct	24-Oct	333
78	1854	Walch	Anna Margarethe	aus Kaltennordheim, Sachsen			Rehner	Georg	45-00-00	23-Oct	24-Oct	333
79	1854	Ermling	Edward	Gerhard	Eichans	Katharina Margretha			3 weeks	27-Oct	28-Oct	333
80	1854	Böhme	Ludwig	Simon	Erlinger	Margretha			09-00-00	28-Oct	30-Oct	333
81	1854	Fischer	Meta Christina	Frantz	Fischer	Louise			01-02-00	02-Nov	03-Nov	335
82	1854	Kraft	Katharina	aus Rothenhausen, Hessen		Katharina	Rupp	Johannes	45-00-00	08-Nov	09-Nov	335
83	1854	Haas	Carl	Karl Mathaus aus Grossherzogthum Hessen					08-04-17	14-Nov	15-Nov	335
84	1854	Messinger	Elisabetha				Wambach	Michael	53-06-16	18-Nov	19-Nov	335
85	1854	Blaich	Maria Elisabetha	Johann Friedrich	Werner	Margretha			00-03-00	20-Nov	21-Nov	335
86	1854	Seitz	Johann Wilhelm	Georg		Elisabetha			00-06-00	20-Nov	21-Nov	335
87	1854	Desel	Johann	Simon aus Bentzeg, Baiern		Maria			00-10-00	02-Dec	03-Dec	335
88	1854	Kling	Christoph Heinrich	David			Hoffmann	Magdalena	32-00-00	03-Dec	03-Dec	335
89	1854	Fenderich	Josephine	aus Baiern	Sauer	Maria			01-05-00	06-Dec	07-Dec	335
90	1854	Ehrlinger	Barbara	Ernst		Henriette	Böhm	Simon	41-00-00	19-Dec	20-Dec	335
91	1854	Husmann	Wilhelm	Valentin		Maria			00-10-00	21-Dec	23-Dec	335
92	1854	Döring	Andreas	aus Baiersdorf, Baiern					3 weeks	23-Dec	24-Dec	335
1	1855	Fruhwald	Johann Conrad	Johann aus Settmarshausen, Hanover		Barbara	Schmidt	Margretha	47-00-00	02-Jan	04-Jan	335
2	1855	Hasse	Katharina				Ritter	Margaretha	17-10-00	18-Jan	20-Jan	335
3	1855	Schlote	Georg Friedrich	aus Hähnstein			Ritter	Margaretha	42-10-00	25-Jan	26-Jan	335
4	1855	Rückert	Thomas				Gebel	Christina	85-00-20	03-Feb	05-Feb	335
5	1855	Karhof	Carl			Wilhelmina			00-06-00	10-Feb	11-Feb	335
6	1855	Bopp	Joseph	aus Defress, Baiern			Wagner	Katharina	51-06-00	21-Feb	22-Feb	335
7	1855	Albers	Georg H.	Gerhard H.		Margaretha			07-05-00	08-Mar	09-Mar	335
8	1855	Hiller	Heinrich	Ludwig		Katharina			05-11-03	26-Mar	27-Mar	335
9	1855	Hiller	Elisabetha	Ludwig		Katharina			04-04-00	29-Mar	30-Mar	335
10	1855	Hiller	Emma	Ludwig		Katharina			01-04-00	30-Mar	31-Mar	335
11	1855	Boing	Harmina	aus Holland			Boing	Heinrich	43-00-00	30-Mar	31-Mar	335
12	1855	Seim	Anna Maria				Seim	Conrad	43-00-00	31-Mar	01-Apr	335

Trinity German Lutheran Burials

No.	Year	Surname	Given Name	Father	Moth Surname	Moth Given Name	Sp Surname	Sp Given Name	Age	Death	Burial	Page
13	1855	Fink	Margretha	aus Baiern			Fink	Johann	38-00-00	01-Apr	02-Apr	335
14	1855	Horn	Conrad	aus Dorheim, Kurhessen					53-00-00	03-Apr	04-Apr	335
15	1855	Lutz	Martin			Katharina	Kahling	Maria	05-06-11	04-Apr	05-Apr	335
16	1855	Ilick	Henriette	aus Preussen			Rink	Gottfried	32-06-16	12-Apr	13-Apr	335
17	1855	Glausing	Maria Elisabetha	Herman H.	Loiasi [?]	Maria			00-10-00	12-Apr	13-Apr	335
18	1855	Uttermohle	Louise	aus Gottingen			Uttermohle	Wilhelm	75-00-00	14-Apr	15-Apr	335
19	1855	Haas	Margretha	Johann		Barbara			15-00-00	16-Apr	17-Apr	335
20	1855	Seipp	Johannes	Christopf aus Lindenfels, Hessen		Elisabetha			05-08-00	18-Apr	19-Apr	335
21	1855	Schneider	Elisabetha						abt 30 yrs	20-Apr	20-Apr	335
22	1855	Hass	Barbara	Johann		Barbara			10-00-00	23-Apr	24-Apr	335
23	1855	Schafer	Johann	aus Kurhessen			Keil	Maria	29-00-00	28-Apr	29-Apr	337
24	1855	Adelmann	Maria	Carl		Maria			01-05-00	03-May	04-May	337
25	1855	Spieker	Christian	Hermann H.		Maria Elisabetha			05-09-02	02-May	03-May	337
26	1855	Beverich	Barbara	Georg Mann		Margaretha			22-00-24	25-May	26-May	337
27	1855	Marburger	Maria Elisabetha	Peter		Karolina			01-04-04	11-Jun	12-Jun	337
28	1855	Boverdorfer	Friedrich	Andreas		Anna			10-00-00	02-Jul	03-Jul	337
29	1855	Weneke	Katharina Maria	Johann		Katharina			00-07-11	04-Jul	05-Jul	337
30	1855	Burkle	Balthaser	Johann		Carolina			01-05-00	07-Jul	08-Jul	337
31	1855	Horst	Margrethaaus Oberam, Hessen				Sager	Conrad	35-00-00	12-Jun	13-Jun	337
32	1855	Reitz	[blank]			Carolina			43-00-00	16-Jun	17-Jun	337
33	1855	Krause	Johann	Johann		Katharina			01-00-30	20-Jun	21-Jun	337
34	1855	Rugheim	Juty	Peter		Katharina			00-09-00	20-Jun	21-Jun	337
35	1855	Kampe	Maria Katharina	Johann J. aus Kesselbach,					03-03-23	22-Jul	23-Jul	337
36	1855	Seipp	Johann	Hessen		Sophia	Behner	Maria	26-10-13	23-Jul	24-Jul	337
37	1855	Mackel	Maria Eva	Leonhard		Inge			00-08-00	24-Jul	25-Jul	337
38	1855	Revier	Lambertus Jakob	Lambertus	Steer				00-09-02	28-Jul	29-Jul	337
39	1855	Meier	Margretha						60-00-00	30-Jul	31-Jul	337
40	1855	[blank]	[blank]							[blank]	[blank]	337
41	1855	Heier	Toledo Helene Dorethe	Hermann		Gesene			01-00-08	01-Aug	03-Aug	337
42	1855	Stegmeier	Anna Maria	Johannes	Schweitzer	Friedrika			00-11-24	08-Aug	09-Aug	337
43	1855	Schnebel	Elise Hermine	Christian	Winter	Anna			00-07-00	08-Aug	09-Aug	337
44	1855	Letterer	Johann Leonhard	Georg		Magdalena			02-04-04	13-Aug	14-Aug	337
45	1855	Stahl	Jakob	Jakob aus Holzhausen, Hessen Kassel	Knotel	Barbara			51-00-00	13-Aug	14-Aug	337
46	1855	Ambach	Martin	Heinrich		Margretha	Grunwald	Elisabetha	55-04-00	17-Aug	18-Aug	337
47	1855	Frank	Maria Margretha	Christian		Anna			01-03-00	17-Aug	18-Aug	337
48	1855	Schnebel	Heinrich Ludwig	Johann		Anna Maria			03-00-20	18-Aug	19-Aug	337
49	1855	Kleis	Johann						00-00-16	19-Aug	20-Aug	337
50	1855	[blank]	[blank]							[blank]	[blank]	337
51	1855	[blank]	[blank]							[blank]	[blank]	337
52	1855	Morstadt	Elise	August aus Hilburghausen, Sachsen	Diederle	Christina			01-03-02	26-Aug	27-Aug	337
53	1855	Dresel	Theodor				Otto	Christina	74-04-27	27-Aug	28-Aug	337
54	1855	Hesselauer	Margretha		Johann	Anna			01-11-00	29-Aug	30-Aug	337
55	1855	Bernhard	Imma Sophia	Carl		Christina			01-00-00	02-Sep	03-Sep	337

Trinity German Lutheran Burials

No.	Year	Surname	Given Name	Father	Moth Surname	Moth Given Name	Sp Surname	Sp Given Name	Age	Death	Burial	Page
56	1855	Tost	Friedrich	aus Waldsrode, Hanover			Hamann	Elissabetha	44-04-09	03-Sep	04-Sep	337
57	1855	Appel	Sophia	Johann		Margaretha			03-02-26	05-Sep	06-Sep	337
58	1855	Frühwald	Johann Stephan	J. C.		Elisabetha Margretha			04-08-06	06-Sep	07-Sep	337
59	1855	Zank	Frantz	aus Niedau, Hessen					31-00-00	09-Sep	10-Sep	339
60	1855	Eckert	Elisabetha	Friedrich		Elisabeth	Stoffel	Heinrich Ch.	51-06-08	16-Sep	17-Sep	339
61	1855	Helm	Johann	Johann Georg		Margretha			00-00-06	16-Sep	17-Sep	339
62	1855	Lengenfelder	Anna Christina	Adam		Margretha			02-07-00	19-Sep	20-Sep	339
63	1855	Fornof	Margretha	Cord		Elisabetha			05-06-11	17-Sep	18-Sep	339
64	1855	Harms	Katharina Elisabeth	aus Dippoltsberg, Baiern					00-07-00	29-Sep	30-Sep	339
65	1855	Böhme	Johann Simon			Margaretha Elisabetha	Dorner	Barbara	39-00-00	01-Oct	02-Oct	339
66	1855	Spieker	Wilhelm F.	Herman H.					01-00-19	03-Oct	05-Oct	339
67	1855	Eger	Thobias	aus Jusbach, Kurhessen			Barkajosepf	Barbara	39-05-00	06-Oct	07-Oct	339
68	1855	Schammel	Babetha	Bernhardt		Gertraud			02-00-27	09-Oct	10-Oct	339
69	1855	Faubel	Georg	Georg	Gunkel	Maria			01-02-08	14-Oct	15-Oct	339
70	1855	Betz	Anna Maria	Johann Ch.		Louise			01-10-05	24-Sep	25-Sep	339
71	1855	Faubel	Georg	Georg	Gunkel	Maria			01-02-08	14-Oct	15-Oct	339
72	1855	Sauer	Anna	Christian		Barnda			00-05-00	31-Oct	01-Nov	339
73	1855	Horn	Katharina	Georg		Margretha			00-08-29	15-Nov	16-Nov	339
74	1855	Kessel	August	aus Nieder-rossbach, Nassau		Sophia	Wolf	Anna	27-00-00	26-Nov	27-Nov	339
75	1855	Kussmaul	Carl Heinrich	Lorenta					00-05-00	28-Nov	29-Nov	339
76	1855	Zapf	Johann Adam	aus Wursberg, Baiern		Sophia	Kessler	Margretha	40-04-00	01-Dec	03-Dec	339
77	1855	Voigt	Maria Auguste	August	Lohrmann				00-00-03	05-Dec	06-Dec	339
78	1855	Trumper	Jakob	aus Hessen Kassel			Maier	Katharina	44-09-00	06-Dec	08-Dec	339
79	1855	Schleicher	Johann Carl	Johann	Stumpf	Maria Anna			02-06-00	08-Dec	09-Dec	339
80	1855	Brecht	Georg Philipp	aus Nekarzimmern, Baden	Edinger	Christina			32-04-18	15-Dec	16-Dec	339
81	1855	Muller	Margretha	Johann		Maria			01-03-00	16-Dec	17-Dec	339
1	1856	Durr	Margretha	Johannes	Wichler	Margretha			00-11-00	17-Jan	18-Jan	339
2	1856	Rullmann	Carolina	Johann		Carolina			00-11-00	19-Jan	21-Jan	339
3	1856	Felter	Maria Louise	Fried. W. aus Suss-		Margretha			03-03-00	22-Jan	23-Jan	339
4	1856	Heier	Wilhelm	Kurhessen		Wilhelmine	Lentz	Christina	56-10-00	08-Feb	09-Feb	339
5	1856	Götz	August	Friedrich		Anna			00-05-00	16-Feb	17-Feb	339
6	1856	Schmidt	Peter	Philipp					01-11-00	16-Feb	18-Feb	339
7	1856	Wander	Conrad	aus Streitberg, Baiern		Maria	Zimmermann	Elisabetha	64-00-00	21-Feb	22-Feb	339
8	1856	Weber	Anna Eva	Peter		Maria			00-02-20	24-Feb	25-Feb	339
9	1856	Holzhaus	Johannes	Johannes		Katharina			03-07-08	09-Mar	10-Mar	339
10	1856	Repper	Atela	Conrad		Sophia			01-05-00	09-Mar	11-Mar	341
11	1856	Hensen	Rosine	Tomas					01-11-15	20-Mar	21-Mar	341

Trinity German Lutheran Burials

No.	Year	Surname	Given Name	Father	Moth Surname	Moth Given Name	Sp Surname	Sp Given Name	Age	Death	Burial	Page
12	1856	Reisenweber	Johann	Johann aus Kreis Herfurt b. Munden		Barbara			00-04-00	21-Mar	22-Mar	341
13	1856	Spengemann	Peter Heinrich				Breven	Anna Katharina	43-08-23	23-Mar	24-Mar	341
14	1856	Amberg	Eva Dene	Georg		Katharina			02-01-28	30-Mar	31-Mar	341
15	1856	Ritter	Margretha	aus Muhlhausen,			Schlote		60-00-00	29-Mar	31-Mar	341
16	1856	Hardtmann	Anna	Baiern				Frantz	30-00-00	02-Apr	03-Apr	341
17	1856	Gellingheim	Margretha	Georg	Paul	Barbara	Hardtmann		02-00-00	02-Apr	03-Apr	341
18	1856	Engel	Heinrich	Georg		Margaretha			05-10-24	06-Apr	07-Apr	341
19	1856	Gotschel	Carl	Georg		Regina			00-06-00	16-Apr	17-Apr	341
20	1856	Greifzu	Gustapf Bernhardt	Christian		Margretha			abt 2 yrs	17-Apr	18-Apr	341
21	1856	Fass	Conrad	Conrad		Margretha			00-03-00	19-Apr	20-Apr	341
22	1856	Gramer	Christopf	Valenten aus Achsbach,		Dorothea			01-08-21	23-Apr	24-Apr	341
23	1856	Brenner	Christopf	Baden			Frei	Wilhelmina	abt 37 yr	28-Apr	29-Apr	341
24	1856	Filbert	Wilhelm	Georg		Maria			02-06-00	04-May	05-May	341
25	1856	Haffler	Georg			Magdalena			01-02-00	10-May	11-May	341
26	1856	Green	Adolph	Peter		Concordia			01-03-00	15-May	16-May	341
27	1856	Sander	Magdalene Amalie	Friedrich W. aus Cadolzburg,		Meta Sophia			05-08-20	15-May	16-May	341
28	1856	Hammerbach	Jakob	Baiern			Dorn	Elisabetha	50-04-00	23-May	24-May	341
29	1856	Jansen	Johann	aus Oldenburg	Hauch	Margretha			36-09-03	23-May	24-May	341
30	1856	Baum	Christian	Johann aus Oberndorf, Wurtemberg		Barbara			00-00-18	07-Jun	09-Jun	341
31	1856	Bay	Christian	aus Baiern			Unhelm	Maria Elisabethe	36-05-00	12-Jun	13-Jun	341
32	1856	Gotschel	Regine	aus Altena bei Hamburg			Gotschel	Georg	32-00-00	16-Jun	17-Jun	341
33	1856	Akermann	Gottlieb Carl Ludwig	aus Ebersdof, Sachsen			Pfeiffer	Kunigunde	32-00-12	24-Jun	25-Jun	341
34	1856	Escherich	Heinrich Gottlieb Christ	August		Katharina			27-11-09	25-Jun	26-Jun	341
35	1856	Kratz	Friedrich	Peter		Maria			01-03-00	25-Jun	26-Jun	341
36	1856	Wagner	Johann Heinrich	Johann		Henriette			00-06-00	26-Jun	27-Jun	341
37	1856	Becker	Adam Heinrich	Conrad		Kunigunde			01-01-00	27-Jun	28-Jun	341
38	1856	Riedel	Johann Georg	Michael		Magdalena			00-06-00	28-Jun	29-Jun	341
39	1856	Herget	Johann Matheus	aus Bremen					03-08-07	29-Jun	29-Jun	341
40	1856	Schluter	Anna Marg. Fr.	Heinrich		Barbara	Schluter	Herman H.	33-10-14	30-Jun	01-Jul	341
41	1856	Vogel	Eva Maria	Johann		Margretha			00-00-00	01-Jul	02-Jul	341
42	1856	Wenzel	Margretha	Joh. H.		Caroline			01-03-00	01-Jul	02-Jul	341
43	1856	Walter	Johann Heinrich	Louis		Margretha			01-04-27	02-Jul	03-Jul	341
44	1856	Emmerich	Johann	aus Hof an der					00-08-12	03-Jul	04-Jul	341
45	1856	Muller	Abolonia	Steiner, Sachsen		Elisabeth	Nisc		47-09-00	04-Jul	05-Jul	341
46	1856	Schaaf	Margretha Louise	Peter		Margretha			01-04-27	08-Jul	09-Jul	341
47	1856	Neidhardt	Christopf	Adam		Louise			01-10-00	08-Jul	09-Jul	341
48	1856	Schnebel	Anna Katharina	Uhe		Louise			05-03-12	10-Jul	11-Jul	341
49	1856	Pausch	Paulus	Georg		Rena			01-02-16	11-Jul	12-Jul	341
50	1856	Wigram	Peter	Arend		Barbara			01-07-00	13-Jul	14-Jul	341
51	1856	Walter	Margretha	Adam					01-05-00	13-Jul	14-Jul	341

Trinity German Lutheran Burials

No.	Year	Surname	Given Name	Father	Moth Surname	Moth Given Name	Sp Surname	Sp Given Name	Age	Death	Burial	Page
52	1856	Heins	Jost	aus Hessendarstadt					44-01-18	18-Jul	19-Jul	343
53	1856	Pittsinger	Wilhelm	Conrad		Christine	Schultz	Katharina	00-01-00	18-Jul	20-Jul	343
54	1856	Horn	Johann Georg	aus Hessen Darmstadt			Schmidt	Margretha	50-00-00	19-Jul	20-Jul	343
55	1856	Roth	Bertha	Heinrich		Katharina			02-04-03	25-Jul	26-Jul	343
56	1856	Muller	Conrad	Adam		Elisabetha			03-07-08	28-Jul	29-Jul	343
57	1856	Hahn	Eva	Georg		Margretha			00-05-00	28-Jul	29-Jul	343
58	1856	Feldmann	Anna	Friedrich		Anna			01-01-21	01-Aug	02-Aug	343
59	1856	Vetter	Michael	Georg		Sibilla			01-00-00	03-Aug	04-Aug	343
60	1856	Bentropf	Johann H.	Friedrich		Katharina			00-09-00	03-Aug	04-Aug	343
61	1856	Schafer	Anna Maria	Johann		Katharina			01-01-00	04-Aug	05-Aug	343
62	1856	Gronau	Bertha	Edward		Friedricka			01-04-08	05-Aug	06-Aug	343
63	1856	Schöner	Margretha	Matheus		Margretha			36526	06-Aug	07-Aug	343
64	1856	Muller	Jakob	Adam		Elisabetha			01-03-00	07-Aug	08-Aug	343
65	1856	Vogel	Johann	Andreas		Helene			00-07-00	07-Aug	08-Aug	343
66	1856	Kettler	Ernst August	August		Wilhelmina			00-07-00	07-Aug	08-Aug	343
67	1856	Muller	Josephine	Heinrich		Elisabetha			01-07-00	11-Aug	12-Aug	343
68	1856	Roth	August	Georg		Katharina			01-04-12	18-Aug	19-Aug	343
69	1856	Geiger	Katharina	Johann		Katharina			00-04-00	25-Aug	26-Aug	343
70	1856	Winter	Heinrich	Heinrich		Johanne			09-00-00	28-Aug	29-Aug	343
71	1856	Sanders	Mathilde Carolina	Johann		Charlotte			00-10-09	30-Aug	31-Aug	343
72	1856	Seifert	Louise	Johann		Katharina			03-05-00	03-Sep	04-Sep	343
73	1856	Progel	Barbara	Johann		Elisabeth			08-11-06	03-Sep	04-Sep	343
74	1856	Rau	Maria	Johann C.		Margretha			06-11-18	23-Sep	24-Sep	343
75	1856	Bortsch	Johann Adam	aus Wurtemberg			Schwind	Margretha Barbar	00-01-00	23-Sep	24-Sep	343
76	1856	Horn	[blank]						61-00-00	18-Oct	20-Oct	343
77	1856	Hertel	Rosine	Johann		Maria			06-02-10	26-Oct	28-Oct	343
78	1856	Kummer	Anna	Wolfgang		Friedricka			01-01-08	15-Nov	16-Nov	343
79	1856	Schmidt	Carl	Julius		Emilie			01-09-00	12-Dec	13-Dec	343
80	1856	Kraft	Johann	Johann		Katharina			05-09-00	15-Dec	16-Dec	343
81	1856	Kraft	Georg	Georg		Katharina			03-05-00	16-Dec	17-Dec	343
1	1857	Uhlrich	Gertraud	Nicklas		Elisabetha			06-05-18	05-Jan	06-Jan	343
2	1857	Bauer	Johann Friedrich	aus Schambach, Wurtemberg			Semann	Katharina	38-03-00	12-Jan	13-Jan	343
3	1857	Kohlenberg	Johann Daniel	Theodor aus Freudenberg,		Louise			02-01-10	21-Jan	22-Jan	343
4	1857	Lampe	Anna Margretha	Hanover			Lampe	Johann H.	69-00-00	26-Jan	27-Jan	343
5	1857	Becker	Johannes	Johann		Sophia			03-07-00	27-Jan	28-Jan	343
6	1857	Hahn	Katharina Margretha	Georg		Maria			03-09-00	31-Jan	01-Feb	345
7	1857	Heimbuch	Katharina	Johann		Elisabethe			06-07-23	31-Jan	01-Feb	345
8	1857	Becker	Georg Martin	Nikalaus		Louise			00-04-09	13-Feb	14-Feb	345
9	1857	Mann	Maria Anna Barbara	Johann Georg		Maria	Hundmann	Maria	01-01-08	15-Feb	17-Feb	345
10	1857	Stutt	Johann Heinrich	aus Preussen					45-03-15	18-Feb	20-Feb	345
11	1857	Muller	Wilhelmine	Peter		Elisabetha			00-05-00	04-Mar	08-Mar	345
12	1857	Stittelberg	Ehler	Johann aus Hammermuhl,		Margretha			00-05-00	12-Mar	13-Mar	345
13	1857	Mauck	Margretha	Baiern			Frisch	Eberhardt	73-05-10	21-Mar	22-Mar	345

Trinity German Lutheran Burials

No.	Year	Surname	Given Name	Father	Moth Surname	Moth Given Name	Sp Surname	Sp Given Name	Age	Death	Burial	Page
14	1857	Sing	Elisabetha	aus Atzenheim, Hessen Darmstact			Endes	Conrad	25-00-00	23-Mar	24-Mar	345
15	1857	Endes	Johann	Conrad	Sing	Elisabetha			00-00-18	26-Mar	27-Mar	345
16	1857	Riess	Johannes	aus Altenhassloch, Kurhessen			Berner	Elisabetha	66-00-00	14-Apr	16-Apr	345
17	1857	Otto	Georg	aus Konigsberg, Sachsen			Lingel (first wif	Dorothea	78-00-00	17-Apr	18-Apr	345
17	1857	Otto	Georg	aus Konigsberg, Sachsen			Hubbner (2nd w	Margretha	78-00-00	17-Apr	18-Apr	345
17	1857	Otto	Georg	aus Konigsberg, Sachsen			Garaus (3rd w	Sophia	78-00-00	17-Apr	18-Apr	345
18	1857	Awesser	August	Andreas		Philippine			01-10-00	17-Apr	18-Apr	345
19	1857	Hardtmann	Carl Wilhelm Heinrich	Johann		Auguste			01-01-00	21-Apr	22-Apr	345
20	1857	Bates	Johann	Carl		Louise			03-07-14	24-Apr	25-Apr	345
21	1857	Schmidtbleic	Katharina	Johann		Margretha			01-05-00	27-Apr	28-Apr	345
22	1857	Sauer	Friedrich	Christian		Barbara			02-00-00	27-Apr	28-Apr	345
23	1857	Wohlrath	Margretha	aus Wernstein amt Culmbach, Baiern			Schütz	Nickalaus	44-02-28	28-Apr	30-Apr	345
24	1857	Beverungen	August L.	Ludwig		Auguste			01-10-01	01-May	02-May	345
25	1857	Heinlein	Kunigunde Elisabetha	Johann		Kunigunde			03-00-00	12-May	13-May	345
26	1857	Vessel	Heinrich	Heinrich		Katharina			05-06-00	17-May	18-May	345
27	1857	Holzhaas	Dorethea	Johann		Maria			02-06-02	23-May	24-May	345
28	1857	Bieter	Wilhelm	Wilhelm		Sophia			00-11-12	01-Jun	02-Jun	345
29	1857	Baier	Maria	Johann		Rosine			00-05-00	01-Jun	02-Jun	345
30	1857	Hanne	Maria	Heinrich		Katharina			03-05-16	01-Jun	03-Jun	345
31	1857	Lohrmann	Sophia	aus Baltimore			Vogt	August	20-10-00	20-Jun	21-Jun	345
32	1857	Baier	Heinrich	Johann		Rosine			00-05-00	25-Jun	26-Jun	345
33	1857	Stampflie	Kunigunda	Matheus		Katharina			00-10-25	26-Jun	27-Jun	345
34	1857	Wagner	Ludwig	Peter		Maria			00-01-00	27-Jun	28-Jun	345
35	1857	Stegemeyer	Maria Elisabetha	aus Löver, Preussen			Kleibring	Carl Friedrich	67-00-00	08-Jul	09-Jul	347
36	1857	Becker	Amalie	Jakob		Maria			06-01-00	11-Jun	12-Jun	347
37	1857	Steger	Louise	Johann		Barbara			01-11-00	14-Jun	15-Jun	347
38	1857	Busch	Heinrich Wilhelm	Herman Heinrich		Regine Wilhelmine			19-06-00	15-Jul	16-Jul	347
39	1857	Schöneberg	Anna Margretha	Georg		Johanne			00-11-04	19-Jun	20-Jun	347
40	1857	Vogt	Heinrich Wilhelm	August		Sophia			00-08-00	22-Jun	23-Jun	347
41	1857	Hulsmann	Wilhelm	Friedrich		Maria			00-11-00	22-Jun	23-Jun	347
42	1857	Desel	Anna Maria	Simon		Maria			00-07-00	22-Jun	23-Jun	347
43	1857	Dietrich	Friedricka	Heinrich		Theresia			00-00-03	24-Jun	25-Jun	347
44	1857	Holzhaus	Maria	Johann		Margretha			00-06-22	24-Jun	25-Jun	347
45	1857	Heien	Heinrich Dietrich	Herman	Michaels	Gesene			00-04-03	25-Jun	26-Jun	347
46	1857	Momberger	Sina	Johannes		Lena			00-06-00	30-Jun	31-Jun	347
47	1857	Rehner	Christian Wilhelm	Valenten		Friedrike			00-10-00	07-Aug	08-Aug	347
48	1857	Schmierman	Katharina	Peter		Charlotte			01-04-06	08-Aug	08-Aug	347
49	1857	Ritterbusch	Eva	Wilhelm		Elisabeth			01-10-06	08-Aug	08-Aug	347
50	1857	Schafer	Friedrich Ludwig	Johannes		Christine			03-09-05	09-Aug	10-Aug	347
51	1857	Baumann	Johann	aus Stambachin, Baiern			Heissinger	Eva	22-09-00	10-Aug (3 A	10-Aug (5 P	347

Trinity German Lutheran Burials

No.	Year	Surname	Given Name	Father	Moth Surname	Moth Given Name	Sp Surname	Sp Given Name	Age	Death	Burial	Page
52	1857	Monat	Christian	Georg		Elisabeth			00-07-03	10-Aug	11-Aug	347
53	1857	Wolf	Elisabetha	Johann		Katharina			03-08-09	11-Aug	12-Aug	347
54	1857	Rugheimer	Georg August	Peter		Katharina			01-02-03	13-Aug	14-Aug	347
55	1857	Beissner	Heinrich	Heinrich		Wilhelmine			00-06-00	13-Aug	14-Aug	347
56	1857	Oberlander	Johann Wolfgang	Heinrich		Katharina			05-05-10	14-Aug	15-Aug	347
57	1857	Uhlrich	Maria Elisabetha	Nickalaus aus Emden, Ostfriesland		Elisabetha			00-04-00	17-Aug	17-Aug	347
58	1857	Jansen	Johannes		Holdhaus	Maria		Jakobine	46-08-16	17-Aug	18-Aug	347
59	1857	Zeller	Christoph Uhlrich	Christoph		Elisabetha			33-11-00	19-Aug	20-Aug	347
60	1857	Freund	Eva	Conrad		Margretha			01-07-12	23-Aug	24-Aug	347
61	1857	Bistner	Ludwig	Michael		Veronika			07-00-00	23-Aug	24-Aug	347
62	1857	Single	Barbara	Michael		Katharina			01-09-00	24-Aug	25-Aug	347
63	1857	Scheppler	Johann Georg	Johann G.		AnnaKatharina			00-08-14	25-Aug	26-Aug	347
64	1857	Klee	Anna Elisabetha	Georg		Christina Friedricka			03-04-08	26-Aug	27-Aug	347
65	1857	Rau	Johann Gottfried	Johann Gottfried		Katharina			40522	27-Aug	28-Aug	347
66	1857	Kraft	Georg	Conrad		Katharina			00-02-00	01-Sep	02-Sep	347
67	1857	Sichmann	Sophia	Ferdinand		Katharina			05-09-05	03-Sep	04-Sep	347
68	1857	Ritterbusch	Eva	Heinrich		Wilhelmine			01-04-01	13-Sep	14-Sep	347
69	1857	Kormeier	Theodor	Wilhelm		Maria			08-08-25	17-Sep	18-Sep	347
70	1857	Pfetzer	Margretha	Michael		Maria			01-09-09	05-Oct	06-Oct	347
71	1857	Popp	Conrad Wilhelm Pius	Georg		Maria			00-05-00	07-Oct	08-Oct	347
72	1857	Baumann	Katharina	Johann		Eva			02-08-00	14-Oct	16-Oct	347
73	1857	Vonderheide	Heinrich	Heinrich aus Gellshausen, Hessen		Margretha			18-08-13	15-Oct	17-Oct	349
74	1857	Wagner	Peter	Adolph		Elisabeth	Ohr	Maria	40-00-00	18-Oct	19-Oct	349
75	1857	Rullmann	Johann	Johann		Elisabeth			07-10-17	22-Oct	23-Oct	349
76	1857	Frank	Wilhelm H.	Wilhelm H.		Elisabeth			01-02-08	23-Oct	24-Oct	349
77	1857	Bretthold	Wilhelm H.	Friedrich		Anna Adelheid			01-02-00	26-Oct	27-Oct	349
78	1857	Dreyer	Anna Adelheid	Lorentz aus Kirchfembach, Baiern		Katharina			03-00-00	26-Oct	27-Oct	349
79	1857	Muller	Jakob						02-00-00	04-Nov	05-Nov	349
80	1857	Tiefel	Georg				Zeilinger	Maria	33-00-00	05-Nov	07-Nov	349
81	1857	Döll	Elisabetha Margretha	Christian aus Lohrhauptna, Kurhessen		Katharina			20-01-02	14-Nov	15-Nov	349
82	1857	Schöner	Matheus	aus Kleestadt, Hessen			Weigand	Margretha	abt 42 yrs	21-Nov	23-Nov	349
83	1857	Beckerhaupt	Helene	Georg		Magdalena	Roth	Martin	65-00-00	27-Nov	28-Nov	349
84	1857	Schwimmer	Barbara	aus Darmstadt					05-01-04	30-Nov	31-Nov	349
85	1857	Karhof	Karl	Georg		Magdalena	Weigert	Katharina	34-00-00	28-Nov	30-Nov	349
86	1857	Schwimmer	Elisabetha	Heinrich aus Humberg, Kurhessen		Anna Martha			02-03-09	04-Dec	05-Dec	349
87	1857	Moll	Anna Margretha E.						01-05-13	18-Dec	19-Dec	349
88	1857	Eyl	Georg				Halmberger	Margretha	62-08-00	20-Dec	22-Dec	349
89	1857	Zettel	Margretha						03-00-00	20-Dec	21-Dec	349
1	1858	Riel	Johann	Christopf		Maria			01-02-00	01-Jan	02-Jan	349
2	1858	Eger	Eva	Thobias		Josephine			09-05-00	02-Jan	03-Jan	349
3	1858	[blank]	[blank]						[blank]	[blank]	[blank]	349
4	1858	Meier	Friedrich Johann	aus Bremen			Borgerding	Maria	36-10-00	13-Jan	14-Jan	349

Trinity German Lutheran Burials

No.	Year	Surname	Given Name	Father	Moth Surname	Moth Given Name	Sp Surname	Sp Given Name	Age	Death	Burial	Page
5	1858	Bruggmann	Jakob	aus Bransbuttel, Holstein			Kleis	Antje	68-02-08	21-Jan	22-Jan	349
6	1858	Nertz	Maria Elisabetha	aus Eichschen, Preuss Munden		Sophia			57-00-00	03-Feb	04-Feb	349
7	1858	Mackel	Georg	Georg		Rosine	Paul	Wilhelm	00-10-00	03-Feb	04-Feb	349
8	1858	Baier	Johann	Johann		Elise			06-11-04	07-Feb	08-Feb	349
9	1858	Barthel	Anna Friedrika	Johann Friedrich		Katharina (widow)			01-03-10	07-Feb	08-Feb	349
10	1858	Jost	Johannes	Philipp					13-08-00	07-Feb	09-Feb	349
11	1858	Faul	Gottfried	aus Otterhausen, Wurtemberg			Fischer	Barbara	23-05-00	12-Feb	14-Feb	349
12	1858	[blank]	Dorethea				Theis	Friedrich	34-00-00	20-Feb	21-Feb	349
13	1858	Vallenten	Theodor	Philipp		Elisabetha			06-05-00	16-Feb	17-Feb	349
14	1858	Körner	Johann Paul	aus Berghofen, Hessen			Noll	Elisabetha	33-05-00	07-Mar	09-Mar	349
15	1858	Tatgenhorst	Carl. W.	aus Wagenfelda, Hanover			Fehner	Maria	56-00-00	09-Mar	11-Mar	349
16	1858	Kronester	Barbara Margretha	Johann		Margretha			01-12-00	13-Mar	14-Mar	349
17	1858	Nau	Doretha	aus Betershausen, Kurhessen			Debus	Vallenten	40-00-00	17-Mar	18-Mar	349
18	1858	Benhof	Eva	Friedrich		Friedrika			00-08-00	26-Mar	27-Mar	349
19	1858	Dreyer	Anna Caroline	Wilhelm		Magdalena			00-09-00	08-Apr	09-Apr	349
20	1858	Zimmermann	Louise	Friedrich		Louise			00-09-00	09-Apr	10-Apr	349
21	1858	Heissner	Katharina	Ernst		Margretha	Weber	Johann	01-01-00	09-Apr	10-Apr	349
22	1858	Umbach	Elisabetha	aus Buschhausen, Kurhessen					31-00-00	24-Apr	25-Apr	349
23	1858	Kaberne	Anna Elisabetha	August		Maria	Lauer	Conrad	65-00-00	11-May	12-May	349
24	1858	Dill	Sophia	Conrad		Friedrika			04-00-00	11-May	12-May	349
25	1858	Reinhardt	Margretha Charlotte	Johann C		Caroline			19 weeks	14-May	15-May	349
26	1858	Schater	Johann	aus Stonfels, Hessen					01-05-14	15-May	16-May	349
27	1858	Schneider	Katharina	aus Oberomen, Hessen			Schmidt	Heinrich	20-00-00	16-May	17-May	349
28	1858	Seim	Casper	aus Reinrodt, Hessen			Schmidt	Elise	22-03-00	24-May	25-May	349
29	1858	Krist	Jacob	aus Hessen					38-10-00	09-Jun	10-Jun	349
30	1858	Landsmann	Johanne Elizabeth	aus Höllerich, Baiern					66-05-011	11-Jun	12-Jun	349
31	1858	Neun	Johann	aus Westphalen					47-08-00	12-Jun	13-Jun	349
32	1858	Horstmeier	Wilhelm	Johann					49-04-00	15-Jun	16-Jun	349
33	1858	Endress	Barbara	August	Beiswanger	Rebecka			00-07-10	16-Jun	17-Jun	349
34	1858	Breitenstein	Louise Caroline	Georg	Kopperstedt	Bertha			00-10-11	18-Jun	20-Jun	349
35	1858	Wendler	Miene	Georg	Kahler	Margaretha			02-00-09	25-Jun	26-Jun	349
36	1858	Kalb	Catherine						00-03-15	27-Jun	28-Jun	349
37	1858	Stetter	Paul						06-04-00	28-Jun	29-Jun	349
38	1858	Weiler	Friedrich Albrecht						51-06-07	03-Jul	04-Jul	349
39	1858	Munch	Jacob	Heinrich		Elisabetha			00-06-15	04-Jul	05-Jul	349
40	1858	Bessel	Sebastian						36-02-08	04-Jul	06-Jul	349

Trinity German Lutheran Burials

No.	Year	Surname	Given Name	Father	Moth Surname	Moth Given Name	Sp Surname	Sp Given Name	Age	Death	Burial	Page
41	1858	Rolf	Hanne Christiane	aus Boluses, Hanover			Rolf	Heinrich	49-00-23	08-Jul	09-Jul	349
42	1858	Zirkel	Elizabeth	aus Niedl, Hessen		Babette	Dill	Conrad	64-03-05	08-Jul	09-Jul	349
43	1858	Schüler	Christian	Heinrich					01-3 week	12-Jul	13-Jul	349
44	1858	Jadewitz	Maria Franziska	Herman	Kalwa [?]	Anne Maria			00-01-15	28-Jul	29-Jul	349
45	1858	Lampe	Marg. Ann	Georg	Brochert	Marg.			00-15-00	09-Aug	10-Aug	349
46	1858	Strampf	Johnn Friedrich	Heinrich	Roth	Catherine			00-13-00	13-Aug	14-Aug	349
47	1858	Beier	Heinrich	Balthasar		Anne Catherine			00-11-09	15-Aug	16-Aug	349
48	1858	Neithartd	Caroline	Adam	Fern	Marg.			01-03-00	08-Sep	09-Sep	349
49	1858	Hoffmann	Sophie	Johann Heinrich		Anna			07-00-00	17-Sep	18-Sep	349
50	1858	Faber	Heinrich Friedrich						01-05-20	25-Aug	26-Aug	349
51	1858	Schwarzenb	J.	Johann		Margrethe			03-04-00	05-Oct	06-Oct	349
52	1858	Eskeführ	Philipp	Johann	Dressel	Marg.			07-10-00	07-Oct	09-Oct	349
53	1858	Eskeführ	Paulus	Johann	Dressel	Marg.			05-05-00	15-Oct	16-Oct	349
54	1858	Bahlmann	Heinrich	Christian	Febing	Anna			01-09-00	16-Oct	17-Oct	349
55	1858	Henkel	Ema	Jakob		Helena			12-00-00	09-Nov	10-Nov	353
56	1858	Speaker	Eduward Rudolph	Herman		Margaratha			00-00-02	10-Nov	11-Nov	353
57	1858	Kronester	Elisabetha Bertha	John		Margaratha			03-00-00	10-Nov	12-Nov	353
58	1858	Dörr	Friederich	Friederich					03-00-00	24-Nov	25-Nov	353
59	1858	Kaiser	Charlotte			Maria			18-00-00	27-Nov	28-Nov	353
1	1859	Philipp	Friederich	Friederich					03-11-00	08-Jan	09-Jan	353
2	1859	Thoms	Johann Heinrich	Johann H.					36869	08-Jan	10-Jan	353
3	1859	Knapp	Christian	Heinrich		Elisabetha			9 weeks	12-Jan	13-Jan	353
4	1859	Gnade	Paulina	Wilhelm					36834	19-Jan	21-Jan	353
5	1859	Kohler	Christine	aus Deutschland			Kohler	Johann	42-00-00	24-Jan	26-Jan	353
6	1859	Maus	Friedrich	aus Naussau					44-00-00	19-Jan	21-Jan	353
7	1859	Fetzer	Mack	aus Frankreich			Heidlager	Maria	29-00-00	30-Jan	31-Jan	353
8	1859	Volz	Heinrich	Johann		Christina			02-20-00	15-Feb	16-Feb	353
9	1859	Kraft	Katharina	aus Darmstadt			Fischer	Karl	23-00-00	20-Feb	21-Feb	353
10	1859	Skott	Loui	Louis					02-00-00	01-Mar	02-Mar	353
11	1859	Bach	Nikolaus	aus Eckertslare, Hessen					69-00-00	04-May	06-May	353
12	1859	Sierous	Johann Jakob	aus Holstein bei Hamburg			relatives unknown		35-00-00	05-Mar	07-Mar	353
13	1859	Schuh	Margaretha	aus Baiern			Schuh	Henr	54-00-00	06-Mar	08-Mar	353
14	1859	Borsinger	Georg	aus Hessen					43-00	15-Mar	17-Mar	353
15	1859	Heterich	Johann	Darmstadt			Fischer	Katharina	73-00-00	19-Mar	20-Mar	353
16	1859	Lehnhof	Wilhelm	aus Dortmund			Kessler	Mina	41-00-00	20-Mar	21-Mar	353
17	1859	Krumer	Paulus	aus Schweinberdingen, Ludwigsberg					23-00-00	23-Mar	24-Mar	353
18	1859	Kemzer	Maria				Kemzer	Heinrich	23-00-00	26-Mar	27-Mar	353
19	1859	Hirschmann	Maria	Georg					06-00-00	28-Mar	30-Mar	353
20	1859	Hirschmann	Katharina	Georg					02-06-00	03-Apr	04-Apr	353
21	1859	Grathe	Aches	aus Hanover			Brandt	Sophia	43-00-00	03-Apr	04-Apr	353
22	1859	Kräter	Margaretha	aus Wurttemberg			Jennes	Ludwig	50-06-00	07-Apr	08-Apr	353
23	1859	Bauer	David	aus Bayern			Dorung	Dorothea	42-00-00	12-Apr	14-Apr	353

Trinity German Lutheran Burials

No.	Year	Surname	Given Name	Father	Moth Surname	Moth Given Name	Sp Surname	Sp Given Name	Age	Death	Burial	Page
24	1859	Birkenstock	Charlotte Dorothea	Heinrich	Schel	Maria			00-16-00	19-Apr	21-Apr	353
25	1859	Kraft	Friedricka	Christoph					19-00-00	02-May	03-May	353
26	1859	Kohlepp	Margaretha	Johannes					20-00-00	02-May	03-May	353
27	1859	Schneider	Heinrich	Adam		Maria			05-00-00	04-May	06-May	353
28	1859	Peter	Anna Katharina	Andreas		Katharina			03-00-00	06-May	07-May	353
29	1859	Hartmann	Anna Maria	Johann		Augusta			01-03-00	04-Jun	06-Jun	353
30	1859	Grothe	Friedrich	aus Hanover	no relatives				75-00-00	06-Jun	07-Jun	353
31	1859	Reinhardt	Elisabetha Margaretha	Heinrich	Mohr	Maria			03-06-00	10-Jun	11-Jun	353
32	1859	Hessmaur	Johannes	Johann		Anna			00-03-00	14-Jun	15-Jun	353
33	1859	Bergold	Margaretha	aus Blenoheckstatt, Bayern		Margaretha	Arnold	Nikl.	25-00-00	23-Jun	25-Jun	355
34	1859	Heier	Jaln [?]	Karl		Sophia			01-02-00	27-Jun	28-Jun	355
35	1859	Baer	Magdalena	Heinrich	Baer	Elisabetha			01-06-00	06-Jul	07-Jul	355
36	1859	Wendel	Adam	Adam		Henriette			00-10-00	19-Jul	19-Jul	355
37	1859	Meier	Louise Augusta	Friedrich		Maria			00-01-00	12-Jul	14-Jul	355
38	1859	Winkelmann	Heinrich	Reineck		Margaretha			26-00-00	14-Jul	15-Jul	355
39	1859	König	Anna Barbara	Leonhart		Laura			00-04-00	16-Jul	17-Jul	355
40	1859	Momberger	Johanna	Johann					02-00-00	17-Jul	18-Jul	355
41	1859	Farell	Georg	aus Kurhessen		Maria	Wagner	Magdalena	44-07-00	25-Jul	26-Jul	355
42	1859	Grob	Loui Heinrich Wilhelm	Wilhelm		Dorothea			02-00-00	25-Jul	26-Jul	355
43	1859	Kopke	Georg Heinrich	Heinrich		Wilhelmina			00-09-00	24-Jul	25-Jul	355
44	1859	Gettert	Anna	Jacob		Margaretha			00-04-00	26-Jul	27-Jul	355
45	1859	Kentner	Georg	Johann		Barbara			00-09-00	26-Jul	27-Jul	355
46	1859	Nader	Joseph	Johann		Elisabetha			01-02-00	29-Jul	30-Jlu	355
47	1859	Noll	Maria Katharina	Karl Heinrich		Maria			02-00-00	29-Jul	30-Jlu	355
48	1859	Schönhals	Elisabetha	aus Darmstadt			Schönhals	Johannes	27-05-00	30-Jul	31-Jul	355
49	1859	Bucks	Lorenz	aus Bayern			Bucks	Dorothea	49-00-00	05-Aug	06-Aug	355
50	1859	Schedtel	Philipp	aus Kurhessen					79-00-00	07-Aug	08-Aug	355
51	1859	Dörr	Johannes	Johannes					14-00-00	07-Aug	08-Aug	355
52	1859	Mohrlmann	Katharina				Mohrlmann	Carl	26-00-00	13-Aug	14-Aug	355
53	1859	Vetter	Albert	Georg					00-08-00	11-Aug	12-Aug	355
54	1859	Hess	Sebastian	aus Preussen			Hess	Elisabetha	37-00-00	15-Aug	16-Aug	355
55	1859	Geiger	Katharina Elisabetha	aus Kurhessen			Geiger	Wilhelm	34-00-00	24-Aug	25-Aug	355
56	1859	Bauer	Elisabetha	aus Baiersdorf, Bayern		Johanna			46-00-00	22-Aug	23-Aug	355
57	1859	Notz	Johann Christian	Gottlob		Elisabeth			08-00-00	27-Aug	28-Aug	355
58	1859	Sinner	Margaretha	Georg		Marie			36561	28-Aug	29-Aug	355
59	1859	Baumgart	Margaretha Barbara	Georg		Elisabetha			3 weeks	10-Sep	11-Sep	355
60	1859	Kaufmann	Barbara	Conrad aus Hernsbach, Baden					00-03-00	15-Sep	16-Sep	355
61	1859	Meier	Margaretha	Johann		Katharina	Meier	Valentin	42-00-00	23-Aug	24-Aug	355
62	1859	Pfaff	Karolina	aus Darmstadt			Pfaff	Johann	01-00-00	26-Sep	27-Sep	355
63	1859	Pfaff	Katharina	aus Mackendorf, Bayern					39-02-00	28-Sep	29-Sep	355
64	1859	Kutzberger	Johannes	Friedrich		Margaretha		Lamilie	73-00-00	28-Sep	30-Sep	355
65	1859	Bienenstein	Paulina	Heinrich		Anna			02-08-00	30-Sep	02-Oct	355
66	1859	Quast	Caroline Julie						01-06-00	02-Oct	03-Oct	355

Trinity German Lutheran Burials

No.	Year	Surname	Given Name	Father	Moth Surname	Moth Given Name	Sp Surname	Sp Given Name	Age	Death	Burial	Page
67	1859	Hamann	Margaretha			Katharina	Hamann	Johannes	69-00-00	01-Oct	03-Oct	355
68	1859	Fritz	Heinrich	Johann					19-00-00	03-Oct	04-Oct	355
69	1859	Hentz	Johann Leonhart	Adam		Helena			29-00-00	04-Oct	05-Oct	355
70	1859	Elligerodt	Christina	aus Wurttemberg			Elligerodt	Friedrich	39-00-00	06-Oct	07-Oct	355
71	1859	Repner	Dorothea				Repner	Johann	24-06-00	10-Oct	11-Oct	355
72	1859	Repner	Sophia Louise Caroline	Johann		Dorothea			03-01-00	10-Oct	11-Oct	355
73	1859	Albert	Louis	Johann		Elisabetha			00-00-13	12-Oct	13-Oct	355
74	1859	Killian	Katharina Elisabetha	Johann Michael		Katharina Elisabetha			01-00-11	13-Oct	14-Oct	355
75	1859	Elligerodt	Margaretha Carolina	Friedrich		Christina			00-00-10	14-Oct	15-Oct	355
76	1859	Kolbus	Wilhelm	Friedrich		Johanna			30-05-00	15-Oct	17-Oct	355
77	1859	Kolbus	Katharina				Kolbus	Wilhelm	29-00-00	16-Oct	17-Oct	355
78	1859	Schneider	Maria	Adam					33-10-00	18-Oct	19-Oct	355
79	1859	Haise	Johann			Maria			19-04-00	19-Oct	20-Oct	355
80	1859	Hahn	Barbara	Georg		Margaretha			02-01-00	19-Oct	21-Oct	355
81	1859	Otto	Albert	aus Hanover			Otto	Helena	44-00-00	31-Oct	01-Nov	357
82	1859	Lederer	Maria Magdalena	aus Bayern			Lederer	Georg	42-02-00	04-Nov	05-Nov	357
83	1859	Muller	Eva Barbara	aus Bayern			Muller	Johann Gottfried	40-00-4	04-Nov	05-Nov	357
84	1859	Repner	Johannes	Johann	Nordmann	Dorothea			00-01-11	10-Nov	11-Nov	357
85	1859	Berthold	Herman	Wilhelm		Elisabetha			01-02-00	15-Nov	16-Nov	357
86	1859	Gross	Johann Justus	Johann Justus		Katharina			00-06-00	15-Nov	16-Nov	357
87	1859	Birkenstock	Dorothe	Heinrich		Maria			01-11-00	25-Nov	26-Nov	357
88	1859	Molhermann	Johannes	Michael		Margaretha			24-10-00	28-Nov	30-Nov	357
89	1859	Selzner	Johann Christoph	aus Wurttemberg			Schneider	Friedricka	52-02-00	28-Nov	30-Nov	357
90	1859	Kanzel	Christian	aus Bayern			Kanzel	Christian	56-00-00	10-Dec	12-Dec	357
91	1859	Hofstetter	Katharina	Johann		Christina			01-00-00	14-Dec	16-Dec	357
1	1860	Ach	Maria	aus Bayern			widow		72-07-00	01-Jan	03-Jan	357
2	1860	Braunlein	Johann	Johann A.		Maria A.			00-06-00	07-Jan	08-Jan	357
3	1860	Martell	Maria				Martell	Peter	24-06-00	11-Jan	12-Jan	357
4	1860	Lintner	Barbara	aus Königsberg, Sachsen			Lintner	Jakob	27-00-00	14-Jan	15-Jan	357
5	1860	Schneider	Johannes	aus Baiern			Schneider	Maria	45-00-00	15-Jan	16-Jan	357
6	1860	Dill	Elisabetha Augusta	August	Bohmann				00-00-8	18-Jan	19-Jan	357
7	1860	Ritzius	Louis	Curth		Maria			5 weeks	30-Jan	31-Jan	357
8	1860	Reschmeier	Louise	Heinrich		Maria			03-00-00	03-Feb	05-Feb	357
9	1860	Hartung	Margaretha	Niklaus		Ang… [?]			7 weeks	24-Feb	25-Feb	357
10	1860	Heimann	Georg	Johann		Margaretha			07-00-14	24-Feb	25-Feb	357
11	1860	Temper	Wilhelmina	aus Elberfeldt		Kunigunde	Temper	Georg	36-00-00	02-Mar	04-Mar	357
12	1860	Attmann	Hanna	Peter		Elisabetha			02-00-00	13-Mar	14-Mar	357
13	1860	Moll	Martha	aus Rauschenberg			Moll	Johann Heinrich	24-11-13	16-Mar	18-Mar	357
14	1860	Hulsemann	Maria Anna	Heinrich		Katharina Elisabetha			04-00-06	21-Mar	22-Mar	357
15	1860	Bolleiniger	Conrad	Johann		Kunigunde			02-00-00	30-Mar	31-Mar	357
16	1860	Brugel	Anna Margaretha	aus Wurttemberg			Brugel	Jakob	59-04-19	31-Mar	02-Apr	357
17	1860	Lohmuller	Friedrich	aus Oldenburg			Lohmuller	Dorothea	44-06-00	05-Apr	07-Apr	357
18	1860	Momberg	Johanne Caroline	Heinrich		Elisabetha			01-03-02	09-Apr	10-Apr	357
19	1860	Schammel	Emma Christina	August		Karolina			02-04-02	16-Apr	17-Apr	357
20	1860	Jahnfor [?]	Louise W. Josephina	Peter		Carolina			01-08-00	21-Apr	23-Apr	357
21	1860	Wittig	Kaspar	aus Kurferseth, Hessen		Hain		Katharina	35-07-00	05-May	07-May	357

Trinity German Lutheran Burials

No.	Year	Surname	Given Name	Father	Moth Surname	Moth Given Name	Sp Surname	Sp Given Name	Age	Death	Burial	Page
22	1860	Hottes	Auguste	Johannes		Elisabetha			01-05-25	11-May	12-May	357
23	1860	Reiz	Christina	Peter		Katharina			02-05-00	30-Apr	01-May	357
24	1860	Och	Johannes	Jakob		Magdalena			24-02-00	24-Apr	25-Apr	357
25	1860	Ruhlbrecht	Adam	Christian		Barbara			01-03-00	31-May	01-Jun	357
26	1860	Weik	Salome	aus Wurttemberg			Weik	Wilhelm	26-10-00	18-Jun	19-Jun	357
27	1860	Bushen	Dorothea	aus Hanover			Hademann	Kaspar	20-10-00	20-Jun	21-Jun	357
28	1860	Freund	Johannes	Johann		Mina			00-06-00	23-Jun	24-Jun	357
29	1860	Diemann	Elisabetha	aus Preussen			Diemann	Hermann	40-08-00	23-Jun	24-Jun	357
30	1860	Körber	Gottfried Solomen	aus Sachsen			widower		79-09-05	23-Jun	24-Jun	357
31	1860	Schammel	Johann Georg	Bernhardt		Gertraud			00-10-06	03-Jul	05-Jul	359
32	1860	Andres	Barbara	aus Bayern			Andres	Johann Georg	36-01-00	03-Jul	06-Jul	359
33	1860	Hammann	Wilhelm Christoph	Philipp		Louise			01-00-02	15-Jul	16-Jul	359
34	1860	Deichmuller	Johann Kaspar Matth.	Heinrich		Maria			00-10-00	23-Jul	25-Jul	359
35	1860	Dressel	Conrad Ernst	Johann Dressel		Elisabeth			01-04-00	24-Jul	25-Jul	359
36	1860	Holzschuh	August Friedr. Ferdina	Carl		Christiana			00-01-00	28-Jul	28-Jul	359
37	1860	Grimm	Maria	Johann		Margaretha			10 weeks	04-Aug	05-Aug	359
38	1860	Notz	Anna Friedricka	Christ. Gottlieb		Sophia F.			00-02-00	04-Aug	05-Aug	359
39	1860	Hansen	Peter	Johannes					27-00-00	05-Aug	06-Aug	359
40	1860	Weik	Friedrich Wilhelm	Wilhelm		Katrina			00-02-00	07-Aug	08-Aug	359
41	1860	Weimer	Elisabetha	Johann Martin		Felicita			01-01-00	08-Aug	09-Aug	359
42	1860	Haüsle	Johann	aus Sachsen Gotha		Eleanore	Haüsle	Maria	47-00-00	08-Aug	09-Aug	359
43	1860	Mesch	Johannes Conrad	Johann		Katharina			00-02-22	10-Aug	11-Aug	359
44	1860	Steinkamp	Anna Louise	Johann		Margaretha			00-11-11	12-Aug	13-Aug	359
45	1860	Baier	Georg	Georg		Sophia			01-06-00	08-Sep	09-Sep	359
46	1860	Wingewald	Friedrich Wolf	Traugott H.					14-08-00	08-Sep	10-Sep	359
47	1860	Graf	Wilhelm	aus Bayern			Graf	Kunigunda	47-08-00	10-Sep	12-Sep	359
48	1860	Sallmann	Auguste Elise	Wilhelm		Rosina			02-09-00	17-Sep	18-Sep	359
49	1860	Becker	Katharina	aus Grosch, Hessen	Becker	Maria Katharina			20-08-00	28-Sep	29-Sep	359
50	1860	Heinz	Johannes	aus Kopenhagen			"no one knows"		about 40 y	28-Sep	29-Sep	359
51	1860	Kräter	Conrad Friedrich	aus Wurttemberg			Kräter	Dorothea	49-07-0-0	03-Oct	05-Oct	359
52	1860	Schieferer	Maria Elisabetha Karoli	Gottfried aus Furstenthum, Osnabruck		Charlotta			01-09-00	30-Sep	01-Oct	359
53	1860	Köster	Kaspar Heinrich	aus Bayern		Elisabetha			30-03-00	06-Oct	07-Oct	359
54	1860	Derrep [?]	Margaretha						62-00-00	11-Oct	12-Oct	359
55	1860	Wiegmann	Johannes	Johannes		Wilhelmina			03-07-00	13-Oct	14-Oct	359
56	1860	Dickhardt	Christina	Adam		Margaretha			05-04-11	12-Oct	13-Oct	359
57	1860	Wiegmann	Johannes	Johannes		Wilhelmina			03-07-00	13-Oct	14-Oct	359
58	1860	Wagner	Kunigunda	aus Bayern			Wagner	Karl	31-09-00	23-Oct	24-Oct	359
59	1860	Bidekopf	Margaretha	aus Hessen			widow		71-05-00	02-Nov	04-Nov	359
60	1860	Becker	Elisabetha	aus Freland [?]			Becker	Johann	23-00-00	12-Nov	13-Nov	359
61	1860	Debus	Elisabetha	aus Kurhessen			widow		81-05-00	13-Nov	14-Nov	359
62	1860	Collmai	Johann Heinrich	Conrad		Maria Lenora			00-02-00	14-Nov	15-Nov	359
63	1860	Spieker	Mr.	aus Hessen			Spieker	Margaretha	56-00-00	27-Nov	28-Nov	359
64	1860	Wolf	Margaretha	aus Baiern			Wolf	Lorenz	47-00-00	10-Dec	11-Dec	359
65	1860	Schneider	Anna M. Elisabetha	aus Hanover			Schneider	[blank]	49-04-00	12-Dec	13-Dec	359

191

Trinity German Lutheran Burials

No.	Year	Surname	Given Name	Father	Moth Surname	Moth Given Name	Sp Surname	Sp Given Name	Age	Death	Burial	Page
66	1860	Millershause	Katharina	aus Kurhessen			Millershausen	Johannes	59-06-00	21-Dec	22-Dec	359
1	1861	Gleichmann	Michael	aus Friehausen, Bayern					56-08-00	03-Jan	04-Jan	359
2	1861	Umbach	Heinrich	Georg		Maria Sophia			02-00-00	08-Jan	09-Jan	359
3	1861	Heimann	Theodor	Theodor		Kunigunda			00-00-06	14-Jan	15-Jan	359
4	1861	Appel	Margaretha	aus Kurhessen					75-00-00	19-Jan	20-Jan	359
5	1861	Träger	Christian	aus Wurttemberg					43-06-00	31-Jan	02-Feb	359
6	1861	Spindler	aus Baiern				Spindler	Katharina	62-00-00	18-Feb	20-Feb	359
7	1861	Bentrupp	Niklaus	Friedrich		Katharina			01-04-00	21-Feb	23-Feb	359
8	1861	Grauling	Elisabetha	Heinrich		Caolina			03-00-09	01-Mar	03-Mar	361
9	1861	Sauer	Johannes	Johann	Steinbrink (name	Margaretha			27-04-00	03-Mar	05-Mar	361
10	1861	Muller	Elisabetha	Adam		Elisabetha			03-03-00	28-Mar	29-Mar	361
11	1861	Hadermann	Elisabetha	Kaspar	Schneider	Elisabetha			01-10-00	15-Apr	16-Apr	361
12	1861	Notz	Karl Gottlieb	Christian G.		Sophia F.			04-01-00	03-May	05-May	361
13	1861	Bastmann	Johannes	Christian		Anna			01-09-00	12-May	13-May	361
14	1861	Dill	Maria Elisabetha	aus Baltimore			Dill	August	26-07-00	18-May	20-May	361
15	1861	Kohler	Johannes	aus Schlepien					58-00-00	19-May	20-May	361
16	1861	Ulbrand	Rosina	Johann G.		Maria			06-09-00	20-May	21-May	361
17	1861	Eckel	Theresia	Conrad		Katharina			00-02-00	04-Jun	05-Jun	361
18	1861	Heien	Gesina	aus Hanover			Heien	Herrman	36-04-03	20-Jun	21-Jun	361
19	1861	Rauf	Christian	Conrad		Margaretha			00-0?-00	21-Jun	22-Jun	361
20	1861	Kleis	Mathildt Elbina	Johann		Anna			00-11-00	28-Jun	29-Jun	361
21	1861	Kassebaum	Joh. H. Chr. Wilhelm	Wilhelm		Johanna			00-10-00	01-Jul	02-Jul	361
22	1861	Heisse	Wilhelmina	August		Margaretha			00-11-00	05-Jul	06-Jul	361
23	1861	Hartmann	Karolina	August		Elisabetha			00-09-15	06-Jul	07-Jul	361
24	1861	Brandel	Georg	Michael		Margaretha			07-04-15	10-Jul	11-Jul	361
25	1861	Strauss	Margaretha Barbara	Johann		Anna Barbara			00-04-00	16-Jul	17-Jul	361
26	1861	Siebert	Georg Heinrich	Conrad		Maria Elisabeth			6 yr 7 wee	17-Jul	19-Jul	361
27	1861	Appel	Elisabetha Magdalena	Friedrich F.		Magdalena			00-09-18	18-Jul	20-Jul	361
28	1861	Vollmer	Johannes August	Christian		Margaretha			00-07-00	19-Jul	20-Jul	361
29	1861	Ringsdorf (A	Wilhelm	Peter (stepfather)		Elisabetha			22-02-14	19-Jul	20-Jul	361
30	1861	Hamann	Friedrich Wilhelm	Philipp		Louise			00-10-00	24-Jul	25-Jul	361
31	1861	Repes	Christiana	Johann		Gertraud			00-04-00	27-Jul	28-Jul	361
32	1861	Bodenmuller	Maria Katharina	Jakob H.		Sybilla			00-00-05	26-Jul	27-Jul	361
33	1861	Pitzinger	Caroline	Conrad		Christina			00-06-00	28-Jul	29-Jul	361
34	1861	Krauss	Robert	Eduard		Mina			02-00-00	30-Jul	31-Jul	361
35	1861	Kolbe	Caroline Dorothea	Heinrich		Dorothea			00-00-18	30-Jul	31-Jul	361
36	1861	Hock	Johannes	Johann		Christina			13-03-00	30-Jul	01-Aug	361
37	1861	Rausche	Maria Angnes	aus Wurttemberg			Heien	Carl	31-04-00	13-Jun	14-Jun	361
38	1861	Weiss	Johann Karl Wilhelm	Georg		Maria M.			00-04-00	10-Jun [?]	14-Jun	361
39	1861	Grill	Johann Gottlieb	aus Wurttemberg			Grill	Maria B.	26-??-00	11-Aug	09-Aug	361
40	1861	Black	Johann Heinrich	Heinrich		Elisabetha			01-01-00	07-Aug	08-Aug	361
41	1861	Bauer	Margaretha	Georg		Margaretha			01-00-00	07-Aug	08-Aug	361
42	1861	Klowes	Friedrich Wilhelm	aus Hanover			Klowes	Charlotta	??-09-00	10-Aug	11-Aug	361
43	1861	Strassner	Georg Peter	Conrad		Barbara			??-02-00	12-Aug	13-Aug	361
44	1861	Kratt	Johannes Theodor Martin	Rev. Martin		Sophia Magdalena			7 weeks	17-Aug	18-Aug	361

Trinity German Lutheran Burials

No.	Year	Surname	Given Name	Father	Moth Surname	Moth Given Name	Sp Surname	Sp Given Name	Age	Death	Burial	Page
45	1861	Kaiser	Wilhelmina Anna Marg.	Christian		Louise			??-??-??	17-Aug	19-Aug	361
46	1861	Schlesinger	Margaretha	aus Hessen			Schlesinger	Johann Heinrich	69-06-00	25-Aug	27-Aug	361
47	1861	Hutter	Johannes	aus Sachsen			Hutter	Lena	30-00-00	27-Aug	28-Aug	361
48	1861	Kolb	Karl Andreas	aus Kurhessen			no relatives here		25-03-00	01-Sep	02-Sep	361
49	1861	Debus	Valentin	aus Kurhessen			Debus	Margaretha	65-00-00 [26-Sep [?]	27-Sep	361
50	1861	Kraft	August Wende [?]						43-07-00	25-Sep [?]	26-Sep	361
51	1861	Herterich	Johann	aus Baiern					61-04-00	29-Sep	30-Sep	363
52	1861	Leimbach	Friedrich Wilhelm	Johann		Eva			04-01-00	30-Sep	01-Oct	363
53	1861	Kalber	Friedrich Wilhelm Carl	Christian		Margaretha			02-06-00	01-Oct	02-Oct	363
54	1861	Kaiser	Anna Margaretha Maria Christina	Christian		Louise			06-02-00	08-Oct	09-Oct	363
55	1861	Kaiser	Friedrka.	Christian		Louise			04	12-Oct	13-Oct	363
56	1861	Benhof	Friedrich Michael	Friedrich					05-10-00	13-Oct	14-Oct	363
57	1861	Beck	Johann	aus Darmstadt			Beck	Elisabetha	41-05-00	17-Oct	20-Oct	363
58	1861	Momberger	Elise	Johann		Lena			02-00-00	12-Nov	13-Nov	363
59	1861	Schmidt	Carolina	Georg		Margaretha			36832	13-Nov	14-Nov	363
60	1861	Weber	Johanna	Albert		Johanna			23-00-00	13-Nov	14-Nov	363
61	1861	Wintel	Karl	Adam		Katharina			02-00-00	14-Nov	15-Nov	363
62	1861	Nolker	Katharina Maria	aus Hanover			Nolker	Mr.	60-06-25	15-Nov	17-Nov	363
63	1861	Telljahn	Sophia	aus Preussen			widow		58-06-11	17-Nov	18-Nov	363
64	1861	Weber	Albert	aus Ostfriesland			no relatives		55-00-00	27-Dec	28-Dec	363
65	1861	Schmidt	Anna Margaretha	aus Hessen Darmstadt		Kunigunda			58-00-00	27-Dec	28-Dec	363
66	1861	Berger	Wolfgang Alexander	Martin		Elisabetha			05-00-00	29-Dec	30-Dec	363
67	1861	Geiger	Johann Georg	Johann		Elisabetha			01-03-00	31-Dec	31-Dec	363
1	1862	Oberndorfer	Elisabetha	Andreas		Barbara			04-02-00	31-Dec 1861	1-Jan 1862	363
2	1862	Kenthner	Christina	Johann			Zeidler	Johannes	01-00-16	01-Jan	02-Jan	363
3	1862	Zeidler	Barbara	aus Baiern			Vonderheide	Katharina M.	38-00-00	03-Jan	06-Jan	363
4	1862	Vonderheide	Johann H.	aus Hanover		Sophia			55-00-00	05-Jan	07-Jan	363
5	1862	Kaiser	Louise	Michael		Margaretha			01-01-00	28-Jan	29-Jan	363
6	1862	Bach	Anna Elisabetha	Philipp					02-02-00	28-Jan	29-Jan [?]	363
7	1862	Heiss	Antonetta	Christoph		Maria			01-01-00	04-Feb	05-Feb	363
8	1862	Mirske	Paul	Karl		Frastina			02-04-00	28-Feb	01-Mar	363
9	1862	Krebs	Maria	aus Kurhessen			Krebs	Adam	33-00-00	04-Mar	05-Mar	363
10	1862	Habenhause	Aloes	Johann aus Sachsen		Katharina			09-08-00	10-Mar	11-Mar	363
11	1862	Arnold	Dorothea	Koberg		???			??-??-??	21-Mar	23-Mar	363
12	1862	Breitschwerd	Barbara	Conrad		???			??-??-??	???	22-Mar	363
13	1862	Nekler [?]	Helena	Louis					02-00-00	???	28-Mar	363
14	1862	Hofmann	Georg Conrad	Christoph [?] aus Hessen		Kunigunda			??-??-??	31-Mar	31-Mar	363
15	1862	Poppler [?]	Johann Balthasar	Darmstadt			Poppler [?]	Margaretha	??-06-00	31-Mar	01-Apr	363
16	1862	Getz	Friedrich [?]		???				??-??-??	???	02-Apr	363
17	1862	Heine	Heinrich	???		???			??-??-??	04-Apr	05-Apr	363
18	1862	Turk	Heinrich	Sabastian		T???			02-04-00	06-Apr	07-Apr	363
19	1862	??eper	Friedrich Wilhelm	???		???			??-??-??	15-Apr	16-Apr	363

Trinity German Lutheran Burials

No.	Year	Surname	Given Name	Father	Moth Surname	Moth Given Name	Sp Surname	Sp Given Name	Age	Death	Burial	Page
20	1862	Walz	Jakob	???		???			03-01-00 [	15-Apr	16-Apr	363
21	1862	Deinzen [?]	Niklaus	aus Bremen					48-00-00	18-Apr	19-Apr	363
22	1862	Bach	Heinrich Adolph	Philipp		Margaretha [?]			07-00-00	23-Apr	24-Apr	363
23	1862	Glaser	Katharina	Johann		Katharina			02-09-00	26-Apr	27-Apr	363
24	1862	Osche [?]	Emilia	Karl		Betta [?]			02-07-00	29-Apr	30-Apr	363
25	1862	Pitinea	Karl	Joseph		Elisabetha			01-01-00	03-May	04-May	365
26	1862	Niklaus	Friedrich	Andreas		Dorothea			15-09-00	04-May	05-May	365
27	1862	Pitzinger	Conrad	aus Koenigs Baiern			Pitzinger	Chrisitina	41-00-00	08-May	09-May	365
28	1862	Schieferer	Johann Christoph	Georg		Charlotta			01-03-00	13-May	14-May	365
29	1862	Kettler	Katharina Friedricka	August		Wilhelmina			02-02-00	15-May	16-May	365
30	1862	Remanass	Maria	August		Mine			14-00-00	18-May	19-May	365
31	1862	Remanass	Friedrich	August		Mine			09-00-00	18-May	19-May	365
32	1862	Remanass	Dina	August		Mine			03-00-00	18-May	19-May	365
33	1862	Schieferer	Johannes	Georg		Charlotta			05-00-00	22-May	23-May	365
34	1862	Hulsemann	Katharina Elisabetha	aus Kassel			Hulsemann	Heinrich	38-00-00	07-Jun	08-Jun	365
35	1862	Krauk	Heinrich	Friedrich		Bernadina			01-05-00	25-Jun	26-Jun	365
36	1862	Hoffmann	Friedrich	Johann		Anna			14-00-00	26-Jun	27-Jun	365
37	1862	Detzer	Georg	Friedrich		Christina			02-05-00	28-Jun	29-Jun	365
38	1862	Lohmuller	Katharina	[blank]		Dorothea			01-06-00	01-Jul	02-Jul	365
39	1862	Leicht	Rosina Karlina	Johann		Johanna			01-01-00	04-Jul	05-Jul	365
40	1862	Ochs	Ema	Thomas		Eva			08-05-12	10-Jul	11-Jul	365
41	1862	Heisser	Elisabetha Ernstina	Ernst		Margaretha			01-04-21	11-Jul	12-Jul	365
42	1862	Reisenweber	Thomas	Johann		Barbara			02-07-21	13-Jul	14-Jul	365
43	1862	Steuber	Paulina			Elisabetha (widow)			07-04-00	15-Jul	16-Jul	365
44	1862	Heid	Elisabetha Cecilia	Johann		Elisabetha			01-00-00	16-Jul	17-Jul	365
45	1862	Schreiber	Johannes	Johann Ernst		Henrietta			00-07-00	16-Jul	17-Jul	365
46	1862	Bedall	Conrad	Karl aus Sachsen		Sophia			01-00-00	16-Jul	17-Jul	365
47	1862	Singewald	Hanna Sophia	Weimar aus Fursth.			Singewald	Traugott H.	34-10-14	17-Jul	18-Jul	365
48	1862	Susanna Tha Hupp		Schwarzenberg		Katharina	Hupp	Jakob	63-01-19	20-Jul	21-Jul	365
49	1862	Humberg	Karl	Bernhardt		Louise			00-11-00	20-Jul	21-Jul	365
50	1862	Kohlenberg	Anna Katharina Carol.	Theodor		Eva			03-01-09	20-Jul	21-Jul	365
51	1862	Ochs	Johannes	Thomas		Rebekka			03-06-00	22-Jul	23-Jul	365
52	1862	Greise	Georg Philipp	Adam aus Hessen					00-05-14	24-Jul	25-Jul	365
53	1862	Ruckert	Philipp	Darmstadt		Thressia	Ruckert	Maria	53-08-00	29-Jul	31-Jul	365
54	1862	Wetrich	Heinrich	Heinrich		Maria			00-11-10	31-Jul	01-Aug	365
55	1862	Hinternich [?]	Maria Katharina Dona	Christian		Katharina			01-05-00	31-Jul	01-Aug	365
56	1862	Gottig	Johannes	Conrad		Hanna			00-10-00	31-Jul	01-Aug	365
57	1862	Singewald	Johanna Wilhelmina	F. Heinrich		Henrietta			00-08-11	01-Aug	02-Aug	365
58	1862	Franz	Heinrich	Heinrich		Friedrika			01-00-20	02-Aug	03-Aug	365
59	1862	Benhof	Maria Elisabetha	Friedrich		Maria			02-08-00	03-Aug	04-Aug	365
60	1862	Schuchmann	Karl	Theodor					01-06-00	06-Aug	07-Aug	365
61	1862	Schroder	Louise	Johann		Christina			00-10-00	08-Aug	09-Aug	365
62	1862	Dinkelmann	Katharina Maria	Heinrich Rudolph		Anna M.			01-02-00	08-Aug	09-Aug	365
63	1862	Bucke	Gertraud	aus Kurhessen			Bucke	Ernst Heinrich	43-00-00	08-Aug	09-Aug	365

Trinity German Lutheran Burials

No.	Year	Surname	Given Name	Father	Moth Surname	Moth Given Name	Sp Surname	Sp Given Name	Age	Death	Burial	Page
64	1862	Jung	Maria	Caspar		Elisabetha			00-04-00	09-Aug	10-Aug	365
65	1862	Schoer	Friedrich	Friedrich		Magdalena			08-07-00	09-Aug	10-Aug	365
66	1862	Burkle	Franziska	Johann		Carolina			01-01-00	10-Aug	11-Aug	365
67	1862	Knaup	Louise	Karl		Amalia			02-01-00	09-Aug	11-Aug	367
68	1862	Lindauer	Margaretha	Christian		Rosina			01-00-00	11-Aug	12-Aug	367
69	1862	Hilsemann	Maria	Friedrich W.		Katharina M.			00-10-00	17-Aug	18-Aug	367
70	1862	Feldmann	Maria Elisabetha	Friedrich		Anna			01-03-00	17-Aug	19-Aug	367
71	1862	Hölzer	Katharina	aus Baiern	Hölzer			Leonhardt	44-06-00	19-Aug	20-Aug	367
72	1862	Wild	Heinrich	Stephan		Elisabetha			01-00-00	23-Aug	24-Aug	367
73	1862	Balster	Johann Christian	aus Hanover	Blede			Christina	56-00-00	01-Sep	02-Sep	367
74	1862	Ehlers	Johann Georg	aus Wurttemberg	Ehlers			Katharina	88-00-00	02-Sep	03-Sep	367
75	1862	Mohring	Friedrich	Walth		Barbara			07-00-00	07-Sep	08-Sep	367
76	1862	Dink [?]	Heinrich	Otto		Maria			00-11-00	08-Sep	09-Sep	367
77	1862	Dressel	Heinrich	Leonhardt		Maria			04-05-00	14-Sep	15-Sep	367
78	1862	Warneke	George August	Georg		Wilhelmina			03-10-00	21-Sep	22-Sep	367
79	1862	Danz	Caroline Wilhelmine	Eduard		Margaretha			02-01-00	23-Sep	24-Sep	367
80	1862	Spieker	Christian Heinrich		Spieker			Margaretha Elisa	01-04-00	25-Sep	26-Sep	367
81	1862	Hoffmann	Johann	aus Baiern	Hoffmann			Kunigunda	55-00-00	28-Sep	29-Sep	367
82	1862	Ruckert	Johann Philipp			Maria			18-09-00	08-Aug	29-Sep	367
83	1862	Kenthner	Georg	Caspar		Margaretha			00-09-00	30-Sep	01-Oct	367
84	1862	Burckhardt	Michael	aus Baiern	Burckhardt			Margaretha	40-11-00	01-Oct	02-Oct	367
85	1862	Schmidt (wid	Katharina Elisabetha	aus Hessen Darmstadt					60-01-18	03-Oct	04-Oct	367
86	1862	Gros	Peter	Lorenz		Katharina			01-00-00	06-Oct	07-Oct	367
87	1862	Schmidt	Wilhelm	Friedrich		Elisabetha			02-09-00	09-Oct	10-Oct	367
88	1862	Leistner	Elisabetha	Joseph		Dorothea			05-05-00	20-Oct	21-Oct	367
89	1862	Dolle	Maria	Christoph		Maria			02-03-00	21-Oct	23-Oct	367
90	1862	Het	Bernhardt	Nikolaus		Dorothea			03-06-00	25-Oct	26-Oct	367
91	1862	Käfer	Friedrich	aus Wurttemberg	Käfer			Rosina	59-08-00	06-Nov	08-Nov	367
92	1862	Bubert	Johann Gerhardt	Hermann		Katharina			02-00-00	08-Nov	09-Nov	367
93	1862	Kortkamp	Johannes	Heinrich		Elisabetha			08-00-00	08-Nov	10-Nov	367
94	1862	Bergenzer	Maria Elisabetha	Caspar		Theresia			02-05-00	09-Aug	10-Aug	367
95	1862	Reitzius	Johann Justus	aus Kurhessen	Rietzius			Anna Elisabetha	52-00-00	12-Oct	13-Oct	367
96	1862	Hutter	Dorothea	aus Sachsen Eisenach	Hutter			Valentin	68-09-00	12-Nov	13-Nov	367
97	1862	Kuhn	Margaretha	aus Baiern	Kuhn			Adolph	21-03-00	14-Nov	15-Nov	367
98	1862	Ritterbusch	Maria Katharina	Wilhelm		Elisabetha			05-00-00	16-Nov	17-Nov	367
99	1862	Hammer	Jakob Friedrich	aus Gross Baden	Hammer				51-00-00	16-Nov	17-Nov	367
100	1862	Heiser	Elisabetha	aus Hessen Darmstadt	Heiser			Johann	67-00-00	20-Nov	21-Nov	367
101	1862	Forster	Niklaus	aus Baiern	Forster			Susanna	50-00-00	24-Nov	25-Nov	367
102	1862	Hofmeister	Georg Heinrich	Philipp		Dorothea			5 weeks	26-Nov	27-Nov	367
103	1862	Kohler	Johann	aus Baiern	Kohler			Elisabetah	30-00-00	02-Dec	03-Dec	367
104	1862	Hilbert	Gustav	Adam		Louise			09-02-00	09-Dec	11-Dec	367
105	1862	Hobelmann	Herman Heinrich Friedr.	Herman		Maria			00-00-01	11-Dec	12-Dec	367
106	1862	Rosner	Georg Christian	Wilhelm		Friedricka			01-15-00	16-Dec	17-Dec	367
107	1862	Hoffmann	Johann	aus Sachsen	Hoffmann			Johanna	46-00-00	27-Dec	28-Dec	367

Trinity German Lutheran Burials

No.	Year	Surname	Given Name	Father	Moth Surname	Moth Given Name	Sp Surname	Sp Given Name	Age	Death	Burial	Page
108	1862	Heiss	Christina Helena Marg.	Johann Martin		Maria			04-07-00	28-Dec	29-Dec	367
109	1862	Pretzel	Katharina	aus Bayern			Prezel	Johann Michael	37-00-00	15-Jun	16-Jun	367
1	1863	Schreiber	Henrietta	Ernst		Henriette			02-06-00	05-Jan	07-Jan	369
2	1863	Dauterich	Heinrich Louis	Heinrich		Maria			02-07-00	11-Jan	13-Jan	369
3	1863	Skott	Elias	Elias Scott		Rebekka			01-09-00	16-Jan	17-Jan	369
4	1863	Ropke	Albert	Albert		Lucia			00-00-01	22-Jan	23-Jan	369
5	1863	Dauterich	Albert	Heinrich		Maria			03-06-00	22-Jan	24-Jan	369
6	1863	Riehl	Katharina Elisabetha	Johann H.		Katharina			05-01-16	24-Jan	25-Jan	369
7	1863	Seip	Barbara			Sophia			13-03-00	25-Jan	26-Jan	369
8	1863	Nux [?]	Karl Friedrich	aus Baden			Becker		26-07-00	01-Feb	02-Feb	369
9	1863	Hörichs	Wilhelm	aus Hanover					43-00-00	31-Jan	02-Feb	369
10	1863	Schumacher	Karl Heinrich	aus South Carolina					26-07-00	03-Feb	04-Feb	369
11	1863	Seipp	Christoph	aus Giesen			Seipp	Elisabetha	67-00-00	09-Feb	10-Feb	369
12	1863	Mohner	Gottlieb				Mohner	Katharina	78-00-00	14-Feb	15-Feb	369
13	1863	Kummel [?]	Justina	aus Hanover			widow		55-00-00	18-Feb	17-Feb	369
14	1863	Hubner	Anna Maria	aus Baiern			Hubner	Martin	44-00-00	20-Feb	22-Feb	369
15	1863	Weimer	Helena	Martin		Felicitas			01-03-00	23-Feb	24-Feb	369
16	1863	Kornschiltz	Friedrich Aug. Otto	Friedrich August		Louise			00-11-00	25-Feb	27-Feb	369
17	1863	Riehl	Margaretha	Johann H.		Katharina			03-04-00	03-Mar	04-Mar	369
18	1863	Erbach	Otto	Sebastian		Mina			09-04-00	07-Mar	09-Mar	369
19	1863	Erk	Margaretha	Karl		Martha			03-01-00	24-Mar	25-Mar	369
20	1863	Fortner	Valentin	Johann	Fortner		Elisabetha		3 weeks	21-Apr	22-Apr	369
21	1863	Magwald	Heinrich	aus Preussen			widower		53-00-00	20-Apr	22-Apr	369
22	1863	Horn	Johann Friedrich	Peter		Theres			3 weeks	07-May	08-May	369
23	1863	Rapp	Georg	Johann		Elisabetha			01-10-00	22-May	24-May	369
24	1863	Reiz	Magdalena	Peter		Katharaina			01-10-00	29-May	30-May	369
			Anna Maria									
25	1863	Maier	Margaretha	Friedrich		Christine			07-00-00	14-Jun	15-Jun	369
26	1863	Weiss	Maria Margaretha	Georg		Maria			00-09-00	17-Jun	18-Jun	369
27	1863	Pohle	Georg Wilhelm	Adam		Elisabetha			00-03-00	18-Jun	20-Jun	369
28	1863	Schooer	Conrad	aus Kurhessen			Schooer	Margaretha	24-06-00	22-Jun	23-Jun	369
29	1863	Paul	Maria	aus Kurhessen			Paul	Wilhelm	66-00-00	23-Jun	24-Jun	369
30	1863	Schieferer	Johann Christoph	Gottfried		Charlotta			00-09-00	13-Jul	14-Jul	369
			Anna Margaretha									
31	1863	Staudle	Katharina	Johann Friedrich		Anna Margaertha			00-06-00	13-Jul	14-Jul	369
32	1863	Berthhold	Karl Dietrich	Wilhelm		Elisabetha			02-00-00	13-Jul	14-Jul	369
33	1863	Schelling	Martin	Gabriel		Karolina			02-00-00	14-Jul	16-Jul	369
34	1863	Oedr [?]	Margaretha Dorothea		Oedr	Dorothea			00-06-00	16-Jul	17-Jul	369
35	1863	Keuse [?]	Christian	aus Bremen			a sailor from the ship Albert		45-00-00	17-Jul	18-Jul	369
36	1863	Horst	Louis Freidrich	Conrad		Christine			03-05-00	20-Jul	21-Jul	369
37	1863	Moser	Georg	Adam		Katharina			00-10-00	28-Jul	29-Jul	369
38	1863	Pfenig	Kaspar	aus Bayern			Pfenig	Eva	47-00-00	29-Jul	30-Jul	369
39	1863	Popp	Christiana Wilhelmina	Georg					01-07-00	29-Jul	30-Jul	369
40	1863	Schorr	Emma Magdalena	Bernhardt		Louise			05-00-00	30-Jul	31-Jul	369
41	1863	Moser	Katharina	aus Baiern			Moser	Adam	29-00-00	30-Jul	31-Jul	369
42	1863	Kleis	Johann	aus Holstein			Kleis	Anna	37-00-00	17-Aug	18-Aug	369
43	1863	Muller	Ferdinand		Franz (widow)	Katharina			00-09-00	18-Aug	19-Aug	371

Trinity German Lutheran Burials

No.	Year	Surname	Given Name	Father	Moth Surname	Moth Given Name	Sp Surname	Sp Given Name	Age	Death	Burial	Page
44	1863	Strauss	Katharina	Christoph		Anna Barbara			00-07-00	19-Aug	20-Aug	371
45	1863	Kolbe	Elisabetha Barbara	Johann		Barbara			01-06-00	19-Aug	20-Aug	371
46	1863	Hamann	Johann Philipp	Philipp		Margaretha			00-06-00	20-Aug	21-Aug	371
47	1863	Spengemann	Paulina Emilie	Heinrich		Maria			00-07-20	20-Aug	21-Aug	371
48	1863	Peterson	Georg Heinrich	Georg N.		Margaretha			01-10-00	21-Aug	23-Aug	371
49	1863	Faitz	Ludwig	Heinrich		Maria			03-02-00	22-Aug	23-Aug	371
50	1863	Schammel	Johann Peter	Bernhardt		Gertraud			02-01-00	26-Aug	27-Aug	371
51	1863	Maurer	Eduard A. Hr.	Karl D.		Ernstina			01-10-00	27-Aug	28-Aug	371
52	1863	Hessenauer	Barbara Magdalena	Johann					02-02-00	05-Sep	07-Sep	371
53	1863	Hessenauer	Maria Elisabetha	Johann					00-09-00	06-Sep	07-Sep	371
54	1863	Ritterbusch	Katharina	aus Hessen Darmstadt	Ritterbusch			Simon	60-04-14	06-Sep	08-Sep	371
55	1863	Horn	Maria Barbara	Adam		Anna Katharina			00-05-00	07-Sep	08-Sep	371
56	1863	Freund	Maria Magdalena	Conrad					01-03-00	08-Sep	09-Sep	371
57	1863	Ermer	Heinrich	Friedrich		Katharina			00-08-00	08-Sep	09-Sep	371
58	1863	Beissner	Ernst	Heinrich		Maria			05-06-00	10-Sep	12-Sep	371
59	1863	Winter	Johann Friedrich	Wilhelm		Elisabetha				00-05-00	03-Sep	04-Sep	371
60	1863	Wilson	John	[blank]		[blank]			00-02-00	12-Sep	13-Sep	371
61	1863	Kanzler	Ema	Karl		Anna			01-08-00	13-Sep	14-Sep	371
62	1863	Föller	Lina Katharina	Georg		Wilhelmina			02-02-00	15-Sep	16-Sep	371
63	1863	Hertel	Margaretha	aus Wurttemberg	Hertel			Johann	35-00-00	19-Sep	20-Sep	371
64	1863	Durr	Margaretha		Durr			Johannes	37-00-00	19-Sep	21-Sep	371
65	1863	Schemm	Elisabetha	August		Schemm (widow)			07-05-00	19-Sep	21-Sep	371
66	1863	Hainke	Wilhelm Albert	aus Baiern		Maria			05-01-00	21-Sep	22-Sep	371
67	1863	Nass	Christopf	Heinrich	Nass			Maria	22-09-00	22-Sep	23-Sep	371
68	1863	Knopp	Katharina Maria	Johann		Elisabetha			02-00-00	24-Sep	25-Sep	371
69	1863	Hupp	Margaretha Auguste			Johanna Dorothea			02-08-00	26-Sep	27-Sep	371
70	1863	Connor	John	aus Baiern	Gros			Maria	26-00-00	27-Sep	29-Sep	371
71	1863	Weh	Maximilian	Heinrich	Weh	Elisabetha		Maria	31-00-00	05-Oct	06-Oct	371
72	1863	Lange	Johanna Gesina	aus Preussen					45232	10-Oct	11-Oct	371
73	1863	Paul	Wilhelm		widower				66-00-00	14-Oct	15-Oct	371
74	1863	Schammel	Carl Louis	August		Caroline			00-11-16	13-Oct	16-Oct	371
75	1863	Kohen	Berthe	Friedrich		Wilhelmina			04-02-00	15-Oct	16-Oct	371
76	1863	Freund	Elisabetha	Conrad					01-00-00	15-Oct	17-Oct	371
77	1863	Felber	Louis Eduard	Louis		Henriette			01-08-07	16-Oct	18-Oct	371
78	1863	Turk	Margaretha	Sebastian		Elisabetha			02-02-00	25-Oct	26-Oct	371
79	1863	Seiler	Anna D.	aus Bayern			Seiler	Joseph	45-00-00	31-Oct	01-Nov	371
80	1863	Bruggemann	Anna Margaretha Amalie	Heinrich		Amalie			05-00-00	31-Oct	01-Nov	371
81	1863	Prinz	Conrad	aus Hessen					88-00-00	01-Nov	02-Nov	371
82	1863	Kohn	Georg	Johann					05-00-00	01-Nov	02-Nov	371
83	1863	Kolbe	Georg	Johann					05-05-00	02-Nov	03-Nov	371
84	1863	Schaferlein	Adam	Adam		Barbara			8 weeks	03-Nov	04-Nov	371
85	1863	Käfer	Louis	Johann		Margaretha			00-07-00	06-Nov	07-Nov	371
86	1863	Gross	Katharina	aus Osnebruck	widow	Elisabetha			65-00-00	18-Sep	19-Sep	371
86	1863	Heimann	Elise	Johann		Kunigunde			04-00-00	10-Nov	11-Nov	373
87	1863	Gotting	Katharina	Conrad		Katharina			01-00-00	11-Nov	12-Nov	373

Trinity German Lutheran Burials

No.	Year	Surname	Given Name	Father	Moth Surname	Moth Given Name	Sp Surname	Sp Given Name	Age	Death	Burial	Page
88	1863	Hoffmann	Friedrich	aus Wurttemberg			Ruckert	Maria Christina	62-00-00	10-Nov	12-Nov	373
89	1863	Banacker	Gertraud	aus Wurttemberg			Banacker	Philipp	37-00-00	16-Nov	17-Nov	373
90	1863	Ziehm	Maria	Karl		Katharina			02-11-00	18-Nov	19-Nov	373
91	1863	Horst	Maria	Conrad		Elisabetha			00-04-00	25-Nov	26-Nov	373
92	1863	Pfeifer	Maria	aus Baiern			Pfeifer	Johann	45-00-00	10-Dec	11-Dec	373
93	1863	Willner	Karl Gottfried	Conrad		Friedrika			00-09-00	20-Dec	21-Dec	373
94	1863	Bentrupp	Adam	Friedrich		Elisabetha M.			00-09-14	21-Dec	22-Dec	373
95	1863	Umbach	Johann	Georg		Elisabetha			00-03-00	26-Dec	27-Dec	373
96	1863	Braun	Elisabeth	Peter				Elisabetha	09-00-00	[blank]	[blank]	373
1	1864	Konig	Katharina Elisabetha	aus Osnabruck			Konig	Friedrich	58-00-00	30-Dec 1863	31-Dec 186	373
2	1864	Munch	Kunigunde	aus Baiern		Eva			19-09-00	04-Jan	05-Jan	373
3	1864	Schmidt	Georg	Johann					00-00-14	04-Jan	05-Jan	373
4	1864	Lammers	Katharine	aus Bremen			Lammers	Mr.	54-00-00	07-Jan	09-Jan	373
5	1864	Wurzbacher	Peter Heinrich	Johann		Mathilde			01-00-00	08-Jan	10-Jan	373
6	1864	Bentupp	Johann	Friedrich		Margaretha			06-06-00	10-Jan	11-Jan	373
7	1864	Matthes	Maria Anna	Johann Peter		Wilhelmina			00-05-00	12-Jan	13-Jan	373
8	1864	Gerke	Anna Johanna	August		Elisabetha			02-00-00	12-Jan	13-Jan	373
9	1864	Maier	Eva Barbara	Schwarzenberg Bernhardt	(stepfather)	Maria M.			16-00-00	13-Jan	14-Jan	373
10	1864	Kentner	Elisabetha	Kaspar		Elisabetha			02-00-00	14-Jan	15-Jan	373
11	1864	Blumeier	Ernst	Ernst		Freidricka			02-01-00	16-Jan	18-Jan	373
12	1864	Hackmann	Johann Friedrich	Johann Frdch Vollmer		[blank]			05-08-00	21-Jan	23-Jan	373
13	1864	Brecht	Louise Henrietta	Georg		Maria A.			06-00-00	23-Jan	25-Jan	373
14	1864	Schmidt	Katharina Elisabetha	aus Nassau			Schmidt	Gustav	44-00-00	24-Jan	25-Jan	373
15	1864	Pehfasel	John	aus Nova Scotia			a sailor		29-00-00	24-Jan	26-Jan	373
16	1864	Reis	Katharina Barbara	Bernhardt		Christina			03-00-00	25-Jan	27-Jan	373
17	1864	Götze	Louise	August					03-03-00	28-Jan	29-Jan	373
18	1864	Bories	Niklaus	Bernhardt					00-00-09	28-Jan	29-Jan	373
19	1864	Bahl	Anna	aus Hanover		Elisabeth	Bahl	Christian	37-00-00	28-Jan	30-Jan	373
20	1864	Bauer	Wilhelm	Daniel		Anna			00-09-00	30-Jan	01-Feb	373
21	1864	Schnittker	Anna Maria Engel	Johann		Maria			01-09-00	04-Feb	05-Feb	373
22	1864	Zöllner	Otto	Karl		[blank]			36831	14-Feb	15-Feb	373
23	1864	Ruhling	Lisette	[blank]		Lora			01-01-00	14-Feb	15-Feb	373
24	1864	Lang	Christina	Ludwig Bepperling		Margaretha			09-00-00	15-Feb	16-Feb	373
25	1864	Felder	Georg	Friedrich Wilhelm		[blank]			02-01-00	16-Feb	17-Feb	373
26	1864	Ickes	Margaretha	[blank]		Helena			02-04-00	20-Feb	21-Feb	373
27	1864	Zimmermann	Georg	Wilhelm					07-01-00	22-Feb	23-Feb	373
28	1864	Graf	Maria Katharina	aus Wurttemberg			Graf	August	30-00-00	24-Feb	25-Feb	373
29	1864	Bischoff	Heinrich	Claggsen			sailor from ship	Gustav	43-00-00	26-Feb	27-Feb	373
30	1864	Denison	Johann Karl	Friedrich		Katharina			00-06-00	27-Feb	28-Feb	373
31	1864	Gäde	Eduard	Friedrich Christian		Carolina			01-02-00	06-Mar	07-Mar	373
32	1864	Schutz	Georg	Heinrich		Carolina			01-11-00	08-Mar	09-Mar	375
33	1864	Lang	Caroline	Heinrich		Katharina			00-09-00	08-Mar	09-Mar	375
34	1864	Maus	Katharina	Johann		Carolina			36868	17-Mar	18-Mar	375
35	1864	Muth	Maria Carolina	Emil		Sophia			02-10-00	20-Mar	21-Mar	375
36	1864	Lerch	Margaretha		Stutt (widow)	Maria			00-06-00	19-Mar	20-Mar	375
37	1864	Stutt	Margaretha						16-00-00	20-Mar	22-Mar	375

Trinity German Lutheran Burials

No.	Year	Surname	Given Name	Father	Moth Surname	Moth Given Name	Sp Surname	Sp Given Name	Age	Death	Burial	Page
38	1864	Heinkel	Barbara	aus Baden			Heinkel	Karl	53-00-00	30-Mar	31-Mar	375
39	1864	Gut	Georg Johann	Niklaus		Dorothea			00-00-7	09-Apr	10-Apr	375
40	1864	Weiss	Johann	Valentin		Eva			00-04-00	11-Apr	11-Apr	375
41	1864	Unger	Christiana	Adam		Maria			03-09-00	12-Apr	13-Apr	375
42	1864	Heiss	Johann Thomas Friedr.	Johann M.		Maria			02-00-00	19-Apr	20-Apr	375
43	1864	Schabelein	Adam			Margaretha (widow)			00-08-00	23-Apr	24-Apr	375
44	1864	Hamann	Heinrich	Philipp		Louise			03-06-00	26-Apr	27-Apr	375
45	1864	Heiderich	Christian			Katharina			04-00-00	26-Apr	28-Apr	375
			Katharina Barbara									
46	1864	Stricker	Maria	Michael					04-07-00	05-May	06-May	375
47	1864	Muller	Franz Bernhardt	Ernst		Anna Maria			05-00-00	07-May	08-May	375
48	1864	Stricker	Michael	aus Wurttemberg			Stricker	Margaret	29-00-00	17-May	18-May	375
49	1864	Marquardt	Johann	Wilhelm		Margaretha			02-03-00	17-May	18-May	375
50	1864	Connor	John	John		Maria			00-08-00	18-May	20-May	375
51	1864	Friedrich	Karl			[blank]			[blank]	[blank]	[blank]	375
52	1864	Jansen	Peter Conrad Martin	Peter		Katharina			03-02-00	22-May	23-May	375
53	1864	Richter	Anna Maria				Richter	Andreas	47-04-00	06-Jun	07-Jun	375
54	1864	Reinhard	Gerog Wilhelm	Conrad		Elisabetha			00-04-00	08-Jun	09-Jun	375
55	1864	Dressel	Johann	Johachim [?]		Katharina			01-01-00	11-Jun	12-Jun	375
56	1864	Joh	Henrietta	Conrad		Katharina			02-02-00	11-Jun	12-Jun	375
57	1864	Koffeberger	Katharina Elisabetha	Adam		Anna			01-05-00	19-Jun	20-Jun	375
58	1864	Wagner	Johann Conrad	Johann	Schnithger				00-07-00	30-May	31-May	375
59	1864	Schnithger	Johann Friedrich	aus Hanover			Schnithger	Maria	55-00-00	01-Jul	03-Jul	375
60	1864	Tschudi	Eduard	Just		Theresia			01-00-21	02-Jul	03-Jul	375
61	1864	Ehnleiger	Barbara	Georg		Margaretha			15 weeks	02-Jul	03-Jul	375
62	1864	Graf	Emila	August		deceased			00-07-00	07-Jul	08-Jul	375
63	1864	Flentje	Anna Katharina	Wilhelm		Regina			00-00-00	07-Jul	08-Jul	375
64	1864	Philippi	Maria	Peter		Mathilde			00-05-00	07-Jul	08-Jul	375
65	1864	Horner	Johann	Johann		Katharina			01-04-00	09-Jul	10-Jul	375
66	1864	Reif	Georg Leonhardt	Leonhardt					01-06-00	09-Jul	10-Jul	375
67	1864	Hergenheime	Conrad	aus Kurhessen					58-00-00	15-Jul	16-Jul	375
68	1864	Schuchmann	Karl	Theodor		Maria			01-01-00	23-Jul	24-Jul	375
69	1864	Weiss	Georg Conrad	Georg		Maria			05-01-00	25-Jul	26-Jul	375
70	1864	Ruhlmeier	Anna	Heinrich		Anna			01-00-00	19-Jul	20-Jul	375
71	1864	Hubner	Barbara Susetta	Conrad		Barbara			01-00-00	26-Jul	27-Jul	375
72	1864	Grundel	Anna Margaretha	aus Freidrich City			Grundel	Johann	37-00-00	27-Jul	29-Jul	375
73	1864	Grundel	Johann	aus Friedrich City					37-00-00	30-Jul	01-Aug	375
74	1864	Körner	Katharina		Körner	Barbara			01-07-00	31-Jul	01-Aug	375
75	1864	Black	Henriette Louise	Peter		Amalia			01-06-00	06-Aug	08-Aug	377
76	1864	Schonhals	Heinrich Friedrich	Johann		Anna Katharina			36531	11-Aug	12-Aug	377
77	1864	Stricker	Karl		Stricker	Margaret			00-09-00	11-Aug	13-Aug	377
78	1864	Pilgrim	Christoph Heinrich	Heinrich		Elisabetha			03-00-00	12-Aug	14-Aug	377
79	1864	Pfortzer	Ida	Johann		[blank]			01-06-00	14-Aug	15-Aug	377
80	1864	Jöckel	Adolph	Johann		Margaretha			02-07-00	15-Aug	16-Aug	377
81	1864	Dietrich	Amalia Theressia	Heinrich		Theressia			03-00-00	16-Aug	17-Aug	377
82	1864	Ellinger	Friedrich	aus Baltimore			Lutheran Brotherhood		45-00-00	18-Aug	19-Aug	377
83	1864	Distler	Katharina	Conrad		Margaretha			03-00-00	20-Aug	21-Aug	377

Trinity German Lutheran Burials

No.	Year	Surname	Given Name	Father	Moth Surname	Moth Given Name	Sp Surname	Sp Given Name	Age	Death	Burial	Page
84	1864	Schnieder	Elisabetha	Johann		Maria			15-09-00	27-Aug	28-Aug	377
85	1864	Wiessmann	Emma	Georg		F.			01-04-00	28-Aug	29-Aug	377
86	1864	Louis	Friedrika Hermina	L. Conrad		Elisabetha			02-00-00	31-Aug	01-Sep	377
87	1864	Beissner	Christian	Heinrich		Maria			01-00-00	05-Sep	06-Sep	377
88	1864	Vogel	Kunigunde	Heinrich		Elisabetha			00-01-00	10-Sep	11-Sep	377
89	1864	Kraft	Elisabetha	aus Baiern			widow		48-00-00	15-Sep	16-Sep	377
90	1864	Ritterpusch	Katharina W.	aus Marburg			Ritterpusch	Heinrich	33-00-00	24-Sep	26-Sep	377
91	1864	Theiss	Friedrich	Friedrich		Maria			09-00-00	27-Sep	28-Sep	377
92	1864	Hegmann	Paul Anton	Theodor		Elisabetha			05-02-00	05-Oct	06-Oct	377
93	1864	Russel	Friedrich	Herman					00-04-00	07-Oct	08-Oct	377
94	1864	Bosshammer	Conrad	Heinrich					20-00-00	08-Oct	09-Oct	377
95	1864	Schmidt	Andreas	aus Kurhessen			Schmidt	Elisabetha	58-00-00	24-Oct	25-Oct	377
96	1864	Heimbach	Karl Heinrich	Thomas		Louise			00-07-00	26-Oct	27-Oct	377
97	1864	Schneider	Johann	Johann		Katharina			25-00-00	29-Oct	30-Oct	377
98	1864	Wild	Conrad	Stephan		Elisabetha			08-00-00	09-Oct	10-Oct	377
99	1864	Graulich	Francis	Louis		Maria			04-08-00	12-Nov	13-Nov	377
100	1864	Graulich	Ellen	Louis		Maria			03-00-00	13-Nov	13-Nov	377
101	1864	Lasko	Heinrich	aus Baiern					67-00-00	12-Nov	13-Nov	377
				aus Sachsen								
102	1864	Brubacher	Georg	Weimar		Katharina			77-06-00	16-Nov	17-Nov	377
103	1864	Frey	[blank]	Friedrich		Margaretha			00-05-00	30-Nov	01-Dec	377
104	1864	Förster	Heinrich	Johann			widower		00-09-00	30-Nov	01-Dec	377
				aus Hessen								
105	1864	Koch	Elisabetha	Darmstadt			widow		70-00-00	02-Dec	03-Dec	377
106	1864	Keer	Karolina	aus Waldeck			widow		52-00-00	17-Dec	18-Dec	377
107	1864	Glaser	Heinrich			Sophi	widow		04-00-00	20-Dec	21-Dec	377
108	1864	Eger	Anna Elisabetha	aus Kurhessen					83-00-00	17-Dec	19-Dec	377
1	1865	Jockel	Heinrich	Conrad		Barbara			01-04-00	31-Dec 1865	1-Jan 1866	377
2	1865	Behnhof	Mina Schneider				Schneider		[blank]	07-Jan	08-Jan	377
3	1865	Käfer	Elisabetha				Käfer	Johann	21-03-00	11-Jan	13-Jan	377
4	1865	Hafekom	Georg Wilhelm	Wilhelm		Katharina			01-08-00	21-Feb	22-Feb	377
5	1865	Bockelmann	Elisabetha	aus Hanover			Bockelmann	Mr.	37-00-00	23-Feb	24-Feb	377
6	1865	Fink	Johann	Wilhelm		Elisabetha			00-00-01	24-Feb	26-Feb	377
7	1865	Link	Maria Susann	aus Kurhessen			Link	Johann	64-00-00	06-Mar	07-Mar	377
8	1865	Muller	Johann Heinrich	aus Kurhessen			widower		80-04-00	19-Apr	21-Apr	379
9	1865	Oschweh	Frank	Georg		Katharina			14-00-00	10-Apr	12-Apr	379
10	1865	Brandt	Ernst Alx. Julius	Georg		Katharina			01-06-00	14-Apr	15-Apr	379
11	1865	Muller	M. Math. Henriette	Friedrich		Carolina			00-10-00	22-Apr	23-Apr	379
12	1865	Plett	[blank]	an orphan					01-06-00	22-Apr	23-Apr	379
13	1865	Hinkel	Jakob			Katharina			[blank]	23-Apr	24-Apr	379
14	1865	Sharp (Horst	Herman	Johann		Augusta			02-05-00	25-Apr	27-Apr	379
15	1865	Muller	Karl Friedrich	Friedrich	Sharp	Anna Maria			00-00-08	29-Apr	30-Apr	379
16	1865	Haffke	Ida	Karl		Carolina			02-03-00	30-Apr	01-May	379
17	1865	Faige	Louise	aus Darmstadt		Louise	Faige	Louis	06-00-00	01-May	03-May	379
18	1865	Meser	Margaretha	Johann		Maria			34-00-00	01-May	03-May	379
19	1865	Bartholomay	Johann	Johann		[blank]			01-06-00	11-May	12-May	379
									18-11-00	21-May	26-May	379

200

Trinity German Lutheran Burials

No.	Year	Surname	Given Name	Father	Moth Surname	Moth Given Name	Sp Surname	Sp Given Name	Age	Death	Burial	Page
20	1865	Roth	Martin	aus Hessen			widower		77-00-00	09-May	11-May	379
21	1865	Ermer	Georg Wilhelm	Darmstadt		Katharina			01-00-18	29-May	31-May	379
22	1865	Hain	Anna Dorothea	Friedrich			Hain	Johann Georg	63-00-00	23-May	28-May	379
23	1865	Sohn	Barbara Margaretha	aus Baiern		Elisabetha			01-02-00	27-May	28-May	379
24	1865	Freund	Magdalena	Moritz		Caroline			01-10-00	02-Jun	03-Jun	379
25	1865	Schultheiss	Andreas	Matthaus			Schultheiss	Margaretha	33-09-00	02-Jun	03-Jun	379
26	1865	Grauchlich	Johann	aus Baiern			Grauchlich	Anna Margaretha	48-08-00	03-Jun	05-Jun	379
27	1865	Dill	Maria	aus Hessen			Dill	Christian	49-02-00	09-Jun	11-Jun	379
28	1865	Schmidt	Erna Christina	Darmstadt		Charlotta			01-00-00	11-Jun	13-Jun	379
29	1865	Pfaff	Emma	Wilhelm		Katharina			01-01-00	13-Jun	14-Jun	379
30	1865	Siebrecht	Heinrich	Conrad		Martha			00-08-00	15-Jun	16-Jun	379
31	1865	Hamann	Johann	Heinrich			widower		75-00-00	17-Jun	19-Jun	379
32	1865	Schweisser	Margaretha	aus Hessen			widow		70-00-00	20-Jun	21-Jun	379
33	1865	Herget	Johann	aus Baiern		Magdalena			27-01-00	27-Jun	28-Jun	379
34	1865	Preis	Johann	Michael		Anna			00-06-15	27-Jun	28-Jun	379
35	1865	Wiese	Christina	Heinrich			Weise	Conrad	34-01-00	27-Jun	28-Jun	379
36	1865	Schneider	Eva	aus Preussen		Elisabetha			02-07-00	28-Jun	29-Jun	379
37	1865	Bonacker	Johann Ernst	Johann		Maria			01-10-00	28-Jun	29-Jun	379
38	1865	Klotsch	Rosina	Philipp	Schoube	Catharina			00-06-00	29-Jun	01-Jul	379
39	1865	Roder	Johann	Heinrich Feadley			single		35-00-00	01-Jul	02-Jul	379
40	1865	Heinz	Johanna	aus Baiern		Bittrane			01-05-00	02-Jul	03-Jul	379
41	1865	Ditzel	August Adam	Albert		Ernstina			06-00	05-Jul	06-Jul	379
42	1865	Nagler	Ernstina Katharina	Adam		Maria			00-03-00	06-Jul	07-Jul	379
43	1865	Kopp	Mathilde	Heinrich Daniel		Sophia			14-00-00	07-Jul	08-Jul	379
44	1865	Felter	Friedrich Wilhelm	aus Hessen Darmstadt		Elisabetha	Felter	Margaretha	33-07-00	08-Jul	10-Jul	379
45	1865	Weitzel	Georg Elmer Elsworth	Martin		Barbara			03-04-00	10-Jul	11-Jul	379
46	1865	Wustner	Margaretha Mathilde	Michael					02-10-00	16-Jul	17-Jul	379
47	1865	Maus	Johann Heinrich	aus Nassau			Maus	Carolin	48-04-00	19-Jul	20-Jul	379
48	1865	Niedhardt	Adam	aus Baiern		Barbara	Niedhardt	Margaretha	44-01-00	20-Jul	21-Jul	379
49	1865	Möhring	Thomas	Matthaus		Sophia			01-09-00	22-Jul	23-Jul	381
50	1865	Schneider	Caspar Wilhelm	Friedrich					00-08-00	22-Jul	23-Jul	381
51	1865	Horstmeier	Sophia	aus Preussen			widow		44-00-00	25-Jul	26-Jul	381
52	1865	Wustner	Mathilde Katharina	Michael		Barbara			00-07-00	27-Jul	28-Jul	381
53	1865	Riehl	Karl Friedrich	Karl		Katharina			01-06-00	30-Jul	31-Jul	381
54	1865	Distler	Adam	Conrad		Margaretha			01-05-00	31-Jul	01-Aug	381
55	1865	Broseke	Johann Karl L.	aus Preussen			Broseke	Magdalena	36-07-00	29-Jul	31-Jul	381
56	1865	Lautenschlag	Elisabetha	August		Margaretha			01-01-00	01-Aug	02-Aug	381
57	1865	Ritterpusch	Wilhelm	aus Kurhessen			Ritterpusch	Elisabetha	36-02-00	02-Aug	04-Aug	381
58	1865	Holle	Wilhelm Heinrich	Heinrich		Margaretha			00-07-00	03-Aug	04-Aug	381
59	1865	Maus	Karl			Carolina			00-10-00	05-Aug	07-Aug	381
60	1865	Kalber	Wilhelm	Georg		Kunigunda			00-09-00	06-Aug	07-Aug	381
61	1865	Schmalzel	Karl Heinrich	Johann		Barbara			00-08-00	07-Aug	08-Aug	381
62	1865	Malters	Johann Dietrich	Johann H.		Henrietta			01-02-00	13-Aug	14-Aug	381
63	1865	Schieferer	Louise	Gottfried		Charlotte			01-01-00	16-Aug	17-Aug	381
64	1865	Printz	Elisabetha	aus Kurhessen			widow		61-00-00	10-Aug	11-Aug	381

Trinity German Lutheran Burials

No.	Year	Surname	Given Name	Father	Moth Surname	Moth Given Name	Sp Surname	Sp Given Name	Age	Death	Burial	Page
65	1865	Felber	Allice Virginia	Karl		Louise			02-03-00	12-Aug	13-Aug	381
66	1865	Geiger	Wilhelmine Virginia	Johann		Katharina			00-08-14	14-Aug	15-Aug	381
67	1865	Leistner	Katharina	Joseph		Dorothea			01-00-13	16-Aug	17-Aug	381
68	1865	Gotz	Anna Katharina	Georg		Elisabetha			00-06-00	30-Aug	31-Aug	381
69	1865	Jokus	Johann	aus Holland				sailor on ship Argus	22-00-00	30-Aug	31-Aug	381
70	1865	Lien	Johann	Adam		Barbara			01-05-00	30-Aug	31-Aug	381
71	1865	Oberndorfer	Andreas	aus Baiern aus Sachsen			Oberndorfer	Anna	56-06-00	04-Sep	05-Sep	381
72	1865	Butscher	Johann	Weimar		Katharina			59-00-00	06-Sep	07-Sep	381
73	1865	Lauffer	Elisabetha	Conrad					00-07-00	06-Sep	07-Sep	381
74	1865	Reif	Maria Magdalena	Bernhardt		Katharina			00-00-12	12-Sep	13-Sep	381
75	1865	Werner	Maria				Denison	Glackson	21-00-00	21-Sep	22-Sep	381
76	1865	Maurer	Maria Christiana	Karl		Ernstina			01-04-00	27-Sep	28-Sep	381
77	1865	Sendelbach	Karl	Johann		Katharina			02-07-00	26-Sep	27-Sep	381
78	1865	Bruggemann	Johann	aus Holstein			Bruggemann	Margaretha	46-03-00	30-Sep	02-Oct	381
79	1865	Onkamp [?]	Louise	aus Hanover			Onkamp [?]	Anton	32-00-00	04-Oct	06-Oct	381
80	1865	Schemm	Georg			Katharina			36836	05-Oct	06-Oct	381
81	1865	Sendelbach	Johann Georg	Johann		Katharina			01-07-00	09-Oct	10-Oct	381
82	1865	Hubner	Rosina Sophia			Margaretha	Hubner	Johann	34-00-00	14-Oct	15-Oct	381
83	1865	Mader	Johann Heinrich	Johann		Barbara			00-00-09	14-Oct	15-Oct	381
84	1865	Strassner	Friedrich	Conrad		Charlotta			01-05-00	24-Oct	26-Oct	381
85	1865	Wienling [?]	Heinrich	Heinrich aus Hessen					00-05-00	26-Oct	27-Oct	381
86	1865	Kuhn	Elisabetha	Darmstadt			Kuhn	Adolph	38-08-00	09-Nov	11-Nov	381
87	1865	Schuh	Eduard Friedrich	Johann		Wilhelmina			02-04-00	13-Nov	14-Nov	381
88	1865	Flietsch	Elisabetha	aus Baden			Flietsch	Georg	38-00-00	15-Nov	16-Nov	381
89	1865	Dornauer	Magdalena	aus Bayern			Dornauer	Georg	50-00-00	15-Nov	16-Nov	381
90	1865	Schuh	Margaretha	Johann aus Hessen		Wilhelmina			07-03-00	16-Nov	17-Nov	381
91	1865	Appel	Magdalena	Darmstadt			Appel	Friedrich	32-04-00	21-Nov	22-Nov	381
92	1865	Walsch	Herman	Friedrich		Louise			03-10-00	20-Nov	21-Nov	381
93	1865	Frankenberg	Rosina	Johann		Margaretha			1 hour	26-Nov	27-Nov	383
94	1865	Leimbach	August	Martin		Katharina			07-09-00	06-Dec	07-Dec	383
95	1865	Strauch	Maria	Heinrich		Katharina			03-10-00	06-Dec	07-Dec	383
96	1865	Heimuller	August	Christian		Maria			05-04-00	07-Dec	10-Dec	383
97	1865	Weitzel	Barbara	Martin		Elisabetha			01-10-00	10-Dec	11-Dec	383
98	1865	Fick	Eva				Fick	August	52-00-00	15-Dec	17-Dec	383
99	1865	Bonert	Jakob	Michael		Eva			02-09-00	24-Dec	25-Dec	383
100	1865	Maurer	Jackob	Karl		Augusta			04-00-22	28-Dec	29-Dec	383
1	1866	Hupp	Herman Jakob	Johann		Hanna			01-00-00	02-Jan	03-Jan	383
2	1866	Schutz	Elisabeth	Christian aus Rheinpfalz-Durkheim		Dorothea			36865	02-Jan	03-Jan	383
3	1866	Bissinger	Georg					schoolteacher here	54-00-00	06-Jan	08-Jan	383
4	1866	Hensler	Magdalena			Anna		widow	03-02-00	10-Jan	11-Jan	383
5	1866	Stess	Margaretha				Sein		55-08-00	19-Jan	21-Jan	383
6	1866	Vollandt	Johann Michael	aus Sachsen				Maria	75-00-00	20-Jan	23-Jan	383

Trinity German Lutheran Burials

No.	Year	Surname	Given Name	Father	Moth Surname	Moth Given Name	Sp Surname	Sp Given Name	Age	Death	Burial	Page
7	1866	Popp (Fische	Maria Elisabetha	Johann Fischer		Elisabetha			02-00-00	29-Jan	30-Jan	383
8	1866	Appel	Johann	Johann		Eva			03-03-00	08-Feb	09-Feb	383
9	1866	Munk	Conrad				single		26-00-00	15-Feb	17-Feb	383
10	1866	Neidert	Katharina	aus Kurhessen			Niedert	Ernst	71-00-00	16-Feb	18-Feb	383
11	1866	Weinreich	Rosa Henrietta	Franz		Elisabetha			00-10-00	18-Feb	19-Feb	383
				aus Sachsen								
12	1866	Stark	Louise	Rudolstadt			Stark	Karl	43-00-00	21-Feb	22-Feb	383
13	1866	Lindenberger	Eva	aus Kurhessen			Lindenberger	Johann	44-00-00	27-Feb	28-Feb	383
14	1866	Redmann	Margaretha	aus Hanover			Redmann	Christian	28-00-00	09-Mar	10-Mar	383
15	1866	Weiss (Dahm	Maria	Kaspar	Dahm	Christian			00-04-00	21-Mar	22-Mar	383
16	1866	Westpfel	Heinrich	Heinrich		Maria			01-06-00	25-Mar	26-Mar	383
17	1866	Batz	Anna Chr.				widow		82-00-00	27-Mar	29-Mar	383
18	1866	Jost	Maria				widow		69-00-00	01-Apr	02-Apr	383
19	1866	Lammers	Maximilian	aus Hanover			widower		73-00-00	16-Apr	17-Apr	383
20	1866	Ludwig	Andreas	aus Kurhessen			Ludwig	Katharina	51-08-00	17-Apr	19-Apr	383
21	1866	Bonacker	Heinrich	Philipp		Maria			10-00-00	26-Apr	28-Apr	383
22	1866	Schwier	Herman Friedrich	Ernst		Elisabetha			01-07-00	05-May	06-May	383
23	1866	Burke	Dorothea Wilhelmina	Johann Heinrich		Elisabetha			02-06-00	07-May	08-May	383
24	1866	Will	Stephan				Will	Elisabetha	36-00-00	11-May	12-May	383
25	1866	Gut	Elisabetha	Niklaus		Elisabetha			08-00-00	14-May	15-May	383
26	1866	Wolfermann	Johann Franz	Michael		Margaretha			02-02-00	25-May	26-May	383
27	1866	Holstett	August Franklin	Johannes		Katharina			01-00-00	28-May	30-May	383
				aus Hessen								
28	1866	Rink	Anna Elisabetha	Darmstadt			widow		89-00-00	12-Jun	14-Jun	383
29	1866	Hapmauer	Leonhardt	aus Baiern					65-08-00	11-Jun	13-Jun	383
30	1866	Hedermann	Sophia	Kaspar		Elisabetha			01-03-00	15-Jun	16-Jun	383
31	1866	Braun	Barbara	aus Baiern			Braun	Otto	47-00-00	21-Jun	22-Jun	383
32	1866	Schmidt	Georg	aus Nurnberg			Schmidt	Maria Sophia	65-05-00	25-Jun	27-Jun	383
33	1866	Schuchmann	Maria Katharina Aug.	Theodor		Maria			01-03-00	27-Jun	28-Jun	383
34	1866	Schulz	Heinrich Alexander	Heinrich		Dorothea			00-07-00	28-Jun	29-Jun	385
35	1866	Koster	Heinrich	aus Hanover			Koster	Anna Katharina	25-00-00	01-Jul	03-Jul	385
36	1866	Loser	Johanna M.	aus Baiern					45-00-00	03-Jul	05-Jul	385
37	1866	Meier	Karl	Johann		Anna			09-00-00	05-Jul	06-Jul	385
38	1866	Lorenz	Andreas	aus Baiern			Lorenz	Charlotta	70-00-00	07-Jul	08-Jul	385
39	1866	Hinkel	Lena	Conrad		Maria			00-03-00	08-Jul	09-Jul	385
40	1866	Philippi	Johann Conrad	Peter		Maria			01-01-00	13-Jul	15-Jul	385
41	1866	Springer	Maria	Valentin		Katharina			01-01-00	14-Jul	15-Jul	385
42	1866	Kinhans	August	aus Holland			sailor on ship	Duisberg	[blank]	[blank]	[blank]	385
43	1866	Horst	Rosine Christiana	aus Wurttemberg			Horst	Johann	45-00-00	17-Jul	18-Jul	385
44	1866	Pfaff	Conrad	aus Kurhessen			Pfaff	Katharina	37-00-00	17-Jul	18-Jul	385
45	1866	Kress	Johann Heinrich	Georg		Elisabetha			01-00-00	16-Jul	17-Jul	385
46	1866	Kamps							27-00-00	[blank]	[blank]	385
47	1866	Languth	Johann	[blank]		[blank]			00-06-00	21-Jul	23-Jul	385
48	1866	Beinerd	Karl	aus Wurttemberg					26-00-00	18-Jul	19-Jul	385
49	1866	Mahlwitz	Friedike Carolina	August		Maria			00-06-00	18-Jul	20-Jul	385
50	1866	Eisenroth	Augusta Henriette	Georg		Elisabetha			01-09-00	21-Jul	22-Jul	385
51	1866	Haas	Robert	Gottlieb		Emilia			03-00-00	26-Jul	27-Jul	385
52	1866	Meier	Anna Margaretha	Wilhelm		Katharina			00-03-00	04-Aug	05-Aug	385

Trinity German Lutheran Burials

No.	Year	Surname	Given Name	Father	Moth Surname	Moth Given Name	Sp Surname	Sp Given Name	Age	Death	Burial	Page
53	1866	Reineck	Georg	Johann		Margaretha			03-06-00	02-Aug	03-Aug	385
54	1866	Stoss	Johann	Johann	Trautwein	Katharina			00-00-14	06-Aug	07-Aug	385
55	1866	Jones	Heinrich	August Dricke					07-04-00	08-Aug	09-Aug	385
56	1866	Becker	Elisabetha	Christian		Margaretha			01-07-00	10-Aug	11-Aug	385
57	1866	Martin	Emilie Christina	Wilhelm		Katharina Elisabetha			01-03-00	10-Aug	12-Aug	385
58	1866	Lippold	Wilhelm	Heinrich		Elisabetha			12-00-00	11-Aug	12-Aug	385
59	1866	Lippold	Karl	Heinrich		Elisabetha			04-00-00	11-Aug	12-Aug	385
60	1866	Zirkel	Christina	aus Kurhessen			single		40-00-00	13-Aug	14-Aug	385
61	1866	Gerke	Maria Elisabetha	Wilhelm		Maria			00-08-00	21-Aug	22-Aug	385
62	1866	Atwell	Anna Margaretha				Atwell		36-00-00	28-Aug	29-Aug	385
63	1866	Reuschler	Johannes	aus Hessen Darmstadt			Reuschler	Margaretha	40-00-00	31-Aug	02-Sep	385
64	1866	Schun	Christina			Friedrika			10-00-00	30-Aug	01-Sep	385
65	1866	Kiefer	Loius	Louis		Maria			00-10-00	06-Sep	07-Sep	385
66	1866	Riehl	Andreas	Conrad		Katharina			02-03-00	11-Sep	12-Sep	385
67	1866	Pfaff	Wilhelm Heinrich	Conrad		Elisabetha			01-00-00	24-Aug	25-Aug	385
68	1866	Suter	Johann	Georg		Anna			01-11-00	19-Sep	20-Sep	385
69	1866	Urban	Adam	Adam					02-11-00	23-Sep	24-Sep	385
70	1866	Schmidt	Georg	aus Hessen Darmstadt			Schmidt	Adelheid	30-00-00	25-Sep	26-Sep	385
71	1866	Butscher	Friedrika				Butscher	Andreas	23-00-00	28-Sep	30-Sep	385
72	1866	Mormann	Johann Michael	Hermann H.			orphan raised by uncle		15-02-02	02-Oct	04-Oct	385
73	1866	Becker	Johann Heinrich	Conrad		Henrietta			02-00-00	16-Oct	17-Oct	385
74	1866	Becker	Jakob	Franz		Maria			06-00-14	12-Oct	13-Oct	385
75	1866	Michel	Wilhelm	aus Hessen Darmstadt			Michel	Theresia	55-00-00	16-Oct	17-Oct	385
76	1866	Bruggemann	Margaretha	aus Oldenburg			Bruggemann	Johann	51-00-00	17-Oct	18-Oct	385
77	1866	Klaup [?]	Katharina	aus Hessen Darmstadt			widow		26-00-00	21-Oct	22-Oct	387
78	1866	Staudt	Johanna						21-00-00	22-Oct	23-Oct	387
79	1866	Eul	Georg	aus Baiern					62-00-00	01-Nov	02-Nov	387
80	1866	Diet	Katharina	aus Hanover					27-00-00	31-Oct	02-Nov	387
81	1866	Butscher	Georg	Andreas		Friedricka			00-07-00	01-Nov	02-Nov	387
82	1866	Benzin	Heinrich						02-00-00	26-Oct	27-Oct	387
83	1866	Benzin	August						02-00-00	26-Oct	27-Oct	387
84	1866	Benzin	Maria						08-00-00	27-Oct	28-Oct	387
85	1866	Hilz	Elisabetha	Conrad		Carolina			00-07-00	02-Nov	03-Nov	387
86	1866	Muller	Kaspar Heinrich	aus Hanover aus Hessen			Muller	Katharina Margar	46-06-00	08-Nov	10-Nov	387
87	1866	Greiser	Margaretha	Darmstact			Greiser	Adam	55-04-00	14-Nov	15-Nov	387
88	1866	Heitmuller	Heinrich Lee	Heinrich		Charlotta			00-06-00	19-Nov	20-Nov	387
89	1866	Groskopf	Georg Michael	aus Baiern			Groskopf	Katharina Elisabe	67-00-00	29-Nov	01-Dec	387
90	1866	Langenberge	Emma	Ernst		Florentina			00-04-00	09-Dec	10-Dec	387
91	1866	Ruppert	Jakob				Ruppert	Margaretha	26-04-00	13-Dec	14-Dec	387
92	1866	During	Johann	Georg		Anna			00-03-14	13-Dec	14-Dec	387
93	1866	Lohmann	Ellen	Christian		Barbara			00-03-14	21-Dec	23-Dec	387
94	1866	Hoppert	Maria	Heinrich		Agneta			00-00-14	16-Dec	17-Dec	387

Trinity German Lutheran Burials

No.	Year	Surname	Given Name	Father	Moth Surname	Moth Given Name	Sp Surname	Sp Given Name	Age	Death	Burial	Page
95	1866	Guth	Karl	aus Gustrow-Rostock			Guth	Sophia	59-00-00	28-Dec	30-Dec	387
1	1867	Deller	Anna Maria	aus Frankenberg					44-03-00	05-Jan	07-Jan	387
2	1867	Petersen	Georg Niklaus	aus Holstein			Petersen	Margareth	45-02-00	07-Jan	08-Jan	387
3	1867	Ritterpusch	Theresia	aus Wurttemberg			Ritterpusch	Adam	28-00-00	09-Jan	10-Jan	387
4	1867	Schunke	Louise	Georg	Louise				01-05-00	11-Jan	12-Jan	387
5	1867	Konig	Friedrich	Georg	Margaretha				04-05-00	27-Jan	28-Jan	387
6	1867	Schlesinger	Heinrich	aus Hessen			Schlesinger	Elisabetha	36-00-00	21-Jan	23-Jan	387
7	1867	Hubner	Martin	Darmstadt					45-00-00	22-Jan	23-Jan	387
8	1867	Letterer	Anna				Letterer	Georg	54-00-00	05-Feb	06-Feb	387
9	1867	Kohler	Karl	Wilhelm	Louise				01-06-00	05-Feb	06-Feb	387
10	1867	Pristerjahn	Ernst P.	aus Braunschweig			widower		71-00-00	21-Feb	22-Feb	387
11	1867	Guth	Maria Elisabetha	aus Russland			Guth	Emil	26-06-00	22-Feb	23-Feb	387
12	1867	Ohler	Christine Katharina	aus Wurttemberg			widow		75-00-00	28-Mar	29-Mar	387
13	1867	Muller	Gottlieb	aus Sachsen			widower		56-00-00	11-Apr	12-Apr	387
14	1867	Jonge (AKA	Tjebbe (AKA Johann)	aus Holland					49-03-15	19-Apr	21-Apr	387
15	1867	Dannenfelser	Maria	Darmstadt			Dannenfelser	Martin	49-01-00	19-Apr	21-Apr	387
16	1867	Kummerlein	Georg	Michael	Elisabetha				00-04-00	11-May	12-May	387
17	1867	Taylor	Ida	aus Baiern			Taylor	Wilhelm	26-00-00	18-May	20-May	387
18	1867	Kreutzer	Georg Margaretha Elisab.	aus Baiern					47-04-28	28-May	29-May	387
19	1867	Bromwell	Henriette	Wilhelm	Henrietta				00-03-00	30-May	02-Jun	387
20	1867	Goars	Johann Wilhelm	Michael	Elisabetha				01-08-00	27-May	29-May	387
21	1867	Heinz	Henrietta Eva	Albert	Pettronella				01-01-00	04-Jun	06-Jun	389
22	1867	Faitz	Maria	aus Wurttemberg			Faitz	Heinrich	27-00-00	06-Jun	08-Jun	389
23	1867	Felber or Fell	Margaretha	Georg	Wilhelmine				02-05-00	06-Jun	07-Jun	389
24	1867	Frankenberg	Heinrich	Johann	Margaretha				00-07-00	09-Jun	11-Jun	389
25	1867	Link	Johann Georg	Johann Georg	Maria				01-08-00	09-Jun	11-Jun	389
26	1867	Margert	Emilia	Heinrich	Katharina				01-02-00	04-Jul	05-Jul	389
27	1867	Kratt	Karl Alexander	Martin	Wilhelmina				01-01-00	19-Jun	21-Jun	389
28	1867	Noll	Johann	aus Hessen Darmstadt			widower		78-02-02	08-Jul	10-Jul	389
29	1867	Muller	Caroline	Johann	Auguste				00-07-26	01-Jul	02-Jul	389
30	1867	Rosenthal	Friedrika	Friedrich	Auguste				01-01-20	22-Jul	23-Jul	389
31	1867	Teljohann	Katharina Sophia				Teljohann	Heinrich	42-00-00	23-Jul	24-Jul	389
32	1867	Plitt	Georg Franklin	Georg	Franziska				01-03-00	15-Jul	16-Jul	389
33	1867	Drege	Caroline	aus Bremen			Drege	Karl	27-00-00	02-Aug	03-Aug	389
34	1867	Schmidt	Anna Margaertha	Georg	Carolina				00-10-00	02-Aug	03-Aug	389
35	1867	Schneider	Karl Hubert	Martin	Elisabetha				18-02-00	02-Aug	04-Aug	389
36	1867	Koors	Emma	Wilhelm	Elisabetha				07-09-00	04-Aug	04-Aug	389
37	1867	Seibert	Johann	aus Kurhessen			Seibert	Seville	46-00-00	04-Aug	05-Aug	389
38	1867	Siebert	Karl Friedrich	aus Preussen			Siebert	Maria	38-00-00	05-Aug	06-Aug	389
39	1867	Euler	Anna Maria Elisab.	Conrad	Carolina				01-02-00	10-Aug	11-Aug	389
40	1867	Linhardt	Peter				orphan		08-00-00	13-Aug	14-Aug	389
41	1867	Benz	Julius						41-00-00	16-Aug	17-Aug	389

Trinity German Lutheran Burials

No.	Year	Surname	Given Name	Father	Moth Surname	Moth Given Name	Sp Surname	Sp Given Name	Age	Death	Burial	Page
42	1867	Michel	Elisabetha	aus Hessen			widow		66-00-00	20-Aug	21-Aug	389
43	1867	Degner	Martin	Darmstadt		Friedrika			00-03-00	20-Aug	21-Aug	389
44	1867	Hofler	Georg	Karl		Barbara			36832	20-Aug	21-Aug	389
45	1867	Eisenberg	Anna Elisabetha	Niklaus		Katharina			00-09-00	21-Aug	22-Aug	389
46	1867	Vogel	Emilia Elisabetha	Andreas		Anna			00-00-10	21-Aug	22-Aug	389
47	1867	Stallknecht	Karl H. Herman	Johann		[blank]			00-10-00	21-Aug	22-Aug	389
48	1867	Elgert	Anna Kunigunde	[blank]		Elisabetha			01-04-00	31-Aug	01-Sep	389
49	1867	Gotz	Johann	Wilhelm		Elisabetha			07-03-00	05-Sep	06-Sep	389
50	1867	Rost	Sophia	Georg			Rost	Philipp	31-09-00	10-Sep	12-Sep	389
51	1867	Hobelmann	Herman Heinrich	Johann Herman		Maria			01-09-00	24-Sep	25-Sep	389
52	1867	Zachmann	Georg Adam	aus Baden			Zachmann	Margaretha	49-00-00	25-Sep	26-Sep	389
53	1867	Breitschwerd	Elisabetha				Breitschwerdt	Conrad	39-00-00	27-Sep	29-Sep	389
54	1867	Hille	Caroline	August		Katharina			03-00-00	27-Sep	29-Sep	389
55	1867	Rothaus	Johann	aus Baiern			widower		51-00-00	07-Oct	08-Oct	389
56	1867	Dickmann	Wilhelm		Dickman (unwed	Emilia			01-00-00	10-Oct	11-Oct	389
57	1867	Reinhardt	Conrad	aus Sachs Meineger			Reinhardt	Friedrika	39-00-00	08-Oct	09-Oct	389
58	1867	Tucker	Sarah	Meiniger			Tucker	John	21-00-00	08-Oct	09-Oct	389
59	1867	Steinhauer	Maria	aus Kurhessen			widow		65-00-00	22-Oct	23-Oct	389
60	1867	Holtner	Heinrich Johann	aus Holland			Holtner	Henrietta	73-00-00	22-Oct	24-Oct	389
61	1867	Osse	Georg	Karl		Elisabetha			03-06-00	30-Oct	31-Oct	389
62	1867	Herget	Conrad	Johann		Magdalena			36863	02-Nov	03-Nov	389
63	1867	Ledherdt	Kaspar	aus Sachsen Meiniger			Reinhardt		47-07-00	05-Nov	06-Nov	391
64	1867	Pohl	Louise	Johann		Wilhelmina			02-08-00	03-Nov	04-Nov	391
65	1867	Pfingsten	Maria Louise	[blank]		[blank]			01-04-00	08-Nov	09-Nov	391
66	1867	Engel	Johann	aus Budingen			Engel	Sophia	80-00-00	12-Nov	14-Nov	391
67	1867	Hedemann	Maria Sophia	Caspar		Sophia			00-10-00	13-Nov	14-Nov	391
68	1867	Notz	Maria	Christ. Gottlieb		Friedrika			00-07-00	25-Nov	26-Nov	391
69	1867	Haufelt	Wilhelmina	Wilhelm		Margaretha			02-02-20	25-Nov	26-Nov	391
70	1867	Warneke	Lilly	Albert		Margaretha			02-00-00	19-Nov	20-Nov	391
71	1867	Cropp	Georg	[blank]		[blank]			36557	08-Dec	09-Dec	391
72	1867	Paulus	Anna Elisabetha	aus Baiern		[blank]	Paulus	Johann Paul	47-00-00	10-Dec	11-Dec	391
73	1867	Cropp	Louis	[blank]		[blank]			04-00-00	11-Dec	12-Dec	391
74	1867	Klein	Frank Wilhelm	Johann Erdmann					00-02-00	21-Dec	22-Dec	391
75	1867	Scheppler	Maria	Johann					02-07-00	27-Dec	29-Dec	391
76	1867	Bissing	[blank]	F. M.					8 weeks	30-Dec	31-Dec	391
77	1867	Ulrich	Katharina Maria Elis.	Johann		Maria Elisabetha			02-00-00	15-Dec	16-Dec	391
1	1868	Hoffmann	Heinrich	Jakob		Maria			01-10-00	06-Jan	07-Jan	391
2	1868	Battenschlag	Johann	aus Baiern			Battenschlage	Maria	47-00-00	06-Jan	07-Jan	391
3	1868	Weinbrenner	Carolina	Wilhelm					01-02-00	07-Jan	08-Jan	391
4	1868	Maurer	Johann Heinrich	Karl		Eleanora			01-07-00	08-Jan	09-Jan	391
5	1868	Kummerlein	Elisabeth	aus Wurttemberg			widow		75-00-00	13-Jan	14-Jan	391
6	1868	Unterwegner	Franz	aus Darmstadt			Unterwegner	Eva	47-00-00	14-Jan	15-Jan	391
7	1868	Bernhardt	[blank]	[blank]		[blank]			00-01-00	18-Jan	19-Jan	391
8	1868	Nied	Johann Georg	aus Wurttemberg			Nied	Sophia	49-00-00	25-Jan	26-Jan	391
9	1868	Dantrupp	Eleanora	aus Hanover			Dantrupp	Friedrich	27-00-00	26-Jan	27-Jan	391

206

Trinity German Lutheran Burials

No.	Year	Surname	Given Name	Father	Moth Surname	Moth Given Name	Sp Surname	Sp Given Name	Age	Death	Burial	Page
10	1868	Moser	Anna Elisabetha	Adam		Elisabetha			00-09-00	28-Jan	29-Jan	391
11	1868	Kaiss	barbara	aus Oppersheim			Kaiss	Karl	58-04-00	03-Feb	04-Feb	391
12	1868	Nix	Johann Heinrich	Johann Peter		Anna Margaretha			00-08-17	04-Feb	05-Feb	391
13	1868	Kaische	Johann Wilhelm	Karl		Christina			01-01-00	05-Feb	06-Feb	391
14	1868	Kappler	Regina Amelia	Andreas		Agatha			14-04-14	09-Feb	10-Feb	391
15	1868	Lohners	Georg	Wendell		Christiana			02-09-00	17-Feb	18-Feb	391
16	1868	Appel	Johann James	Friedr.					03-00-00	22-Feb	23-Feb	391
17	1868	Lahm	Elisabetha	Heinrich		Elisabetha			00-06-00	23-Feb	23-Feb	391
18	1868	Kentner	Andreas	Kaspar		Magdalena			03-04-00	27-Feb	29-Feb	391
19	1868	Kuhn	Elisabetha	Adolph					05-06-00	29-Feb	01-Mar	391
20	1868	Neuhaus	Carolina	Johann		Carolina			00-04-00	02-Mar	03-Mar	391
21	1868	Requardt	Anna	aus Holstein	Requardt				40-03-00	05-Mar	06-Mar	391
22	1868	Fleckenschil	Sophia M.	Heinrich		Clementina	J. J.		00-03-00	02-Mar	03-Mar	391
23	1868	Strohl	Niklaus	Darmstadt			Strohl	Margaretha	61-00-00	12-Mar	13-Mar	391
24	1868	Hotter [Hette	Elisabetha	Johann		Elisabetha			05-00-00	14-Mar	15-Mar	391
25	1868	Gaubatz	Elisabetha	Darmstadt	aus Hessen		widow		92-00-00	23-Mar	24-Mar	393
26	1868	Fischer	Anna Margaretha	aus Sachs. Weimar			Fischer	Gottfried	51-00-00	06-Apr	07-Apr	393
27	1868	Bahl	Georg	Christian		Mina			02-06-00	09-Apr	11-Apr	393
28	1868	Dornauer	Georg	aus Baiern			widower		62-00-00	17-Apr	18-Apr	393
29	1868	Sippel	Margaretha	aus Hessen			Sippel	Johann	35-00-00	28-Apr	29-Apr	393
30	1868	Lauffer	Johann Conrad	Darmstadt			Lauffer	Katharina	36-05-00	01-May	03-May	393
31	1868	Link	Johann				Link	Katharina	67-00-00	19-May	21-May	393
32	1868	Hamann	Dietrich Friedrich	Philipp		Louise			04-00-00	23-May	24-May	393
33	1868	Rauterberg	Franz	aus Baltimore			Rauterberg	Maria	29-07-00	25-May	26-May	393
34	1868	Bauer	Johann Georg	aus Baiern			Bauer	Margaretha	41-00-00	30-May	31-May	393
35	1868	Braun	Maria Magdalena	Peter		Magdalena			01-00-00	03-Jun	04-Jun	393
36	1868	Nordheim	Auguste Elisabetha	Christian		Auguste			00-08-00	09-Jun	10-Jun	393
37	1868	Millner	Gottfried Karl	Conrad		Friedricka			00-05-15	11-Jun	12-Jun	393
38	1868	Amrhein	Heinrich						44-00-00	11-Jun	12-Jun	393
39	1868	Dopfner	Friedrika Elisabetha	[blank]		[blank]			00-05-00	14-Jun	15-Jun	393
40	1868	Schorpflug	Robert Gerog Heinrich	Julius					06-07-00	14-Jun	19-Jun	393
41	1868	Campbell	Kennard	Heinrich		Friedrika			02-07-00	16-Jun	17-Jun	393
42	1868	Becker	Johann James	Johann		Widow Schein			02-00-00	15-Jun	16-Jun	393
43	1868	Schein	Johann Leonhardt						22-00-00	16-Jun	17-Jun	393
44	1868	Dill	Christian Wilhelm	Wilhelm		Maria			01-05-00	21-Jun	22-Jun	393
45	1868	Reis	Georg	Wilhelm		Katharina			01-02-00	24-Jun	25-Jun	393
46	1868	Bockelmann	Dorothea		Bockelmann			Dietrich	43-00-00	25-Jun	27-Jun	393
47	1868	Rathgeber	Karl	Johann		Theresia			01-02-00	27-Jun	28-Jun	393
48	1868	Hetz	Johann	Heinrich		Elisabetha			17-00-00	01-Jul	02-Jul	393
49	1868	Miller	Johann	aus Baltimore			Miller	Augusta	31-00-00	01-Jul	03-Jul	393
50	1868	Hetz	Georg	Georg		Elisabetha			00-01-00	03-Jul	04-Jul	393
51	1868	Kentner	Louis	Johann		Barbara			00-10-00	04-Jul	05-Jul	393
52	1868	Eckstein	Anna	Johann		Katharina			01-11-00	05-Jul	06-Jul	393

Trinity German Lutheran Burials

No.	Year	Surname	Given Name	Father	Moth Surname	Moth Given Name	Sp Surname	Sp Given Name	Age	Death	Burial	Page
53	1868	Peticot	Christina	Louis		Carolina	widow		82-00-00	09-Jul	10-Jul	393
54	1868	Buchsein	Otto Johann			Carolina			00-09-00	10-Jul	11-Jul	393
55	1868	Wiesenbach	Friedrika	Johann M.		Wilhelmina			00-00-8	15-Jul	16-Jul	393
56	1868	Weber	Christiana	aus Preussen			Weber	Karl	31-00-00	15-Jul	16-Jul	393
57	1868	Schneider	Jakob Wilhelm	Friedrich		Sophia			01-01-00	14-Jul	15-Jul	393
58	1868	Schammel	Eduard	Heinrich August		Carolina			00-09-00	16-Jul	17-Jul	393
59	1868	Heitmuller	Karl	Heinrich		Charlotte			00-07-00	16-Jul	17-Jul	393
60	1868	Eckstein	Johann Adam	Johann		Katharina			00-08-00	17-Jul	18-Jul	393
61	1868	Lang	Wilhelm	Georg A.		Margaretha			01-04-14	17-Jul	18-Jul	393
62	1868	Blomeier	Margaretha	Ernst		Friedrika			01-00-00	17-Jul	18-Jul	393
63	1868	Hackmann	Margaretha	Wilhelm		Anna			00-09-00	18-Jul	19-Jul	393
64	1868	Lang	Georg Eberhardt	Karl		Elisabetha			00-11-00	21-Jul	22-Jul	393
65	1868	Schnorr	Theodor	Johann		Barbara			00-10-00	22-Jul	24-Jul	393
66	1868	Hubert	Helena	Anton		Rosina			00-10-00	24-Jul	25-Jul	393
67	1868	Meier	Margaretha	Heinrich		Ernstine			01-11-00	24-Jul	25-Jul	393
68	1868	Bauernschmi	Margaretha	Georg		Margaretha			00-04-00	24-Jul	25-Jul	393
69	1868	Pfaff	Elisabetha	Georg		Katharina			00-03-20	01-Aug	02-Aug	395
70	1868	Jansen	Louise J. Wilhelmina	Peter		Carolina			02-07-00	01-Aug	02-Aug	395
71	1868	Winkelmann	Anna	Johann		Dorothea			01-05-00	06-Aug	07-Aug	395
72	1868	Maier	Johann Philipp	Philipp		Regina			[blank]	06-Aug	08-Aug	395
73	1868	Stiertz [Stintz	Karl Robert	Wilhelm		Carolina			00-01-00	11-Aug	12-Aug	395
74	1868	Hiedernisch [	Herman Dietrich	Herman		Maria			01-05-00	12-Aug	13-Aug	395
75	1868	Kornmann	Heinrich	aus Hessen Darmstadt			Kornmann	Carolina	64-00-00	17-Aug	18-Aug	395
76	1868	Schmidt	Barbara Elisabetha	Friedrich		Elisabetha			01-04-00	19-Aug	20-Aug	395
77	1868	Elgert	Katharina	aus Kurhessen			Elgert	Johann	36-00-00	21-Aug	23-Aug	395
78	1868	Hinkel	Carolina	aus Hessen Darmstadt			widow		44-00-00	24-Aug	25-Aug	395
79	1868	Feller	Katharina	aus Kurhessen			single		17-00-00	27-Aug	29-Aug	395
80	1868	Lang (Freibe)	Louise				Lang	Georg	19-00-00	30-Aug	01-Sep	395
81	1868	Heiss	Anna Regina	Christoph		Maria			01-00-00	01-Sep	02-Sep	395
82	1868	Dietsch	Anna Barbara	Johann		Wilhelmina			00-08-00	04-Sep	05-Sep	395
83	1868	Belitz	Karl	aus Sachsen			single		47-00-00	06-Sep	07-Sep	395
84	1868	Pfannensch	Georg	Jaohnn		Elisabetha			00-07-00	10-Sep	11-Sep	395
85	1868	Friedrich	Christian	aus Baden					62-00-00	10-Sep	11-Sep	395
86	1868	Mergert	Maria Katharina	Heinrich		Katharina			01-00-00	18-Sep	19-Sep	395
87	1868	Ruhl	Johann	Conrad		Maria			01-11-00	18-Sep	20-Sep	395
88	1868	Zimmermann	Georg	Friedrich		Louise			05-00-00	27-Sep	28-Sep	395
89	1868	Wehr	Katharina Agnes	aus Osnabruck		Philippina	widow		62-00-00	26-Sep	28-Sep	395
90	1868	Struntz	Eduard	August					07-03-00	30-Sep	01-Oct	395
91	1868	Link	Margaretha	aus Baiern			Link	Johann	52-00-00	03-Oct	04-Oct	395
92	1868	Niklaus	Jakob	aus Rhein Baiern			Niklaus	Elisabetha	36-00-00	06-Oct	07-Oct	395
93	1868	Hennen	Mr. C.				Hennen	Elisabeth	65-00-00	06-Oct	08-Oct	395
94	1868	Ohle	Johanna				widow		66-00-00	12-Oct	13-Oct	395
95	1868	Bauer	Margaretha	aus Baiern			Bauer (decea	Georg	38-00-00	14-Oct	16-Oct	395
96	1868	Ruprecht	Anna Katharina	Christian					02-02-00	15-Oct	16-Oct	395
97	1868	Siegler	Michael	aus Wurttemberg			Siegler	Veronika	55-00-00	13-Oct	14-Oct	395
98	1868	Ochse	Louis Friedrich	Friedrich		Maria			28-00-00	28-Oct	29-Oct	395

Trinity German Lutheran Burials

No.	Year	Surname	Given Name	Father	Moth Surname	Moth Given Name	Sp Surname	Sp Given Name	Age	Death	Burial	Page
99	1868	Bitter	Maria	aus Darmstadt			widow		72-00-00	08-Nov	09-Nov	395
100	1868	Hulsemann	Corth Jakob	Heinrich		Minna			00-01-14	14-Nov	15-Nov	395
101	1868	Heintz	Albert	aus Holland			Heintz	Bittronella	47-00-00	20-Nov	22-Nov	395
102	1868	Schlesinger	Johanna Katharina	Gerog		Johanna			01-09-00	20-Nov	21-Nov	395
103	1868	Ruppert	Katharina	aus Westhofen			Ruppert	Joseph	52-01-05	24-Nov	26-Nov	395
104	1868	Schwarz	Johann Chrisoph	Johann		Maria			00-00-02	13-Nov	14-Nov	395
105	1868	Freund	Margaretha	Johann		Elisabetha			00-09-00	01-Dec	02-Dec	395
106	1868	Hartmann	Louise	Gottlieb		Betty			08-02-00	10-Dec	12-Dec	395
107	1868	Semelroppe	Hermann	aus Hanover		Semelroppe	Christine		[blank]	10-Dec	12-Dec	395
108	1868	Printz	Anna Katharina	aus Hessen					59-00-00	13-Dec	14-Dec	395
109	1868	Reinhardt	Mathilda Louise E.	Friedrich					02-00-00	14-Dec	15-Dec	395
110	1868	Schmuck	Katharina	aus Hessen			Schmuck	Johann	30-00-00	13-Dec	14-Dec	395
111	1868	Heise	Friedrich August	Johann Martin		Maria			01-06-00	24-Dec	25-Dec	395
112	1868	Reich	Friedrich	Anton		Maria			23-00-00	28-Dec	30-Dec	397
113	1868	Schantze	Martin	Georg		Hedwig			01-03-00	29-Dec	31-Dec	397
1	1869	Kolbe	Johann Emil	Johann		Carolina			01-04-00	03-Jan	04-Jan	397
2	1869	Ehlers	Theodor	Heinrich		Charlotte			02-11-00	04-Jan	05-Jan	397
3	1869	Blome	Gottfried	Georg		Dorah			02-05-00	04-Jan	06-Jan	397
4	1869	Beckel	Conrad	aus Hessen Darmstadt				single	71-00-00	05-Jan	06-Jan	397
5	1869	Warnsmann	Georg Friedrich	aus Hanover			Warnsmann	Anna MAria	55-00-00	10-Jan	11-Jan	397
6	1869	Paulus	Dorothea	aus Baltimore			Paulus	Johann Paul	33-00-00	10-Jan	11-Jan	397
7	1869	Lambrecht	Karl	aus Hanover			Lambrecht	Maria	38-00-00	16-Jan	18-Jan	397
8	1869	Belle	Franz H. G.	Heinrich		Amalia			03-08-00	20-Jan	22-Jan	397
9	1869	Gebhardt	Johann	Friedrich		Barbara			00-00-15	21-Jan	22-Jan	397
10	1869	Heinz	Jakob	aus Wurttemberg			Heinz	Elisabetha	42-00-00	21-Jan	23-Jan	397
11	1869	Krauskopf	Johann	aus Hessen			Krauskopf	Katharina	66-00-00	23-Jan	25-Jan	397
12	1869	Lehnert	Heinrich	Johann		Margaretha			00-06-00	29-Jan	30-Jan	397
13	1869	Quast	Emma Elisabetha	Heinrich		Anna			00-11-00	31-Jan	03-Feb	397
14	1869	Ruppert	Jojachim	aus Hanover			Ruppert	Katharina	49-00-00	03-Feb	05-Feb	397
15	1869	Rau	Friedrich August	Karl H.		Anna			02-06-020	06-Feb	08-Feb	397
16	1869	Wagner	Ida	Thomas		Emilie			03-01-08	06-Feb	08-Feb	397
17	1869	Meyer	Anna	aus Bremen			Meyer	Bernhardt Heinric	16-00-00	09-Feb	10-Feb	397
18	1869	Kratt	Wilhelmina Dorothea	Martin		Wilhelmina M.			01-01-00	11-Feb	14-Feb	397
19	1869	Hecker	Wilhelm	Johann		Louise			02-12-00	28-Feb	01-Mar	397
20	1869	Schwarz	Philipp Heinrich	Jakob		Anna Katharina			01-08-14	01-Mar	03-Mar	397
21	1869	Ringsdorf	Heinrich	Peter					08-02-00	09-Mar	10-Mar	397
22	1869	Humfeld	Friedrich				Humfeld	Louise	71-00-00	12-Mar	13-Mar	397
23	1869	Schwarzhau	Margaretha	aus Kurhessen		Maria Th.			59-00-00	13-Mar	15-Mar	397
24	1869	Weinreich	Maria Theresia	Friedrich		Amalia			00-09-02	15-Mar	16-Mar	397
25	1869	Belle	Franz W.	Franz					10-00-00	16-Mar	17-Mar	397
26	1869	Christ	Charlotte	aus Baiern				widow	70-08-16	16-Mar	18-Mar	397
27	1869	Franke	Johann Georg Christ.	aus Sachsen		Elisab.	Franke		47-03-00	25-Mar	27-Mar	397
28	1869	Reineck	Elisabetha	aus Darmstadt			Reineck	Peter	39-00-00	17-Apr	19-Apr	397
29	1869	Spatz	Margaretha	Ludwig		Regina			02-03-00	19-Apr	21-Apr	397
30	1869	Grosch	Heinrich	aus Biedingen				single	20-00-00	20-Apr	21-Apr	397
31	1869	Malzer	August	aus Baiern			Malzer	Eva	35-00-00	08-May	09-May	397
32	1869	Bien	Lydia Anna	Adam		Barbara			02-03-21	23-May	24-May	397

Trinity German Lutheran Burials

No.	Year	Surname	Given Name	Father	Moth Surname	Moth Given Name	Sp Surname	Sp Given Name	Age	Death	Burial	Page
33	1869	Friedrich	Friedrich			Katharina			09-06-00	23-May	24-May	397
34	1869	Gorgel	Heinrich Martin	Martin		Louise			00-07-00	27-May	28-May	397
35	1869	Schneider	Hermann				widower		57-00-00	03-Jun	04-Jun	397
36	1869	Ruhl	Henrich	James		Katharina			01-07-00	04-Jun	05-Jun	397
37	1869	Staap	Karl Anton	Augus		Friedrike			00-05-00	22-Jun	23-Jun	397
38	1869	Lambrecht	Maria	Karl		Maria			01-01-00	26-Jun	27-Jun	399
39	1869	Koffenberger	Anna Barbara	aus Hessen Darmstadt			Koffenberger	Johann Jakob	59-00-00	27-Jun	28-Jun	399
40	1869	Adebahr	Eva Katharina	[blank]		[blank]			04-00-00	05-Jul	06-Jul	399
41	1869	Hiller	Louis	aus Wurttemberg			Hiller	Katharina	49-00-00	11-Jul	12-Jul	399
42	1869	Streck	Caspar				Streck	Emilie	35-00-00	03-Aug	05-Aug	399
43	1869	During	Emil	Valentin		Maria			00-09-00	13-Aug	14-Aug	399
44	1869	Schneider	Wilhelm	Heinrich		Maria			00-07-00	15-Aug	16-Aug	399
45	1869	Rieser	Anna Margaretha	Louis		Friedrika			01-00-02	17-Aug	19-Aug	399
46	1869	Paulus	Georg	Paul		Dorothea			00-08-07	21-Aug	22-Aug	399
47	1869	Wagner	Heinrich Conrad	Johann		Anna B.			00-10-12	30-Aug	31-Aug	399
48	1869	Meyer	Georg						49-00-00	02-Sep	04-Sep	399
49	1869	Schmidt	Maria Elisabetha	Georg Andreas		Maria			06-03-00	10-Sep	11-Sep	399
50	1869	Ehrmann	Johann Richard	Johann		Maria			03-08-00	29-Aug	30-Aug	399
51	1869	Ermer	Friedrich				Ermer	Katharina	35-09-00	29-Sep	30-Sep	399
52	1869	Schmidt	Margaretha				Schmidt	Franz	53-00-00	29-Sep	01-Oct	399
53	1869	Wagner	Georg Thomas				Wagner	Emilie	46-10-00	14-Oct	15-Oct	399
54	1869	Ochs	Johann Georg						54-00-00	24-Sep	25-Sep	399
55	1869	Heymacher	Gustav	aus Nassau			Heymacher	Maria	46-00-00	21-Oct	22-Oct	399
56	1869	Reddehaase	Georgine M.				Reddehaase	Karl	32-00-00	22-Oct	24-Oct	399
57	1869	Huff	Johann	Wihelm		Margaretha			01-02-00	30-Oct	31-Oct	399
58	1869	Neidert	Ernst	aus Kurhessen			widower		88-00-00	30-Oct	01-Nov	399
59	1869	Diehl	Heinrich	aus Hanover			Diehl	M.	52-00-00	03-Nov	04-Nov	399
60	1869	Happel	Heinrich	aus Kurhessen			Schmidt		30-00-00	03-Nov	05-Nov	399
61	1869	Appel	Anna	aus Kurhessen			Appel	Karl	62-00-00	06-Nov	08-Nov	399
62	1869	Feldpusch	Maria	aus Hessen Darmstadt			Feldpusch	Johann	64-06-00	13-Nov	14-Nov	399
63	1869	Reineck	Katharina	Johann		Maria			01-10-00	19-Nov	21-Nov	399
64	1869	Ickes	Christine	aus Hessen Darmstadt			Ickes	Johann	40-00-00	03-Dec	05-Dec	399
65	1869	Jung	Katharina	aus Baiern			Jung	Michael	26-00-00	04-Dec	08-Dec	399
66	1869	Eble	Anna M.	aus Hanover			Eble	Conrad	45-00-00	17-Dec	19-Dec	399
67	1869	Lang	Louis J.	aus Hanover			Lang	Josephine	39-00-00	18-Dec	20-Dec	399
68	1869	Krab	Louise		Krab	Louise Bertha			00-02-00	22-Dec	23-Dec	399
69	1869	Gotz	Johann	Georg		Margaretha			06-08-00	23-Dec	24-Dec	399
70	1869	Block	Elisabetha	aus Baltimore			Block	Heinrich	28-00-00	22-Dec	24-Dec	399
71	1869	Grosshans	Adam	aus Wurttemberg			Grosshans	Maria	69-00-00	29-Dec	30-Dec	399
1	1870	Knippschild	Elise Wilhelmina	August		Betty			16-05-00	02-Jan	04-Jan	401
2	1870	Gebhardt	Anna Elisabetha	aus Darmstadt			widow		78-05-00	09-Jan	11-Jan	401
3	1870	Kappler	Pauline	Andreas		Agathe			36866	10-Jan	11-Jan	401
4	1870	Duehaulte	Heinrich C.	[blank]		[blank]			00-11-00	12-Jan	14-Jan	401
5	1870	Dawnes	Henrietta	aus Parkersburg, Va.		Louise			17-05-00	14-Jan	16-Jan	401

210

Trinity German Lutheran Burials

No.	Year	Surname	Given Name	Father	Moth Surname	Moth Given Name	Sp Surname	Sp Given Name	Age	Death	Burial	Page
6	1870	Bohm	Georg Adam	aus Baiern			widower		70-02-00	14-Jan	16-Jan	401
7	1870	Hofmeister	Margaretha	Georg		Barbara			36800	16-Jan	17-Jan	401
8	1870	Gleichmann	Rosina	aus Baiern			Gleichmann	Johann	62-03-00	16-Jan	17-Jan	401
9	1870	Koster	Elise	aus Baiern			widow		55-10-00	16-Jan	18-Jan	401
10	1870	Falkenstein	Peter	aus Darmstadt			single		61-00-00	16-Jan	18-Jan	401
11	1870	Koch	Wilhelm Albert	Johann		Alvine			01-04-00	19-Jan	20-Jan	401
12	1870	Rothlingshof	Katharina			Maria			20-04-00	21-Jan	23-Jan	401
13	1870	Bigrat	Heinrich	Heinrich		Betty			00-02-00	23-Jan	24-Jan	401
14	1870	Hanne	Heinrich	aus Branschweig			Hanne	Katharina	52-03-00	28-Jan	29-Jan	401
15	1870	Bonacker	Anna Barbara	Philipp		Maria			00-09-00	03-Feb	04-Feb	401
16	1870	Linnenkempe	Herman	aus Preussen			Linnenkemper	Elise	33-00-00	02-Feb	04-Feb	401
17	1870	Werner	Karl Theodor	Heinrich		Elise			73-00-00	05-Feb	07-Feb	401
18	1870	Schamer	Caroline	aus Baiern			widow		73-00-00	08-Feb	09-Feb	401
19	1870	Brandt	Margaretha	aus Darmstadt			Brandt	Louis	43-00-00	09-Feb	11-Feb	401
20	1870	Lammers	Wilhelmina				Lammers	Heinrich	33-00-00	11-Feb	13-Feb	401
21	1870	Asprill	David Springer	David		Anna			00-09-00	19-Feb	20-Feb	401
22	1870	Kaefer	Johann	aus Baltimore			Kaefer	Margaretha	29-03-00	23-Feb	25-Feb	401
23	1870	Hopf	Georg Albert	Georg		Albertine			03-03-00	23-Feb	25-Feb	401
24	1870	Meyer	Hermann				Meyer	Maria	47-00-00	25-Feb	27-Feb	401
25	1870	Grieser	Johann	Adam		Margaretha			00-01-00	04-Mar	05-Mar	401
26	1870	Dorgath	Olga Flora	Friedrich		Eugenia			05-03-00	12-Mar	14-Mar	401
27	1870	Roberts	Peter Georg	Thomas		Mathilda			00-00-14	13-Mar	14-Mar	401
28	1870	Lang	Maria Barbara	Heinrich		Katharina			02-06-00	16-Mar	17-Mar	401
29	1870	Baer	Maria	Niklaus		Katharina			02-05-00	16-May	18-May	401
30	1870	Brunner	Heinrich	aus Darmstadt			Brunner	Katharina	65-00-00	23-Mar	25-Mar	401
31	1870	Laut	Conrad	aus Hessen			Laut	Gertraud	51-06-00	30-Mar	01-Apr	401
32	1870	Ehrmann	Wilhelm	Georg		Katharina			00-05-13	31-Mar	01-Apr	401
33	1870	Keil	Maria Elisabetha	Heinrich		Elisabetha			7 weeks	05-Apr	06-Apr	401
34	1870	Hinderaesch	Dorothea Eliseabetha						49-00-00	08-Apr	10-Apr	401
35	1870	Riehe	Elisabetha	Johann H.		Katharina Elise			05-11-00	14-Apr	15-Apr	401
36	1870	Balke	Charlotte	aus Hanover			widow		50-00-00	18-Apr	20-Apr	401
37	1870	Gebhardt	Babette	aus Baiern					69-00-00	27-Apr	28-Apr	401
38	1870	Baereusteck	Heinrich	aus Wurttemberg			widower		39-06-03	03-May	04-May	401
39	1870	Herrmann	Johann	aus Baiern					69-00-00	01-May	03-May	401
40	1870	Bauer	Christoph	Matthaus		Friedrike			03-06-00	05-May	06-May	401
41	1870	Patschke	Johann Friedrich August	Tobias		Maria			01-06-00	08-May	10-May	401
42	1870	Rethberg	Elisabetha	aus Nida					38-09-00	08-May	10-May	401
43	1870	Ringeling	Heinrich						64-00-00	11-May	12-May	401
44	1870	Schmidt	Johann Friedrich	Joseph		Louise			00-06-14	15-May	16-May	401
45	1870	Gieg	Adam	aus Darmstadt			Gieg	Margaretha	62-06-00	24-May	25-May	403
46	1870	Werner	Elise				Werner	Heinrich	24-06-24	24-May	25-May	403
47	1870	Brebsbaum	Karl	Bernhardt		Helena			00-04-11	25-May	26-May	403
48	1870	Kupfrian	Johann				Kupfrian	Margaretha	38-00-00	30-May	31-May	403
49	1870	Niklaus	Katharina	Andreas		Dorothea			22-00-00	13-Jun	14-Jun	403
50	1870	Thiele	Ludwig	Friedrich		Elise			01-11-00	18-Jun	19-Jun	403
51	1870	Thim	Johann Georg	Christian		Anna Margaretha			00-11-00	18-Jun	19-Jun	403
52	1870	Schuh	Barbara	Friedrich		Elisabetha			00-10-00	19-Jun	20-Jun	403

Trinity German Lutheran Burials

No.	Year	Surname	Given Name	Father	Moth Surname	Moth Given Name	Sp Surname	Sp Given Name	Age	Death	Burial	Page
53	1870	Brimaut	Anna Mathilda	Johann		Carolina			00-10-00	02-Jul	03-Jul	403
54	1870	Muller	Christina				Muller	Jakob	76-00-00	01-Jul	03-Jul	403
55	1870	Rossing	Heinrich	Karl		Anna			00-01-00	03-Jul	04-Jul	403
56	1870	Kissner	Anna Maria	aus Hanover			Kissner	Veit	57-00-00	03-Jul	05-Jul	403
57	1870	Naumann	Wiegand Heinrich	Wigand		Elisabetha			01-00-16	04-Jul	05-Jul	403
58	1870	Hulsmann	Johann Wilhelmina				Hulsmann	Heinrich	25-00-00	05-Jul	06-Jul	403
59	1870	Schmidt	Georg	aus Baiern			Schmidt	Margaretha	47-00-00	05-Jul	06-Jul	403
60	1870	Reisenweber	Martin	Johann		Barbara			00-11-04	09-Jul	10-Jul	403
61	1870	Hecker	Wilhelm	Heinrich		Friedrika			01-05-00	12-Jul	13-Jul	403
62	1870	Gut	Bernhardt Georg	Niklaus		Dorothea			03-09-00	16-Jul	17-Jul	403
63	1870	Treulieb	Johann Melchor	aus Kurhessen					57-00-00	15-Jul	17-Jul	403
64	1870	Stein	Johann Valentin	Georg		Maria			01-01-00	17-Jul	19-Jul	403
65	1870	Gebelein	Katharina Maria		Gebelein	Eva			02-00-00	24-Jul	26-Jul	403
66	1870	Will	Anna Katharina	Heinrich		Katharina			05-06-00	24-Jul	25-Jul	403
67	1870	Gebelein	Carolina		Gebelein	Eva			00-07-06	27-Jul	28-Jul	403
68	1870	Kriech	Sophia Margaretha B.	Louis		Katharina			00-10-00	27-Jul	28-Jul	403
69	1870	Schroder	Georg Joseph	Hermann		Rosine			00-04-00	29-Jul	30-Jul	403
70	1870	Bock	Julius	aus Pressen (Breslau)			Bock	Louise	44-00-00	31-Jul	01-Aug	403
71	1870	Spence	Adolph				aquaintance of Mr. Kerner		01-02-00	01-Aug	02-Aug	403
72	1870	Schantz	Rosa	Wilhelm		Freidrika			7 weeks	08-Aug	09-Aug	403
73	1870	Schaefer	Anna	August		Minna			01-04-07	10-Aug	11-Aug	403
74	1870	Inel	Olaf Severin	aus Sweden			related to Capt. David Natvig		19-00-00	12-Aug	13-Aug	403
75	1870	Wild	Philipina	aus Wurttemberg			widow		74-00-00	12-Aug	14-Aug	403
76	1870	Fischer	Anna	Heinrich August		Barbara			01-01-00	13-Aug	14-Aug	403
77	1870	Burgel	Maria Wilhelmina	Gottlieb		Barbara			01-00-00	14-Aug	15-Aug	403
78	1870	Bader	Louise	Heinrich		Maria			01-03-00	15-Aug	17-Aug	403
79	1870	Heim	Katharina Sophia	Louis		Magdalena			01-02-00	16-Aug	18-Aug	403
80	1870	Kappler	Mathilde				Kappler	Johann	19-10-00	28-Aug	29-Aug	403
81	1870	Grambauer	Margaretha	aus Baiern			Grambauer		58-00-00	23-Aug	24-Aug	403
82	1870	Schmidt	Georg W.	aus Baiern aust			Schmidt	Margaretha	39-03-00	28-Aug	30-Aug	403
83	1870	Krantz	Johann Christian	Kaltennordheim			Krantz	Elisabetha	44-11-00	31-Aug	02-Sep	403
84	1870	Brandt	Katharina	August		Carolina			01-00-10	01-Sep	03-Sep	403
85	1870	Krantz	Johann Christian	aus Kaltnordheim			Krantz	Elisabetha	44-11-00	31-Aug	02-Sep	403
86	1870	Fetting	Gerhardt Wilhelm	Johann		Sophia			19-08-00	03-Sep	04-Sep	403
87	1870	Diacont	Henry	Adam		Josephina			00-00-01	03-Sep	04-Sep	403
88	1870	Meyer	Adam	Wilhelm		Ida			08-05-00	07-Sep	09-Sep	405
89	1870	Baum	Johann	aus Baiern					72-00-00	11-Sep	12-Sep	405
90	1870	Rapin	Gerhardt Anton	aus Hesen			Fetting	Sophia Dorothea	51-07-00	24-Sep	25-Sep	405
91	1870	Muller	Jakob	Darmstadt		Anna	Muller	Gerdraut	72-07-00	25-Sep	26-Sep	405
92	1870	Krug	Thomas Henry	Heinrich		Johanna			00-06-00	27-Sep	28-Sep	405
93	1870	Decker	Karl	Joseph		Elisabetha			03-01-00	26-Sep	28-Sep	405
94	1870	Dorrs	Maria Emma	Wilhelm					00-08-00	28-Sep	29-Sep	405
95	1870	Mack	Margaretha	aus Wurttemberg			Mack	Christian	50-07-00	30-Sep	01-Oct	405
96	1870	Gebelein	Karl Heinrich	Johann Adam		Elisabetha			01-11-12	07-Oct	09-Oct	405
97	1870	Kaufmann	Anna MArtha				Kaufmann	Friedrich	24-08-00	08-Oct	10-Oct	405

Trinity German Lutheran Burials

No.	Year	Surname	Given Name	Father	Moth Surname	Moth Given Name	Sp Surname	Sp Given Name	Age	Death	Burial	Page
98	1870	Weiss	Louise	Wilhelm		Christina			00-10-00	09-Oct	10-Oct	405
99	1870	Schaake	Louis	Heinrich		Carolina			05-01-00	09-Oct	11-Oct	405
100	1870	Schaake	Karl	Heinrich		Carolina			01-06-00	10-Oct	11-Oct	405
101	1870	Hopfner	Wilhelm	aus Hanover			Hopfner	Christina	70-00-00	10-Oct	11-Oct	405
102	1870	Krantz	Georg	aus Kaltennordheim			Krantz	Margaretha	30-07-10	10-Oct	12-Oct	405
103	1870	Haas	Barbara	aus Wurttemberg			Haas	Johann	58-01-00	12-Oct	13-Oct	405
104	1870	Knobel	Johann H.	aus Preussen			Knobel	Anna	36-00-00	19-Oct	21-Oct	405
105	1870	Beck	Heinrich	Heinrich		Philippina			00-00-08	21-Oct	22-Oct	405
106	1870	Kummerlein	Johann Georg	Johann Michael		Barbara			00-04-00	26-Oct	27-Oct	405
107	1870	Schwartzbac	Maria Anna	Conrad		Martha			01-02-00	29-Oct	30-Oct	405
108	1870	Lohmann	Karl Theodor	Christian		Barbara			02-00-24	02-Nov	03-Nov	405
109	1870	Ermer	Georg Friedrich	Friedrich		Katharina			01-00-08	21-Nov	22-Nov	405
110	1870	Becker	Maria Wendelina	Christoph		Louise			05-05-00	23-Nov	24-Nov	405
111	1870	Wollenweber	Johann Heinrich	Karl		Carolina			03-07-00	09-Nov	11-Nov	405
112	1870	Esselmann	Heinrich	Heinrich		Margaretha			04-08-00	21-Nov	22-Nov	405
113	1870	Stecker	Heinrich	Gottfried		Helena			00-05-11	27-Nov	28-Nov	405
1	1871	Ditzel	Maria	Conrad		Maria			03-02-00	03-Jan	05-Jan	405
2	1871	Biebel	Joseph M.	aus Baiern					33-01-00	03-Jan	05-Jan	405
3	1871	Burger	Friedrich	Christoph		Hanna			02-11-00	06-Jan	07-Jan	405
4	1871	Gottig	Heinrich	Conrad		Katharina			02-04-00	06-Jan	07-Jan	405
5	1871	Koch	Elisabetha	Leonhardt		Louise			03-00-00	07-Jan	08-Jan	405
6	1871	Holdefer	Georg	Wilhelm		Margaretha			00-08-00	09-Jan	11-Jan	405
7	1871	Hess	Maria Katharina	Georg		Elise			02-05-00	09-Jan	11-Jan	405
8	1871	Korber	Johann	Johann		Barbara			01-10-00	12-Jan	13-Jan	405
9	1871	Lehnbert	Maria	Christoph		Louise			36535	17-Jan	19-Jan	405
10	1871	Weissenbac	Johann	aus Sachsen Mg.			Weissenbach	Minna	28-02-00	22-Jan	24-Jan	405
11	1871	Biebel	Katharina	aus Baiern			widow		70-00-00	22-Jan	24-Jan	405
12	1871	Lotz	aus Hessen Darmstadt				Lotz	Martin	52-00-00	28-Jan	30-Jan	405
13	1871	Sperhaase	Justine				Sperhaase	Julius	69-07-00	30-Jan	01-Feb	407
14	1871	Dietz	Valentin				Dietz	Elise	40-00-00	04-Feb	05-Feb	407
15	1871	Bahl	Friedrich	Christian					02-11-00	16-Feb	17-Feb	407
16	1871	Mai	August			Minna			47-03-00	17-Feb	19-Feb	407
17	1871	Troth	Anna Christina				single		78-00-00	01-Mar	03-Mar	407
18	1871	Weiss	Valentin						35-00-00	02-Mar	03-Mar	407
19	1871	Frank	Karl Conrad H. D.	Karl		Maria			00-06-00	18-Mar	19-Mar	407
20	1871	Schuler	August H.	August		Margaretha			01-04-00	25-Mar	26-Mar	407
21	1871	Otto	Johann Andreas	Georg		Maria			03-04-00	26-Mar	28-Mar	407
22	1871	Trizius	Katharina				widow		76-00-22	27-Mar	28-Mar	407
23	1871	Rauch	Carolina	Chrisstti		Maria			01-00-14	28-Mar	29-Mar	407
24	1871	Hilz	Christine	Conrad		Carolina			00-10-00	29-Mar	30-Mar	407
25	1871	Korner	Friedrich	Friedrich		Elise			03-03-00	03-Apr	05-Apr	407
26	1871	Doring	Anna	Valentin		Maria			11-00-00	04-Apr	06-Apr	407
27	1871	Albes	Maria	Georg		Maria			10-00-00	07-Apr	08-Apr	407
28	1871	Burk	Katharina Paulina	Wilhelm		Carolina			04-02-00	13-Apr	14-Apr	407
29	1871	Rauch	Eva Maria	aus Hessen			Rauch	Christoph	43-03-00	21-Apr	23-Apr	407
30	1871	Dietz	Johann	Johann		Maria			02-07-00	30-Apr	01-May	407

Trinity German Lutheran Burials

No.	Year	Surname	Given Name	Father	Moth Surname	Moth Given Name	Sp Surname	Sp Given Name	Age	Death	Burial	Page
31	1871	Mai	Maria L.	August		Margaretha			02-03-00	07-May	08-May	407
32	1871	Riehl	Elisabetha Ida	Johann		Katharina			02-02-00	15-May	17-May	407
33	1871	Keller	Louis	Jakob		Margaretha			08-00-00	16-May	18-May	407
34	1871	Decker	Johann Conrad Friedrich August	[blank]		[blank]			00-03-00	24-May	27-May	407
35	1871	Muller	Ludwig	Friedrich		Katharina			01-05-00	02-Jun	03-Jun	407
36	1871	Adicks	Sarah. M. D.	Dietrich		Margaretha			00-06-00	03-Jun	05-Jun	407
37	1871	Enright	Elisabetha	Franz		Caroline			01-06-00	09-Jun	10-Jun	407
38	1871	Buchsbaum	Helena	Johann Heinrich		Helena			36564	28-Jun	29-Jun	407
39	1871	Kuhne	Johann	aus Baden			no relatives	died in brewery a	33-00-00	01-Jul	02-Jul	407
40	1871	Hasslinger	Johann				Hasslinger	Carolina	41-03-00	07-Jul	03-Jul	407
41	1871	[blank but kn	Anna Margaretha	aus Baiern					50-00-00	07-Jul	09-Jul	407
42	1871	Patschky	Georg Peter	Tobias		Anna			00-07-00	09-Jul	10-Jul	407
43	1871	Ermer	Margaretha	Gottlieb		Barbara			36-00-00	15-Jul	16-Jul	407
44	1871	Huber	Johann Anna Margaretha	Anton		Rosina			01-03-29	15-Jul	16-Jul	407
45	1871	Kolbe	Puline	Johann		Carolina			01-05-00	19-Jul	20-Jul	407
46	1871	Schnick	Anna Louise	Hermann		Anna Katharina			00-08-00	21-Jul	22-Jul	407
47	1871	Baier	Heinrich (twin)	Balthasar		Katharina			6 weeks	21-Jul	22-Jul	407
48	1871	Baier	Clara (twin)	Balthasar		Katharina			6 weeks	22-Jul	24-Jul	407
49	1871	Schonhals	Anna Katharina	Johann		Anna Katharina			01-04-07	26-Jul	27-Jul	407
50	1871	Heim	Maria Carolina	Wilhelm		Elise			01-05-17	28-Jul	29-Jul	407
51	1871	Freund	Conrad	Conrad		[blank]			00-06-00	29-Jul	30-Jul	407
52	1871	Gunther	Maria	[blank]		[blank]			01-05-12	30-Jul	31-Jul	407
53	1871	Heissner	Ernst	Karl		Margaretha			09-00-00	31-Jul	01-Aug	407
54	1871	Heimbuch	Maria Elisabetha	Thomas		Louise			00-11-00	04-Aug	05-Aug	407
55	1871	Weisenbach	Johann V.		Weisenbach	Wilhelmina			00-03-00	08-Aug	09-Aug	407
56	1871	Heimbuch	Johann H.	Thomas		Louise			06-00-00	09-Aug	10-Aug	409
57	1871	Siegmund	Carolina				Siegmund	Julius	27-03-00	10-Aug	11-Aug	409
58	1871	von der Wett	Eduard	August		Dorothea			00-11-11	15-Aug	16-Aug	409
59	1871	During	Maria	aus Sachsen			During	Valentin	42-06-00	21-Aug	22-Aug	409
60	1871	Bosshammer	Johann Heinrich	Heinrich		Elisabetha	Bosshammer	Elise	60-00-00	23-Aug	24-Aug	409
61	1871	Ford	Johann H. Karl	Christoph		Margaretha			00-09-00	03-Sep	05-Sep	409
62	1871	Quatty	Emma	aus Baiern					00-06-03	31-Jul	01-Aug	409
63	1871	Kurz	Elisabetha	aus Denmark			Kurz.	Leonhardt	51-00-00	09-Sep	10-Sep	409
64	1871	Wilson	John	Julius		Christina	sailor		36-00-00	11-Sep	12-Sep	409
65	1871	Muller	Johann H. Ad.						02-01-21	13-Sep	14-Sep	409
66	1871	Feldmann	Friedrich				Feldmann	Anna	52-06-00	13-Sep	15-Sep	409
67	1871	Tapkin	Friedrich				Tapkin	Christina	43-00-00	18-Sep	20-Sep	409
68	1871	Wild	Carolina						62-00-00	25-Sep	26-Sep	409
69	1871	Dietsch	Anna B.	Johann G.		Wilhelmina			02-00-00	24-Sep	26-Sep	409
70	1871	Nordmann	Heinrich				Nordmann	Louise	67-09-00	27-Sep	29-Sep	409
71	1871	Ritterpusch	Simon						71-04-27	01-Oct	01-Oct	409
72	1871	Repp	Maria Elisabetha	Gottfried		Margaretiha			02-03-00	02-Oct	03-Oct	409
73	1871	Frankenberg	Maria	Johann		Katharina			01-04-00	07-Oct	08-Oct	409
74	1871	Schonhals	Maria Katharina				widow		68-00-00	12-Oct	13-Oct	409
75	1871	Schaub	Emma	[blank]		[blank]			00-10-00	30-Oct	01-Nov	409
76	1871	Ford	Elisabetha				Ford	Heinrich	29-07-00			409

Trinity German Lutheran Burials

No.	Year	Surname	Given Name	Father	Moth Surname	Moth Given Name	Sp Surname	Sp Given Name	Age	Death	Burial	Page
77	1871	Michael	Elisabetha						47-00-00	04-Nov	06-Nov	409
78	1871	Baier	Katharina	Johann		Rosina			23-04-00	12-Nov	13-Nov	409
79	1871	Wittgrebe	Georg Heinrich	Conrad		Louise			01-05-00	13-Nov	14-Nov	409
80	1871	Langemann	Gustav	Georg		Margaretha			00-00-10	15-Nov	16-Nov	409
81	1871	Spalter	Michael						48-09-00	26-Nov	27-Nov	409
82	1871	Kubler	Jakob				Kubler	Henrietta	42-00-00	30-Nov	02-Dec	409
83	1871	Simon	Johann				Simon	Katharina	45-00-00	12-Dec	14-Dec	409
84 (	1871	Vobbe	Friedrich Hermann	Rudolph					01-03-00	20-Dec	22-Dec	409
85 (	1871	Rost	Georg	aus Baiern						[blank]	[blank]	409
1	1872	Ulrich	Johann Matthias	Johann		Eva			01-08-00	06-Jan	07-Jan	409
2	1872	Kiefer	Elisabetha	Louis		Friedrike			05-00-00	11-Jan	13-Jan	409
3	1872	Kattenhorn	Wilhelm TH.	Friedrich		Christina			00-02-00	19-Jan	20-Jan	409
4	1872	Haas	Johann Georg	aus Wurttemberg					61-00-00	21-Jan	22-Jan	409
5	1872	Rost	Rosa Ida			Sophia	Rost		36649	22-Jan	24-Jan	409
6	1872	Rau	Maria	Georg		Maria			00-03-00	03-Feb	04-Feb	409
7	1872	Lang	Albert	aus Hungary					48-00-00	06-Feb	07-Feb	409
8	1872	Klepper	Friedrich	Karl		Christiana			16-10-00	07-Feb	09-Feb	409
9	1872	Heim	Margaretha				Heim	Karl	24-00-00	08-Feb	09-Feb	409
10	1872	Möller	Ernst Heinrich				Möller	Elisabetha Christi	51-08-00	10-Feb	11-Feb	411
11	1872	Nelson	Johann	Eduard		Hanna			00-09-00	14-Feb	15-Feb	411
12	1872	Fischer	Wilhelm Karl Bismark	Karl		Margaretha			01-06-12	15-Feb	18-Feb	411
13	1872	Gerlach	Friedrich Wilhelm	Friedrich		Elise			00-03-00	16-Feb	18-Feb	411
14	1872	Laupus	Wilhelm				Laupus	Ellen	27-00-00	20-Feb	22-Feb	411
15	1872	Kiefner	Louise	Gottlieb		Eugenia			01-03-00	27-Feb	29-Feb	411
16	1872	Schoner	Carolina				Schoner	Peter	22-00-00	29-Feb	02-Mar	411
17	1872	Kentner	Barbara	aus Baiern			Kentner	Johann	38-00-00	03-Mar	04-Mar	411
18	1872	Brandau	Emma	Gebhardt		Maria			16-09-00	08-Mar	10-Mar	411
19	1872	Eisenroth	Louise	Georg		Elise			06-00-00	13-Mar	15-Mar	411
20	1872	Heinzerling	Georg Conrad	aus Hessen Darmstadt			Heinzerling	Maria	55-00-00	14-Mar	15-Mar	411
21	1872	Lang	Joseph				Lang	Caroline	64-00-00	14-Mar	16-Mar	411
22	1872	Schmuck	Johann W.	Johann		Philippina			17-00-17	15-Mar	17-Mar	411
23	1872	Vinson	Anna Christina	Jakob		Lissi			01-00-00	17-Mar	19-Mar	411
24	1872	Kramer	Christian Pauline Eugenia						30-00-00	21-Mar	22-Mar	411
25	1872	Weitzel	Amalia	Heinrich (Jr.)		Helena			03-04-00	21-Mar	23-Mar	411
26	1872	Knop	Heinrich Wilhelm	Karl		Emilie			01-09-00	21-Mar	23-Mar	411
27	1872	Lehnieis	Johann Conrad	Johann Georg		Barbara			04-03-00	28-Mar	29-Mar	411
28	1872	Panetti	Anna Katharina	Ernst		Barbara			03-06-00	29-Mar	31-Mar	411
29	1872	Kohler	Wilhelm Anton	Gottlieb		Maria			01-00-00	01-Apr	02-Apr	411
30	1872	Pfan	August Heinrich						43-00-00	02-Apr	04-Apr	411
31	1872	Sommer	Johann						24-00-00	02-Apr	04-Apr	411
32	1872	Keiner	Johann Georg Karl	Karl		Barbara			00-01-00	04-Apr	05-Apr	411
33	1872	Schleinbech	Georg H.	Gottlieb		Carolina			00-03-00	06-Apr	08-Apr	411
34	1872	Hecker	Johann Christian	Johann		Louise			03-00-00	10-Apr	11-Apr	411
35	1872	Hartung	Wilhelm	aus Baiern	Hartung	Margarethe			14-00-00	10-Apr	11-Apr	411
36	1872	Lang	Johann Anton		Lang	Caroline			10-00-00	10-Apr	12-Apr	411
37	1872	Dollinger	Katharina	aus Baiern			Dollinger	Friedrich	61-00-00	13-Apr	15-Apr	411

Trinity German Lutheran Burials

No.	Year	Surname	Given Name	Father	Moth Surname	Moth Given Name	Sp Surname	Sp Given Name	Age	Death	Burial	Page
38	1872	Hesse	Louise	Christian		Emilie			08-07-00	19-Apr	20-Apr	411
39	1872	Popp	Georg	aus Baiern			Popp	Maria	42-00-00	19-Apr	20-Apr	411
40	1872	Reisenweber	Joseph H.	Johann		Elisabetha			02-07-00	20-Apr	21-Apr	411
41	1872	Sitterding	Friedrich	Friedrich aus Sachsen		Sophia			00-04-11	21-Apr	23-Apr	411
42	1872	Schwinger	Christine	Eisenach			Schwinger	Heinrich	63-00-00	24-Apr	25-Apr	411
43	1872	Walter	Johann				Walter	Louise	44-00-00	24-Apr	26-Apr	411
44	1872	Pelz	Emilie				widow		73-00-00	28-Apr	29-Apr	411
45	1872	Amberg	Katharina	aus Baiern		Barbara	Amberg	Georg	45-00-00	16-May	17-May	411
46	1872	Kemper	Georg Wilhelm	Heinrich					00-09-00	15-May	17-May	411
47	1872	Willner	Conrad	aus Baiern			Willner	Friedrike	40-03-00	21-May	23-May	411
48	1872	Dondorf	Elise				Dondorf	Jakob	50-00-00	27-May	28-May	411
49	1872	Hofler	August	Niklaus		Barbara			15-00-00	29-May	30-May	411
50	1872	Enright	Frank	Franz		Carolina			01-04-00	13-Jun	14-Jun	411
51	1872	Moser	Maria	aus Marburg			Moser	Georg	40-07-00	14-Jun	17-Jun	411
52	1872	Kentner	Johann Ludwig	Johann		[blank]			00-05-00	26-Jun	27-Jun	411
53	1872	Conrad	Wilhelm D.						35-00-00	02-Jul	03-Jul	413
54	1872	Schmidt	Rosa	Jakob H.		Elise			03-01-00	03-Jul	04-Jul	413
55	1872	Eberlein	Michael	Hermann		Ernstine	Eberlein	Katharina	52-00-00	04-Jul	05-Jul	413
56	1872	Menzel	Oscar W.	Gustav		Martha			00-07-15	04-Jul	05-Jul	413
57	1872	Hiebel	Heinrich						02-02-00	06-Jul	07-Jul	413
58	1872	Schneider	Karl Friedrich	Caspar		Clara			01-10-00	06-Jul	08-Jul	413
59	1872	Schuchnauer	Gustav Katharina Margaretha						45-00-00	08-Jul	11-Jul	413
60	1872	Mengert	Elis.	Heinrich		Katharina			01-01-00	11-Jul	12-Jul	413
61	1872	Rock	Justus Paul	Wilhelm		Augusta			00-11-00	12-Jul	13-Jul	413
62	1872	Schmidt	Johann W.	Johann					05-00-00	12-Aug	13-Aug	413
63	1872	Timermann	Maria	Friedrich		Katharina			00-06-00	14-Jul	16-Jul	413
64	1872	Kaufmann	Adolph Helfrich	Helfrich		Johann			00-04-20	15-Jul	16-Jul	413
65	1872	Grauling	Heinrich				Grauling	Magdalena	40-00-00	15-Jul	17-Jul	413
66	1872	Reth	Maria	Michael		Margaretha			01-07-00	20-Jul	21-Jul	413
67	1872	Hoffmann	Maria Elisabetha				Hoffmann	Conrad	46-00-00	20-Jul	22-Jul	413
68	1872	Fast	Alexis Gey	Eduard G.		Antonetta			00-08-00	25-Jul	27-Jul	413
69	1872	Carrer	Georg Adolph	Adolph		Anna			00-11-14	28-Jul	29-Jul	413
70	1872	Kiefer	Anna Katharina	Louise		Friedrika			01-00-16	28-Jul	29-Jul	413
71	1872	Eigenbrodt	Johann Adam	Johann		Eva			17-00-00	30-Jul	01-Aug	413
72	1872	Kulow	Karl Heinrich Berhn.	Adolph		Maria			01-01-00	31-Jul	01-Aug	413
73	1872	Shaap	Franz Georg	August		Friedrike			00-10-00	31-Jul	02-Aug	413
74	1872	Scheppler	Johann				Scheppler	Katharina	55-00-00	01-Aug	03-Aug	413
75	1872	Muller	Friedr.	aus Marburg			single with Peter Schneider		15-00-00	03-Aug	04-Aug	413
76	1872	Zick	Andreas Conrad W.	Louis		Maria			01-03-14	03-Aug	04-Aug	413
77	1872	Eichner	Georg	Heinrich		Maria			00-08-05	05-Aug	06-Aug	413
78	1872	Heinemann	Isabella	Heinrich		Linda			22-01-20	14-Aug	15-Aug	413
79	1872	Weber	Doris Louise	Louis		Louise			01-06-00	16-Aug	17-Aug	413
80	1872	Richter	Johann A.	Georg		Margaretha			01-02-00	27-Aug	28-Aug	413
81	1872	Buchholz	Minna						32-00-00	27-Aug	28-Aug	413
82	1872	Roth	Johann Hermann	Johann Friedrich		Elise			00-08-00	28-Aug	29-Aug	413
83	1872	Bachmann	Maria				Bachmann	Melchor	46-00-00	31-Aug	02-Sep	413

Trinity German Lutheran Burials

No.	Year	Surname	Given Name	Father	Moth Surname	Moth Given Name	Sp Surname	Sp Given Name	Age	Death	Burial	Page
84	1872	Hess	Anna Katharina	Georg		Elise			01-01-00	06-Sep	07-Sep	413
85	1872	Horst	Christian Karl	Christian		Elise			02-00-00	13-Sep	14-Sep	413
86	1872	Fischer	Anna Maria	Johann		Maria			04-07-00	16-Sep	17-Sep	413
87	1872	Ellerbrock	Margaretha				Ellerbrock	August	30-09-00	21-Sep	22-Sep	413
88	1872	Loffler	Conrad	Heinrich		Katharina			06-08-00	27-Sep	28-Sep	413
89	1872	Appel	Margaretha				Apell	Johann	54-00-00	28-Sep	30-Sep	413
90	1872	Loffler	Anna	Heinrich		Katharina			01-05-00	04-Oct	05-Oct	413
91	1872	Franke	Heinrich W.	Friedrich W.		Anna			01-02-00	04-Oct	06-Oct	413
92	1872	Michael	August H.	[blank]		[blank]			00-07-00	06-Oct	07-Oct	413
93	1872	Koch	Wilhelm				Koch	Lena	59-00-00	08-Oct	09-Oct	413
94	1872	Ulrich	Carolina	Johann		Eva			00-03-00	11-Oct	12-Oct	413
95	1872	Bulhsbaum	Helen	Johann		Pauline			00-05-10-	13-Oct	14-Oct	415
96	1872	Engel	Sophia L.						83-00-00	18-Oct	19-Oct	415
97	1872	Muller	Ernst H.	Adam		Emilie			12-00-00	18-Oct	19-Oct	415
98	1872	Eckes	Katharina				Eckes	Heinrich	32-00-00	18-Oct	20-Oct	415
99	1872	Esslinger	Barbara				Esslinger	Gottlieb	28-00-00	23-Oct	24-Oct	415
100	1872	Diacont	Estella	Adam		Josephine			03-11-00	16-Nov	18-Nov	415
101	1872	Eichinger	Maria				Eichinger	Maria	23-00-00	17-Nov	19-Nov	415
102	1872	Harnigke	Theresia				widow		77-00-00	18-Nov	19-Nov	415
103	1872	Ackermann	Georg				Ackermann	Carolina	35-00-00	22-Nov	24-Nov	415
104	1872	Werner	Johann	Heinrich		Maria			01-03-00	26-Nov	27-Nov	415
105	1872	Maier	Maria Magdalena	Philipp		Regina			02-02-00	03-Dec	04-Dec	415
106	1872	Pfau -	Elise Mathilde	August		Mathilde			13-00-00	05-Dec	08-Dec	415
107	1872	Appel	Karl				widower		65-00-00	23-Dec	26-Dec	415
1	1873	Dietrich	Friedrich August	Adam		Emilie			00-05-17	08-Jan	10-Jan	415
2	1873	Konig	Jakob Philipp	Jakob		Sophia			00-01-00	15-Jan	17-Jan	415
3	1873	Kolbe	Carolina				Kolbe	John	36-05-14	15-Jan	17-Jan	415
4	1873	Fareis	Maria Elise	Karl		Margaretha			00-04-15	05-Feb	06-Feb	415
5	1873	Meusel	Karl				Meusel	Margaretha	41-00-00	06-Feb	07-Feb	415
6	1873	Schnitzer	Katharina Margaretha				widow		74-00-00	09-Feb	11-Feb	415
7	1873	Muller	Margaretha				widow		50-00-00	05-Mar	06-Mar	415
8	1873	Gotz	Georg	Heinrich		Dorothea	Gotz	Elisabetha	42-00-00	10-Mar	11-Mar	415
9	1873	Hoffmann	Maria	Wilhelm		Christina			01-011-00	17-Mar	18-Mar	415
10	1873	Krum	Reles [?] Wilh. H.	aus Bayern					00-08-13	17-Mar	18-Mar	415
11	1873	Dusing	Frank				Dusing	Christina	29-00-00	21-Mar	23-Mar	415
12	1873	Werner	Maria				Werner	Heinrich	24-00-00	11-Apr	13-Apr	415
13	1873	Pfaff	Maria				Pfaff	Friedrich	24-00-00	12-Apr	14-Apr	415
14	1873	Bervig	Friedrich	aus Braunschweig			Bervig	Henrietta	64-00-00	25-Apr	27-Apr	415
15	1873	Lamerer	Wilhelmina	aus Braunschweig			widow		67-00-00	29-Apr	01-May	415
16	1873	Maier	Josephine	aus Baiern			Maier	Karl	26-00-00	22-May	24-May	415
17	1873	Detgen	Friedrich				Detgen	Christina	43-00-00	23-Jun	24-Jun	415
18	1873	Bach	Albert Wilhelm	Johann Peter		Louise			00-11-00	02-Jul	03-Jul	415
19	1873	Muller	Elisabetha Dorothea	Johann		Elisabetha			00-06-02	06-Jul	08-Jul	415
20	1873	Moller	Anna Maria	Ernst Heinrich		Elisabetha			28-06-12	16-Jul	18-Jul	415
21	1873	Reisenweber	Johann	aus Baiern			Reisenweber	Barbara	45-07-13	16-Jul	18-Jul	415
22	1873	Sommer	Johann				Sommer	Amalie	51-03-16	19-Jul	20-Jul	415
23	1873	Schuchmann	Emilie	Theodor		Maria			01-01-00	24-Jul	26-Jul	415
24	1873	Willig	Heinrich						57-00-00			415

217

Trinity German Lutheran Burials

No.	Year	Surname	Given Name	Father	Moth Surname	Moth Given Name	Sp Surname	Sp Given Name	Age	Death	Burial	Page
25	1873	Eckhardt	Carolina	aus Hessen Darmstadt			widow		79-00-00	03-Aug	05-Aug	415
26	1873	Schachtel							41-00-00	[blank]	[blank]	415
27	1873	Rosenthal	Auguste			Auguste	Rosenthal	Friedrich	47-00-00	09-Aug	11-Aug	417
28	1873	Adix	August	Friedrich					06-00-00	09-Aug	11-Aug	417
29	1873	Menzel	Karl Gerhardt	[blank]					01-03-00	12-Aug	13-Aug	417
30	1873	Quarde	Wilhelm	Herman		Ernstina		Wilhelmina	00-08-00	17-Aug	18-Aug	417
31	1873	Jansen	Ernst				Quarde	Caroline	35-00-00	20-Aug	21-Aug	417
32	1873	Frank	Peter	aus Denmark			Jansen	Anna	47-00-00	23-Aug	24-Aug	417
33	1873	Booth	Johann				Frank		66-00-00	30-Aug	31-Aug	417
34	1873	Harz	Maria B.	Robert		Hanna			00-05-08	02-Sep	04-Sep	417
35	1873	Booth	Johann Georg	aus Baiern			single ?		23-00-00	05-Sep	06-Sep	417
36	1873	Werner	Dina	Robert		Hanna			00-05-14	07-Sep	08-Sep	417
37	1873	Bromel	Anna Eva	Heinrich		[blank]			00-06-00	11-Sep	13-Sep	417
38	1873	Eck	Robert	[blank]		[blank]			00-11-14	11-Sep	13-Sep	417
39	1873	Distler	Karl	aus Coburg Gotha			Eck	Elisabetha	64-11-00	12-Sep	14-Sep	417
40	1873	Straub	Barbara	Conrad		Margaretha			00-05-20	20-Sep	22-Sep	417
41	1873	Campel	Johann Antonetta	Georg		Friedrike			14-02-00	21-Sep	22-Sep	417
42	1873	Wiegel	Maria Elisabetha	Kenrard		Elisabetha			00-07-00	03-Oct	05-Oct	417
43	1873	Garling	Martha Elisabetha	Georg		Elisabetha			02-02-00	08-Oct	10-Oct	417
44	1873	Melony	Friedrich Rudolph	Friedrich		Caroline			00-00-09	13-Oct	14-Oct	417
45	1873	Patschky	James				Melony	Dina	29-07-00	13-Oct	15-Oct	417
46	1873	Gotz	Georg	Tobias		[blank]			00-10-00	18-Oct	19-Oct	417
47	1873	Wolf	Johann	aus Baiern			Gotz	Anna	52-00-00	19-Oct	20-Oct	417
48	1873	Thomas	August	Conrad		Nina [?]			00-00-6	19-Oct	21-Oct	417
49	1873	Ermer	Johann	aus Baiern			Thomas	Margaretha	48-03-00	25-Oct	26-Oct	417
50	1873	Trager	Katharina				widow		34-00-00	26-Oct	27-Oct	417
51	1873	Krug	Elisabetha Johanna	Albert		Anna Margaretha			61-00-00	29-Oct	31-Oct	417
52	1873	Nieboh	Frida	aus Baiern					01-01-00	05-Nov	06-Nov	417
53	1873	Schenkel	Gertraud	Bernhard		Louise	widow		50-00-00	11-Nov	12-Nov	417
54	1873	Schorr	Lilly						01-01-00	13-Nov	14-Nov	417
55	1873	Geilhaar	Louise	Eduard		Emma			35-00-00	24-Nov	26-Nov	417
56	1873	Schafer	Altwig Ernst Alex	aus Wurttemberg					04-01-00	24-Nov	26-Nov	417
57	1873	Eberhardt	Paul C. F.				sailor on the Asia		46-00-00	30-Nov	02-Dec	417
58	1873	Richter	Friedrich	aus Baiern					45-00-00	02-Dec	03-Dec	417
59	1873	Dannenfelser	Johann Andreas	Ludwig		Maria			[blank]	04-Dec	07-Dec	417
60	1873	Luft	Margaretha	Johann H.		Katharina			02-03-00	08-Dec	09-Dec	417
61	1873	Diedrich	Maria Elisabetha				Diedrich	Martin	00-03-00	13-Dec	14-Dec	417
1	1874	Thiemann	Sophi	Friedrich		Elisabetha			35-00-00	30-Dec 1873	01-Jan	417
2	1874	Bechtold	Maria	Wilhelm		Martha Elisabetha			05-08-00	08-Jan	09-Jan	417
3	1874	Rau	Martha Elisabetha	Georg		Maria			01-03-00	08-Jan	09-Jan	417
4	1874	Heimbuch	Georg				Heimbuch	Adam	00-09-00	10-Jan	11-Jan	417
5	1874	Klingenberg	Elise M.	L.		Louis	Friedrike		22-00-00	11-Jan	13-Jan	417
6	1874	Jager	Eduard				Jager	Elisabetha	00-09-11	17-Jan	19-Jan	417
7	1874	Amberg	Samuel	Valentin		Elisabetha			64-01-00	20-Jan	21-Jan	419
8	1874	Roth	Elisabetha	Johann Friedrich		Anna E.			01-11-00	22-Jan	23-Jan	419
9	1874	Kramer	Georg						00-02-00	01-Feb	02-Feb	419
10	1874		Maria						57-00-00	03-Feb	04-Feb	419

Trinity German Lutheran Burials

No.	Year	Surname	Given Name	Father	Moth Surname	Moth Given Name	Sp Surname	Sp Given Name	Age	Death	Burial	Page
11	1874	Kemp	Antonia	Georg		Gesina			01-01-00	09-Feb	10-Feb	419
12	1874	Buchsbaum	Georg Wilhelm	Johann		Helena			03-04-00	11-Feb	12-Feb	419
13	1874	Hucker	Johann	Niklaus		Katharina			00-00-14	14-Feb	15-Feb	419
14	1874	Herzog	Christina				Herzog	Thomas	35-00-00	14-Feb	16-Feb	419
15	1874	Fischer	Georg Alfred	Karl		Margaretha			00-07-19	26-Feb	28-Feb	419
16	1874	Weitzel	Johann F.	Heinrich		Helena			01-06-00	03-Mar	04-Mar	419
17	1874	Schmidt	Katharina	Christian		Caroline			6 weeks	04-Mar	05-Mar	419
18	1874	Wolf	Maria		widow				65-00-00	05-Mar	06-Mar	419
19	1874	Staap	Theodor	August		Friedrike			00-10-00	05-Mar	06-Mar	419
20	1874	Fields	Katharina	[blank]		[blank]			00-04-00	11-Mar	12-Mar	419
21	1874	Schmidt	Conrad						38-02-00	12-Mar	15-Mar	419
22	1874	Klees	Katharina		widow				68-00-00	15-Mar	16-Mar	419
23	1874	Weber	August		single				39-00-00	16-Mar	17-Mar	419
24	1874	Burger	Johann	Christian		Helena			08-05-00	22-Mar	23-Mar	419
25	1874	Gerlach	Ernst Paul L.	Valentin		Katharina			04-00-00	23-Mar	24-Mar	419
26	1874	Maerz	Emma	Louis		Katharina			03-03-00	25-Mar	27-Mar	419
27	1874	Jockel	Wilhelm	Georg		Barbara			08-00-00	28-Mar	29-Mar	419
28	1874	Hadermann	Elisabetha				Hadermann	Caspar	35-11-00	02-Apr	04-Apr	419
29	1874	Martin	George				Martin	Louise	35-00-00	02-Apr	05-Apr	419
30	1874	Weber	Louis Martin						41-08-00	14-Apr	16-Apr	419
31	1874	Rösler	Emilie				Rösler	Wilhelm	26-00-00	23-Apr	24-Apr	419
32	1874	Dietrich	Johann	Johann		Bertha			01-08-09	01-May	04-May	419
33	1874	Altpeter	Marie C.				Altpeter	Georg	31-00-00	02-May	04-May	419
34	1874	Hatterich	Georg	Heinrich		Elisabetha			01-05-00	05-May	06-May	419
35	1874	Thierauf	Kunigunde		widow				74-00-00	08-May	10-May	419
36	1874	Ford	Lilly	Heinrich		Barbara			00-04-00	15-May	17-May	419
37	1874	Balster	Christina Josephina	[blank]		[blank]			00-05-00	16-May	18-May	419
38	1874	Muller	Johann	Conrad		Maria			00-00-01	18-May	19-May	419
39	1874	Hammert	Caspar H.						43-04-00	20-May	22-May	419
40	1874	Beter	Christina				Beter	Wilhelm	34-00-00	24-May	26-May	419
41	1874	Muller	[blank]	[blank]		[blank]			05-00-00	28-May	29-May	419
42	1874	Eitel	[blank]	[blank]		[blank]			01-00-00	04-Jun	05-Jun	419
43	1874	Witter	[blank]	[blank]		Anna			02-00-00	29-Jun	01-Jul	419
44	1874	Schmeiser	Georg Ernst	Johann		Johanna			01-06-00	03-Jul	04-Jul	419
45	1874	Otto	Sarah Emilie Anna	August		Elise			02-00-00	03-Jul	04-Jul	419
46	1874	Warthman	Friedrich	Adolph		[blank]			01-04-00	06-Jul	07-Jul	419
47	1874	Franz	[blank]	[blank]					00-03-00	07-Jul	08-Jul	419
48	1874	Frey	Jakob				Frey	Maria	54-00-00	15-Jul	16-Jul	419
49	1874	Klem	Harry Julius Otto	Julius		Maria			01-01-00	14-Jul	16-Jul	419
50	1874	Bornemann	Katharina M.	Heinrich		Maria			50-00-00	18-Jul	19-Jul	421
51	1874	Bauer	Margaretha	Jakob		Maria			00-05-00	18-Jul	19-Jul	421
52	1874	Schmidt	Lilly	Jakob		Elise			07-04-00	18-Jul	19-Jul	421
53	1874	Burgel	Theodor	Christian G.					20-00-00	18-Jul	19-Jul	421
54	1874	Otten	Betti Dietricka	aus Bremen			Otten	Bernhardt	22-03-00	20-Jul	22-Jul	421
55	1874	Schleimbeek	Gottleib			Em.			00-11-00	21-Jul	22-Jul	421
56	1874	Worthman	Heinrich Ad.	Adolph		Elise			02-07-00	27-Jul	28-Jul	421
57	1874	Wirth	Karl	Georg		Margaretha			######	28-Jul	29-Jul	421
58	1874	Witter	Friedr. W.						20-00-00	31-Jul	01-Aug	421

Trinity German Lutheran Burials

No.	Year	Surname	Given Name	Father	Moth Surname	Moth Given Name	Sp Surname	Sp Given Name	Age	Death	Burial	Page
59	1874	Rothenberg	Martin Ludwig	Friedrich		Elise			03-03-00	13-Sep	14-Sep	421
60	1874	Bach	Louis Karl	Peter		Louise			00-02-00	04-Jun	05-Jun	421
61	1874	Brille	Minna	Heinrich		Johanna			01-08-00	14-Sep	15-Sep	421
62	1874	Sozold	???						02-09-12	16-Sep	17-Sep	421
63	1874	Langemann	Georg						01-07-22	22-Sep	23-Sep	421
64	1874	Kratz	Johann						67-06-28	24-Sep	25-Sep	421
65	1874	Hofmann	Maria						01-06-21	25-Sep	27-Sep	421
66	1874	Bullerdick	Philipp						00-00-10	26-Sep	27-Sep	421
67	1874	Ulrich [?]	Sophia Wilhelmina						00-08-20	05-Oct	07-Oct	421
68	1874	Riedel	Christof				widower, 3 children		54-06-00	11-Oct	12-Oct	421
69	1874	Seurke [?]	Heinrich						21-00-00	11-Oct	13-Oct	421
70	1874	Behnke	Dorothea						05-08-28	02-Nov	03-Nov	421
71	1874	Ubert	Elisabetha						17-05-05	23-Oct	25-Oct	421
72	1874	Prinz	Johann				2 sons, 1 daughter		64-10-07	02-Nov	04-Nov	421
73	1874	Kochler	Heinrich				widow, 4 stepchildren		44-08-20	08-Nov	10-Nov	421
74	1874	Wittich	Karl				widower, 4 children		45-03-00	18-Nov	19-Nov	421
75	1874	Philipp	Wilhelm Michael				parents, 4 brothers		16-06-11	20-Nov	22-Nov	421
76	1874	Rensch [?]	Georg						60-00-00	02-Dec	03-Dec	421
77	1874	Burke	Elisabeth				widow, 1 daughter		35-06-00	05-Dec	07-Dec	421
78	1874	Herold	Susanna Barbara						72-06-00	14-Dec	16-Dec	422
1	1875	Kamps	John				parents, 2 brothers		01-06-14	03-Jan	05-Jan	422
2	1875	Doellinger	Theresia				husband, 2 children		50-00-00	12-Jan	14-Jan	422
3	1875	Eckes	Margaretha				2 sons, 8 grandsons		75-00-00	12-Jan	14-Jan	422
4	1875	Gross	Anna				mother, stepfather		08-09-00	26-Jan	28-Jan	422
5	1875	Huntingdon	William	aus Liverpool, England			sailor		42-00-00	28-Jan	29-Jan	422
6	1875	Neubert	Johann Georg				one son, two daughter		72-00-00	29-Jan	31-Jan	422
7	1875	Budde	Friedrich Wilhelm				wife, six children		42-10-06	19-Feb	21-Feb	422
8	1875	Koch	Johann David				wife, three children		66-01-15	25-Feb	27-Feb	422
9	1875	Ambros	Georg				second wife		51-00-00	02-Mar	04-Mar	422
10	1875	Mader	Georg Jakob				widow, four children		59-02-12	06-Mar	09-Mar	422
11	1875	Urban	Adam				wife, eight children		51-03-27	14-Mar	16-Mar	423
12	1875	Winkler	Heinrich Julius				wife, three children		36-03-00	14-Mar	16-Mar	423
13	1875	Lohmeyer	un-named [?]	Adolph			parents		00-02-16	24-Mar	26-Mar	423
14	1875	Hartan	Barbara				parents, eight sisters		17-03-22	24-Mar	26-Mar	423
15	1875	Severin	Jakob				grandmother, mother &		27-04-15	05-Apr	08-Apr	423
16	1875	Glaser	Maria Katharina Sophia				parents, one sister		7 weeks	12-Apr	14-Apr	423
17	1875	Bredehoft	Lehner Gustav				wife, three children		42-00-00	30-Mar	16-Apr	423
18	1875	Ohlendorf	Johann Heinrich				parents, one sister		9 weeks	25-Apr	27-Apr	423
19	1875	Thimm	Christian				widow, three children &		36-07-23	08-May	09-May	423
20	1875	Marquardt	Karolien				widower		62-01-10	13-May	14-May	423
21	1875	Kabernagel	Johann Hermann				widow, two children		26-07-00	15-May	17-May	423
22	1875	Walter	Auguste				paretns, grandparents		01-02-21	18-May	20-May	423
23	1875	Opfer	Dorothea				parents, grandparents		00-03-00	22-May	23-May	423
24	1875	Häfner	Christian August				widow, four children &		74-00-02	29-May	31-May	423
25	1875	Lechleitner	Johann				widow		58-09-00	10-Jun	11-Jun	423
26	1875	Christ	Karl Heinrich				parents, three siblings		13-03-11	13-Jun	14-Jun	423

Trinity German Lutheran Burials

No.	Year	Surname	Given Name	Father	Moth Surname	Moth Given Name	Sp Surname	Sp Given Name	Age	Death	Burial	Page
27	1875	Horst	child of	Johann Heinrich				parents	15 weeks	20-Jun	21-Jun	423
28	1875	Steinbrink	Margaretha					widower, one son	66-09-00	20-Jun	22-Jun	423
29	1875	Toth	Karl	aus Hannover					29-00-00	19-Jun	23-Jun	423
30	1875	Krieg	Georg Wilhelm					parents, two siblings	00-09-22	27-Jun	29-Jun	423
31	1875	Jung	Elisabetha					husband, parents &	35-08-01	28-Jun	30-Jun	423
32	1875	Küssner	Veit					widow, two sons	56-09-10	29-Jun	01-Jul	424
33	1875	Urban	Clara Wilhelmina	Adam (deceased)				Mother, seven siblings	01-5-21	07-Jul	08-Jul	424
34	1875	Finise or Fini	Richard					single, one sister	26-00-00	16-Jul	17-Jul	424
35	1875	Bauer	Georg Heinrich					parents, eight siblings	17-09-00	19-Jul	20-Jul	424
36	1875	Thumser	Karl					wife, parents	25-09-25	25-Jul	27-Jul	424
37	1875	Baumann	Johann					parents, six siblings	20-11-00	26-Jul	28-Jul	424
38	1875	Horst	Johann					widow, two sons &	52-00-00	28-Jul	29-Jul	424
39	1875	Mohr	John F.					widow, eight children	42-06-00	31-Jul	02-Aug	424
40	1875	Pfau	Louise Katharina					mother, four siblings	######	04-Aug	06-Aug	424
41	1875	Schenkel	Wolfgang					paretns, grandparents &	00-09-21	08-Aug	10-Aug	424
42	1875	Gottbrecht	Beniger Euchawer [?]					Schmidt	63-00-00	15-Aug	17-Aug	424
43	1875	Becker	Margareta					mother, brother	27-01-00	24-Aug	25-Aug	424
44	1875	Hiebel	Martha Margaretha					husband, two children	30-05-00	29-Aug	30-Aug	424
45	1875	Edelmann	Margaretha					parents, three siblings	04-03-05	29-Aug	31-Aug	424
46	1875	Schwinn	Margaretha Dorothea					husband, two children &	22-01-04	08-Sep	10-Sep	424
47	1875	Burkel	Barbara					husband, five children &	49-10-17	10-Sep	11-Sep	424
48	1875	Hohn	child		Hohn	Margaretha		mother	[blank]	14-Sep	15-Sep	424
49	1875	Gruw or Gru	Konrad					widow, six children	64-00-00	14-Sep	15-Sep	424
50	1875	Johnson	Heinrich					mother, siblings	07-09-00	14-Sep	16-Sep	424
51	1875	Horstmeier	Konrad Jakob					wife, five children &	35-10-13	29-Sep	30-Sep	424
52	1875	Richter	Georg Mathaus [?]					widow, one daughter &	25-07-23	04-Oct	06-Oct	424
53	1875	Appel	John					wife, three sons, one dau	71-03-16	07-Oct	08-Oct	424
54	1875	Berner	Karl Heinrich Ludwig					husband, 8 childr, mother & 4 sib	######	12-Oct	13-Oct	425
55	1875	Hartwig	Heinrich					parents, six siblings	00-11-23	26-Oct	27-Oct	425
56	1875	von Reichers	Karl					wife, four stepchildren	41-00-00	26-Oct	28-Oct	425
57	1875	Winter	Louis					parents	04-00-18	02-Nov	04-Nov	425
58	1875	Haas	Katharina Barbara					two married daughters	62-08-26	03-Nov	05-Nov	425
59	1875	Wollenweber	Emma					parents, two siblings	03-04-13	13-Nov	15-Nov	425
60	1875	Wittgrefe	Elisabeth					husband, five children &	50-11-09	16-Nov	19-Nov	425
61	1875	Schön	Andreas					wife	52-02-00	20-Nov	21-Nov	425
62	1875	Unverzagt	Elisabeth					husband, 8 childr, mother & 4 sib	45-11-19	27-Nov	28-Nov	425
63	1875	Keyl	Konrad					parents, four siblings	07-03-02	29-Nov	01-Dec	425
64	1875	Schubert	Christiana		Schubert	Christiana		Aigner	36-00-00	01-Dec	02-Dec	425
65	1875	Aigner	Adam						01-06-12	02-Dec	03-Dec	425
66	1875	Albert	Anna Maria					Menning	25-03-00	25-Dec	27-Dec	425
1	1876	Distler	Conrad					widow, five children &	46-06-04	03-Jan	05-Jan	425
2	1876	Menning	Johann Heinrich		Albert (deceased Anna Maria			father, one sibling	00-09-19	10-Jan	11-Jan	425
3	1876	Hartmann	Wilhelm					paretns, five siblin	25-03-20	12-Jan	16-Jan	425
4	1876	Hönervogt	Andreas					wife, mother in Germany &	31-05-16	14-Jan	17-Jan	425
5	1876	Eisinger	Friedrike Sophia					parents, five siblings	14-02-24	16-Jan	18-Jan	425
6	1876	Krapp	August Gustav Johann					parents	00-05-12	18-Jan	19-Jan	425

Trinity German Lutheran Burials

No.	Year	Surname	Given Name	Father	Moth Surname	Moth Given Name	Sp Surname	Sp Given Name	Age	Death	Burial	Page
7	1876	Marquardt	Margaretha Elisabetha					husband, five children	38-10-05	25-Jan	26-Jan	426
8	1876	Fehrmann	Louis August					wife, two children	30-11-24	31-Jan	02-Feb	426
9	1876	Kreutzer	Wilhelmina					mother, six sibling	13-00-00	01-Feb	02-Feb	426
10	1876	Hebbel	Frank Wilhelm					parents, one sibling	03-01-12	06-Feb	07-Feb	426
11	1876	Mackel	Sophia					husband, three children	55-00-00	08-Feb	10-Feb	426
12	1876	Hübner	Maria Elisabetha Ellen Friedrike					parents	00-02-20	08-Feb	10-Feb	426
13	1876	Eck	Katharina					parents, three siblings	01-07-01	13-Feb	14-Feb	426
14	1876	Bauersfeld	Anna					parents, two siblings	04-03-27	17-Feb	19-Feb	426
15	1876	Cöstens	Friedrich					parents, one brother	00-11-14	25-Feb	27-Feb	426
16	1876	Bauersfeld	Charlotte					parents, one brother	06-00-00	04-Mar	06-Mar	426
17	1876	Bengel	Christian					two children here, three in Germ	64-05-03	14-Mar	16-Mar	426
18	1876	Fehrmann	Karl Wilhelm	Louis August (deceased)				mother, two sisters	01-09-18	30-Mar	01-Apr	426
19	1876	Menzel	Simon Karl					wife, five children &	50-05-14	03-Apr	05-Apr	426
20	1876	Wlodeck	Maggie					mother, two brothers	######	08-Apr	10-Apr	426
21	1876	Engel	Heinrich					widow, two daughters &	55-07-05	27-Apr	30-Apr	426
22	1876	Kleman	Eduard					sailor	33-00-00	03-May	04-May	426
23	1876	Wiegel	Theodor					parents, three sisters	02-05-00	09-May	11-May	426
24	1876	Hersch	Maria					Bauer	42-00-00	12-May	14-May	426
25	1876	Meister	Emma Nanetta					parents, one sister	08-06-25	18-May	19-May	426
26	1876	Siemann	Margaretha					Doepfner	71-00-28	21-May	22-May	426
27	1876	Schuh	Heinrich Wilhelm					parents, seven siblings	04-10-04	01-Jun	04-Jun	426
28	1876	Bauer	Johann					father, two siblings	00-06-00	04-Jun	06-Jun	427
29	1876	Schnessel	Anna Katharina		Hersch (decease	Maria		husband, one daughter	56-04-19	08-Jun	11-Jun	427
30	1876	Dietsch	Johann Lorenz Eduard					parents, three sibl	00-08-03	10-Jun	11-Jun	427
31	1876	Bauer	Wilhelm					parents, eight siblings	05-01-14	10-Jun	12-Jun	427
32	1876	Senft	Paulina					husband, four children	39-10-03	12-Jun	14-Jun	427
33	1876	Ballerdick	Johannes					parents, two siblings	00-08-24	14-Jun	15-Jun	427
34	1876	Behn	unbaptised daughter of Johann						00-08-00	15-Jun	17-Jun	427
35	1876	Glaser	Elisabeth Helena					parents, one sister	00-02-09	25-Jun	26-Jun	427
36	1876	Bepperling	Eleanora					husband	54-01-07	27-Jun	29-Jun	427
37	1876	Heidlage	Rudolf					widow, three children	70-11-24	28-Jun	30-Jun	427
38	1876	Kramer	Maria Elisabetha					parents, six siblings	20-00-00	04-Jul	06-Jul	427
39	1876	Wenzel	Johann Hermann					widow, two children &	48-00-00	06-Jul	08-Jul	427
40	1876	Wolf	Louise Henriette					parents, two siblings	01-02-08	08-Jul	09-Jul	427
41	1876	Schifferer	Gottfried					widow, four children	53-00-00	08-Jul	09-Jul	427
42	1876	Uphoff	August					parents	01-08-00	10-Jul	11-Jul	427
43	1876	Betscher	Elisabeth					Hammer	26-03-14	10-Jul	11-Jul	427
44	1876	Streigmann	Anna Maria					Maus	62-08-04	13-Jul	15-Jul	427
45	1876	Will	Jakob					single	19-00-02	04-Aug	06-Aug	427
46	1876	Sommer	Johanna Carolina					mother, one brother	19-11-00	19-Aug	21-Aug	427
47	1876	Keyl	Maria					husband, four children &	about 60	21-Aug	23-Aug	427
48	1876	Holdefer	Heinrich					wife, parents, four sisters	33-02-10	03-Sep	05-Sep	427
49	1876	Weiblein	katharina					parents, two siblings	00-03-14	07-Sep	09-Sep	428
50	1876	Steger	Barbara					husband, two children	61-05-20	09-Sep	11-Sep	428

Trinity German Lutheran Burials

No.	Year	Surname	Given Name	Father	Moth Surname	Moth Given Name	Sp Surname	Sp Given Name	Age	Death	Burial	Page
51	1876	Gerlach	child of	Wilhelm				parents, two siblings	01-02-14	14-Sep	15-Sep	428
52	1876	Torgeson	Ludwig					sailor	23-00-00	17-Sep	19-Sep	428
53	1876	Weber	Sophia Maria					mother, five siblings	00-07-10	18-Sep	20-Sep	428
54	1876	Marquardt				Margaretha Elisabet		father, four siblings	00-08-07	24-Sep	26-Sep	428
55	1876	Traeger	Margareta					parents, two siblings	04-07-00	05-Oct	06-Oct	428
56	1876	Schaub	Johann					wife, four children	71-00-00	14-Oct	16-Oct	428
57	1876	Scharf	Philipp					wife, three children	35-00-00	22-Oct	23-Oct	428
58	1876	Scheuerman	Katharina					one son	59-11-13	24-Oct	25-Oct	428
59	1876	Messerschmi	Fda.					parents, one sister	06-08-14	26-Oct	28-Oct	428
60	1876	Kildentoft	Johann					widow	27-08-00	28-Oct	30-Oct	428
61	1876	Brack	Maria					parents, three siblings	06-03-03	23-Nov	23-Nov	428
62	1876	Thiemann	Johanna Wilhelmina					parents, five siblings	00-10-20	23-Dec	25-Dec	428
63	1876	Prahm	Heinrich					died in Israelit Hospital	33-00-00	24-Dec	26-Dec	428
64	1876	Maier	Heinrich					parents, five siblings	00-06-06	27-Dec	28-Dec	428
65	1876	Lapmann	Konrad					wife, three children	53-00-00	26-Dec	28-Dec	428
66	1876	Riehl	Karl F.					parents, two siblings	07-10-18	29-Dec	31-Dec	428
1	1877	Stumpf	Johanna Friedrika					husband and four children	58-00-00	02-Jan	04-Jan	428
2	1877	Keyl	Heinrich Wilhelm					parents, three siblings	05-10-6	09-Jan	11-Jan	428
3	1877	Buchsbaum	Johann Heinrich					wife, two children	38-06-06	10-Jan	12-Jan	428
4	1877	Glaser	Friedrike Elisa Beta					mother	03-09-21	12-Jan	14-Jan	429
5	1877	Lohmeyer	Margaretha Helena					parents, grandparents	00-11-03	14-Jan	16-Jan	429
6	1877	Vogt	Maria					three children	42-04-03	04-Feb	06-Feb	429
7	1877	Ramsauer	Johann Bernhardt					widow, four children &	77-01-25	05-Feb	06-Feb	429
8	1877	Müller	Heinrich					widow, four daughters	50-55 yea	07-Feb	08-Feb	429
9	1877	Vetter	Margaretha H.					Hacker	28-09-00	09-Feb	11-Feb	429
10	1877	Glaser	Karl Johann					widow, mother, brother &	23-00-05	14-Feb	16-Feb	429
11	1877	Heim	Karl Fried. Wilhelm H.					parents, five siblings	03-03-08	25-Feb	26-Feb	429
12	1877	Johansen	Hans					sailor from Denmark	28-30 yea	03-Mar	08-Mar	429
13	1877	Wolfram	Elisabeth					two sons, three siblings	52-00-00	11-Mar	13-Mar	429
14	1877	Pellicot	Julius					wife, five children	53-00-12	12-Mar	14-Mar	429
15	1877	Kümmerlein	Friedrich Wilhelm					parents, five siblings	01-03-16	14-Mar	16-Mar	429
16	1877	Müller	Karl Adolf Fried.					parents, four siblings	01-01-12	23-Mar	25-Mar	429
17	1877	Dontrupp	Anna Maria Engel					parents	09-02-27	12-Apr	13-Apr	429
18	1877	Bechthold	Louise					parents, one sister	01-08-00	20-Apr	22-Apr	429
19	1877	Müller	Valentin			Katharina		mother, wife, 10 child &	53-00-29	22-Apr	25-Apr	429
20	1877	Galion	Engelbert					parents, two brothers	20-08-07	01-May	03-May	429
21	1877	Galion	Katharina					wife, two sons	62-00-16	13-May	15-May	429
22	1877	Homberg	Heinrich					wife, eight children	42-09-00	13-May	15-May	429
23	1877	Engels	Augusta					husband, two children	32-00-00	20-May	22-May	429
24	1877	Krug	Stephan Edward	Thomas aus Haubern, Frankenberg		Rosina			b. 17 Jul 1	27-May	28-May	430
25	1877	Schneider	Johann Theis	aus Oberzellen, Sachsen					b. 12 Apr	29-May	30-May	430
26	1877	Pommer	Elisabeth	Caspar aus Bamberg,		Louise	Weber (decea	Louis Martin	b. 4 Feb 1	02-Jun	03-Jun	430
27	1877	Jung	Wilhelm						b. 31 Oct	15-Jun	16-Jun	430
28	1877	Trimble	Georg	Ludwig					b. 24 Jun	18-Jun	19-Jun	430
29	1877	Huther	Anna	Andreas		Katharina			b. 26 Apr	20-Jun	22-Jun	430
30	1877	Hoffmann	Katharina Barbara			Katharina Barbara			b. 16 Jun	27-Jun	29-Jun	430

223

Trinity German Lutheran Burials

No.	Year	Surname	Given Name	Father	Moth Surname	Moth Given Name	Sp Surname	Sp Given Name	Age	Death	Burial	Page
31	1877	Kroh	August Christian	Louis Wilhelm		Auguste			b. 8 Jan 1	30-Jun	01-Jul	430
32	1877	Ritterbusch	Wilhelm Daniel	Konrad		Anna	Ochs	Elisabeth	b. 14 Feb	01-Jul	02-Jul	430
33	1877	Thiele	Friedrich	aus Hanover					b. 21 Nov	07-Jul	09-Jul	430
34	1877	Sack	Margaretha	aus Darmstadt			Sack	Christian	b. 15 Apr	08-Jul	10-Jul	430
35	1877	Klein	Johann August	Wilhelm		Maria			b. 2 Sep 1	12-Jul	14-Jul	430
36	1877	Bahr	Johann Heinrich	aus Wohldt, Hanover aus ...dheim,			Tildmann [?]	Katharina Maria	b. 1 Nov 1	12-Jul	15-Jul	430
37	1877	Wehrheim	Johann Philipp	Nidda, Darmstadt		Maria			b. 7 Jun 1	18-Jul	19-Jul	430
38	1877	Weber	Elisabeth	Wilhelm		Selina			b. 12 Jun	19-Jul	20-Jul	430
39	1877	Stalfort	Hermina Lucia	Johann C.		Dorothea			b. 11 Aug	20-Jul	22-Jul	431
40	1877	Schaff	Johann Ludwig Friedr.	Friedrich		Christina			b. 6 Jun 1	22-Jul	24-Jul	431
41	1877	Rattenhorn	Johann	Friedrich		Katharina			b. 6 Nov 1	27-Jul	29-Jul	431
42	1877	Fink	Wilhelm	Ernst Wilhelm		Anna			b. 4 Jun 1	30-Jul	01-Aug	431
43	1877	Mushath [?]	Rosetta	Karl		Emilia			b. 28 Jun	31-Jul	02-Aug	431
44	1877	Schröder	Johann	Hermann		Johanna			b. 24 Feb	31-Jul	02-Aug	431
45	1877	Nicolai	Paul Daniel	Heinrich					b. 8 Mar 1	01-Aug	03-Aug	431
46	1877	Buchholtz	Dorothea	aus Oppershagen, Hanover			Tewes	Louis	b. 23 Feb	05-Aug	07-Aug	431
47	1877	Naus	Justus	aus Hanau			Fuchs	Dorothea	b. 1 Nov 1	13-Aug	15-Aug	431
48	1877	Greser	Georg	Adam			fell from roof Aug 13		b. 17 Jul 1	15-Aug	17-Aug	431
49	1877	??? ends wit	Justian	Friedrich		Maria			b. 10 Dec	20-Aug	21-Aug	431
50	1877	Schatze	Katharina			Friedrika	Wainbach	Georg	b. 12 Aug	26-Aug	28-Aug	431
51	1877	Kroll	Maria	aus Oberlistingren			Eickenbrodt		17 Oct 18	29-Aug	31-Aug	431
52	1877	Moher	Katharina Sophie Auguste	Johann aus Ruppertreth, H.		Maria			b. 1 Oct 1	01-Sep	02-Sep	431
53	1877	Kratz	Heinrich	D.		Katharina	Borst	Maria	b. 10 Aug	21-Sep	23-Sep	432
54	1877	Bross	Emma	Edward		Emilia			b. 3 Oct 1	09-Oct	11-Oct	432
55	1877	Dietrich	Bertha	Adam		Christina			b. 24 Jul 1	10-Oct	12-Oct	432
56	1877	Werrlein	Johann	Johann aus Eichelsdorf, H.					b. 15 Jul 1	15-Oct	17-Oct	432
57	1877	Repp	Konrad	D.			Blum		b. 18 Mar	23-Oct	25-Oct	432
58	1877	Schmidt	Katharina Elisabeth	aus Schlorbach			Freyholtz	Friedrich Christia	b. 3 Feb 1	27-Oct	29-Oct	432
59	1877	Ritterpusch	Maria Elisabeth	aus Grebestettin, Wurt.					b. 18 Jul 1	29-Oct	30-Oct	432
60	1877	Gutlein	Pauline			Wilhelmina			58-00-00	01-Nov	02-Nov	432
61	1877	Fulkorsty [?]	Wilhelm	August		Sophia			b. 8 Nov 1	14-Nov	16-Nov	432
62	1877	Schröder	Lina Margaretha	Friedrich Hermann aus Josbach, Kirchhain					b. 23 Mar	14-Nov	16-Nov	432
63	1877	Muller	Johann Adam Friedrich Gunther	aus Schwarzburg, Sandershausen					b. 17 Aug	17-Nov	19-Nov	432
64	1877	Bohnhardt	Wilhelm	Elias		Maria			b. 2 Jan 1	18-Nov	20-Nov	432
65	1877	Bockel	Konrad	Jakob		Anna Maria			b. 21 Aug	21-Nov	23-Nov	432
66	1877	Frauen	Peter Eduard						b. 3 Feb 1	09-Dec	11-Dec	432
67	1877	Schmidt	Brigitte Margaretha Chris.	Heim			Heim	Friedrich	b. 28 Jan	09-Dec	11-Dec	432
68	1877	Bachmann	Johann	aus Damm in R???			Freitag	Anna	6 Mar 183	14-Dec	16-Dec	432

224

Trinity German Lutheran Burials

No.	Year	Surname	Given Name	Father	Moth Surname	Moth Given Name	Sp Surname	Sp Given Name	Age	Death	Burial	Page
69	1877	Eickenberg	Heinrich Karl Julius	Karl		Friedrike			b. 28 May	14-Dec	16-Dec	432
70	1877	Klein	Anna Maria Karoline	Johann Heinrich		Emma			b. 18 Dec	16-Dec	18-Dec	433
71	1877	Bohl	Maria	(deceased) aus Zeitlos,	Musse	Maria			b. 7 Oct 1	23-Dec	24-Dec	433
72	1877	Hoflar	Nicolaus	Bruckenau			Philipp		b. 21 Dec	23-Dec	25-Dec	433
73	1877	Budenfeld	Katharina					Limpert	b. 17 Sep	24-Dec	25-Dec	433

Index

[?]
- Dorothea, 131
- Ludwig, 175
- Magdalena, 131
- Mary A., 175
- Wilhelm, 36

[?]...drich
- Elisab., 38

[?]...get
- Lissie, 131

[?]...iedlich
- Augusta Sabina Bernhardine, 132
- Georg, 132

[?]...ner
- Margaretha, 175

[?]...ter
- Magdalena, 155

[?]...urtz
- Christian Reinhard, 131
- Reinhard, 131

A

Abbe
- Charlotte Lissette, 121
- Richardt F. W., 171
- Richardt W., 121

Abelhor
- Margrethe B., 6

Abers
- Sibel, 13

Abt
- Anna Chr., 53

Ach
- Anna Maria, 20
- aus Bayern, 190
- Maria, 190

Achebach
- Barbara, 16

Ackerhausen
- Kunigunde, 60

Ackermann
- Carolina, 217
- Dorethea Charlotte, 22
- Georg, 217
- Louis, 22

Ackle
- Marg., 121

Adam
- Anna Kath., 73
- Elis., 54
- Maria, 147

Adams
- Alexander Eduard, 71
- Jakob, 71

Adebahr
- [blank], 210
- Eva Katharina, 71, 210
- Marth, 94
- Martha, 164
- Martha E., 103, 117
- Wilhelm, 71, 159

Adelbrecht
- Georg, 37
- Konrad, 37

Adelheit
- Maria, 27

Adelmann
- Anna Margretha, 5
- Anna Maria, 5
- Carl, 5, 181
- Magdalene, 142
- Maria, 181

Adicks
- Dietrich, 214
- Doroth. Charlotta, 108
- Joh. Dietrich, 123
- Johanna Katharina, 123
- Sarah. M. D., 214

Adix
- [blank], 218
- Dietrich, 114
- Karl Gerhardt, 114, 218

Adler
- Katharina, 144

Adolph
- Johann, 131
- Katharina, 131
- Kathre., 131
- Maria, 98

Ahlborn
- Georg, 95
- Geroge, 163
- Joh. Theo. Herrmann W. Heinr., 95
- Wilhelm, 95

Ahler
- Joh., 79
- Margaretha, 79

Ahles
- Carolina, 90
- Joh., 90, 120
- Joh. Georg, 120

Ahredt
- Anna Wilhelmine Ulrike, 44
- Heinrich, 44

Ahrens
- Georg Wilhelm, 87
- Heinrich W., 78
- Heinrich Wilhelm, 78
- Johan Heinrich, 92
- Marg., 89
- Margaretha, 77
- Maria, 137
- Otto, 130
- Wilh., 87
- Wilhelm, 67, 92
- Wilhelmina Louisa, 67

Ahrenus
- Wilhelm, 157

Ahrenz
- Philippine, 168

Aigner

Adam, 221

Akermann
- Gottlieb Carl Ludwig, 183

Albers
- Ane Maria Kath., 7
- Anna, 119, 126, 170
- Anna Marg. K., 119
- August Imanuel Friedr. Wilhem, 126
- Christ. Elise, 7
- Elis., 79
- Georg H., 180
- Gerhard H., 180
- Joh. Friedr., 126
- Karl Johann Heinrich, 132
- Marg., 117
- Marg. Kath. Friedrike, 117
- Wilhelm, 117, 126, 132, 165

Albert
- Anna Maria, 221
- Johann, 34, 190
- Louis, 190

Albert (deceased)
- Anna Maria, 221

Albes
- Georg, 213
- Maria, 213

Albrecht
- Christian, 33
- Christiana, 23
- Dora Theresia, 115
- Friedr., 101, 110
- Friedrich, 165
- Jakob Friedr., 91
- Joha. Kath., 173
- Johann, 110
- Johannes, 99
- Kath., 128
- Katharina, 101
- Theresia, 104
- Timotheus, 99
- Wilhelm, 31, 38, 115

Alendorf
- Anna, 100

Allbright
- Chas., 162

Allen
- Maria, 124

Allers
- Anna Maria, 51
- Gerhard H., 51

Allgeier
- Jakob, 77

Allison
- Laura Bithinea, 105
- Noah, 105

Allmendinger
- Georg, 152

Almendinger
- Anne Kunigunde, 8
- Elisabetha, 48
- Elise, 48
- Georg, 27
- Jakob, 27, 34, 48
- Johann Georg, 34
- Maria Katharina, 27

Almendirger
- Maria, 140

Almendriger
- Anna Maria, 178

Alt
- Friedrich Feige, 107
- Heinrich, 111
- Katharina, 30
- Marg. Christine, 159
- Peter, 107

Altenburg
- Laura, 124
- Wilhelma, 124

Altevogt
- Friedrich, 1, 6, 10, 27
- Wilhelmina, 179
- Wilhelmine, 11

Altmann
- Barbara, 17
- Elise, 39

Altpeter
- Georg, 219
- Marie C., 219

Altrick
- Kath., 53

Altschwee
- Louise, 28

Altvater
- Elis., 165
- Elmer Ellsworth, 91
- Francisca L. Auguste Friedrike, 100
- Heinrich, 91, 100, 160
- Juliana, 104
- Kath., 87, 102
- Marai, 116
- Marg., 103
- Margaretha, 95
- Maria, 87, 95, 162

Altvogel
- Maria Marg., 48

Altvogt
- Friedr., 93
- Friedr. Wilhelm, 93
- Maria M., 93
- Regine, 178

Alvers
- Johanna, 121

Alves
- Adolph, 113
- Johanna, 113

Amalien
- Barbara, 15

Ambach

[blank], 35
Elisabetha, 28
Elise, 28
Martin, 181
Ambeg
　Eva Margretha, 32
　Georg, 32
Amberg
　Alfred, 24
　Dorothea, 45
　Drude, 174
　Elisabetha, 218
　Eva Dene, 183
　Georg, 18, 24, 45, 52, 55, 71, 126, 145, 170, 183, 216
　Joh. Heinrich, 55
　Johann Conrad, 71
　Kath., 58
　Katharina, 216
　Valentin, 126, 164, 218
Ambros
　Georg, 220
"Ambros, geb. Wenzel"
　Maria, 174
Amelia
　Christina, 172
Amelung
　August, 91
Amend
　Andreas, 156
　Elisabeth, 10
　Friedrich Wiilhelm, 20
　Heinrich, 43
　Jakob, 20
　Joh. Philipp, 43
　Philipp, 4
Amend [?]
　Henrietta Theodora, 54
　Jakob, 54
Amendt
　Anna Margretha, 26
　Henrietta Theodora, 135
　Jakob Peter, 77
　Johann Philipp, 26
Amer
　Margaretha, 48
Ammend
　Christian Philipp, 41
　Jakob, 41
Ammer
　Anna Katharina, 55
　Daniel, 41
　Heinrich, 81
　Jakob, 41, 55, 81, 101, 150
　Johann, 21
　Johann Jakob & Margretha, 30
　Wilhelm, 101
Ammerein
　John, 8

Amrei
　Angelina, 43
Amrein
　John, 172
Amrhein
　Eva Kath, 167
　Heinrich, 207
Amrhin
　Angela, 26
Amschler
　Marg. Barb., 168
Amtzer
　Joh. Christian, 171
Anderfuhren
　Christian, 170
Anderfuhrer
　Elisabetha, 31
Anderson
　Peter, 145
Andesch
　Lotte, 98
Andreas
　Elisabetha, 25
Andres
　Barbara, 31, 179, 191
　Elisabethe, 142
　Georg, 179
　Johann Georg, 31, 191
　John Georg, 140
Andress
　Johann, 14
　Margretha, 14
Angere
　Eva Rosine, 7
Angst
　Magdal., 159
　Marg., 163
Ankele
　Ernst, 149
Anschutz
　Elise, 85
　Johanna, 79
　Maria, 88
Antholz
　Maria, 86, 99, 120, 159
Antons
　Maria, 75
Antrete
　Wilhelmina, 178
Ape
　Maria, 10
Apell
　Johann, 217
Appel
　Adam, 58
　Anna, 210
　Anna Katharina, 47
　Anna Louise, 19
　Anna Margaretha, 124
　Christian, 56
　Eduard, 50, 66, 76
　Edward, 153

Elisab., 172
Elisabetha Magdalena, 192
Elise, 54
Elise Magdalena, 47
Eva Barbara, 131
Eva Elisab., 83
Ferdinand & Fried., 47
Friedr., 56, 69, 170, 207
Friedrich, 47, 124, 154, 164, 202
Friedrich F., 192
Friedrich Ferdinand, 47
Friedricka Emielie Emma, 28
Georg, 28, 60
Georg Friedr. Heinrich, 56
Georg Heinrich Emil, 8
Helene, 146
Joh., 47, 51, 58, 99
Joh. Adam, 58
Johann, 69, 182, 203
Johann James, 207
Johannes, 12
John, 83, 176, 221
John Georg, 8
Karl, 210, 217
Katharina, 99
Lisette Bawette, 12
Magdalena, 202
Margaretha, 192, 217
Maria, 22
Mathilde, 112
Nikolaus, 50
Peter, 66
Regina Christina, 60
Sophia, 182
Apy
　Georg, 144
　Jakob, 17
　Maria Dorothea Louise, 17
Arachter
　August Karl, 44
　Joh. Adam, 44
Arbin
　Maria, 172
Arch
　Kunigunde, 81
Arends
　Gertraud J., 169
Arens
　Auguste Bertha Mathilde, 68
　W..hen, 155
　Wilhelm, 68
　Wilhelmina, 2
Arenz
　Elis., 56
　Elise, 98
　Freidrike Amalia, 116

Marg., 56, 98, 111
Margaretha, 66
Wilhelm, 116
Arlein
　Auguste Louise, 104
Arnies [?]
　Paul Gottlieb Wilhelm, 52
　Wilhelm, 52
Arnold
　Anna D., 48
　Barwette, 13
　Carolina, 64
　Christine, 30
　Dorethea, 15
　Dorothea, 193
　Elisabeth Barbara, 1
　Friedrich, 1
　Johann, 25
　Kunigunde, 25
　Margretha, 9
　Maria, 23, 74, 144
　Maria Dorothea, 26
　Nikl., 189
Arras
　Dora, 115
　Heinrich, 99
　Kath. Agatha, 104
　Maria, 99, 166
Arz
　Elisab., 156
Aschenbach
　Georg Heinrich, 16
Aschenbrenner
　Maria, 12, 33
Aschenbringer
　Marg., 18
Aspelmaier
　Charlotta, 76
Aspelmayer
　Carlotta, 36
Aspelmeier
　Anna K., 57
　Charlotte, 57
Aspril
　Cora May, 109
　David, 97, 109, 119, 160
　David Springer, 97
　Joh. Willm. Parker, 119
Asprill
　David, 211
　David Springer, 211
Assis
　Friedr., 87
　Sophia Kath. Louise, 87
Aszemeier
　Charlotte, 48
　Friedrich, 48
Attmann
　Hanna, 190
　Peter, 190
Atwell
　Anna Katharina, 89

Anna Margaretha, 204
[blank], 204
Joseph, 89, 163
Sarah S., 159
Aukamp
  Elisab., 172
Aukamz
  Louise, 67
Aukhainz
  Luise, 126
Aulbach
  Maria, 171
Ault [?]
  Lisse, 175
Aunst
  Heinrich, 48
Auruch [?]
  Traugott Fr., 155
Auschutz
  Friedr., 57
  Valentin, 57
  Valentin Heinrich Louis, 57
Aweser
  Andreas, 3
  Wilhelmine Friedrika Dorethea, 3
Awesser
  Andreas, 185
  August, 185

B

Babenheimer
  Elisabetha, 9
Babin [Bohm]
  Barb., 166
Bäbke
  Friedrika, 84
Bach
  Albert Wilhelm, 217
  Heinrich Adolph, 194
  Joh. Peter, 123
  Johann Peter, 217
  Johannes, 30
  Juliane, 44, 145
  Louis Karl, 220
  Louis Karl Gerhardt, 123
  Louise, 193
  Maria, 2, 52, 78
  Marretha, 12
  Nikolaus, 188
  Peter, 220
  Philipp, 193, 194
Bacher
  Johann, 76
  Johann James, 76
Bachman
  Elise, 121
Bachmann
  Conrad, 45, 56
  Johann, 56, 224
  Johannes, 56

Maria, 216
Maria Barbara, 45
Melchor, 216
Theodor, 121
Bachobaum
  Heinrich, 97
Bachofer
  Gustopf Adolf, 21
  Johann Fried., 21
Bachsein
  Carl August, 107
  Eleonore Friedrike, 107
  Gustav Friedrick, 107
  Louis, 91, 107
  Louise Johanna, 107
  Maria Louise, 107
  Otto Johannes, 91
Bachtels
  Heinrich, 121
  Maria Elisabetha, 121
Back
  Heinrich, 21
Backel
  Rebekka, 38
Backer
  Julie M., 119
  Wilhelm, 149
Badenmuller
  Jakob Heinrich, 156
Bader
  Heinrich, 212
  Kath., 163
  Louise, 212
Baer
  Christian, 172
  Friedrich, 4
  Heinrich, 189
  Johannes, 4
  Magdalena, 189
  Maria, 211
  Niklaus, 211
  Sophia, 189
Baereustecker
  Heinrich, 211
Baerrons
  Georg Balster, 126
  Peter, 126
Baetjer
  Heinrich, 15
  Imma Virginen, 15
Bagans
  Maria, 69
Bagens
  Maria, 86
Bahl
  Anna, 198
  Bernhardina, 64
  Christian, 64, 73, 158, 198, 207, 213
  Friedrich, 213
  Georg, 73, 207
Bahlmann

Christian, 188
Heinrich, 188
Bahns
  Elise, 8
  Wilhelm, 8
Bahr
  Johann Heinrich, 224
Baier
  Anna Dorethea, 7
  Anna Gertraud, 76
  August, 27
  Balthasar, 40, 53, 63, 76, 77, 98, 214
  Balthaser, 22, 30
  Barbara Emma, 98
  Christian, 9
  Clara (twin), 214
  Dorothea, 17
  Elisabetha, 40
  Elise Emilie, 98
  Eva, 22, 53
  Francis, 60
  Friedr. Edwin, 77
  Georg, 60, 120, 145, 191
  Heinrich, 26, 30, 125, 185
  Heinrich (twin), 214
  Johann, 9, 26, 27, 77, 185, 187, 215
  Karl, 63
  Katharina, 215
  Louis, 60
  Margretha, 25
  Margretha Barbara, 147
  Maria, 26, 185
  Mathilde, 125
  Paulina Maria, 60
Baierle
  John Christoph, 7
  Maria Katharina, 7
Baierlein
  Ann Barbara, 30
  Johann, 30
Bainard
  Barb., 164
Baitz
  Anna Emilie, 99
  Heinrich W., 85, 99
  Katharina, 132
  Lorenz, 85
  Maria E., 171
Baker
  Elise, 170
  John, 153
Bales
  Carl, 5
  John Carl, 5
  Wilhelmine, 12
Balido
  Jane, 87
Balk
  Elis., 82
Balke

Auguste, 172
Charlotte, 211
Ballauf
  Louise J., 169
Ballerdick
  Johannes, 222
Ballermann
  Heinrich, 50
Ballmann
  Ann Martin, 51
  Christian B., 51
  Johannes, 51
Balster
  Barbara Elisab., 119
  [blank], 219
  Chas., 82
  Christianna Josephina, 122
  Christina, 161
  Christina Josephina, 219
  Elis., 62, 74, 92
  Elisab., 156
  Elise, 111
  Georg, 108, 119, 128
  Georg Daniel, 128
  George, 74
  Joh. Christian, 108
  Johann Christian, 10, 195
  Maud Lee, 82
  Meta, 10, 139
  Sophia Christine, 27
  Wilh., 122
Balstzer
  Geroge, 167
Balt
  Wilhelm, 100
Baltser
  Elisabetha, 19
Balz
  Bernhardt, 154
Bälz
  Anna, 143
Balzer
  Georg, 43
  Joh., 43
  Margaretha, 43
Bammle
  Henriette, 50
Ban
  Elis., 60
Banacker
  Gertraud, 198
  Philipp, 198
Bandle
  Kunigunde, 142
Baneker
  Kath., 11
Banes
  Elisabetha, 33
Bangert
  Eva, 16, 144
Bank

Index

Maria, 77
Bankritz
   Heinrich, 76
Banneke
   Margretha, 2
Bar
   Wilhelmine, 88
Bär
   Augusta, 37
   Carolina, 25
   Elis., 88
   Elisabetha, 12, 32
   Emilie Anna, 14
   Georg, 131
   Heinrich, 3, 12, 28, 37, 131
   Jakob, 122, 162
   Johannes, 14, 25
   Katharina, 28
   Maria, 114
   Peter, 114, 122
   Wilhelmine, 3
Barberich
   Joseph, 146
Barbewick
   Magdalena, 161
Barchdorf
   Ernstina, 126
Barchert
   Carl, 30
Barcknert
   Friedrich, 139
Bardel
   Georg Heinrich, 36
   Joh., 36
Bardenfelder
   Georg Martin, 19
   Johann, 19
Bargen
   Zwaantje Elisabetha, 19
Barikel
   Wolfgang, 25
Bark
   Julius, 38
Barkajosepf
   Barbara, 182
Barkel
   Anna Elisabetha, 47
   John., 47
Barkhardt
   Carolina Christina, 10
   Johannes, 10
   Margretha, 6
   Maria, 10
Barnes
   Thomas, 160
Barns
   Louis, 55
   Wilhelm, 55
Barnstorf
   Ernstina, 112
Barret

Marg., 166
Barschdorf
   Ernstine, 118, 122
   Wilh., 120
   Wilhelm, 118
Bartel
   John Ludwig, 5
   Ludwig, 5
Bartels
   Anna Kath., 55
   Heinr. Georg, 129
   Heinrich, 77
   Karl, 109
   Karl Wilhelm, 77
   Kath., 54, 79, 95, 119, 129, 165
   Katharina, 109
   Louise, 33
   Sophia, 79
Bartenfeld
   Friedr., 37
Barth
   August Wilhelm, 101
   Elisab., 165
   Elise, 85
   Louis, 43, 151
   Wilhelm, 101, 167
Barthel
   Anna Friedrika, 187
   Anna Marg. Friedricka, 25
   Elisabetha, 179
   Johann, 10
   Johann Fried., 25
   Johann Friedrich, 187
   Johann Melchior, 10
   Sus. El., 49
Barthelmer [?]
   Auguste B., 85
Barthelmes
   Eva Babette, 103
   Georg, 103
Barthen
   Bernhard, 131
Barthol
   Christina Elis., 136
Bartholmas
   Georg, 73
   Kaspar Andreas, 73
Bartholmay
   Maria, 16
Bartholomai
   Marg., 94
Bartholomas
   Rosina, 157
Bartholomaus
   Georg, 145
Bartholomay
   Anna, 66
   Anna M., 55
   Anna M. Marg., 85
   August, 43

Elise, 168
Johann, 200
Marg., 124
Margareth, 43
Bartholomey
   Anna Elisab., 79
   Marg., 79
Bartmann
   Christopf, 39
   Christoph, 10, 62
   Christoph C., 62
   Christoph Columbus, 62
   Christophf, 27
   Elenora, 39
   Johann Paul, 10
   Wilhelm, 27
Bartolami
   Christine, 145
Bartsher
   August, 40
Bartz
   Mathilde, 164
Baschart
   Heinrich, 129
   Margareta, 129
Bass
   Joh., 100
Bast
   Anna Maria, 32
   Joh., 43
   Johann, 20, 32
   John, 56
   John., 64
   Karl, 43
   Louis, 56
   Sophia Charlotte, 20
Bastian
   Amalia, 96
   Amalie, 102
   Georg H., 96
   Heinrich, 102
   Louise, 102
Bastmann
   Christian, 40, 192
   Johannes, 40, 192
Bates
   Carl, 185
   Johann, 185
Batte
   Friedrich Wilhelm, 3
Battenfeld
   Daniel, 17
   Elisabetha, 17
   Kath., 82, 123
   Rosina, 123
   Susanna, 82
Battenfelder
   Barbara, 19
Battenschlager
   Johann, 206
   Maria, 206
Batz

Anna Chr., 203
Dorothia, 97
Bätz
   Joh., 162
Batzner
   Margretha, 29
Bau
   Heinrich, 144
Bauer
   Albert, 98
   Anna, 72
   Anna Barbara, 153
   Anna Clara, 87
   Anna Margaretha, 152
   Auguste, 103
   Barbara, 52
   Bertha, 90
   [blank], 222
   Christoph, 211
   Cornelius Georg, 18
   Daniel, 37, 198
   David, 188
   Dorethea, 18
   Doroth., 67
   Doroth. W., 95
   Dorothea, 46, 81, 110
   Eduard, 68
   Eleanora, 80
   Elis, 44, 68
   Elisab., 55, 80
   Elisabetha, 5, 17, 189
   Elise Anna, 120
   Emma Auguste, 54
   Frantz, 11, 25, 31, 80
   Franz, 54, 68, 98, 127
   Friedr., 78, 93
   Friedr. Wilh., 90, 92
   Friedrich, 37, 109
   Georg, 66, 78, 192, 208
   Georg Andreas, 127
   Georg Dietrich, 93
   Georg Elias, 28, 148
   Georg Heinrich, 31, 221
   Imma, 25
   Jakob, 127, 219
   Joh., 44, 101, 156
   Joh. Friedrich, 109
   Joh. Friedrich Christian, 44
   Joh. Georg, 80
   Joh. Peter, 101
   Johann, 18, 127, 222
   Johann Friedrich, 184
   Johann Georg, 23, 207
   Johann Karl Ludwig, 130
   Johanne Elisab., 22
   Johannes Wilhelm, 11
   John, 1
   John David, 6
   Karl August, 97
   Katharina, 21, 66
   Kunigunde, 56, 68, 78

Index

Lena, 75
Louise, 105
Louise Agnes, 97
Marg., 80
Margaretha, 36, 78, 139, 192, 207, 208, 219
Margretha, 11, 23
Margrethe, 6
Matthaus, 211
Sophia Caroline, 26
Susana, 54
Wilhelm, 126, 198, 222
Bauerfeld
  Emilie, 127
Bauerlein
  Christiana, 20
Bauernschmidt
  Anna, 104
  Elisab. Marg., 104
  Elise Marg., 104
  Ernst Lebrecht, 109
  Georg, 83, 89, 104, 208
  Joh., 104, 109
  Joh. Friedr., 109
  Lena, 83
  Margaretha, 89, 208
Bauersfeld
  Anna, 222
  Charlotte, 222
Baughen
  Laura Emilie, 172
Baum
  Anna, 20, 89
  Anna Barbara, 132
  Anna Marg., 40
  Christian, 21, 183
  Christian Friedrich, 21
  Christiana, 50
  Christine Clara, 49
  Eduard Friedrich, 37
  Emilie Elise Anna Barbara, 132
  Ernst, 37, 48
  Friedr. Siegmund, 127
  Friedr. Sigm., 171
  Friedr. Sigmund, 68
  Friedrich, 132
  Friedrich Siegmund, 127
  Georg Friedr., 39
  Joh., 41
  Johann, 21, 183, 212
  John Michael, 2
  Lena, 39
  Louis, 49
  Ludwig, 21
  Marg., 168
  Margaretha, 41
  Maria Margaretha, 48
  Rosa, 113, 124
  Rosa Louise, 89
  Wilhelmina, 116
Baumani

  Eva, 152
  Rosina, 158
Baumann
  Johann, 33, 185, 186, 221
  Johann Georg, 33
  Katharina, 186
Baumbach
  Andreas, 64, 67, 157
  Eva Elisabetha, 33
  Maria, 64
Baumer
  Friedrich, 162
Baumgart
  Georg, 189
  Margaretha Barbara, 189
Baumgartner
  Johann, 132
  Johann Ernst, 173
Baumhör
  Bertha, 88
Baumhörr
  Carolina, 88
Baumler
  Joh. H., 108
Baur [?]
  Heinrich, 158
Bausch
  Louise, 70
  Mina, 70
Bauscher
  Joh., 161
Bauss
  August, 162
Bautler
  Rosine, 9, 26
Bautz
  August, 86, 105
  Karl, 86
  Karl Christian, 86
  Kath. Louise, 105
  Louise, 105
Bauzenbeck
  Joh., 172
Bay
  Christian, 183
Bayer
  Adam, 159
Bearch
  Philipp, 122
Beartsch
  Josefina, 125
  Philipp, 125
Becher
  Anna Elise, 42
  Eva, 62
  Friedrike Wilhelmina, 46
  Joh., 46
Bechmann
  Helena, 22, 145
Becht
  Eva, 21
  Heinrich, 38

  Johann Heinrich, 147
Bechtel
  Eva, 43, 63, 153
  Eva Kunig., 101
Bechteld
  Eva, 84
Bechthold
  Elisab., 83
  John, 81
  Karl & Wilh., 95
  Lisette, 81
  Louise, 223
  Maria, 83, 100, 161
  Maria Carolina, 81
Bechtold
  Anna M., 118
  Carol., 121
  John, 124
  Louise, 124
  Martha Elisabetha, 218
  Wilhelm, 218
Beck
  Anna Margretha, 30
  Anna Maria, 61
  Carl Andreas, 27
  Elisabetha, 193
  Emilia, 53
  Emilie, 120
  Ernstina, 112
  Franz, 53
  Georg, 39, 40
  Gottlieb & Marg., 27
  Heinrich, 27, 49, 59, 95, 106, 213
  Henrietta, 112, 117
  Joh. Conrad, 105
  Johann, 193
  Johanne Maria, 39
  Kath, 61
  Kath., 61, 72
  Katharina, 27
  Louis, 111
  Maria Carolina, 59
  Maria Margaretha, 40
  Sibille, 49
  Wilhelm, 95
Beckel
  Conrad, 209
  Elisabetha, 23
  Heinrich, 22
  Heinrich Johann, 146
  Jakob, 78
  Kath., 63, 69, 80, 94, 157
  Katharine, 29
  Louise, 109
  Margretha, 22
  Maria, 69, 94, 109, 120, 139, 167
  Pauline, 22
Becker
  Adam Heinrich, 183
  Amalie, 185

  Anna, 101, 173
  Anna Getrad, 29
  Anna M., 161
  Anna Marg., 62
  [blank], 196
  Carl, 30
  Christian, 73, 83, 104, 204
  Christioph, 213
  Conrad, 29, 116, 149, 204
  Doroth., 91, 112, 161
  Dorothea, 131
  Dr. Louis, 124
  Elisabetha, 191, 204
  Elise, 16, 104
  Ella Christiana Johanneta, 124
  Emilie, 2
  Emma Louise, 62
  Eva Ros., 13
  Franz, 204
  Franz Herrmann, 156
  Friedr., 83
  Friedrich, 83
  Friedrike, 25
  Georg Friedrich, 7
  Georg Martin, 26, 184
  Heinrich, 7, 17, 21, 150
  Heinrich Adam, 15
  Henrietta, 166, 168
  Hermann, 174
  Jakob, 185, 204
  Joh. Georg, 168
  Johann, 183, 184, 191, 207
  Johann Adolph, 38
  Johann H., 15
  Johann Heinrich, 53, 204
  Johann James, 207
  Johannes, 24, 184
  John., 62
  John Heinrich, 2
  Julius Hermann, 22
  Karl, 117
  Kath., 95, 164
  Kath. Maria L., 112
  Katharina, 75, 191
  Louis, 82, 171
  Louise, 31
  Ludwig, 30
  Marg., 82, 99
  Margareta, 221
  Maria, 73
  Maria Elisabetha, 2
  Maria Elise, 104
  Maria Emilie, 74
  Maria Katharina, 191
  Maria Wendelina, 73, 213
  Nicklas, 26
  Nicklass, 2
  Nikalaus, 184
  Ottilia, 147

Severen, 22
Severin, 38
Sophia, 31
Swerin, 53
Wilh., 107
Wilhelm, 17
Beckerhaupt
  Helene, 186
Beckes
  Friedr, 165
Beckman
  Friedr., 118
  Joh. Heinrich Gustav
    Adolph, 118
Beckmann
  Francisca, 111
Beckthold
  Elis., 95
  Joh., 95
  Karl Wilhelm, 95
Bedall
  Conrad, 194
  Karl, 194
Bedell
  Anna Kath., 74
  Anna Katharina, 74
  Carolina, 89
  Conrad, 50
  Karl, 50, 61, 74, 89
  Karlina, 61
  Louise, 89
Bedelmann
  Gesina, 108
Befhel
  Concordia, 56
Behm
  Johann, 166
Behn
  Doroth., 113
  Joh., 113
  Johann, 222
  Louise Dorothea Gesine, 113
  unbaptised daughter of, 222
Behner
  Maria, 181
Behnhof
  Mina Schneider, 200
Behnke
  Dorothea, 220
Behnmann
  Anna M., 57
Behr
  Anna, 125
  Carolina Wilhelmina, 92
  Chrisosthomas, 99
  Conrad, 50
  Henrietta Magdalena, 92
  Maria, 99, 165
  Nikolas, 162
  Peter, 169

Wilh. H. L., 92
Wilhelm, 92
Wilhelm Heinrich, 92
Behrens
  Anna Auguste, 121
  Anna Martha, 130
  Erna, 93
  Heinrich, 126, 130, 172
  Jakob K. C., 173
  Joh., 92
  Louise, 79
  Meno, 122
  Meno Anton, 171
  Meno Eilers, 122
  Minna Barbara Elisabeth, 126
  Theod., 111
  Wilh. H. Theodor, 170
  Wilhelm H., 121
Behrer
  Wilhelm, 11
Beier
  Balthasar, 188
  Heinrich, 188
Beiger
  Dorethea, 33
Beinard
  Karl, 161
Beinerd
  Karl, 203
Beir
  Anna Barbara, 140
Beirdt
  Joh. G., 52
Beisel
  Juliane, 36
Beissner
  Anna M., 52, 68
  Christian, 62, 200
  Ernst, 197
  Friedrich Wilhelm, 41
  Heinrich, 41, 62, 186, 197, 200
Beisswanger
  Clara, 52
  Maria Rebecca, 29
  Rebekka, 52
Beiswanger
  Auguste, 178
  Caroline, 29
  Elise Katherina, 152
  Jakob, 178
  Maria Rebecca, 142
  Peter J., 17
  Rebecka, 187
  Rebekka, 15
  Wilhelm, 15
Beiter
  Maria Louise, 149
Beiters
  M. Lenore, 46
  Maria Louise, 30

Beitzel
  Viktoria, 159
Beker
  Emma Louisa, 137
Belemeiam
  Christian Carl Hugo Krause, 9
  Georg Friedrich, 9
Belitz
  Karl, 208
Bell
  Emil H., 168
  John Henry, 73
  Samuel, 73
Belle
  Franz, 96, 209
  Franz H. G., 209
  Franz W., 209
  Georg Heinrich Louise, 96
  Heinrich, 209
Bellman
  Barb., 116
Bellmann
  Conrad, 67
  Margaretha, 67
Belsel
  Heinrich, 160
Beltz
  Carolina, 7
  Katharine, 7
Belzner
  Eva Marg., 44
Bendel
  Joh., 90
  Maria Katharina, 90
Bender
  Jakob, 167
  Johann Fried., 16
  Maria Wilhelmine, 16
Bendrab
  Friedrich Wilhelm, 143
Bendrub
  Wilhelm & Katharina, 25
Bendrule
  Friedrich, 41
  Nickalaus, 41
Benedict
  Maria, 98
Benemann
  Kath. Maria, 15
Benert
  Heinrich, 113
Bengel
  Christian, 222
  Friedrich, 127
  Jakob Friedrich, 127
  Joh. Georg, 127
  Johann Georg, 173
  Wittwe Christine, 176
Bengelsdorf
  Karl, 170

Bengner
  Maria, 108
Benhof
  Eva, 187
  Friedrich, 2, 187, 193, 194
  Friedrich Michael, 193
  Froedr/, 54
  Heinrich, 54
  John Adam, 2
  Maria Elisabetha, 194
Benhoff
  Eva, 29
  Friedrich, 11, 18, 29
Beniz
  Kunigunde, 40
Benke
  Anna Maria, 46
  Herrmann, 46
Bennert
  Friedr., 64
  Maria Elisab., 64
Bennett
  Maria, 123
Bennewith
  Maria, 90
Bennewitt
  Maria, 163
Bennhof
  Friedrich, 41
  Maria Elisabetha, 41
Benning
  Anna, 173
Benson
  Frank, 165
Benthaler
  Carl., 52
  Karl Dietrich, 52
Bentropf
  Friedrich, 184
  Johann H., 184
Bentrup
  Friedrich, 17, 86
  Heinrich, 17
  Johann, 86
  Katharina, 176
Bentrupp
  Adam, 59, 198
  Friedr., 59, 69
  Friedrich, 192, 198
  Maria, 69
  Niklaus, 192
Bentupp
  Friedrich, 198
  Johann, 198
Bentz
  Christian, 147
  Friedricka Rosine, 19
  Philipp, 19
Bentzel
  Sofia, 143
Benz

Albert, 127, 129
Anna Margretha, 30
Julius, 205
Lina Margareta, 129
Philipp, 30
Benzel
   Adam, 38
   Conrad, 38
   Johann Georg, 20
   Michael, 20
Benzen
   Thomas, 75
Benzin
   August, 204
   Heinrich, 204
   Henriette Albertine, 29
   Johann, 29
   Johann Jochim H., 149
   Maria, 204
Benzinger
   Andreas, 157
Benzner
   Maria, 41
Bepperling
   Eleanora, 222
   Ludwig, 174, 198
Berbich
   Joh. Mich., 61
   Maria, 61
Berbig
   Eduard, 35
   Elisabetha, 36
   Elizabeth, 35
   Eudard, 29
   Joh. Mich., 68
   Joh. Michael, 26, 36
   Johann Michael, 35, 147
   Johannes, 29
   John Michael, 7
   Katharina, 68
   Maria Sofiha Lisette, 7
   Stephan Eduard, 26
Berdemann
   Elis., 164
Berends
   Reena, 19
Berenthnusel
   Wilh., 64
Berge
   Auguste Louise, 47
   Dietrich, 123
   Joh. Arend, 123
   Johann, 47
   John, 140
Bergenzer
   Caspar, 195
   Maria Elisabetha, 195
Berger
   Alexander Conr., 52
   Amelia, 168
   Christiane, 59
   Heinrich, 9

Joh. Mich., 128
Johann, 9
Louise, 142
Luise, 128
Maria, 100, 105
Martin, 25, 52, 147, 193
Oscar Otto Leopold, 105
Wolfgang Alexander, 25, 193
Bergert
   Barbara, 28
   Carl, 28
Bergheimer
   Heinrich, 40
   Heinrich Philipp, 40
   Kath., 92
   Leonhard, 148
   Leonhardt, 24, 92
   Leonhart, 40
   Mina Fridricka, 24
Berghofer
   Elise Kath., 142
Bergib
   Eduard, 21
Bergman
   John, 123
Bergmann
   Anna Dorethea, 9
   Anna Margretha, 11
   Anna Sofia, 4
   Doroth., 107
   Doroth. W., 88
   Johann, 11
   John, 4
Bergner
   Kunigunde, 162
   Martin, 98
Bergold
   Margaretha, 189
Bergtold
   Johann, 10
Berichels [?]
   Auguste, 82
Berkemeier
   August, 49, 155
   Johann Carolina, 49
Berkemeyer
   August, 108
   Georg, 108
Berks
   Marg., 19
Berl
   Kunigunde, 29
Berlin
   Georg A., 91
Berling
   Wilhelmin, 57
   Wilhelmina, 69, 87
Bermuhl
   Friedrike, 175
Berndt
   Marg., 155

Wilhelmine, 135
Berner
   Elisabetha, 185
   Ernst Heinrich Christian, 117
   Johann Friedrich Wilhelm, 126
   Karl Heinrich Ludwig, 221
   Kath. Elisabetha, 46
   Marg., 170
   Wilhelm, 46, 126
   Wm., 117
Bernhard
   August, 13, 140
   Carl, 1, 12, 181
   Conrad, 8, 178
   Frantz John Wilhelm, 1
   Imma Sofia, 12
   Imma Sophia, 181
   Wilhelm Christian, 13
   Wilhelmine, 8
Bernhardt
   Andreas, 89
   Anna Gertraud, 116
   August, 13
   [blank], 206
   Carl, 19
   Elisabetha, 82
   Heinrich, 82
   Heinrich & Joh., 65
   Ida Magdalene, 19
   Joh., 95
   Joh. Martin, 89, 116, 162
   Johann Martin, 89
   Karl, 71
   Kath., 41, 65
   Marg., 163
   Margareth, 95
   Maria, 164
Bernkmer
   Rosina, 51
Bernreiter
   Barbara, 25, 38, 149
Bernst
   Christine, 143
Bernstadt
   Katharina M., 174
Bernthauser
   Sophia Charlotte, 20
Bersh
   Georg, 157
Bertelmann
   Berndine, 41
Berthhold
   Karl Dietrich, 196
   Wilhelm, 196
Berthold
   Cecilia, 90
   Herman, 190
   Wilhelm, 190
Bertsch

Eva Elisabetha, 97
Heinrich, 110
Maria Elisabetha, 88
Maria Margaretha, 77
Phil., 97
Philipp, 77, 88, 110, 160
Bervig
   Friedrich, 217
   Henrietta, 217
Berwig
   Henrietta, 107, 115
   Henry, 162
   Johann, 49
   Nikolaus, 49
Beschler
   Adam, 22
   Johann, 22
Besel
   Anna Maria, 20
   Elisabetha, 38
   Johannes, 6
   Juliane, 36
   Katharina, 30
   Michael, 38
   Sebastian, 6, 20, 30, 36
Beshel
   Concordia, 75
Besse
   Herrman, 154
Bessel
   Concordia Amalie, 38
   Sebastian, 187
Best
   John, 83
   Sophia, 169
Beste
   Carolina, 47
   Herrmann, 47
Bestel
   Doroth. Marg. Magda., 73
Betaunes
   Heinrich, 38
   Karl, 38
Beter
   Christina, 219
   Wilhelm, 173, 219
Betes
   Carl, 21
   Maria Ellen, 21
Betschau
   Christiana, 86
Betscher
   Elisabeth, 222
Bettenfeld
   Kath., 165
Bettig
   Friedr., 65
   Marg. Barbara, 65
Bettmann
   Johann, 28
Bettner
   Renhardt, 161

Betz
    Anna Maria, 182
    Anna Maria Louise, 16
    Friedrike, 108, 115
    Joh., 101
    Johann, 41
    Johann Ch., 182
    Johann Christoph, 16
    Sophia, 123
Betzel
    Francis, 166
    Gottfried, 142
Beverich
    Barbara, 181
    Georg Mann, 181
Beveronger
    August Ludwig, 14
    Ludwig, 14
Beverungen
    August L., 185
    Friedricke Louise, 38
    Louis, 38
    Ludwig, 185
Be..yder [?]
    Maria, 166
Beyer
    Friedr., 164
    Joh., 170
Bezold
    Bertha, 124
    Helferich, 124
    Reinhold, 124
Bichsmann
    August, 106
    Ernst Christian, 106
Bickel
    Anna Christina Friedrika, 34
    Christian, 96
    Joseph, 34
    Louise, 96
Bidekopf
    Margaretha, 191
Bidelmann
    Ferdinand, 113
    Ferdinand Karl, 113
    Wilhelmina, 113
Biebel
    Joseph M., 213
    Katharina, 213
Biehl
    Laura, 126
Bielmann
    Anna Barb., 37
    Elis., 37
Biemuller
    Eduard, 18
    Edward, 140
    Johannes, 18
    Juliana, 145
Bien
    Adam, 209
    Anna Barbara, 89
    Elisabetha, 80
    Friedrich, 98
    Friedrich Eduard, 98
    Joh., 89, 102
    Joh. H., 98
    Joh. Heinrich, 159
    John, 80, 103
    Lydia Anna, 209
    Marg. Ch., 110
    Margaretha, 103
Bienenstein
    Elizabetha, 152
    Friedrich, 68, 189
    Katharina, 68
    Paulina, 189
Bienenstein (Stinbacheners)
    Elizabetha, 152
Bienke
    Herrmann, 67
Bier
    Anna Kath. Maria, 14
    Georg, 14
Bieraw
    Chath., 1
Bierlein
    Elisabetha, 16, 28
    Elise, 6, 179
Biermann
    Bomas, 70
    Charlotte, 58, 67
    Elisab., 70
    Elisabetha, 147
    Emma Mathilde, 70
    Henriette, 45
    Hezeroninus, 43
    Rosine Charlotte, 19
Biessner
    Anna Emilie, 74
    Heinrich, 74
Bietenbacher
    Maria, 9
Bietenkopf
    Maria, 9
Bieter
    Heinrich Wilhelm, 22
    Johann Heinrich, 33
    Maria, 20
    Michael, 20
    Wilhelm, 22, 33, 185
Bietsch
    Henriette Charl., 53
Bigraf
    Heinrich, 101
Bigrat
    Heinrich, 211
Biking
    Margrethe, 8
Bilekob
    Marg, 51
Bilekos
    Ludwig Heinrich, 51

Billmann
    Anna B., 49
    Barb., 65, 81
    Elisab., 98
    Johann Georg, 27
    Sophia, 27
    Sophie, 49
Bin
    Anna, 91
Binder
    Charlotte, 74
    Elisabethe, 9
    Susanne, 140
Binding
    Elisabetha, 144
    Georg, 4
    Johann Wilhelm, 177
Binenmann
    Henriette, 92
Bing
    Kath., 169
Binn
    Anna, 47
Binnemann
    Amalie, 30, 151
    Anna, 35
    Henriette, 30
Bintz
    Friedrike, 107
Birkemeyer
    August, 99
    Margaretha, 99
Birkenstock
    Charlotte Dorethea, 32
    Charlotte Dorethea, 189
    Dorethea, 32
    Dorothe, 190
    Elisabetha, 32
    Heinrich, 15, 32, 143, 189, 190
    Katharina, 15
Birkey
    Emilie, 162
Birkholz
    Karl A., 173
Birkner
    Anna Margretha, 4
    Georg, 4
Bischoff
    Heinrich, 198
Bishelberger
    Gertraud, 84
    Karl, 84
Bishof
    Joh. Heinrich, 41
    Wilhelm, 41
Bismann
    August, 129
Bissert
    Ludwig J. W., 121
Bissing
    [blank], 206

    F. M., 206
Bissinger
    Conrad, 2
    Georg, 202
    Maria Chatarina, 2
Bistner
    Ludwig, 186
    Michael, 186
Bitteldorf
    Karolina, 141
Bitter
    Anna, 77
    Christoph Dietrich Theodor, 89
    Dietrich, 89, 101
    Jakob Friedrich, 117
    Maria, 160, 209
    Oscar, 101
    Wilhelm, 117
Bitteroff
    Marg., 45
Bittes
    Louis, 68
    Louise, 68
Bittmann
    Katharina Marg., 149
Bittroff
    Marg., 19
    Margretha, 30
Bittropf
    Margretha, 144
Bitzelberger
    Christina, 19
Bitzendorf
    Heinrich, 15
    Margretha Elisabetha, 15
Bitzenger
    Maria, 5
Bitzinger
    Maria, 142
Blach
    Johanna Charlotte, 160
Black
    Anna Maria, 55
    Heinrich, 192
    Henriette Louise, 199
    Herrmann, 55
    Johann Heinrich, 192
    Kath., 41
    Peter, 199
Blaich
    Friedr., 40
    Joh. Georg, 40
    Johann Friedrich, 9, 180
    Maria Elisabetha, 180
    Maria Elisabethe, 9
Blaick
    Johann Fried., 22
    Maria, 35
    Maria Margretha, 22
    Mary, 35
    Philipp, 35

Index

Blaicker
  Ferdinand, 36
  Johannes, 36
  [blank]
    Anna Dorethea, 9
    [blank], 57, 131, 178, 181, 186
    Dorethea, 187
    Dorethea Louise, 16
    Elisabetha, 140
    Emma Henrietta, 121
    Friedrich, 5
    Georg, 1
    Heinrich, 131
    Johanne Maria, 142
    Karl ..., 54
    Wilhelmine Elisabetha, 13
Blank
  Heinrich Wilhelm, 30
  [blank but known to be Braun]
    Anna Margaretha, 214
Blanke
  Anna Elisabetha, 8
  Wilhelm, 8
Blankner
  Dorothea, 155
Blarr
  Marg, 53
  Marg., 156
Blatt
  Joh. Eduard, 36
  Joh. Matt., 36
Bleck
  Heinrich, 179
  Johana Soph., 37
Blede
  Christina, 195
Blei
  Christiana, 156
Bleich
  Albertina, 80
Bleisteiner
  Katharina, 15
Blenkner
  Anna Marg., 13
  Ferdinand, 148
Blessing
  Christina, 168
  Louise, 9
  Louise Christina, 139
Block
  Anna Doroth., 103
  Elis., 66
  Elisabetha, 210
  Heinrich, 87, 155, 172, 210
  Joh. Peter, 83
  Kath., 56, 64, 66, 77, 78, 89, 96, 99, 112
  Katharina, 30, 31, 150

Marg., 103
Margaretha, 78
Blohs
  Elisabetha, 142
Blomaier
  Anna Maria, 87
  August Heinrich, 130
  Christian, 87
  Ernst, 76
Blome
  Georg, 209
  Gottfired, 209
  Hartwig, 122
  Sophie Theresia, 119
Blomeier
  Carol., 91
  Christian, 71
  Ernst, 208
  Margaretha, 208
  Wilhelm, 71
Blomer
  Friedrike Caroline, 120
  Samuel, 120
Blomeyer
  Ernst, 85
  Marg. Friedrike Charlotte, 85
Blum
  Hartwig F., 98
  Helena, 18
  Johann Georg, 18
  Katharina Elisabeth, 224
  Marg., 83
  Margaretha, 18
  Maria, 79, 90, 120
  Maria Marg., 103
  Pauline, 86
Blumaier
  Ernst Friedr., 65
Blumeier
  Ernst, 17, 69, 198
  J. F. Christian, 44
  Maria Henrietta Dorothea, 69
Blumenau
  Kath., 98
Blumenthal
  Louise W., 97
Blumer
  Maria Rosina Auguste Marg., 106
  Saml., 106
Blumlein
  Joh., 36
  Louise Magdalene, 36
Blummlein
  Andreas, 13
  Balthaser, 13
  Maria Josephine, 13
Bobewein
  Barbara, 14
Bocher

Johannes, 4
John, 4
Wilhelm, 108
Bock
  Anna Barb., 98
  Auguste C. Wilhelmine, 143
  Barbara, 146
  Friedrich Herrmann, 50
  Heinrich, 6, 50, 92, 151
  Heinrich Wilhelm, 104
  Joh. Julius Wilh. H., 22
  Johanne Juliane, 22
  Julius, 212
  Louise, 94, 212
  Margretha Anna, 6
  Maria, 11
  Wihelmina, 62
  Wilha., 124
  Wilhel. Auguste, 25
  Wilhelm, 104
  Wilhelmina, 46
  Wilhelmine, 14, 25, 35, 42
Bockel
  Elias, 224
  Konrad, 224
Böckel
  Maria, 127
Bockelman
  Carol., 164
  Louisa, 171
Bockelmann
  Anna, 70
  Carolina, 97, 109
  Christian, 81
  Dietrich, 207
  Dorothea, 207
  Elisabetha, 200
  Karl, 70
  Karola., 128
  Maria, 81, 131, 132
  Mr., 200
  Wilhelm, 70
Bocklemann
  Wilhelmina, 109
Bodein
  Johannes, 6
  Katharina Magdalena, 6
Bodenmuller
  Jakob H., 192
  Maria Katharina, 192
Bodinard
  Heinrich, 172
  Marg., 171
Boeckner
  Elisabethe, 9
Boenike
  Thekla, 115
Boettinger
  Wilhelm, 173
Bogenbeck

Kath. Charl., 65
Bögger
  Math., 37
Bohl
  Christ., 89
  Friedrich, 89
  Heinrich (deceased), 225
  Maria, 105, 225
Bohler
  Franz, 58
  Maria Christina, 58
Bohlmann
  Barb., 169
  Friedr., 94
Bohm
  Friedr., 165
  Georg Adam, 69, 211
  Joh., 69
  Kunigunde, 79
  Louise, 120
Böhm
  August, 97
  Friedr., 97
  Simon, 180
Bohme
  Simon, 145
Böhme
  Johann Simon, 182
  Ludwig, 180
  Simon, 180
Bohn
  Barb., 113
  Barbara, 113
  Carol. Kath., 104
  Elisabethe, 10
  Joh., 113
  Joh. Adam, 122
  Karl, 113, 122
  Louise, 104, 113
  Michael, 10
  Sarah, 20
Bohnard
  Anna Carolina, 46
  Michael, 46
Bohnenberg
  Friedr., 97
Bohners
  Michael, 93
  Wilhelm, 93
Bohnert
  Jakob, 60
  Michael, 60
Bohnewald
  Louise, 114
Bohnewals
  Louise, 82
Bohnhardt
  Friedrich Gunther Wilhelm, 224
Bohning
  Fried., 132
Bohnlofink

Christina, 116
Heinrich, 87
Joh., 87
Karl, 107
Wilhelmina, 88
Bohr
   Anna, 172
Böhr
   Anna, 128
Bohrmann
   Maria, 190
Boing
   Harmina, 180
   Heinrich, 180
Boke
   Doroth., 48
Bolach
   Joh. Veit, 171
   Marg., 124, 159
Boland
   Maria, 18
Bollach
   Johann Veit, 125
   Margareta, 125
Bolleiniger
   Conrad, 190
   Johann, 190
Bollemann
   Cora Elis., 157
Bollinger
   Elisab., 81
Bollmann
   August, 167
Bollmer
   Maria, 75, 159
Bollwie
   Sophia, 113
   Wilha., 123
Bolvie
   Louise W., 171
Bolwie
   Wilhelmina, 127
   Wilhelmine, 130
Bolz
   Anna Marg., 13
Bomm
   Dorothea, 48, 59
Bommer
   Elise, 108
Bon
   Amalie, 20
Bona
   Anna Hel., 96
   Bernhardt, 96
Bonack
   Anna, 62
   Philipp, 62
Bonacker
   Anna Barbara, 211
   Georg, 113
   Heinrich, 203
   Heinrich Lorenz, 79
   Joh. Ernst, 67
   Joh. Georg, 48
   Johann Ernst, 201
   Phil., 113
   Philipp, 67, 79, 201, 203, 211
Bonaker
   Kath., 20
Bondes
   Marg., 87
Bondz
   Elisab., 160
Bonecker
   Phil., 97
   Philipp, 158
   Sophia Margaretha Anna Barb., 97
Bonert
   Jakob, 202
   Katharina, 77
   Michael, 77, 202
Bonhach
   Christina, 168
Bonhage
   Heinrich, 162
Bonn
   Anna Helena, 109
   Karl, 121
Bonnett
   Johann, 137
Bons [?]
   Wilhelmina, 45
Bontschuh
   Louise, 70
Boon
   Karl, 128
   Katharina Rosetta, 128
Booth
   Dina, 117, 218
   Maria B., 218
   Maria Barbara, 117
   Robert, 117, 170, 218
Bopp
   Joseph, 180
   Maria, 123
Bopper
   Mathilde, 66
Borcherding
   Maria, 32
Borger
   Christian, 137
Borgerding
   Maria, 186
Borggemeier
   Elias, 159
Borgolte
   Auguste, 24
Bories
   Bernhardt, 198
   Henriette Wilhe., 61
   Niklaus, 198
Borling
   William E., 172
Born
   Carol., 87
   Carolina, 54, 99
   Herrmann Adolph, 162
   Joh. Bernhardt, 103
   Johann, 147
   Karolina, 40
   Martin, 22
   Wilhelmine J., 72
Borneman
   Harrison Nathanel, 118
   Heinrich W., 119
   Joh. H. W., 118
   John H., 122
   Maria, 118, 119
   Oliver Albert, 122
   Reinhardt L. Th., 119
Bornemann
   Heinrich, 219
   Katharina M., 219
Bornickel
   Joh. Wolf, 86
Bornister
   Carolina, 79
   Georg Heinrich, 79
   Joseph, 79
   Wilhelm, 79
Bornmann
   Caroline, 25
   Friedricka, 18
Borsch
   Karl, 125
   Katharina Luise, 125
Borsinger
   Georg, 188
Borst
   Hermann, 165
   Maria, 224
   Sophia B., 112
Bortenfeld
   Daniel, 35
   Regina, 35
Bortsch
   Johann Adam, 184
Bortzner
   Margretha, 14
Bösel
   Maria Anna, 8
Boss
   Maria, 15
Bosse
   Johanne Louise, 15
Bösser
   Heinrich, 175
Bosshamer
   Elisab., 117
   Elise, 104
   Heinrich, 169
   Kath. E., 124
   Maria E., 124
   Maria K., 171
Bosshammer
   Anna Chatharina Elisabetha, 1
   Conrad, 200
   Dorethea Maria Wilhelmina, 13
   Elis., 84, 92
   Elise, 110, 214
   Heinrich, 1, 125, 200
   Joh. Heinrich, 84
   Johann H., 13
   Johann Heinrich, 214
   Johannes, 13
   Katharina, 125
   Maria, 110, 123
   Maria K., 92
Bosshardt
   Kath., 83
Both
   Marg., 58
Bothe
   Marg., 156
   Wilhelm, 141
Bott
   Hana, 97
   Hanna, 104
   Hannah, 114
Bottlein
   Magdalena, 7
Bottler
   Lisette, 7
Bottlin
   Jakob Friedrich, 7
Böttner
   Frantz & Auguste, 1
Botts
   Hanna, 69, 121
Botz
   Margretha, 32
Botzner
   Conrad, 22
   Georg, 22
   Karolina Sophia, 37
   Konrad, 37
Boverdorfer
   Andreas, 181
   Friedrich, 181
Bower
   Georg Gottfried, 53
   Heinrich, 53
Boyd
   Clara, 129
   Karl E., 129
   Laura, 129
Bracht
   Emilie, 168
Brack
   Albert, 128
   Anna Maria, 128
   Conrad, 102
   Henrietta, 116
   Joh. Karl Emil Friedrich,

Index

102
Karl Emil, 102
Louise, 96
Maria, 223
Bracker
　Anna M., 171
Brackland
　Bernhardt, 73
Brader
　Helena, 95, 118
　Lena, 105
Bradte
　Mary M., 164
Bradyhouse
　Regina Arnoldina, 63
　Richard, 63
Braenninger
　Karl, 126
　Katharina Luise, 126
Bramer
　Louise, 112, 169
Brand
　Carl, 23
　Elise, 19
　Johann, 23
　Karl Ludwig, 156
　Maria, 19
Brandau
　Barb., 160
　Charlotte, 44
　Emma, 215
　Gebhardt, 215
Brandel
　Georg, 192
　John, 110
　Marg. Barb., 65
　Michael, 192
Brandenberger
　Kath. Elis., 41
Brandenburger
　Kath. Elisabetha, 31
Brandt
　Alex., 62
　Alexander, 160
　Alexandr. Julius
　　Johannes, 62
　Amalie, 56
　Aug., 40, 87, 90
　August, 74, 93, 101, 108, 212
　Clementina, 78
　Dorothea, 64
　Ernst Alx. Julius, 200
　Franziska, 67
　Georg, 79, 102, 107, 200
　Georg A., 62
　Georg Johann, 79
　Georg K. W., 157
　Heinrich Rudolph, 102
　Joh., 113
　Joh. Gerhardt, 61
　Johann, 60

Karl, 57, 67, 93, 113
Karl August, 93
Karla. & Georgina & Augusta, 56
Katharina, 101, 212
Louis, 161, 211
Louise, 73
Louise Henrietta Augusta, 74
Marg., 101
Marg. Augusta Ida Kath., 108
Margaretha, 211
Mary, 161
Rosa Sophia, 107
Sophia, 188
Wilhelm, 57
Wilhelmina, 78
Brangarl
　Emilie, 166
Braning
　Gerhardt, 87
Bransmann
　Maria Elise, 11
Brase
　Bertha, 120
Brauen
　Christina, 154
Brauer
　Bertha, 66
　Kath., 46
　Metta, 62
Braun
　Anna, 132, 174
　Anna Dorothea, 43
　Barbara, 203
　Carolina Paulina, 101
　Elisabeth, 198
　Franz, 43
　Georg, 6, 180
　Georg Wilhelm Conrad, 48
　Ida Viola Mathilde, 107
　Julius, 107, 168
　Louise Caroline, 95
　Marg. M., 171
　Maria Magdalena, 83, 207
　Mathilde, 107
　Otto, 159, 203
　Peter, 48, 101, 114, 198, 207
　Peter M., 83, 95
　Sophia, 167
　Sophia Ph., 64
　Susanna Magdalena, 114
Braungart
　Adam, 147
　Aug., 115
　Emilie, 103, 115
　Friedr., 115
Braunhart
　Emilie, 90

Braunhorn
　Chritopf Fried., 144
Brauninger
　Karl, 172
　Maria, 117
Braunlein
　Joh., 39
　Joh. U., 46
　Johann, 190
　Johann A., 190
　Johann Uhlrick, 178
　Johanna Margretha, 46
　Johannes, 39
　Maria Katharina, 178
Braünlein
　Anna M. Auguste, 15
Bräunlein
　Elisabetha, 26
　Johann Uhlrich, 11, 26
　John Uhlrich, 1, 6
　Margretha, 11
　Maria Chatarina, 1
Braunmyer
　Karl, 84
Braunrod
　Maria, 150
Braunroth
　Anna, 59
　Anna M., 59
　Elisab., 95
　Elisabeth, 8
　Henrietta, 54
　Maria, 49
Brause
　Aug., 98
　August, 118
Brautigam
　Adam, 120
　Karl Adam, 120
　Michael, 143
Brebsbaum
　Bernhardt, 211
　Karl, 211
Brecht
　Amalie, 40
　Anna M., 88
　Elisabetha Louise, 69
　Friedrich Heinrich Conrad, 61
　Georg, 30, 61, 69, 76, 151, 198
　Georg Philipp, 182
　Georg Wilhelm, 76
　Louise Henrietta, 198
　Ludwig, 61, 76
Brechthold
　Carolina, 71
　John, 71
　Kath., 71
　Louise Carolina, 71
Breckhoff
　Johanna, 61

Brede
　Heinrich, 34
　Maria Elise, 34
Bredehoft
　Lehner Gustav, 220
Bregel
　Ida Wilhelmina, 66
　Joseph, 66
Bregmeyer
　Elisabetha, 44
　Kaspar, 44
　Maria Elisabetha, 44
Brehm
　Eva, 152
Breier
　Joh. Georg, 114
　Maria Christina, 114
Breiner
　Louise, 48
Breitenbach
　Franz, 123
　Johanna Maria, 174
　Karl, 173
　Wilhelmina, 123
Breitenöther
　Katharina, 27
Breitenrother
　Juliane, 7
　Katharina, 7
Breitenstein
　August, 15, 29, 38, 52, 142, 187
　Caroline Pauline, 29
　Emma Klara, 52
　Louise Caroline, 187
　Louise Katharina, 15
　Maria Christina, 38
　Reihnhardt, 15
Breitschwerd
　Elizabeth, 34
Breitschwerdt
　Barbara, 193
　Conrad, 53, 70, 193, 206
　Elisabetha, 206
　Friedrich, 53
　Georg Johann, 70
Breitschwert
　Anna Margretha, 32
　Barbara, 19
　Conrad, 4, 19, 32
　John Georg, 4
Breitshwerdt
　Conrad, 165
Bremer
　Anna, 101
　Elise, 167
Bremstiller
　Anna B., 161
Brendel
　Carl, 143
　Friedr. Wilh., 93
　Michael, 145

Index

Brenner
   Christopf, 183
   Louise, 7, 27
Brenning
   Carol., 64
Brethold
   Eduard, 112
   Wilh., 112
Bretthol
   Carl Heinrich W., 148
Bretthold
   Elisab., 42
   Emma Louise, 79
   Herrmann Friedr. Gerhardt, 97
   Herrmann Heinrich, 37
   Herrmann Wilhelm, 37
   Karl Heinrich Wilhelm, 64
   Wilh., 97
   Wilhelm, 32, 64, 79
   Wilhelm H., 186
Brettholl
   Elisabetha, 25
Bretthorn
   Wilhelm, 24
   Wilhelm Heinrich, 24
Breuner
   Kath., 65
Breven
   Anna Katharina, 183
Breyer
   Joh. Georg, 169
Breyl
   Friedrich Wilhelm, 19
   Jakob, 19
Brickner
   Hieronymus, 178
   Hieronymus aus Emden, 178
Briegel
   Alice Rebekka, 98
   Anna M., 98
   Anna Marg., 83
   Doroth., 121
   Joseph, 98
   Joseph F., 98
   Maria R., 98
Briel
   Marg, 60
   Marg., 60
   Margretha, 145
Brienlitz
   Johann Uhlrich & Marie, 34
Briggemeier
   Kath. El., 88
Brille
   Heinrich, 102, 109, 114, 117, 166, 220
   Heinrich Friedr. Conrad, 102
   Karl Heinrich Daniel, 109
   Minna, 220
   Wilhelmina Elise Anna, 117
Brimaut
   Anna Mathilda, 212
   Johann, 212
Bringel
   Charlotta, 85
   Doroth., 66
Bringmann
   Karl Friedr. Wilhelm, 44
   Wilhelm, 44
Brining
   Georg, 157
Brinkman
   Bernh., 124
   Betti Dietricka, 124
   Joh. D., 124
Brinkmann
   Carolina, 141
   Conrad, 31
   Henriette, 31
Brinks
   Herman Heinrich, 154
   Maria, 89
Bris
   Christian, 157
Briscken
   Elisabetha, 2
Briseken
   Maria, 12
Brisswanger
   Karol., 34
Brisswauger
   Rebekka, 38
Brix
   Carl, 20
   Carl Hermann, 20
Brobst
   Anna Maria, 1
   Michael, 1
Brochert
   Marg., 188
Brock
   Karl Friedr., 56
   Maria Anna, 56
Brockhof
   Johanne, 32
Brockland
   Anna Maria Christ., 99
Brocklender
   Heinrich, 137
Brockmann
   Betti, 27
   Betty, 37, 74
   H., 26
   Heinrich Friedrich, 19
   Joha. M., 95
   Joha. Maria, 58
   Johanna, 71, 116
   Johanna M., 84, 119
   Johanna Maria, 49
   Johanne Maria, 151
   Maria, 39
   Maria Wilhelmina, 1
   Philipp, 1, 19, 50
   Susanna Maria, 39
Brodbeck
   Kath., 55
Brodbecker
   Anna Martha, 55
   Georg, 55
Brodehans
   Maria, 118
   Philippina, 118
Broder
   Friedr., 54
   Georg, 54
Brodt
   Heinrich, 68
   Johannes, 68
Brodtman
   Georg Matthaus, 123
   Matthaus, 123
Brögel
   Louise, 15
Bromel
   [blank], 218
   Robert, 218
Bromley
   Elise Jane, 107
Brommel
   Robert, 115
   Wilhelm, 115
Bromwell
   Marg. Elis. Henrietta, 82
   Margaretha Elisab. Henriette, 205
   Wilhelm, 82, 205
   William G., 159
Brooke
   Friedrike, 21
Brooks
   Margareta Agnes, 173
Broons
   Georg, 65
Brosch
   John, 17
Broscher
   Maria, 96
Broseke
   Johann Karl L., 201
   Johanna, 100
   Magdalena, 201
Brosies
   Jakob, 3
Bross
   Eduard, 110
   Edward, 224
   Elizabetha, 110
   Emma, 110, 224
   Ida, 110
   Mina, 110
   Rudolph, 110
Brost
   Wilhelmine, 130
Brown
   Anna, 83
Brubacher
   Georg, 200
Bruchhauser
   Georg, 19
   Marg., 19
Bruchheisser
   Margretha, 29
Brucking
   Maria, 140
Brugel
   Anna Marg., 69
   Anna Margaretha, 190
   Dorothea, 80
   Elis., 49
   Heinrich, 93
   Jakob, 190
   Johannes, 93
   Maria, 78
   Rebekka, 69
   Wilhelmine, 42, 49
Brugemann
   Louise, 158
Bruggemaier
   Elis., 69
Bruggemann
   Andie, 40
   Anna, 97, 109, 119, 160
   Anna Margaretha Amelia, 197
   Heinrich, 197
   Johann, 202, 204
   Margaretha, 46, 202, 204
Brüggemann
   Claus Heinrich, 150
Bruggemayer
   Kath. Elis., 102
Bruggemeier
   Kath. E., 114
Bruggmann
   Claus Heinrich, 33
   Jakob, 187
   Johann Jakob Heinrich, 33
   John, 2
Bruing
   Louise, 148
Brull
   Anna M., 73
Brumer
   Friedr., 100, 166
   Karl Ernst, 100
Brummer
   Friedr., 124
   heinrich, 107
   Karl Heinrich, 107
   Margaretha, 124
Brun

Index

Joh., 82
Wilhelm, 82
Brunes
   Heinrich, 161
Brunhun
   Christopf Wilhelm, 155
Bruning
   Caroline, 149
   Georgine Henriette, 149
Brunken
   Kath., 114
   Kath. M., 123
Brunker
   Kath. M., 108
Brunner
   Anna M., 72, 158
   Anna Maria, 81
   Friedr., 90
   Heinrich, 211
   Heinrich Fr., 90
   Heinrich Friedr. Karl, 90
   Katharina, 211
   Louise, 114
   Maria, 103
Brunninger
   Paul, 163
Bruns
   Anna Josephina, 86
   Elisab., 89
   Heinrich, 86
   Joh. Heinrich Christian, 118
   Johanna W., 118
   Maria, 75
   Maria Helene Christine, 150
   Minna, 103
   Wilhelm, 118
Bruschack
   Alma Augusta, 116
   Johann, 116
B..thel…
   Anna Marg., 153
Bub
   Gottfried, 17
   Katharina Anna, 17
Buben
   Elisabetha, 151
Bubenhain
   Christina, 123
Bubenheim
   Peter, 114, 170
Bubenhein
   Carolina Elise Lena, 116
   Peter, 116
Bubers
   Anna M., 55
Bubert
   Hermann, 195
   Herrmann, 61
   Johann Friedrich, 61
   Johann Gerhardt, 195

Bubin
   Anna Barbara, 89
   Barb., 100
   Elis., 41, 61
   Elisab., 71, 86, 103, 118
   Marg., 71, 124
Buch
   Gerh., 111
   Heinrich, 123
Buch [?]
   Elisabetha, 4
Buchert
   Luise, 125
Buchheimer
   Anna Christine, 97
   Barbara, 8, 66, 69
   Barbara Emilie, 69
   Edward Rudolph, 121
   Ella, 104
   Emma Christine, 97
   Friedr., 153
   Georg, 8
   Ida, 114
   Marg., 65, 80, 102
   Peter, 69, 77, 86, 97, 104, 114, 121
   Peter Eduard, 77
   Wilhelmina Eleonora, 86
Buchhold
   Marg., 44, 61
Buchholtz
   Dorothea, 224
Buchholz
   Doroth., 161
   Dorothea, 83, 93
   Linna, 93
   Minna, 83, 216
Buchmann
   Conrad Emauel, 153
Buchmeier
   Friedr., 59
Buchner
   Sophia, 172
Buchsbaum
   Barbara Helena, 93
   Bernh., 119
   Bernhardt, 102, 110
   Franz Wilhelm, 130
   Georg Wilhelm, 219
   Heinrich, 93, 106, 110, 117, 119, 130
   Heinrich Philipp, 117
   Helena, 93, 113, 214
   Joh. H., 113
   Johann, 219
   Johann Heinrich, 214, 223
   Johann Herrmann, 106
   Karl, 102
   Karl H., 102
Buchsein
   Louis, 208
   Otto Johann, 208

Buchshamer
   Helena, 93
   Joh. Heinrich, 93
Buck
   August, 111
   Louis Karl Gerhardt, 111
Bucke
   Ernst Heinrich, 194
   Gertraud, 194
Bucker
   Heinrich, 62
   Heinrich Jakob, 62
   Kath., 171
Buckhann
   Elisabetha, 40
   Hermann, 40
Buckling
   Julius, 172
Buckmann
   Friedr., 103
   Maria Auguste Elise, 103
Bucks
   Dorothea, 189
   Lorenz, 189
Budda
   Herrmann Heinrich, 58
   Wihelm, 58
   Wilh., 58
Budde
   Fried. Wilh., 19
   Friedr. W., 99
   Friedrich Wilhelm, 19, 141, 220
   Maria M., 112
   Wilhelm, 50
Budecke
   George H., 167
Budefisch
   Heinrich, 105
Budelmann
   Gesina, 111
Budemayer
   Bernhardina Christine, 116
Budemeier
   Bernhardine, 19
   Regine Wilhelmina, 178
   Wilhelm, 178
Budenberger
   Maria Marg., 175
Budenfeld
   Katharina, 225
Buffler
   Johann, 179
   Johannes, 179
Buggel
   Theresia, 10
Buggeln
   Rebecca, 13
   Theresia, 21
Buggern
   Rebbecca, 27

Bukosky
   Georg H., 100
Bulhsbaum
   Helen, 217
   Johann, 217
Bullerdick
   Heinrich, 130
   Joh., 124
   Johannes, 127
   John, 127, 130
   Philipp, 124, 220
Bultler
   Christoph Friedrich, 150
Bumblatt
   Friedrich Wilhelm, 153
Bundes
   Soph. Elis., 160
Bünding
   Georg, 178
Bunther
   Anna M., 169
Burbracks
   Lena, 37
Burckhardt
   Margaretha, 195
   Michael, 195
Burg
   August, 180
   Caroline, 22
   Joh., 22
   Johann, 22
   Tobias, 180
   Wilhelmine, 22
Burgel
   Christian G., 219
   Gottl. Christ., 106
   Gottlieb, 212
   Maria Wilhelmina, 212
   Theodor, 219
Burger
   Amalie, 56
   Christ, 89
   Christian, 51, 219
   Christian & Johann Heinrich, 49
   Christoph, 213
   Emile Sophie, 52
   Friedrich, 89, 213
   Heinrich, 51
   Henrich, 155
   Joh., 46, 56
   Johann, 219
   Karl Martin, 51
   Kunigunde Maria Carol, 51
   Maria, 46
Burgert
   Aug., 41
Burghof
   Elise, 34
Burghold
   Augusta, 51

Index

Burk
  Hannah, 154
  Joh., 85
  Katharina Paulina, 213
  Marg., 71
  Tobias, 14
  Wilhelm, 14, 130, 213
  Wilhelm & Johannes, 14
Burkamp
  Maria M., 160
Burkard
  August, 120
  David, 120
Burke
  Anna Katharina, 80
  Dorothea Wilhelmina, 203
  Elisabeth, 220
  Heinrich, 36
  Joh. Heinrich, 80
  Johann Heinrich, 203
  Wilha., 53
  Wilhelmine, 36
Burkel
  Barbara, 221
  Kunigunde, 13
Burkerd
  David, 106
Burkhardt
  Anna Christina, 94
  Anna Marg., 61
  Anna Maria, 28, 61
  David, 94
  Eva Barbara Rosina, 177
  Heinrich, 146
  Joh. Friedr. Peter, 87
  Johanens, 25
  Johann, 145
  Katharina, 25
  Marg., 157
  Margretha Sophia, 30, 150
  Maria, 46
  Peter, 87
  Peter David, 87
Burkhart
  Anna Elisabetha, 40
  Anna Maria, 40
  Barbara, 38
  Charles, 175
  Georg, 38
  John, 39
  Louise, 39
  Marg. Barb., 40
Burkheimer
  Balthasar, 112, 168
  Heinrich Ph., 117
  Leonhardt, 118, 164
  Wilhelmina, 112, 118
Burkle
  Balthaser, 181
  Franziska, 195

Friedrike, 50
Joh., 37, 50
Johann, 23, 181, 195
Johann Balthaser, 23
Karolina Bertha, 37
Burlein
  Elis., 37, 49, 60, 83
Burmann
  Charl. H. Louise, 154
  Joh. H., 92
Burmeister
  Anna Martha Elisab., 58
  Christina Maria Kath. Elise, 93
  Friedr., 58, 93
  Friedrich, 156
  Karl, 173
Burn
  Carol., 120
Burness
  Cornelius William, 132
  Melvin Startzmann, 132
Burr
  Christine Katharina, 179
Busch
  Anna Katharina, 78
  Christina, 141
  Doretha Johanne, 14
  Dorothea Johanne, 142
  Dorothea, 67
  Elis., 39, 47
  Elisab., 57, 88
  Frantz, 31
  Georg, 126
  Heinrich, 93
  Heinrich Wilhelm, 62, 185
  Herman Heinrich, 185
  Joh. Joseph, 160
  Johanna, 48
  Johanna Sophia, 35
  Johanne Henriette, 31
  John, 39
  Louise Hermine, 31
  Marg., 40
  Margretha, 148
  Wilhelm, 78
Busche
  Frantz Anton, 146
Buschelberger
  Karl M., 120
Buscher
  Minna, 85
  Wilh., 45
  Wilhelmina, 98
Buschmann
  Anna Maria Charlotte, 16
  Johanne Doretha, 27
  Victor, 169
Buscke
  Elise, 23
Buser

Joseph, 65
Bushen
  Dorothea, 191
Butcher
  Elisab., 108
  Maria, 108, 167
Buter
  Heinrich, 146
Buthnuser
  Anna, 130
Butler
  George Vilmar, 129
  John R., 129
Butscher
  Andreas, 204
  Elisab., 67, 171
  Elisb., 125
  Friedrika, 204
  Georg, 204
  Joh. And., 75
  Joh. Andr., 55, 159
  Joh. Georg, 75
  Johann, 202
  Marg., 55, 67
  Maria, 67
  Martha E., 124
Butschke
  John, 7
  Josephe Margretha, 7
Butte
  Friedrich W., 9
  Friedrich Wilhelm, 21
  Johann Friedrich, 9
Buttermeier
  Wilhelm, 1
Buttmeier
  Regina Wilhelmina, 2
  Wilhelm, 2
Buttner
  Leonhardt, 107
  Marg., 83
Büttner
  Doroth., 163
Butzer
  Louise, 85

C

Ca... [?]
  Elisab., 80
Callender
  Auguste, 160
Campbell
  George Henry, 74
  Gerog Heinrich Kennard, 207
  Heinrich, 207
  Heinrich Kennard, 92
  Kennard, 74, 156
  Margaretha, 92
Campel
  Betty, 101
  Ernst Wilhelm, 62

Kennard, 62
Kenrard, 218
Maria Elisabetha, 218
Campen
  Annchen, 19
  Cornelius Georg, 19
  Cornelius H., 19
Carl
  Christian, 28
  Johann, 18
  Johann Michael, 26
  Ludwig, 26
  Martin, 178
Carle
  Johann Christian, 27
  John C., 58
  Katharina, 4, 7
  Margaretha Dorth. Carolina, 58
Caroll
  William, 67
  William Henry, 67
Carrer
  Adolph, 114, 216
  Georg Adolph, 114, 216
Caspari
  Louise, 94
Caster
  Georg, 42
Cetlein [Letlein]
  Margaretha, 36
Chamberlin
  Rich. Asbury, 119
Chester
  Martha, 168
Chisler
  Joh., 171
Choist
  Emilie & Elis., 71
Christ
  Adam Eduard, 81
  Anna Katharina, 71
  Charlotte, 49, 71, 209
  Christina, 174
  Elisabetha, 33
  Emilie Christina, 63
  Emilie Christine, 137
  Eva, 71, 179
  Eva Katharina, 26
  Friedr. Joh. Heinrich, 93
  Heinrich, 53, 99, 129
  Henrietta, 173
  Jakob, 3, 11, 26, 42, 49, 85
  Jakob Franklin, 42
  Joh. Jakob, 68, 99
  Joseph Wilhelm, 49
  Karl Heinrich, 220
  Kate A'Stella, 129
  Katharine, 179
  King, 166
  Lorentz, 93

Ludwig, 11
Marg., 78, 89, 96
Maria Elisabetha, 26
Maria Louise, 85
Philipp, 53, 63, 71, 81,
  104, 179, 180
Wilhelmina, 66
Christanz
  Lisette, 152
  Marg., 160
Christie
  Johanna, 137
Christine, 209
Christopfels
  Elisabetha, 15
  Kath., 14
  Mina, 9
Christopfer
  Wilhelmine, 20
Circel [?]
  Christina, 43
Cklotsch
  Carol. M., 81
Clagget
  Clara Lee, 75
  Ida May, 75
  William, 75
Claggett
  Elisa., 57
  Elly Susane, 57
  William, 57
Clark
  Len, 83
Clas
  Eva Auguste, 6
  Heinrich, 6, 142
  Karl Joh., 104
  Magd., 119
  Magdal., 104
Clas [?]
  Eve Augusta, 173
Claus
  Hans, 169
  Karl C., 169
Clausing
  Hermann H., 8
  Maria Elisabetha, 8
Clinton
  Anna Dorothea, 90
  David, 90, 163
Cocke
  Gesina, 91
Collins
  John C., 173
Collmai
  Conrad, 191
  Jamfried Conr., 46
  Johann Heinrich, 191
  Johannes Heinrich, 46
Congrot
  Alfred, 23
  Emil, 23

Connor
  Johannes, 62
  John, 62, 155, 197, 199
  Maria, 58
Conrad
  Anna Katharina, 26
  Aug., 99
  August, 166
  Christoph, 26
  Heinrich August, 99
  Joh., 74
  Johann, 18
  Johann Friedrich, 18
  John, 2
  Joseph, 67
  Maria Elisab., 41
  Maria Emilie, 74
  Wilhelm D., 216
Conradis
  Augusta, 99
Cook
  Eugen, 166
  Kath., 162
Corsen
  Franzix Wilhelmine, 22
  Heinrich, 22, 45, 60
  Mina Margaretha, 45
Corth
  Weigand, 91
Cöstens
  Friedrich, 222
Cozine
  James W., 169
Crane
  Dorothea C., 108
Creamer
  Carolina, 167
Critzmann
  Johann, 99
  Otto, 99
Crocker
  Maria, 161
Cronau
  Kath., 122
  Maria, 122
Cropp
  [blank], 206
  Georg, 206
  Louis, 206
  Marie, 166
Cross
  Heinrich, 54
  Maria, 155
Crum
  Johann Wilhelm, 151
Crusse
  John N., 161
Cullmann
  Adolph, 42
  Adolph & Joh., 46
  Emilie, 42
Curse

Friedrich, 157
Curth
  Wigand, 116

D
Dabbers
  Anna M., 107
Daberich
  Anton Friedrich, 3
Dach
  Dorethea, 29
Dack
  Friedr., 104
  Friedrich Karl, 104
Daeschler
  Joh., 160
Dafner
  Friedrike, 161
Dahm
  Christian, 203
Daige
  Auguste, 65
Dalbig
  Maria Elisabeth, 8
Dallreith
  Elis. Soph., 46
Dambmann
  Elisab., 74
Damert
  Christoph, 177
Damme
  Heinrich, 166
  Johann Adolf, 177
  Maria, 104, 124, 162
Dammen
  Elisabetha, 18
Danenfelser
  Elise, 109
Danerin
  Anna, 164
Danes
  Margretha, 18
Dann
  Wilh. Eduard, 85
Dannen
  Maria, 87
Dannenfelser
  Anna Maria, 22, 174
  Barbara, 15
  Barwette, 11
  Christina, 11
  Christine, 8
  Conrad, 85
  Elis., 81
  Georg, 85
  Georg Louis, 121
  Georg Otto, 85
  Ludwig, 11, 121, 142,
    218
  Magdal., 41
  Magdalena, 8
  Magdalene, 28

Margaretha, 218
Maria, 205
Martin, 11, 205
Dannengfalzer
  Conrad, 75
Dannes
  Charlotte Caroline, 145
  Friedrich Ludwig, 3
  Ludwig, 13
Dantrupp
  Eleanora, 206
  Friedrich, 206
Danz
  Augusta, 58
  Caroline Wilhelmine, 195
  Christ. Friedr., 86
  Eduard, 46, 52, 58, 70,
    74, 195
  Friedr., 68
  Friedr. Wilhelm, 86
  Friedrika Augusta, 55
  Georg Fr., 55
  Heinrich Peter, 74
  Heinrich Wilh., 86
  Karl Aug., 73
  Karl August, 46
  Karolina Wilhelmina, 46
  Marg., 59, 99
  Martha Maria Sophia, 68
  Philippina, 67
  Philippina Augusta, 58
  Wilhelmina Carolina, 73
Dapmann
  Ida Virginia, 106
  Joh., 106
  Julie, 106
Darsler
  Emilie L., 120
Dasing
  Francis, 169
Dasz
  Katharina, 8
Datschenhorst
  Maria, 2
Dauber
  Karl, 60
  Ludwig, 29
  Maria, 29
  Maria Katharina, 60
Daubert
  Maria, 143
Daul
  Johann Conrad, 174
Daur
  Kath., 40
Daurer
  Franz, 72
  Joh., 72
Dauterich
  Albert, 196
  Heinrich, 81, 196
  Heinrich Louis, 196

241

Index

Maria, 18
Wilh., 77
Dautrich
   Heinrich, 77
Daves
   Anna Katharina, 3
   Frau, 176
   Valintin, 3
Davis
   Dorothea, 9
   Henrietta, 175
   Louis, 121
Dawnes
   Henrietta, 210
Day
   Anna Marg., 59
de Vachon
   Seraphim, 172
Debes
   Conrad, 177
   Justus, 177
   Valentin, 177
Debrich (Reinhardt)
   Elis., 67
Debser
   Henriette, 29
Debus
   Andreas, 33
   Elisabetha, 17, 191
   Katharina, 178
   Margaretha, 193
   Valenten, 178
   Valentin, 152, 193
   Vallenten, 17, 33, 187
Decher
   Joh., 165
Deckebach
   Christian, 139
Deckenbach
   Kath., 22
Deckenberg
   Maria, 82
Decker
   [blank], 214
   Conrad, 107
   Eleonora, 105
   Joh. Conrad, 107
   Johann Conrad, 214
   Johanna, 59
   John, 107
   Joseph, 70, 105, 212
   Karl, 212
   Magdalena, 70
Deetgen
   Anna, 33
   Betty Margaretha, 40
   Heinrich Georg F., 40
   Heinrich Georg T, 33
Deetjen
   Angnes Christiana, 92
   Christian Ludwig, 88
   Engelina, 48

Friedr., 92
G. T., 98
Georg F., 63
Georg Heinrich, 98
Georg T., 72, 88
H. G., 66
Heinrich G., 48
Heinrich Georg Tjark, 72
Heinrich George Tyark, 150
Maria Anna, 63
Degelmann
   Barbara, 8
Degener
   Eduard, 108
Degenhardt
   Karl Heinrich, 60
Deger
   Barb., 94
Degner
   Charlotte Karoline Katharina, 60
   Johanna Kath. Elisabeth, 120
   Karl, 48, 60, 84, 105, 206
   Karl H., 120
   Karlina Friedrika Louise, 48
   Martin, 84, 206
   Martin Constantin, 105
Dehan
   Hauglina [?], 48
Dehler
   Conrad, 50
   Georg, 50
Dehne
   Heinrich Ernst, 142
Dehnhardt
   Elise, 13
Deibel
   Adam, 47
   Carolina, 114
   Heinrich, 106
   Karl, 47
   Karoline, 128
   Kath., 106, 123, 128
Deichler
   Heinrich, 27
   Wilh. Friedr., 101
Deichmann
   Joch., 48
   Margaretha, 48
Deichmuller
   Anna Margretha, 29
   Carl Wilhelm, 31
   Heinrich, 31, 52, 191
   Heinrich Wilhelm, 52
   Johann Kaspar Matth., 191
   Peter, 29
Deichmüller
   Heinrich, 40

Johann Caspar Mattheus, 40
Deike
   Augusta, 80
Deimann
   Mina, 10
Dein
   Magda, 156
   Magdal., 62, 101
Deindörfer
   Margretha, 13
Deinzen [?]
   Niklaus, 194
Deipel
   Bertha Augusta Georgina, 69
   Karl H., 69
Deisse
   Anna Marg., 161
Deissel
   Georgina, 69
Deist
   Anna, 102
   Kath. Elis., 94
Deitsch
   Marg., 47
Delken
   Friedrich, 42
   Georg, 42
Dell
   Conrad, 148
   Magdalena, 148
   Marg., 83, 104
   Maria, 16, 179
Delle
   Johanne Maria, 178
Deller
   Anna Maria, 205
   Maria, 56
Demme
   Joh. Georg, 172
Dene
   Ernst H., 9
Dener
   Michael, 146
Denge
   Caroline Rudolphina, 84
   Karl, 84
Dengel
   Adam, 40
   August Adam, 40
Denges
   Marg., 74
Denison
   Claggsen, 198
   Edward, 69
   Edwin, 61
   Glackson, 202
   Julia Elisab., 69
   Klaggson, 61, 198
Denk
   Dorothea, 154

Dennekin
   Katharina, 23
Dennes
   Louis, 153
   Margaretha, 36
Denninger
   Karl F. B., 163
Dennis
   Peter, 162
Dennison
   Klaggsin, 61
Depasse
   Kath., 88
Depkin
   Ernst, 86, 162
   Ernst Agu., 130
   Ernst August, 106
   Heinrich, 104
   Johanna Wilhelmina Elisab., 86, 106
Derellenck [?]
   M. Elis., 44
Derl
   Mina, 35
   Wilhelm & Doris, 35
Dern
   Jakob, 143
Derner
   Katherina, 145
Derov
   Bitronella, 64
Derr
   Barbara, 159
Derrep [?]
   Margaretha, 191
Desch, 1
   John, 1
Deschler
   Anna Katharine, 131
   Conrad, 89
   Elisabeth, 131
   Joh., 89
   Johann, 131
Desel
   Anna, 26
   Anna Dorothea, 43
   Anna Maria, 185
   Anna Maria Auguste, 15
   Johann, 6, 180
   Johann Simon, 23
   Martin, 48
   Simon, 6, 15, 26, 30, 48, 144, 179, 180, 185
Detgen
   Christina, 217
   Friedr. Wilh., 71
   Friedrich, 217
   Georg Wilhelm, 71
Detinger
   Mina, 62
Detlein
   Kath., 84

Detzer
  Friedrich, 194
  Georg, 194
Deuber
  Eleonora, 4
  Johannes, 17
  Maria, 54
  Wilhelm, 19
Deuber [?]
  Elenore, 143
Deuchler
  Maria, 164
Deur
  Marg., 72
Dewer
  Rosa, 158
Dey
  Anna Marg., 98
  Heinrich, 71
  Joh., 119
  Marg., 108, 119
  Margaretha, 165
Diacon
  Adam, 75
  Georg Gustav, 75
Diacont
  Adam, 95, 113, 159, 212, 217
  Adam Philipp, 125
  Eleonora, 125
  Estella, 95, 217
  Henry, 212
  Maria Albertina, 113
Dickelmann
  H. Rudolph, 55
  Kath. Maria, 55
Dickhardt
  Adam, 191
  Anna Carol., 59
  Christina, 191
  Karl Fr., 79
Dickhaut
  Adam, 139
  Emilie, 112
  Emma Barbara, 103
  Georg, 103, 112
  Louise, 139
  Mathilde, 112
Dickhorner
  Anna, 24
Dickman
  Emilia, 206
Dickmann
  Doroth. L., 160
  Ernst Friedr., 160
  Friedr., 80
  Marg., 158
  Maria Dorothea, 80
  Wilhelm, 206
Diederle
  Christina, 181
Diedrich
  Martin, 218
  Sophi, 218
Diehl
  Georg, 79
  Heinrich, 79, 210
  Joh. H., 95
  M., 210
  Marg., 40
Diehlmann
  Christian, 148
Dielmann
  Ludwig, 142
Diem
  Aug., 76
  Christ., 76
  Christoph August Wilhelm, 76
  Joh., 76, 93, 108
  Johann, 159
  Kath., 93
  Katharina, 93
  Maria Anna, 108
  Susanna, 114
Diemann
  Anna Marg., 60
  Anna Maria, 21
  Elisabetha, 191
  Heinrich Hermann, 147
  Hermann, 191
  Herrman, 155
Diering
  Heinrich, 156
Diet
  Katharina, 204
Dieter
  Maria, 40
  Wilhelmine, 22
Dietlein
  Johann, 12
  Johann Adam, 12
  Kath., 163
Dietrich
  Adam, 115, 217, 224
  Amalia Theressia, 199
  Anna Babetta, 99
  Anna Marg., 62
  Anna Margrethe, 6
  August, 113
  Bertha, 224
  Doroth., 164
  Elis., 96
  Elisabetha, 29
  Friedr. August, 115
  Friedrich August, 217
  Friedricka, 29, 185
  Georg Michael, 6
  Heinrich, 14, 29, 41, 51, 53, 62, 75, 90, 185, 199
  Joh., 99, 131, 170
  Johann, 219
  Kath., 28
  Katharina, 75
  Koroth, 94
  Margretha Maria, 33
  Maria Lilla Rosa, 113
  Maria Theresia, 48
  Maria Thresia Henrietta, 90
  Michael, 33
  Philipp, 14
  Rosina, 68
  Theressa Amalie, 41
Dietrichs
  Menna Albertus, 150
  Richard Aug., 158
Dietrick
  Adam, 103, 166
  Emilie, 103
  Emilie Margarehta, 103
  Friedrick, 140
  Joh., 108
  Sarah Marg. Dorothea, 108
Dietsch
  Anna, 73
  Anna B., 214
  Anna Barbara, 89, 208
  Elisab., 73
  Joh. G., 118
  Joh. Georg, 75, 86, 89, 160
  Johann, 208
  Johann G., 214
  Johann Lorenz Eduard, 222
  Sebastian, 75
Dietz
  Charlotte, 8
  Elisab., 169
  Elisab. Barbara, 64
  Elise, 213
  Joh., 93
  Johann, 64, 93, 213
  Johann Philipp, 32
  Kunegunde, 147
  Louise, 70
  Ludwig, 7
  Margretha & Wilhelmine, 25
  Maria, 166
  Valentin, 70, 139, 213
  Vallenten, 7, 32
Dietzel
  Adam, 70, 129, 143
  Ida Maria, 70
  Johanna Sophia, 129
Diez
  Kath., 52
  Valentin, 52
Diezel
  Kunigunde, 46
Dihl
  Maria Margrethe, 144
Dikhardt
  Carl, 14
Dikiners
  Bittronella, 53
Dill
  August, 32, 42, 68, 85, 161, 187, 190, 192
  Barwette, 146
  Christian, 201
  Christian Wilhelm, 207
  Conrad, 188
  Elis., 97
  Elisabetha Augusta, 190
  Elise Auguste, 42
  Heinrich, 104, 168
  Joh., 104
  Johann Heinrich, 104
  Katharina Elisabetha, 85
  Maria, 72, 168, 201
  Maria Elisabetha, 192
  Maria K., 90
  Maria Louise, 32
  Sophia, 187
  Susana C., 112
  Wilh., 104
  Wilhelm, 92, 159, 207
  Wilhelmina, 174
Dillman
  Rosina, 154
Dim
  Joh., 154
Dimling
  Kath., 103
Diner
  Wilh., 132
Dink [?]
  Heinrich, 195
  Otto, 195
Dinkelmann
  Heinrich Rudolph, 194
  Katharina Maria, 194
Dippner
  Heinrich Ludwig, 11
Diremdam
  Carol., 161
Direr
  Bitronella, 53
Dirnberger
  Sophia M., 155
Diroo
  Bitronette, 33
  Bitternella, 42
Dirou
  Betty, 76
Dissler
  Margareta, 127
Dist [Fist]
  Elis., 41
Distler
  Adam, 65, 103, 201
  Anna K., 59
  Barb., 112

Barbara, 88, 118, 218
Conrad, 51, 65, 84, 103, 118, 176, 199, 201, 218, 221
Elisabeth, 174
Kath., 48
Katharina, 51, 84, 199
Kunigunde, 13, 42
Marg., 51, 65, 84, 103, 118
Margareta, 173, 174
Dittel
 Ferdinand, 154
Dittman
 Marg., 95
Dittmann
 Babetta M., 76
 Doroth., 76, 101
 Gustav, 117
 Gustav Adolph, 111
 Joh. Georg, 95
 Marg., 72, 111, 117
Dittmar
 Elisab., 70
 Lisette, 154
Dittmer
 Elisabetha, 15
 Eva, 24
Dittrich
 August, 89, 124
 Clara Anna Maria, 89
 Johann August, 124
Ditzel
 Adam, 95, 201
 August Adam, 201
 Carolina Josephina, 95
 Conrad, 78, 87, 104, 213
 Georg, 78, 104
 Margaretha, 87
 Maria, 87, 213
Dober
 Elis., 56
Doberig
 Elisabetha, 20
Dobing
 Anna, 26, 51, 64
Dodebusch
 Anna Maria, 44
 Heinrich Georg, 44
 Heinrich W., 44
Dodt
 Anna, 95
Doefsel
 Maria, 95
Doehler
 Barbara, 60
Doehlert
 Anna Barbara, 153
Doell
 Kath., 65
Doeller
 Joh. C., 163

Doellinger
 Friedrich, 174
 Therese, 176
 Theresia, 220
Doellner
 Laura, 116
Doenges
 Marg. Doroth., 108
Doepfner, 222
 Friedrike, 101
 Margaretha, 101
 Maria Elis., 101
Doer
 Barbara, 71
Doeschel
 Laura, 94
Doessel
 Martin, 170
Dogge
 Albert, 87, 173
 Ottilie, 87
Dohler
 Barb., 45
 Barbara, 56
 Conrad, 66
 Georg A., 78
 Georg Conrad, 48, 53
 Gottfired, 44
 Kunigunde, 32, 39, 47, 53, 60, 72
 Marg., 93
 Maria, 66, 78, 102
 Maria Barb., 45, 85
 Maria Barbara, 32
 Maria Kunig., 51
 Paul, 39
 Rosina, 93
 Wilhelm, 44
 Wilhelm Alexander, 44
Döhler
 Georg, 61
 Henrietta Wilhelmina, 61
 Kunigunde, 150
Dohme
 Clara Emma Louise, 94
 Gustav C., 94
Dohner
 Kath. Adelheit, 61
Dohrmann
 Elisabetha, 26
Döker
 Marie, 158
Dolbig
 Maria Elise, 178
Dolgers
 Maria El., 49
Dolges
 Margaretha, 38
Doll
 Karl, 64
 Marg., 24
 Maria, 64

Döll
 Christian, 186
 Elisabetha Margretha, 186
 Maria, 118
Dolle
 Christoph, 195
 Maria, 195
Doller
 Christoph, 92, 110
 Emma Louise, 92
 Friedr. August Ludwig, 110
Dollinger
 Friedrich, 171, 215
 Katharina, 215
 Katharine, 131
 Maria, 9
 Maria Magd., 19, 46
 Maria Margaretha, 32
 Peter, 9
 Sabine, 7
 Sophine, 22
 Wilhelmina, 46
Döllinger
 Anna Margretha, 25
 Dorethea, 25
 Lorentz, 25
 Peter, 25
Dolty
 Auguste, 56
Dolz
 Auguste, 90
Dölz
 Augusta, 79
Domeier
 Engelhardt, 154
 Georg, 42
 Karl, 42
Domsche
 Christina, 116
Donauer
 Anna Maria, 30
 Christina, 40
 John, 62
 Kunigunde, 62
Dondorf
 Elisab., 84
 Elise, 216
 Jakob, 216
 Johann, 175
Donges
 Louise, 80
 Marg., 80, 114
Donnhauser
 Theressia, 62
Donovan
 Anna, 111, 118
 Hanna, 97
Dontrup
 Anna Maria, 79
Dontrupp
 Anna Maria Engel, 88,

223
 Friedr., 88
Dopfner
 Adolphina, 116
 Anna Elis., 116
 Apollonia, 127
 Apolonie, 94
 Appolonia, 161
 [blank], 87, 207
 Elise, 100
 Friedricka, 145
 Friedricke, 87
 Friedrika, 68
 Friedrika Elisabetha, 207
 Friedrike, 45, 109
 Friedrike Caroline Louise, 87
 Lissette, 109
 Maria L., 166
 Marie Elis., 87
 Martin, 109
 Martin Ludwig, 109
 Wilh. Friedrka., 59
Döpfner
 Friedrika, 31
Doppel
 Friedrich, 18
 Louise, 18
Dorgath
 Friedrich, 211
 Olga Flora, 211
Dorges
 Anna Marie, 41
 Marg. E., 23
 Marg. Maria, 31
 Margretha Maria, 31
 Margrethe Maria, 8
Dorgut
 Anna Elisab Wilhelmina, 98
 Friedr., 98
Dorguth
 Friedr., 91
 Karl, 91
Doring
 Andreas, 11
 Anna, 213
 Elisabetha, 55
 Emil, 94
 Johann Conrad, 177
 Valentin, 55, 94, 105, 213
 Vallenten, 11
Döring
 Andreas, 180
 Carolina, 140
 Christine, 9
 Conrad, 75
 Georg, 78
 Joh. Baptist, 75
 Joh. Louis, 78
 Johann Georg, 19
 Johannes, 2

Index

Joseph, 67
Kath., 127, 130
Maria Elisab., 127
Valentin, 67, 180
Valinten, 2
Dorn
  Anna Elisabethe, 17
  Elisabetha, 183
  Friedr., 167
  Johann, 18
  John, 3
  Ludwig, 3
  Ludwig Friedrich
    Heinrich, 18
  Margretha, 12
Dornau
  Anna M., 82
  Maria, 64
Dornauer
  Georg, 202, 207
  Magdalena, 202
Dorner
  Barbara, 145, 182
Dörner
  Kath., 18
Dornhauser
  Theresia, 78
Dornseif
  Maria, 30
Dörr
  Friederich, 188
  Johannes, 189
  Kath., 115
Dörrer
  Joh., 54
  Joh. Conrad, 54
Dorrs
  Maria Emma, 212
  Wilhelm, 212
Dorst
  Friedrich, 4
  Margretha Rophina, 4
Dorung
  Dorothea, 188
Dössing
  Aug. Friedr., 61
Dost
  Anna Margretha, 13
  Friedrich, 13
Dötering
  Louise, 38
Doulong
  Auguste T., 171
Doyl
  Maggie, 129
Draude
  Louis, 57
Drechsler
  Heinrich, 41
Dreemann
  Adolph Wilh., 108
Drege

Carolina W., 78
Caroline, 205
Karl, 205
Dreger
  Wilhelm, 149
  Wilhelmina, 149
Dreide
  Soph. Wilhel., 42
Dreier
  Louise, 14
Drenberger
  Magdal., 50
Drepp
  Elisabeth, 126
Drescher
  Carolina, 147
Dresel
  Barbara, 23
  Elisabetha, 30
  Elise, 19
  Georg, 23
  Georg Christian, 23
  Georg Elias, 28
  Gustaph Adolf, 16
  Johann, 9, 23, 147
  Johann Georg, 16, 179
  Johann Joachim, 16, 28
  Johannes, 6, 179
  John Georg, 6
  Leonhard, 143
  Maria, 6
  Rosine Friedrika, 144
  Sophia, 148
  Theodor, 181
Dress
  Wilhelmina, 177
Dressel
  Albertina, 58
  Anna Hel., 50
  Anna Margaretha, 70
  Bernhardt, 43
  Conrad, 58
  Conrad Ernst, 191
  Elis., 90
  Elis. Carlina, 50
  Elisa, 149
  Elisab., 54
  Elisabetha, 49
  Ernst Konrad, 37
  Friedrike, 81
  Heinrich, 195
  Joh., 37
  Joh. E., 70
  Joh. Jojach, 49
  Joh. Jojach., 83
  Johachim [?], 199
  Johann, 60, 199
  Johann Dressel, 191
  Johann Jojachim, 83
  Jojechin, 60
  Kath., 120
  Leonhardt, 195

Marg., 188
Martin, 84, 105
Rosine Friedrike, 32
Dreye [?]
  Karl, 35
  Sophia Friedricke
    Augustine, 35
Dreyer
  Anna, 29
  Anna Adelheid, 186
  Anna Barbara Carolina,
    29
  Anna Caroline, 187
  Friedr., 46, 65
  Friedrich, 29, 186
  Friedrich Heinrich, 65
  Friedrich Wilhelm, 46
  Magdalene, 33
  Maria, 18
  Remine Elenore, 29
  Wilhelm, 29, 46, 187
Dricke
  August, 204
Drimb [?]
  Marg., 160
Drinks
  Carol., 170
Druge
  Karl, 57
  Louise Georgina
    Henrietta, 57
  Wilhelm, 57
  Wilhelmina Carolina, 57
Druger
  Barb., 40
  Johannes, 40
Duck
  Ernstina Augusta
    Antonetta, 114
  Friedr., 91, 114
  Johann, 91
Duckenberg
  Maria, 160
Duckhardt
  Carolina, 90
  Georg, 75, 90
  Johannes, 75
Duckstein
  Effie, 122
Duehaulte
  [blank], 210
  Heinrich C., 210
Duggs
  Christopf, 158
Duhring
  Julie, 46
Duling
  Johann Christian, 178
  Maria Louise, 178
Dulong
  Lissette, 121
Dümler

Friedrika, 17
Dunk
  Otto, 62
  Wilhelmina Rosina
    Carolina, 62
Dunkenberg
  Eva Elis., 68
Dupps
  Maria, 66
During
  Emil, 210
  Georg, 42, 87, 204
  Georg & Eva, 44
  Georg Daniel, 87
  Georg Jakob, 81
  Johann, 204
  John, 170
  Margaretha, 42
  Maria, 214
  Valentin, 81, 210, 214
Düring
  Anna Gertruda, 43
  Georg Julius, 36
  Margaretha, 34
  Valentin, 43
Dürn
  Carl Dietrich, 14
  Carl Mathe Dietrich, 14
  Jakob, 14
Durr
  Barb., 90, 103, 122
  Barbara, 80, 111
  Christiana, 47
  Christiane, 28
  Joh., 68, 90, 111, 112
  Johan Jakob, 68
  Johanne Maria, 159
  Johannes, 28, 158, 182,
    197
  Karolina, 47
  Kath, 169
  Kath., 106, 112
  Margaretha, 197
  Margretha, 182
  Maria K., 167
Dürr
  Johannes, 17
  Margretha, 17
Dusing
  Christina, 217
  Frank, 217
Dussner, 44
  Denes, 44
Dutty [Duttij]
  Martha Elisab., 130
Dwelbeck
  Marg., 51
  Margareta, 127
Dwellbeck
  Marg., 61, 74, 91, 118
  Margaretha, 105
  Maria Elis., 54, 73

Index

Dykes
    Chatharina, 2

E

Ebbighausen
    August, 76
    August Karl Heinrich, 76
    Charlotte, 135
    Heinrich, 76

Ebel
    Adam, 147
    Christian, 52
    Heinrich, 52
    Ludwig Christian, 52

Ebenhack
    Anna Margaretha, 48
    Joh., 48
    Marg., 48

Eberdeg [?]
    Kath. Elisabethe, 5

Eberhardt
    Friedrich, 218
    Margareta, 125
    Margretha, 151

Eberle
    Anna Maria, 7
    Barb., 102
    Carl August, 9
    Georg, 155
    Johannes, 9

Eberlein
    Michael, 21, 216
    Sophia, 21

Eberlien
    Katharina, 216

Eberling
    Eva Marg., 90
    Karl, 90

Ebersack
    Johannes, 155

Ebersberger
    "Kath.,", 56

Ebersen
    Katharina, 23

Ebersmann
    Kath. M. E., 109

Ebersmeier
    Carl Friedrich Wilhelm, 1
    Friedrich Wilh., 1

Ebert
    Anna Elis., 75
    Joh., 160
    Joh. Peter, 48
    Maria Barb., 59

Eberwein
    Jak. F., 120
    Jakob Friedrich, 120
    Wilhelm, 120

Eble
    Anna M., 210
    Conrad, 210

Eck
    Elisabetha, 218
    Ella Friedrike Kath., 122
    Ellen Friedrike Katharina, 222
    Friedr., 122
    Friedrich, 109, 129
    Karl, 172, 218
    Karolina, 129
    Kath., 122
    Maria Annetta, 109

Eckardt
    Andreas, 83
    Eva, 42
    Joh., 110
    Kath., 91
    Kunigunde, 110
    Thomas, 83

Eckel
    Conr., 30
    Conrad, 16, 146, 192
    Johann Jakob, 30
    Theresia, 192

Eckelman
    Maria, 118

Eckels
    Carolina, 92
    Friedrich Heinrich, 114
    Heinrich Ferdinand, 88
    John, 103
    John Louis, 103
    Louis, 88, 103, 114, 161
    Ludwig, 126

Eckerl
    Margretha, 145

Eckert
    [?], 132
    Anna Elisabeth, 131
    Elis., 65
    Elisabetha, 26, 142, 182
    Elisabethe, 11
    Eva, 19, 36, 65, 76, 153
    Friedricka Dorethea, 6
    Gottlieb, 59
    Heinrich, 80
    Johann Friedrich, 62
    Katharina, 31
    Louis, 62
    Margareth., 77
    Maria Barbara, 59
    Wilhelm, 6

Eckes
    Heinrich, 122, 130, 132, 171, 217
    Joh., 122
    Katharina, 217
    Katharine Auguste Wilhelmine, 132
    Margaretha, 220
    Paulina Carolina, 122

Eckhardt
    Andreas, 42, 59, 73
    Barb., 165
    Carol., 94
    Carolina, 218
    Christina, 70
    Conrad, 160
    Conrad L., 94
    Eath. M. ..., 156
    Elisa Marg. Magdalena, 153
    Emma, 59
    Friedr. August, 40
    Friedrich, 33
    Georg, 73
    Heinrich Louis, 127
    Jakob, 70
    Joh., 59
    Joh. Ernst, 159
    Kath., 162, 165
    Kath. E., 101
    Kath. M, 64
    Kath. M., 59
    Kunigunde, 101
    Louis, 40, 127
    Louise, 78
    Marthe, 159
    Minna, 122
    Wilhelm, 33, 121, 127
    Wilhelm Heinrich, 121

Eckhart
    Eva, 129

Eckles
    August Ernst, 130
    Ludwig, 130

Eckloffstein
    Kath., 58, 66, 75, 100
    Katharina, 151

Ecklofstein
    Johann, 131
    Kath., 40
    Louise Margaretha, 131

Eckstein
    Adam, 91
    Anna, 81, 207
    Barbara Anna, 123
    Elisabeth, 129
    Friedrich Wilhelm, 110
    Joh., 81, 91, 110, 123
    Joh. Adam, 91
    Johann, 207, 208
    Johann Adam, 208
    Johannes, 102
    John, 102, 129
    Wilh., 168

Eclermann
    Anna Katharina Elisabeth, 128
    Johann, 128

Edel
    Georg, 22

Edelmann
    Carl, 10
    Elis., 98
    Georg, 59, 137
    J., 129
    Jakob, 10, 23, 59, 115
    Joh. Jak., 128
    Johann, 23
    Johann Jakob, 128
    Johannes Carl, 10
    Johannes Karl, 173
    Johs. Karl, 128
    Karl, 83
    Katharina, 8
    Margaretha, 221
    Maria Elisab., 83

Edinger
    Christina, 182

Edwards
    Richard H., 146

Egelseer
    Kunigunde, 117

Eger
    Anna Elisabetha, 200
    Eva, 186
    Thobias, 182, 186

Egers
    Doroth., 80

Egersdorfer
    Christoph, 58
    Conrad, 58

Egert
    Eva, 5

Eggers
    Anna Doroth., 160

Egis
    Heinrich, 157

Ehlers
    Anna Katharina, 57
    Charlotte, 9
    Charlotte Louise, 33
    Christ., 98
    Christian, 39, 87
    Friedrich, 48
    Heinrich, 48, 57, 76, 209
    Johann Georg, 195
    Katharina, 195
    Louise Christina Wilhelmina, 39
    Magdal. Henrietta, 87
    Marg., 25
    Margaretha, 8
    Theodor, 76, 209
    Wilhelm, 98
    Wilhelmine, 166

Ehmann
    Charlotte Johanne, 13

Ehrbar
    Elis., 65

Ehrhardt
    Albert, 131

Ehrleiger
    Barbara, 199
    Georg, 199

Ehrlicher
    Elisabetha, 148

Maria Elisabethe, 150
Ehrlinger
  Barbara, 65, 180
  Georg, 65, 158
Ehrmann
  Anna Marg., 90
  Friedrike, 85
  Georg, 23, 76, 211
  Joh., 90
  Johann, 210
  Johann Richard, 74, 210
  John, 74
  Maria Ch., 76
  Maria Christina, 76
  Philipp, 106
  Rosina Margaretha, 90
  Sophia, 116
  Wilhelm, 211
Ehwald
  Felicitas, 39
Eibert
  Eva Marg., 155
  Simon, 149
Eichans
  Katharina Margretha, 180
Eichberger
  Anna, 31, 48, 145
  Anna Stasia, 16
Eichenberg
  Katharina, 177
Eichenbrodt
  Maria, 117
Eichenger
  David, 38
Eichhorn
  Adam & Anna Marg., 20
  Heinrich Wilhelm, 127
  Martin, 48
  Otto, 127
  Richard, 127
  Theodor, 93, 161
Eichinger
  David, 32, 38, 41
  Heinrich, 101
  Marg. Anna, 101
  Margaretha Barbara, 38
  Maria, 217
  Maria Katharina, 41
Eichler
  Maria, 126
Eichmuller
  Anna Barb., 130
  Barb., 67, 80, 96, 116
  Barbara, 51
  Elis., 156
  Kath., 51
Eichner
  David, 55
  Georg, 216
  Heinrich, 108, 113, 164, 216
  Joh. Georg Heinrich, 113

Johann, 174
Wilhelm David, 55
Eickenbeck
  August, 50
  Friedrich Karl, 50
Eickenberg
  Heinrich Karl Julius, 225
  Karl, 225
Eickenbrodt, 224
Eickmeier
  Joh. H., 50
  Joh. Heinrich, 154
  Johann Heinrich, 50
Eicsenroth
  Georg, 68
  Henrietta Augusta, 68
Eidig
  Kath. Johha Marg., 124
Eiertanz
  Hanna, 48
  Louise, 48
Eigenbrod
  Carl Heinrich, 9
  Heinrich, 9, 20
  Johann Adam, 16
  Johannes, 16, 144
  Maria Elisabetha, 20
Eigenbrodt
  Johann, 216
  Johann Adam, 216
  Maria, 157
Eigenroth
  Georg, 17
  Johann Friedrich, 17
Eigner
  Joh., 172
Eilas
  Dorothea, 49
  Maria, 49
Eiler
  Conrad, 67, 68, 90, 112, 120, 158
  Louise Margaretha, 67
  Maria Katharina, 90
  Sophia Theresia, 112
  Susana Maria, 120
Eilers
  Friedr., 116, 170
  Kath. Brigida Barbara, 116
  Maria, 66, 81
Ein...
  Emilie, 132
Einhaus
  Kath. Maria, 14
  Maria, 14
Einsiedel
  Christiana, 44, 50
  Elisabetha, 142
  Sophia, 49
Eisenacher
  Gustopf Adolf, 21

Magdalene, 35
Eisenberg
  Andreas, 206
  Anna Elisabetha, 206
Eisenmann
  Rosine Barb, 18
Eisenroth
  Augusta Henriette, 203
  Christiana, 84
  Christina, 71
  Elise, 107
  Elise Marg., 107
  Georg, 55, 71, 80, 203, 215
  Georg H., 100
  Henrietta, 84
  Lena, 54, 72, 84, 100, 111
  Louise, 215
  Margaretha, 55
  Wilhelmina Louise, 80
Eiser
  Wilhelmine, 26
Eisfeld
  Sallie, 82
Eisinger
  Friedrike Sophia, 221
  Maria Sophia Georgina, 74
  Paul, 74
Eitel
  Agnes, 114
  [blank], 219
  Georg, 66
  Heinrcih, 120
  Joh., 169
  John, 114, 120
  Wilhelmina, 122
Eith
  Georg, 113
Eizerod
  Anna Christian, 33
  Christiana, 33
  Georg, 33
Eizeroth
  Georg, 44
  Kath. Elisab., 44
Eklofstein
  Johannes, 30
  Katharina, 30
Elbring
  Emma, 172
Elgerood
  Friedrich, 29, 141
  Margretha Louise, 29
Elgeroth
  Friedrich, 11, 40
  Margaretha Carolina, 40
  Wilhelmine Kath. Friedricka, 11
Elgert
  Anna Kunigunde, 206
  Elisab., 83

Ferdinand, 86
Hartdmann, 150
Joh., 166, 169
Johann, 175, 208
John, 78, 86
Katharina, 208
Wilhelm, 206
Elias
  Maria Wilhelmine, 16
Elier
  Christian, 137
  Elisabetha, 196
Elker
  Regine, 22
Ellemann
  Marg., 37
Ellenberger
  Elis., 44
Ellerbrock
  August, 217
  Margaretha, 217
Ellermann
  Marg., 71
Ellermans
  Margretha, 27
Elligerodt
  Christina, 190
  Friedrich, 190
  Margaretha Carolina, 190
Ellinger
  Friedrich, 199
  Georg, 77, 98
  Joh. Martin, 98
  Katharina, 77
Ellis
  Louise, 132
Ellstel
  Friedrick, 157
Ellsworth
  Friedrich, 154
Elsäser
  Michael, 150
Elsasser
  Peter, 143
Elsusser
  Kath., 68
Elten
  Emilie, 128
Eltermann
  Friedricka Henriette, 142
Emda
  Elise, 141
Emel
  Maria M., 45
Emeling
  Kath., 85
Emerich
  Kath., 70, 82, 115, 158
  Maria Kath., 82
  Wilha., 118
  Wilhelmina, 70
Emerling

Index

Kath, 52
Kath., 52
Emken
   Meta, 37
Emmart
   Maggie, 166
Emmelein
   Anna Johanna, 34
Emmerich
   Anna Maria, 150
   August, 3
   Christine, 22
   Conrad, 25
   Heinrich, 25
   Johann, 17, 25, 183
   Johannes, 3, 139, 147
   Louis, 17, 183
Emmerling
   Kath., 67
Emrich
   Kath., 101
   Wilha., 92, 164
   Wilhelmina, 101, 118
Enderling
   Veronika, 161
Enders
   Conrad, 150
   Johannes, 155
   Kath., 91
Endes
   Conrad, 27, 185
   Johann, 27, 185
Endress
   Barbara, 187
   Elisabetha, 84
   Johann, 84, 187
   Regina, 135
Endrich
   J. Wilh., 131
[?] ends with ter
   Friedrich, 224
   Justian, 224
Engel
   Adolph, 97
   Anna Gelasia, 12
   August, 97
   Babetta, 12
   Barwette, 24
   Carolina, 12
   Christina, 109, 122
   Conrad, 83, 84, 116, 161
   Elis., 90
   Friedrika, 26
   Georg, 183
   Heinrich, 183, 222
   Joh., 93, 122
   Johann, 206
   Kirchenrath H., 176
   Margaretha, 83
   Maria, 109, 178
   Sophia, 206
   Sophia L., 217
Engelhardt
   Carolina, 77, 113, 124, 164
   Christina, 129
   Friedr., 77, 92
   Joh. Fr., 155
   Magda., 157
   Magdalena, 91
   Marg., 56
Engelhart
   Maria, 153
Engelkenjohann
   Louise, 16
Engelland
   Elisabetha, 20
Engelmann
   Alvina Katharina, 70
   Christina Helena, 70
   Gustav, 70, 82
   Karl Friedrich, 70
   Maria, 82
Engels
   Augusta, 223
Engermann
   Wilhelm, 164
England
   Elisabetha, 32
Enler [Euler]
   Carolina, 142
Enright
   Elisabetha, 214
   Francis, 164
   Frank, 93, 216
   Franz, 214, 216
   Philipp Heinrich, 93
[?] ...eper
   [?], 193
   Friedrich Wilhelm, 193
Epple
   Paulina Fr., 107
   Rosa M., 168
Eppler
   Eva Kath. Ida, 78
Erb
   Louise, 88
Erbach
   Otto, 196
   Sebastian, 196
Erbacher
   Louise, 84, 162
Erben
   Dorethea Elisabetha, 140
   Dorethea Elisabethe, 16
   Elisabeth, 10
Erber
   Dorothea, 32
Erbes
   Carl, 14
Erbing
   Elis., 42
   Elisa., 56
Erble
   Heinrich & Elisabetha, 33
Erbrink
   Louise C., 52
Erck
   Carl, 34, 151
Erdbrink
   Carolina, 75
   Friedr. Wilhelm Eduard, 73
   Henrietta Auguste, 59, 135
   Herrmann, 80
   Joh. Herrmann, 59, 73
   Johann Louise Mathilde, 80
   Kath. Elisab., 59
Erdenbrecht
   Anna Barb., 61
   Anna Barbara, 61
   Georg, 61
   Joh., 40
   Joh. Bernhart, 40
   Johann Georg, 24, 151
   Johann Leonhard, 24, 144
   Maria Magd., 15
Ereschleich
   Marg., 45
   Wilh., 45
Erhardt
   Anna, 89
   Anna Barbara, 3
   Elisab., 76
   Emilia Sophia, 52
   Joh., 40
   Karl Heinrich, 52
   Maria, 101, 171
   Theodor, 52
Erhne
   Carolina, 178
Eritzmann
   Otto, 157
   Wilhelm, 157
Erk
   Karl, 43, 54, 196
   Kath. Maria Ernstina, 54
   Margaretha, 43, 196
Erkert
   Eva Margretha, 27
Erling
   Auguste Maria, 26
   Wilhelm, 26
Erlinger
   Margretha, 180
Ermann
   Anna Johanna Marg., 49
Ermer
   Amalie, 90
   Anna Christina, 64
   Barb, 170
   Barb., 116
   Barbara, 16
   Friedr., 40, 58, 66, 75, 89, 100
   Friedrich, 30, 151, 197, 201, 210, 213
   Georg, 100
   Georg Friedrich, 100, 213
   Georg Wilh., 66
   Georg Wilhelm, 66, 201
   Gottlieb, 214
   Heinrich, 58, 165, 197
   Joh. Hr. S., 155
   Johannes, 30
   John, 64
   Joseph Wilhelm, 75
   Kath., 116, 169
   Katharina, 210, 218
   Margaretha, 214
   Maria Elisabetha, 40
Ermling
   Eduard, 10
   Edward, 180
   Gerhard, 10, 180
   Hermann W., 12
   Maria, 146
   Maria Adelheit, 10
Ernst
   Anna, 24, 91
   Anna & Kath., 37
   Anna Elisab., 83
   Anna Kath. Elisabetha, 108
   Carolina, 141
   Conrad, 78, 89, 96, 106, 160
   Daniel, 89
   Elis., 51
   Elisab., 101
   Heinrich, 68, 74, 78, 83, 101, 115
   Heinrich Theodor Gottfried, 74
   Hermann, 24
   Hilda Mathilde, 24
   Juliane Pauline, 150
   Karl, 96
   Karl Wilhelm, 115
   Kath., 37, 83, 158
   Margrethe, 9
   Thomas Wilh. Antonius, 96
   Wilhelm, 74, 96, 108
   William, 159
Erst
   Johannette, 139
Erstreuh
   Margretha, 11
Erwing
   Elisab., 71
Escherich
   Heinrich Gottlieb Christian, 183
Escherick
   Joha. L., 97

Eser
 Heinrich, 106, 114
 Maria B., 114
 Maria Margaretha, 106
Eskeführ
 Johann, 188
 Paulus, 188
 Philipp, 188
Eskofier
 Eva Maria, 36
 Joh., 36
Eskupfer
 Marg., 155
Esselmann
 Georg, 65, 137
 Gertraud, 104
 Heinrich, 79, 213
 Henriette, 68
 Peter, 65, 79, 104
Esskofier
 Johann, 20
 Josepf, 20
Essler
 Casper H., 23
 Casper Heinrich, 23
Esslinger
 Barbara, 217
 Gottlieb, 217
Ettling
 Christina, 168
Eul
 Georg, 204
Euler
 Anna Maria Elisab., 205
 Anna Maria Kath., 77
 Chath., 1
 Conrad, 77, 105, 205
 Georg Wilhelm, 105
 Joh., 165
 Kath., 173
Evers
 Heinrich Wilhelm, 26
 Margretha Inn, 26
Eversmeier
 Friedrich, 11, 19
 Heinrich, 55
 Heinrich Friedrich, 144
 Johannes, 11
Eves
 Gromina Karolina, 43
 Heinrich, 43
Ewald
 Elisabetha, 16
 Felicita, 51
 Georg, 16
Ewersmeier
 Carol. Charl., 45
Ewertt
 Harry Herrmann, 115
 Wilhelm, 115
Ewig
 Maria, 113, 172

Eyl
 Georg, 186
Eylrichmann
 Friedrich, 154
Eyman
 Karl, 153

F
Faber
 Anna Maria, 6
 [blank], 188
 Dietrich, 6, 89, 139
 Dietrich Joh. Friedrich, 12
 Elisab., 123
 Fried., 12, 27
 Friedrich, 12, 27
 Friedrich & Maria, 6
 Friedrich Dietrich, 27
 Friedrick, 2
 Heinrich Friedrich, 27, 188
 Johann, 12, 15, 27, 41
 John, 6, 89
 John Friedrich Wilhelm, 6
 Margretha, 15
 Margretha Barwette, 15
 Maria, 41, 55, 67, 81, 94
 Maria Barbara, 6
 Maria Chatarina, 2
 Paul Heinrich Dietrich, 89
 Rosa, 104
Faeri
 Karl Fried., 44
Fager
 Elisab., 59
 Kath. Barb., 58
Fäger
 Andreas, 2
 Chatharina Margretha, 2
Fahlbusch
 Adolph, 118
 Christina, 82
 Joh. H. Adolph, 100
Fahlencamp
 Heinrich K., 162
Fahlenkamp
 Caroline Friedrike, 110
 Heinrich, 110
Fäht
 Marg. Mathilde, 35
Fahte
 Gottfried, 98
 Katharina, 98
Faige
 Louis, 200
 Louise, 200
Fairs
 Lena, 45
Faitz
 Heinrich, 45, 52, 62, 197, 205
 Johann Peter, 177

Ludwig, 197
 Margareth, 52
 Maria, 65, 205
 Petrus, 62
 Wilhelm Ludwig, 45
Faiz
 Elisab., 72
 Heinrich, 72
 Maria Elisab., 72
Falk
 Katharina, 146
Falkenstein
 Anna Carolina, 119
 Augusta Eva Margaretha, 76
 Friedr., 119
 Georg, 76, 90
 Magdalena Emilie, 90
 Peter, 211
Fama
 Meta A., 122
Fambach
 Jakob & Maria Elisa., 17
Famme
 August, 92
 Karl, 92
Fan...
 Anna Maria, 131
Fangmaier
 Dorothea, 132
Fangmann
 Karl Joseph, 75
Fangmeier
 Anna Fridrika Rebekka Elisab., 10
 Johann, 10, 21
 Johann Friedrich, 21
 John, 1, 2
 John Georg, 1
Fanzelan
 Jakob, 118
 Wilhelmina, 118
Farber
 Elisab., 71
 Maria, 11
Fareis
 Karl, 217
 Maria Elise, 217
Farell
 Georg, 189
Farhe
 Maria, 175
Fasing
 Heinrich, 91
Fass
 Conrad, 183
 Johanne Louise Wilhel., 13
 Julius, 13
Fast
 Alexis Gey, 216
 Eduard G., 216

Fäthe
 Eleonora Christine, 127
Faubel
 Georg, 182
 Louise, 42
Fauber
 Elisabetha, 2
 Nicolaus, 2
Faul
 Gottfried, 187
 Gustav, 127
Faulstig
 Incundus [?], 158
Faun
 Amalia, 158
Fausel
 Barb., 172
Fay
 Georg, 169
 Joh. Georg, 115
 Karl, 82
 Kath. Emilie, 115
Feadley
 Heinrich, 201
 Henry L., 159
Febing
 Anna, 188
Feger
 Sophia, 170
Fegert
 Christina, 18
 Dorothea, 18
 Jakob Friedrich, 178
Fehd
 Marg., 65, 98
Fehde
 Herrmann, 55
 Karl, 55
 Karl Herrmann August, 55
Fehhner
 Franzis, 127
Fehl
 Nickelaus, 7
Fehle
 August, 23
 Georg, 38
 Johann, 38
 Wilhelmine Johanne Doreth., 23
Fehlencamp
 Heinrich, 97
 Joh. Robert Heinrich, 97
Fehlix
 Johann, 23
Fehner
 Frances, 98
 Francisca, 111
 Franzis, 59
 Maria, 89, 187
Fehr
 Marg., 82

Maria Marg., 56
Fehrman
  Karl Wilhelm, 124
  Louis, 124
Fehrmann
  Franziska, 127
  Johanna Wilhelmina, 112
  Karl Wilhelm, 222
  Louis, 112, 176
  Louis August, 222
  Ludwig Aug., 169
Fehrmann geb. Vollerdt
  Franzis, 175
Feige
  Carl, 23
  Carl Samuel, 23
  Friedr., 107
  Friedrich, 23
  Gustav Adolph, 108
  Wilhelm, 108
Feik
  Adam, 149
  Wilhelm, 118
Feit
  Friedrich, 11
  Magdalena, 179
Feitz
  Peter, 137
Felber
  Allice Virginia, 202
  Carl Ludwig, 32
  Christian G. & Elisabetha C., 32
  Eduard, 53
  Edward, 150
  Gotthold Alfred, 32
  Henriette, 21
  Karl, 202
  Louis, 39, 53, 197
  Louis Eduard, 53, 197
Felber or Feller
  Georg, 205
  Margaretha, 205
Felbert
  Eduard, 26
Feld
  Marg. Mathilde, 50
Felder
  Friedrich Wilhelm, 198
  Georg, 198
Feldhaus
  Anna Susana, 54
  Eberhardt Ludwig, 27
  Eberhart, 37
  Eduard, 54
  Friedrich Wilhelm, 27
  Friedrich Wilhelm Ehrich, 27
  Johann Eberhart, 37
Feldmann
  Anna, 60, 184, 214
  Anna Christina Friedrika, 14
  August, 80
  Carl Friedrich, 24
  Dorethea, 20
  Friedr., 66, 80
  Friedrich, 14, 24, 36, 184, 195, 214
  Friedrich Wilhelm, 36
  Heinrich Louis, 66
  Ludwig, 137
  Maria Elisabetha, 195
Feldner
  Sarah, 151
Feldpusch
  Johann, 210
  Kath., 93
  Maria, 210
Feldtropp
  Wilhelmine, 30
Felge [?]
  Marg., 39
Feller
  Alice Virginia, 60
  Anna Dorothea, 90
  Anna Margretha, 21
  Anna Virginia, 97
  Carl, 16
  Dorothea, 39
  Eduard, 62
  Georg, 87
  George, 69
  Helena Elisabetha, 87
  Ida Wilhelmina, 73
  Johann, 57
  Johannes, 21
  Karl, 60, 73, 90
  Katharina, 208
  Katharina Margaretha, 57
  Louise, 157
  Marg. & Maria, 69
  Margaretha Maria, 69
  Maria Paulina, 16
  Wilhelm Friedr., 81
  Wilhelmine, 73
Fellman
  Emma, 118
  Rudolph, 118
Fellmann
  Georg, 71
  Marie Elis., 44
Felmer
  Carl, 21
Felter
  Carolina, 19
  Fried. W., 182
  Friedrich, 19
  Friedrich Wilhelm, 201
  Margaretha, 201
  Maria Louise, 182
Fenderich
  David, 180
  Josephine, 180
Fendt
  Ema, 67
  Emilie, 87
  Heinrich, 67
Fenne
  Doroth. W., 73
Fenst
  Anna, 49
Ferber
  John Michael, 5
  Maria, 39
Ferfler
  Rosine, 16
Ferges
  Gottfried L., 83
  Maria Augusta, 83
Fern
  Marg., 188
Ferner
  Margretha, 28
Fessmann
  Eduard, 94
  Elisabetha Pauline, 33
  Philipp, 33, 94
Feth
  Marg., 112
Fetting
  Gerhardt Wilhelm, 212
  Johann, 212
  Sophia Dorothea, 212
Fetzer
  Joh. Joseph Michael, 37
  Mack, 188
  Maikel, 37
  Maria, 75
Feuer
  Franzis, 156
Feuhsberg
  Louise, 36
Fey
  August, 78
  August Bernhardt, 78
  Christina Wilhelmina, 78
  Regina Friedrike, 78
Fick
  August, 202
  Carolina, 2
  Eva, 202
  Joseph Carl, 9
  Maria Barbara, 15
Ficktenmuller
  Margretha, 145
Fidler
  Leonora, 82
Fields
  [blank], 219
  Charles, 155
  Georg, 121
  Georg Wilh., 170
  Katharina, 121, 219
Fieseler
  Carolina, 109
Fiessaler
  Caroline, 72
Fig
  Johannes, 7
  John, 7
Filbert
  Adam, 21
  Georg, 5, 183
  Hermann Wilhelm, 21
  Louise, 21
  Wilhelm, 183
  Wilhem, 5
Filcher
  Dorethea, 6
Files
  Karl Frank, 114
  Wilh. H., 114
Filiaux
  Christian, 121
  Karl, 121
Filliaux
  Christian, 103
  Joh. Bernhardt, 103
Filling
  Eduard Herrmann Julius, 75
  Joh., 75
  Joh. Peter Louis, 75
  Paul Louis Karl, 75
  Wilhelm August Karl, 75
Find
  Margretha, 21
Finise or Finix
  Richard, 221
Fink
  Amalia, 165
  Amalia Martha, 107
  Andreas Friedrich, 110
  Anna, 151
  Anna Barbara, 178
  Anna Elisabetha, 108
  Anna Katharina, 80
  Anna Maria, 147
  Augusta Theresia, 112
  Carolina, 81
  Carolina Margaretha, 81
  Eduard, 109
  Eduard Heinrich, 101
  Elisab., 80, 82
  Elisabeth, 39
  Elisabetha, 31
  Ernst Wilhelm, 224
  Friedrich, 11, 26, 29, 141
  Friedrike Betty, 109
  Heinrich, 95, 110, 119
  Imma Katharina, 26
  Jakob, 94
  Joh., 91
  Joh. Georg, 80, 107
  Johann, 69, 181, 200
  Johann Matthaus, 91
  John, 82

Julius, 81, 89, 101, 112, 118, 160
Karl Julius, 94
Katharina, 93
Konrad, 11
Margaretha Elisb., 89
Margretha, 181
Maria, 39, 51
Maria Eleonore, 118
Wilh., 67
Wilhelm, 69, 80, 90, 93, 108, 119, 158, 200, 224
Wilhelm Georg Washington, 107
Wilhelm Ludwig, 31
Wilhelmine Katharina, 95

Finn
Florentina, 78

Fisch
Maria Marg., 38

Fischbach
Gottfried, 76
Heinrich, 76

Fischer
Anna, 64, 98, 212
Anna B., 164
Anna Elisab., 104
Anna Elisabetha, 104
Anna Katharina, 178
Anna M. E., 98
Anna Margaretha, 207
Anna Maria, 90, 217
Auguste, 119, 169
Barb., 51, 78, 121
Barbara, 63, 154, 187
Caroline, 20
Christian, 74, 91
Christian Friedrich, 74
Christina Louise, 139
Conrad, 92, 104, 165
Dorothea, 37, 48, 89
Elise, 102
Elise Margaretha Kathar., 36
Emma, 106, 115, 126, 131, 137, 168
Frantz, 180
Franzis, 4
Friedr., 115
Friedrich, 127
Friedricka, 11
Georg, 7, 13, 109, 139
Georg Alford, 118
Georg Alfred, 219
Georg Fr., 96, 108
Georg Friedr., 82
Georg (Heinrich) Eduard, 127
Georg Matheus, 8
Georg Matth., 36
Georg Wilhelm, 7

George, 69
Gottfried, 207
Heinrich, 7, 133, 147
Heinrich A., 122
Heinrich Aug., 98, 120, 165
Heinrich August, 212
Isedor, 4
Joh., 72, 76, 109
Joh. & Heinrich, 92
Joh. Georg, 82, 129, 137
Joh. Heinrich, 108
Johann, 203, 217
Johann Conrad, 13
Johann Herrmann, 51
Johanna Aug., 118
Johannes, 72, 90
John, 90
John Heinrich, 92
Karl, 45, 51, 61, 74, 85, 91, 105, 118, 127, 188, 215, 219
Karlina, 129
Kath., 7
Kath. Marg., 135
Kath. Margaretha, 61
Katharina, 188
Louise, 11, 21, 34, 63, 147, 166, 180
Ludwig, 7
Marg., 42, 65, 77, 98, 158, 164
Maria, 11, 52, 72, 94, 106, 150
Maria Louise, 91
Maria Wilh., 40
Maria Wilhelmine, 31
Mathilda, 139
Meta Christiane Louise, 4
Meta Christina, 180
Ottilie, 90
Pauline Louise, 122
Philipp Alex., 78
Rosina, 68, 158
Rosine Karoline, 129
Theodor Wilhelm, 8
Wilh., 132
Wilh. M., 88
Wilhelm, 7, 140
Wilhelm Friedrich, 96
Wilhelm Heinrich, 45
Wilhelm Karl Bismark, 215
Wilhelm Karl Friedr. Bismark, 105
Wilhelmina M., 63, 69, 78, 120
Wilhelmine M., 100

Fischting
Maria, 38

Fisher
Heinrich, 157

Fisting
Agnes, 28
Angnes, 62
Caroline, 24, 28
Marianna, 24

Fitch
Maria M., 47

Fitzberger
Anna Maria, 49
Friedrich Thomas, 10
Heinrich, 10

Flach
Anna Eva, 96
August, 115
Johann, 104
Karl, 96
Karl Aug., 104, 115
Karl August, 115
Marg., 49, 58, 68, 83, 97

Flack
Bernhard, 173

Flamm
Katharina Emilie, 132
Wilhelm, 132

Flaschkampp
Johann Fried. Wilh., 25

Flathmann
Kath., 55

Flay
Marg., 154

Flaymann [?]
Magd., 156

Fleck
Wilha., 123
Wilhelmina, 107

Fleckenschild
Heinrich, 88, 108, 207
Louise Henrietta, 108
Sophia M., 207
Sophia Margaretha, 88

Fleckenstein
Wilhelmina, 12

Fleischer
Sophia, 82

Fleischhauer
Heinrich, 24

Fleischman
Lorenz, 118
Margarethe, 118

Fleischmann
Albert Georg, 127
Barb. Theresa, 137
Barbara Theressia, 64
Friedrich, 94
Georg, 64, 73, 94
Heinrich H., 166
Lorenz, 127, 171
Maria, 21

Flemings
Marg., 63

Flemming
Marg., 52, 83, 98

Flentje
Anna Catharina, 69
Anna Kath., 63
Anna Katharina, 199
F. Wilh., 69
Friedr. W., 57
Friedrich Georg, 57
Wilhelm, 63, 199

Flenzel
[blank], 19
Carolina, 19
Elise Christine Dorethea, 19

Flick
Elisabetha, 147
Henriette Margretha, 12
Johann Heinrich, 177
Marg., 116
Margretha, 12

Fliedner
Marg., 15
Margretha, 29
Maria, 149

Flietsch
Elisabetha, 202
Georg, 202

Flohr
Moritz, 158

Flothmann
Kath., 66, 79

Flottmanns
Anna M., 53
Kath., 37

Flugel
Auguste, 167
Barb., 44
Barbara, 60

Fluk
Johanna, 146

Foer
Anna Marg., 107

Fohner
Franziska, 74
Jakob, 74

Folge [?]
Dorethea Elisabetha, 5

Foller
Anna Margretha, 6
John, 6

Föller
Georg, 197
Lina Katharina, 197

Folmer
Anna Maria, 33
Christian, 33
Vater, 33

Fontzer
Carolina, 70

Foos
Joh. Friedr., 96
John N., 96

Ford

Charlotte Henrietta, 90
Elisabetha, 214
Heinrich, 90, 106, 170, 214, 219
Joh. Heinrich Charles, 106
Johann H. Karl, 214
Lilly, 219
Forell
　Conrad, 104
　Juliana, 104
Forg
　Ernst Friedrich Georg, 65
　Wilhelm, 65
Fornof
　Adam, 182
　Margretha, 182
Forrest
　Josephina, 109
Forster
　Anna M., 45
　Eberhardt, 109
　Johann Georg, 22
　Karl, 109
　Minna, 173
　Niklaus, 195
　Susanna, 195
Förster
　Anna M., 77
　Heinrich, 67, 200
　Joh., 67, 82, 102
　Johann, 200
　Johanna Maria, 102
　Maria Jane, 82
　Phil. Albin, 136
　Philipp Alvin, 67
Fortner
　Auguste, 53
　[blank], 196
　Joh, 53
　Johann, 196
　Valentin, 196
Förtner
　Anna Elis., 64
　Johannes, 67
　John, 67
Fortz
　Elis., 39
Fos
　Christian, 1
Fowler
　Emma, 97
Fraeger [Traeger]
　Adam, 113
　Margaretha, 113
Frainter
　Barb., 170
Franck
　Luise Henriette, 126
Frank
　Adam & Barbara, 9
　Anna, 218

Anna Kath., 79
Anna Maria, 7
Anna Paulina, 42
Carl, 150
Carl Heinrich Conrad David, 106
Carl Wilhelm, 25
Christina, 59
Conrad Albert, 80
Elisabeth Mathilde, 128
Elise, 163
Emilie, 97, 137
Friedrich, 21
Georg, 3, 25
Georg Wiegand, 114
Gustav, 127
Heinrich, 7, 29, 44, 64, 67, 80, 181
Heinrich Christophf, 3
Henrietta, 97, 118, 162
Joh., 73
Joh. Georg, 39
Johann, 7, 186, 218
Karl, 59, 74, 78, 79, 106, 114, 213
Karl Conrad H. D., 213
Karoline Wilhelmine Friedrike, 130
Kaspar Friedrich, 39
Kath., 128
Katharina, 21
Lisette, 31
Louis, 130
Marg., 113
Marg. Maria, 130
Margareta, 137
Margretha, 25
Maria, 54, 67, 69, 122, 128, 157
Maria Carolina, 98
Maria Margretha, 181
Mary E., 172
Mathilda, 44
Mathilde, 101
Regina Magdala., 103
Regina Margaretha, 67
Wilhelm, 64, 85, 98, 165
Wilhelm H., 186
Franke
　Anna Henriette, 21
　[blank], 209
　Friedrich W., 217
　Georg, 49
　Heinrich, 16, 95, 166
　Heinrich W., 217
　Joh. Christ., 95
　Johann, 21
　Johann August, 11
　Johann Georg Christ., 209
　Johann Gustapf, 16
　Johannes, 8, 141
　John Fried. Michael, 11

John G. Ch., 8
John G. Christian, 8
John H. W., 106
Karl, 110
Frankenberg
　Georg, 1
Frankenberger
　Heinrich, 79, 205
　Joh., 79, 91, 104, 160
　Johann, 202, 205, 214
　Johannes, 91
　John, 119
　Maria, 104, 214
　Meta, 119
　Rosina, 202
Franklin
　Margretha, 31
Frantz
　Anna, 14
　Christina, 161
　Henrietta, 107
　Johann, 14, 29
　Johannes Hermann, 147
　Kath., 14
　Katharina, 179
　Katharine, 29
　Magdalena, 101
Franz
　Babetta, 97, 99
　[blank], 219
　Carolina, 84
　Heinrich, 194
　Katharina, 196
　Louis, 89
　Magdalena, 44, 109
　Marai Carolina, 112
　Maria Marg., 40
　Valentin, 89, 97, 99, 112
　Valentin & Frau Babette, 127
Franziska
　Johann Gerhard, 28
　Peter, 28
Franziskas
　Maria Katharina, 57
　Peter, 57
Franziskes
　Georg Wilhelm, 45
　Peter, 45
Frasch
　Elisabetha, 103
Fraske
　Annalie, 10
　Carl, 54
　Carl Heinrich, 10, 18, 29
　Joh. Martin, 54
　Karl, 39
　Karl Heinrich, 39
Frauen
　Jakob, 224
　Peter Eduard, 224
Frautz

Christina, 81
Fre...
　Elisab., 47
Freder
　Louise, 85, 110
Frei
　Kath., 77
　Wilhelmina, 183
Freideg
　Gertraut, 40
Freiholz
　Eva, 59, 135
　Fr., 46
　Friedr., 59
　Friedr. Chr., 120
　Maria El., 71
　Maria Elis., 59
　Maria Elisabetha, 46
Freiman
　Carol. Doroth. Kath., 123
　Elise, 116
　Friedr., 114, 123
　Heinrich Peter Wilhelm, 114
Freimann
　Friedr., 102, 169
Freimuller
　Henrietta, 97
Freitag
　Anna, 224
　Heinrich, 37
　Heinrich Georg, 37
Frenner [?]
　Marg., 78
Frese
　Anna, 14, 24
　Maria, 120, 152
Freter
　Wilh., 172
Freudenstein
　Louise, 123
Freuke [?]
　Wilhelmina, 41
Freund
　Andreas, 107
　Anna Margaretha, 89
　Carolina, 98
　Conard, 91
　Conrad, 6, 14, 19, 28, 38, 51, 57, 58, 64, 69, 91, 108, 119, 143, 174, 177, 186, 197, 214
　Elis., 98
　Elisab., 38, 86, 89, 97, 112, 163
　Elisabeth, 132
　Elisabetha, 38, 197
　Eva, 19, 186
　Joh, 75
　Joh., 38, 89, 110, 119
　Joh. Wilhelm, 75
　Johann, 177, 191, 209

Johannes, 6, 14, 28, 34, 36, 191
John, 55
Karl, 48
Kath., 38
Konrad, 132
Magd., 14
Magdalena, 34, 52, 72, 201
Marg., 14, 48, 55, 69, 77, 87, 89, 112
Margaretha, 117, 209
Margarethe, 34
Margretha, 6, 142, 177
Maria Magdalena, 55, 197
Maria Margaretha, 58
Matheus, 15, 28
Matth., 107
Matthaeus, 35
Matthaus, 48, 75, 91, 201
Mattheus, 36, 144
Peter, 79
Philipine Sophia, 79
Philipp Matheus, 15
Philippine Sophia, 79
Regina, 41, 51, 64, 105, 119
Regina Carolina, 38
Freusigmann
  Bernhardt, 78
Frey
  Anna, 104, 121
  Anna Kath., 85
  [blank], 200
  Friedr. Peter, 54
  Friedrich, 200
  Friedrich Louis, 95
  Georg H., 162
  Heinrich, 121
  Jakob, 219
  Johann Wilhelm, 54
  Kath., 109
  Louis, 95
  Maria, 219
  Maria Elisabetha, 119
  Peter, 54, 95, 119
Freyer
  Maria, 172
Freyholtz
  Friedrich Christian, 224
Freyholz
  Friedrich, 154
Fribertshauser
  Charlotte, 123
Fricke
  Carl & Rosina, 65
  Conrad Wilhelm Adolpf, 21
  Georg Carl Heinrich, 150
  Ludwig, 21, 146
  Wilha., 52, 65
  Wilhelmine, 82

Friecker
  Auguste, 15
Friedhof
  Friedrich, 3
Friedmann
  Marg. K., 155
Friedrich
  Adolf Friedrich, 125
  anna M., 114
  Barbara, 28
  Christian, 49, 208
  Christina, 49
  Christine, 21
  Elis., 58
  Elisab., 119
  Elisabetha, 19, 94
  Elisabethe, 143
  Elise, 108
  Eva, 12, 28, 36
  Friedrich, 21, 94, 210
  Fritz, 108
  Fritz & Kath., 108
  Gertraud, 24, 68
  Gertrud, 50
  Heinrich, 94
  Helena Philippina, 108
  Johann, 21, 177
  Johann Leonhard, 148
  Johann Leonhard & Marg., 24
  Johanne Henriette, 31
  John Andreas, 4
  Justine, 55
  Karl, 129, 199
  Kath., 114
  Kath. Emma, 129
  Kunagunde, 144
  Leonhardt, 28
  Leprecht, 31
  Ludwig, 177
  Marg., 15, 44, 57, 69, 82, 112, 122
  Margretha, 30, 32
  Maria Barbara, 4
Friedrich (Siebert)
  Elise, 100
Friedrichs
  Adam Christian Heinrich, 131
  Heinrich Gottlieb, 131
Friedrike
  [blank], 218
Fries
  Anna, 36
  Heinrich Georg Theodor, 88
  Joseph, 169
  Maria, 36, 45
  Wilha., 61
Friese
  Anna, 66, 80
  Anna Elisabetha, 92

Friedr. Wilh., 92
Maria, 89
Frieselen
  Christian Gottlob, 97
  Ernst H., 97
Friess
  Maria A., 123, 172
Frietsch
  Emilie, 163
  Georg, 161
Frisch
  Anna, 70, 79
  Anna Marg, 158
  Christina Louise, 79
  Christina Sofia Wilhelmina, 5
  Conrad, 5
  Eberhardt, 184
  Friedrich, 42
  Joh. Michael, 42
  Joh. Wolfgang, 70
  John Wolfgang, 5
Frische
  Christina Sofia Wilhelmina, 178
  Johann Wolfgang, 178
Frischkorn
  Elise, 104
Fritsch
  Anna Kunigunde, 77
  Elis. Helena, 59
  Friedr., 77
  Karl, 43, 50
  Otto, 77
Fritsh
  Emilie, 92
Fritz
  Anna Kath., 75
  Anna Katharina, 75
  Barb., 96
  Clara, 77
  Conrad, 75
  Elisab., 173
  Elisabetha, 21
  Heinrich, 190
  Johann, 190
  Johannes, 21, 147
  Katharina, 179
  Lorentz, 142
  Marg., 96
  Maria, 63
  Maria Kath., 50, 155
Fritzer
  Auguste, 156
Fritziges
  Elisabetha, 151
Fritzinger
  Fried., 43
Fritzissus
  Karl, 173
Frohlich
  Anna M., 105

Elisab., 97
Georg, 41
Joh., 97
Kath., 124
Frome
  Anna Elisa., 47
Fromm
  Joh., 86
  Johann Wilhelm, 86
Frosberg
  Marg., 129
Fruchtemeier
  Julia Henriette, 154
Fruhaaf
  Barbara, 142
Fruhauf
  Barbara, 6, 24
Fruhlich
  Elis., 48
Fruhwald
  Georg, 23
  Johann Conrad, 180
  Sophia, 23
Frühwald
  J. C., 182
  Johann Stephan, 182
Fruka
  Mina, 62
Fu..berger
  Anna Maria, 175
Fuchs
  Adam, 139
  Conrad, 3
  Dorothea, 224
  Elisab., 168
  Friedrich, 89, 165
  Heinrich, 49
  Joh., 164
  Katharina, 16
  Katharina Margretha, 7
  Katharina Sophia, 73
  Margretha, 7
  Nicklaus, 73
  Peter, 7
Fuchsberger
  John., 154
  Maria Elisabetha, 18
  Valentin, 152
Fuchtelberger
  Marg., 58
Fuhler
  Anton, 63
  Carolina, 63
Fuhrmann
  Ludwig, 92
Fulker
  Karl Ferdinand, 52
Fulkorsty [?]
  August, 224
  Wilhelm, 224
Fuller
  Marg., 123

Fülling
　Joh., 72
　Sophia L.Hervminn
　　Charlotte, 72
Fulton
　Kath., 124
　Malinde Ann, 72
Fulumann [?]
　Friedr., 49
　Maria Elisabetha, 49
Funk
　Carl Christian, 19
　Eleonora, 104
　Elisab. V., 173
　Elise Virginien, 19
　Franz, 164
　Heinrich, 47
　Marg., 99, 172
Furst
　John Adam, 4
　John Heinrich, 4
　Marg., 64
　Margaretha, 93
Furstenhofer
　Conrad, 50
Fuss
　Marg., 65, 79, 104
Fusstmann
　Elis., 48
Fusting
　Auguste, 51
　Maria, 59
Fyrolph
　Julius, 95

G

Gable
　Sarah, 145
Gabler
　Carl, 145
Gabriel
　Arthur, 85
　Joh., 85
　Margaretha, 43
　Paul, 85
Gackmann
　Johannes, 3
　John, 3
Gäde
　Friedr., 61
　Friedrich, 198
　Johann Karl, 198
　Karl Wilhelm, 61
Gademiller
　Hermann, 34
　Maria Franziska, 34
Gady
　Josephina, 113
Gaferkamb
　Louis, 158
Gaffin
　Henrietta, 118

Gagen
　Carolina, 57
Gager
　Barb., 156
Gaiser
　Heinrcih Adolph, 80
　Joh., 71, 72, 80, 90, 103, 122
　Johann Georg, 71
　Johannes, 90
　Louise, 122
　Maria Elisabetha, 103
Gaisle
　Conrad, 121
　Johannes, 121
Gaisser
　Christiane, 28
　Regina, 28
Gal
　Gerh., 114
Galion
　Engelbert, 223
　Katharina, 223
Galiun
　Andreas, 45
　Joh. Heinrich Peter, 45
Gallmeyer
　Julius, 166
Galltäker
　Maria, 10
Gammer
　Anna B., 77
　Anna Barb., 64
　Anna Kath., 97
　Barb, 97
　Barb., 117
　Barbara, 49
　Jakob Fr., 49
Gansen
　Louise F., 157
Ganser
　Ann Barbara, 15
　Johannes & Christina, 15
Gansmuller
　Marg., 44
Ganss
　Maria, 80
Ganzer
　Barb., 43
Garaus
　Sophia, 185
Garbade
　Heinrich, 152
Gardner
　Louise, 149
　Sophie, 129
Gareis
　Anna B., 120
　Joh. A., 105
　Johann R., 127
　Karl A., 121, 169
　Karl Aug., 115

　Margaretha Lillie, 121
　Maria Elisabetha, 115
　Otto Karl, 127
Garies
　Joh., 164
Garke
　Wilha., 169
Garling
　Christina Regina, 106
　Friedr., 106, 167
　Friedrich, 120, 218
　Friedrich Rudolph, 120, 218
Garrecht
　Anna, 9
Garreckt
　Anna, 140
Garret
　Sophia, 81
Garrett
　Josephina, 75
Garry
　Mary Ellen, 170
Gartner
　Anna Maria, 112
　Friedr., 112
　Henrietta, 107
　Johanne Friedricka Wilh., 148
　Johannes, 33
　John, 5
　Lissie, 175
　Martha Eilise Wette, 9
　Sophie, 52
　Wilha., 120
Gärtner
　Auguste, 33
　Heinrich, 79
　Henrietta W., 79
　Johannes & Magdalena, 15
　Magdalena, 29
　Magdalene, 149
　Marg., 19
　Martha E., 25
　Wilhelmine Henriette, 152
Gastenberger
　Kath. Maria Luoise, 12
　Peter, 12
Gaubatz
　Anette, 14
　Elisabetha, 207
　Johanne, 23
　Johannette, 147
　Marg., 15
　Maria Elisabetha, 11
　Martin, 15
　Mina, 130
　Philipp, 14
Gaul
　Georg, 12

Gauselt
　Wilhelm, 68
Gauss
　Maria, 165
Gautz
　Friedrich, 144
Geb
　Elisab., 165
Gebauer
　Johanna, 81
Gebel
　Anna Kath., 95
　Christina, 180
　Kath., 20, 46
　Marg., 96
　Minna, 106
Gebelein
　Carolina, 212
　Eva, 212
　Johann Adam, 212
　Karl Heinrich, 212
　Katharina Maria, 212
Gebete
　Conrad, 22
　Paul, 22
Gebhard
　John, 8
　Katharina Eva, 8
　Nicol. Ernst, 137
　Peter, 123
Gebhardt
　Anna Elisabetha, 210
　Anna Friedrike Emilie, 83
　Babette, 211
　Bernhardt, 87
　Christina, 116
　Christine, 170
　Elisab., 123
　Elise, 114, 169
　Emilie, 77
　Emma, 85, 96
　Friedr., 83, 95, 100, 168
　Friedrich, 62, 72, 209
　Joh., 47, 95
　Johann, 209
　Johanna, 95
　Johannes, 10
　Kaspar, 160
　Kath., 23, 59, 91
　Katharina, 10
　Marg, 52
　Marg., 24, 47, 72
　Margaretha, 72
　Margarethe, 35
　Maria, 100
　Sellma, 62, 75, 87
　Selma, 99
Gebl
　Elizabetha, 152
Geckle
　Friedrike, 76
Gecks

Index

Barbara, 130
Geehlhaar
    Eduard Herrman, 58
Geelhaar
    Anna, 117, 170
    Anna Dorothea, 111
    Eduard, 101, 111, 117, 120, 127
    Eduard Karl, 132
    Eduzrd Ernst, 127
    Ernst, 101, 127, 132
    Ernst Oldwig Alexander, 101
    Ernst Robert, 132
    Georg Karl, 120
Gegelein
    Maria, 25
Gegner
    Anna M., 90
    Barb, 47
    Magdalena, 151
Gehemand
    Friedrike Wilhelmina, 85
    Georg, 85
Gehlinghorst
    Marg. Kath., 55
    Maria, 20
Gehrhardt
    Conrad, 161
Gehrmann
    Friedrike, 110
Gehrn [?]
    Heinrich, 131
    Maria Wilhelmina, 131
Geibel
    Katharina, 13
Geier
    Adam & Barbara, 16
    Anna Gertraud, 116
    August, 70
    Kath. Christianna, 81
Geiger
    Amalie, 43
    Charles, 51
    Chatharina, 51
    Eduard Alexander, 82
    Elis., 97
    Elisab., 68
    Elisabetha, 15, 26
    Emma, 96, 106
    Geroge Herrman, 39
    Ida May, 51
    Joh., 43, 45, 63, 82, 167
    Joh. Friedr., 80
    Joh. Georg, 45
    Johann, 20, 22, 34, 35, 39, 184, 193, 202
    Johann Georg, 28, 193
    Johann Ulrich, 35
    Johann Wilhelm Hermann, 22
    Johannes, 141

Johannes & Kath., 50
John, 1
John., 48
John & Karl H., 68
John Georg, 141
Karl, 48
Karl Heinrich, 48
Kath., 15, 56, 84, 106
Katharina, 20, 25, 144, 184
Katharina Elisabetha, 189
Katharine, 51
Maria Elisabeth, 17
Maria Helena, 1
Theressia, 65
Wilhelm, 17, 22, 189
Wilhelmina Virginia, 63
Wilhelmine, 28
Wilhelmine Virginia, 202
Geiglein
    Lorenz, 156
Geilhaar
    Altwig Ernst Alex, 218
    Eduard, 165, 218
Geils
    Kath., 69
Geiman
    Heinrich, 123
    Heinrich Harrison, 123
Geimann
    Heinrich, 162
Geisendofer
    Anna M., 164
Geiser
    Joh., 111
    Johann, 159
    Johann Louis, 111
    Louis, 111
Geisler
    Conrad, 124
Geiss
    Carolina, 20
    Heinrich, 79
    Magdalena, 58
    Sylvestir, 58
Geissel
    Elis., 67
Geissendorfer
    Marg., 173
Geissler
    Anna Doretha, 26
Geissner
    Maria Agnes, 148
Geist
    Anna Maria, 86
    Eva, 87
    Georg Ph., 86
Geitz
    Heinrich, 45
    Wilhelm, 45
Geller
    August H., 100

Kath. Maria, 175
Gellert
    Jakob, 165
Gellingheim
    Georg, 183
    Margretha, 183
Gemahlich
    Joh., 38
Gemahloh
    Johanna Kunigunde, 51
Geman
    Anna M., 70
Gemecke
    Carolina, 70
    Marg., 46, 74
Gemeken
    Heinrich, 101
Gemelich
    Georg, 31
    Georg & Margaretha, 10, 18
Gemicke
    Marg., 58
Gemmecke
    Elise, 169
Gemmellich
    Georg, 142
    Johann, 142
Gemmicke
    Karoline Wilhelmine, 129
Gemmrich
    Anna Barb., 129
Gemuhlich
    Georg, 85
Gendel
    Karl, 66
Geng
    Kath., 65
Genthner
    Maria, 50
Georg
    Conrad Bernhard, 140
    Lukontia D., 154
George
    Anna Margaretha, 87
    Franz, 87
    Lukretia, 46
    Marie Elisab., 73
Gerber
    Wilhelm, 155
Gerbig
    Barbara, 8
    Elisab., 54
    Elisabetha, 46
    Joh., 46, 54
    Johanne Louise, 13
    Marg., 68
Gerbis
    Frank, 169
Gerbitt
    John, 73
Gerdmayer

Christ. Dorethea, 24
Gerdner
    Frantz, 19
Gerhardt
    Conrad, 62, 93, 111
    Heinrich, 111
    Katharina, 62
    Marg., 60
Gerhold
    Elisabetha, 32
    Heinrich, 32
    Maria, 88
Gerke
    Anna Johann, 53
    Anna Johanna, 198
    Anna Maria Louise, 89
    August, 47, 53, 198
    Heinrich, 60
    Herrmann Mich., 73
    Maria Elisabetha, 73, 204
    Wilha. Caroline Charlotte, 31
    Wilhelm, 89, 204
Gerken
    Franziska Estella, 84
    Heinrich, 84
    Johanna Dorothea, 120
    Wilhelm, 120
Gerker
    August, 36
    Friedrike Caroline Louise, 36
Gerlach
    child of, 223
    Ernst Paul L., 219
    Friedr., 169
    Friedr. W., 111
    Friedr. Wilhelm, 111
    Friedrich, 215
    Friedrich Wihelm, 215
    Joh. Adam, 157
    Ludwig Friedr., 117
    Margaretha, 117
    Maria, 131
    Valentin, 219
    Wilhelm, 223
German
    Anna M., 70
    Dorothea, 88
Germann
    Carolina, 49
    Chas. Fred., 161
    Christina Helena, 70
    Heinrich, 33
    Henriette, 18
    Karl Friedr., 70
    Kath., 70, 162
    Maria, 82
Germer
    Georg, 159
Gerner
    Georg, 21

Johann Georg August, 21
Gernöhlig
   Johanna K., 164
Gerold
   Heinrich, 10, 64, 120
   Heinrich Wilhelm, 64
   Karl Martin, 120
   Katharina, 10
   Wilh., 64
Gerolt
   Barb., 96
Gerste
   Louise, 26
Gerstenberger
   Heinrich, 1
   Peter, 1
Gertlein
   Gottfried, 155
Gese
   Carolina, 50
Gesellensitter
   Julia, 162
Gesellenzitter
   Heinrich, 47
   Karl, 47
   Maria, 47
Gesemacher
   Dorothea, 43
Gesine
   Anna, 42
Gessmann
   Rosina, 34
Gessmeier
   Kath., 44
Gessmwein
   Rosina, 50
Gesswein
   Friedrich, 151
   Hanna, 50
   Kath., 13
   Katharina, 29
   Magd., 43
   Rosina, 43
   Rosine, 13, 17, 151
Gettemuller
   Hermann Heinrich, 27
Gettert
   Anna, 39, 189
   Elise, 39
   Jacob, 39, 189
Getz
   Friedrich [?], 193
Geyer
   Adam, 126
Gfaschnei
   Wilhelmina, 118
Gieg
   Adam, 52, 211
   Barbara, 52, 155
   Margaretha, 211
Gielhaas
   Amalia, 161

Giep
   Barb., 59
Gierlein
   Henriette, 13
Giers
   Doroth., 111
   Karl, 111
   Louis, 111
Gieseler
   Joh. G., 89
Gieser
   August, 129
   Heinrich, 129
Giesner
   Veronika, 164
Gillmann
   Johann, 105
Glaeser
   Johann, 126
   Wilhelm, 126
Glander
   Heinrich, 44
   Johannes, 44
Glanz
   Christian & Maria, 24
Glas
   Anna B., 26
   Georg, 26, 64
   Heinrich, 64
   Martin, 64
   Susanne Louise, 26
Glaser
   Alex., 44
   Anna M., 121
   Carol., 88
   Elisabeth Helena, 128, 222
   Emilia Magda., 56
   Friedr., 68
   Friedrika E., 118
   Friedrike Elisa Beta, 223
   Friedrike Elisabetha, 118
   Heinrich, 200
   Joh., 62
   Johann, 106, 194
   Karl, 170
   Karl F., 118
   Karl Johann, 125, 128, 223
   Karl Johannes, 61
   Kath., 66
   Katharina, 194
   Maria, 88
   Maria Kath., 125
   Maria Kath. Sophie, 125
   Maria Katharina Sophia, 220
   Maria Magdalena, 62, 135
Glass
   Georg, 146
   Heinrich, 24
   Johann Carl, 24

Glässer
   John, 78
   John Wilhelm, 78
   Kaspar, 78
Glausing
   Herman H., 181
   Maria Elisabetha, 181
Gleichmann
   Anna Maria Margaretha, 72
   Barbara, 8
   Friedr., 54
   Friedr. S., 72
   Friedr. S..., 46
   Johann, 54, 211
   Johannes, 54
   John, 3
   Karolina Friedrike, 46
   Michael, 8, 144, 192
   Rosina, 211
Gleickmann
   Kunigunde, 65
   Wilhelm, 65
Gleie
   Karl, 100
Glenk
   Christopf Heinrich, 142
   Christoph H., 7
Glenn
   Emma R., 121
Glenzer
   Joh. Heinrich, 62
   Maria, 62
Glindmaier
   Johann Dietrich Fried. Ludwig, 150
Gliss
   Katharina, 149
Glock
   Adam, 38
   Joh. Adam, 48
   Johannes, 155
Glussmann
   Dorethe Louise, 19
   Heinrich, 19
Gnade
   Ludwig, 177
   Paulina, 188
   Tolete, 143
   Wilhelms, 188
Goars
   Johann Wilhelm, 205
   Michael, 205
Gobel
   Johann, 21
   Marg., 111
Göbel
   Marg., 84
   Wilhelmina, 84
Godlander
   Elis., 43
Goeb

Karl Heinrich Wilhelm, 104
   Valentin, 104
Goes [?]
   Margaret Louise, 153
Gögel
   Heinrich Martin, 96
   Martin, 96
Gogelein
   Regina, 55, 146
   Regine, 20
Gögen
   Louise, 173
Gohl
   Georg, 31
   Johann, 145
   Johannes, 17, 31
   Maria Magdalena, 17
Gohlke
   Karl Ludwig, 130
   Luise Christine, 130
Goldberg
   Henrietta, 122
Goldenstrot
   Georg, 23
   Margretha Katharina, 23
Goldermann
   Johann, 126
Goldhamer
   Karl & Julius, 94
Goldstrohm
   Elisab., 121
   Rosina, 121
Goldstrom
   Elis., 76, 87, 101
   Elisabetha, 141
Golke
   Louise, 105
Gölke
   Auguste, 72, 105
Goll
   Conrad, 58
Göller
   Elis., 52
   Jakob, 5
   Johannes, 5
   Ludwig, 52
Gollhardt
   Augusta, 68, 86
Gollhart (Gellhart)
   Auguste, 39
Göltheiser
   "aus Facha, Sachsen", 179
Goob
   Georg Friedr., 96
   Georg Friedrich, 18, 145
   Kath., 85, 162
   Wilhelm Heinrich, 18
Gooke
   Rebekka, 159
Gorgel
   Heinrich Martin, 210

Martin, 210
Gorlien u. sein Mutter
   Engelbert, 176
Gorner
   Mathilde, 56
Görschel
   Ernst, 139
Gört
   Lorenz K., 64
   Lorenz Wilhelm, 64
Gortan
   Kath., 160
Görtz
   Anna Barb., 160
Gosenwitsch
   Auguste, 172
Gotschel
   Carl, 183
   Georg, 43, 183
   Joh. Georg, 40
   Regine, 183
Götschel
   Georg, 33, 149
   Johann Georg, 33
Gottbehat
   Eva Margrethe, 6
Gottbehut
   Eva, 90
   Eva Marg., 76
Gottbrecht
   Beniger Euchawer [?], 221
Gottig
   Conrad, 107, 110, 194, 213
   Heinrich, 213
   Johannes, 194
   Karl Heinrich, 107
Göttig
   Anna Maria Engel, 79
   Conrad, 79
   Kath., 107
Gotting
   Conrad, 197
   Katharina, 197
   Maria Elis., 64
Gottlike
   Maria, 50
Gottlocke
   Maria, 29
Gotty
   Josephine, 159
Gotz
   Anna, 218
   Anna Katharina, 202
   Elisab. Barbara, 94
   Elisabetha, 217
   Friedr., 39
   Georg, 94, 117, 202, 206, 210, 217
   Johann, 206, 210, 218
   Louis, 110, 162

   Margarehta Christiana, 110
   Margaretha Caroline, 117
   Maria, 56
   Math., 60
Götz
   Anna E., 124
   Anna Elisabetha, 30
   August, 182
   Augusta, 16
   Conrad, 80, 97
   Elisab., 69
   Ernst Kasper, 18
   Friedrich, 27, 35, 139, 182
   Friedrick, 16
   Georg, 59, 69, 77, 105
   Joh. Conrad, 105
   Kasper, 18
   Katharina, 69
   Katharina Margaretha, 59
   Louis, 97
   Ludwig, 27
   Marg., 103
   Margaretha, 77
   Mathilde, 72
   Wilhelm, 35
Gotze
   Anna Louise, 47
   August, 47, 60
   Heinrich, 55
   Josephine, 95
   Wilhelm August, 60
Götze
   August, 198
   Georg, 53
   Heinrich, 53
   Josepha, 125
   Louise, 198
Gotzinger
   Anton, 144
   Magdalena, 160
   Wilhelm, 110
Götzinger
   Anton, 22
   Carl Anton, 22
Grab
   Adam, 23
   Johann, 23
Graber
   Barb., 52
   Margretha, 144
Grabfelder
   Anna, 61
   Maria, 61
Grabner
   Barbara, 63
Grade
   Ludwig & Toleis, 5
Graefe
   Eduard, 107
Graf

   Anna, 130
   Anna B., 113, 124
   Anna Barb., 169
   August, 39, 51, 198, 199
   Barbara, 76
   Bernhardt, 98
   Carl August, 24, 147
   Carl Hermann, 24
   Carolina, 90
   Elisabetha, 39
   Emila, 199
   Emilie, 98
   Eva Marg., 174
   Joh., 68, 80, 98, 113
   Johann Wilhelm, 149
   Johanna Maria, 80
   Kath. Marg., 135
   Kunigunda, 191
   Maria, 92, 98
   Maria Katharina, 198
   Marie Katharina, 51
   Wilhelm, 191
Graffen
   Heinrich, 113
   Wilhelmina Emilie, 113
Graham
   Maria, 74, 108
   Mary, 159
Grambauer
   [blank], 212
   Carolina, 64, 104, 117
   Elisab., 76
   Margaretha, 212
Gramer
   Caroline Regine, 148
   Casper, 23
   Christopf, 183
   Johann H., 15
   Johanna Christina Elisab., 15
   Johanne Louise, 12
   Kath., 22
   Maria Louise, 23
   Valenten, 183
Grämer
   August, 33
   Auguste Henriette Sophia, 33
Gramlich
   Christof Fried., 173
   Friedrich, 128
   Georg, 128
   Johann Georg Friedrich, 128
Grammel
   Anna Margretha, 24
Grammer
   Kath., 22
Grandel
   Joseph Joh., 172
Granester
   Barbara, 27

   Johann, 27
Grannith
   Joseph, 167
Grasmek
   Georg Wilhelm, 11
   Johann, 11
Grasmick
   Louis, 88
   Maria Sus., 88
   Maria Susanna, 88
   Susane M., 120
Grasmuck
   Georg Wilhelm, 105
   Joh., 37
Grasser
   Anna, 81
   Joh., 81
Grathe
   Aches, 188
Grau
   Barb. Marg., 61
   Georg, 95
   Kunigunde, 155
Grauchlich
   Anna Margaretha, 201
   Johann, 201
Grauel
   Anna Maria, 98
   Joh., 98
Grauer
   Anna Kath., 102
Graul
   Barbara, 21, 23
Graulich
   Ellen, 200
   Francis, 200
   Louis, 200
Grauling
   Carolina, 45
   Elis., 53, 92
   Elisab., 63
   Elisabetha, 33, 192
   Elise, 19, 57, 121, 148
   Elise Maria, 57
   Elsa, 135
   Fried., 125
   Friedr., 45, 57
   Friedrich, 8, 17, 33, 131, 140, 179
   Friedrich Wilhelm, 8, 179
   Georg, 16, 125
   Heinrich, 192, 216
   Juliana, 99
   Karolina, 174
   Karoline, 131
   Kath., 87, 96
   Katharina Maria, 17
   Magdalena, 216
   Magdalene, 21
   Marg., 92
   Math., 99
Graus

Johann, 23
Ludwig, 23
Graussing
  Margretha, 29
Grazier
  Chas., 166
Greb
  Anna M., 121
  Anna Maria, 109
  Christina, 117
  Karl, 129
Green
  Adolpf, 183
  Peter, 183
Greenfeld
  Maria Franziska, 175
Greenwald
  Marg., 162
Gref
  Johann, 64
  Katharina Margaretha, 64
Greifenstein
  Joh., 96
Greiff
  Katharina, 141
Greifzu
  Anna, 129
  Anna Kath., 129
  Carl Heinrich, 32
  Christian, 7, 20, 32, 183
  Gustapf Bernhardt, 183
  Gustopfh Bernhard, 7
  Joh. Matth., 49
  Johann, 135
  Johann Robert, 137
  Margretha Christiane, 20
  Wilhelmina, 49
Grein
  Marg., 171
Greiner
  Albertina, 88
Greise
  Adam, 194
  Georg Philipp, 194
Greiser
  Adam, 204
  Elisab., 71
  Kath., 58, 71
  Margaretha, 204
Greiss
  Katharina, 9
Greissmann
  Heinrich, 140
Grell
  Katherina, 142
Grenzer
  Bernhardt, 163
Grese
  Elisabetha, 1
Greser
  Adam, 224
  Georg, 224

Gress
  Anna, 21, 37, 43
  Johann & Maria, 21
  John, 5
  Maria Louise, 21
Gressel
  Elis., 53
Gresser
  Anna, 162
Greste
  Elisa., 48
Grete
  Conrad, 3
  Friedrich Philipp, 3
Greter
  Conrad, 18
  Elisabetha Dorethea, 18
Greve
  Wilhelm, 123
Griebel
  Carolina, 114
  Elisab., 119
  Elise, 114
Griefzu
  Anna, 77
  Joh., 66
  Joh. Robert, 66
  Kath., 61
Grier
  Adam, 84
  Friedrich, 84
Gries
  Adam, 109, 121, 161
  Justina, 113
  Maria, 109
  Maria Elisabetha, 121
Grieser
  Adam, 81, 128, 211
  Anna Kath., 71
  Elis., 53
  Elisab., 81
  Heinrich Georg, 121
  Johann, 211
  Margareta, 128
  Peter, 85, 104, 121
  Philipp, 104
  Wilhelm Eduard, 85
Griesmeier
  Philipp, 142
Griesmer [Gniesmer]
  Kath., 123
Griffin
  Sophia, 99
Grill
  Georg Wilhelm, 11
  Gottfried, 170
  Joh. Gottl., 153
  Johann Gottlieb, 192
  Johannes, 153
  Kath., 11
  Katharina, 23
  Marg., 156

Maria B., 192
Philipp, 23
Grils
  Anna K., 157
Grim
  Joh., 51
  Joh. Adam, 51
  Johann Adam, 51
Grimm
  Anna Maria, 154
  Johann, 191
  Ludwig, 7, 179
  Maria, 191
Gritzan
  Adam, 79, 111
  Amalia Elise, 111
  Karl, 79
  Kath., 72
Grob
  Emilie Elis. Dorothea, 43
  Johanna, 38
  Loui Heinrich Wilhelm, 189
  Wilhelm, 43, 189
Gröber
  Maria, 130
Groh
  Christina, 52
  Elizabeth, 35
  Georg, 18
  Jacob, 35
  Jakob, 18
  Johannes, 147
  Katharina, 85
  Lorenz, 52, 67, 85
  Peter, 52
  Philippina, 67
Grohardt
  Johanna Elenora, 153
Groll
  Anna Marie, 40
Gronau
  Anna Maria Elisabetha, 34
  Bertha, 184
  Bertha Margretha, 23
  Conrad, 34
  Eduard, 23
  Edward, 184
Groneberg
  August E., 100
  Henrietta Ardine, 100
  Jane Virginia, 100
  Maria Helena, 100
Groner
  Margretha, 33
Gronewald
  Anna Elis., 78
  Friedrike, 115
  Georg, 54
  Heinrich, 54
  Wilhelm, 115

Wilhelm August, 115
Gronmuller
  Elisab., 88
Grootd
  Helena, 70
Gropp
  Mina, 14
Gropz
  Wilhelmine, 25
Gros
  Lorenz, 195
  Maria, 197
  Peter, 195
Grosch
  Heinrich, 209
  Marg., 119, 163
  Maria, 78, 87, 104
Groshans
  Maria Kath., 18
Groskopf
  aus Baiern, 204
  Georg Michael, 204
  Katharina Elisabetha, 204
Gross
  Anna, 220
  Emma, 125
  Friedr., 78, 81, 95
  Israel, 125
  Joh. Heinrich, 78
  Johann Justus, 190
  John Justus, 139
  Katharina, 197
Grosshans
  Adam, 210
  Elis., 58
  Marg., 62
  Maria, 210
  Maria Kath., 58
Grossmück
  Julia, 125
Grossmuller
  Katharina, 7
  Michael, 7
Grosting
  Aug., 65
Grote
  Joh. Herrmann, 169
  Johanna D., 129
  Luise, 129
  Marg, 58
Gröter
  Elisabetha, 36
  Heinrich, 36
Groth
  Elisabetha, 14
Grothans
  Joh., 89, 107
  Johannes, 89
  Paulina Friedrike, 107
  Wilh. Gottl., 171
  Wilhelmina, 167
Grothaus

Index

Anna Margaretha, 71
Christian Gottlieb, 127
Christian Gottlieb Lorenz, 127
Johann, 71
Katharina, 130
Maria, 67
Maria C., 163
Wilh. Gottlieb, 127
Wilhelm Gottlieb, 130
Grothe
  Friedrich, 189
  Maria, 83
Grotkopfs
  Johanne Friedrika, 145
Grotsch
  Maria Barbara, 152
Grotthaus
  Georg Friedrich, 16
Grubel
  Elise, 170
Grubert
  Laura, 100
  Rudolph, 100
Grumke
  Elisabetha, 147
Grummel
  Friedrich, 27
Grun
  Maria Elis., 92
Grünbach
  Anna Christina Maria, 151
Grund
  Anna Wa., 100
Grundel
  Anna Margaretha, 199
  Johann, 199
Grune
  Marg., 89
  Peter, 163
Grüne
  Johanna Charlotte, 90
  Peter, 90
Gruner
  Anna Maria, 57
  Carolina, 57
  Georg, 57
  Margaretha, 57
  Martin, 57
Grunewald
  Christina Barbara, 29
  Elisabetha, 26
  Ernst, 5, 26
  Friedrich, 5
  Friedrike, 126
  Georg, 108
  Heinrich Georg, 108
  Johannes, 68
  Maria, 131
  Wilhelm, 108, 131, 168
Grunwald

Elisabetha, 181
Elise, 16
Ernst, 16
Grup
  Kath., 60
Grusemuller
  Marg., 92
Gruw or Grund
  Konrad, 221
Gubernagel
  Herrman, 37
Gubernatis
  Herrmann August, 108
  Joh., 108, 167
Gugel
  Margareth, 131
Gundloch
  Anna Katharina, 150
Gundram
  Caroline, 20
  Johannes, 20
Gunkel
  Maria, 182
Gunst
  Elisabetha, 145
Gunter
  Anna M., 114
  Elis., 90
  Louise, 72
Günter
  Mary, 154
Gunters
  Magdalena, 36
Gunther
  Adolph, 109
  [blank], 214
  Carolina, 101
  Charlotte, 90
  Elisa, 61
  Elisabetha, 5, 26, 144
  Elise, 25
  Emil, 117
  Emma Hulda, 128
  Ernst, 101
  Friedrick, 147
  Friedrika, 22
  Friedrike, 151
  Joseph, 109
  Karl August, 128
  Karl Theodor, 101
  Kath., 59, 64
  Katharina, 26, 146
  Louise, 66, 88, 106, 114
  Maria, 145, 214
  Sophia, 27
  Wilh., 11
  Wilhelmine, 31, 179
Günther
  Regina, 141
Gunthner
  Kath. Friedrike, 43
  Regina, 43

Wilh., 43
Guntram
  Maria, 118
  Maria A., 122
Gunzel
  Elis., 49
Gurley
  Sarah, 52
Gurtemann
  Kath., 73
Gurtler
  Franz, 72
Gurtner
  Barb., 40
Gustine
  Barbet, 144
Gut
  Bernhardt Georg, 212
  Elisabetha, 203
  Georg Johann, 199
  Niklaus, 199, 203, 212
Güt
  Margretha, 141
Gutbrod
  Georg, 57
  Maria, 55
Guteknust
  August, 119
  Lilly Gertraud, 119
Guter [?]
  Conrad, 153
Guth
  Elisabeth, 132
  Emil, 205
  Emil F., 122
  Emilie Helena, 122
  Georg Bernhardt, 82
  Johanna, 131
  Karl, 205
  Maria Elisabetha, 205
  Minna, 105
  Niklaus, 82, 105
  Sophia, 205
Gutlein
  Paulina, 156
  Pauline, 224
Gütlein
  Pauline (wittwe), 176
Gutmann
  Jakob Julius, 27
  Johann, 27
Gutruf
  Michael, 42, 44
Guttig
  Conrad, 71
Guyton
  John, 166

H

Haake
  Elisab., 124
Haake [Hanke]

Joh., 124
Wilhelmina Dorothea, 124
Haar
  Caroline, 67
  Louise, 68
Haas
  Anna Marg., 71
  Barbara, 17, 213
  Carl, 180
  Carol., 120
  Carolina, 77, 105
  Eva, 21
  Frau alt Kath., 176
  Gottlieb, 100, 203
  Johann, 9, 181, 213
  Johann Georg, 215
  Johann Wilha. Elis., 89
  John, 6
  John Adam, 6
  Karl Mathaus, 180
  Karolina, 158
  Kath., 161
  Katharina Barbara, 221
  Katharina Elise, 34
  Louis Friedrich, 100
  Louise, 57, 90, 122
  Louise Marg., 104
  Luise Marg., 128
  Marg. Louise, 82
  Margretha, 181
  Maria, 68, 71, 89, 107
  Robert, 203
  Rosina, 110, 119, 168
Haas [Haar]
  Carolina, 90
Haase
  Ernst Frantz, 25
  Ernst Ludwig, 25
  Gottlieb, 80
  Oskar Wilhelm, 80
  Wilhelm, 80
  Wilhelm Frantz, 25
Haax
  Louise, 29
Habelitscheck
  Magdalene, 30
Habenhausen
  Aloes, 193
  Johann, 193
  Margretha Kath., 11
Habenhosen
  Barbara, 28
  Johann, 28
  Katharina, 23
Haberkam
  Johann, 18
  Johann Christoph Albert, 18
Haberkamp
  Frantz Michael, 30
  Johann, 30

Haberkost
  Joh. Mathai & Anna
    Marg., 51
Habermelz
  Adelheid, 92
Habis
  Conrad Louis, 82
  Friedr., 99, 161
  Friedrich, 82
  Marg., 91
  Wilhelm Ferdinand, 99
Hablitscheck
  Magda., 65
Habrecht
  Louise E., 122
  Oscar Felix, 120
  Wilh., 120
Hack
  Math., 103
Hacke
  Fritz, 169
Hacker
  Andreas, 143
  Anna, 122
  [blank], 223
  Christiana, 91
  Christina, 111
  Hannah, 105
  Joh., 122
  Nikl., 122
Hackett
  Anna, 77
Hackmann
  Anna Kath. Elisb., 128
  Frau, 176
  Johann Friedrich, 198
  Margaretha, 208
  Wilhelm, 208
Hademann
  Friedrich Imanuel, 88
  Imanuel, 88
  Kaspar, 88, 191
Hadermann
  Anna Johanna, 57, 135
  Caspar, 114, 219
  Elisabetha, 192, 219
  Friedr., 97
  Kaspar, 57, 69, 70, 192
  Louise Henrietta, 114
  Sophia, 70
Hadermer
  Kaspar, 156
Haefner
  Carol. Pha., 95
  Sophia, 95
Haegerich
  Albertine Magd. Barb., 130
  Karl Wilhelm, 130
Hafekorn
  Georg Wilhelm, 200
  Wilhelm, 200

Hafer
  Joha. Friedrike, 51
Häfer
  Joh. Heinrich, 37
Haffer
  Emma, 132
  Heinrich, 132
Haffke
  Ida, 200
  Karl, 200
Haffler
  [blank], 183
  Georg, 183
Haffner
  Dorethea, 148
  Elisabetha, 22
  Marg., 110
Häffner
  Marg., 99
Hafhett
  Maria, 91
Hafner
  Anna Sophia, 54
Häfner
  Carolina, 164
  Christian August, 220
  Elenora Soph., 70
  G. Adolph, 65
  Gust. Adolph, 65
  Marg., 70, 82, 125
Hageldorn
  Martha Elis., 62
Hagelgans
  Joh. Georg, 137
  Joh. Simon, 106, 155
Hagelganss
  Joh. Simon, 63
  Johann Theiss, 63
Hagelhans
  Anna Elisabetha, 75
  Joh. L., 98
  Maria Elisab., 98
  Simon, 75
Hagen
  Carolina, 67
  Franziska, 67
Hagenauer
  Michael, 148
Hager
  Anna Johanna, 121
  Anna M., 108
  Anna Maria, 108
  Joh. Conrad, 167
  Nikl., 121
  Niklaus, 108, 166
Hägerich
  Albertine Magdl. Barb., 130
Hageton
  Mariana, 25
  Simon, 25
Hagetorn

Caroline Elisabethe
    Johanne, 9
  Simon, 9
Hagner
  ... C. M., 156
Hahlmann
  Georg, 58
Hahn
  Barbara, 30, 190
  Dorothea Elisabetha, 139
  Emme V., 165
  Eva, 19, 184
  Friedrich, 75
  Georg, 19, 30, 45, 144, 184, 190
  Kath., 123, 168
  Katharina Margretha, 184
  Louise, 71
  Margaretha, 45
  Maria Christ., 16
  Pauline, 173
  Rosa, 106
  Valesca & Robert C., 90
Hahner
  Henrietta, 129
Hahnlein
  Carolina, 109
  Elis., 166
  Elisab., 101
  Kath., 107
Haien
  Herrmann, 72
  Louise Amalia Augusta, 72
  Maria Augusta, 73
Haim
  Marg., 73
Haimuller
  Christian, 45
  Christian August Fried., 45
Hain
  Anna Dorothea, 201
  Johann Georg, 201
  Katharina, 190
  Maria Carolina, 102
  Wilhelm, 102, 162
Hainke
  August, 197
  Wilhelm Albert, 197
  Wilhelm August, 151
Haise
  Johann, 190
Haissinger
  Eva Kunigunda, 77
Hakers
  Anna, 74
Halbfahs
  Emma Julia Maria, 128
  Julius, 128
Halbfass
  Julius, 174

Halbritter
  Joha. E., 95
  Johanna E., 116
Halbruke
  Carl, 29
  Georg Leonhard, 29
Hallbrucken
  Karol., 43
Haller
  Karol., 40
Halmberger
  Margretha, 186
Haman
  Casper, 9
  Joseph Carl, 9
  Philipp, 153
Hamann
  [blank], 62
  Caroline Louise, 45
  Christian, 7
  Christina, 10, 39
  Christine, 27
  Dietrich Friedrich, 207
  Elis., 41
  Elisab., 70
  Elisabetha, 13, 29, 148
  Elissabetha, 182
  Friedr. Wilhelm, 46
  Friedrich Wilhelm, 192
  Georg, 14, 65
  Heinrich, 2, 199
  Heinrich Wilhelm, 53
  Johann, 201
  Johann Philipp, 197
  Johannes, 7, 190
  Kaspar, 45
  Kasper, 2
  Kath., 56, 97
  Louise, 90
  Margaretha, 190
  Margretha, 13, 14
  Phil., 65
  Philipp, 7, 39, 46, 53, 56, 65, 139, 192, 197, 199, 207
  Wilhelm Friedrich, 39
Hamburger
  Johann, 15
  Regine, 152
  Sophie, 62
  Wilhelm, 15
Hamel
  Carolina, 101
  Elisabetha, 12
  Heinrich, 123
  Joseph, 121
  Katharina, 121
  Magdalena, 123
  Margretha, 12
  Marie, 157
Hamer
  Eduard, 171

Index

Hamerschlag
  Juliua, 96
Hamilton
  Anna, 166
Hamm
  Johannes, 152
  Marg., 94
Hammann
  Louise Margaretha, 77
  Philipp, 77, 191
  Wilhelm Christoph, 191
Hammel
  Auguste, 146
  Carolina, 58
  Christiana, 150
  Eduard, 98
  Elis., 45
  Elisabetha, 28, 140
  Elise, 63
  Emma, 83
  Heinrich Ph., 83
  Henry R., 159
  Johann, 63
  Joseph Valentin, 98
  Kath., 83
  Magdalene, 22
  Maria, 28, 50, 66, 98
  Maria R., 98
Hammendlig [?]
  Julie, 103
Hammer
  [blank], 195, 222
  Eduard, 125
  Jakob Friedrich, 195
  Karl, 104
  Martha Elisabeth, 125
Hammerant
  Wilhelmina, 73
Hammerbacher
  Barbara, 148
  Carl, 30
  Jakob, 183
  Johann, 148
  Johann Georg, 30, 150
  Kunigunde, 25
Hammerschlag
  Julie, 108
Hammert
  Caspar H., 219
  Margretha, 7
Hammrichhausen
  John, 41
Hamon
  Heinrich, 177
  Kasper, 177
Hanaker
  Hanna J., 100
Hanfl
  Matheus, 148
Hanft
  Mathilde & Georg, 56
Hangen
  Soph., 81
  Sophia Emilie, 81
Hankel
  Christian, 177
  Elisabetha, 9
  Louise, 48
  Wilhelm, 9, 48
Hankes
  Magdalena, 78
Hanne
  Anna Margaretha, 46
  Carol., 169
  Carolina, 112, 119
  Emilie Katharina, 20
  Emilie M., 119
  Georg, 112
  Heinrich, 5, 20, 46, 185, 211
  Johann Heinrich, 33
  Johanne Sophia Maria, 5
  Karoline, 133
  Kath., 126
  Katharina, 211
  Maria, 185
Hannebal
  Louise, 53
Hannecke
  Emilie, 80
Hans
  Maria Marg., 58
Hanse
  Friedrich Louis, 41
  Peter, 41
Hanselmann
  Christiana, 31
  Maria, 26
  Rosine, 6
Hansen
  Johannes, 191
  Louis, 49
  Louis Wilhelm, 49
  Magdalena, 51
  Peter, 191
Hanser
  Maria, 177
  Niels, 148
Hansin
  Johanne Regina, 141
Hansler
  Anna, 58
Hanson
  Caroline Friedrike, 117
  Denia, 168
  Georg, 117
Hanzelmann
  Marie, 35
Hapf
  Barwette, 13
Haplitscheck
  Magdalena, 18
Hapmauer
  Leonhardt, 203
Happel
  Augusta, 120
  Conrad, 11, 23, 142
  Eva, 90
  Georg Wilhelm, 11
  Heinrich, 90, 104, 210
  Jakob, 100
  Joh. Peter Friedrich, 43
  Johann Justus, 149
  Maria, 100, 104
  Martha Elisabetha, 149
  Philipp, 23
  Theodor J., 100
Harb
  Carolina, 104
  Heinrich Peter, 5
  Kath., 18, 104
  Peter, 139
Harbrucker
  Karoline, 26
Hardemann
  Caspar, 81
  Maria Sophia, 81
Hardesty
  George W., 168
Hardland
  Heinrich, 18
  Margretha, 12
  Nickaulus & Margretha, 12
  Nickaus, 18
Hardtand
  Johann, 8
  Michael, 8
Hardtandt
  Margrethe Barbara, 6
Hardtland
  Margretha, 29, 31
  Nickelaus, 31
Hardtmann
  Anna, 11, 20, 26, 141, 183
  Anna Maria Caroline, 33
  Babette, 143
  Carl Wilhelm Heinrich, 20, 185
  Conrad, 11
  Elisabetha, 3, 26
  Elisabethe, 11
  Frantz, 20, 183
  Imma, 26
  Johann, 17, 20, 24, 33, 145, 185
  Johann Friedrich, 17
  Johannes, 9
  John, 142
  Katharina Elisabethe, 9
  Lorentz, 144
  Marg., 13
  Margretha, 145
Harig
  Anna M., 45
Haring
  Charlotte, 32
  Herrmann, 87
Härison
  Heinrich, 43
Harle
  Kath., 113
Härle
  Bernhardt, 65
  Robert, 65
Harmann
  Maria, 109
Harms
  Cord, 12, 182
  Elisabethe, 8
  Emilie, 94
  Herrmann, 94
  Joh., 168
  Kath. Elisabetha, 12
  Katharina Elisabeth, 182
Harneke
  Emilie, 100
Harner [Hurner]
  Joh., 60
  Johannes, 60
Harnigke
  Theresia, 217
Harnke
  Lena, 38
Harp
  Katharina, 26
Harper
  Heinrich, 109
  Johanna, 109
Harris
  Joh. Karl, 162
Harst
  Elisab., 156
Hartan
  Barbara, 48, 220
  Georg, 93
  Heinrich, 96
  Idda, 47
  Joh., 91, 93, 96
  Johann, 47, 124, 152
  Karl, 107
  Kath., 104, 137
  Marg., 79, 91, 119
  Marg. Kath., 63
  Nikl., 47, 96
  Niklaus, 63, 93, 107, 124
Hartann
  Maria, 77
  Niklaus, 77
Hartel
  Karl, 169
Hartenger [?]
  Johann, 89
  Maria Margaretha, 89
Hartenstein
  Joseph, 150
Harter

Anna, 180
Hartge
  Emil O., 96
Harthagen
  Joh. Dietr., 88
Harting
  Ferdinand, 28
  Heinrich, 28
Hartman
  Aug., 123
Hartmann
  Anna Marg., 44
  Anna Maria, 189
  August, 192
  Charlotte, 47
  Eduard Herrmann, 58
  Elis. M., 40
  Elisabetha, 107
  Elise, 114
  Elise Berrdine Friedrike, 41
  Georg, 57, 64, 160
  Gotlieb, 114
  Gottlieb, 125, 209
  Heinr. Fried., 137
  Heinrich, 58, 82, 83, 99, 107
  Heinrich Fr., 135
  Joh., 41, 77, 124, 161
  Joh. & Karol., 36
  Joh. Karl, 83
  Johann, 189
  John, 99
  Joseph, 124
  Karolina, 192
  Louise, 209
  Mina Luise, 125
  Reinhardt, 165
  Wilh., 115
  Wilhelm, 126, 221
  Wilhelmina, 101
Hartmeier
  Magdal., 90
Hartring
  Louis, 162
Hartstock
  Friedrich, 122
Hartung
  Anna, 61
  Anna Elise, 42
  August, 118
  Ferdinand, 42
  Friedr. Aug., 170
  Jakob, 61
  Joh. Henrich Friedrich, 118
  John C., 163
  Karl, 173
  Louise, 71
  Margaretha, 42, 190
  Margarethe, 215
  Nikl., 42

Niklaus, 190
  Wilhelm, 215
Hartwich
  Friedr., 51
  Friedrich, 51
  Heinrich, 126
  Jacob, 126
  Jakob, 51
Hartwig
  Emma, 119
  Georg, 102
  Heinrich, 96, 221
  Jakob, 84, 96, 107, 119
  Louis, 95, 123
  Louis Robert, 95
  Mathilde, 102
  Minna, 107
  Wilhelm, 84
  Wilhelm Heinrich, 123
Harwick
  Sara, 156
  Sarah Elis., 70
Harz
  Johann Georg, 218
  Magd., 120
  Magdal., 107
Has
  Karolina, 39
  Louise, 39
  Louise Marg., 19
Haschel
  Elisabethe, 9
  Johannes, 9
  Margretha, 9
  Margrethe, 9
Haschell
  Bernhardt & Frau, 85
Hascher
  Maria, 7
Haschert
  Kunigunde, 97
  Leonhard, 5
  Philipp, 5
Haschett
  Elis., 160
Hasebert
  Kath., 118
Hasel
  Christine, 151
  Christine Caatherine, 34
  Friedr., 100, 111, 120, 129
  Friedrich, 87, 163
  Georg, 120
  Jakob, 129
  Joh. Friedrich, 87
  Kath. Christina, 100
  Martin, 129
  Wilhelm, 111
Hasger
  Johanna, 73
Hasjagers

Herrmann Heinrich, 66
  Joh. Dietrich, 66
Haske
  Friedr. Aug. Alexander, 123
  Wilhelm, 123
Haskel
  Wilh., 171
Haslop [Hasloss]
  Ernstina, 73
Hasper
  Heinrich, 117
  Johanne, 166
  Karl August Emil, 117
  Minna, 173
Hass
  Barbara, 181
  Georg, 32
  Johann, 181
Hasse
  Johann, 180
  Katharina, 180
Hassel
  Joh. K. Christ, 54
  Joh. Karl Christian, 54
Hasselbach
  Margreta, 173
Hasselhoff
  Anna, 166
Hasselt
  Friedrike Wilhelmina, 73
  Wilhelm, 73
Hasshagn
  Heinrich, 55
Hassinger
  Christina, 121
  Wilhelm, 121
  Wilhelmina, 121
  Wilhelmina Christina, 121
Hassler
  Johann, 15
  Maria Anna, 15
Hasslinger
  Carolina, 214
  Johann, 214
Hastings
  Raimund Wilhelm, 126
  Scott, 126
Haterich
  Kath., 45
Hatgen
  Heinrich James, 159
Hattchen
  Katharina, 126
Hatterich
  Adam, 104
  Georg, 219
  Heinrich, 104, 219
Hätterich
  Adam, 104
Hauch

Margretha, 183
Hauck
  Johanna, 54
Haufelt
  Wilhelm, 206
  Wilhlemina, 206
Haug
  Agatha, 71, 102
  Agathe, 92
Haup
  Agatha, 78
  Agathe, 59
Haus
  Carolina, 112
Hausemann
  Conrad, 167
Hauser
  Maria, 21
Haüsle
  Johann, 191
  Maria, 191
Haüsler
  Johann, 9
Hausmann
  Anna Margaretha, 38
  Conrad, 106
  Georg, 30, 38, 48, 146
  Heinrich, 150
  Joh., 169
  Joh. Wilhelm, 113
  Johann Georg, 21
  Johann Jakob, 30
  John, 113
  Maria, 106
  Maria Magdala. Elisab., 106
  Maria Magdalena, 48
Hausser
  August, 45
  Wilhelmina, 45
Hax
  Anna Christ., 64
  Charlotte, 71
  "Christian & Peter, Jr", 57
  Christina, 71
  Georg Adam, 18
  Joh. P. V., 167
  Johann Balthaser, 18
  Johann Peter, 18
  Louis, 87, 163
  Maria, 64, 74, 90
  Maria Christina, 85, 87
  Valentin & Joh. Peter, 48
Haxis [?]
  Friedr., 131
He...
  Georg Philipp Friedr., 125
He...ilgnes
  Joh. S., 47
Hebbel
  Frank Wilhelm, 222
  Georg, 127

Minna, 128
Sibylle, 128
Hebel
   Marg., 125
Heberkamp
   Joh., 65
   Johann, 65
Heck
   Carolina, 92, 163
   Heinrich, 160, 163
   Stephan, 173
   Wilhelmina, 73, 80, 99
Heckel
   Georg, 10
   Johannes, 10
Heckemeier
   Heinrich, 162
Hecken
   Anna Johanna Margaretha, 49
   Joh. Wilh., 49
Hecker
   Anna Kath. Elisabetha, 57
   Anna Kath. Friedrika, 115
   Anna Maria, 69
   Chatharina, 162
   Elise, 121
   Friedrich, 111
   Friedrike, 115
   Heinrich, 212
   Joh., 69, 96, 115
   Johann, 57, 209, 215
   Johann Christian, 96, 215
   Johann Friedrich, 145
   Johanna, 60
   Kath., 52
   Louise, 60
   Maria, 171
   Wilhelm, 209, 212
Hecker [Hucker]
   Johannes, 44
   Ludwig, 44
Hecklen
   Caroline, 110
   Ellen, 105
Heckmann
   Kath. El., 94
   Margaretha, 91
   Wilhelm, 91
Hecss
   Charlotta Elisab., 68
   Christoph, 68
Hedden
   Johann Katharina, 148
Hedemann
   Caspar, 206
   Maria Sophia, 206
Hederich
   Elisabetha, 32
Hedermann
   Kaspar, 203
   Sophia, 203
Hedlender
   Elis., 153
Hedner
   Absolam, 166
Hedrich
   Elisabetha, 13
   Johann, 13
Hedrick
   Katharina, 6
Hedricke
   Johannes, 7
Heer
   Friedrike, 88
   Joh. Heinrich, 66
   Karl, 88
   Maria Friedrike, 88
Heerd
   Johann H., 19
Hefer
   Johanne Friedrika, 19
Heffler
   Gertraud, 10
Hegemann
   Heinrich, 108
Heger
   Uriakus, 164
Hegert
   Elisabetha, 27
Hegmann
   Paul Anton, 200
   Theodor, 150, 200
Hegne
   Catharina, 157
Hehn
   Anna Marg., 25
Heiback
   John Heinrich, 141
Heibeck
   Anna Maria, 10
   Barbara, 27
   Heinrich, 10
Heibek
   Anna, 14
   Barbara, 14
Heid
   Elisabetha Cecilia, 194
   Johann, 194
   Sophia, 32
Heide
   Helena, 119
Heidel
   Sophia, 116
   Susanne Elise, 25
Heiden
   Imma Margretha, 29
   Johann, 29
Heidenreich
   Katharina, 72
Heidereich
   Kath., 158
   Marg., 91
Heiderich
   Christian, 199
Heidlage
   Carol., 120
   Carolina, 106, 167
   Christina Reg., 106
   Magdalena, 1
   Margretha Christine, 18
   Maria, 18, 26
   Rudolf, 1, 222
   Rudolph, 120
Heidlager
   Maria, 37, 188
   Rudolph, 37
Heidmuller
   Carl, 18
   Carl Heinrich, 18
Heidt
   Elis. Cecilia, 50
   Georg, 50
Heien
   Carl, 192
   Gesina, 192
   Heinrich Dietrich, 185
   Herman, 185
   Herrman, 192
Heier
   Christian, 4
   Gusine, 5
   Hermann, 181
   Hermann H., 9
   Jaln [?], 189
   Joh., 81, 94
   Johann Sophia Wilhelmina, 81
   Julius, 94
   Karl, 189
   Talena Doretha Henriette, 9
   Toledo Helene Dorethe, 181
   Wilhelm, 182
Heiermann
   Joh., 155
Heigele
   Conrad, 140
Heigenreder
   Margretha, 21
Heigenroth
   Margretha, 6
Heiger
   Lizzie, 167
Heil
   Joh. Wilhelm Karl, 84
   Wilh., 161
   Wilhelm, 84
Heiler
   Georg, 180
Heiliger
   John Julius, 64
   Louis, 56, 64
   Mina Magdal. Mathilde, 64
   Wilh. Ferdinand Friedr., 64
Heilmann
   Helena, 102, 110
   Paulina, 93, 113
Heils
   Kath., 62
Heim
   Anna Katharina, 108
   Elisabetha, 110
   Ema Mathilde, 113
   Friedr, 166
   Friedr., 90, 113
   Friedrich, 101, 108, 121, 153
   Friedrika, 48
   Georg Friedrich, 101
   Joh. Fr., 44
   Joh. Friedr., 74
   Joh. Martin, 44
   Joha., 90
   Johann Friedrich, 31
   Johann Heinrich, 66
   Karl, 68, 89, 103, 124, 161, 171, 215
   Karl Fried. Wilhelm H., 223
   Karl Friedrich Wilhelm, 121
   Karl W., 47
   Kath., 159
   Kath. Sophi, 97
   Katharina Sophia, 212
   Kathrina, 13
   Louis, 97, 212
   Ludwig, 66, 156
   Marg., 102, 103
   Marg. Theresia, 68
   Margaretha, 102, 215
   Maria Carolina, 214
   Maria Marg., 103
   Phil., 167
   Philipp, 102, 110, 119
   Sophia, 51, 90
   Sophia Elisabetha, 74
   Wilhelm, 119, 214
Heimann
   Christian, 23
   Elisabetha, 23
   Elise, 42, 197
   Georg, 13, 190
   Joh., 42
   Johann, 13, 190, 197
   Katharina, 140
   Margretha, 145
   Theodor, 47, 102, 192
Heimbach
   Adam, 121, 170
   Karl Heinrich, 200
   Katharina, 114
   Thom., 114
   Thomas, 200

Wilhelm Adam, 121
Heimbold
  Johanne, 73
Heimbuch
  Adam, 97, 218
  Carol. Kath., 61
  Christian Eduard, 88
  Conrad, 15, 29
  Elise M., 218
  Johann, 184
  Johann H., 214
  Johann Heinrich, 72
  Johannes, 15
  Karl Heinrich, 66
  Katharina, 184
  Maria Elisabetha, 106, 214
  Phila., 53
  Philipp Anton, 29
  Philippina, 60
  Thomas, 66, 72, 88, 106, 214
Heimer
  Auguste, 146
Heimerich
  Adolpf, 165
Heimuller
  August, 202
  Christ., 98
  Christian, 62, 85, 106, 202
  Doroth. Charlotta, 98
  Johannes, 106
  Margaretha, 62
  Maria Christina, 85
Hein
  Anna Dorethea, 22
  Daniel Wilhelm, 88
  Friedr. Herrmann, 105
  Hermann, 105
  Joh. Friedr., 55
  Joh. Friedrich, 55
  Johanna, 167
  Wilhelm, 88
  Wilhelm Georg Carl, 19
Heinberg
  Bernhardt, 59
  Maria, 59
Heine
  ???, 193
  Anna Regina, 43
  Carl, 29
  Friedrich, 64
  Heinrich, 193
  Helene, 29
  Karl, 43, 156
  Karl Friedrich, 64
  Kath., 62, 79, 102, 107
  Margretha Elise Louise, 29
Heinemann
  Anna Kath., 50, 77

Elisab., 76
Heinrich, 216
Heinrich Jakob, 93
Isabella, 216
Joh., 49, 93, 105, 108
Johann, 7
Johanna Wilhelmina, 49
Johanne, 33
John, 64
Karl, 50
Maria Elis., 91
Maria Elisab., 64
Wihelm Heinrich, 108
Wilhelm, 72, 112
Heiner
  Christian, 86
  Henriette, 82
  Johann, 76
  Lena, 115, 159
  Louise, 86
  Marg. Elis., 83
  Theodor, 76
  Theresia, 165
Heines
  Joh. Heinrich, 167
Heinke
  August, 59, 70, 90
  Beata, 90
  Louise Beata, 90
  Maria Margaretha, 70
  Wihelm August, 33
  Wilhelm Albert, 33
  Wilhelm Julius, 59
Heinkel
  Barbara, 199
  Karl, 159, 199
Heinle
  Albert, 26
  Georg, 12, 26, 45, 141
  Magdal., 67
  Maria Elisabetha, 45
Heinlein
  Barb., 109
  Elizabeth, 34
  Joh., 85
  Johann, 34, 185
  John, 8
  John Christoph, 2
  Kunigunde, 8
  Kunigunde Elisabetha, 185
  Margareta, 173
  Margaretha, 85
Heinler
  Maria Engel, 180
Heinmann
  Johanne Wilhelmina, 43
  Wilha., 56
Heinmuller
  Christian, 70
  Louise, 70
Heinn

Herrmann, 42
Julie, 35
Karl, 35
Kath. Elisabetha, 42
Heinner
  Anna, 70
Heinrich
  August, 19
  Elisa Marg. Katharina, 19
  Elisabetha, 148
Heinrs
  Andreas, 11
Heins
  Abert, 33
  Carl, 22
  Elisabetha, 33
  Jost, 22, 184
Heinsbach
  Henriette, 163
Heinsmann
  Christoph, 7
  Heinrich, 4
  Katharina Maria Juliane, 7
  Lena Elisabetha, 4
Heintz
  Albert, 42, 209
  Bittronella, 209
  Jakob, 29
  John, 98
  Louise Emma, 98
  Martinus, 42
Heintzmann
  Kath., 97
  Louise, 97
Heinz
  Albert, 53, 64, 76, 201, 205
  Elisabetha, 209
  Gottl., 39
  Henrietta Eva, 76, 205
  Herrmann, 90
  Jakob, 209
  Johann, 53
  Johanna, 201
  Johanna Elisab., 64
  Johannes, 191
  Karl & Marg., 79
  Katharina, 39
  Maria, 135
  Maria Bitronella, 53
Heinzelberger
  Conrad, 62, 123
  Peter Heinrich, 123
Heinzelmann
  Kath., 116
  Lena, 116, 121
  Maria, 121
Heinzenberger
  Conrad, 90
  Katharina, 109
  Louis, 109

Ludwig, 90
Heinzerling
  Georg Conrad, 215
  Maria, 103, 215
  Wilhelmine, 17
Heinzmann
  Heinrich, 128
  John, 58
  Kath., 58, 125, 128
  Marg. Maria, 125
Heise
  August, 3, 30, 36, 55, 66, 120, 164
  Carl, 3
  Catherine, 35
  Dorethea, 18
  Elizabeth, 35
  Friedrich August, 209
  Friedricke, 153
  Friedrike, 46, 76
  Georg Christoph, 3
  Heinrich Dietrich Hermann, 28
  Heinrich Wilhelm August, 143
  Heinriette, 55
  Hermann, 28
  Joh. M., 51
  Johann Heinrich, 66
  Johann Martin, 209
  Johannes, 30
  Louise, 36, 64
  Maria Carolina, 3
Heiser
  August, 22
  Elisabetha, 195
  Ernst, 15
  Georg, 18, 144
  Johann, 195
  Johann Georg, 145
  John, 140
  Katharina, 18
  Maria Fridrika, 22
Heishs
  Christianne Caroline Margrette, 35
  Johann, 35
Heisinger
  Eva Kunig., 93
Heismeier
  Eva, 13
Heisner
  Elis., 50
Heiss
  Anna Elisab. Antonetta, 52
  Anna Elisabetha Antonetta, 193
  Anna Regina, 85, 208
  Chrisian, 85
  Christian, 22, 52
  Christina Helena Marg.,

Index

196
Christopf, 153
Christoph, 42, 57, 193, 208
Christoph Eduard, 59
Elisab., 73
Friedrich August, 85
Friedrike, 62
Joh., 44
Joh. Chr., 49
Joh. G., 108
Joh. Georg, 73
Joh. M., 54, 85
Joh. Martin, 54, 66
Joh. Thomas Friedrich, 54
Johann, 28
Johann Christian Charles, 22
Johann M., 199
Johann Martin, 22, 196
Johann Thomas Friedr., 199
John C. K., 123
Katharina, 108
Louise, 108
Louise Henriette, 44
Marg., 62
Maria, 42
Maria I., 123
William Shermann, 73
Heisse
  August, 192
  Georg, 48
  Wilhelmina, 192
Heisser
  Elis., 63
  Elisa., 54
  Elisab., 65
  Elisab. Ernstina, 48
  Elisabetha Ernstina, 194
  Ernst, 27, 48, 194
  Georg, 62
  Katharina Elisabetha, 27
Heissinger
  Eva, 33, 60, 185
  Eva K., 46
Heissner
  Emilia & Elisab., 84
  Ernst, 37, 187, 214
  Joh. Ernst, 83
  John. Ernst, 83
  Karl, 71, 214
  Karolina Wilhelmine, 37
  Katharina, 187
  Marg. Elis., 82
  Margaretha, 71
  Maria, 90, 172
Heistleid [?]
  Gottfried Karl, 59
Heit
  Henrietta, 171
Heitlage

Maria, 145
Heitmuller
  Bertha, 60
  Charlotte, 62
  Heinrich, 60, 76, 89, 103, 204, 208
  Heinrich Lee, 76, 204
  Karl, 89, 208
  Karl Heinrich Conrad, 55
  Louise, 103
  Maria Magda., 92
  Wilhelm, 37, 55
  Wilhelm Albert, 37
Heker
  Anna Maria, 6
Helbig
  Friedr. W., 168
  Margretha Elisabetha, 30
Helbinger
  Kath., 170
Helen
  Friedrike, 118
  Joha. Frna., 159
Helfenbein
  Andreas, 76
  Anna E., 76, 94
  Anna Elis., 84
  Elisab., 83, 161
  Kath., 121
  Marg., 83
Helfrich
  Kath., 118
Hellemann
  Wilhelmina, 47
Heller
  Conrad, 105, 124
  Emilie, 124
  Sophia Dina, 105
Hellever
  Georg, 166
Hellmers
  Johann Heinrich, 174
Hellwig
  Margretha, 2
Helm
  Elisab. Barbara, 81
  Elisabetha, 22
  Friedrich, 182
  Friedrike, 74, 81, 92, 99, 109
  Johann, 182
Helmer
  Elisab., 85, 161
Helmismaier
  Hanna Cherathina, 35
  Heinrich, 35
Helmismeier
  Doretha, 17
  Dorethea Charlotte Henriette, 17
  Heinrich, 17
Helmle

Carl, 140
Helmsmeier
  John, 8
  Sophia, 8
Helmstadtner
  Rosina, 2
Helmuth
  Maria, 159
Helwick
  Marg. Elis., 70
Hemahloch
  Johanna Henriette, 50
Hembert
  Ludwig, 145
Hemerich
  Anna B., 60
Hemeter
  Gerdraut, 69
Hemmehlich
  Joh., 63
Hemmel
  Heinrich, 100
Hemmer
  Christoph, 13
  Georg Michael, 13
Hemmerich
  Anna Barb., 37
  Maria, 31, 37
Hemmrich
  Anna B., 81
  Anna Barbara, 45, 153
  Barb., 95
Hemmroch
  Anna Barb., 68
Hempel
  Clara Crescentia, 98
Hempke
  Aug., 117
Hemrich
  Anna B., 110, 119
Hendel
  Marg., 154
Henemann
  Elisabethe, 4
Henig
  Franz Julius, 115
  Gustav, 115
Hening
  August, 120
  Heinrich Christian Karl, 79
  Jane R., 98
  Karl, 79
Henkel
  Anna Kath., 158
  August, 9
  Charlotte, 21
  Conrad, 47, 152
  Elise, 98
  Ema, 188
  Emilie, 35
  Helena, 19

Jakob, 9, 19, 188
Johannes, 47
Kath., 79
Katharina, 7
Wilhelm Georg Carl, 19
Henkens [?]
  Daniel, 131
Henker
  Jakob, 177
Henkes
  Magd., 14
  Magdalena, 27
Hennemann
  Carl, 145
  Christine Wilhelmine, 12
  Hermann W., 21
Hennen
  Elisabeth, 208
  Mr. C., 208
Hennermann
  Elis., 156
Hennig
  Frantz, 17
Henning
  August, 23
  Auguste, 1
  Sofia Christ., 143
  Sophia, 19
  Wilhelmine, 141
Henninger
  Rosina, 155
Henpke
  Aug., 123
Henricke
  John Georg, 140
Henricks
  Friedr., 94
Henriks
  Julia, 73
Hens
  Heinrich, 98
  Heinrich Adam, 98
Hens [?]
  Heinrich, 165
Henschel
  Emilie, 119
Hensel
  Elisabeth, 130
  Katharina, 27
Hensen
  Friedr. Ernst, 96
  Georg, 76, 96, 156
  Heinrich Aug. Peter, 76
  Rosine, 182
  Tomas, 182
Henshall
  Louise, 161
Hensler
  Friedrich, 9
  Magdalena, 202
Henss
  Eva, 19

Heinrich, 112
Hentz
    Adam, 190
    Johann Leonhart, 190
Henz
    Johan Adam, 6
Herbert
    Catherine Marie, 35
    Christine, 170
    Georg Nikl., 89
    Marg., 59
    Margretha, 151
    Nicolaus, 35
Herbich
    Marg., 51
Herbig
    Johann Martin, 13
    Rosine Barbara, 13
Herbner
    Christina Margrethe, 6
    Johann Conrad, 147
    Justus, 4
    Niklaus, 6
Herbold
    Elisab., 49, 158
Herbret
    Margretha, 4
Herbst
    Aug. W. H., 120
Herche
    Elise, 130
Herdt
    Elise, 115
Hergenheim
    Johannes, 22
    Marg., 36
Hergenheimer
    Conrad, 199
    John, 62
    Kath., 66
    Marg., 62, 75
    Margretha, 148
Hergert
    Johann Matthias, 35
    Johannes, 34
    Maria, 35
    Matthaeus, 35
Herget
    Andr., 121
    Andreas Philipp, 52
    Anna Eva, 107, 121
    Conrad, 14, 206
    Eva, 28, 68, 79, 114
    Frantz Joseph, 146
    Joh., 52, 112
    Johann, 14, 28, 72, 201, 206
    Johann Matheus, 183
    Johannes, 50
    John, 81
    Karl, 72, 112
    Maria, 68, 110, 117, 168

Maria Magda., 55
Maria Magdal., 105
Matth., 107
Matthaus, 121
Michael, 183, 201
Hergotz
    Barbara, 4
Herichs
    Johann Gottlieb, 20
    Wilhelm, 20
Hering
    Aug., 106
    Carl, 17
    Carl P., 17
    Marg., 16, 64, 80
    Marg. Aug. Ida, 108
Herllein
    Anna Barb., 15
Hermann
    Andreas, 11
    Balthasar, 127
    Bernhard, 139
    Clemens, 8
    Elisabeth, 128
    Emerenz, 8
    Emma, 174
    Georg, 1
    Jakob, 18
    Juliane, 25
    Ludwig August, 25
    Marg., 125, 128, 129
    Maria, 7, 142
    Nicklas, 25
    Nicklaus, 1
    Philipp, 11
    Wilhelmina, 159
Hermannsdörfer
    Barbara, 25
Hernel
    Margretha, 23
Hernhart
    Johannes, 36
Herold
    Anna Barb., 83
    Bertha, 108
    Georg, 50
    Heinrich, 45, 77
    Helena, 44, 105, 153
    Johanna, 70
    Karl Heinrich, 50
    Kath., 50
    Marg., 14
    Margaretha, 45
    Maria, 76, 106
    Susanna Barbara, 220
Herpel
    Eva, 157
Herr
    Helena, 87
Herrburg
    Maria Kath. Hen. Elenore, 147

Herrlich
    Carl Helmuth & Lisette, 30
    Lisette, 2
Herrman
    Elisab., 118
    Maria, 88
Herrmann
    Anna, 37
    Elisabeth, 125
    Elise, 170
    Eva, 120
    Johann, 211
    Karoline, 135
    Kath. Marg., 96
    Marg., 103
    Maria, 81
    Michael, 155
    Nikolaus, 41
    Oscar, 170
    Rosine, 163
Hersch
    Maria, 222
Herschman
    Kath., 120
Hertel
    Anna Rosine, 76
    Barwette Louise, 23
    Elise Maria, 55
    Joh., 76
    Johann, 23, 47, 64, 144, 145, 155, 178, 184, 197
    Johann & Magdalene, 33
    Johann Georg, 23
    Johann Heinrich, 64
    John, 5, 55
    Kunigunda Katharina, 178
    Kunigunde Katharina, 5
    Margaretha, 197
    Rosine, 184
    Sophia, 30
    Wilhelm, 47
Herterich
    Johann, 193
    Margaretha, 153
Hertister
    Anna, 72
Hertlein
    Anna B., 67
    Anna Barb., 68, 84
    Barb., 120
    Barbara, 77
    Friedrike Carol. Louise, 60
    Gottfried Karl, 87
    Johannes Georg, 48
    Karl, 48, 60
Hertwig
    Georg, 82
    Karl Wilhelm, 82

Wilh., 82
Herz
    Auguste Dorothea, 65
    Dorothea, 65
    Georg, 65
    Magdalena, 85
Herzen
    James, 20
    Johann Friedrich, 20
Herzmann
    Anton, 39
    Paul Anton, 39
    Theodor, 39
Herzog
    Christina, 219
    Ida, 83
    Idda, 59
    Jakob Fr., 117
    Jakob Friedrich, 91
    Joh. Georg, 77
    Konrad, 37
    Kunigunde, 77
    Louis, 111
    Thomas, 91, 111, 172, 219
Hess
    Anna Katharina, 217
    Barbare, 139
    Elisabetha, 189
    Eva, 84, 162
    Eva Barb, 111
    Eva Kunig., 98
    Georg, 84, 92, 104, 213, 217
    Georg P., 110
    Georg Ph., 117, 124
    Hanna, 4
    Joh. Heinrich, 84
    Johann Friedrich, 117
    Kath. Elisabetha, 124
    Kath. Rebekka, 104
    Louise, 64, 94
    Maria Kath., 110
    Maria Katharina, 92, 213
    Mina, 166
    Sebastian, 189
    Sophie, 128
Hesse
    Christian, 216
    Elise, 43
    Hanna Carolina, 140
    Louise, 216
    Wilhelmina, 44
Hesselauer
    Margretha, 181
Hesselbach
    Georg, 96
    Georg Bernhardt, 96
Hesselbager
    Christiane, 38
Hessemauer
    Johann, 34

Johann Peter, 34
Hessenauer
  Andreas, 37
  Anna Maria, 21
  Barbara Magdalena, 50, 197
  Joh., 43, 50, 58
  Joh. Heinrich, 77
  Johann, 21, 37, 197
  Johannes Leonhardt, 43
  Maria Elisabeth, 58
  Maria Elisabetha, 197
  Wilha., 60
Hessmaur
  Johann, 189
  Johannes, 189
Hesterott
  Georg, 83
Hestmaier
  Anna, 39
Het
  Bernhardt, 195
  Georg Bernhart, 40
  Niklaus, 40
  Nikolaus, 195
Heterich
  Johann, 188
Hetter
  Caroline, 62
Hetterich
  Joseph, 37
Hetz
  Andreas, 26
  Georg, 11, 26, 142, 207
  Heinrich, 207
  Johann, 207
  Marg., 20
  Margretha, 32
  Roppert, 11
Heuer
  Anna Georgina Mina, 34
  Friedrich, 34
  Mina, 34
Heunsch
  Auguste, 148
Heupke
  Aub., 117
Heusser
  Elisab., 46
Heyg [?]
  Thomas, 68
Heymach
  Gustav, 60
  Laura Auguste, 60
Heymacher
  Gustav, 210
  Maria, 210
Heymann
  Caroline Sophia, 72
  Georg Conrad, 53
  Maria Barbara, 60
  Maria Pauline, 32

Pauline, 32
Sophia, 72
Theodor, 32, 53, 60, 72
Hhahn
  Rosina, 127
Hick
  Christoph, 6
  Johanna, 108
  Katharina Elise, 6
Hicken
  Anna, 174
  Joh. Wilh., 65
  Johann Georg, 14
  Johann Wilhelm, 14, 35
  John Charles, 35
  Wilhelm Silvester, 65
Hidzendorfer
  Elias, 5
Hiebel
  Friedrich Wilhelm, 125
  Gustav, 94, 103, 117, 125, 164, 216
  Heinrich, 216
  Heinrich Wilhelm, 103
  Marg. Adelhaid, 117
  Marg. Francisca, 94
  Martha Marg., 176
  Martha Margaretha, 221
Hiedder
  Herrmann, 2
Hiedernisch [?]
  Herman, 208
  Herman Dietrich, 208
Hiederoth
  Georg, 154
Hiemer
  Rosina, 173
Hilbert
  Adam, 2, 33, 48, 60, 195
  Amalie Louise Charlotte, 33
  Gustaphf Heinrich, 2
  Gustav, 195
  Johanna Maria Jane, 60
  Karl Heinrich, 48
  Maria, 60
Hild
  Johann Robert, 129
  John L., 129
  Wilhelm, 79
Hildebrandt
  Adolph Wilhelm, 108
  Alexander, 122
  August Wilhelm, 111
  Bertha, 79
  Friedrike, 89
  Heinrich, 74, 108, 114
  Karl, 79, 97, 111, 122
  Karl Fr., 89
  Kath., 167
  Kath. Emma, 71
  Kunigunde, 97

Louis Heinrich, 74
Maria, 94
Regina, 98
Hildebrecht
  Friedrike, 28, 150
Hildt
  Heinrich, 146
Hildwein
  Adam, 63
  Anna Margaretha, 63
Hilfer
  Caroline, 132
Hilgartner
  Louis, 60
Hilgert
  Wilhelmina, 39
Hill
  Elis., 57
  Louise, 45, 72, 105
  Margaretha, 17
Hille
  August, 76, 206
  Caroline, 206
  Christina, 52
  Friedrike, 85
  Heinrich Ernst Georg, 76
Hillebrand
  Karl, 128
  Luise Marie, 128
Hillebrandt
  Karl, 95
Hillen
  Johanne, 33
  Ludwig, 33
Hillenthal
  Kath., 23
Hiller
  Elisabetha, 180
  Emma, 180
  Friedrika, 69
  Heinrich, 180
  Katharina, 210
  Louis, 210
  Ludwig, 180
Hillgartner
  Balthaser, 149
  Heinrich, 19, 146
  Ludwig, 147
  Wilhelmine, 19
Hilsemann
  Anna Maria, 52
  Friedr. V., 52
  Friedrich W., 195
  Georg Christian Frank, 65
  Heinrich, 65, 71
  Hermann August, 71
  Louise, 148
  Louise Carolina, 52
  Maria, 195
Hilsmann
  Anna Marg. Elisabetha, 20

Friedrich Wil., 9
Katharina, 9
Katharina M., 23
Hiltz
  Karoline, 130
  Philipp, 124
Hiltzmann
  Friedrich, 139
Hilz
  Carolina Barbara, 64
  Christina, 104
  Christine, 213
  Conrad, 64, 76, 104, 117, 204, 213
  Elisabetha, 76, 204
  Ellen Marg., 103
  Joh., 171
  Marg., 160
  Philipp, 103, 117
Hilzmann
  Friedr. Wilh., 41
  Friedrich Wilh., 41
  Joh. Christian, 41
Himmelfaber
  Marg., 68
Himmelhaber
  Niklaus, 162
Himmelheber
  Marg., 103
Himmelmann
  Christina, 177
Himmer
  Anna, 43
  Barbara, 161
  Christoph, 42, 55, 142
  Concordia Rosine, 28
  Conrad, 55
  Eva Barb., 45
  Eva Barbara, 131
  Georg, 174
  Georg Michael, 131
  Henriette, 129
  Joh. Chrisoph, 28
  Margarethe, 42
  Rosine, 129
Himming
  Eva Maria, 141
Himmler
  Joh. & Andr. & Mich., 37
  Maria, 60
Hinckel
  Elisab., 86
Hinderaesch
  Dorothea Eliseabetha, 211
Hingel
  Johann Friedrich, 10
Hinges
  Magdale, 143
Hinkel
  Carolina, 208
  Conrad, 38, 62, 75, 203
  Elis., 80

Gottfried, 77
Jakob, 200
Joh. Friedrich, 38
Johann Louis, 62
Kath., 107, 120
Kath. Elis., 165
Lena, 75, 203
Wilhelm Gottfried, 77
Hinna
   Augusta, 121
Hinson
   Richard, 171
Hinternich [?]
   Christian, 194
   Maria Katharina Dona, 194
Hinternisch
   Anna Mary, 169
Hirdgins
   Elizab., 157
Hirsch
   Maria, 127
Hirschmann
   Barb., 156
   Carolina, 163
   Georg, 188
   Johann Georg, 24
   Kath., 87, 100, 111, 129
   Katharina, 188
   Katharina Barbara, 24
   Maria, 188
Hirstemeier
   Katharina, 8
Hirt
   Ferdinand, 9
   Johan Cesar, 9
Hissenauer
   Anna Margretha, 4
   David, 4
Hitelberger
   Johann, 8
   Johannes, 8
Hitter
   Caroline, 22, 33
   Johann, 22
Hittner
   Elisabetha, 19
Hitz
   Joh., 118
Hobelmann
   Heinrich, 57
   Helena, 170
   Herman, 195
   Herman Heinrich, 206
   Herman Heinrich Friedr., 195
   Hermann H., 79
   Hermann Heinrich, 79
   Herrman H., 67
   Herrmann H., 93
   Herrmann Heinrich Friedrich, 57

Joh. Heinrich, 57
Johann Herman, 206
Johanna, 55, 163
Johanna Dorothea, 93
Marg. Maria, 67
Hobruck
   Georg, 126
Hobson
   John, 169
Hoch
   Anna, 63
   Anna G., 53, 76, 77, 98
   Anna Getrud, 30
   Charl., 54
   Eva M., 54
   Gertraud, 40
Hocher
   Joh., 112
   Joh. Friedrich, 112
Hock
   Johann, 192
   Johannes, 192
   Wilhelm A., 166
Hockemeier
   Heinrich, 92
   Maria Magdalena, 92
Hodermann
   Eva Margretha, 139
Hodges
   Alfred, 173
   John T., 79
Hoebest
   Ernst, 142
Hoeflich
   Adam, 125
   Adolf Friedrich, 125
Hoegl
   Frank, 174
Hoelscher
   Ernst Hermann, 127
   Hermann, 127
Hof
   Bernhardt, 48
   Gertrud, 36
   Heinrich, 48, 172
Hofer
   John Georg, 141
   Michael, 151
Hofer...
   Maria, 131
Hoff
   Heinrich, 99
   Juliana Augusta, 99
Hofferbert
   Barbara, 59
Hofferth
   Friedrich, 4
   Johann Heinrich, 4
Hoffknecht
   Barbara, 146
Hoffman
   Carolina Henrietta, 92

Henrietta, 92
John H., 92
Hoffmann
   Andreas, 125, 172, 223
   Anna, 47, 63, 85, 130
   Anna J., 167
   Anna Kath., 108
   Anna M. Magdalena, 142
   Anna Magdalena, 4
   Anna Marg., 65
   Anna Margaretha, 34, 70
   Anna Maria, 143
   Anna Maria Magd., 7
   Auguste, 21
   Barb. Mary, 159
   Bernhardt, 29, 46, 82
   Bernhardtine, 29
   Caroline, 163
   Caspar, 162
   Christian, 2, 7, 23
   Christiane, 23
   Christoph, 70, 91
   Chritoph, 48
   Conrad, 3, 216
   Dorethea, 9, 20
   Dorothea, 46
   Elisabetha, 13
   Ernst Friedrich Karl, 70
   Eva, 10
   Eva Maria, 36
   Friedrich, 79, 194, 198
   Friedrika, 177
   Georg, 19, 49
   Georg & Susanna Marg., 14
   Georg Bernhart, 40
   Georg Friedrich, 79
   Georg Wilhelm, 7
   Gustopf, 41
   Heinrich, 41, 43, 65, 70, 80, 117, 130, 206, 217
   Heinrich Wilhelm, 80
   Herrmann, 91
   Imma Maria, 2
   Jakob, 206
   Joh., 39, 108, 115
   Joh. H., 108
   Joh. Heinrich, 50
   Johann, 34, 115, 146, 194, 195
   Johann Heinrich, 125, 188
   Johanna, 46, 55, 195
   John, 3
   Joseh & Maria, 13
   Josepf, 20
   Joseph, 16
   Karl, 43, 56, 67
   Kath., 14
   Katharina Barbara, 223
   Kunigunda, 195
   Kunigunde, 8, 29, 34
   Louis, 52

Louise, 67, 110
Louise Ottilia, 137
Magdalena, 180
Marg., 50, 90, 163
Margaretha, 110
Margretha, 30
Maria, 2, 8, 117, 139, 217
Maria Christina, 48
Maria Elisabetha, 216
Maria Magdalena, 130
Maria Thresia, 90
Mina, 31
Rosa, 79
Sophia, 77, 87
Sophie, 51, 83, 188
Hoffmeier
   Franz Friedrich, 69
   Friedr., 69
   Louise, 131
Hoffschneider
   Friedrich Wilhelm Heinrich, 5
   John H., 5
Hoflar
   Nicolaus, 225
Hofler
   August, 216
   Georg, 23, 206
   Nickaulus, 23
   Niklaus, 206, 216
Hoflich
   Adam, 111
   Anton, 95
   Julius Karl, 111
Höflich
   Adam, 84, 96
   Julius Friedr., 96
   Wilhelm, 84
Hofmann
   Andreas, 129
   Christoph [?], 193
   Georg Conrad, 193
   Heinrich, 125
   Jennie Eleonora, 110
   Johann, 125
   Johann Adam, 177
   Karl, 125
   Katharina Barbara, 129
   Maria, 125, 220
Hofmeier
   Anna Kath., 102
   Anna M. S., 158
   Friedr., 88, 114
   Friedrich, 102, 159
   Louise, 88, 167
   Philipp Reinhardt, 114
   Wilhelmine Louise, 88
Hofmeister
   Barbara, 80
   Barbara Ellen, 80
   Georg, 54, 56, 112, 211
   Georg Heinrich, 195

Index

Josephine, 56
Karl Friedrich, 66
Louise, 123
Margaretha, 211
Philipp, 66, 69, 80, 121, 195
Hofmeyer
  Friedr., 107
  Louise, 107
Hofstetter
  Georg, 154
  Johann, 190
  Katharina, 190
Hogel [?]
  John, 100
Hogelgans
  Joh. S., 53
  Johann Peter, 53
Hohe
  Christina, 16
Hohenberger
  Friedrich, 94
  Heinrich, 94, 171
Hohldefer
  Marg., 52
Hohmann
  Conrad, 153
Hohn
  Anna, 48
  Anna & Marg., 70
  Anna Marg. Christine, 40
  child, 221
  Elisab., 162
  Elisabetha, 30
  Georg, 63
  Kath., 55, 59
  Marg., 37, 63
  Margaretha, 221
  Maria, 59
Hoier
  Christine, 158
Hoike
  Marg., 22
Hoile
  Georg, 15
  Wilhem Martin, 15
Holdart
  Friedrk. Aug., 55
Holdefer
  Amalia, 113, 117
  Anna, 125
  Anna Elisabeth, 125
  Barba., 56
  Friedr. W., 111
  Friedr. Wilhelm, 75, 111
  Georg, 213
  Georg Wilhelm, 103
  Heinr., 125
  Heinrich, 128, 222
  Joh. & Heinrich, 61
  Johannes Heinrich, 61
  Josephine, 56, 81

Magdalena, 22, 121
Marg., 61, 81, 103, 111, 117, 121
Sibylle Katharine, 128
Wilhelm, 61, 81, 103, 121, 213
Holderf
  Anna Maria, 83
  Casten, 100, 114
  Corsten, 83
  Georg Heinrich, 100
  Maria Elisab., 114
Holdhammer
  M. Elis., 37
Holdhaus
  Franz Theodor, 48
  Hermann, 26
  Jakobine, 186
  Sophia Caroline, 26
Holdleka
  Maria, 36
Holdmann
  Anan Maria, 27
Holdöfer
  Heinrich, 174
Holl
  Elis., 37
  Georg, 84, 151
Hollank
  Heinrich, 140
Holle
  Heinrich, 71, 201
  Wilhelm Heinrich, 71, 201
Hollmann
  Anna Maria, 148
Hollwig
  Johanna, 121
Holly
  Wilihelmina, 128
Holm
  Auguste, 95, 167
Holstadt
  August Franklin, 76
  Nathenael, 76
Holste
  Arnold, 123
  Joh. Fr., 117
  Joh. Friedr., 123, 171
  Joha., 95
Holstein
  Aug. Friedr., 67
  Bernhardt, 85
  Justus, 85
  Louise, 67
Holster
  Adelheid, 39
Holstett
  August Franklin, 203
  Johannes, 203
Holthaus
  Franziska, 77, 84

Heinrich, 63
Maria Elise Franziska, 77
Wilh. F., 77
Holthusen
  Heinrich, 130
Holtmann
  Anna Maria, 74
  Maria, 41, 62
Holtner
  Heinrich Johann, 206
  Henrietta, 206
Holwig
  Johanna, 77
Holze
  Friedrich, 179
  Jane, 163
Holzemer
  Auguste, 16
Holzer
  Chatharina, 2
  Eva Kath., 8
  Friederich, 153
  Sofia, 8
Hölzer
  Katharina, 195
  Leonhardt, 195
Holzhaas
  Dorethea, 185
  Johann, 185
Holzhaus
  Doretha, 11
  Dorethea Maria Wilhelmina, 11
  Johann, 185
  Johannes, 11, 182
  Maria, 185
Holzman
  Karl, 41
Holzmann
  Anna Barbara, 31
  Anna Maria Wilhelmina, 47
  Christian, 60
  Heinrich Wilhelm, 108
  Hermann, 129
  Herrmann, 108, 124
  Joh. Andreas Michael, 37
  Joh. Chr., 37, 47
  Joh. Christ., 98
  Johann Christopf, 152
  Johann Georg, 124
  Johannes, 64
  Karl, 98
  Karl Friedrich Wilhelm, 129
  Theodor, 31, 64
  Wilhelmina, 60
Holzmer
  Theodor, 146
Holzner
  Barb., 50
  Karl, 41, 50

Theodor, 41, 50
Holzschuh
  Anna Helena, 50
  August Friedr. Ferdinand, 191
  August Friedrich Ferdinand, 44
  Carl, 44, 191
  Karl, 50
Holzstein
  Friedrich, 4
  Justus, 4, 10, 139
  Katharine, 10
Homberg
  August, 125
  Auguste, 137
  Emma, 125, 171
  Heinrich, 223
  Kath., 120
  Kath. Johanna, 120
  Louise, 14
  Martin, 120
Homberger
  Maria Margretha, 32
Homer
  Constina, 84
Hommel
  Antonia, 91
  Maria, 75
Honberger
  Anna Kath., 72
  Maria, 72
Hondes
  Allexander, 29
  Henriette Margretha, 29
Hönervogt
  Andreas, 221
Honig
  Elis., 65
  Elisab., 80
  Friedrich, 4
Honselmann
  Christina, 139
  Maria, 148
  Rosine, 18
Hook
  Emilia V. H., 175
Hooker
  James, 145
Hoor
  Elise, 88
Hoos
  Adam, 98
  Anna Margaretha, 44
  Anna Maria, 69
  Conrad, 57
  Heinrich, 82
  Heinrich Wilhelm, 112
  Joh., 57, 69, 82, 112
  Johann, 15
  Johannes, 44
  John, 122

Philipp, 122
Hopf
  Georg, 211
  Georg Albert, 211
Hopfner
  Christina, 213
  Wilhelm, 213
Hopken
  Margretha, 12
Hopp
  Christian Gottlieb, 79
  Philipp, 79
Hoppe
  Auguste, 93, 109, 162
  Herrmann, 88
  Herrmann Adolph, 164
Hopper
  August, 12
  Joseph, 12
Hoppert
  Heinrich, 204
  Maria, 204
  Wilhelmina, 81
Hörichs
  Wilhelm, 196
Horig
  Heinrich, 19
  Sophia Auguste, 19
Horing
  Margretha, 7
Höring
  Margretha, 7
  Maria, 7
Horlacher
  Johann, 18, 26
  Johann & Rosine, 13
  John, 6
  Katharina, 6
Horn
  Adam, 48, 59, 61, 65, 100, 103, 131, 197
  Barbara, 137
  Bernhard M., 47
  [blank], 184
  Christine, 47
  Clara Ernstina, 1
  Conrad, 181
  Elisabeth, 175
  Georg, 1, 182
  Joh, 63
  Joh. Friedrich, 60
  Johann, 17
  Johann Adam, 48
  Johann Friedrich, 196
  Johann Georg, 12, 184
  Juliane, 25
  Kath., 45, 53, 66
  Katharina, 12, 182
  Katharine, 131
  M. Christ., 157
  Maria Barbara, 59, 197
  Maria Kath., 83
  Peter, 60, 196
  Peter Jakob Johann, 17
  Theodor, 172
Horner
  Babette Maria Friedrike, 72
  Ernst Lebrecht, 109
  Joh., 63, 71, 81, 95
  Johann, 72, 199
  John, 107
  Marg., 63
  Math., 69
Hornfeck
  Anna, 9, 152
Hornlein
  Helena, 161
Hornveite
  Anna, 27
Horr
  Charlotte, 32
  Veronika, 79
  Wm., 121
Horsemann
  Anna Marg., 81
Horst
  Anna Maria, 32, 54
  child of, 221
  Christian, 84, 94, 105, 112, 161, 217
  Christian Karl, 217
  Conrad, 15, 22, 30, 31, 43, 51, 70, 107, 156, 196, 198
  Elis., 62, 66
  Elisa., 54
  Elisab., 54, 75
  Elisabetha, 41
  Georg, 31, 41, 94, 103
  Georg Heinrich, 15
  Georg Wilhelm, 120
  Heinrich, 30
  Joh., 94, 107, 163
  Joh. Heinrich, 94
  Johann, 15, 70, 203, 221
  Johann Conrad, 173
  Johann Heinrich, 221
  Johannes, 51
  John, 78, 120
  Karl Christian, 105
  Kath., 86, 96, 109
  Kath. Elisabetha, 112
  Katharina, 30
  Louis Freidrich, 196
  Louis Friedrich, 43
  "Margrethaaus Oberam, Hessen", 181
  Maria, 62, 84, 86, 198
  Rosine Christiana, 203
  Sibylle Katharine, 128
Horstemeier
  Anna K. M., 23
Horsther
  August, 36
Horstmaier
  Konrad, 125
  Meta Ernstine, 125
Horstmann
  Catherine Elizabeth, 35
  Heinrich, 54
  Kath. Elisab., 11
  Katharina, 54
  Katharina Elisabeth, 140
  Soph. M., 54
  Sophia, 33, 43, 74
Horstmeier
  Auguste, 11
  Conrad, 70, 82, 110
  Eberhardt Wilhelm, 140
  Elenora Meta Sophia, 70
  Ernst, 11, 139
  Ernst Meta, 129
  Ernst Wilh., 10, 62
  Johann Christian, 10
  John L., 129, 173
  Karl Eduard, 82
  Konrad Jakob, 221
  Maria, 70
  Maria Soph. Friedrike, 110
  Meta Ernstine, 129
  Sophia, 201
  Wilhelm, 187
Horstmeyer
  Albert Wilhe. August, 99
  Conrad, 99
Hortans
  Adam, 37
  Joh., 37
Hörtland
  John Michael & Anna Barbara, 1
Hos
  Anna Elisabetha, 30
  Johann, 30
  Margretha, 12
Hosch
  Konrad, 35
Hoschmeier
  Ernst, 28
  Louise Caroline, 28
Hosper
  Anna, 117
  Hanna, 102
  Wilha., 117
Hottemuller
  Heinrich, 44
  Johann Friedrich, 44
Hotter [Hetter]
  Elisabetha, 207
  Johann, 207
Hottes
  Augusta Elisabetha, 37
  Augusta Elise., 60
  Auguste, 191
  Georg, 79, 123
  Joh., 37, 93, 123
  Johann, 131
  Johann Eduard, 131
  Johannes, 191
  John, 60, 79, 152
  Karl, 120
  Louise Ernstina, 93
  Wilhelm, 123
Hotz
  Conrad, 152
  Friedrich, 45
  Georg, 4, 26
  Johann Georg, 179
  John Georg, 4
  Peter Carl, 26
  Theodor, 45
Hotzer
  Georg Bernhardt, 164
Howard
  Frank, 87
Howe
  Ernst, 108
  Georg Ernst, 108
Hub
  John Peter, 2
  Maria Elisabetha, 2
Hubach
  Daniel, 162
Hubbner
  Johann Nikolaus, 145
  Margretha, 185
Huber
  Anton, 78, 85, 93, 214
  Elisab., 93
  Friedricka, 7
  Georg Wochim Eugen, 86
  Helena, 85
  Joh., 103
  Johann, 214
  Johannes, 51, 103
  Kath. Maria, 78
  Louise, 89
  Margaretha, 51
  Maria Katharina, 151
  Marie Catherine, 34
  Vernoika, 96
  Veronika, 106, 114
  Wilhelm, 86
Hubert
  Anton, 158, 208
  Helena, 208
Hubinger
  Johannes, 3
  Peter, 3
Hubka
  Johanna, 122
Hubner
  Anna E., 102, 111
  Anna Elis., 50, 57, 68
  Anna Maria, 196
  Barbara, 11, 62

Barbara Susetta, 199
Conrad, 199
Elisab., 102
Georg, 31, 141
Heinrich, 22
Ida, 70
Johann, 202
Johann Adam, 20
Katharina Johanna, 31
Martin, 22, 62, 196, 205
Robert Wilhelm, 20
Rosina Sophia, 202
Hübner
　Anna Kunig., 83
　Anna Kunigunda, 77
　Anna Marg., 124
　Barb., 86, 126
　Barbara, 38, 74, 157
　Elise, 35
　Georg, 38, 102, 114, 124
　Heinrich, 127, 130
　Helena, 102, 113, 121, 167
　Johann Heinrich, 130
　Kunigunde, 100
　Maria Elisabetha, 127, 222
　Martin, 70, 126, 157
Hubsch
　Maria Rosina, 43
Hübschmann
　Johann Georg, 33
　Rosine Louise, 33
Huchthausen
　August W., 172
Hucker
　Conrad, 116
　Johann, 219
　Nikl., 116, 170
　Niklaus, 219
Hudgins
　Elisab., 66
　Elise, 111, 119
Huf
　Elisab., 88
　Louise, 80
　Wilhelm, 80
Hufer
　Friedrike, 37
Huff
　Johann, 210
　Wihelm, 210
Hufhett
　Philipp Alex., 86
Hufnagel
　Balthaser, 22
　[blank], 2
　Elisabetha, 22
　John Michael, 2
Huford [?]
　Barbara, 36
Huhn

Johann B., 20
John Bernhard, 5
Maria Chir., 5
Sarah Mathilde, 20
Huiss
　Joh. Georg, 103
　Karl, 103
Hüllner
　Kunigunde, 14
Hulsemann
　Anne Elizabeth, 34
　Carl Ferdinand, 41
　Christine Wilhelmina, 102
　Clara Mina Carolina, 80
　Cord, 80
　Corth Jakob, 209
　Courth, 93
　Courth Jakob, 93
　Friedrich Wilhelm, 34
　Heinrich, 41, 47, 80, 93, 102, 139, 190, 194, 209
　Johann Heinrich, 47
　Katharina Elisabetha, 194
　Maria Anna, 190
Hülsemann
　Friedr. M., 73
　Friedr. Wilh., 73
　Johann Herrmann, 73
Hulsmann
　Courth, 108
　Friedr. W., 99
　Friedr. Wilh., 48
　Friedrich, 24, 185
　Heinrich, 212
　Johann Wilhelmina, 212
　Katharina, 175
　Katharina Maria, 28
　Mathilde Emilie, 99
　Wilhelm, 24, 185
Hülsmann
　Friedrich Wilh., 3
　Friedrich Wilhelm, 3
Hülz
　Conrad, 128
　Georg Konrad, 128
Humberg
　Aug., 91
　Bernhardt, 55, 194
　Heinrich Wilhelm, 91
　Karl, 55, 194
　Kath. Rebekke, 104
　Louise Emma, 109
Humel
　Antonetta, 170
　Auguste, 37
　Heinrich, 110
　Wihelm Heinrich, 110
Humfeld
　Emilie, 88, 97
　Friedr., 88

Friedrich, 209
Louise, 209
Hummel
　Anna Maria Louise, 97
　Auguste, 20, 27
　Heinrich, 97
　Magdalene, 144
　Marg., 39
　Maria, 75
Hummerich
　Charlotte, 180
Hundmann
　Maria, 184
Hunnenwarter
　Christ., 58
Hunnler
　Maria & Wilhelmina, 47
Hunsmann
　Christoph, 27
　Heinrich Christophf, 27
Huntingdon
　William, 220
Hup
　Johanna Dorothea, 35
　Johannes, 35
Hupfa
　Marg. Magd., 125
Hupfer
　Marg. M., 171
Hupp
　Christina Josephina, 7
　Franzis Juty., 14
　Herman Jakob, 202
　Herrmann Jakob, 67
　Jakob, 67, 194
　Joh., 48
　Johann, 197, 202
　Johannes, 14, 27, 142
　John., 67
　Marg., 55
　Marg. Auguste, 48
　Margaretha Auguste, 197
　Margretha, 25
　Peter, 7, 25, 41
　Peter Jakob, 41
Huppe
　Hermann, 147
Huring
　Marg., 44
Hurstmeyer
　Maria A., 158
Hurtzig
　Maria, 80
Hurtzing
　Friedr., 160
Hus
　Johannes, 36
Husmann
　Ernst, 180
　Wilhelm, 180
Huss
　Carolina, 67

Hussmann
　Kath., 126
　Kath. M., 117
　Wilhelmine Charlotte, 146
Hut
　Anna Louise, 48
　Elis., 46
　Elise, 52
　Franz, 48
　Louise, 36
Huter
　Carl, 32
　Carl Jakob, 32
　Carolina, 44
　Clara Susanne Margretha, 32
　Conrad, 44, 61
　Karl, 61
　Karl Georg Eduard, 61
　Karolina, 44
　Ludwig, 61
Hüter
　Anna, 126
　Louis, 126
Hüterot
　Karl, 116
Huth
　Carolina, 169
　Frantz, 149
Huther
　Anna, 223
　Daniel, 117
　Joh. Peter, 90
　Kath., 66
　Louis, 90, 117
　Louise, 86, 92
　Ludwig, 223
Huttaer
　Elis., 63
Hutter
　Carlina, 54
　Carolina, 73, 85, 103
　Christina Katharina, 50
　Dorothea, 195
　Joh., 50
　Johannes, 193
　Lena, 193
　Valentin, 195
Huttner
　Elisab., 96
Hüttner
　Margretha, 2
Hutton
　Beckey Ann, 160
Hutz
　Thomas, 148
Hymach
　Gustaphf, 2

I

Ickes

Anna Margaretha, 80
[blank], 198
Christine, 210
Christopf, 151
Christoph, 3
Emma, 94
Heinrich, 63, 69, 80, 94
Joh., 63, 75
Johann, 63, 210
Johannes, 63, 151
John, 167
Kath., 63
Katharine, 63
Louise, 75
Margaretha, 198
Maria, 69
Ihle
  Kath., 41
  Magdalene, 19
Ihlein
  Rosine, 142
Ihler
  Caspar Heinrich, 39
  Joh. Georg, 39
Ihslar
  Caspar, 177
  Caspar H., 177
  Maria, 177
Ilick
  Henriette, 181
Illeot [Elliott]
  Martha, 25
Ilob [?]
  Kunigunde, 143
Ilz
  Theresia, 72, 84, 99, 118
Imfange
  Elisab., 118
  Elise, 113
  Friedr., 41, 69
  Friedrich, 118
  Heinrich, 113
  Henrietta, 168
  Maria, 41
Imhof
  Ann Cath., 160
  Anna E., 78, 106
  Elisab., 95
  Emma L., 106
Imken
  Marg., 54
  Meta, 27
Imschloss
  Johann Georg, 146
Inbens
  Maria Marg., 127
Inel
  Olaf Severin, 212
Isermann
  Harno, 165
Itzel
  Adam, 70

Adam Georg, 70
Georg, 46
Maria, 104
Izorer [?]
  Lisette, 144

J
Jackel
  Carolina, 10
  Heinrich, 20
  Jakob, 46
  Joh. Jakob, 154
  Johann, 20
  Johannes, 20
  Wilhelm, 46
Jadewitz
  Herman, 188
  Maria Franziska, 188
Jaeckel
  Anna, 126
  Georg, 126
Jaeger
  Luise Marg., 135
  Rosina, 137
Jagel [?]
  Emilie, 42
Jager
  Anna Maria, 23
  Anton, 23
  Conrad, 107, 157
  Elisabetha, 218
  Ernst Adolph, 169
  Kath., 12, 107, 120, 163
  Margretha, 12
  Maria Christina, 166
  Samuel, 218
Jäger
  Anna Elise., 131
  Anna Kath., 89
  Anton, 73
  Barbara, 130
  Conrad, 82
  Dorothea, 3
  Eduard, 70
  Elis., 92
  Elisab., 82
  Georg, 9
  Heinrich, 36
  Karl Heinrich, 73
  Kath., 94
  Margretha, 9
  Maria, 56, 70, 89
  Wilh. G. Washington, 100
Jahn
  Anna Marg., 37
  Anna Margretha, 21
  Auguste Charlotte, 9
  Carl Christoph, 178
  Christian, 1
  Christine, 179
  Elise, 8
  Jakob (I), 179

John Heinrich, 9
Margretha, 6, 8, 12
Michael, 1
Jahnfor [?]
  Louise W. Josephina, 190
  Peter, 190
Jahreiss
  Anna Barbara, 26
  Christoph, 26
Jakob
  Barbara, 139
  Carl Wilhelm, 25, 27
  Christina H., 12
  Eckhardt, 23
  Elisabetha, 23
  Joh., 172
  Joh. Mich & Elis., 42
  Kath., 76, 111, 166
  Kath. Elisab., 41
  Katharina Elisabeth, 139
  Kunigunde, 178
  Michael, 128
  R. Elis., 47
  Samuel, 25
Jakobi
  Louise, 153
  Maria, 2
Jakobs
  Anna Marg., 103
  Kath., 103
  Katharina, 35
  Talena Doretha Henriette, 9
  Thalina, 57
Jakobschen
  Carl, 21
James
  Catharine, 159
Jammer
  Elisab., 158
  Herrmann, 88
  Jakob, 88
Janch
  Johanna, 168
Janck
  Christian, 177
Janeh
  Johanna, 103
Janies
  Louisa, 174
Janne
  Louise, 28
Jansan
  Konrad Martin, 48
  Peter, 48
Jansen
  Anna Schmidt, 2
  Bertha E..., 38
  Carol., 101
  Carolina, 105
  Caroline, 218
  Elisab., 64

Emilie Chatharina, 1
Friedrich Wilhelm, 28
Georg W. Oscar, 110
Heinrich Fried. Wilhelm, 11
Johann, 135, 183
Johann Doroth. Caroline, 59
Johanna, 137
Johannes, 186
John, 1
Louise, 78, 92
Louise Carol. Wilhelmina, 74
Louise J. Wilhelmina, 208
Magdal., 83
Magdalena, 70
Margretha, 6
Peter, 11, 59, 74, 94, 199, 208, 218
Peter Conrad Martin, 199
Thom, 1
Thomas Heinrich, 94
Wilhelm Friedrich, 28
Janson
  Karl Eduard, 109
  Louise Helena, 86
  Peter, 109
January
  Amalia Martha, 100
Jarmson
  Heinrich, 163
Jarss
  Wilhelm, 63
Jeckel
  Adolph, 54
  Emilie, 51, 86
  Georg, 86, 157
  Goerg, 62
  Heinrich, 62
  Joh., 38, 54
  Marg. & Heinrich, 51
Jekle
  Katharina, 25
Jellman
  Joh. G., 118
Jenkins
  Georgeann, 165
Jennes
  Ludwig, 188
Jensch
  Kath., 113
Jensen
  Louise, 67
Joars
  Johann Romer, 121
  Wilhelm, 121
Jochem
  Maria, 96
Jockel
  Conrad, 200
  Emilie, 115

Georg, 45, 219
Heinrich, 200
Wilhelm, 219
Jöckel
  Adolph, 199
  Barb., 80
  Barbara, 80
  Conrad, 68
  Emilia, 70
  Georg, 70, 74
  Joh., 80
  Johann, 199
  Wilhelm, 74
Jocssheck
  Joh. Friedr., 66
Joehnke
  Karl Johann Jürgen, 173
Joh
  Clara, 131
  Conrad, 9, 199
  Henrietta, 199
  Kath. Marg., 21
  Louise, 131
  Peter, 9
Johann, 181
Johannes
  Anna, 91
  Maria, 128
Johanns
  Clementina, 88
  Dina, 108
Johansen
  Hans, 223
John
  Emil, 173
  Margretha, 142
Johnson
  Heinrich, 221
  Karolina Luise, 173
  Kath., 163
Jokus
  Johann, 202
Jonas
  Albert, 170
  Wilhelm, 169
Jones
  Abraham Ward Melvin, 115
  Charles T., 162
  Heinrich, 204
  Karl, 84, 86
  Katharine, 131
  Maria Louise, 94
  Simon, 101
  Wilhelm, 115
  Wilhelm Nicklaus, 84
Jonge (AKA Dey)
  Tjebbe (AKA Johann), 205
Jop
  John H., 3
  John Philipp, 3

Jordan
  Charlotte, 44
  Elise, 171
  Margaretha, 36
  Michael, 36
Jorrs
  Anna Elisab., 105
Jors
  Leon Lefevre, 111
  Wilhelm, 111
Jorss
  Joh. Wilhelm, 73
  Louise Helena, 86
  Maria Emma, 102
  Wilhelm, 73, 86, 102
Josenhans
  Kar H., 107
  Karl, 120
  Karl Wilhelm, 120
  Maria Eleonore, 107
Jost
  Anna Catherine, 34
  Helena Paulina, 102
  Johannes, 187
  Margrethe, 9
  Maria, 23, 142, 203
  Philipp, 187
Jotz…
  Louis, 132
Jud
  Elis., 94
  Karl, 94
Julius
  Anna Maria, 177
Jung
  Anna, 132
  Anna Barb., 89
  Anna E., 108
  Anna Elis., 93, 158
  Anna Elise, 108
  Anna Kath., 59, 67, 81, 102
  Anna Maria, 51, 111
  Carolina, 95
  Caspar, 62, 132, 195, 223
  Conrad, 16
  Elisab., 69, 80, 119, 163, 165
  Elisabetha, 221
  Emma, 62
  Franz, 51, 60, 72
  Frau, 176
  Gottfried, 7
  Heinrich, 60, 67, 90, 102, 119, 163
  Joh., 116
  Johannes, 102
  Kaspar, 54, 156
  Kath., 47
  Kath. Elisab., 72
  Katharina, 154, 210
  Laura Virginia, 121

  Maria, 54, 195
  Maria Elise, 16
  Michael, 210
  Wilhelm, 90, 223
Junger
  Maria, 172
Jungling
  Karl, 58
  Sophia, 58
Jüngling
  Christian, 74
  Joseph, 83
  Karl, 74, 83
  Karl Christian, 74
  Maria Theres., 154
Junker
  Katharina, 23
  Margretha, 2
Junkert
  Maria, 150
Jurgen
  Anna Wilhlemina Johanna, 2
  John, 2
Just
  Karl, 167
Juste
  Heinrich Andreas, 93

K

K…irr
  Maria Anna, 47
Kaa
  Doroth., 157
Kaatz
  Holda, 102
  Otto, 102
Käber
  Michael, 1
Kabernagel
  Georg J., 123
  Georg Joh., 172
  Herrman, 123
  Joh. Christ. Karl, 123
  Johann Hermann, 220
  Kath. M., 91
  Marg., 85
  Maria Isabella, 123
Kaberne
  Anna Elisabetha, 187
Kaefer
  Georg Friedr., 168
  Johann, 211
  Marg., 168
  Margaretha, 211
Kafer
  Joh., 60
  Louis, 60
  Wilhelm, 101
  Wilhelm Friedrich, 101
Käfer
  Elisabetha, 200

  Friedrich, 195
  Johann, 197, 200
  Louis, 197
  Rosina, 195
  Sophia, 38
  Wilhelm, 166
Kaffeberger
  Adam, 58
  Elis., 63
  Heinrich, 63
  Henry Clay, 63
  Kath., 58
  Kath. Elisab., 58
Kaffenberger
  Henry, 98
  Jakob, 169
  Samuel Walker, 98
Kahl
  Anna, 108
  Anna Maria, 10
  Augusta, 69
  Barb. Henrietta, 118
  Bertha, 69
  Christiana, 56
  Holde, 69
  Karl, 118
  Louise, 95
Kahler
  Eva, 43
  Margaretha, 187
Kahling
  Maria, 181
Kahlmey
  Gerhardt Friedrich, 35
  Marie Elizabeth, 35
Kahmer
  Philipp, 59
  Philipp Ludwig, 59
Kahoff
  Emmilie, 49
Kahter
  Louise, 132
Kaierim
  Anna Margretha, 12
  Philipp, 12
Kaische
  Johann Wilhelm, 207
  Karl, 207
Kaiser
  Amalia, 165
  Anna, 61
  Anna Kath., 162
  Anna Marg., 82, 102
  Anna Margaretha, 49, 193
  Anna Margaretha Wilhelmina, 49
  August Friedrich, 61
  Barb., 98
  Barbara, 41, 111
  Barbara Elisabetha, 31
  Charlotte, 188
  Christ., 49

Christ. Adam, 56
Christian, 53, 193
Elis., 93
Elisab., 106
Elisabeth, 129
Elise, 117, 130
Emma, 61
Friedr., 61
Georg, 56, 84
Georg Michael, 56
Gottlob, 20
Herrmann H., 44
Ida Marg. Elisab., 102
Jakob, 65
Jakob Heinrich, 65
Joh., 170
Joh. H., 165
Joh. Heinrich, 71
Joh. Herrmann, 102, 111
Joh. Wilhelm, 111
Johann Georg, 129
Johanna, 70, 105
Johanne, 33
Kath., 45, 57
Katharina, 28
Kunigunde, 56
Louis, 73
Louise, 47, 193
Marg., 39, 47, 63, 67, 77, 93, 107, 124
Marg. Kath., 63
Marg. Katharina, 65
Margareta, 137
Margaretha, 42
Margretha, 8
Maria, 62
Maria Barb., 59
Maria Christina Friedrka., 193
Michael, 47, 193
Philipp A., 67
Wilhelmina Anna Marg., 193
Kaiss
   barbara, 207
   Karl, 207
Kaisser
   Georg & Katharina, 20
   Johann Michael, 20
   Margretha, 31
   Rosine Friedricka, 20
Kalb
   Catherine, 187
   Georg, 187
Kalber
   Christian, 193
   Friedrich Wilhelm Carl, 193
   Georg, 201
   Wilhelm, 201
Kalbhenn
   Maria, 58

Kallander
   Elisab., 82
Kallmann
   Joh. Philipp, 154
   Kath., 62
Kallmay
   Conrad F., 61
   Friedr., 84
   Friedrich Wilhelm, 61
   Gerhardt F. Wilh., 61
   Maria, 65
   Maria Louise Franziska, 84
Kalmer
   Anna Marie, 34
   Marie, 34
Kaltwasser
   Anna, 55, 63, 74, 90, 102, 112, 123
   Anna M., 42
   Anne Marie, 34
   Elisab., 59, 153
   Elizabeth, 34
   Maria, 151
Kalwa [?]
   Anne Maria, 188
Kamann
   Wilhelmine, 14
Kamleiter
   Anna, 27
Kamm
   Elisab., 77
   Eva Elisabeth, 34
Kämmerer
   Carolina Wilhelmina, 101
   Karl, 101
Kammleiter
   Anna, 12
Kammler
   Joh., 106
   Joh. Simon Heinrich, 106
   Louise, 172
Kämmler
   Joh., 76
   Joh. Karl Eduard, 76
Kampe
   Anna Honig, 66
   Anna Louise, 113
   Clara Louise, 26
   Florentine Maria, 26
   Frantz H., 14
   Frantz H. Dierk, 14
   Frantz Heinrich, 5
   Frantz Heinrich Peter, 5
   Joh. Friedr., 113
   Joh. Friedrich, 18
   Joh. Wilh., 66
   Johann Fried., 26
   Johann Friedrich, 18, 21
   Johann J., 181
   John Friedrich, 5
   Kasper, 14

Katharina Amalie, 26
Maria, 5, 139
Maria Katharina, 181
Kämpe
   [blank], 177
Kampel
   Daniel, 111
   Denward, 111
   Heinrich, 139
Kämper
   Heinrich, 31
   Johann Friedrich Wilhelm, 31
Kampf
   Anna Eml., 65
   Conrad, 34
   Juliana, 158
   Kath., 14
   Katharine Christiane, 34
   Maria A., 157
   Sophia, 64
Kämpf
   Martin, 140
Kamphans
   Anna Katharina, 120
   Heinrich, 120
Kamphaus
   Emilie Auguste, 127
   Joh. Heinr., 127
Kamps
   [blank], 203
   Georg, 131, 162
   Georg Adolf, 127
   Gerhardt, 127
   Gerritt, 126
   John, 220
   Karl, 126
   Katharina Maria, 131
   Wilhelm, 126
Kamptman
   Georg, 120
Kamze
   Florentine Maria, 147
Kandler
   Otto Johann Franz, 130
   Paul, 130
Kangieser
   Barbara Elisabetha, 30
Kanne
   Sophia, 170
   Wilhelm, 166
Kant
   Friedrich, 11
   Maria, 11
Kanzel
   Christian, 190
Kanzler
   Anna Theresia, 44
   Ema, 197
   Emma Rosalie, 55
   Joseph Anton, 67
   Karl, 44, 55, 67, 197

Kapernagel
   Chatharina Maria, 1
   John Georg, 1
Kaperschatz
   Wilhelm, 153
Kapler
   Anna Susanna, 109
Kappler
   Andreas, 5, 207, 210
   Anna Maria, 162
   Joh., 167
   Johann, 212
   Mathilde, 167, 212
   Pauline, 210
   Regina Amelia, 207
   Regine Amalie, 5
Kappmeier
   Maria, 88
   Sophie, 88
Karcher
   Maria, 171
Karhof
   Carl, 180
   Karl, 186
Karl
   Johann Michael, 148
   Magd., 113
   Maria, 149
Karle
   Gottfried, 72, 99
Karrer
   Adolph, 71, 163
Kärschner
   Ernstina, 39
   Kaspar, 39
Karstadt
   Ernst, 132
   Ernst Arnold, 132
Karte
   Friedrich, 62
   Marg., 56
Kasemacher
   Doroth., 74
Käsemacher
   Dorethea, 31
Kaspar
   Anna Apolina, 143
   John Matheus, 143
Kass
   …isina, 54
   Carl, 33
Kassebaum
   Joh. H. Chr. Wilhelm, 192
   Joh. Heinrich Christ. Wilhelm, 46
   Karl Wilh., 46
   Wilhelm, 192
Kasselauer
   Kath. Elisab., 55
   Wilhelm, 55
Kastens

Herrmann, 119
Louis, 119
Meta, 119
Katheder
   Margareta, 126
Katländer
   Elis., 66
Kattenbeg
   Friedr, 169
Kattenhorn
   Friedrich, 215
   Fritz, 111
   Wilhelm Heinrich Theodor, 111
   Wilhelm TH., 215
Kattlander
   Elise, 114
Katzenmeier
   Barbara, 11
   Joh. Barthol., 112
Kaufman
   Helfrich, 121
   Louise Doroth. Augusta, 121
Kaufmann
   Adolph Helfrich, 113, 216
   Anna, 97
   Anna MArtha, 212
   Barbara, 39, 189
   Conrad, 11, 39, 189
   Friedrich, 212
   Helfrich, 113, 216
   Kath., 77, 171
   Margretha Kath., 11
   Maria B., 114
Kautz
   Eva Barb., 81
Kayser
   Margretha Barbara, 151
Keer
   Karolina, 200
Keffeberger
   Heinrich, 83
   Margaretha, 83
Kehl
   Georg Ph., 160
Kehler
   Anna, 179
   Elisabethe, 9
   Helena, 19
   Helene, 9
   Kath., 19
Kehlert
   Anna, 68
Kehm
   Philipp, 143
Kehn
   Karl Heinrich, 50
   Wilh. A., 50
   Wilhelm Adloph, 161
Kehr
   Adolph, 43
   Anna Barbara Caroline, 43
   Doroth., 78, 161
   Karol., 43
   Wilhelm A., 155
Kehr [Kuhr]
   Adolph, 56
   Elis. Marg., 56
Kehrberger
   Eva K., 45
   Joh. Friedr., 45
   Kath., 38, 57, 85
Kehrer
   Heinrich, 18
   Louise, 18
Kehrling
   Elis., 165
Kehrn [?Keher]
   Friedrich, 84
Keidel
   Conrad, 140
   Elisabethe, 10
   Louise, 36
   Sus. Elis., 47
Keil
   Anna Elisab., 125
   Carl August, 12
   Christian, 143
   Conrad, 12, 89, 108, 141
   Elisab., 117
   Elise, 108
   Georg Wilhlm, 7
   Heinrich, 89, 102, 108, 117, 126, 211
   Heinrich Wilhelm, 108
   Johann, 156
   Kath., 108, 161
   Maria, 18, 51, 126, 181
   Maria Elisabetha, 102, 211
   Nickelaus Wilhelm, 7
Keilbar
   Georg, 164
Keim
   Maria, 43
Keiner
   Carl, 14, 34, 142
   Carl Heinrich, 48
   Heinrich August, 87
   Joh., 107
   Joh. Georg Karl, 112
   Johann Georg Karl, 215
   Johannes, 14
   Karl, 48, 72, 87, 98, 112, 215
   Margretha, 14
   Matthaus, 48
   Philipp, 34
Keines
   Conrad, 69
   Karl, 69
Keiser
   Barbara, 17
   Christin, 158
   Elisabetha, 15
   Georg, 15, 25
   Johann Georg, 144
   Margretha Barbara, 25
Keiss
   Christiana, 46
Keistner
   Kath., 162
Keitel
   Louise, 172
Keller
   Andreas, 144
   Caroline, 29
   Christina, 69
   Elisabetha, 149
   Heinrich, 100
   Henry Nicoll, 100
   Jakob, 214
   Joh., 100
   Joh. Georg, 101
   Joh. Jak., 170
   Karl, 111
   Louis, 214
   Maria, 96
   Maria Auguste, 111
   Susanne, 10
Kellerbeck
   Joseph, 123
   Sophia Anna Maria, 123
Kellermann
   Friederika Katharina, 128
   Gustav, 128
Kellner
   Auguste, 83
   Chas., 168
   Christina, 83
   Heinrich, 118
   Karl, 118
Kelly
   Anna, 166
Keltner
   Sybilla, 156
Kemna
   Christian, 83
   Heinrich, 83
Kemno
   Anna Margaretha, 102
   Christian, 102, 116, 125
   Christian Conrad, 116
   Johann, 125
   Wilhelmina, 123
Kemp
   Antonia, 219
   Georg, 106, 219
   Gerhardt Georg, 110
   Gerit, 110
   Gerrit, 96
   Herrmann H., 96, 106
   Herrmann Heinrich, 96, 106
   Joh. Friedr., 102
   Kath., 106
   Maria, 102
   Wilh., 98
Kempe
   Auguste Louise, 104
   Joh. Friedr., 104
   Joh.Friedr., 104
Kemper
   Anna Barbara Christine, 129
   Anna Maria Lena, 119
   Georg Wilh. Oscar, 110
   Georg Wilhelm, 216
   Heinrich, 45, 81, 95, 110, 119, 216
   Heinrich Peter, 129
   Johann Heinrich, 81
   Marg. Barbara, 95
   Maria Rosina, 45
Kempper
   Johann Heinrich, 150
Kemps
   Elise, 115
   Gerhardt, 118
   Gesina Bernhardine Antonia, 118
   Herrmann, 115
   Kath., 115
   Maria, 116
   Wilhelm, 172
Kemzer
   Heinrich, 188
   Maria, 188
Keng
   Heinrich, 83
Kenger
   Elisabeth Dorothea, 60
   Heinrich, 60
Kenger [?]
   Elisab. Maria, 68
   Heinrich, 68
Kennedy
   Walter D., 175
Kent
   Louise, 37
Kenthner
   Caspar, 195
   Christina, 193
   Christina Katharina, 47
   Doroth., 58
   Dorothea, 56
   Dorthea, 156
   Elisabetha, 62
   Georg, 52, 195
   Joh., 58, 71
   Johann, 47, 193
   Johannes, 62
   Kaspar, 52, 62, 156
   Kath., 71
   Katharina, 58
   Niklaus, 56

Rosina Margaretha, 71
Kentner
- Andreas, 68, 207
- Anna Magdalena, 113
- Anna Maria Marg., 85
- Barbara, 215
- Caspar, 68, 100, 101, 113, 121
- Caspar Johann, 100
- Christiana, 121
- Dorothea, 45
- Dorothea Carolina, 117
- Elisabetha, 198
- Eva Dina, 91, 101, 159
- Georg, 189
- Joh., 100, 112, 117
- Johann, 152, 189, 207, 215, 216
- Johann Ludwig, 216
- John, 85
- Kaspar, 73, 85, 198, 207
- Kath., 45
- Louis, 207
- Ludwig, 85, 112
- Magdalena, 91

Kepler [Kessler]
- Maria Elisabetha, 101
- Peter, 101

Kerberger
- Rosina Catharina, 152

Kerhner
- Nikl., 155

Kermann
- Kath., 159

Kermeier
- August, 50
- Heinrich Friedr. Philipp, 50

Kermer [?]
- Heinrich, 175

Kern
- Joh. Andreas, 55
- Raul, 55
- Sibilla, 26

Kerndel
- Dorothea Rosalie, 98
- Heinrich Gustav, 83
- Karl, 83, 98

Kerr
- Susanna, 167

Kertsch
- Mathilde, 81

Kerzins
- Josephine, 94

Kessel
- August, 182

Kesser
- Carl August, 13
- Georg H., 13

Kessler
- Anna Marg. Virginia, 59
- Anna MArgaretha, 115

Georg, 147
Johann Peter, 158
Kath., 92
Leonhardt, 59
Marg., 19, 45
Margretha, 182
Maria Katharina, 82
Mina, 188
Peter, 70, 82, 115
Wilhelmina, 70

Kestenholz
- Elisabetha, 20

Kestner
- Wilhelmine, 82

Kett
- Maria, 101

Kettering
- Maria, 161

Kettler
- August, 43, 184, 194
- E. A., 11
- Ernst August, 11, 184
- Friedrich A., 179
- Friedrich August, 31, 179
- Kath. Friedrike, 43
- Katharina Friedricka, 194
- Sophia Lisette, 31

Keuse [?]
- Christian, 196

Keyl
- Elisabetha, 151
- Heinrich Wilhelm, 223
- Konrad, 221
- Maria, 222

Kiebler
- Jakob, 76
- Karl Heinrich, 76

Kiefaber
- Rosine, 27

Kiefer
- Anna Katharina, 109, 216
- Anna Marg., 92
- Carolina, 69, 80, 89
- Elisab. Barbara, 81
- Elisabetha, 215
- Friedrich, 7
- Loius, 204
- Louis, 69, 74, 81, 92, 109, 159, 204, 215
- Louise, 216
- Sophia, 74
- Sophie, 89

Kieffer
- August, 118
- Louis, 99, 118
- Maria Eleonora, 99

Kieffner
- Adam Gottlieb, 108
- Gottlieb, 122
- Heinrich, 122
- Jakob, 86
- Louise Katharina, 108

Magdal., 86
Kiefner
- Gottlieb, 215
- Louise, 215

Kieser
- Carolina, 45, 61
- Louis, 60
- Sophia, 61
- Sophie Kath., 50

Kiesling
- Albert, 94
- Ernstina Elisabetha Kath., 94

Kiffner
- Lina, 161

Kildentoft
- Johann, 174, 176, 223

Kilian
- Catherine, 35
- Catherine Elizabeth, 35
- Johann Michael, 35

Killian
- Anna Kath. Maria, 54
- Joh. Mich., 54
- Johan, 11
- Johann Michael, 190
- John Michael, 140
- Kath., 54
- Katharina Elisabetha, 190
- Maria, 144
- Susanna Barbara, 11
- Susanne Barbare, 11

Killmann
- Emma, 111, 118
- Friedr., 97

Killmeier
- Johann, 147

Kilmann
- Emma, 168

Kimmel
- Maria E., 165

Kimmelmann
- Andreas, 171

Kimmermann
- Ernst, 101
- Ignatius, 157

Kinder
- Kathintja Elis., 52
- Theodor, 52, 154

King
- Barb., 103
- Branard, 175
- Carol., 90, 103
- Carolina, 75
- Christian, 101
- Ema L., 118
- Emma, 97
- Emmrillis, 129
- Emrittis, 173
- Karl, 172
- Mary, 53

Kinhans

August, 203
Kinzel
- Caspar & Margaretha, 42

Kippling
- Julius, 166

Kirchheimer
- Elisabetha, 12

Kirchner
- Anna, 96
- Carolina, 68
- Christian, 77
- Eduard, 111
- Georg Christian, 77
- Louise Marg., 137
- Margaretha, 111

Kirmse
- Henrietta, 165

Kirsch
- Friedrich, 110

Kirschbaum
- Elisabetha, 38
- Emilie, 76
- Georg, 38, 76
- Joh., 154
- Joh. C., 172
- Joh. Georg, 41
- Johanne, 25

Kirschner
- August Wilhelm, 68
- Elisab., 85
- Ernstine, 25
- Louis, 68, 82

Kirschstein
- Ernstina, 40

Kirstein
- Carolina, 95
- Ernstina, 70
- Ernstine, 95
- Ernstine Wilhelmine, 143

Kispert
- Eugenia, 91, 98
- Georg, 86, 98
- Georg Michael Wilhelm, 86
- Karl, 78, 91
- Nanette, 120
- Nannette, 167
- Olga Sophia Nanette, 103
- Wilhelm, 78, 86, 103

Kissling
- Albert, 116
- Maria, 166

Kissling [Kipling]
- Maria, 108, 121

Kissner
- Anna Maria, 212
- Elis. Kath., 73
- Veit, 212

Kister
- Carl Wilhelm, 25
- Johann, 25

Kistler

Heinrich, 101
Jakob, 115
Joh., 101
Joh. Louis, 62
Johannes, 101
Kistner
   Anna Marie Catherine, 35
Kitzelberger
   Carl, 20
   Eva Maria, 20
   Johannes, 20
Kitzig
   Wilhelm, 171
Klaiber
   Maria, 100
Klarlein
   Christina, 123
   Wilh. H., 123
Klärlein
   Christiana, 95
   Christina, 162
Klas
   Augusta Eva, 76
Klaup [?]
   Katharina, 204
Klaus
   Barbara, 49
Klausing
   Herrman H., 124
   Joh. Heinrich, 114
   Maria, 114, 124, 170
Klausmeier
   Herrmann Heinrich, 39
   Maria Elis., 39
Klausner
   Johann, 9, 152
   Johann Heinrich, 9
Klaussner
   Johann, 27
   Johann Friedrich
      Theodor, 27
Klee
   Anna Elisabetha, 8, 186
   Anna Elisabethe, 8
   Georg, 8, 186
Klees
   Kath., 163
   Katharina, 219
Klege
   Wilhelm, 178
Kleh
   Auguste, 8
Klehm
   Anna Doretha, 26
   Elis., 66
   Kath., 66, 79, 115, 127
Kleiber
   Maria, 86
Kleibring
   Carl Friedrich, 185
Klein
   Agnes, 98, 109, 114

Anna Margaretha, 124
Anna Maria, 66
Anna Maria Karoline, 225
Aug., 122
Augusta, 86
Charlotte Pauline, 151
Elis., 93
Emma Maria Carolina, 94
Frank Wilhelm, 87, 206
Herrmann Heinrich, 104
Joh., 94, 100, 106
Joh. Adam, 91
Joh. Erdmann, 87, 104, 162
Joh. Ludwig, 100
Johann, 63, 225
Johann August, 127, 224
Johann Erdmann, 206
John, 4, 124
Joseph, 88
Karl, 100
Karl Heinrich, 91
Louis, 109
Margaretha, 120
Maria, 100
Maria Anna, 108
Maria Katharine
   Elisabeth, 131
Minna, 104
Minna Carolina, 106
Paul Constantin, 122
Rosina, 60
Soph. A. Carol., 88
Sophia, 16, 29
Sophia Auguste Carolina, 88
Theodor, 88
Wilhelm, 75, 109, 120, 127, 131, 167, 224
Wilhelmina Agnes, 122
Kleinbring
   Henriette, 179
Kleinhann
   Louise E., 108
Kleinhein
   Elizabetha, 152
Kleinhenn
   Anna Elise, 170
   Louise, 167
Kleinjohann
   Franz Wilhelm, 76
   Gustav Adolph, 76
   Ida, 105
   Karl H., 76, 105
   Paulina Ernstina, 76
   Wilhelm Friedrich, 76
Kleinmaier
   Eugenia, 122
Kleinmayer
   Eugenia, 108
Kleinschmidt
   Johanna, 101

Kleis
   Anna, 196
   Anna Margaretha, 40
   Anna Maria, 26
   Antje, 187
   Joh., 40, 46, 56
   Johann, 15, 26, 33, 144, 181, 192, 196
   Kath. Mathilde, 56
   Mathilde Elnora, 46
   Mathildt Elbina, 192
Kleist
   Anna, 162
   Johann, 33
Klem
   Anna Maria, 6
   Harry Julius Otto, 219
   Julius, 219
   Wilhelm, 6
Kleman
   Eduard, 222
Klemm
   Charlotte Caroline, 147
   Elisab., 102, 166
   Friedricka, 25
   Joh., 54
   Joh. Adam, 99
   Kath., 55, 101
Kleng
   Rosina, 72
Kleppel
   Eduard Heinrich, 92
   Emma, 78
   Emma Holda, 105
   Georg Alford, 78
   Hermann, 159
   Herrmann, 78, 92, 105
Klepper
   Friedrich, 215
   Karl, 215
Kler
   Peter, 160
Kling
   Aldelheid, 29
   Christoph Heinrich, 180
   Heinrich, 4
Klingelhofer
   Elis., 45
Klingeljohan
   Elis., 60
Klingenberg
   Eduard, 218
   L., 218
Klinger
   Elisabetha, 16
Klingheber
   Elisabeth, 143
Klinghofer
   Elisabetha, 31
   Maria Katharina, 31
Klipper
   Carol. Elis., 104

Heinrich, 104
Karl W., 104
Klosowski
   Maria Wilhelmina, 122
   Wilhelm, 122
Klostermann
   Margretha, 28
Klotsch
   Aug. Carol., 58
   Auguste, 68, 81
   Eduard, 172
   Ferdinand, 68
   Herrmann, 58
   Rosina, 68, 201
Klotz
   Georg, 4
   John Georg, 140
Klotzbacher
   Pauline, 101
Klowes
   Charlotta, 192
   Friedrich Wilhelm, 192
Klumpp
   Michael, 67
Knacke
   Carl, 52
   Sophie, 52
Knapp
   Carolina, 68
   Christian, 188
   Friedrich, 9
   Heinrich, 83, 188
   Joseph, 68
   Karolina, 83
   Kath., 131
Knase
   Maria Kath., 56
Knauer
   Barbara, 148
   Elisabeth, 129
Knauf
   Eva, 10
   Moritz, 10
Knauff
   Barbara Elisabetha, 31
   Moritz, 31
Knaup
   Karl, 195
   Louise, 195
Knaus
   Christina Magdalene, 20
Knauss
   Hanna, 85
   Heinrich, 4
Knayer
   Anna M., 160
Knebel
   Eva, 28
Knecht
   Heinrich, 177
   Johanne Henriette, 177
   Kath., 11

Kneppers
    Elise, 12
Kness
    Anna, 125
    Elise, 117
    John, 108, 125
    Katharina, 108
Kniescher
    Joh., 81
    Joh. Wilhelm, 81
Kniesel
    Kath., 46, 54
Knifs
    Anna Elisab., 102
Knippschild
    August, 210
    Elise Wilhelmina, 210
    Traugottine V. & Jak., 51
Knipschild
    August, 27
    Betty, 71
    Heinrich Gottlieb, 27
Knische
    Elisabetha, 93
    Karl, 93
Knobel
    Anna, 213
    Johann H., 213
Knobloch
    Georg Aug., 58
    Georg August, 58
Knoche
    Carolina Elisabetha, 102
    Louis, 102
    Maria, 176
Knoll
    Katharina, 16
Knop
    Heinrich Wilhelm, 215
    Karl, 215
Knopp
    Christian, 150
    Christian & Carl, 34
    Heinrich, 197
    Joseph, 78
    Karl, 78
    Katharina Maria, 197
Knörkel
    Thomas, 35
Knotel
    Barbara, 181
Knuntner
    Din, 32
    Katharina, 32
Knupl
    Marg., 39
Knupp
    Friedrich Sigmund, 68
    Heinrich, 68
Knuppschild
    Aug. Wilh., 74
    George, 74

Knusmann
    Margaretha, 160
Ko...
    Rosina, 127
Kob
    Barbara, 146
Kober
    Chatharina, 2
    Doroth. Elenora Bertha, 38
    Karl, 38
    Kath., 15, 41
    Katharina, 6, 27
Koch
    Anna B., 120
    Anna Barbara, 120
    Anna Chatharina, 1
    Anna Elis., 83
    Anna Kath., 39
    Bernhard, 120
    Carolina Kath., 104
    Catarina, 175
    Dietrich Fr., 132
    Dietrich Friedrich Wilhelm, 132
    Elbert Heinrich, 159
    Elis., 39, 51
    Elisab., 61
    Elisabetha, 14, 28, 44, 140, 200, 213
    Elisabetha Wilhelmina, 44
    Emilie, 168
    Fridricka, 139
    Friedrich, 89
    Friedricka, 4
    Gertraud, 22
    Heinrich, 20, 31, 106
    Helbich, 51
    Joh., 47, 51, 59, 74, 91, 92, 94, 100, 109
    Joh. Fr., 89
    Johann, 31, 144, 211
    Johann Conrad, 109
    Johann David, 220
    Johann Eduard, 74
    Johann Friedrich, 89
    Johann Heinrich, 13, 31
    Johann Herrmann. Friedrich Wilhelm, 132
    Johanne, 22
    Johannes, 20, 44
    John, 39, 166
    Karl Johann, 92
    Katharina, 9
    Katharina Emilie, 31
    Kunig., 104
    Lena, 217
    Leonhardt, 104, 213
    Louise, 13, 39
    Maria, 59

    Maria Anna, 47
    Maria Emilie, 55
    Maria Karoline, 133
    Maria Kath., 100
    Mina, 62
    Theresia, 55, 70, 85
    Tochter des Wittwe, 176
    Wilhelm, 217
    Wilhelm Albert, 92, 211
    Wilhelmina, 36, 70
Koch [?]
    Maria, 132
Kochler
    Heinrich, 220
Kocke
    Antonia, 106
    Dora, 131
    Dorothea Auguste, 131
    Gesina Hermine, 131
    Gesine, 106
    Heinrich, 131
Kocke [?]
    Gesina, 118
Koehler
    Elise, 157
Koenig
    Dorothea, 110
    Karl, 127
    Karl Wilhelm, 127
Koestens
    Herrmann, 170
Köfer
    Joh., 164
Koffeberger
    Adam, 71, 199
    Adam & Karl. G., 53
    Emilie Elisab., 71
    Katharina Elisabetha, 199
Koffenberger
    Anna Barbara, 210
    Heinrich, 52
    Johann Jakob, 210
    Margretha, 139
    Wilhelm Heinrich Louise, 52
Kohen
    Berthe, 197
    Friedrich, 197
Kohl
    August W., 93
    Gustav, 166
    Huberta Holda, 65
    Moritz, 65
Kohle
    Georg, 78
Kohlenberg
    Anna Kath. Carolina, 39
    Anna Katharina Carol., 194
    Christian, 40
    Johann Daniel, 184
    Mathilde Alexandria, 40

    Theodor, 39, 184, 194
Kohlepp
    Anna, 38
    Anna Rosina, 38
    Elisabetha, 57
    Georg, 104
    Joh., 45, 85
    Joh. G., 113
    Johann, 38, 57, 152
    Johann Friedrich, 45
    Johann Georg, 31
    Johannes, 31, 189
    Margaretha, 189
    Maria, 130, 170
    Wilhelm Frank, 85
Kohler
    Alvin Karl, 72
    Anna, 107
    Anna M., 111
    Anna Maria, 79
    Christine, 188
    conrad, 143
    Elisabetah, 195
    Georg Heinrich, 105, 152
    Gottlieb, 215
    Joh. M., 154
    Johann, 26, 147, 188, 195
    Johannes, 192
    Karl, 205
    Kath., 77
    Katharina, 26, 57
    Margaretha, 45
    Maria, 97
    Wilhelm, 43, 45, 57, 72, 105, 154, 205
    Wilhelm Anton, 215
Kohlmann
    Anna, 50, 61
    Louis, 61
    Louise, 50
Kohn
    Georg, 197
    Johann, 197
    Maria S., 79
Köhne
    Theresia, 171
Kohr
    Doroth., 96
Kohrs
    Dorothea, 87
    Magdal. & Heinrich, 87
Kök
    Anna Wilhma., 50
Kolb
    Barb, 167
    Carl Andreas, 27
    Caroline Dorothea, 44
    Christoph, 179
    Dorothea, 44
    Georg, 14, 33
    Joh. Georg, 117
    Johann, 22

Index

Johann Heinrich
    Valenten, 22
Johannes, 44
Karl Andreas, 193
Kath., 168
Maria, 76, 117, 125
Kolbe
    Anna Marg., 103
    Anna Marg. Pauline, 103
    Anna Margaretha Puline, 214
    Carol., 48
    Carolina, 217
    Caroline Dorothea, 192
    Dorothea Carolina, 48
    Elisab. Barbara, 54
    Elisabetha Barbara, 197
    Georg, 33, 197
    Georg F., 167
    Heinrich, 48, 59, 97, 126, 192
    Heinrich Fried. Wilhelm, 126
    Ida, 126
    Joh., 54, 85, 97
    Joh. Adam, 97, 164
    Joh. Emil, 85
    Joh. Heinrich, 97
    Johann, 197, 209, 214
    Johann Emil, 209
    Johann Valentin Philipp, 62
    Johannes, 33
    John, 60, 62, 73, 81, 103, 126, 217
    Kath. Margaretha, 59
    Laura, 126
    Marg., 59
    Margaretha, 73
    Pauline, 103
Kolber
    Louise, 169
Kolbmeier
    Anna M., 44
    Joh. Friedrich, 44
Kolbus
    Friedrich, 190
    Katharina, 190
    Wilhelm, 190
Kolkhorst
    Christ., 60
    Christine, 47
    Maria, 10, 25
    Maria E., 49
    Maria Louise, 63
Kolkmeier
    Joh. Wilh., 65
    Johann Wilhelm, 10
    Maria, 84
Kolkmeyer
    Maria, 178
    Wilhelm, 178

Kollenberg
    Johann Daniel, 13
    Theodor, 13
Kollmai
    Joh. Heinrich, 46
Kollmay
    Maria Elis., 48
Kolmai
    Conrad Fridrich, 30
    Johann Heinrich, 149
    Maria, 30
Kolmays
    Johann H., 14
    Maria E., 14
Kolmei
    Elisabetha, 24
    Gerhardt Friedrich, 21
    John H., 24
Kolmer
    Maria Elise, 178
Kommelehne
    Carl, 33
Könecke
    Wilhelm L., 162
Konig
    Anna Maria, 60
    August, 46, 60, 70
    Emma L., 109
    Friedr., 69
    Friedr. Wilhelm, 69
    Friedrich, 57, 158, 198, 205
    Geneveve Auguste Helena, 46
    Georg, 57, 171, 205
    Jakob, 217
    Jakob Philipp, 217
    Joh. Georg, 45
    Johann, 50
    Karolina & Philippina, 44
    Katharina Elisabetha, 198
    Kunigunde, 44
    Marg., 48
    Marg. Maria, 89
    Wilhelm August Julius, 70
König
    Anna Barbara, 189
    Anna Maria, 17
    Friedrich, 4
    Georg, 48
    Heinrich, 141
    Jakob, 5
    Johanna, 17
    Johannes Valentin, 48
    Kath., 8
    Katharina, 17
    Katharina Elisabetha, 27
    Kunigunde, 17
    Leonhard, 5
    Leonhardt, 17
    Leonhart, 189

    Margretha, 10
    Meta, 31
    Rosina, 84
Könnemann
    Kunigunde, 23
Koors
    Doroth., 98
    Emma, 205
    Wilhelm, 205
Kopke
    Carolina, 169
    Georg Heinrich, 36, 189
    Heinrich, 36, 42, 73, 189
    Klaus Heinrich, 152
    Wilhelm August, 42
    Wilhelm Heinrich, 73
Kopp
    Agathe, 93, 108
    Daniel, 119, 201
    Eva Kath. Ida, 78
    Georg, 71, 92
    Joh., 78
    Joh. Georg, 78, 98, 102
    Karl, 123
    Kath. Gertraud, 92
    Marg., 164
    Maria, 71
    Mathilde, 201
Koppelmann
    Karl, 175
Koppenhofer
    Christian, 51, 71, 92
    Friedrich, 92
    Johann Friedrich, 71
    Karl, 51
Kopper
    Georg, 76
    Georg Friedrich Ludwig, 151
Kopperstedt
    Bertha, 187
Koppman
    Karolina, 125
    Kath., 119
    Marg., 123
Koppmann
    Kath., 170
Korb
    Joh. Wilh., 86
    Magdalena, 17
    Victoria, 85
Korber
    Elisabetha Katharina, 51
    Joh., 51, 116
    Johann, 213
    Sophia Theresia, 116
Körber
    Georg, 68
    Gottfried Solomen, 191
    Joh., 96
    Johann, 96, 130
    Karolina, 130

    Kath., 137
    Maria, 15
    Maria Rosina, 15
    Maria Wilhelmina Adela, 73
    Michael, 73
    Wilhelm, 68
Korbing
    Christina, 147
Korkarst
    Maria, 36
Kormaier
    Maria Philippina, 57
Korman
    Christopf & Lisette, 4
Kormeier
    Albert, 53, 60
    Heinrich, 60
    Sophie, 53
    Theodor, 186
    Wilhelm, 186
Korn
    Anna, 124
    Friedr., 113
    Joh., 113, 124, 164
    Joh. Friedrich, 113
    Wilhelm Joseph, 124
Kornauer
    Simon, 85
Korner
    Barbara, 10
    Elisabetha, 11
    Friedr., 37
    Friedrich, 213
    Georg Heinrich Friedr., 37
    Heinrich, 37, 45
    Joh. Paul, 109
    Johannes, 11
    Kath. Barbara, 58
    Louise, 155
    Maria Elisabetha, 30
    Michael, 58
    Paul, 30
    Sibilla, 16
Körner
    Adolph, 90
    Anna Barbara, 141
    Auguste Louise, 109
    Barbara, 199
    Christina, 66
    Elisabetha, 67
    Friedrich, 72
    Heinrich, 46, 70
    Jakob Heinrich, 70
    Johann Paul, 187
    Karl, 127
    Katharina, 199
    Luise, 127
    Maria, 67
    Maria Elisabetha, 90
    Michael, 46, 65, 72

Paul, 67
Paulus, 142
Sibille, 144
Wilhelmina, 109, 127
Kornmann
  Carolina, 208
  Heinrich, 149, 208
  Kath., 17
  Kunigunde, 37
  Maria, 96
Kornschlitz
  Friedrich Aug. Otto, 196
  Friedrich August, 196
Körntel
  Karl, 69
  Karl Joseph, 69
Korop
  Johanna, 66
Körper
  Georg, 78
  Johann, 80
  Johann Wolfgang, 80
  Johannes, 78
Korsen
  Heinrich, 146
Kort
  Friedr., 112
  Regina, 12
Korte [?]
  Wilhelm, 20
Korting
  Amelia Katharine, 50
  Wilhelm, 50
Kortkamp
  Heinrich, 195
  Johannes, 195
Körzer [Körper]
  Christian, 67
  Joh., 67
Kosche
  Barb., 121
Kossmann
  Christoph, 17
Koster
  Anna Katharina, 203
  Elise, 211
  Heinrich, 203
Köster
  Barbara, 140
  Friedrika Wilhelmine, 22
  Heinrich, 62
  Heinrich K., 157
  John, 140
  Kaspar Heinrich, 191
  Meta, 65
  Metta Elis. Maria, 62
Kottmann
  Carolina, 90
Kowze
  Clement, 165
Kraatzer
  Heinrich Karl Theodor, 119
  Theodor, 119
Krab
  Louis, 100
  Louise, 100, 210
Kracke
  Maria, 81, 98, 113
Krackstadt
  Henriette, 162
Krädel
  Selma, 124
Kraft
  August Wende [?], 193
  Barb, 170
  Carol., 168
  Carolina, 112
  Christian Wilhelm, 174
  Christoph, 189
  Conrad, 4, 29, 104, 186
  Elis., 44
  Elisab., 32
  Elisabetha, 17, 38, 200
  Elise, 168
  Friedricka, 189
  Georg, 16, 29, 184, 186
  Joh., 54
  Johann, 104, 184
  Johannes, 16
  Karl, 92, 126
  Karl C., 163
  Kath, 110
  Kath., 110
kraft
  Kath., 110
Kraft
  Katharina, 180, 188
  Katharina Johanna, 31
  Marg., 161
  Maria Regina, 126
  Wilhelm, 24
  Wilhelm Heinrich, 92
Krager
  Maria, 18
Krahnert
  Kath., 79
Kramer
  Anna E., 122
  August, 54
  Carolina K., 110
  Caspar, 56
  Christian, 215
  Elisab., 112
  Fried., 137
  Friedr., 48, 56
  Friedrich, 56, 145
  Heinrich, 43
  Heinrich Dietrich, 54
  John, 97
  Karl Christian, 46
  Karl Heinrich, 43
  Kath., 53
  Katharine & Kasper, 9
  Louise, 110
  Margaretha, 56
  Maria, 103, 113, 154, 167, 218
  Maria E., 113
  Maria Elisabetha, 222
  Michael, 46, 56, 67, 81, 154
  Michael F., 110
  Wilhelm Friedr., 81
  Wilhelm Heinrich, 48
Krämer
  August, 74
  Joh., 84
  Karl Alexander, 84
  Reinhardt, 74
  Thomas, 74
Kramers
  Kath. Marg., 58
Krammeck
  Jakob, 11
  Katharina, 11
Krammer
  August, 43
  Geroge, 160
  Johanne Wilhelmine, 43
Kran...
  Christine, 131
Kranetz
  Minna, 164
Krantz
  Anna Katharina, 8
  Christian, 15
  Christina, 143
  Conrad, 8
  Elisab., 74, 114
  Elisabetha, 65, 212
  Georg, 65, 80, 102, 213
  Georg Heinrich, 102
  Joh. Chr., 80
  Joh. Christian, 80
  Johann Christian, 212
  Margaretha, 213
Kranz
  Joh. C., 86
Kranzer
  Amalia, 172
  Joha., 167
Krapf
  Joh., 36, 64
  Johannes, 20, 30
  Marg., 22, 45, 55, 66
  Margaretha, 36
  Margretha, 30, 143
Kraphf
  John, 2
Krapp
  August, 127, 130
  August Gustav Johann, 127, 221
  Karl August, 173
  Karl Hermann, 130
Krassar
  Anna, 157
Krasse
  Anna, 99
  Barb., 99
Krasser
  Anna, 116, 125
Kräter
  Conrad Friedrich, 191
  Dorothea, 191
  Margaretha, 188
Krath
  Elisab., 38
Kratt
  George Henry, 69
  Johannes Theodor Martin, 50, 192
  Karl Alexander, 78, 205
  Martin, 69, 78, 88, 92, 100, 120, 155, 205, 209
  Mathilde Wilhelmine, 100
  Pastor Martin, 50, 98
  Rev. Martin, 192
  Wilhelm Martin, 120
  Wilhelmina Dorothea, 88, 209
Kratz
  Alexander, 86, 122, 171
  Anna Maria, 26
  August, 183
  Christina, 93
  Christine, 81
  Conrad, 91, 94
  Friedrich, 183
  Georg Philipp, 5
  Heinrich, 20, 142, 224
  Joh. Conrad, 109
  Johann, 220
  Johannes, 139
  John, 5
  Margaretha, 83
  Maria, 78, 103, 115, 127
  Maria Henrietta, 91
  Philipp, 83
Kratzer
  Marg., 40
Krauck
  Louise, 28
  Wilhelm, 28
Krauk
  Anna Louise, 49
  Dina, 63
  Emma Dina, 63
  Friedr., 104
  Friedrich, 10, 22, 194
  Friedrich Wilhelm, 10
  Friedricka, 22
  Friedrika Lydia Elisabetha, 25
  Heinrich, 194
  Wilhelm, 10, 24, 25, 36,

49, 63
Krauner
    Kath., 38
Kraur [?]
    Fried., 131
Kraus
    Anna Martha, 71
    Christina, 114
    Conrad Imanuel, 106
    Francisca, 100
    Franz Anton, 81
    Imanuel, 106
    Joh., 81
    Kath., 69
    Maria, 63
    Maria Kunigunde, 143
    Rosina, 82
    Rosina Henrietta, 82
    Theresia, 91, 100
    Wihelm, 82
    Wm., 114
Krause
    Adam, 8
    Charlotta Amanda, 123
    Christina, 96
    Joh. Heinrich, 66
    Johann, 181
    Julia, 100
    Julius, 123
    Kath., 100
    Maria Luoise, 8
    Wilhelm Adam, 123
Krausge
    Anna, 45
Krauskopf
    Johann, 209
    Katharina, 209
Krauss
    Christina, 160
    Eduard, 192
    Johann, 18
    Magdal., 66, 97, 156
    Paulus, 18
    Robert, 192
    Wilhelm, 128
Krausse
    Anna Martha, 46
Krautzberg
    Anna Maria Sophia, 74
    Karl, 74
Kreb
    Anna Maria, 91, 159
    Elis., 89
    Sophia, 22, 33, 146
Krebs
    Adam, 193
    Anna Chr., 54, 72
    Anna Christina, 154
    Conrad, 26
    Maria, 26, 193
Krechsbacher
    Johann, 133

Kregel
    Anna, 165
Kreil
    Christiana, 177
Krein
    Kunigunde, 162
    Marg., 123
Kreisel
    Elisabetha, 98
    Emma, 108
    Ernst, 98, 108, 165
Kreiser
    Marg., 42
Kreiss
    Magdalene, 27, 34
    Marg., 48
Kreiter
    Hermann, 162
Kreitner
    Katharina, 145
Krel [Krehl]
    Ernstina, 54
Kreles [?]
    Anna, 46
Kremeier
    August, 80
Kremeyer
    August, 10, 14, 29
    Ernst August, 29
    Friedrich Ludwig, 10
Kremier
    Maria, 1
Kremmayer
    August, 36
    Joh. Karl August, 36
Krengel [?]
    Barbara Katharina, 132
    Karl Friedr., 132
Kreninger
    Heinrich, 143
Krentler
    Georg, 157
Krep
    Anna M., 73
    Elisab., 102
    Elise, 117
    Karl, 73
Krepp
    Christ, 49
    Georg, 49
    Heinrich, 41
    Regine, 141
Kress
    Anna, 34, 58
    Elise, 108
    Georg, 203
    Johann Heinrich, 203
Kretzmann
    Carol Ernstine, 97
Kreutzberg
    Karl, 105, 122
    Karl Friedr. Wilhelm, 105

    Minna Auguste
        Margaretha, 122
Kreutzer
    Georg, 205
    Theodor, 157
    Wilhelmina, 222
Kreuzer
    Heinrich, 153
    Margretha, 151
Kreymeier
    Maria, 33
Krich
    Adam, 112
    Franziska Babetta Maria, 127
    Joh. Karl Georg, 112
    Ludwig, 127
Kridenoff
    Karl, 174
Krieb
    Elisabetha, 17
Kriech
    Louis, 99, 122, 166, 212
    Sophia Marg. Babetta, 99
    Sophia Margaretha B., 212
    Sophia Wilhelmina, 122
Krieck
    Carl, 17
    Philipp, 17
Krieg
    Albert, 116, 125, 126
    August, 57
    Barbara, 23
    Fr., 131
    Frida, 116
    Friedrich, 131
    Friedrich Adam, 131
    Georg Johann, 132
    Georg Wilhelm, 125, 221
    Johann Christian, 57
    Kath., 76
    Katharina Elise, 126
    Louis, 132
Krieger
    August, 3
    Friedrika Christina, 3
    Georg Wilhelm, 1
    John Georg, 1
Krieser
    Kath., 42
Krieshammer
    Barbara, 177
Kriner
    Karl, 64
Kring
    Fany Maria Bernhardine, 91
    Georg, 91
    Louis, 89
Kripp
    Georg Karl Wilhelm, 74

    Wilhelm, 74
Krist
    Jacob, 187
Kritel
    Maria, 91
Kritzmann
    Friedrich, 62
    John, 62
    Otto, 77
Krödel
    [blank], 132
    Elvira, 124
    Maria Selma L., 127
    Selma, 132, 171
    Selma Maria Lina, 127
Kroft
    Georg, 144
Kröger
    Emma, 131
    Maria, 131
Krogmann
    Johanne, 34
    Karl Moritz, 61
    Kunigunde Wilhelmine, 32
    Louis, 61
    Ludwig, 32
Kroh
    August Christian, 224
    Ferdinand, 141
    Louis Wilhelm, 224
Kroll
    Anna, 26
    Anna M., 56
    Anna MAria, 46
    Maria, 15, 144, 224
Kroll [?]
    Heinrich, 148
Kron
    Elise, 167
Kronau
    Berth., 129
    Carolina, 45
    Conrad, 45, 55
    Elise, 85, 93
    Heinrich, 55
Kronaw
    Elisab., 75
Kroner
    Johann Georg, 175
    Kath., 171
Kronester
    Barbara Margretha, 187
    Elisabetha Bertha, 188
    Johann, 187
    John, 188
Kronewester
    Johann, 29
Kronhardt
    Kath. Elis., 42
Kronike
    Christine, 81

Index

Kroninger
  Soph., 122
Kronister
  Anna Marg., 70, 92
  Joh. Jojach., 83
Kronmuller
  Elis. Barb., 162
  Elise, 102
  Maria, 102
Kropf
  Anna Barb., 97
  Anna Sofia, 179
  Friedr, 112
  Johann Friedrich, 179
  Juliana, 169
  Louise, 82, 94, 105
  Maria, 104, 105, 112, 124, 133
  Wilhelmina, 75, 89, 99
Kropff
  Wilhelmina, 160
Kropp
  Anna, 99
  Doroth., 69, 99
  Doroth. Marg. Anna, 99
  Dorothea, 17
  Heinrich Wilhelm Ludwig, 24, 31
  Wilh., 99
  Wilhelm, 24, 31
Kroppenstädt
  Bertha, 25
Krösch
  Georg H., 142
Kross
  Anna, 50
  Lena, 164
Kroth
  Kunigunde, 67
Krug
  Albert, 218
  Amalia Concordia, 78
  Anna, 75
  August, 139
  Eduard Nunn, 111
  Elisa., 157
  Frida, 218
  Friederika Wilhelmine, 135
  Friedrike Wilhelmina, 56
  Gustav & Friedricke, 16
  Heinrich, 37, 89, 103, 111, 122, 163, 212
  Joh., 38, 56, 75
  Joh. Georg, 89
  Johann Georg, 89
  Kath., 121
  Kath. B., 119, 172
  Kath. Barb., 125, 129
  Kath. Barbara, 24, 119
  Maria Elisabetha, 37
  Stephan Eduard, 110

Stephan Edward, 223
Theodor Georg, 38
Thom, 103
Thomas, 110, 119, 168, 223
Thomas Heinrich, 103
Thomas Henry, 212
Krug [Keng?]
  Georg, 83
  Georg Heinrich, 83
Kruger
  August, 97
  Auguste, 114, 169
  John, 99
  Louise, 103
Krum
  Reles [?] Wilh. H., 217
  Wilhelm, 217
Krumbauer
  Karoline, 128
Krumer
  Paulus, 188
Krumm
  Anna Christina, 131
  Ema L., 119
  Emma A., 167
  Kath., 96
  Katharina Maria, 96
  Louis Ph., 119
  Louise, 110
  Margaretha, 57
  Maria, 11
  Peter Wilh. Heinrich, 114
  Wilh., 114
  Wilhelm, 96, 131
Kruse
  Anna M. L., 156
  Anna Maria Elise, 63
  Clara, 107
  Clara Antonetta, 116
  Gerhardt, 92
  Joseph, 88
  Maria Soph., 63
Krusen
  Anna Sophie, 55
  Louise, 89, 120
  Maria, 92
  Maria Elis., 87
  Maria L., 73
Kruser
  Anna S., 77
Kruss
  Clara Antonia, 88
Kruter
  Friedrike Louise, 36
  Konrad, 36
Kubig
  Elisabethe, 12
Kubler
  Benedicta, 86
  Christopf, 164
  Henrietta, 215

Jakob, 215
Kübler
  Franciscus, 122
  Margaretha, 122
Kuchemeister
  Eva Dina, 101
  Ludwig, 85
Kuchenmeister
  Anna Maria Magdalena, 91
  Ludwig, 91, 112
Kuchmeister
  Ludwig G., 159
Kudblauch
  August, 53
  Louise Christiane, 53
  Maria Theresia, 53
Kuenzle
  Henriette, 153
Kufer
  Sophia, 18
Kuffenberger
  Adam, 42
  Katharina Margaretha, 42
Kugteda [?]
  Georg, 63
Kuhleschmid
  Kunigunde, 38
Kuhlmann
  Anna, 67
  Anne, 155
  Franz Herrmann, 155
  Louis, 67
Kuhn
  Adolph, 195, 202, 207
  Carolina, 112
  Christian, 10
  Christine Friedrika, 10
  Christine Luoise Johanne Ernestine, 10
  Elisabetha, 202, 207
  Friedrika, 10
  Georg, 150
  Helena, 162
  Kath., 86
  Kchristian, 10
  Margaretha, 195
  Sophia, 87
Kuhne
  Johann, 214
Kühne
  Friedr., 99
  Joh. Heinrich, 99
Kuhnlein
  Margretha, 144
Kullinger
  Eduard & Anton, 56
Kullmann
  Adolph, 26, 54, 57
  Adopf, 38
  Elisabetha, 57
  Elise, 54

Friedrich, 132
Heinrich, 26
Kath., 57
Marg., 38
Maria, 132
Maria Magdalena, 132
Philipp, 46
Wilhelm Adolph, 46
Kulow
  Adolph, 110, 216
  Karl Heinrich Berhn., 216
  Karl Heinrich Bernhardt, 110
Kümerlein
  Joh. Mich., 153
Kummel [?]
  Justina, 196
Kummer
  Anna, 184
  Dorethea, 145
  Wolfgang, 130, 184
Kummerlein
  Conrad Mich., 137
  Elisabeth, 206
  Georg, 82, 205
  Johann Conrad, 57
  Johann Georg, 213
  Johann Michael, 213
  Louise Marg., 67
  Michael, 57, 82, 205
Kümmerlein
  Friedrich Wilhelm, 128, 223
  Joh. M., 128
  Joh. Mich., 122
  Joh. Michael, 104
  Johann Georg, 104
  Louise Karoline, 39
  Maria Sophia, 90
  Michael, 39, 90
  Rosina Katharina, 122
Kummerlien
  Conrad Michael, 68
  Joh. Mich., 68
Kumno
  Christian, 162
Kungerhans
  Christina, 78
Kunigsfeld
  August, 37
  Johanne Maria, 37
Kunkel
  Agesea, 13
  Johanne Louise Caroline, 150
Kunker
  Katharina, 24
Kunphans
  Joh. Heinrich, 171
Kuns
  Heinrich, 21, 63
  Wilhelmine Friedrk

282

Caroline, 21
Kunst
  Friedrich, 161
  Friedrike, 85
Kunthermann
  Wilhelmine, 89
Kuntz
  Heinrich, 119
  Johannes, 119
  Marg., 87
Kunze
  Anna Marg., 51
Kunzheimer
  Barbara, 94
  Joh., 94
Kunzpsfeld
  August Wilhelm, 49
Kunzy
  Margaretha, 43
Kupferschmidt
  Friedr., 164
Kupfrian
  Johann, 211
  Margaretha, 211
Kuppes
  Philipp, 41
Kurger [Korger]
  Johannes, 156
Kurth
  Elisab., 82
Kurtz
  Jakob, 22
  Leonhardt, 170
  Louise, 33
  Ludwig, 22
Kurtzberger
  Anna Maria, 9
  Dorothea & Marg., 55
  Elis., 58
  Johann, 9
Kurz
  Christian, 25
  Elisabetha, 214
  J., 22
  Johannes Bernhart, 39
  Leonhardt, 214
  Leonhart, 39
  Ludwig, 22
Kuss
  Friedrich Karl, 55
  Karl, 55
Kussmaul
  Anna Maria, 145
  Carl Heinrich, 182
  Eduard, 29
  Friedrich, 16
  Lorenta, 182
  Lorentz, 16, 29
  Louise, 155
  Maria, 48
Kussner
  Valentin, 85

Küssner
  Anna Kath. Maria, 84
  Veit, 168, 221
Kuster
  Heinrich, 69
  Meta, 56
Küstner
  Veit, 176
Kutch
  Georg, 122
Kutsch
  Georg, 128
  Louis, 128
Kutscher
  Maria, 106
Kutzberger
  J. Georg, 20
  Johann, 20
  Johannes, 189
  Marg., 120

L

Lagorja
  Henrietta L., 96
Lagust
  Gustav, 75
Lahm
  Anna Elisabetha, 76
  Elisa, 87
  Elisabetha, 207
  Heinrich, 76, 87, 101,
    121, 141, 207
  Johanna Sophia, 101
  Kath., 137
  Rosina, 121
  Sophia, 122
Lahner
  Johannes, 156
Laible
  Martin, 32
Laikel
  Wilhelm, 46
Lambrecht
  Anna Maria, 90
  Christian, 50
  Clara Crescentia, 98
  Elisab., 72
  Elise, 54, 91
  Freidr., 75
  Friedrich Wilhelm, 75
  Johanna Henrietta, 50
  Karl, 75, 76, 90, 98, 163,
    209, 210
  Kath., 90
  Maria, 209, 210
  Minna, 98, 113
  Minne, 166
  Wilha., 91
Lambreht
  Karl, 157
Lamerer
  Wilhelmina, 217

Lamers
  Heinrich, 170
Lämmermann
  Katharina, 32
Lammers
  Anna Maria Christina, 99
  Bernhardt Heinrich, 73
  Heinrich, 73, 99, 121, 211
  Heinrich Simon, 80
  Katharine, 198
  Maximilian, 203
  Mr., 198
  Wilhelm, 80
  Wilhelm Johann, 80
  Wilhelmina, 211
Lamparter
  Georg, 174
Lampe
  Anna Margretha, 184
  Eva Barbara, 28
  Georg, 6, 10, 28, 46, 188
  Heinrich, 46
  Johann H., 184
  Johann Leonhard, 10
  Marg. Ann, 188
Lamsbach
  Louise, 123
Lamy
  Heinr., 37
Lanaze [?]
  Georg, 40
  Margaretha Barbara, 40
Landau
  Adam Joseph, 106
Landbeck
  Christian, 25
  Friedrika Clara, 25
  Georg Christian, 142
Landberg
  Agnes, 122
Landemann
  Christina, 173
Landgraf
  Anna Maria Chrstine, 131
  Friedr., 82, 92, 124
  Friedrich, 131
  Joh., 92
  Joh. Friedr. Conrad, 82
  Johann Heinrich, 92
  Wilha., 74, 109
  Wilhelmina, 82, 91, 98
Landgruber
  Maria, 153
Landsberg
  Dr. Wihelm S., 115
  Friedrike, 115
  Henrietta Adelhaid
    Theresia, 115
Landsmann
  Johanne Elizabeth, 187
Lang
  Albert, 215

Anna, 160
Anna Margreth. Kath., 12
Anna Maria Franciska, 65
Barb., 164
Carl, 51
Carlina, 51
Caroline, 215
Christian, 10
Christina, 198
Conrad, 30, 56, 61
Eberhardt, 167
Elis., 59
Elisab., 69
Elise, 54, 154
Friedrich, 9, 128
Friedrike, 81
Georg, 61, 67, 198, 208
Georg & Eberhardt, 87
Georg A., 208
Georg Eberhardt, 87, 208
Georg Philipp, 177
Heinrich, 50, 56, 61, 67,
  74, 86, 113, 122, 198,
  211
Helena, 122
Henrich, 95, 155
Jakob, 163
Joh., 169
Joh. Conrad, 71
Joh. Eberhardt, 113
Joh. Philipp, 113
Johann, 59, 157
Johann Anton, 215
John, 65
John Eberhardt, 103
Joseph, 215
Josephine, 135, 210
Julia, 73
Julia Caroline, 73
Karl, 63, 73, 87, 208
Karl H., 76
Kasper, 148
Kath., 9, 86, 114, 120
Kath. Elis., 84
Kath. Marg., 103
Kath. Maria, 78, 122
Katharina Elisabetha, 141
Louis, 61, 67
Louis J., 210
Louise, 50
Marg., 103
Margaretha, 63
Margretha Katharina, 19
Maria, 40, 169
Maria Barbara, 86, 211
Maria Elise, 113
Simon, 30
Therese, 137
Wilhelm, 208
Lang (Freibe)
  Louise, 208
Langanke

Auguste, 53
Lange
  Anna Margaretha, 61
  Anna Maria Wilh., 144
  August, 75
  August Heinrich, 27
  August Peter Ernst, 150
  Augusta Elisabetha, 75
  Carolina Georgina
    Auguste, 56
  Elisab., 55
  Georg, 61
  Gesina Marg. Katharina, 55
  Heinrich, 27, 39, 55, 58, 197
  Joh. Friedr., 107
  Joh. Georg, 109
  Joh. Paulus, 109
  Johann Adam, 107
  Johanna Gesina, 197
  Karl, 56
  Karl Heinrich, 63
  Louise, 39
  Meta Anna Louise, 39
  Wilhelm & Friedrike, 42
Langemann
  Ernst August Ferdinand, 120
  Georg, 72, 95, 111, 117, 215, 220
  Georg Gustav, 117
  Gustav, 111, 215
  Joh., 120
  Joh. Georg, 95
  Maria Dorothea, 72
Langenberger
  Emilie, 78
  Emma, 204
  Ernst, 78, 204
Langenfelder
  Anna, 30
  Anna Elisabetha, 30
  Barb., 40
  Elis., 90
  Elisab., 38, 49
  Elisabeth, 49
  Elise, 106
  Joh., 49
  Johann Georg, 20, 30
  Kath., 20, 38
  Katharina Elise, 26
Langenluttig
  Lisette, 43
Langewitsch
  Charlotte, 124
Langraf
  Miss, 42
Langrof
  [blank], 42
  Heinrich, 42
Langut

Christian, 53
Georg, 56
Georg Christoph, 42
Georg N., 53
Georg Nikl., 42
Nikl., 84
Languth
  [blank], 203
  Johann, 203
  Johannes, 74
  Karl Julius, 86
  Nicklaus, 74
  Niklaus, 86
Lanz
  Elis., 165
  Margaretha, 39
Lapmann
  Konrad, 223
Laps
  Louise, 111
Larmour
  Robert, 163
Lasko
  Heinrich, 200
Lass
  Richardt, 170
Lassel
  Georg, 157
Laudenberger
  John, 77
  Lavina, 77
Laudner
  Bertha, 72
Laue
  Sophia, 20
Lauer
  Barb., 98
  Barb. E., 119
  Conrad, 187
  Daniel, 48, 71, 88, 99, 117, 132
  Eva, 128
  Johannes, 48
  Kath., 58
  Margretha, 26
  Maria, 10
  Maria Elisab., 71
  Mrs. Barbara, 126
Laufen
  Kath., 110
Laufer
  Conrad, 64
  Heinrich, 64
  Katharina, 75
Lauffer
  Conrad, 202
  Elisabetha, 202
  Johann Conrad, 207
  Kath., 61
  Katharina, 207
Laufler
  Conrad, 70

Elisabetha, 70
Laugemann
  Georg, 158
Laukammer
  Kath., 165
Laule
  Sophia, 10
Laumann
  Adam, 81, 97, 109
  Anna Maria, 177
  Anna Susanna, 109
  Barb. Elisab., 97
  Barbara Elisabetha, 97
  Heinrich, 81
  Johann, 13
  Katharina, 13
  Ludwig, 14
Laupers
  Gustav, 170
Laupus
  Carolina, 114
  Doroth. E. M., 119
  Doroth. Elise Marg., 119
  Ellen, 215
  Georg H., 113
  Georg Wilhelm Heinrich, 113
  Gustav, 114
  Gustav Ad., 119
  Marg., 103
  Marg. Elis. Dorothea, 72
  Marg. Kath., 103
  Maria, 113
  Wilhelm, 103, 113, 215
Lauster
  Georg, 5
  John, 3
  Maria Elisabetha, 3
  Wilhelm, 5
Laut
  Conrad, 211
  Ernstina Emilie, 97
  Gerdraut Mathilde, 107
  Gertraud, 211
  Wilhelm, 97, 107, 162
Laute
  Sophia, 144
Lautenberger
  Johann Leonhard, 34
  Karl, 34
Lautenschlager
  August, 201
  Elisabetha, 201
Lauter
  Barbara, 95
Lauterbach
  Conrad, 69
  Jakob, 14, 32
  Johann Heinrich, 14
Lauterback
  Conrad, 146
  Kunigunde, 8

Lautz
  Eugen, 98
  Hartwig Joseph, 98
  Joh., 88
Lauwall
  Kath., 69
Lechleitner
  Johann, 176, 220
Lechner
  Anton L., 168
  Elis., 59
  Elisabeth, 130
  Elise, 77, 94, 99, 113
  Kath., 94, 108
  Maria, 99
  Maria E., 169
Lechthaler
  Amalia, 15
Ledderer
  Anna, 70
  Georg, 74
Leder
  Maria, 168
Lederer
  Anna, 16, 35
  Georg, 1, 190
  John Leonhard, 1
  Maria Magdalena, 190
Ledherdt
  Kaspar, 206
Lefert
  Sophia, 69
Lefevre
  Leon, 111
Leffert
  Jakob, 83
  Maria, 166
  Sophie, 83
Legon
  Marg., 159
Lehaberlein
  Marg., 167
Lehies
  Georg, 13
Lehluter
  Anna Kath., 102
Lehmann
  Anna Margaretha, 50
  August, 76
  Elise, 114
  Frieda., 69
  Joh. Ad., 50
  Joh. Adam, 83, 154
  Joh. Peter, 83
  Katharina, 76
Lehmkuhl
  Dorethea, 32
  Dorothea, 20
  Dorth., 56
  Heinrich, 172
  Mina, 64
  Sophie W., 64

Index

Lehn
  Barwette, 144
Lehnbert
  Christoph, 213
  Maria, 213
Lehneis
  Anna, 129, 174
  Anna Kath. Louise, 112
  Barb., 118, 129
  Christian, 23
  Conrad, 51, 52, 88
  Elise, 42
  Friedrika, 27
  Georg, 23, 88, 129
  Henrietta, 84
  Joh. Georg, 112
  Johann, 28, 152
  Kath., 84
  Katharina, 28
  Kunigunde, 25, 46, 52, 86, 147
  Wendel, 84
Lehner
  Elisabetha, 178
  Georg Wilhelm, 71
  Johann, 11
  Maria, 11
  Wendel, 71
Lehners
  Johann, 147
Lehnert
  Anna Marg., 56
  Heinrich, 209
  Heinrich Wilhelm, 92
  Johann, 209
  John, 92
  Marg. Elis., 74
Lehnhardt
  Ulrike, 73
Lehnhauser
  Conrad, 82
  Ema Eva Bertha, 82
  Emma Eva Bertha, 82
Lehnhof
  Wilhelm, 188
Lehnieis
  Johann Conrad, 215
  Johann Georg, 215
Lehnmacher
  Maria, 166
  Wilha., 165
Lehof
  Johanna, 70
Lehr
  Conrad, 177
  Henrietta, 76, 178
  Peter, 178
Lehrhorst
  Dorothea, 43
Lehrn
  Friedrich, 12
  Friedrika, 12

Leibold
  Maria, 75
Leicht
  Johann, 194
  Rosina Karlina, 194
Leichthaler
  Carl, 24
  Elisa, 24
Leidel
  Friedrich, 149
Leidenfrost
  Magda., 123
  Marg., 157
Leider
  Johann, 11
Leidich
  Georg, 51, 61
  Heinrich Carl, 51
  Philipp, 61
Leiffheidt
  Ernstine, 34
Leifheit
  Ernstina, 43
Leikam
  Anna Kath., 78
Leikaub
  Marg., 61
Leikmann
  Margretha, 150
Leilich
  Gerdraut, 62
  Henrietta, 69
  Henriette, 53, 61
Leimbach
  Anna Kath., 49, 66
  August, 202
  Franziska Katharina, 61
  Friedrich Wilhelm, 193
  Hermann Heinrich, 11
  Joh. Friedr. Wm., 96
  Joh. V., 61
  Johann, 193
  Karl, 117
  Marg., 49, 96
  Margaretha, 77
  Martin, 11, 202
Lein
  Kath., 157
Leinbach
  Christian August Fried., 27
  Martin, 27
Leinhard
  Johanna, 131
Leinkuhl
  Dorothea, 43
Leinz
  Maria, 116
Leissner
  Heinrich, 27
  Herman Heinrich, 27
  Johann Heinrich, 148

Leistner
  Anna Kath., 95
  Dorothea, 85
  Elisabetha, 195
  Joh., 110
  Johann Conrad, 81
  Johannes, 110
  Joseph, 46, 67, 81, 95, 110, 195, 202
  Katharina, 67, 202
  Margaretha, 46
Leithauser
  Maria, 125, 129
Leitkauf
  Anna Magdalena Bawette, 7
  Johannes, 7
Leitz
  Andreas, 13
  Joseph, 170
  Ludwig, 13
Leitzmann
  Wilh., 75
Lembke
  Anna, 163
Lemke
  Mariana, 172
Lemperl
  August Ernst & Elisabeth, 11
Lempert
  Friedr., 107
Lemrod
  Elisab., 40
Lemsbach
  Louise, 162
Lengenfelder
  Anna Christina, 182
  Johann Georg, 182
Lenhardt
  Emilie, 87
  Joh. Mart., 87
Lenk
  Elisabethe, 10
Lenker
  Ekhardt, 23
  Elise, 15
  Johann, 23
Lentz
  Christina, 182
  Joh. David, 53
  Margaretha, 53
Lenz
  Bertha, 109
  Christiana Pauline Emilie, 86
  Christina, 51, 156
  Christine, 43
  Conrad, 72
  Eugen, 86
  Friedrich, 109, 174
  Heinrich, 167

  Johann Philipp, 149
  Katharina, 72
Lenzer
  Carol., 103
  Carolina, 88, 114, 161
  Ferdinand, 78
  Heinrich Otto, 78
  Karoline, 130
Lenzner
  Maria, 55
Leonhardt
  Heinrich, 73
  Johanna, 44
  Johannes, 44
  Kath., 112
  Marg., 92, 102, 112
  Margareta, 125
  Ulrike, 44
Lepper
  Anna Maria, 11, 142
  Maria, 121
Lerch
  Emil, 198
  Maria Carolina, 198
Lerhner
  Maria, 104
Lesen
  Lena, 39
Leser
  Anna, 9
Lesslein
  Marg., 20
Letmate
  Heinrich A., 68
  Heinrich Aug., 157
Letterer
  Anna, 205
  Caspar, 123
  Emma Dorothea, 123
  Georg, 181, 205
  Joh. Georg, 167
  Johann, 23
  Johann Leonhard, 181
Letz
  Katharina, 148
Leukel
  Wilhelm, 101
Leutbecker
  Anna Elise, 33
Leuthenser
  Adam, 117
  Maria, 117
Lever
  Christina Louise, 79
  Otto, 79
Lewer
  Christine, 63
  Johann Wolfgang, 70
  Otto, 70, 158
Ley
  Heinrich & Joh., 84
  Marg., 74, 84

Lichtmann
- Josephine, 29

Lickel
- Louise, 57

Liddeck
- Johanna, 127

Liebenau
- Wilha., 62

Liebergotten
- Elisabetha, 16

Liebermann
- Henriette, 17, 147
- Karoline Wilha., 46
- Peter, 70, 74
- Wilhelm Eduard, 70
- Wilhelmine Carol., 73

Liebhardt
- Emma, 52

Liebherr
- Cicillia, 31

Liebig
- Joh. Gottl., 84
- Joh. Wilhelm, 84

Liebman
- Moritz, 121
- Peter Karl, 121

Liebmann
- Anna, 116

Liebrecht
- Joh. Karl, 155

Liedtke
- Anna Kath. Elisabeth, 128
- Fritz, 128

Lieifer
- Rosina, 169

Lien
- Adam, 202
- Johann, 202
- Sophie Fr., 85

Lier
- Doroth., 75
- Dorothea, 72, 75
- Louis, 75
- Sophia, 72
- Wittwe, 75

Lieu
- Sophia, 99

Lieze [?]
- Maria, 68

Liligeositz
- Emilie, 62

Lilly
- Chrisostumus Eduard, 99
- Wilh., 99
- Wilhelm D., 165

Limgerdt
- August E., 48
- Peters, 48

Limpert
- August Ernst, 39
- Maria, 111

Limroth

Conrad, 5
- Henriette, 5

Linck
- Francisca Henrietta, 122
- Friedr., 122

Lincker
- Wilhelm, 2

Lind
- Andreas, 80
- Johanna Wilhelmina, 77
- Kath., 80, 123
- Katharina, 80
- Sebastian, 77

Lindauer
- Catherine, 34
- Christian, 29, 34, 43, 50, 151, 195
- Christina, 43
- Magdalena Katharina, 43
- Marg., 43
- Marg. Johanna, 50
- Margaretha, 154, 195

Lindeberger
- Johann, 15

Lindeman
- Elisab., 120
- Karl, 118, 120
- Maria Elisabetha, 118

Lindemann
- Auguste, 101
- Carlolina, 140
- Carol., 45
- Carolina, 17, 57
- Caroline, 33
- Jetta, 13
- Johann, 20

Lindemuth
- Magdalena, 9

Lindenberger
- Anna Maria, 69
- Conrad, 64
- Eva, 203
- Heinrich, 110
- Joh., 164
- Joh. Georg., 157
- Johann, 203
- Johannes, 12, 28, 36
- Margretha, 12
- Maria, 77, 88, 97, 110, 125
- Marie, 160
- Philipp, 28, 64

Lindenstruth
- A. W., 128
- Aug. W., 111
- August Michael Zacharius, 128
- Elise, 128
- Katharina, 128

Lindermann
- Philipp, 175

Lindert

Amalie, 50

Lindlich
- Elenora, 125

Lindner
- Barbara, 70
- Emma, 102
- Heinrich, 102
- Heinrich Karl, 102
- Joh. Gottlieb, 158
- Karl Felix, 97
- Louise, 102
- Margretha, 18
- Theresia, 115

Lingel
- Dorothea, 185

Lingelbach
- Christian, 148

Lingert
- Auguste Wilhelmina, 82
- Elise, 93
- Minna Susanna, 82
- Philipp, 82

Linhardt, 205
- Peter, 205

Link
- Amalie, 56
- Anna, 68, 75, 91, 109, 119, 126, 158
- Anna Marg., 103
- August Alexander, 125
- Christina Maria, 12
- Conrad, 81
- Freidka., 114
- Friedr., 169
- Friedrich, 114
- Friredrike Wilhelmina, 114
- Georg, 159
- Georg C., 94
- Georg Christoph, 12, 42
- H., 122
- Heinrich, 163
- Joh., 68, 72, 87, 105, 161
- Joh. Georg, 71
- Joh. Mich., 171
- Joh. Michael, 91
- Johann, 200, 207, 208
- Johann Georg, 205
- Johann M., 125
- Johannes, 72
- John, 168
- Kath., 50
- Katharina, 207
- Magdalena, 79
- Margaretha, 208
- Maria, 46, 56, 71, 87, 106, 116
- Maria Christiana, 125
- Maria Christina, 130
- Maria Susann, 200
- Oscar Otto Leopold, 105
- Peter, 79, 161

Linnemann
- Caroline, 8
- Karol., 125
- Wilhelm, 8

Linnenkemper
- Elise, 211
- Herman, 211

Lins
- Eva, 10

Lintig
- Heinrich Wilh. Ed., 74

Lintner
- Barbara, 190
- Jakob, 190

Linz
- Adolf Otto, 130
- Georg, 130

Lipe
- Lena, 166

Lipfert
- Ernstina, 77

Liphert
- Ernstina, 66

Lippert
- Marg., 25
- Maria, 25

Lipphardt
- Elise & Ludwig, 15
- Peter, 29

Lippke
- Friedrike, 120

Lippold
- Heinrich, 204
- Karl, 204
- Wilhelm, 204

Lips
- Helena, 110
- Magda., 104

Lissfort
- Anna, 56

Lissmann
- Anna Magdalena, 49
- Maria Barbara, 49
- Philipp, 49

List
- Friedr., 96, 164
- Philippina Catharine, 96
- Philippina Kath., 96

Lo…
- John, 125

Lobeck
- Charl. M. Hermann, 152

Lobenwein
- Joh., 55
- Johann Ludwig, 55

Lobewein
- Johann, 20, 146

Loesch
- Katharina, 141
- Louise, 142

Loew
- Christine, 53

Loffert
  Sophia, 97
Loffet
  Sophia, 57
Loffler
  Anna, 110, 217
  Carl, 10
  Christian, 67
  Conrad, 217
  Doroth., 95
  Heinrich, 110, 217
  Wilhelmine, 10
Löffler
  Conrad, 75
  Emma, 61
  Heinrich, 61, 75
  Wilhelmine, 141
Lofter
  Joh. Fr., 45
Loges
  Katharine Elise, 34
Lohlein
  Adam, 129
  Friedrich, 125
  Johann Joseph, 133
  Joseph, 125, 129, 133
Lohmann
  Barbara Anna Louise, 47
  Christian, 47, 204, 213
  Christian H., 79
  Christian Heinrich, 93
  Elise, 170
  Ellen, 79, 204
  Johann Adam, 27
  Karl Theodor, 93, 213
  Lena, 99
  Mathilde, 73, 99, 115
  Sophia, 27
Lohmeyer
  Adolf, 128
  Adolph, 172, 220
  Bertha, 127
  Ernst, 127
  Kathar., 128
  Margareta Helene, 128
  Margaretha Helena, 223
  un-named [?], 220
  Wilhelm, 137
Lohmuller
  Anna Christine, 28
  [blank], 194
  Conrad H., 6
  Dietrich, 52
  Dorothea, 190
  Fitr. [?], 88
  Fried., 5
  Friederich, 43
  Friedrich, 190
  Heinrich, 6, 24, 28, 42
  Katharina, 43, 194
  Louise, 43, 47, 49
  Maria Anna, 5

  Rosina Rebekka, 42
Lohmüller
  Conrad H., 178
Lohners
  Christiana, 72
  Georg, 207
  Wendel, 84
  Wendell, 207
Lohr
  Anna, 119, 172
  Anna Friedrike Hd., 119
  Carol., 120
  Friedr., 119, 120
  Joh. Georg, 162
Lohrmann
  Elise Auguste, 42
  Heinrich, 26
  Maria, 18, 32, 42
  Sophia, 18, 26, 146, 182, 185
Lohse
  Maria, 88
  Wilhelm, 88
Lohwing
  Martha Lina, 104
Loiasi [?]
  Maria, 181
Loit
  J. P., 26
Lomwein
  Barb., 38
  Joh. Andreas, 38
  Johann, 38
  Johannes, 38
Long
  Elisab., 166
  Frank, 169
  Lewis, 166
Longguth
  Bertha, 119
Loos
  Anna Maria, 177
  Conrad, 177
  Friedrike, 103
  Johann, 177
  John, 34
  Kath., 71
  Marg., 137
  Margretha, 177
Lorentz
  Thomas, 1
Lorenz
  Andreas, 203
  Charlotta, 203
  Georg, 124
Lors
  Heinrich, 72
Los
  Joh., 47, 52
Loser
  Johanna M., 203
  Martin, 166

Löser
  Johanne Maria, 71
  Louise, 96
  Martin, 96
Losser
  Emil Friedr. Julius, 95
  Friedr., 95
Lossig
  Ernst, 11
Lotter
  Georg Friedrich, 19
  Johann Georg, 19
Lotterer
  Kath., 125
  Laszar, 126
  Ludwig, 126
Lotz
  aus Hessen Darmstadt, 213
  Carl Conrad, 25
  Conrad, 59
  Elis., 90
  Elisab., 92
  Elise, 104
  Karl, 60, 157
  Kath., 83, 95, 114, 123
  Marg., 53, 70, 83, 95
  Margaretha, 60
  Margretha Wilhelmine, 25
  Martin, 169, 213
  Matthaus, 64, 70
  Niklaus, 158
  Susane, 26
  Valentin & Elisab., 70
Louis
  Antje Friedrike Harmina, 57
  Friedrika Hermina, 200
  L. Conrad, 200
  Louis Conrad, 57
  Maria, 111
  Theodor, 111
Lovie
  Albert, 118
  Joh. Rudolph Paul, 118
Lowell
  Maria, 111
Lowenstein
  Elisab., 56
  Georg, 56
Löwenthal
  Friedrike, 150
Löwer
  Christine, 151
  Louise, 75
Löwers
  Christine, 75
Lubbehasen
  Marai Anna, 102
Lubeck
  Elis., 42

Lubecker
  Barb., 40
Lubekcer
  Joh. & Anna Doroth., 40
Lubeker
  Joh. Valentin, 62
Luber
  Marie, 43
Lubhart
  Ernstina, 43
Lubke
  Friedrike, 48, 60, 105
Luck
  Alb., 96
Lucke
  Luise A., 174
Luckel
  Louise, 69
  Maria, 69
Ludde
  Margaretha Maria, 40
  Wilhelm, 40
Ludhardt
  Joh. Georg, 77
  Kaspar, 77
Ludolph
  Justus, 110
Ludsch
  Georg, 165
Ludsche
  Anna Elisabetha, 71
  Anna Martha, 46
  Karl, 46, 71
Ludwig
  Amalia, 121
  And., 106
  Andreas, 40, 65, 203
  Anna Mathilde, 65
  Christina, 78
  Conrad, 145
  Emilia, 40
  Emma, 40
  Heinrich Andreas, 106
  Karl, 72
  Karl L., 174
  Kath., 128
  Kath. Emilie, 128
  Katharina, 203
  Maria, 78
  Martha El., 45
  Sigmund, 114
  Theodor, 106, 114, 123, 128
Luers
  Friedr. Wilh. Bernh, 160
  Heinrich, 83
  Mina, 102, 125
  Minna, 83
  Wilhelmina, 116
Lues
  Minna, 162
Luft

Chatharina, 1
Johann H., 218
John, 1
Maria Elisabetha, 218
Luitzmann
   Otto, 75, 85
   Wilhelm Thomas Conrad, 75
Lukai
   Louis Friedr., 100
Lukbe
   Carl, 65
   Louis, 65
Lurendt
   Sophie, 156
Lures
   Wilhelmine, 132
Luthardt
   Eva, 125, 131
   Mathilde, 125
Lüttke
   Henrich, 163
Lutz
   Anna Maria, 174
   Barbara, 22
   Johann Philipp, 130
   Johannes, 13
   Kath., 175
   Kath. Marg., 33
   Margaretha, 45
   Maria, 155
   Maria Elisabetha, 11
   Maria Katharina, 3
   Martin, 3, 11, 181
   Philipp, 129
   Sophie Elisabeth, 129
   Wilh. Regine, 141

M
MacClaughi
   Rebekka, 38
McGenny
   Kate, 174
McGibon
   Valentin, 156
Machen
   Elise, 8
Macher
   Joseph, 173
   Wilhelm, 174
Mack
   Christian, 212
   Elis., 57
   Frank, 163
   Heinrich, 57
   Margaretha, 212
Mackel
   Anna Maria, 140
   Eva, 10
   Georg, 49, 187
   Georg Leonhard, 2, 10, 27
   Johann Georg, 27

   Johannes, 2
   Joseph, 102, 124
   Leonhard, 181
   Marg., 128
   Maria, 18
   Maria Eva, 181
   Rosina, 102, 123, 128
   Rosine, 117, 165
   Sophia, 119, 222
Mackenstein
   Maria W. O., 169
McLane
   John, 115
   William, 124
McLaren
   Jane, 161
Mader
   Conrad, 124
   Georg Jakob, 220
   Joh., 108, 115, 121, 124
   Johann, 125, 131, 159, 202
   Johann Heinrich, 108, 202
   Marg., 89, 99, 124, 125
   Margaretha, 161
   Margaretha Magdalena, 131
   Maria, 123
   Maria Marg., 89
Maderer
   John, 4
   John Cornelius, 4
Maerz
   Emma, 219
   Louis, 219
Magd
   Maria, 23
Magnafohner
   Maria Louise, 153
Magrahn [Mayrahn]
   Christina, 164
Magsam
   Carl Heinrich, 21
   Carl Heinrich Robert, 21
   Heinrich, 1
   Johann, 21
Magsamen
   Heinrich, 105
Magwald
   Heinrich, 196
Mahl
   Ernst Karl, 55
   Louise Ros., 55
Mahlwitz
   August, 203
   Friedike Carolina, 203
Mahnken
   Carl, 25
Mahr
   Kath. Christine, 131
   Louise, 118
Mährle

   Lewis, 173
Mai
   Aug. H., 95
   August, 110, 213, 214
   August Heinrich, 110
   Joh., 67
   Julius, 111
   Karl Julius, 86
   Kath. Louise, 111
   Marg. Louise, 95
   Margaretha, 67
   Maria L., 214
   Pauline, 80
Maienschein
   Gertraud, 16, 123
Maier
   Andr. Phil., 52
   Anna, 35
   Anna Elisabetha, 124
   Anna Maria Margaretha, 196
   Carl, 35
   Carolina, 15, 38, 114
   Caroline, 28
   Charlotte, 35
   Christine, 100
   Clara, 54
   Conrad, 119
   Doroth. Carl., 56
   Doroth. Carolina, 73
   Eduard Anton Christian, 56
   Elis., 52
   Elisabeth, 125, 129
   Elisabetha, 30
   Ernst Friedr., 70
   Eva Barbara, 198
   Eva Maria, 68
   Friedr., 57, 61, 72
   Friedrich, 30, 38, 125, 129, 158, 196
   Friedrike, 63
   Gerhardt Friedrich, 61
   Gesine, 68
   Heinrich, 33, 60, 129, 223
   Helena, 125
   Herrmann Aug., 71
   Joh. Andreas, 127
   Joh. Friedr., 68
   Joh. Herrmann Heinrich, 60
   Joh. Wilh., 155
   Joha. Antoinette, 129
   Johann, 55
   Johann Friedrich, 57
   Johann Philipp, 208
   Johanna Karolina, 55
   Johannes, 119
   Josephine, 217
   Karl, 56, 64, 217
   Karoline, 37
   Kath., 59, 68, 122

   Katharina, 182
   Katharina Maria, 33
   Lorenz, 124
   Louise, 30, 63
   Louise Auguste, 38
   Malinde Anna, 72
   Maria Agnes, 29
   Maria Kath., 99
   Maria Magdalena, 217
   Maria Wilhelmine, 30
   Peter, 54
   Philipp, 61, 64, 119, 208, 217
   Philippina, 99
   Rebecca, 131
   Rosina, 47
   Wilhelm, 113
   Wilhelm Fried, 174
Maierhof
   Maria, 124, 171
Maifahrt
   Lena, 161
Maifort [?]
   Kathar., 129
Maind
   Elisabetha, 153
Mainhardt
   Heinrich, 41, 153
Malek
   John L., 167
Malfeld
   Carl Friedrich, 30
   Heinrich, 30
   Margretha, 151
Malin
   August, 161
Malker
   Rosina, 62
Maller
   Eva Elisabetha, 145
Mallois
   Georg M., 92
Maloney
   Dina, 117
   James, 168
Malter
   John, 56
   Maria Elisabetha, 56
Malters
   Johann Dietrich, 201
   Johann H., 201
Maltfeld
   Anna Maria, 21
   Carl Friedrich, 147
   Elisabetha, 21
Malzer
   August, 209
   Eva, 209
Mangold
   Wilhelm, 162
Mann
   Anna Katharina, 26

Index

Dorethea Maria
    Wilhelmina, 3
  Joh. H., 46
  Johann G., 19
  Johann Georg, 32, 184
  Johann Heinrich, 32
  Johann Michael, 32
  Johann Wilhelm, 174
  Johanna, 121
  John Georg, 3
  Louise Ellis, 132
  Maria Anna Barbara, 19, 184
  Maria Barbara, 3
  Maria Louise, 46
  Wilhelm, 132
Männer
  Peter, 76
Mannsdorfer
  Christina, 48
Mannsruhr
  Kath., 38
Mansdorfer
  Anna Christina, 146
Mansdörfer
  Christina, 21
  Christine, 30
Mantley
  A. Friedrich Ferdinand, 44
Mantrey
  Heinrich, 167
Manus
  Adam, 103
  Johann Adolph, 103
Manzer
  Andreas, 33
Marbarger
  Anna Marg. Christine, 40
  Herrmann, 40
Marburger
  Anna, 124
  Eva Carolina, 126
  Georg, 97
  Herrmann, 97
  Kath., 171
  Maria Elisabetha, 181
  Peter, 181
  Wilhelmina, 124
Marcks
  Kath., 58
Marg.
  [blank], 150
Margert
  Emilia, 205
  Heinrich, 205
Marhengen
  Friedricka, 31
Marhenke
  Caroline, 14
  Fried., 24
  Friedrika, 51, 99

Friedrike, 38
Marhenken
  Friedrike, 64
Marhenker
  Friedricka, 145
Mariann
  Maria, 7
Mark
  Anna Barbara, 28
  Barb., 42, 55
  Barbara, 142
  Eva Barbara, 13
Markert
  Christiana, 32
  Karl, 66
  Richard, 170
Marks
  Kath., 46
  Maria, 59
Marktley
  Maria, 166
Markwart
  Louise, 46
  Wilhelm & Friedr., 46
Marmen
  Ribena [?], 21
Marocs
  Heinrich, 139
Marquardt, 223
  Dorothea Sophia Louise, 153
  Frau Karol., 176
  Georg Wilhelm, 175
  Johann, 199
  Johann Matthias, 56
  Karl Philipp, 65
  Karolien, 220
  Kath., 62
  Louise, 39, 65, 77
  Marg., 77
  Margaretha Elisabetha, 222
  Wilhelm, 39, 56, 65, 129, 161, 199
  Wilhelm Georg Eduard, 129
Marquart
  Elise Sophie, 130
  Louise, 53
Marriott (Fields)
  Wilhelm, 110
Marsch
  Kath., 112
Marschek
  Adam, 79
  Peter, 79
Marschendorf
  Elisab. D., 124
  Wilhelmina, 124
Martell
  Maria, 190
  Peter, 190

Marthaupt
  August, 49
  Johann Heinrich Christian, 49
Martienssen
  Fried. Ludwig, 130
Martin
  Adam, 40
  Bernhardina, 64
  Christian, 53
  Emilie Christina, 204
  Georg, 53, 64, 89
  Georg Wilh., 94
  George, 219
  Heinrich, 91
  Henry Warner, 98
  Jakob, 64
  Joh., 78, 85
  John Heinrich, 6
  Karoline, 132
  Kath., 85, 91, 98
  Lawson M., 98
  Louise, 219
  Marg., 17, 61, 74, 85, 90
  Maria Louise, 94
  Michael, 40
  Simon, 85
  Wilh., 84
  Wilhelm, 54, 204
Martin (Angst)
  Francis, 162
Martine
  Emma, 106
  Marg., 112
Martini
  Albert, 170
  Emma, 94
  Georg H., 172
Märtz
  Barbara, 140
  Christoph, 16
  Jakob, 16
Marx
  Anna Maria, 33, 151
  Joh., 63
  Kath., 72
  Maria, 70, 90
März
  Barbara, 33
Maser
  Anna, 166
  Margaretha, 44
Mastis [?]
  Margarethe, 155
Matfeld
  Carl Fr. & Katharina, 25
Mathai
  Eduard, 57
  Heinrich Eduard, 57
Mathei
  Christia Eduardt, 28
  Eva Elisabetha, 28

Mathes
  Johann Mathes, 7
  Johannes, 32
Mathesius
  Anna M., 168
Matheus
  Christian Edward, 148
Matre
  Magd. B., 154
Mattenschmidt
  Joha. Hedrich, 56
Matthai
  Eduard, 35, 57
  Elisabetha Emilie, 35
Matthay
  Christ. Eduard, 43
  Eva Emma, 43
Matthein
  Johann, 40
Matthes
  Anna R., 160
  Johann Peter, 198
  Maria Anna, 198
  Rosina Wihlemina, 70
  Wilhelmina, 53
Matthesius
  Maria, 94
Matthews
  Edwin, 161
Matzen
  Karl, 114
Mauck
  Margretha, 184
Maudler
  Elisab., 89
Mauer
  Elis., 78
  Jakob M., 75
  Johannes, 93
  Karl Friedrich, 75
  Karolina Philippina, 44
  Margretha, 17
  Max, 17
  Michael, 93
  Wilhelm, 17, 44
Mauers
  Auguste, 26
Maurer
  Barb., 69, 95, 106, 120
  Barbara, 56, 81
  Christian, 98
  Dorothea, 85
  Eduard A. Hr., 197
  Elisab., 172
  Heinrich, 51
  Jackob, 202
  Jakob M., 97
  Joh. Heinrich, 77
  Johann Heinrich, 206
  Karl, 66, 77, 202, 206
  Karl D., 197
  Karl Daniel, 129

Kunigunde, 29
Maria Christiana, 66, 202
Michael, 85
Regina Leonore, 98
Maus
    Anna Margaretha, 179
    [blank], 222
    Carolin, 201
    Caroline, 198
    Elisab., 84
    Friedrich, 188
    Georg Philipp, 8
    Heinrich, 198
    Johann Heinrich, 201
    John Heinrich, 39
    John Julius, 39
    John Philipp, 8
    Karl, 201
    Maria, 59
Mautz
    Joh. Ad., 96
    Joh. Friedrich, 96
Mavers
    Carolina Wilhelmina
        August, 80
    Karl, 80
Mävers
    Albert Louis Oscar, 65
    Karl, 65
May
    August, 66, 80
    Bertha L., 122, 171
    Johann Julius, 126
    Julius, 126, 132
    Karl Christoph Eduard,
        118
    Karl J., 118
    Katharina Pauline, 80
    Lena, 39
    Maria Mathilde, 66
    Maria Mathilde Rosine,
        132
Mayer
    Christine Friedricke, 162
    Georg Christian, 153
    Jacob Friedrich, 150
    Kath., 123, 154
    Maria, 158, 175
Mayers
    Louise, 160
Mebscher
    Eduard, 92
Meckk [?]
    Emil H., 165
Medinger
    George A., 160
Meese
    Johann Ludwig, 24
    Ludwig, 24, 147
Mehbrey
    Elisab., 33
Mehr

Anna, 129
George, 129
Mehring
    Georg, 112
    Matth., 112
    Matthaus, 81
    Thomas, 81
Mehringer
    Doroth., 117
    Elise, 117
    Elise Barb., 169
Meibert
    Carl Wilhelm, 27
    Maria Helena, 14
    Samuel, 14, 25, 27
Meid
    Conrad, 75
Meidling
    Henriette, 55
Meier
    Amalia Luoise Charlotte,
        9
    Andr., 107
    Anna Johanna, 53
    Anna Kath., 78
    Anna Margaretha, 76, 203
    Anna Maria, 6, 46
    Anna Maria Margretha,
        33
    August, 103
    Barb., 89
    Barbara, 19
    Carol., 41, 91, 107
    Caroline, 23, 75, 144
    Christian, 77
    Christina, 57
    Conrad, 51
    Dorth. C., 63
    Edward, 152
    Ehrich, 27
    Elisab., 48, 69
    Elisabetha, 26, 43, 139
    Elisabetha Katharine, 41
    Friedr., 46, 87
    Friedrich, 8, 13, 16, 106,
        189
    Friedrich Adolph, 47
    Friedrich Johann, 186
    Georg, 31, 41, 111
    Georg August, 149
    Georg Christ., 42
    Georg Paulus, 78
    Heinrich, 32, 78, 79, 86,
        170, 208
    Helene, 6
    Henriette, 15
    Hermann, 78
    Hermann Fried., 32
    Jakob, 75
    Joh., 43, 103
    Joh. August, 103
    Joh. Friedr., 42, 86

Joh. Georg, 106
Joh. Philipp, 81
Johann, 203
Johann Andreas, 7
Johann Fried., 22
Johann Friedrich, 33, 148
Johanne, 13
Johanne Sophia Maria, 13
Johannes, 39, 41, 47, 179
John Friedrich, 7
Julius, 94
Justine Margretha, 22
Karl, 47, 203
Karoline, 50, 135
Kath., 85
Katharina, 21, 42
Lorenz, 79
Louise, 86
Louise Augusta, 189
Ludwig, 9, 140
Marg. Ernestine, 78
Margaretha, 189, 208
Margretha, 181
Maria, 5, 16, 17, 144
Maria Elisabetha, 4
Maria Elise, 16
Maria Louise, 10
Maria Magdalena, 105
Mattheus, 143
Michael, 8, 86
Paul, 8
Paulina, 87
Philipp, 15, 41, 51, 81,
    86, 105
Regina, 89
Rosine, 20
Sofia Amalia, 8
Sophia, 20
Valentin, 189
Wilhelm, 76, 106, 177,
    203
Wilhelm Edwin, 77
Wilhelmine, 16
William, 4
Meiers
    Carolina, 48
    Elis., 41
    Louise, 37
    Maria, 85
Meikel
    Charlotta C., 67
Meils
    Maria Christina, 147
Meily
    Conrad, 100
Meineke
    Christine, 83
Meinert
    Eva Henrietta Zettner, 84
    Georg Zettner, 84
    Henriette Zettner, 84
    Louise, 122

Meinhard
    Maria, 131
Meinhardt
    Anna, 111
    Christiana Margaretha, 45
    Elisab. Sophia, 46
    Friedr., 80, 109
    H., 120
    Heinrich, 45
    Johann, 46
    Maria, 80, 111, 120, 160
    Rosina, 46, 83
Meinhart
    Maria, 126
Meinken
    Kath., 124, 127, 130
Meinning
    Lena, 50
Meinschein
    Gertraud, 104
    Maria, 84, 161
Meise
    Kath, 167
    Kath., 117, 125
    Louise, 117
Meisel
    Georg, 141
    Jakob, 118
Meisen
    Wilhelmina, 73
Meiser
    Conrad, 13
    Joh., 170
    Wilhelmine, 36
Meisner
    Kath., 171
Meisolla
    Carol., 165
Meissall
    Kath., 98
Meisser
    Wilhelmine, 152
Meisslahn
    Doroth., 62, 84
Meisslohn
    Maria Dorth., 156
Meissner
    Wilhelmina, 42
Meister
    Emma Nanetta, 222
    Georg, 6, 139
    Julius, 130
    Julius Philipp, 130
Meitenbauer
    Margretha, 142
Meiter
    Samuel, 143
Meitling
    Friedr., 64
    Johannes, 64
Mellema
    Doroth. Francisca

Henrietta, 118
Dorothea Helena, 105
Fones Kempt, 95
Heinrich, 105, 118
Johanna Helena, 95
Louise Sophia, 105
Mellenia [Melleina]
  Christian, 164
Mellhorn
  Christina, 28
Melony
  Dina, 218
  James, 218
Meltner
  Anna Margretha
    Katharina, 12
  Christoph, 12
Memhardt
  Rosine, 60
Memmhardt
  Rosina, 116
Mengel
  Herrmann, 122
  Louise Emilie, 122
Mengers
  Hannah, 105
Mengersen
  Aug., 76
Mengert
  Friedrike, 50
  Heinrich, 86, 109, 216
  Henry, 96
  Joh. Nikl., 96
  Kath. Marg. Elisabetha, 109
  Katharina Margaretha
    Elis., 216
  Maria Katharina, 86
Menges
  Anna Katharina, 15
  Hanna, 91
Mengis
  Maria, 103
Mening
  Andreas, 67, 172
  Anna Marg. Katharina, 119
  Joh., 119, 170
Menius
  Christina, 157
Menning
  Christa, 50
  Johann, 126
  Johann Heinrich, 126, 221
  Lena, 50
Mensinck
  Guido, 170
Menthey
  Maria, 174
Mentler
  Johann Georg, 25
  Maria Wilhelmine, 25

Menzel
  Ernstina Mina, 126
  Herman, 218
  Hermann, 126, 216
  Herrmann, 112, 118
  Oscar Herrmann
    Wilhelm, 112
  Oscar W., 216
  Simon Karl, 222
  Wilhelm, 118, 218
Mergenroth
  Maria, 165
Mergert
  Heinrich, 208
  Maria Katharina, 208
Merkle
  Ludwig Wilhelm, 26
Merle
  Johann, 24
Mertlein
  Anna Barb., 99
Mertz
  Louis, 125, 167
  Margareta Mina, 125
Merz
  Anna E., 159
  Elis., 157
  Heinrich, 121
  Louis, 117
  Louise Maria, 117
Mesch
  Johann, 191
  Johannes Conrad, 191
Mesel
  Johann, 8
  Maria Katharina, 143
Meser
  Elisabetha, 86
  Joh., 86, 99
  Johann, 99, 200
  Johannes, 47, 156
  John, 53, 63, 86
  Kath., 17, 59, 69, 86
  Kath. Wilhelmina, 53
  Marg., 63
  Margaretha, 63, 200
  Margretha, 145
  Maria, 69, 85, 112
Mesert
  Johann, 40
  Johannes, 40
Meset
  John, 140
Messel
  Kath., 40
Messermann
  Elis., 55
Messerschmidt
  Fda., 223
Messet
  Conrad, 174
Messinger

Elisabetha, 180
Messner
  Caspar, 174
Meste
  Kath., 41
Mettmann
  Ernst, 1
  John Rudolph, 1
  Rudolf, 23
Metz
  Heinrich Wilhelm, 145
Metzger
  Clara Louise, 26
  Elis., 52
  Eva Margretha Karolina
    Lavina, 2
  Friedrich, 48
  Friedrick, 2
  Georg F., 44
  Johann, 26, 147
  Johannes, 11
  Johannes Andreas, 11
  John, 139
  Kath. Barbara, 44
  Katharina, 48
  Magdalene, 11
Metzlar
  Kath., 160
Metzmann
  Kath., 65
  Maria Magdalena, 139
Meurer
  Joh. Adam, 107
Meusel
  Augusta, 115
  Charlotta Nanetta, 115
  Heinrich, 115
  Johanna, 115
  Karl, 217
  Margaretha, 217
  Wilhelmina, 115
Meyd
  Emma, 125
Meyer
  Adam, 212
  Amalia, 158
  Andreas Nicolaus, 175
  Anna, 209
  Barbara, 40
  Bernhardt Heinrich, 209
  Christoph, 94
  Conrad, 66
  Conrad Ludwig, 94
  Elisabeth, 110, 133
  Friedr. W., 89
  Georg, 164, 210
  Heinrich, 95
  Heinrich Theodor, 102
  Hermann, 211
  Herrmann, 66, 102
  Jakob, 168
  Joh., 98, 112

Johann, 130
Karl Otto, 95
Karolina, 36
Kath., 99, 112, 162, 166
Kath. Margaretha, 96
Maria, 211
Meta Kath., 107
Philipp, 34
Simon Julius, 164
Theressa Amalia, 41
Wilhelm, 96, 212
Meyers
  Albertine Henrietta, 132
  August, 162
  Christian, 158
  Elida, 124
  Hermann, 158
  Johann Georg, 175
  Kath., 127
  Katharine, 132
  Otto, 167
Michael
  August H., 217
  August Heinrich, 113
  Bertha, 60
  [blank], 217
  Elisa, 153
  Elisabetha, 43, 215
  Heinrich, 76
  Joh. & Karolina, 55
  Joh. H., 102
  Johann Peter, 102
  John M., 113
  Kath., 60
  Katharina, 25
  Marg., 48
Michaelis
  Meta, 4
Michaels
  Gesene, 185
Michaelsen
  Gesene, 28
  Gesine, 9
Michel
  Anna M., 155
  Elisabetha, 206
  Josephine, 163
  Margretha, 9
  Maria Josephine, 34
  Theresia, 204
  Wilhelm, 204
Michelmann
  Kardel, 37
  Wilhelm, 37
Michels
  Franziska, 174
Midlander
  Kath., 96
Midländer
  Joh. Peter, 106
  Kath., 106
  Kath. E., 116

Mieners
   Maria, 68
Mierz
   Johann Wilhelm, 53
Miesel
   Jakob, 159
Mieth
   Auguste, 146
Mietsam
   Karolina, 15
Mikle
   Elis., 155
Milder
   Tatea, 17
Milius
   Frantz, 23
   Friedrich Wilhelm, 23
Mille
   Heinrich, 66
   Jakob, 66
Miller
   Augusta, 207
   Bertha, 121
   Conrad, 21, 100, 167
   Dora, 170
   Dorothea, 40
   Edwin Adam Conard, 100
   Elis., 42, 57
   Elisabetha, 148
   Elise, 162
   Eva, 22
   Freidrich, 157
   Friedrike, 39
   Georg, 170
   Georg Jakob, 128
   Henry J., 175
   Joh. Jakob, 173
   Johann, 207
   Johann Jak., 128
   Johann Sebastian, 175
   Kath., 102, 165, 167
   Kath. Mathilde, 102
   Marg., 39
   Maria, 55, 121
   Wilh. F., 161
Millershausen
   Johannes, 192
   Katharina, 192
Milless
   Laertes A., 162
Milliam
   Kath., 38
Millner
   Conrad, 207
   Gottfried Karl, 207
Mingiers
   Johanna, 164
Minick
   Anna M., 172
Minninger
   Elis., 53
Mirlenbrink

   Theresia, 167
Mirske
   Karl, 193
   Paul, 193
Missbelhorn
   Friedrich, 54
   Josephina Math. Maria
      Joha., 54
Mitlander
   Joh. Jak., 122
   Kath., 48
   Kath. Barb., 48
   Kath. E., 122
Mitländer
   Kath., 65
   Magdal., 65
   Maria Magd., 72
Mitteldorf
   Carolina, 140
Mittelkämp
   Kath., 73
Mittelkampf
   Kath., 23
Mittelsdörfer
   Adelheid, 81
   Georg, 81
Mittlander
   Chath., 41
   Joh. Paulus, 41
   Kath., 58, 82
Mittländer
   Kath., 72
Mitze
   Maria, 23
Möckel
   Balthaser, 24
   Balthasser, 30
   Heinrich, 24
   Johannes Amandus, 30
   Wilhelm, 24
Moher
   Adam, 83
   Anna Elisab., 83
   Johann, 224
   Katharina Sophie
      Auguste, 224
Mohler
   Wilhelm, 121
Mohlmann
   Anna Maria, 8
Mohner
   Gottlieb, 196
   Katharina, 196
Mohr
   Adam, 158
   Anna Elisabeth, 126
   Concordia Amalie, 28
   Eleonora Virginia, 126
   Elisabethe, 8
   Friedrich, 155
   Georg, 66
   Heinrich, 1, 13

   Joh., 88
   Joh. Franklin, 118
   Johann, 10, 49
   John F., 126, 221
   Julise Anna, 118
   Kath., 120, 169
   Louise, 95, 111, 132
   Luise, 126
   Marg., 126
   Maria, 45, 153, 189
   Maria Elise, 13
   Wilhelm Hill, 49
Mohrfeld
   Eulert, 105
Mohrfield
   Eilert, 127
Mohring
   Barba., 56
   Friedrich, 195
   Matth., 62
   Thomas, 62
   Walth., 195
Möhring
   Matthaus, 201
   Thomas, 201
Mohrlmann
   Carl, 189
   Katharina, 189
Mohrmann
   Carl Friedrich Wilhelm, 4
   Elma, 132
   Heinrich, 132
   Johann Rudolpf, 179
   Nicklass, 4
Mohrmuller
   Elis., 70
Molhermann
   Johannes, 190
   Michael, 190
Molkenstrott
   Charlotte, 69, 158
Moll
   Anna Barbara, 97
   Anna Catherine, 34
   Anna Catherine Louise,
      34
   Anna Marg., 23
   Anna Marg. Elisabetha,
      23
   Anna Margretha E., 186
   Anna MArtha, 34
   Friedrich Heinrich, 68
   Geinrich, 49
   Gerdraut Marg., 58
   Gertraud Margaretha, 58
   Heinrich, 23, 58, 68, 97,
      186
   Joh. Heinrich, 34, 83, 154
   Johann, 27
   Johann Heinrich, 27, 190
   Johannes, 148
   Margaretha Katharina, 83

   Martha, 190
   Susanna Elis., 49
Moller
   Anna, 117
   Anna Maria, 51, 217
   August, 79
   Christine E, 117
   Elisab., 73
   Ernst Heinrich, 217
   Friedrike, 119
   Maria Fr., 95
Möller
   Christiana, 177
   Elisabetha Christina, 215
   Elise, 144
   Ernst H. & Elisabetha, 24
   Ernst Heinrich, 215
   Friedrike, 102, 125
   Johann H., 177
   Sophie, 129
Mollmann
   Ernst Rudolf, 11
   Frantz Friedrich, 11
Mollmer
   Barb., 37
Momberg
   Heinrich, 190
   Johanne Caroline, 190
Momberger
   Anna Elisa, 48
   Eilha. Katha., 95
   Elise, 193
   Georg Carl, 146
   Georg Conrad, 48
   Heinrich, 26, 48, 51
   Heinrich Hermann, 26
   Joh., 48
   Johann, 189, 193
   Johanna, 189
   Johannes, 39, 185
   Kath., 95, 110
   Sina, 185
Monat
   Anna Elisabetha, 32
   Christian, 153, 186
   Dorothea, 3
   Elisabetha, 86
   Georg, 3, 12, 32, 43, 48,
      60, 74, 86, 179, 186
   Georg Heinrich, 12
   Joh. Peter Friedrich, 43
   Johannes Peter, 48
   Maria, 3, 179
   Maria D., 101
   Maria Laurel, 74
Monath
   Elis., 79
   Georg Wilh., 80
   Maria D., 161
Monch
   Carl, 18, 179
   Ferdinand Albert, 18

Ludwig, 179
Monk
  Christoph L., 164
  Henriette, 129
  Karl, 129, 173
Moor
  Heinrich, 1
Moore
  Heinrich, 177
  Joh. Fr., 119
  Maria, 2
  Richard Asbury, 119
  Wilhelm Heinrich, 119
  William, 161
Moos
  Elise, 84
  Maria, 84
Moran
  Sophia, 12
Morgenroth
  Fried. Eduard, 47
  Friedrich, 47
  Friedrich Eduard, 47
Morgreroth
  Friedr. Eduard, 157
Morlock
  Rosa B., 159
Morman
  Frank, 114
  Heinrich, 114
Mormann
  Anna Kath., 80
  Charlotta, 65
  Elis., 53, 65, 97
  Elisab., 71, 80, 88
  Heinrich, 100
  Henry, 165
  Hermann, 79
  Hermann H., 204
  Herrman Heinrich, 71
  Johann Michael, 204
  Johanna Sophia, 101
  Marg. Maria, 67
  Maria, 67, 79, 97
  Maria D., 93
  Maria E., 109
  Maria Elis., 157
Morrmann
  Maria Dorth., 57
Morssmann
  Kath., 13
Morst
  Conrad, 160
Morstadt
  August, 181
  Elise, 181
Moser
  Adam, 56, 196, 207
  Anna Elisabetha, 207
  Elisabetha, 25
  Friedrich, 19
  Georg, 56, 196, 216
  Heinrich, 25
  Karl, 92
  Katharina, 196
  Maria, 216
  Maria Elisabetha, 25
Moss
  Joh. Georg, 96
  Karl, 96
Muck
  Eleonora Margaretha, 91
  Heinrich, 53
  Jakob, 53
  Kath. Elis., 91
Muerh [?]
  Heinrich, 38
  Katharinea Christiane, 38
Muhe
  Louise, 28
  Luoise, 8
Muhl
  Elisab., 104
Muhlenfeld
  Friedr., 113, 161
  Louise Maria, 113
Muhlenfels
  Friedr., 81
  Maria Sophia Elisabetha, 81
Muhlfeld
  Friedr., 98
  Hatta, 98
Muhlhauser
  Gustav Adolph, 65
  Heinrich, 65
Muhlhorn
  Christina, 42
Muler
  Louise, 26
Mullbrand
  Christina, 46
Muller
  Abolonia, 183
  Adam, 55, 68, 120, 184, 192, 217
  Albert Herrmann, 87
  Amalia Elis., 78
  Amalie, 127
  Amalie E., 111
  Amelia Elisab., 78
  Andreas, 67
  Anna Barbara, 19
  Anna Elisabetha, 116
  Anna Emilie, 74
  Anna Kath., 49
  Anna Katharina, 139
  Anna Louise, 15
  Anna M., 76, 172
  Anna Maria, 3, 68, 87
  Anna Maria Katharina, 7
  Anna P., 76
  Auguste, 46, 79
  Auguste Katharina, 43
  Babetta, 144
  Barb., 47, 71, 100
  Barbara, 23, 126, 152
  Bernhardt, 43
  [blank], 219
  Carl Helmuth, 30
  Carl Wilhelm, 26
  Caroline, 24, 117, 205
  Caspar Heinr. & Joh. Friedr., 59
  Caspar Heinrich, 58
  Casper, 3
  Christ. Elis., 51
  Christian, 9
  Christiana, 32
  Christina, 16, 24, 25, 42, 66, 149, 212
  Christine, 151
  Conrad, 16, 55, 87, 115, 123, 184, 219
  Dietrich, 11
  Doroth., 104, 116
  Dorothea, 82, 89, 105, 123, 132, 163
  Elis., 43, 52, 62, 86
  Elisa., 55
  Elisab., 68, 79, 82, 97, 112, 118, 163
  Elisab. Dorothea, 117
  Elisabetha, 28, 32, 192
  Elisabetha Dorothea, 217
  Elise, 46, 112, 117
  Emilie Carolina, 87
  Ernst, 43, 68, 199
  Ernst H., 217
  Ernst Heinrich, 7
  Ernstina, 78
  Eva, 53
  Eva Barbara, 190
  Eva Elisabetha, 28
  Eva Emma, 43
  Ferdinand, 86, 120, 196
  Ferdinand Karl, 120
  Franz, 94
  Franz Bernhardt, 199
  Friedr., 45, 67, 78, 92, 94, 110, 122, 216
  Friedr. Aug. Ludwig, 96, 102
  Friedr. August Ludwig, 96
  Friedrich, 9, 30, 102, 128, 200, 214
  Friedrich August Ludwig, 214
  Friedrich Wilhelm, 59
  Friedrika H., 96
  Friedrike, 111
  Friedrike H., 96
  Georg, 92, 94, 102, 112, 114, 116, 123, 124, 125, 127, 163
  Georg E., 112
  Georg Friedrich, 24
  Georg W., 87
  Georg Washington, 87
  Gerdraut, 65, 212
  Gertraud, 63, 86, 123, 156
  Gottfried, 70, 154
  Gottlieb, 205
  Hanna Caroline Christine, 149
  Heinrich, 27, 30, 47, 57, 67, 83, 92, 96, 103, 108, 111, 161, 184
  Heinrich Christ., 78
  Heinrich Jakob, 93
  Heinrich Johann, 65
  Heinrich Justus, 92
  Heinrich Louise Friedrich, 94
  Henrietta, 80, 162
  Henriette, 168
  Herman, 200
  Herrman Heinrich, 124
  Herrmann, 43, 87
  Herrmann Heinrich, 58
  Ida Sophia, 43
  Jakob, 17, 65, 184, 186, 212
  Joh., 48, 67, 68, 84, 115, 123, 124, 171
  Joh. Friedr., 58
  Joh. Friedrich, 59
  Joh. G., 161
  Joh. H., 64
  Joh. Heinrich Adolph, 100
  Joh. M., 116
  Joh. Mich, 117
  Joh. Michael, 116, 169
  Joh. V., 100
  Joh. W., 100
  Johann, 24, 73, 132, 182, 200, 205, 217, 219
  Johann Adam, 32, 224
  Johann Andreas, 115
  Johann Chr., 51
  Johann Fried., 15
  Johann Gottfried, 190
  Johann H. Ad., 214
  Johann Heinrich, 58, 114, 200
  Johann Herrmann, 58
  Johanna Carolina Louise, 122
  Johanna Carolina Wilhelmina, 78
  Johannes, 6, 12, 13, 27, 29, 33, 142
  John, 12, 58, 81, 126
  John Peter, 3, 139
  Josephina, 54
  Josephine, 184

Julie, 115
Julius, 68, 100, 214
Karl, 78
Karl Adolf Friedrich, 128
Karl Friedrich, 200
Karl Julius, 68
Kaspar H., 45
Kaspar Heinrich, 45, 204
Kasper Eberhard, 7
Kath, 68
Kath., 7, 13, 48, 53, 64, 65, 93, 108, 110, 122, 124, 130, 155
Kath. M., 58, 92, 111
Kath. Margaretha, 92
Kath. Wilhelmine, 68
Katharina, 9, 25, 112, 140, 146
Katharina Carolina, 87
Katharina Elise, 148
Katharina Ernstina, 6
Katharina Margaretha, 204
Kunigunde, 65
Lavina, 77
Lissette, 79
Lorentz, 17, 145, 186
Louise, 62, 69, 74, 76, 117, 156
Ludwig Aug., 123
M. Math. Henriette, 200
Magdalena, 61, 151
Marg., 49, 50, 58, 71, 85, 88, 100, 115, 121, 125, 169
Margaretha, 89, 217
Margretha, 7, 12, 182
Mari, 101
Maria, 3, 53, 60, 63, 68, 77, 78, 86, 100, 113, 114, 122, 123, 156, 164, 169
Maria A., 173
Maria Abolonia, 3
Maria Caroline, 81
Maria E., 115
Maria Elis., 64, 68
Maria Elisab., 68
Maria K., 111
Maria Katharina, 3
Maria Louise, 55
Martha, 159
Martin, 70
Mathilde Henriette Mina, 67
Meta, 92
Meta Maria, 92
Michael, 83
Nickalus Carl, 33
Niklaus, 78, 89, 160
Nikolaus, 49
Peter, 26, 184

Thomas, 78
Valentin, 86
Wilha., 59
Wilhelm, 55, 148
Wilhelm Georg Eduard, 112
Wilhelm Georg Washington, 100
Wilhelm H., 108
Wilhelmine, 184
Wilhelmine Amalie, 30
Wilhelmine Caroline, 110
Müller
Anna Barbara, 31
Anna Elise, 8
Anna Kath., 14
Anna Maria, 177
Barbara, 10
Chatharina, 2
Christian, 1
Christina, 37
Elisabetha, 29, 41, 141
Elise, 18
Emil, 174
Ernst Heinrich, 3
Georg Heinrich, 5
Heinrich, 2, 14
Jakob, 13, 41
Joh. Friedrich, 37
Joh. Kasp, 37
Johann, 34
Johann Adam, 13
Johanne Louise, 2
John, 5, 140
John F., 3
Juliane, 179
Karl Adolf Fried., 223
Kath. Magd., 137
Kath. Margretha, 141
Katharina, 3, 26
Katharina Margretha, 3
M. Marg., 40
Magdal., 37
Marg., 19
Margretha, 140
Maria, 1, 28
Maria Adolphine, 14
Maria Elisabetha, 2
Maria Elisb., 137
Maria Josephine, 34
Theodore, 142
Valentin, 223
Wilhelm, 28
Muller (?)
Heinrich, 129
Maria Elisabetha, 129
Muller [?]
Wilhelm, 159
Mullert
Christina, 49
Maria, 47
Multer

Georg, 155
Mulzer
Andr W., 76
Andreas, 42
Andreas Wilhelm, 76
August, 42, 65, 76, 153
Emma, 59
Joh., 123
Joh. Heinrich, 123
Marg., 65, 137
Mumberg
Kath., 163
Munch
Anna M., 49
Heinrich, 47, 49, 60, 151, 187
Jacob, 187
Jakob, 41
Johanna Marg., 60
Johanna Margaretha, 60
Karolina, 60
Kunigunde, 198
Margaretha, 47
Reg. Christina, 60
Regina Christina, 44
Münch
Heinrich, 32
Jakob, 32
Munck
Maria Soph., 68
Munder
Henriette Sophie, 150
Mundt
Friedrika Therese, 128
Munesan [?]
Wilhelm, 128
Munk
Conrad, 203
Murphy
Anna, 108
Anna M., 93
Musch
Joh. Conrad, 44
Johannes, 44
Johannes Conrad, 44
Marg., 163
Margaretha, 60
Maria, 60, 157
Muselhorn
Elisabetha Kath., 11
Mushath [?]
Karl, 224
Rosetta, 224
Muss
Heinrich August Carl Wilhelm, 33
Wilhelm, 33
Musse
Elisab., 82, 105, 118
Elisabeth, 128
Emma, 128
Heinrich, 82, 128

Julie, 128
Kath., 128
Maria, 225
Maria Elis., 82
Muth
Adam, 47
Anna Doroth., 90
August Fr. Wilhelm, 47
Elis. Marg., 84, 161
Elisab. M., 121
Heinrich, 168
Jakob Friedrich, 78
Joh., 52, 78
Johann, 198
Johannes, 2, 11, 12, 38
John, 2
Kath., 37
Katharina, 52, 198
Louis, 113
Marg., 90, 109
Maria, 109
Maria E., 121
Maria Elise, 11
Martin, 54
Michael, 38
Mutter
Marburg, 22
Michael, 22

N

Nachtigall
Elisabetha, 149
Nader
Christine, 43
Johann, 34, 189
Johannes, 9, 142
Johannes Melchior, 34
John, 43
Joseph, 34, 189
Katharina Barbara, 9
Nagel
Adam, 6, 19
Anna B., 53
Anna Barb., 86
Anna Marg., 80
Barb., 42, 74
Barbara Marg., 61
Heinrich, 61
Joh., 74
Johannes, 6
Marg., 94, 102
Margaretha, 50
Maria, 52
Peter, 50
Wilhelmin Katharina, 19
Wilhelmine Katharina, 19
Nagele
Eva R., 45
Nägele
Eva, 141
Nagler
Ernstina Katharina, 201

Heinrich, 201
Naidel
    Joh., 157
Nante
    Friedrike, 101
Nantje
    Augusta Fr., 164
Naser
    Kunigunde, 149
Nass
    Christopf, 197
    Maria, 197
Nau
    Doretha, 187
    Dorethea, 17, 33
    Dorothea, 177, 178
    Johannes, 8
    John, 8
Nauman
    Heinrich, 121
    Joh., 118
    Johann August, 121
    Kath., 118
    Kath. Elisab., 118
Naumann
    Anna Doroth., 69
    Anna Dorothea, 69
    August, 121
    Elisab., 75
    Friedr., 95
    Heinrich Wig., 99
    Heinrich Wigand, 99
    J. H., 109
    Jakob Michael, 97
    Joh, 121
    Joh., 97, 109
    Joh. Conrad, 80
    Joh. Heinrich, 109
    Kath., 128
    Kath. Elisab., 89
    Maria Elisabetha, 109
    Wiegand, 69, 80, 89, 109, 158
    Wiegand Heinrich, 212
    Wigand, 212
Naus
    Justus, 224
Nause
    Heinrich A. J., 165
Nazarenus
    Johannes, 8
Nebe
    Anna Katharina, 27
Neber
    Katharina, 148
Neder
    Karl, 103
Neels
    Wilhelm, 152
Negelin
    Eva, 26
Negle

Eva, 12
Nehr
    Susanne, 11
Nehrig
    Lina, 129
Neidal
    Joh., 80
Neider
    Karl Heinrich, 103
    Maria Katharina, 103
    Niklaus, 103
    Peter Leonhardt, 103
Neidermann
    Kath., 38
Neidert
    Ernst, 210
    Eva Katharina, 26
    Katharina, 203
Neidhardt
    Adam, 28, 183
    Caroline, 28
    Christopf, 183
    Conrad Johannes, 87
    Elisabetha, 28
    Joh, 87
    Johann, 56
    Johannes, 56, 154
    Marg., 108
Neidhart
    Anna Maria, 128
Neidig
    August, 95
    Ernst August, 95
Neithartd
    Adam, 188
    Caroline, 188
Nekler [?]
    Helena, 193
    Louis, 193
Nelk
    Georg Carl, 39
    Johannes, 39
Nelke
    Christian, 56
    Christian Friedrich, 56
    Friedr. Aug., 56, 73
    Joh. Friedr., 73
Nelken
    Anna Maria, 177
Nelker
    Aug. Friedr., 63
    Eduard, 63
    Henriette, 41
    Philippina, 41
Nellert
    Doretha Christina Marg.
        Louise, 25
    Elise Anna, 120
    Friedr. Wilhelm, 99
    Joh., 87, 120
    Johann, 99
    Johannes, 25

Louis August, 87
Nellner
    Elis. Doroth., 60
Nelsen
    Peter, 179
Nelson
    Eduard, 91, 164, 215
    Edward, 105
    Johann, 105, 215
    M., 114
    Maria Elisabetha, 91
Nemg
    Margretha, 6
Nendig
    Conrad, 42
    Michael, 42
Nenny
    Caroline Mathilde, 75
    Heinrich, 75
    Herrmann Heinrich, 75
Nenzel
    Eduard Karl Ludolph, 109
    Georg, 109
Neps
    Katharina, 6
Nertz
    Maria Elisabetha, 187
Nerwein
    Marg., 96
Nestel
    Christine, 10
Nestle
    Christina, 139
Neten
    Rosina, 62
Netz
    Maria, 18
Netzel
    Barbara, 68
    Eva Barbara, 28
Neu
    Charlotte Caroline, 144
Neubert
    Andreas, 12, 29, 145
    Anna Margretha, 32
    Joh., 52
    Joh. Adam, 46
    Joh. Gg., 176
    Johann Adam, 29, 179
    Johann Andreas, 179
    Johann Georg, 220
    Magdal., 104
Neuer
    Christine, 34, 45
Neugebauer
    Henriette Carolina, 41
    Joseph, 41
Neuhart
    John Adam, 5
    John Andreas, 5
    Wilhelm, 153
Neuhaus

Carolina, 207
Johann, 207
Kath., 25, 60
Kath. Wa., 87
Katharina, 147
Sophia Charlotte, 170
Sophie, 121
Wilhelmina, 2
Neuhausel
    Georg, 26
Neuman
    Anna, 172
Neumann
    Augustina, 131
    Emma Therese Luise, 126
    Gottfried, 126, 131
    Johann, 131
Neumeister
    Christian, 151
    Georg Carl, 144
    Heinrich, 17
Neun
    Johann, 187
Neuschaefer
    Christiann, 129
    Wilhelm, 129
Neuschafer
    Joh. Christoph, 87
    Wilh., 87
Neuweiler
    Anna Kath. Magdalena, 66
    Louis, 66
    Ludwig Friedr., 157
Ney
    Joh. Peter, 159
Nicholaus
    Anna Maria, 12
Nickalaus
    Wilhelmine, 147
Nickales
    Wilhelmine, 22
Nickel
    Anna M., 23
    Barbara, 59
    Christian, 59
    Elisabetha, 59
    Georg, 59
    Gerhardt Albert, 21
    Gottfired, 23
    Hermann Adolf, 23
    Johann Friedrich, 21
    Magar. Cart. Maria, 54
Nicklas
    Georg, 23
    Johanna, 139
    Wilhelmine Kunegunde, 23
Nicolai
    Heinrich, 131, 224
    Paul Daniel, 131, 224
Nicoll

Index

Anna, 100
  Will., 100
Nieboh
  Gertraud, 218
Nied
  Johann Georg, 206
  Sophia, 206
Niedergesäss
  Augusta, 120
  Karl, 120
Niedermeyer
  Zach., 128
Niedert
  Ernst, 203
Niedhardt
  Adam, 201
  Johann Adam Carl, 32
  Margaretha, 201
  Wilhelm, 124
Niehm [?]
  Christina, 175
Niehof
  Gesina, 113, 118
Niemann
  Christoph, 80
  Christoph Heinrich, 80
Niemeier
  Friedricke, 42
Niemeyer
  Joh., 104
  Wilhelm Heinrich, 104
Niemuller
  Wilhelm, 15
Nietzel
  Barbara, 148
Niklaus
  Andreas, 194, 211
  Doroth., 79
  Elisabetha, 208
  Friedrich, 194
  Georg Mich., 37
  Georg Wilhelm, 56
  Jakob, 208
  Kath., 79
  Katharina, 211
  Kunigunde Elis., 37
  Louis, 56
  Wilh., 56
Nikolas
  Jakob, 165
Nilsen
  Kunigunde Wilhelmine, 32
Nilson
  Elisabethe, 9
Nily
  Elisabeth, 41
Ninni
  Johanne Louise Math., 80
Nisc
  [blank], 183
Nise

Jakob, 17
Nissel
  Anna Marg., 87
  Joh. Ad., 122
Nisslan
  Cora, 171
Nitzel
  Barb., 78, 92
  Barbara, 158
  Carolina, 72
  Maria, 93, 99
  Michael, 83
Nix
  Anna M., 98
  Elisab., 83
  Heinrich Wilhelm Eduard, 74
  Johann Heinrich, 84, 207
  Johann Peter, 207
  Maria, 108
  Peter, 74, 84
no entry, 130
Noegel
  Heinrich, 16
  Johann Friedrich, 16
  Maria, 16
Noistmann
  Henry, 165
Nokel
  August Wilhelm, 10
  Friedrich, 10
Nolke
  Anna Louise, 150
Nolker
  Katharina Maria, 193
  Maria, 150
  Mr., 193
Noll
  Carl, 29, 146
  Carl Heinrich, 42
  Elis., 50
  Elisabetha, 150, 187
  Elise, 30
  Heinrich, 95
  Henriette, 21, 29, 149
  Jakob, 30
  Johann, 205
  Johannes, 30
  Karl Heinrich, 189
  Kath., 21, 61, 69, 153
  Katharina, 16, 30, 44, 146
  Marg., 49
  Maria, 29
  Maria Kath., 54, 89
  Maria Katharina, 29, 189
  Theresia, 16
Nollerdt
  Karl Edward, 38
  Theodor, 38
Nollert
  Carolina, 54
  Charlotte Maria, 40

Elise, 125
  Joh., 40, 54
Nolte
  Auguste, 47
  Conrad, 20
  Elisab., 66
  Heinrich, 141
  Johanna, 174
  Johanne Juliane, 22
  Louise, 152
  Wilhelmine, 21, 146
Norberg
  August, 137
Nordheim
  Augusta, 85
  Auguste Elisabetha, 207
  Caecilia, 173
  Christian, 85, 207
  Ernst C., 106
Nordmann
  Anna Margaretha, 107
  Carol., 94
  Carolina, 74, 109
  Caroline, 11, 59
  Dorothea, 40, 190
  Friedr., 91, 107
  Georg Friedrich Conrad, 75
  Heinrich, 1, 75, 94, 159, 214
  Heinrich & Friedrich, 11
  Helena, 48
  Johanna, 159
  Karolina, 48
  Louise, 52, 64, 81, 97, 155, 214
  Louise & Carol. Magdal., 52
  Ludwig, 91
  Luoise, 12
  Magd., 12
  Magda., 95
  Magdal., 83, 101
  Magdalena, 114
  Susana, 108
  Susann, 93
  Susanna, 76
Nöthen
  Karl, 96
Nothnagel
  Ernst Aug. F., 120
Notz
  Anna Friedricka, 191
  Anna Friedrika, 45
  Anna Margaretha, 47
  Christ. G., 76
  Christ. Gottl., 83
  Christ. Gottlieb, 191, 206
  Christ. Gottlob, 45, 66, 97
  Christian G., 192
  Conrad, 47
  Gottlob, 189

Johann Christian, 189
  Karl Gottlieb, 45, 192
  Katharina Christina, 66
  Maria, 83, 206
Nox
  Heinrich, 175
Noz
  Joh. Jak., 127
  Kath. Christine, 135
Nuder
  Elisabetha, 10
Nukall
  Barbara, 156
Nukel
  Christian, 153
Null
  Elisabeth, 11
  Elisabethe, 11
  Katharina, 146
Nunn
  Stephan Eduard, 110
  Stevan Ed., 111
Nunner
  Friedrich, 152
Nuss
  Marg., 15
Nussel
  Joh. Ad. & Marg., 50
Nutter
  Christian, 9
Nux [?]
  Karl Friedrich, 196

O

Obelhardt
  Maria Barbara, 141
Oberbeck
  Eduard, 101
Oberdalhoff
  Friedrich Wilhelm, 22
  Hermann Wilh., 22
Oberdalkof
  Friedrika, 25
Oberdöfer
  Anna, 15
Oberdorfer
  Andreas, 7
  Maria, 7
Oberg
  Math., 93
Oberlander
  Heinrich, 8, 186
  Johann Wolfgang, 186
  Margretha, 8
Oberndorfer
  Andreas, 193, 202
  Anna, 202
  Elisabetha, 193
Oberndörfer
  Andreas, 46
  Michael, 46
Obersfulde

Anna, 88
Och
    Anna Johanna Katharina, 97
    Elisabetha, 97
    Jakob, 191
    Jakob & Magdalene, 30
    Joh., 97
    Johann, 151
    Johannes, 191
    Karl Felix, 97
    Magd., 20
    Magdal., 36
    Magdalene, 30
    Margretha, 19
Ochnemann
    Minna, 164
Ochs
    Amalia Estella, 113
    Anna, 96
    Barbara, 89
    Christine, 130, 155
    Elis., 92
    Elisab., 48, 82
    Elisabeth, 224
    Ema, 194
    Emma, 61
    Eva, 5, 19
    Georg, 70, 74, 92, 105
    Heinrich, 105
    Johann, 35
    Johann Georg, 210
    Johann Thomas, 105
    Johannes, 36, 194
    John, 105
    John F. Emilius, 165
    Lorentz, 19, 96
    Lorentz & Elisabetha, 14
    Lorenz, 35, 63, 113, 169
    Maria, 63, 137
    Martin, 92
    Thomas, 5, 36, 41, 78, 83, 105, 194
    Thomas & Eva, 1, 24
Ochse
    Anna Elisab., 86
    Elisab., 43, 48, 74
    Elisabetha, 12, 19, 32
    Eva Margaretha, 90
    Friedr., 160
    Friedrich, 82, 208
    Georg, 66, 164
    Heinrich, 12, 90, 102
    Heinrich Adolph, 80
    Helena Paulina, 102
    Karl, 66
    Louis Friedrich, 82, 208
    Maria, 74
    Maria Elisabeth, 8
    Tobias, 19
Ochswinkel
    Helena, 166
Ock
    Carl Eduard, 10
    Wilhlem Hermann, 10
Ock [?]
    Clara Susanne Margretha, 32
Ocster
    Georg, 75
Ode
    Anna Henriette, 26
    Wilhelm Hermann, 26, 141
Odensach
    Elisa, 174
    Elise, 130
    Louise, 132
Odensass
    Anna, 90
    Georg, 90
Oeder
    Kath., 64
Oedr
    Dorothea, 196
Oedr [?]
    Margaretha Dorothea, 196
Oedter [?] Aedtz
    Kath., 76
Oeh
    Anna Johanna, 53
    Barbara, 53
    Dorothea, 53
    Joh., 53
    Louise, 53
Oehlschlager
    Minna, 60
Oehm
    Bernhardt Franz Ferdinand, 96
    Charles N., 109
    Franz Ferdinand, 96, 109
    Karl Nikolaus, 109
Oeller
    Johann, 144
Oeser
    Georg Friedr. Washington, 96
    Heinrich, 96
Oester
    Lisette, 37
Oetzel
    Sophia, 119
Ohage
    Georg, 21
Ohemacht
    Philippina, 93
Ohle
    Carolina, 110
    Heinrich, 67, 94
    Johanna, 208
    Marg., 78
    Mina, 128
    Minna, 67
    Wilhelmina, 94, 110, 122
Ohlen
    Sophia, 64
Ohlendorf
    Charlotte, 119
    Heinrich, 119, 125, 170
    Johann Heinrich, 125, 220
    Johanna, 166
Ohlenroth
    Gustav, 114
Ohler
    Christine Katharina, 205
Ohlschlager
    Wilhelmine, 22
Ohlsflager
    Wilhelmine Louise, 146
Ohm
    Eva, 20
    Heinrich Philipp, 146
Ohnemuller
    Johann Wolfgang, 146
Ohr
    Elis., 62
    Elis. Maria, 68
    Friedrich, 140
    Joh. Friedrich, 38
    Johann Friedrich, 31, 32, 34
    Maria, 19, 38, 75, 186
    Maria Wilhelmine, 25
Ohrman
    Karl, 117
Ohrmann
    Amalia, 115
    Elise, 117
    Ida, 114
Ohrs
    Adelheid, 44
    Johannes, 44
    Maria, 47
Oleidhardt
    Marg., 160
Olsch
    Balthaser, 14
    Georg Balthaser, 2
    Lorentz, 14
    Margretha, 2
Omeis
    Zacharias, 137
Ommert
    Henrietta, 178
    Philipp, 178
Ompteda
    Friedrike Wilha. Elise, 63
    Georg, 63
Omptedor
    Anna Martha Louise, 34
    Johann Georg Wilhelm, 34
Omrei
    Marg., 59
Ones
    Richard, 116
Onkamp [?]
    Anton, 202
    Louise, 202
Ontter
    Katharina, 159
Opebelein
    Marg., 46
Opel
    Anna C., 84
Opfer
    Dorothea, 220
Oppel
    Christina, 148
Oppermann
    Anna Maria Laura, 102
    Karl, 102
Oppertshauser
    Joh., 48
Oppertshausser
    Elise, 55
Oprutzer [?]
    Heinrich, 39
    Herrmann Heinrich, 39
Orb
    Adam, 146
Oreiss
    Heinrich, 46
Orem
    Johann, 26
    Ludwig Wilhelm, 26
Orm
    Anna Sophia, 38
    Johannes, 38
Ornerd
    Emma, 109
Ort
    Adam, 20, 27
    Amalie Katharina, 20
    Margretha, 27
    Margretha Elise, 27
Ort [Orf]
    Adam, 37
    Magd. Sabina, 37
Orth
    Johann, 131
    Sophie, 132
    Sophie Elisabeth, 131
Osche [?]
    Emilia, 194
    Karl, 194
Oschweh
    Frank, 200
    Georg, 200
Osing
    Georg, 79
Osmers
    Anna, 16
Osse
    Carl, 150
    Georg, 206
    Karl, 50, 206

Osswald
　Elis., 90
Oster
　Elisabetha, 23
　Nickalaus, 146
Osterkamp
　Wilhelmine, 179
Osterling
　Friedr. H., 114
Osterloh
　Alex, 44
　Carol., 56
Osterlohe
　Margretha, 140
Osterloo
　Carol., 60
Ostertag
　Anna Kath., 37
　Joh. Matth., 37
　Mathaus & Maria, 4
Ostreich
　Margareth. Barb., 95
Oswald
　Elise, 109
　Maria, 123
　Maria Elis., 83
Oswingkle
　Maria A., 159
Oth
　Marg., 162
Ott
　Anna Barb., 163
　Anna K., 106
　Anna Kath., 106
　Anna M., 161
　Auguste, 22
　Barb., 90
　Barbara, 102
　Elis. Christ., 158
　Elis. Kunigunde, 47
　Elisab., 67, 92
　Elisab. Wilhelmina, 73
　Friedrich, 49
　Georg, 47, 73
　George L., 173
　Heinrich, 30, 40, 49
　Jakob, 30
　Johanna T. Kunigunde, 132
　Johannes, 40
　Kunigunde, 47
　Marg., 56, 97, 103, 110
　Marg. Christ., 89
　Margaretha, 67, 80
Otten
　Bernhardt, 124, 219
　Betti Dietricka, 219
　Carol. L., 124
　Otto Dietrich, 124
Otter
　Barb., 86
　Johann Wilha. Elis., 86

Otterbein
　Joh., 109
　Katharina, 31
Otthafer
　Kath., 10
Ottis
　Elisabetha, 92
　Georg M., 92
　Maria Susanna, 92
Ottmann
　Georg, 46
　Johanne, 34
　Peter, 34, 46
　Regina, 35
Ottmutter
　Friedrich, 23
Otto
　A..er Wilh., 174
　Albert, 190
　Amalia Henrietta, 90
　Andreas, 87
　Anna Dorethea, 4
　August, 90, 219
　Barb., 77
　Barbara, 22
　Barwette Louise, 32
　Carolina, 91, 107
　Charlotte, 179
　Charlotte Margretha, 32
　Christina, 181
　Ernst August Ferdinand, 130
　Friedr. & Adam & Aug., 54
　Friedrich Wilhelm, 21
　Georg, 4, 21, 32, 87, 158, 185, 213
　Georg & Kunigunde, 7
　Georg A., 75, 106
　Georg Andreas, 106
　Georg T., 106
　Georg Theod. Werner, 130
　Georg Theodor Werner, 125
　Georg W. T., 116
　Heinrich, 125
　Helena, 190
　Johann Andreas, 213
　Johann Theis, 116
　Johann W. E., 106
　Johannes Andreas, 87
　Kath., 61
　Louise, 54
　Magd. Barb., 77
　Magdalena B., 106
　Marai Christina, 126
　Margaretha, 162
　Sarah Emilie Anna, 219
Owens
　Heinrich, 169
　Joseph, 165

P
Paal
　Wihelmina, 80
Pachta
　Veronika, 167
Paff
　Christianna, 131
　Louise Maria, 131
Pagel
　Carolina Auguste, 101
　Friedrike Elise, 101
　Karl, 101
Pahl
　Joh. G. W., 154
　Johanna W., 165
Pahnemann
　Amalia, 61
Palond
　Heinrich Christian Wilhelm, 21
　Wilhelm, 21
Pamsslitz
　Friedr. Aug., 54
　Friedr. Aug. Otto, 54
Panette
　Ernst Ferd., 49
　Jakob Friedrich, 49
　Johannes M., 49
　Johannes Michael, 49
Panetti
　Anna Kath., 97
　Anna Katharina, 215
　Ernst, 97, 215
　John M. P., 154
Pannetta
　Anna Marg., 64
　Anna Margaretha, 64
　Ernst Ferd., 64
　Ernst Ferdinand, 77
　Georg Ernst, 77
Pannetti
　Dr. Joh., 117
　Ernst Adolph, 117
　Philipp Adam, 117
Panzel
　Helena, 149
Pape
　Eduard, 63
Pappler
　Balthasar, 52
　Karl Ferdinand, 52
Pasch
　Marg., 24
Pasquai
　Friedrika, 64
　Friedrike, 53
　Jakob, 64, 132
　Karoline Katharine, 132
　Kath., 53
Pasquay
　Francisca, 120
　Jacob, 127

　Jakob, 120, 170
　Laura Eleonora, 127
　Maria Francisca, 120
Pasquen
　Friedrike, 89
Passauer
　Julius, 160
Patschke
　Johann Friedrich August, 211
　Tobias, 211
Patschky
　Georg, 218
　Georg Peter, 118, 214
　Tobias, 118, 214, 218
Patterson
　Jane, 63
Patzky
　Georg Peter, 109
　Tobias, 109
Patztchke
　Joh. Friedr. August, 95
　Tobias, 95
Pau
　Sophie, 155
Paul
　Barbara, 183
　Caspar, 161
　Christina, 49
　Friedrich, 62
　Georg, 62
　Helena, 105
　Johann, 21
　Ludwig & Elise, 11
　Maria, 31, 196
　Wilhelm, 187, 196, 197
Pauli
　Elisabetha, 30
Paulus
　Anna Elisabetha, 206
　Anna Marg., 103
　Barbara, 111
　Dorothea, 209
　Georg, 94, 210
　Joh. Paul, 78, 94, 166
　Joh. Peters, 78
　Johann Paul, 206, 209
　John P., 164
　John Paul, 103
　Karl, 163
　Kath., 96
　Paul, 111, 210
Pausch
　Elisabetha, 23
　Georg, 14, 15, 183
　Johann Heinrich, 15
　Katharina, 173
　Paulus, 2, 14, 15, 18, 183
　Wilhelm Georg, 2
Payer
　Friedrich, 154
Pecht

Eva, 29, 59, 71
Heinrich, 54
Pehfasel
  John, 198
Peiters
  Theresia, 61
Pellicot
  Julius, 223
Pelz
  Emilie, 216
  Sophia, 92, 107
Pembott
  Marg., 47
Pemeisel
  Barb., 119
Penig
  Kunigunde, 30
Pening
  Marg., 155
Penning
  Elisab., 50
  Joh. Heinrich, 50
  John, 160
  Marg., 50
Penschmidt
  Conrad, 9
  Katharina, 9
Peper
  Bertha Sophia Friedrika, 121
  Heinrich, 111, 121
  Joh. Theodor Heinrich, 111
Peppler
  Balthaser, 9
  Johannes, 9
Pertersen
  Johann, 144
Peschau
  Joseph K., 98
Pessling
  Wilh., 13
  Wilhelmine, 140
Peter
  Andras, 20
  Andreas, 189
  Anna Katharina, 20, 189
  Anna Maria, 18
  Daniel, 41
  Joh. Aug., 171
  Joh. Karl, 76
  Maria, 1
Peters
  Anna, 68
  Auguste, 123, 171
  Friedr., 123
  Georg N., 68
  Heinrich Wilhelm & Friedricka, 8
  Joh. Ad. & Frau, 131
  Katharina, 131
  Maria L., 168

Theresia, 103
Wilhelmine, 30
Petersen
  Carolina, 84
  Caroline, 57
  Elisab. Latina, 42
  Elise Maria, 18
  Georg Nikl., 80
  Georg Niklaus, 205
  Helbich Georg, 51
  Joh. Arthur, 42
  Joh. Friedr. Niklaus, 80
  Joh. G., 51
  Johann Otto, 18
  John, 73
  Karoline, 35
  Margareth, 205
  Maria Augusta, 73
  Rudolph, 84
  Sophia, 35, 78
Peterson
  Anna, 126
  Anna M. Kath., 154
  Georg Heinrich, 197
  Georg N., 197
  Karl, 42
  Kath., 154
Peticot
  Christina, 208
Petinae [?]
  Auguste, 66
  Joseph, 66
Petinia
  Joseph, 49
  Karl, 49
Petri
  Bernhard Heinrich, 119
  Georg, 119, 169
Petz
  Georg, 64
Petzberger
  Martin, 39
Pfaff
  Adam, 4, 17, 140
  Anna B., 92
  Anna Katharina, 24
  Barb., 165
  Barbara, 104
  Conrad, 71, 77, 81, 201, 203, 204
  Eleonora, 4
  Elisab., 68, 77, 89, 106
  Elisabeth, 125
  Elisabetha, 89, 208
  Elise, 93, 117
  Emma, 71, 201
  Friedr., 101
  Friedrich, 217
  Georg, 21, 54, 69, 89, 146, 208
  Hanna, 46
  Heinrich Conrad, 81

Henriette, 21
Joh., 54
Johann, 189
Johann Georg, 54
Johannes, 17, 149, 178
John & Adam, 77
Karolina, 189
Katharina, 189, 203
Lena, 83
Louise Mathilde, 46
Luise, 125
Marga., 157
Maria, 83, 217
Maria Katharina, 29, 69
Simon, 101
Uhlrich, 21, 151
Wilhelm Heinrich, 77, 204
Wilhelmine, 137
Pfan
  August Heinrich, 215
Pfannenschmidt
  Georg, 92, 208
  Joh., 121
  Johann, 208
  John, 92
  Louis, 121
Pfarr
  Emilie, 90
Pfau
  August, 217
  Elise Mathilde, 217
  Louise Katharina, 221
Pfaus
  Johanna, 41, 53
Pfauss
  Johanne, 21
Pfeffer
  Amalie, 15
  Angnes Louise, 33
  Johann, 33
  Maria, 34
Pfeifer
  Anna K., 117
  Anna Kath., 97
  Conrad, 44
  Elis., 97
  Elise, 170
  Joh., 171
  Johann, 198
  Karl, 90
  Maria, 198
  Rosalie, 98
Pfeiffer
  Anna Barbara, 142
  Anna Katharina, 177
  Barbara, 139
  Carl, 12
  Georg, 6, 112
  Kunigunde, 22, 183
  Louis Martin, 175
Pfeil

Elisab., 76
Pfenig
  Eva, 196
  Kaspar, 196
Pfetzer
  Emilie, 26
  Margertha Christine, 18
  Margretha, 186
  Michael, 18, 26, 145, 186
Pfingsten
  [blank], 206
  Louise Sophia Wilhelmina, 112
  Maria Louise, 206
  Wilhelm, 112
Pfirrmann
  Georg M., 159
Pfister
  Barbara, 28
  Carl, 30
  Dietrich Herrmann, 63
  Georg, 19, 30, 40, 52, 63, 144, 179
  Katharina, 52
  Katharina Margaretha, 40
  Magdalena, 19
Pflaam
  Magdalene, 142
Pflauen
  Georg, 85
Pfleger
  Bertha, 129
Pforte
  Anna Maria, 66
Pförtner
  Elisabeth, 129
Pfortzer
  Georg, 59, 79
  Georg Louis, 79
  Ida, 199
  Idda, 59
  Johann, 199
Pforzer
  Elisabetha Magdalena, 36
  Georg, 36
Pfotzer
  Elis., 49
  Elisabetha, 33, 48
  Elise, 94
  Georg, 30, 48, 85
  Heinrich, 85
  Katharina Magdalene, 30
  Magdalene, 49
Pfriser
  Georg Heinrich Wilhelm, 61
  Heinrich, 61
  Joh. Freidr., 60
Philipp
  Chatharina, 1
  Friederich, 188
  Friedrich, 16

Georg Adam, 19
Johann, 17
Johann Georg, 16
John Georg, 1
John Ludwig, 1
Leonhardt, 19
Limpert, 225
Wilhelm Michael, 220
Philippe
   Georg Friedr. Heinrich, 125
   Peter, 125
Philippi
   Anna Kath., 51
   Anna Katharina, 51
   Anna Maria, 65
   Anna Regina, 96
   Emilie, 51
   Joh., 111
   Johann Conrad, 71, 203
   Johann Martin, 111
   Louise, 83
   Maria, 199
   Peter, 51, 62, 65, 71, 83, 96, 111, 155, 199, 203
Philipps
   Joseph, 119
Picht
   Heinrich, 48
Pick
   Dorothea, 53
Pickel
   Joh., 39
   Johann, 22
   Johann Georg, 22
   Johanna M., 46
   John, 6
   Joseph, 60
   Katharina, 60
   Kunigunde, 143
   Uhlrich John, 6
Pieneman
   Henriette, 59
Pieper
   Elise M., 121
   Georg, 126
   Heinrich, 116
   Karl, 115, 126
   Kath., 116
   Katharina, 116
   Magdalena, 115
   Wilhelm, 121
Pierpoint
   Anna, 89, 163
Pierson
   August, 172
Pieters
   Louise, 84
Pietsch
   Henriette Charlotte, 32
Pilgerin
   Anne Marie, 34

Pilgrim
   Anna Maria, 9, 139
   Christoph Heinrich, 199
   Conrad, 110
   Georg Wilhelm, 80
   Heinrich, 40, 66, 80, 93, 95, 110, 149, 199
   Helena, 86, 107, 153
   Johannes, 40
   Kath., 137
   Kath. M., 99
   Kath. Maria, 24
   Katharina, 66
   Maria, 95, 132
Pilgrimm
   Christian, 52
   Christian Georg, 52
   Elisabetha, 43
   Heinrich, 53
   Helena, 43, 53, 71
   Kath. M., 52
   Maria, 41, 73
Pilzinger
   Anna Maria, 14
Pimeisel
   Barb., 102, 167
   Marg., 110
Pinemann
   Amalie, 69
Pisani
   Max, 168
Pissert
   Ernst, 42
Pister
   Eugen Daniel, 132
   Jakob, 132
Pitinea
   Joseph, 194
   Karl, 194
Pitscher
   Georg [?], 128
   Joh., 124
   Johann Michael, 124
   Maria Helena, 128
Pitterhan
   Elisab. Helena, 59
   John, 59
Pittorf
   Valentin, 169
Pittroff
   Barb., 93
Pittsinger
   Conrad, 184
   Wilhelm, 184
Pitzinger
   Caroline, 192
   Chrisitina, 194
   Christine, 23
   Conrad, 192, 194
Pizenbrinker
   Franz, 63
   Georg, 65

Pizinger
   Conrad, 22
   Johannes, 151
   Wilhelm, 22
Platt
   Anna Wilhelmina, 3
   John, 3
Pletscher
   Anna, 62
   Hermanst [?] Anna, 128
   Joh., 53
Plett
   [blank], 200
Pleus
   Kath. W., 154
Plitt
   Friedr. Wilhelm, 112
   Georg, 89, 102, 104, 124, 205
   Georg Franklin, 205
   Georg Louis, 104
   George, 170
   Karl, 48
   Laura, 60
   Louis, 104, 112, 124
   Wilhelm, 112
Plock
   Anna Doroth., 91
Pockenbach
   Anna Catherine Marie, 35
Poehler
   Franz Heinrich, 130
   Margareta, 130
Pogelan
   Margaretha, 40
Pogenbeck
   Anna K. Charl., 49
Pogetbeck
   Charlotte, 14
Poggendick
   Dietrich Wilhelm, 173
   Frau Louise, 176
Pohl
   Adam, 49
   August, 97
   Christa., 126
   Christianna, 169
   Christina, 103
   Christina Elisabetha, 103
   Ernst Aug., 95
   Georg Heinrich, 49
   Georg P., 49, 103
   Georg R., 68
   Johann, 206
   Louise, 206
   Rosina, 68
   Wilhelm, 126
   Wilhelmina, 97
Pohle
   Adam, 60, 79, 94, 196
   Georg Wilhelm, 196
   Ida Maria Louise, 79

   Karl Heinrich, 94
   Wilhelm Georg, 60
Pohler
   Emilie Wilhelmina, 85
   Franz, 85, 105
   Franz Heinrich, 66
   Philipp Edmund, 105
Pöhler
   Margareta, 130
Pohlmann
   Anton Albert, 42
   Bertha Augusta, 42
   Christian, 5, 16, 26
   Christian Adolph, 42
   Daniel, 42
   Eva Charlotte, 42
   Heinrich, 26
   Herrmann, 79
   Johann Wilhelm, 79
   John H., 160
   Katharina Elisabetha, 5
   Nickolaus, 143
   Wilhelm, 16
   Wilhelm Julius, 42
Pohmann
   Katharina Maria Adelheit, 148
Poimar
   Kath., 39
Pollack
   Marg. Magd., 131
   Margaretha, 131
Polle
   Theresia, 169
Pollock
   Marg., 108
   Maria Chr., 114
Pommer
   Elisabeth, 223
Popp
   Adam, 6, 22
   Anna Christiana, 40
   Anna Dorethea, 22
   Christiana Wilhelmina, 196
   Christina, 174
   Christina Wilhelmina, 53
   Conrad Wilhelm Pius, 186
   Georg, 40, 53, 148, 186, 196, 216
   Margrethe, 6
   Maria, 126, 171, 216
Popp (Fischer)
   Maria Elisabetha, 203
Popper
   Mathlide, 53
Poppler
   Louise, 55
   Marg., 164
   Margretha Elise, 11
Poppler [?]

Index

Johann Balthasar, 193
Margaretha, 193
Porsinger
  Marg., 164
Port
  Joh., 90
Porter
  Francisca, 168
Portner
  Francisca, 168
Posther
  Friedr., 93, 159
  Joh. Friedr. Wilhelm, 93
Pothe
  Eduard Karl, 70
  Heinrich, 70
  Karl, 70
Potthoff
  Louise, 112
  Wilhelmina, 112
Powman
  Marg. Anna, 154
Pracht
  Emilie, 113
Prack
  Christian, 73
  Doroth. Marg. Magdala., 73
Prager
  Anna Christina, 49
  Louis, 49
Prahm
  Heinrich, 223
Prantz
  Elisab., 170
Pratz
  Emilie, 158
Pregge
  Courth, 108
  Heinrich, 108
Preginzer
  Carl Albert, 33
  Casper, 33
Prehle
  Wilha., 93
Preis
  Georg, 75
  Heinrich, 75, 109, 119, 125, 126, 201
  Joh., 68
  Joh. Heinrich, 68
  Johann, 201
  Johann Michael, 91
  John M., 91
  Joseph, 119
  Marg., 93
  Maria Christina, 126
  Maria Mathilde, 109
Pretzel
  Katharina, 196
Pretzsch
  Aurelius, 174

Preusel
  Catharina, 174
Preussen
  Fridrik., 11
Preuzer
  Marg., 155
Prezel
  Johann Michael, 196
Price
  Heinrich, 158
Priester
  Maria Eva, 164
Prilopp
  Elis., 54
Printz
  Anna Katharina, 209
  Charlotte Cecilia, 106
  Conrad, 11, 64, 80, 106, 119
  Elisab., 80, 98
  Elisabeth, 127
  Elisabetha, 11, 25, 31, 201
  Elise, 54
  Eva Elisabetha, 33
  Georg Heinrich, 119
  Ida Beningna, 80
  Joh., 109, 112
  Joh. Bartholomaus, 112
  Johann, 84
  Johann Ernst, 33
  Karl, 84
  Karl Christian, 64
  Mathilde Auguste, 109
  Wilhelm, 80
Prinz
  Conrad, 53, 130, 197
  Elisab., 68
  Emma, 61
  Ernst, 67
  Helenn Eucharia Adelgunde, 130
  Joh. Ernst, 43
  Johann, 53, 55, 220
  Johann Wilhelm, 53
  John, 127
  Karl, 55
  Karoline, 67
  Marg., 54
  Margaretha, 38
  Nelly Luise Elisabeth, 127
  Wilhelm, 43
  Wilhelm Karl Conrad, 127
Pristerjahn
  Ernst P., 205
Probst
  Lucia, 87
  Richard, 87
Progel
  Barbara, 184

Johann, 184
Prögel
  Conrad, 28
  Johann, 28
Propst
  Elisab., 45
  Wilhelm, 45
Puck
  Heinrich, 61
Pückel
  Margretha, 11
Puhl
  Adam, 154
  Georg, 4
Pullmann
  Georg, 153
Putsche
  Joh. G., 169

Q

Quantmeyer
  Heinrich Andreas Christian, 93
  Heinrich C., 93
Quarde
  Ernst, 218
  Wihelmina, 218
Quartmann
  Theresia, 112
Quast
  Caroline Julie, 189
  Emma Elisabetha, 91, 209
  Georg Friedrich Karl, 47
  Heinrich, 35, 47, 91, 189, 209
  Juliane Caroline, 35
Quate
  Carolina, 67
Quatti
  Carolina, 85
Quatty
  Christoph, 167, 214
  Emma, 214
Quinn
  John, 160
Quintell
  Heinrich, 66, 79
  Heinrich Karl August, 79
  Johanna, 66
  Meta Anna Johanna, 66
Quintels
  Kath., 72

R

Raap
  Christian, 5, 141
  Wilhelm, 5
Rab
  Marg., 110
Raber
  Margretha, 149
Rabert

Henriette, 158
Rabold
  Wilha., 53
Radecke
  Anna, 46
  Anna Adelh., 65
  Herrmann, 65
Radinger
  [blank], 159
Rael
  Eval Elisab., 83
Rag [?]
  Katharina, 144
Ragel
  Jakob, 159
Raglaub
  Elis., 53
Rahm
  Heinrich & Elisabetha, 2
Rahn
  Heinrich, 149
  Joh., 161
Raiber
  Louise, 95
Raio
  Anna, 173
Rais [?]
  Joh. Georg, 45
Raisch
  Georg Jakob, 148
Raiser
  Kunigunde, 156
Rall
  Elis., 47
Ramanopp
  August, 59
  Katharina, 59
Rambacher
  Maria, 148
Rambocher
  Maria, 53
Rameng
  Louise, 80
Ramsauer
  Anna B., 43
  Anna M., 98
  Bernhard, 176
  Bernhardt, 70
  Johann Bernhardt, 223
  Kath. Marg., 53
  Leonhardt, 16
  Magdal., 173
  Magdalena, 16
  Marg., 56
  Marg. Elisab., 70
  Margareth, 43
Ramsel
  Leopold, 172
Ramtann
  Gertraud, 35
  Leonhardt, 35
Raneke

Karl, 140
Ranft
   Georg, 158
   Georg W. Oscar, 120
   Maria, 87
Ranike
   Carl, 4
   Henriette, 4
   Wilhelm Friedrich, 4
Ranscher
   Louis, 158
   Maria, 35
Ranumms
   Kath., 70
Rapin
   Gerhardt Anton, 212
Rapp
   Emilie Wilhelmina
      Gesine, 108
   Friedrich, 65
   Friedrike Auguste, 111
   Georg, 196
   Heinrich, 80
   Joh., 65
   Johann, 196
   John, 80
   Wilhelm, 108, 111
Rappold
   Wilhelmina, 45
Rasch
   Christiana, 124
   Christiane, 171
Raschen
   Anna Christina, 94
   Betig, 33
   Betty, 40, 48, 63, 88, 98, 150
   Christiana, 124
   Henrietta I., 94
   Johanna H., 106
   Johanna M., 120
Raschner
   Friedr., 87
   Joha., 87
Rashen
   Betty, 72
Rasler
   Georg & Wilhelm, 81
Rath
   Maria, 89
Rathgeber
   Carolina, 118
   Charlotte Maria, 72
   Gottfried, 99
   Joh., 72, 84, 99, 118, 128
   Johann, 207
   John, 158
   Karl, 84, 207
   Lotte, 137
   Louise, 67
Rathgerber
   Joh. L., 49

Rathhner
   Ernstine Paulina, 164
Ratlender
   Elise, 99
Rattenhorn
   Friedrich, 224
   Johann, 224
Rau
   Adam, 155
   Anna Joha. Kath., 97
   Anna Louise, 108
   Anna Maria, 23
   Beata, 99, 108
   Berta, 61, 68, 81
   Carol., 156
   Christ., 93
   Christian, 46
   Christian H., 108
   Christiane, 93
   Eduard, 93
   Friedrich August, 209
   Georg, 73, 86, 101, 111, 215, 218
   Georg Dietrich, 93
   Heinrich, 101
   Joha. Hela. Christa., 68
   Johann Balthasar, 73
   Johann C., 184
   Johann Conrad, 23, 143
   Johann Gottfried, 186
   Jost, 148
   Julius, 86
   Karl H., 209
   Maria, 66, 111, 184, 215
   Wilhelmina Lilla, 93
Raub
   Marg., 99
Rauch
   Carolina, 103, 213
   Chrisstti, 213
   Christina, 156
   Christoph, 72, 103, 213
   Christopph, 81
   Elise, 15
   Eva Barbara, 81
   Eva Maria, 213
   Friedrich, 15
   Georg Heinrich, 14
   Heinrich, 14, 142
   John Christopf, 158
   Jost, 22
   Kath., 172
   Marg. Elisab. Dorothea, 72
   Maria, 20
Rauchelner [?]
   Marg., 68
Rauching
   Maria Elsiabetha, 15
Rauf
   Christian, 192
   Conrad, 192

Raugerth
   Salome, 38
Rauh
   Christian, 46
   Conard, 46
   Georg, 39
   Maria, 5
   Michael, 39
Rauk
   Carol., 51
Raul
   Helena, 112
   Maria, 27, 30
Raum
   Johannes, 177
Raumus
   Wilhelm, 154
Raunius
   Wilhelm, 63
Raupp
   Anna Elis. Marg., 59
   Christian, 59
Rausch
   Anna Louise, 174
   Eva Elisabetha, 149
Rausche
   Maria Angnes, 192
Rauscher
   Anna reg., 83
   Anna Reg., 85, 96
   Anna Regina, 125
   Auguste Wilhelmine, 33
   Joh., 111
   Lewis & Anna, 43
   Ludwig & Regina, 45
   M. A., 29
   Margretha, 29
   Maria, 45, 72
   Regina, 71, 111
Rausher
   Maria, 52, 62
   Mariea Regina, 51
   Regina, 65
Rauterberg
   Bertha, 65
   Franz, 207
   Maria, 207
Rauvibot [?]
   John, 99
Ray
   Elisab., 161
Reabt [?]
   Margaretha, 166
Reach
   Michael, 168
Reb
   Katharina, 155
Rebbrich
   Martha, 90
   Martha E., 90
Rebele
   Karl & Maria, 124

Rechthaler
   Elise, 34
Reckel
   Friedrika, 29
Reckenberg
   Ann Barbara, 30
   Georg, 30
Reckenberger
   Georg, 51
   Joh., 41
   Joh. Georg, 51
   Johann Georg, 41
Recker
   Friedrika, 41
Reddehaase
   Georgine M., 210
   Karl, 210
Reddehese
   Karl, 167
Redehas
   Karl, 50
   Marg. Johanna Barbara, 50
Redemann
   Anna M., 72, 87
   Anna Maria Hen., 30
   Anna Maria Henriette, 16
   Henrietta, 129
   Henriette, 61
   Joh. Gerhardt, 61
   Maria Elise, 16, 135
Reder
   Conrad, 69
   Georg, 18
   Jakob, 27
   Joh., 69
   Johann Georg, 18
   Johann Peter, 18
   Karolina, 39
   Peter, 18
Rediger
   Louis Aug., 87
Redmann
   Christian, 203
   Margaretha, 203
Reed
   Ellen, 113
   Georg, 113
   Rebekka, 170
Reeder
   Casper, 32
   Joh. Conrad, 54
   Martin, 32
   Rebecca, 32
Reese
   Barb., 169
   Mary, 98
Rege [?]
   Heinrich, 173
Regels
   Johann & Gertraud, 35
Reger

Maria, 7
Regert
  Barbara, 22
Reges
  Christiana, 46
  Conrad, 112
  Elise Agatha, 93
  Georg, 109
  Gertraud, 84
  Joh., 89, 93, 112
  Johann, 17, 149
  Johannes, 46
  Kath. Gertraud, 92
  Margaretha, 17
Regner
  Anna, 121
  Elis., 91
  Elisab., 91
  Elise, 19
  Jakob, 41, 91, 107, 121
  Kath., 20
  Kathar., 37
  Katharina, 7, 41
  Katherina, 145
  Maria Margaretha, 107
Rehkegler
  Christina, 96
  Joh. G., 96
Rehkepler
  Christina, 82
Rehkugler
  Christina, 108
  Johann G., 179
  Rosina, 92
Rehmann
  Christina, 58
Rehmer
  Christian Wilhelm, 24
  Valenten, 24
Rehn
  Elisab., 96
Rehner
  Christian & Kasper, 10
  Christian Wilhelm, 185
  Eva Elise, 10
  Georg, 180
  Johann Christ. & Casper, 24
  Valenten, 145, 185
Reiber
  Elisab., 157
Reiblich
  Amalie, 89
Reich
  Anton, 209
  Aug., 104
  Friedr. Herrmann, 119
  Friedrich, 209
  Helena, 16
  Herrmann, 104, 119
  Karl Joh. August, 104
  Margareth, 131

Reichardt
  Georg L., 76
  Wilhelm, 76
Reichel
  Barbara, 29
Reichersperg
  Joh. Christ. Karl, 109
  Karl, 169
Reichert
  Amalie, 127
  Amalie Sophie, 127
  Anton, 5
  Franziska Ulricke, 127
  Georg, 166
  Heinrich, 168
  Johs., 127
  Karl, 127
  Kath., 105
  Marg., 157
  Michael, 158
Reichstatter
  Christine, 47
Reichstetter
  Caroline, 47
Reickert
  Joseph, 140
Reif
  Bernhardt, 202
  Bleonhardt, 65
  Georg, 48, 96
  Georg Bernhard, 82
  Georg Bernhardt, 82
  Georg Leonhard, 41
  Georg Leonhardt, 58, 199
  Joh. Jakob, 122
  Joh. Leonhardt, 96
  Joh. Peter, 106
  Johann Leonhardt, 96
  Kath., 14, 98
  Kath. Barbara, 48
  Katharina Elisab., 116
  Leonhardt, 58, 72, 106, 116, 122, 199
  Maria Magdal., 65
  Maria Magdalena, 202
  Maria Magdalene, 72
  Paulus, 41
Reiff
  Johann Valentin, 130
  Johanna Elisabeth, 130
  Maria, 31
Reihnhard
  Leonhardt Conrad, 144
Reihnheimer
  Elisabetha, 4
  Friedrich, 9
  Margrethe, 9
Reil
  Christian David, 4
  David, 4
Reil [?]
  Geneveve Aug., 46

Reiler
  Elisabetha, 6
Reily
  Ottilia, 86
Reimann
  Doroth., 91
  Elisab. Henrietta, 129
  Hugo, 90
  Maria, 33
  Minna, 87
  Wilhelm Otto, 90
Reimbott
  Elis., 58
Reinbacher
  Maria, 40
Reinboll
  Elisabetha, 147
Reinbott
  Elis., 39
  Elisabetha, 27
Reineck
  Anna Elisab., 95
  Anna Elisabetha, 95
  Elisabetha, 209
  Georg, 204
  Joh., 70, 83
  Joh. Conrad, 95
  Joh. Matthaus, 70
  Johann, 204, 210
  Katharina, 83, 210
  Maria, 160
  Peter, 209
Reinemann
  Emilie, 76
Reinert
  Maria, 53
Reinfelder
  Kath., 19
Reinhard
  Conrad, 199
  Elisa, 174
  Gerog Wilhelm, 199
Reinhardt
  Anna Marg., 109
  Auguste, 170
  Barbara, 1
  Charlotte Margretha, 32
  Conrad, 32, 81, 187, 206
  Elis., 163
  Elisabeth, 9
  Elisabetha, 177
  Elisabetha Margaretha, 189
  Friedr., 166
  Friedrich, 209
  Friedrika, 19, 206
  Friedrike, 107
  Heinrich, 189
  Johanna Chr. Friedrike, 44
  Kath., 92
  Louis, 160

  Margretha, 27
  Margretha Charlotte, 187
  Maria, 179
  Maria Anna, 63
  Mathilda Louise E., 209
  Mathilde Emilie Louise, 81
Reinhart
  Aug., 131
Reinheim
  Kath., 157
Reinheimer
  Elisab., 169
Reinig
  Anna M., 115
Reining
  Elisabetha, 17
Reinke
  Johann, 148
Reinno
  Elisabeth, 132
  Konrad Christian, 132
Reins
  Maria Auguste, 26
Reinwald
  Joh. Baptist, 75
  Johannes, 6
Reis
  Barb., 53
  Bernhardt, 198
  Conrad, 112
  Elisa., 71
  Elisab., 71
  Georg, 84, 207
  Gerdraut, 93
  Gertraud, 112
  Johann, 7
  Julianna Maria, 163
  Katharina Barbara, 198
  Marg., 105
  Maria, 105
  Wilhelm, 71, 84, 163, 207
Reisch
  Georg Jakob, 7
Reisenweber
  Barbara, 217
  Joh., 41, 77
  Joh (I), 77
  Joh (II), 77
  Johann, 183, 194, 212, 216, 217
  John, 59, 72, 98, 99
  Joseph H., 216
  Joseph Heinrich, 99
  Katharina, 59
  Martin, 98, 212
  Thomas, 41, 194
Reiser
  Margretha, 18
Reiseweber
  Johann & Barbara, 8
Reising

Index

Georg, 170
Reisinger
  Joh. Philipp, 62
Reisler
  Katharina, 19
Reiss
  Barbara, 31, 140
  Carl, 164
  Conrad, 150
  Eva Margrethe, 8
  Gertrud, 46
  Getraud, 149
Reissenweber
  Barbara, 28
  Elisabeth, 130
  Johann, 17, 130
Reissig
  Maria, 16
Reistätter
  Christine, 22
Reitemeier
  Joha. L., 94
Reitenmaier
  Louise, 122
Reiter
  Barbara, 6
  Heinrich, 31
Reithlingshufle
  Joh. Mich., 131
Reitz
  [blank], 181
  Caroline, 23
  Christine, 30
  Elisabetha, 47
  Georg, 6, 18, 27, 33, 47, 63, 147, 151
  Heinrich, 52, 163
  John, 100
  John Georg, 6
  Kath., 82
  Katharina Elisabetha, 18
  Margaretha, 8
  Margaretha Mathilde, 41
  Margretha Elisabetha, 18
  Peter, 9, 18, 30, 41, 52, 63, 74, 100
  Philipp Anton, 27
  Wilhelm, 74
Reitzius
  Johann Justus, 195
Reitzmann
  Adam, 87
  Julius, 87
Reiyls
  Heinrich, 79
  Joh. August, 79
Reiz
  Alexander, 86
  Christina, 191
  Eva, 58
  Georg, 39, 58
  Joh. Leonhardt, 43

Karl, 39
Magdalena, 196
Peter, 86, 191, 196
Rosalie, 51
Reling
  Elisab., 161
Relm
  Wilhelmina, 153
Remanass
  August, 194
  Dina, 194
  Friedrich, 194
  Maria, 194
Remhild
  Elise E., 108
Remp
  Marg., 39
  Margretha, 22
  Maria A., 46
  Maria Auguste, 11
Rems
  Joha., 58
  Johanna, 53
Remshardt
  Elisabetha, 19
Renk
  Katharine, 33
Renneberg
  Eduard, 98
Renner
  Anna D., 117
  Anna Marg. Dorothea, 117
  Barb., 80
  Friedrich Ludwig, 13
  Joh., 117
  Johann Micahel, 13
  Katharina, 17
  Sophia Friedrika, 141
Rensch
  Friedr., 171
Rensch [?]
  Georg, 220
Renschler
  Christine, 17
Rensel
  Joh. Michahl, 159
Renthaus
  Karl, 42
  Wilhelmine Friedrik Louise, 42
Renthner
  Joh., 55
  Kath., 55
Rentz
  Rosina, 61
Renz
  Margretha, 12
Repes
  Christiana, 192
  Johann, 192
Repner

Dorothea, 190
Johann, 190
Johannes, 190
Sophia Louise Caroline, 190
Repp
  August, 72
  Conrad, 14, 31
  Elisabetha, 31
  Eva Elisabetha, 59
  Gottfried, 214
  Joh. Georg, 59
  Johann Carl, 31
  Katharina, 14
  Konrad, 224
  Maria Elisabetha, 214
  Nicklaus, 72
  Philipp, 31, 149
Repper
  Atela, 182
  Conrad, 182
Reppler
  Anna M., 92
Requardt
  Anna, 207
  Anna Marg. Adelhaid, 116
  Bertha E., 116
  Bertha Elise, 116
  Harrietta Ernstina, 73
  J. J., 207
  Joh. Jak., 116, 162, 166
  Joh. Jakob, 73
Resch
  Amelia Concordia, 78
  Frank, 78
  Friedrike Caroline Louise, 39
  Johann, 21
  Kunigunde, 23
  Rosine, 21
  Stephan, 39
Reschausen
  Elisa, 152
Reschmeier
  Heinrich, 190
  Louise, 190
Rese
  Elisabetha, 21
Ress
  Elis., 164
  Georg, 10, 16, 32, 42, 56, 71, 140
  Georg Heinrich, 16
  Johann Friedrich, 10
  Johann Heinrich, 71
  Margretha, 32
  Maria, 56
Reth
  Johannes, 152
  Maria, 216
  Michael, 216

Rethberg
  Eilsabetha, 211
Rethgeber
  Johanna, 157
Rethmann
  Karl C., 159
Rets
  Maria M., 125
Rettberg
  Elisabetha, 113
  Heinrich, 113, 168
  Wilhelm Peter, 113
Retzinger
  Carolina, 47
  Conrad, 47
Retzius
  Karl, 130
  Wilhelmina Dezette, 130
Retzlaff
  Hermina, 173
  Wilhelm, 161
  Wilhelmina, 127, 130
Reu
  Kath. Elis., 43
  Maria Rosina, 43
  Michael, 43
Reuber
  Christophf, 177
  Philipp, 177
Reubert, 177
  Philipp, 177
Reuer
  Barbara, 65
Reukert
  Maria, 59
  Philipp Ludwig, 59
Reul
  Valenten, 141
Reuntell
  Anna Kath., 53
Reuschler
  Johannes, 204
  Margaretha, 204
Reuss
  Eva Marg., 37, 62
  Marg., 73
Reuter
  Georg, 53
Reuther
  Lambert, 144
Rever
  Louis, 171
Revier
  Lambertus, 181
  Lambertus Jakob, 181
Rew
  El., 84
Rewallmann
  Maria, 38
Rexroth
  Elis., 165
Reyes

Kath., 10
Katharina, 141
Ribnicht
   Kath., 125
Ribot
   Amanda, 156
Rice
   john P., 169
Richard
   Johanna, 159
   Maria, 132
Richert
   Auguste, 73
   Wilhelm, 73
   Wilhelmine, 147
Richter
   Andreas, 20, 34, 74, 88, 199
   Anna Barbara, 34, 174
   Anna Maria, 199
   Barbara, 125
   Bertha, 100
   Christian, 74
   Christian Andreas, 125
   Ferdinanda Adriann, 125
   Ferdinande Adrande, 20
   Georg, 115, 216
   Georg Lorentz, 20
   Georg Mathaus [?], 221
   Georg N., 168
   Heinrich, 156
   Joh. Andr., 159
   Johann A., 216
   Johann Andreas, 218
   Kath., 129, 130
   Lorenz, 127
   Maria, 97
   Maria Th., 171
   Maria Therese, 130
   Maria Theresia, 115, 127
   Moritz, 167
Richter geb. Steger
   Margareta, 174
Ricke
   Kath., 109
Rickenberger
   Joh. Georg, 153
Rickert
   Anton L., 164
   Hanna, 170
   Ludwig, 179
Ricket
   Hannah, 117
Ricks
   Hermann H., 6
   John Heinrich, 6
Riddel
   Anna, 55
   Louis, 55
Ridderbusch
   Adam, 35
   Eva, 35
   Heinrich, 35
   Wilhelm, 35
Ridge
   John, 132
Riebeling
   Anna Elisabetha, 32
Riechenberger
   Anna M., 97
Riedel
   Anna Maria, 77
   Christof, 220
   Christoph, 45, 77
   Conrad, 29, 183
   Ernstine E. K., 94
   Johann, 29
   Johann Georg, 183
   Louise, 94, 116
   Maria Margaretha, 45
   Minna, 71
Riedmann
   Anna, 47
Rieffner
   Kath., 101
Riefner
   Emma Elisab. Caecilia, 101
   Johann Martin, 78
   John, 101
   John R., 78
Riegel
   Elisabethe, 175
Rieger
   Kath., 10
Riehe
   Carolina, 97
   Elisabetha, 211
   Johann H., 211
Riehl
   Andreas, 67, 204
   Carl Fr., 112
   Carolina, 86
   Caroline, 71
   Christiana, 71
   Clara Rebekka, 99
   Conrad, 54, 67, 75, 80, 204
   Eduard Friedrich, 89
   Elisabetha, 66, 96
   Elisabetha Ida, 214
   Elise, 119
   Emilia Magdalena, 56
   Emma Virginia, 112
   Erhardt, 99
   Franz L., 87
   Heinrich, 56, 64, 87, 119
   James, 96
   Joh., 41
   Joh. H., 56, 96
   Joh. Heinrich, 56, 66, 77, 78
   Johann, 214
   Johann H., 196
Johannes, 80
Karl, 89, 99, 119, 201
Karl F., 223
Karl Fr., 96
Karl Fried., 64
Karl Friedr., 77
Karl Friedrich, 64, 96, 201
Karol., 43
Karoline, 57
Kath. Carolina, 18
Katharina Elisabetha, 196
Louise, 60, 73, 90
Louse Maria Kathinka, 99
Margaretha, 41, 78, 196
Maria, 54, 64, 75, 83
Wilhelm Heinrich, 77
Riel
   Christina, 16
   Christopf, 186
   Heinrich, 150
   Johann, 31, 186
   Katharina Elise, 31
   Louise, 16
Riemann
   Elise, 108
Riemenschneider
   Gottlieb, 20
   Juliane Elisabetha, 20
Ries
   Anna Marg., 77, 158
   Barb., 103
   Ellen, 103
   Georg, 6
   Kath., 103
   Marg., 47
   Maria, 89
Rieser
   Anna Margaretha, 210
   Louis, 210
Riess
   Johannes, 185
Riethmeier
   Kath., 53
   Wilhelm, 53
Rietz
   Bernhardt, 92
   Maria Elisab., 92
Rietzius
   Anna Elisabetha, 195
Riffner
   Wilhelm, 2
Rigenbricker
   Elise, 100
Rihl
   Maria, 126
Rimler
   Eristes [?], 70
   Susanna, 70
Rimmler
   Friedr. Wilhelm, 105
   Justus, 105, 153
Ring
   Christian, 114
   Gottfried, 116
   Joh. Heinrich, 114
   Maria, 116
Ringdorf
   Heinrich Georg, 129
   Jakob, 129
Ringeling
   Heinrich, 211
Ringsdorf
   Elisabetha, 1
   Heinrich, 209
   Jakob, 9
   Kath., 171
   Louise, 108
   Peter, 9, 114, 167, 209
   Peter Karl, 121
   Philipp, 1
Ringsdorf (AKA Poppler)
   Peter, 192
   Wilhelm, 192
Ringshausen
   Anna Elisab., 150
   Anna Elisabetha, 30
   Elisabetha, 36
Ringshauser
   Regina, 86
Rink
   Anna Elisabetha, 203
   Gottfried, 12, 146, 181
   Margretha, 12
Rissert
   Ernst, 153
Rithmaier
   Franz, 113
   Heinrich, 113
Rittel
   Anna, 8
Ritter
   Amalia, 122, 171
   Amalie, 132
   August Ernst, 39
   [blank], 183
   Christian, 41
   Elisab., 37, 123
   Elisabetha, 148
   Emilie, 86
   Eva, 36
   Friedr. Wilhelm, 161
   Friedrich Wilhelm, 130
   Heinrich, 130
   Henrietta, 77
   Henriette, 41, 54
   Henriette Amalie, 20
   Joh. K., 66
   Joh. Karl Ludwig, 66
   Johanne Louise, 28
   John, 39
   Katharina, 132
   Ludwig, 146
   Margaretha, 180

Margretha, 183
Martha, 47
Martha E., 85, 100
Martha Elis., 57, 70
Martha Elisabetha, 149
Martha Elisabethe, 27
Pauline C., 122
Rosina, 62
Wilhelm, 86
Wilhelmina, 62, 113
Ritterbusch
  Adam, 2, 45, 59, 151
  Conrad, 3
  Elis., 59
  Eva, 16, 21, 147, 185, 186
  Friedrich Wilhelm, 20
  Heinrich, 21, 37, 45, 48, 146, 186
  Johann, 144
  Kath., 45, 46
  Kath. Elis., 46
  Kath. Wilha. Elis., 60
  Kath. Wilhelmina Elis., 60
  Katharina, 45, 197
  Konrad, 224
  Maria E., 46
  Maria Elisabetha, 59
  Maria Katharina, 31, 195
  Simon, 197
  Wilhelm, 3, 16, 31, 45, 60, 143, 185, 195
  Wilhelm Daniel, 224
Ritterhof
  Friedr., 94
  Georg Herrmann, 94
Ritterhuff
  Maria E., 154
Ritterpusch
  Adam, 73, 75, 106, 163, 205
  Anna, 121
  [blank], 107
  Conrad, 172
  Daniel, 99
  Elis., 91
  Elisab., 121
  Elisabetha, 86, 201
  Eva, 68, 84, 119, 167
  Eva Barb, 108
  Friedr. Christian, 120
  Georg, 73
  Heinrich, 67, 75, 86, 99, 120, 159, 200
  Joh. Heinrich, 106
  Katharina W., 200
  Konrad, 125
  Maria Elisabeth, 224
  Maria Soph. Elis., 81
  Martha E., 112
  Simon, 214
  Theresia, 67, 205

Wilhelm, 201
Wilhelm Daniel, 125
Rittler
  Margareta, 127
Ritz
  Anna Julia, 105
  Anna Maria, 105
  Conrad, 59
  Leonhardt, 105
Ritzel
  Kath., 63, 74, 86, 100
  Katharina, 18, 30
Ritzer
  Kath., 52
Ritzius
  Anna Elis., 69
  Anna Els., 57
  Anna Kath., 63
  Corth, 15
  Courth, 42
  Curte, 3
  Curth, 190
  Eduard, 3
  Elise, 63
  Imma Sofia, 15
  John, 3
  Louis, 42, 190
  Ludwig, 3
Rizius
  Franziska, 35
  Heinrich, 35
Robach
  Doretha, 3
Robbeson
  Karl, 158
Röber
  Johann Martin, 66
  Karl, 66
Roberson
  Kath., 110
  Wilhelm, 110
Robert
  Henriette, 128
  Kath., 83, 97, 159
  Maria, 97
  Will, 83
Roberts
  Alma, 121
  Anna Bergida, 84
  Henrietta, 116
  Ida Mathilda, 110
  Maria, 170
  Mathilde, 113
  Peter Georg, 102, 211
  Thomas, 68, 84, 102, 110, 159, 211
  Thomas Peter, 68
Robertson
  Henriette, 87
  Kath., 123
Rochstroh
  Carl August, 5

Edward, 5
Rock
  Clara Wilhelmina, 97
  Justus, 110
  Justus Paul, 216
  Karl Mich. Aug., 165
  Wilhelm, 97, 110, 216
Rocke
  Gosina, 162
Rocker [Rucker]
  Friedrika, 54
Rockstroh
  Franz E., 42
  Franz Eduard, 42
  Franz Fr., 67
  Karl Friedrich, 67
  Sophia, 32, 46
Rode
  Carl Heinrich Ludwig, 17
  Elisabetha, 66
  Georg Carl Wilhelm Ludwig, 33
  George Washington, 119
  Karl, 66, 119
  Ludwig, 17, 33
Rodecke
  Wilhelmine, 29
Rodeke
  Anna, 29
Rodel
  Sophia, 154
Rodemann
  A. M., 46
Roder
  Doroth., 99
  Johann, 201
  Karolina, 61
  Ludwig, 31
  Marg., 51
Röder
  Andreas, 15
  Anna Katharina, 15
  Anna Margaretha, 37
  Charlotte Laura, 62
  Elisabetha, 32
  Eva, 141
  Joh., 52
  Joh. Adam, 37, 62
  Johannes Frank, 73
  John, 73
  Louise Josephina, 52
  Marg., 80
  Michael, 141
Rodermund
  Wilhelmine, 145
Rodey
  Charles R., 157
  Karl, 111
  Karl Wilhelm, 111
Rodiger
  Wilhelm, 35
  Wilhelm Heinrich

Theodor, 35
Rödling
  Barb., 165
Roehner
  Heinrich, 137
Roemer
  Elisabeth, 34
  Johannes, 34
  Marie Elise, 34
Roermann
  Lorentz, 2
Roeskel
  Heinrich, 102
Roggenhofer
  Christian, 155
Rohbock
  Maria, 15
Rohbrecht
  Christian, 51
  Johannes Kunigunde, 51
Rohdert
  Kath. M., 70
Rohendorn
  Anna Kath., 55
Roher
  Christiana, 52
Rohjahn
  Heinrich, 107
Rohle
  Adam, 65
  Gustav Adolph, 65
Rohlfing
  Auguste, 3
  Christian, 3
  Friedrich Christian, 3
Rohling
  Elis., 80
Röhmer
  Johann Friedrich, 31
  Valenten, 31
Rohnacher
  Louis, 173
Rohner
  Anna Johanna, 137
  Augusta, 99
  Emma Barbara, 91
  John Kasp., 91
  Marg., 48
  Valentin, 99
Röhner
  Friedrich Ludwig, 130
  Heinrich, 64
  Pankratius, 130
  Valentin, 64
Rohr
  Georg heinrich, 164
Rohs
  Hermann, 91
Rolf
  Hanne Christiane, 188
  Heinrich, 188
  Maria, 122

Index

Roll
  Karl, 83
  Marburg, 22
Rolle
  Anna, 172
Rollins
  Martha, 160
Romer
  Anna E., 111, 121
  Anna Elis., 86
  Anna Elisab., 63
  Anna Kath., 91
  Conard, 68
  Conrad, 50, 57, 68, 89, 102, 111
  Elisab., 73, 89, 102, 160
  Elisabeth, 131
  Elisabetha, 102
  Gottfried, 81, 111
  Johanna Maria, 81
  Johannes, 50
  John, 91
  Katharina, 57, 111
  Kunigunde, 34
  Louise, 131
  Maria, 111
  Theresia, 111
Römer
  Carl, 24
  Joh, 77
  Joh. Heinrich, 77
  Johannes, 24
  Kunigunde, 19
Roming
  Kath., 24
Rommebaum
  Friedrka Wilha., 56
Rommel
  Anna B., 46
  Anna Maria, 11
  Barbara, 21
  Doroth., 59
  Ernst, 24
  Ernst Nicklas, 178
  Ernst Nicolaus, 35
  Ernst Nikl., 48, 65
  Franz Theodor, 48
  Friedrich August, 14
  Gerhardt Friedrich Louis, 35
  Johann H., 178
  Johann Heinrich Alexander, 24
  Johann Wilhelm, 65
  Maria, 25
  Nicolaus, 14
  Philip Anton, 27
  Philipp, 29
Rommer
  August Martin, 98
  Gottfried, 98
  Marg., 159

Martin, 98
Romming
  Kath., 43
Ronnibot [?]
  Emilie, 99
Roos
  Friedrich, 85
  Joh. Andreas, 85
Ropke
  Albert, 196
Ropp
  Dorethea Caroline, 20
  Johann, 18
  Johann Georg, 18
  Wilhelm, 20
Rorbin
  Conrad, 158
Roschmeier
  Ernst H., 24
Rose
  Francisca, 166
Rosenaker
  Magdalene, 151
Rosenberger
  Elise M., 55
  Heinrich, 98
  Maria Emilie, 98
Rosendorn
  Anna, 115
  Christina Philippina, 115
  Franz, 115
  franz, 115
  Georg, 115
  Gustav Adolph, 115
  Heinrich, 115
  Joh. Franz, 115
  Philipp Albert, 115
Rösener
  Valentin, 88
Rosenfeld
  Louise Ernstina, 93
Rosenger
  Johann Gerhard, 11
Rosenhauer
  Henrietta, 63
Rosenlieb
  Charlotte Fridricka, 18
Rosenorn
  Theodor, 172
Rosenthal
  August, 97, 218
  August Wilhelm Herrmann, 90
  Auguste, 74, 218
  Caroline Friedrika, 79
  Friedr., 79, 90, 93, 173
  Friedrich, 56, 205, 218
  Friedrika, 205
  Johann Heinrich, 90
  Karl Lossen, 90
  Rosa, 168
  Wilhelm, 90

Wilhelmina Marg. Carolina, 56
Rösler
  Emilie, 219
  Georg Wilh., 162
  Wilhelm, 173, 219
Rosner
  Bonkratz, 155
  Georg Christian, 195
  Marg, 155
  Wilhelm, 195
Rösner
  Christian, 51
  Georg Christian, 51
  Joh. Christ., 88
  Valentin, 51
  Wilhelm Valentin, 88
Ross
  Friedr. Karl, 104
  Georg H., 119
  Hannie W., 146
  Kath., 9
Rössel
  Leonhard, 112
Rossing
  Heinrich, 104, 212
  Karl, 104, 212
Rosskanele [?]
  Friedr., 52
  Maria Elisabetha, 52
Rossler
  Friedr., 37
  Kath., 69
  Peter, 75
Rössler
  Kath. Barb., 61
Rosslet
  Emilie, 129
Rossmark
  Kath., 165
  Maria, 33
Rost
  Edwin, 116
  Elisab., 78
  Emma, 116
  Georg, 77, 83, 91, 215
  Georg August, 91
  Ida Rosa, 83
  Karl Friedr. Wilhelm, 116
  Kath., 45
  Maria Elis., 37
  Philipp, 116, 206
  Rosa Ida, 215
  Sophia, 206
Roth
  Anna, 27, 100
  Anna Margretha, 27
  August, 184
  Bertha, 184
  Carl Heinrich, 32
  Catherine, 34, 188
  Chatharina, 163

Christian, 16, 18, 20, 62
Christian Jakob, 29
Elis., 41
Elisab, 18
Elisabetha, 24
Elise, 37, 114
Emma, 97
Eva Barb. K., 161
Eva Margretha Karolina Lavina, 16
Friedrich, 13, 27, 144
Georg, 13, 29, 36, 44, 77, 122, 184, 218
Georg & Katharina, 6
Gertraud Elis., 61
Grosvater Georg, 36
Heinrich, 25, 28, 30, 32, 42, 51, 184
Joh., 36, 52
Joh. Fr., 122
Joh. Friedr., 112
Joh. Georg, 80
Johann, 42, 127
Johann August, 13
Johann Friedrich, 216, 218
Johann Herrmann, 112, 216
Johanne Christiana, 51
Johannes, 32, 42, 44, 52
Johannes Christian, 44
John, 80
Justus, 63, 77, 100
Karl, 123, 130
Kath., 14, 37, 43, 45
Katharina, 25, 30, 147
Magdalena Lisette, 63
Margaretha, 67
Martin, 186, 201
Peter, 178
Philipp, 40
Philippina, 40, 49, 59, 106
Philippine, 27
Rosina Maria Regina, 13
Simon, 162
Wilha., 95
Wilhelmine, 26
Rothaus
  Johann, 206
Rothe
  Carolina, 61
  Doroth., 74
  Heinrich, 53, 56, 89
  Heinrich Wilhelm, 56
  Johann, 89
  Kath., 163
  Wilh. & Heinrich, 56
Rothenbeck
  Charlotte, 17
Rothenberg
  Conrad Friedr. Ferdinand,

100
   Friedr., 100, 109, 166
   Friedrich, 220
   Maria Elisabeth, 129
   Martin Ludwig, 109, 220
Rothes
   Katharina, 179
Rothhaupt
   Savine, 149
Rothlingshofer
   Katharina, 211
Rott
   Kath., 54
   Katharina, 29
Rottger
   Karolina, 175
Rottkamp
   Friedricka, 147
Rubenkonig
   Emma, 114
   Friedr., 82, 114
   Johanna Christina
      Adolphina, 82
   Oscar, 114
Rubetel
   Elis., 64
Rubock
   Marie, 35
Rubrecht
   Anna Kath., 78
   Barbara, 65
   Christian, 63, 78, 121
   Johannes, 63
   Ludwig Jakob Wilhelm,
      121
Ruck
   Augusta, 114
   Barb., 104, 114
   Barbara, 91
Ruckert
   Friedrike, 166
   Johann Philipp, 195
   Maria, 163, 194
   Maria Christina, 198
   Philipp, 194
Rückert
   Thomas, 180
Rudblauch
   Maria Th., 53
Rudier
   Emilie, 112
Rudiger
   Emilie, 123
Rudolf
   Anna, 128
   Kath., 128
Rudolph
   Anna Marg., 175
   Georg, 125
   Heinrich, 102
   Kath., 122, 171
   Kath. E., 122

   Maria, 168
Rudolpki
   Carl, 151
Ruf
   Elis., 36
   Joh. Mich., 79
   Maria I., 79
Ruff
   Maria, 160
Rugert
   Salome, 32, 44
Rugheim
   Jutÿ, 181
   Peter, 181
Rugheimer
   Georg August, 22, 186
   Peter, 22, 186
Rugner
   Joh., 40
   Johann, 40
Ruhbrecht
   Christian, 45
Ruhl
   Conrad, 208
   Georg, 12, 51
   Henrich, 210
   James, 210
   Joh., 78, 82
   Johann, 208
   Kath., 73
   Mathilde Luoise, 12
   Sophia, 51
   Wilhelmine, 12
Ruhland
   August Wilhelm, 38
   Valentin, 38
Ruhlbrecht
   Adam, 191
   Christian, 191
Ruhling
   [blank], 198
   Lisette, 198
Ruhlmeier
   Anna, 199
   Heinrich, 199
Ruinteb [?]
   Adelheit Kath. Lena, 37
   Heinrich, 37
Ruknecht
   Kath., 169
Ruland
   Rosina, 38
Rullmann
   Adolph, 186
   Auguste, 168
   Carolina, 182
   Johann, 182, 186
   Wiegar, 141
Rumann
   Eduard, 107
   Elisab., 88
   Elise, 93

Rumler
   Jakob, 44
   Justus, 44
Rumpf
   Georg, 147
Rumtell
   Christian Heinrich, 55
   Heinrich, 55
Rund
   Wilhelm, 179
Runfhel
   Anna Reg., 155
Rupp
   Anna Maria, 61
   Conrad, 29
   Elisabetha Marg.
      Katharina, 27
   Georg, 19
   Joh. Georg, 61
   Johann, 29
   Johannes, 19, 180
   Katharina, 23
   Nicholaus, 27
   Nikolaus, 61
Ruppenstein
   Maria, 147
Ruppert
   Jakob, 157, 204
   Jojachim, 209
   Joseph, 83, 167, 209
   Kath., 58, 74, 82, 83
   Katharina, 28, 209
   Marg., 164
   Margar., 166
   Margaretha, 204
   Sophia Maria, 58
Rupprecht
   Elisabetha, 22
   Johann, 20
   Kath., 174
Ruprecht
   Anna Katharina, 208
   Christian, 208
Rusback
   Maria, 42
Rusbrecht
   Christ. Adam, 42
   Christian Adam, 42
Ruschmaier
   Heinrich, 38
Ruschmann
   Anna, 62
   Heinrich, 62
Ruschmeier
   Agnes, 7
Rushmeier
   Heinrich, 51
   Karl Heinrich, 51
Russel
   Friedrich, 200
   Herman, 200
   Herrmann, 38, 54

   Herrmann Heinrich, 38
   Michael Herrmann, 38
   Wilhelm Heinrich, 54
Rusteberg
   Karl, 157
Rutzel
   Kath., 41

S

Sa...
   Ida, 175
Saalhoff
   Vanna Eilerdina, 178
Sach [Sech]
   Margaretha, 43
Sachs
   Adam, 7
   Auguste Wilhelmina, 108
   Carl, 6, 28
   Elisabetha, 100
   Ema, 100
   Emilie, 2, 162
   Georg Adam, 7
   Georg Wilhelm, 81
   Heinrich, 6
   Helena, 14
   Joh., 81
   Johann Carl, 31
   Johannes, 18, 28
   Justin, 100, 108
   Kath., 76
   Katharina, 21
   Peter, 18
   Sophia, 18
Sachse
   Christiana, 112
   Johann Melchior &
      Helene, 10
   Martha, 9
Sack
   Carolina Wilhelmina, 81
   Christian, 224
   Christianna, 165
   Georg, 61, 68, 81, 108
   Georg C. N., 99
   Georg Chr. Karl, 61
   Georg Christian Karl, 61
   Georg Nikl Conrad, 156
   Heinrich, 159
   Johanna Helena
      Christiana, 68
   Margaretha, 108, 224
   Theodor Friedr. Ernst, 99
Sackmann [?]
   Wilhelm Heinrich, 175
Sade
   Elisabetha, 31
Sager
   Conrad, 181
Sahm
   Maria, 128
   Theressa, 59

Sahn
  Maria, 122
Sakob
  Wilha., 53
Salen
  Anne, 146
Salge
  Dorethea, 21
Salk
  Jakob, 3
  Katharina, 15
Sallei
  Jetta, 15
  Paul, 15
Sallman
  Wilhelm, 34
Sallmann
  Auguste Elisabetha, 31
  Auguste Elise, 191
  Wilhelm, 31, 191
Sallomay
  Sarah, 168
Salm
  Johanna Sus., 81
Salm-Salm
  Johanna, 94
Salpe
  Charlotte, 55
Salzig
  Margretha, 17
Sameter
  Christine, 40
Sammel
  Christine, 29
Sammet
  Carolina, 100
  Christina, 141
Sandberg
  Agnes, 122
Sander
  August, 149
  Elis. Marg., 36
  Friedrich, 10
  Friedrich W., 183
  Henrietta Ulrike Johanna, 73
  Johann Fried Wilhelm, 10
  Louis, 73
  Magdalene Amalie, 183
Sanders
  Carolina Mathlilda, 17
  Charlotta, 88
  Charlotte, 105
  Conrad, 78
  James, 17
  Johann, 184
  Mathilde Carolina, 184
  Susanna, 146
  Wilhelmina Carolina, 78
Sandmann
  Georg, 53
  Marg., 53

Sandner
  Gertrud, 48
Sandrock
  Julius, 111
  Julius Friedr., 96
Sang
  Dora, 175
Sangle
  Georg Friedr, 158
Sanik
  Margaretha Barbara, 38
  Wilhelm, 38
Sanners
  Emilie, 64
Sass
  Joachim Carl Christian, 29
  Julius, 2, 15, 17, 29
  Maria Louise Johanne, 2
Satzmann
  Katharina, 144
Sauch
  Christian, 13
Sauer
  Anna, 14, 182
  Christian, 14, 27, 182, 185
  Franz, 166
  Friedrich, 14, 185
  Georg, 17
  Henrietta, 74
  Joh. Adam, 131
  Johann, 192
  Johannes, 192
  Karl, 169
  Karoline Franziska, 17
  Katharina, 149
  Maria, 27, 180
  Theresia, 45
  Wilhelm, 130
Sauerland
  Maria, 79
Sauerwein
  Anna, 169
Saum
  Theresia, 151
Sauser
  Margaretha, 154
Saussele
  Carolina, 47
Saussele [Sanssele]
  Marg., 47
Sauter
  Agathe, 91
  Maria, 27
  Wilhelm, 91
Scau
  Charles Robert, 84
  Friedr., 84
Sch...
  Johanna, 132
  Karl, 113

Sch...ger
  Joh. Fr., 131
Schaad
  Marie, 34
Schaaf
  Joh., 122
  Johann, 63, 122
  Louise, 12
  Margretha Louise, 12, 183
  Maria, 73, 101, 111, 148
  Maria Katharina, 28
  Peter, 12, 28, 63, 66, 140, 183
Schaake
  Anna Maria, 111
  Ferdinand, 80, 111, 120, 126, 131, 160
  Ferdinand Karl, 126
  Friedrich Adam, 109
  Friedrich Heinrich, 80
  Georg Heinrich Theodor, 120
  Heinrich, 72, 80, 109, 213
  Karl, 213
  Katharina Christina, 131
  Louis, 213
  Louis Wilhelm, 72
  Wilh. Ferd. Anton, 131
  Wilhelm Ferdinand Anton, 131
Schaar
  Chlotilde, 158
Schabelein
  Adam, 199
Schaber
  Andreas, 139
  Carl, 28, 150
  Karoline Louise Friedricke, 28
Schaberlein
  Barb., 121
Schacht
  Elisabetha, 52
  Louise, 90, 107
Schachtel, 218
Schacke
  Emma Christina, 137
Schacker
  Katharina, 143
Schackmeister
  Anna Margarethe, 34
Schad
  Anna Maria, 20
  Emma L., 108
  Helena Louisa, 105
  Jakob, 152
  Karl Moritz, 61
  Sibille, 148
Schade
  Christian, 13
  Jakob, 13, 32

  Johannes Eduard, 32
Schadel
  Friedrich, 23
  Friedrika, 66
  Johannes, 23
  Sophia Fr., 45
  Sophie Fr., 53
Schädel
  Barb., 159
  Barbara, 93
  Johannes, 29
  Josephine, 29
  Katharina Margretha, 149
  Soph. Friedrike, 83
Schäder
  Georg August Carl, 148
Schaefer
  Anna, 212
  August, 212
  Elise, 113
  Friedr., 107
  Joh. Georg, 107
  Kath., 167
  Marg., 106, 113
Schaefermann
  Alice Bertha, 128
  Heinrich, 128
Schaf
  Elisabeth Mathilde, 128
  Heinrich, 3
  Margaretha, 45
  Maria, 86
  Peter, 45
  Philipp, 128
Schafelein
  Jakob, 178
  Rosina, 178
Schafer
  Adam, 7
  Anna Maria, 184
  Carl Wilhelm, 25, 26
  Carolina Katharina, 65
  Christian, 18
  Elenora, 132
  Elisab., 57, 79
  Elisabetha, 14
  Elise Kath., 126
  Friedrich Ludwig, 6, 152, 185
  Friedricka, 3, 10
  Friedricke, 167
  Georg Christopf, 3
  Georg Christoph, 3
  Gertrud, 132
  Heinrich, 46, 141
  Heinrich Conrad, 14, 143
  Johann, 14, 18, 181, 184
  Johanne, 179
  Johanne Louise, 16
  Johannes, 185
  John, 6, 141
  Karl, 65, 158

Kath. Elis., 164
Marg., 23, 46, 120
Margretha, 143
Maria Anna, 14
Maria Carolina, 3
Maria Louise, 146
Paul C. F., 218
Wilhelmine, 14, 132, 143
Schäfer
  Anna Elis., 91
  August, 64
  Barbara, 152
  Elis., 81
  Friedr., 79
  Heinrich Conrad, 79
  Maria Elisabetha, 64
Schaferlein
  Adam, 197
  Georg, 73
  Lena, 115
Schäferlein
  Adam, 62
  Johann Friedrich, 62
  Ottilie, 90
  Wilhelmina, 83
  Wilhelmine, 73
Schaferman
  Auguste Wilhelmina Henrietta, 120
  Friedr. L., 120
  Heinrich, 116
  Sarah Elise, 116
Schafermann
  Heinrich, 87
  Sarah, 116
  Wilh. H., 87
  Wilhelm Heinrich, 87
Schäfermann
  Marg. Maria, 128
Schaff
  Friedrich, 224
  Johann Ludwig Friedr., 224
Schaffer
  Malinda, 161
Schäffer
  Heinrich, 158
Schaffmeister
  Margarethe, 35
  Margretha, 6
  Maria Christina, 6
Schaffner
  Elise, 113
  Peter, 113
Schaflein
  Wilhelmina, 59
Schäflein
  Maria, 90
Schäfter
  Friedrike Wilhelmina, 73
Schahlein
  Michael, 143

Schaler
  Heinrich, 143
Schall
  Maria, 143
Schamer
  Caroline, 211
Schammel
  Anna Elisabetha, 68
  Anna Virginia, 97
  August, 18, 43, 57, 71, 86, 97, 190, 197
  Babetha, 149, 182
  Barbara, 3, 33
  Bernhard, 24
  Bernhardt, 40, 50, 68, 182, 191, 197
  Carl Louis, 197
  Christian, 3, 19, 153
  Eduard, 208
  Eduard Heinrich, 86
  Elise, 42
  Emma Christina, 190
  Georg, 3
  Georg Wolfgang, 24
  Gertraud, 18
  Heinrich August, 208
  Joh. Georg, 40
  Joh. Peter, 50
  Joh. Peters, 50
  Johann Georg, 191
  Johann Peter, 197
  Karl Louis, 57
  Margretha Auguste, 18
  Maria Ellen, 71
  Sophia, 19
  Wilhelm Friedrich, 43
Schanke
  Anton Wilhelm Ferdinand, 63
  Ferdinand, 63
  Heinrich, 63
Schantz
  Louise Katharina, 85
  Maria, 177
  Rosa, 212
  Rosina, 104
  Wilhelm, 85, 104, 212
Schantze
  Emilie, 86
  Emma, 78
  Friedrich Wilhelm, 78
  Georg, 86, 209
  Georg W., 78
  Kath., 86
  Kath. Elis., 161
  Martin, 86, 209
Schanz
  Georg Albert, 56
  Georg Wilhlm, 56
Schanze
  Georg Wilhelm, 156
  Katharina, 130

Schappel
  Maria, 23
Schappler
  John, 3
  John Georg, 3
Scharch
  Joh., 94
  Johann, 92
Scharf
  Philipp, 223
Scharff
  Bertha, 63
  Otto, 63
Scharfmeister
  Anna, 60
Scharg
  Anna M., 70
  Johann, 70
Scharp
  Maria, 153
Scharper
  Heinrich, 110
  Mina, 94
  Minna, 110
Scharz
  Magd., 50
Schater
  Johann, 187
  Johann C, 187
Schatze
  Katharina, 224
Schaub
  [blank], 214
  Charlotta, 106
  Charlotte, 80, 94, 116
  Emma, 107, 214
  Hermann, 175
  Joh., 80, 107
  Johann, 115, 223
  John, 5
  Karl, 115
  Kath., 121
  Katharina, 5
  Math., 170
  Math. Kath., 94
  Mathilde, 110, 121
  Wilhelm Christian, 13
Schaumann
  Carol., 102
Schaumburg
  Anna Martha, 23, 34
  Elisabetha, 23
Schechner
  Friedr. Gottl., 78
Schedtel
  Philipp, 189
Scheffler
  Heinrich, 168
Scheib
  Auguste, 131
  Jakob, 90
  Margaretha May, 90

Scheibel
  Henrietta, 95
  Henriette, 162
Scheidenreich
  Maria Magd., 63
Scheidler
  Carol. Elise, 102
Scheidt
  Anna, 108
  Anna Elise, 108
  Karl, 108
  Louise, 108
  Margretha, 140
Scheihing
  Gottlob, 58
  Joh., 58
  Johann Gottlob, 58
Schein
  Johann Leonhardt, 207
Schek
  Anna Kath., 79
Schel
  Maria, 189
  Wilhelmina, 48
Scheler
  Georg Christopf August, 31
  Johann Georg Christoph Aug., 34
  Johann Georg Wilhelm, 34
  Rosine Margretha, 31
Schell
  Heinrich, 122
  Minna, 122
Schelling
  Gabriel, 196
  Martin, 196
Schem
  Anna Wilhelmina, 100
  Elisabetha, 23
  Georg, 23
  Joh., 100
  Maria, 16
Schemm
  Elisabetha, 197
  Eva Katharina, 26
  Georg, 202
  Georg Leonhard, 26
  Maria Elisabetha, 26
Schems
  Carl, 3
  Heinrich, 3
Schenhoffel
  John & Anna, 6
Schenk
  Katharina, 148
Schenkel
  Bernhard, 218
  Gernhard, 160
  Lilly, 218
  Wolfgang, 221

Schepper
  Jorgerschen, 10
Schepperle
  Maria, 72
Scheppler
  Anna Barbara, 98
  Georg, 71, 85
  Heinrich, 61
  Joh., 85, 98
  Joh. G., 61
  Joh. Georg, 39
  Johann, 206, 216
  Johann G., 186
  Johann Georg, 30, 186
  Johannes Georg, 39
  Kath. Barbara, 61
  Katharina, 216
  Katharina Maria, 71
  Margretha Maria, 30
  Maria, 71, 206
Scherbelien
  Adam, 150
Scherber
  Wilhelmine, 152
Scherer
  Barbara, 6, 11
  Conrad, 11
  Elis., 69
  Heinrich, 92, 97
  Maria Elisabetha, 37
  Peter, 37
Scherf
  Friedr, 158
  Heinrich, 92
Schering
  Jakob, 25
Scherlene [?]
  Christiane, 178
Scherlitz
  Mina, 80
Schermann
  Louise, 46
Schermer
  Kath., 6
Scherrer
  Baraba, 177
  Barbara, 177
  Conrad, 177
Schertlein
  Pauline C., 122
Schetk...
  Louise, 131
Scheuck
  Georg H., 55
  Georg Heinrich, 55
  Herrm. Heinrich, 55
Scheuermann
  Amalie, 131
  Carolina, 73
  Catherine, 35
  Kath., 26, 33, 49, 61, 68
  Katharina, 7, 223

  Katherine (Caroline), 147
  Kunigunde, 21
  Margretha, 139
  Maria, 61, 63, 73, 87
  Stephan, 21
Scheur
  Aug. A., 155
Scheuring
  Kath., 123, 126
Schichen
  Elisabetha, 13
Schichner
  Friedr., 83
  Friedrich, 83
Schick
  Carol., 124
  Frau, 176
  Jakob, 167
  Karol., 128
  Lina, 128
  Sophie, 123
Schickner
  Friedr., 54
  Friedrich, 70, 156
  Heinrich, 70
  Heinrich Emilius, 70
  Saroch Elisabetha
    (Harwick), 54
Schiebel
  Minna, 115
  Wilhelmina, 104
Schieber
  Mina, 96
Schiedel
  Anna Johanna, 121
Schieferer
  Charlotte, 40, 68, 72
  Georg, 194
  Gottfired, 150, 201
  Gottfried, 57, 67, 191, 196
  Johann, 63
  Johann Christoph, 57, 194, 196
  Johannes, 63, 194
  Louise, 67, 201
  Maria Elisabetha
    Karolina, 191
Schiemann
  Johanna, 100
Schifferer
  Friedrich, 128
  Gottfired, 28
  Gottfried, 36, 222
  Johann Christian, 28
  Louise Maria Karoline, 36
Schikner
  Katharina, 10
  Thomas, 10
Schilderwachter
  Kath., 128

Schilke
  Auguste, 171
Schiller
  Joh. Georg, 39
  Johann Friedrich, 9
  Johann Georg, 9
  John Georg, 139
  Kath., 36, 49, 61, 71, 85
Schillig
  Elisabetha, 5
  Georg, 5
Schilling
  Anna Katharina, 24
  Anna Maria, 34
  Georg, 24
  Joh., 163
  Maria, 56
Schillinger
  Adreas, 15
  Andreas, 5
  Friedrich, 5
  Maria Louise, 15
Schiminger
  Fabian, 81
  Kath. Christiana, 81
Schinick
  Anna, 103
Schink
  Otto, 172
Schirm
  Maria, 82, 96, 164
Schirmer
  Anna M., 55
  Elisabethe, 4
  Georg, 4
  Marg., 41, 81, 101
  Margretha, 150
Schissler
  Maria B., 117
Schlager
  Elisab., 64
Schlauder
  Friedka., 58
Schlefinger
  Maria Kath., 56
Schlegel
  Wilhelmine, 24
Schleicher
  Elis., 87
  Johann, 182
  Johann Carl, 182
Schleicker
  Johann, 149
Schleier
  Amalie Auguste, 4
  Anna Babette, 110
  August H., 113
  Friedrich, 4
  Friedrich August, 11, 139
  Joh. Peter, 102, 161
  Johannes, 164
  Maria, 102, 113

Schleimbeeker
  Gottleib, 219
Schleinbecher
  Georg H., 215
  Gottlieb, 215
Schleinbecker
  Emil, 126
  Emilie Marg., 119
  Georg Heinrich, 112
  Gottlieb, 112, 119, 126, 133
  Heinrich, 133
Schleinheye
  Adolphine, 170
Schlenbecker
  Gottlieb, 169
Schlenk
  Barbara, 126
  Johann, 132
  John, 126
  Kath., 55
  Margaretha, 154
Schlenker
  Agatha, 90
  Carolina, 88
  Elisb., 137
  Erhardt, 88
Schlenkmann
  Herrmann, 97
Schlenning
  Heinrich J., 168
Schlesinger
  Anna Elisab., 83
  Anna Elisabetha, 83
  Anton, 60
  [blank], 169
  Elisab., 119
  Elisab. Kath. Maria, 119
  Elisabetha, 205
  Georg, 58, 84, 95, 116, 119, 209
  Georg Richardt, 116
  Georg W., 78
  Gottfried Karl, 109
  Hanna Sophia, 104
  Heinrich, 205
  Joh. Georg, 60
  Joh. Peter, 156
  Johann Georg, 60
  Johann Heinrich, 193
  Johanna Katharina, 84, 209
  Johannes, 58
  Margaretha, 193
  Peter, 83, 104, 109
Schlessinger
  Anna Margaretha, 39
  August Wilhelm, 49
  Betty Louise, 71
  Friedrike Magdalena, 69
  Georg, 39, 49, 71, 74, 151
  Joh. P., 58

Johanne Maria, 37
Peter, 58, 69
Petrus, 58
Schleuning
   Heinrich, 104
Schlick
   Friedrich, 30
   Heinrich Wilhelm, 30
   Margretha Elisabetha, 30
Schlicker
   Christine Wilhelmine
      Johanne, 12
   Friedrich, 12
Schlickner
   Sarah E., 100
Schlimbach
   Josephine, 31
Schlimm
   August Friedr., 78
   Heinr. Philipp, 137
   Heinrich, 78
   Kath., 60
Schlimmlach
   Josephine, 149
Schlinke
   Laura, 95
   Laura Martha Blanche
      Clara, 95
   Richard Ludwig W., 95
   Richardt Louis, 164
Schliter
   Hermann H. & Franziska, 11
Schlitt
   Johannes Melchior, 34
   Joseph, 34
Schlögel
   Karl, 126
Schlomann
   Louise, 173
Schlörn
   Betty, 67
Schloss
   Marg., 146
Schlosser
   Anna Marg., 124
   Elis., 67
   Katharina, 18
   William Henry, 67
Schlote
   [blank], 183
   Georg Friedrich, 180
   Heinrich, 20
   Johannes, 20
   Wilhelm, 84
   Wilhelm August, 84
Schlotter
   Ida, 34
Schlugebier
   Heinrich, 17
   Rosine Christiane, 17
Schlur

Elis., 70
Schlussler
   Conrad & Christiana, 12
   Kath., 12
Schlute
   Heinrich, 180
   Katharina, 180
Schluter
   Anna K., 59
   Anna Katharina, 3
   Anna Marg. Fr., 183
   Heinrich, 3, 149
   Herman H., 183
Schlutter
   Kath., 55
Schmalbach
   Johann Heinrich, 145
   Katharine, 141
Schmalz
   Angelica, 105
Schmalzel
   Dorothea, 46
   Georg Wilhelm, 78
   Joh., 58, 68
   Johann, 201
   John, 78, 92, 158
   John Eduard, 92
   John H., 92
   Karl Heinrich, 68, 201
Schmandt
   Karl, 104
   Kath. Eleonore, 104
   Martha, 104
   Minna K., 115
   Theresia, 104
Schmayer
   Caroline Emma, 164
Schmeiser
   Georg, 107, 120
   Georg Ernst, 116
   Gerog Ernst, 219
   Joh., 93, 116
   Johann, 219
   Kath., 120
   Katharina, 120
   Kunigunde, 163
   Marg., 107
   Margaretha, 107
   Maria Marg., 93
Schmeisser
   Anna, 85
   Barbara, 99
   Georg, 85, 125
   Joh., 81, 99
   Johannes, 81
   John, 125
Schmelz
   Angelica, 130
   Angelika, 58, 85
   Maria Louise, 58
Schmemisset [?]
   John, 157

Schmenk
   Wilhelm, 84
   Wilhelm Heinrich, 84
Schmick
   Anna Kath., 85
   Carolina, 93, 164
   Kath., 85, 123
   Kath. Franziska, 85
   Philipp, 85, 93
   Philipp Alex., 85
Schmid
   Elis., 37
   Philipp, 178
Schmidberger
   Joseph, 161
Schmidt
   Adam, 4, 179
   Adelheid, 204
   Adolph, 79
   Adolph Karl, 78
   Albert Edwin, 71
   Amalia, 63, 135
   Amalie Elisabetha, 22
   Andreas, 76, 107, 123, 200
   Anna, 67, 68, 126, 180
   Anna Barb., 129
   Anna Barbara
      Wilhelmina, 124
   Anna Bergida, 84
   Anna Carolina, 77
   Anna Elis., 62, 83
   Anna Elisab., 63
   Anna Julia, 105
   Anna Karolina, 36
   Anna Kath., 20, 90
   Anna Ma. A., 116
   Anna Maarg., 80
   Anna Marg., 12, 80, 114
   Anna Margaertha, 205
   Anna Margaretha, 193
   Anna Maria, 34
   Anton Friedrich, 8
   August, 12
   Auguste, 90, 104, 135
   Barb., 65, 94, 106
   Barbara, 10, 23, 47, 79, 93
   Barbara Elisab., 82
   Barbara Elisabetha, 208
   Benigna, 106
   Beningna, 80
   Bergida, 113
   Bergide, 101
   Bergide M., 166
   Betty Fr., 85
   [blank], 210
   Brigitte Margaretha
      Chris., 224
   Carl, 2, 22, 23, 184
   Carl. E., 119
   Carl Frantz Heinrich, 14

Carol., 64
Carolina, 80, 89, 106, 115, 193
Caroline Elisabethe J., 9
Charlotte, 106
Charlotte Cecilia, 116
Christian, 10, 18, 115, 122, 169, 219
Christian Georg, 115
Christian L. W., 164
Christiana D., 106
Christina Friedrika, 145
Clara Ernstina, 1
Clara Maria, 140
Conrad, 19, 34, 84, 127, 180, 219
Conrad & Christiana, 12
Constantina Johanna
   Kath., 123
Elenora, 39
Elias, 5
Elis., 38, 52, 57, 60, 79
Elis. K., 53
Elisab., 7, 50, 60, 69, 70, 72, 79, 93, 123, 157
Elisabeth, 4, 131
Elisabetha, 21, 32, 33, 139, 152, 200
Elise, 111, 187
Elizabeth, 35
Ellen, 79
Ema Christina, 201
Emilie, 57
Emma Christina, 71
Ernst, 76, 84
Ernst Chr., 94
Eva, 58
Francisca, 105, 111
Franciska, 162
Franz, 70, 210
Franziska, 86
Friedr., 51, 82, 114
Friedrich, 2, 43, 66, 153, 195, 208
Friedrich Wilhelm, 122, 175
Georg, 5, 19, 22, 63, 69, 71, 74, 77, 80, 84, 89, 94, 96, 106, 115, 122, 147, 158, 193, 198, 203, 204, 205, 212
Georg Andr., 128
Georg Andreas, 210
Georg W., 212
Gewalsen, 74
Gustapf, 31
Gustav, 41, 198
H., 120
Heim, 224
Heinrich, 14, 18, 28, 36, 38, 43, 53, 70, 137, 179, 187

Heinrich Andreas, 106
Heinrich Wilhelm, 105
Henrich, 37, 154
Henrietta, 131, 174
Herrmann, 80, 94, 106, 116
Hubert, 65, 159
Ida, 36
Ida Benigna, 106
Imma, 29
Jacob Fried., 40
Jakob, 13, 62, 63, 156, 166, 219
Jakob Friedrich, 115
Jakob H., 216
James, 162
Joh., 36, 53, 63, 79, 81, 88, 105, 166, 168
Joh. Bernhardt, 160
Joh. Conrad, 42, 94
Joh. Ernst, 124
Joh. Friedr. Wilhelm, 96
Joh. Georg, 120
Joh. H., 114
Joh. Rob., 66
Joh. Romer, 121
Joha. M., 74
Johan Adam, 155
Johann, 8, 26, 133, 148, 198, 216
Johann Friedrich, 211
Johann Georg, 168
Johann Jakob, 175
Johann W., 216
Johann Wilhelm, 80, 88, 115
Johanna D., 124
Johannes, 8, 13
John, 6, 7, 57
John Joachim, 6
Joseph, 211
Joseph H., 99
Jost, 22
Julius, 184
Karl, 64, 115, 123, 161, 164
Karl Frank, 128
Karl Friedrich, 66
Karl Konrad, 127
Karoline, 130
Kasper, 21
Kath., 52, 59, 64, 70, 76, 82, 92, 105, 111, 117, 126
Kath. Elis., 72, 80, 89, 99
Kath. Elise, 109
Kath. Marg., 59
Katharina, 12, 122, 144, 219
Katharina Elisabeth, 224
Katharina Elisabetha, 16, 195, 198

Klasine M., 166
Kunig., 94
Kunigunde, 5, 14, 38
Lena, 87
Lilly, 219
Lorenz, 159, 173
Louis, 59, 69, 74, 98, 111, 127
Louise, 78, 109
Louise Katharina, 74
Ludwig, 5, 137, 156
Magdalena, 4
Marg., 24, 28, 48, 50, 66, 80, 95, 110, 111, 170
Marg. Elisab., 74
Margaretha, 57, 98, 210, 212
Margretha, 16, 147, 180, 184
Margretha & Jakob, 25
Margrethe Dorothea, 7
Maria, 7, 18, 22, 50, 114, 116, 139, 166, 168
Maria Elisabetha, 210
Maria Elise, 114
Maria Fr., 174
Maria Karoline, 133
Maria Magdalena, 19
Maria S. & Georg, 74
Maria Sophia, 203
Mathilde, 68, 84, 102, 110, 159
Mathilde Katharina, 94
Michael, 78, 160
Michael & Kath., 38
Nicklaus, 143
Othilde, 174
Paulina, 63, 104, 129, 157
Pauline, 31, 76
Paulus, 28
Peter, 2, 18, 67, 68, 101, 102, 182
Peter John Oldmann, 2
Philipp, 182
Philipp Jakob, 74
Robert Andreas, 107
Rosa, 216
Rosina, 42, 104
Sophia Henrietta, 71
Susanna, 76
Theodor, 120
Wilh., 87, 90
Wilha., 65
Wilhelm, 26, 43, 53, 71, 76, 195, 201
Wilhelm Ludwig, 41
Wilhelmina, 156
Wittwe C. E., 176
Schmidtberger
 Joseph, 101
 W. Aget, 101
Schmidtbleicher

Christian, 131
Christina, 113
Jakob, 113
Johann, 113, 185
Johann Michael, 131
Katharina, 185
Schmidtmann
 August, 12, 24
 Maria, 24
 Sophia, 12
Schmiedtner
 Elisab. Margretha, 8
Schmiermann
 Katharina, 185
 Peter, 185
Schmiermund
 John Christoph, 2
 Katharina Margretha, 21
 Peter, 2, 21
Schmieter
 Auguste, 31
Schminck
 Johann Friedrich, 177
Schming
 Alouis, 84
 Amelia Elisabetha, 84
 Carolina, 84
 Maria, 84
Schmink
 Emilia, 49
Schminke
 Anna Louise, 26
 Johann, 15
 Maria Louise, 15
 Paul Friedrich, 9
 Paulus, 9
 Wilhelm, 9, 26, 74, 141
Schmitt
 Susanna, 130
Schmitts
 Johanna, 124
Schmuck
 Anna B., 123
 Joh., 85, 107, 163
 Johann, 209, 215
 Johann Heinrich, 107
 Johann W., 215
 John, 168
 Katharina, 209
Schmuff
 Anna, 121
 Frau Anna Gertrud, 127
 Georg, 78, 127
Schnabel
 Sophia, 141
Schnapp
 Anna Margareta, 129
 Joh., 122, 171
 Joh. Adam, 122
 Johannes, 129
Schnappinger
 Lena, 173

Schnattner
 Friedrich, 20
Schnauffer
 Carolina Elisa, 84
 Elisabetha, 84
 Elise, 83, 84
 Karl Heinrich, 84
 Karl Maria, 84
 Wilhelm, 83, 84
 Wilhelmina, 84
Schnebel
 Anna Katharina, 183
 Christian, 12, 28, 181
 Elise Hermina, 12
 Elise Hermine, 181
 Elise Margretha, 28
 Heinrich Ludwig, 181
 Uhe, 183
Schnebeli
 Rudolf, 173
Schneeheim
 Doroth., 71
Schneeman
 Friedrich, 104
 Heinrich, 104
Schneemann
 Anna Katharina, 53
 Auguste Frdrke Leonora Emilie, 82
 Friedr., 82
 Heinrich, 31, 82
 Karl, 53
Schneider
 Adam, 9, 154, 189, 190
 Andreas Robert, 88
 Anna, 172
 Anna Elisab., 24, 78
 Anna Elisabetha, 64
 Anna F., 163
 Anna Kunig., 32
 Anna M. Elisabetha, 191
 Anna Magdalena, 178
 Auguste, 41
 [blank], 171, 191, 200
 Carolina, 79
 Caspar, 95, 107, 116, 216
 Caspar Wilhelm, 201
 Christiana M., 45
 Christiann, 129
 Clara, 51
 Clara Louise, 137
 Eduard Philipp, 107
 Eleonora, 70
 Elis., 53, 57, 63, 81, 98, 155, 156
 Elisab., 51, 70, 75, 88, 114, 122
 Elisab. Kunigunde, 74
 Elisabetha, 32, 114, 147, 181, 192
 Emma Lena, 106
 Emma Virginia, 174

Eva, 47, 57, 58, 83, 90, 201
Eva E., 118, 171
Eva Elisabeth, 127
Eva Kunig., 99
Ferdinand, 74, 99
Friedr., 57, 69, 83, 88, 97, 99
Friedrich, 156, 201, 208
Friedricka, 190
Friedrike, 55
Georg, 66, 95
Georg Adam, 72
Heinrich, 9, 24, 49, 51, 94, 95, 109, 123, 189, 210
Henrietta, 95, 129
Henriette, 87
Hermann, 156, 210
Ida Mathilde, 92
Jakob Wilhelm, 83, 208
Joh., 37, 64, 85
Joh. Christoph, 87
Joh. Heinrich, 95, 123
Joh. Heinrich Conrad, 116
Joh. Peter, 53, 90, 100, 101, 153
Joh. Theiss, 57, 63, 70, 100, 112, 123
Johann, 47, 200, 201
Johann Daniel, 37
Johann Peter, 27
Johann Simon, 47
Johann Theis, 149, 223
Johannes, 142, 190
John, 59, 72, 92, 99, 107
Justus, 95, 114, 123
Karl, 101
Karl Friedrich, 107, 216
Karl Friedrich Adam, 97
Karl Hubert, 205
Kaspar, 78, 88, 106, 160
Kaspar Wilhelm, 69
Kath., 45, 49, 60, 65, 72, 74, 79, 94
Katharina, 154, 187
Laura, 107, 120, 155
Laura Eleonora, 127
Louis, 79
Louise Clara, 88
Louise Franziska, 88
Louise M., 130
Marg., 72, 109
Margaretha, 109, 123, 179
Maria, 79, 84, 85, 92, 107, 112, 120, 126, 190
Maria Elis., 98
Maria Philippina, 57
Maria Philippine, 135
Maria Regina, 163

Maria Soph., 81
Martin, 205
Minna, 105, 106
Robert Andr., 107
Rosa, 120, 127, 170
Rosine, 132
Sophia, 70, 127
Sophie, 53
Wilhelm, 95, 210
Wilhelm Andreas, 59
Wilhelm Heinrich, 51
Wilhelmina, 88
Wilhelmina Emilie Sophia, 99
Schnell
 Christine, 117
 Henriette, 5
 Maria, 39
 Maria Katharina, 39
 Wilh., 39
 Wilhlem, 5
Schneller
 Emile, 55
 Friedrike, 55
 Katharina, 9, 144
Schnepel
 Margretha, 14
 Unger, 14
Schneppel
 Anna, 92
Schnert
 Fried. Wilhelm, 137
Schnessel
 Anna Katharina, 222
Schnick
 Anna Louise, 214
 Hermann, 214
Schnider
 Anna Barbara, 6
 Elisabeth Wilh., 142
Schnieder
 Elisabetha, 200
 Johann, 200
Schnilker
 Caroline, 7
 Maria, 7
Schnipzel
 Christian, 47
 Heinrich August Christian, 47
Schnitger
 Anna M. Eils., 83
 Carolina, 80
 Elisab., 100
Schnithger
 Anna, 199
 Johann Friedrich, 199
 Maria, 199
Schnitker
 Anna M. E., 79
 Anna M. Engel, 55
 Anna Maria Engel, 55

Anna Maria Louise, 63
Engel, 105
Georg Heinrich, 92
Heinrich, 156
Heinrich Ludwig, 77
Joh H., 77
Joh. Heinrich, 55, 63, 92
Schnittger
 Anna M., 93
 Eleonora, 88
 Heinrich, 93
 Louise, 75
 Louise C., 59
Schnittker
 Anna, 62
 Anna M., 114
 Anna Maria Engel, 198
 Johann, 198
Schnitzer
 Andreas, 19, 143
 Frantz, 19
 Katharina Margaretha, 217
Schnorr
 Johann, 208
 Theodor, 208
Schober
 Andreas, 31
 Barwette Louise, 31
Schoeppel
 Louise, 53
Schoer
 Friedrich, 195
 Heinrich, 41
Schoerich
 Christian, 157
Scholl
 Elise, 16
Scholneck
 Julia, 136
Schomann
 Friedrika Christina, 3
Schömbs
 Heinrich, 22
 Philipp Heinrich, 22
Schomm
 Kath., 54
Schon
 John F. Emilius, 161
 Karl, 163
Schön
 Andreas, 221
 Johannes, 149
 Wilhelm, 143
Schöneberg
 Anna, 30
 Anna Margretha, 24, 185
 Georg, 185
 Heinrich, 24
Schönemann
 Christine, 23
 Friedrich, 97

Heinrich, 97
Ludwig, 23, 97
Schoner
 Anna Marg., 89
 Carolina, 215
 Christina, 122, 171
 Joh. Peter, 169
 Peter, 215
Schöner
 Anna Marg., 129
 Anna Margretha, 14
 Christine, 129
 Joh. Matth., 123
 Joh. Matthaus, 123
 Johann Peter, 123
 Margretha, 184
 Matheus, 14, 184, 186
Schonfeld
 Carolina, 95
Schonhaar
 Wihlelmina, 106
Schonhals
 Anna Kath., 80
 Anna Katharina, 214
 Anna Margaretha, 81
 Anna Maria, 111
 Eleonora, 70
 Georg, 70
 Heinrich, 51
 Heinrich Friedrich, 59, 199
 Joh., 53, 69, 81, 107, 154
 Johann, 47, 199, 214
 Johann Wilhelm, 47
 John, 59, 111
 Maria Kath., 51
 Maria Katharina, 214
 Wilhelm, 51, 70, 74
Schönhals
 Anna Elisabetha Angelica, 86
 Anna Kath.a, 102
 Elisabetha, 189
 Heinrich Wilhelm, 67
 Johannes, 31, 189
 John, 67, 102
 Wilhelm, 86
 Wilhelm Ludwig, 31
Schonhar
 Emanuel Karl, 167
Schönhöfer
 Anna, 26
Schonmann
 Maria Elis., 86, 87
Schonn [?]
 Karl Ferdinand, 41
Schonning
 Karl, 65
Schönpflug
 Julius, 34
 Paul Julius, 34
Schonzflug

Julius, 43
Otto Ernst, 43
Schooer
  Conrad, 196
  Margaretha, 196
Schopfling
  Jakob, 166
Schoppler
  Friedrich Wilhelm, 49
  Joh., 49
Schorpflug
  Julius, 207
  Robert, 207
Schorr
  Anna Elisabethe, 26
  Anna Maria, 28
  Bernhardt, 98, 196
  Emilie P., 122
  Emma Magdalena, 196
  Friedrich, 8, 28, 177
  John Friedrich Wilhelm, 8
  Kath., 25, 39, 55, 69
  Leonora, 135
  Louise, 218
  Magdalena, 177
Schott
  Elis., 37
  Elisabetha, 28
  Elisabethe, 12
  John, 3
  Margrethe, 8
  Maria, 15, 32
Schoube
  Catharina, 201
Schoules
  Kath., 68
  Rosina, 68
Schowier [Schnier]
  Ernst, 67
  Herrmann Heinrich, 67
Schrack
  Johann Heinrich, 27
  Matheus, 27
Schrader
  Carl, 147
  Christina, 58
  Henrietta, 69, 77
Schrag
  Andreas, 7
  Matheus, 7
Schramm
  Emma Maria, 79
Schramme
  Magdalene, 23
Schrater
  Johannes, 155
Schrattner
  Elisabetha, 26
Schreda
  Maria, 40
Schreiber
  Anna K., 122

Anna Kath., 128
Anna Margaretha, 114
Elisab., 82
Ernst, 53, 61, 69, 196
Friedr. E., 114
Georg, 39
Gertraud Elisab., 61
Henrietta, 116, 168, 196
Joh. Ernst, 67
Johann Ernst, 69, 194
Johannes, 53, 194
Kath., 74
Maria, 39, 74
Sophia, 164
Schrienstohl
  Anna Marg., 59
Schrimm
  Emma Wilhelmina, 66
  Wilhelm, 55
Schritenberger
  Joh., 156
Schroder
  Augusta, 35
  Augusta Elisabetha, 35
  Auguste, 63
  Barbara Katharina, 7
  Carl, 17, 35
  Emilia, 119
  Emilie Anna, 6
  Emilie Sophia, 119
  Ernst Friedrich Wilhem, 17
  Franz B., 117
  Franz Bernh., 119
  Franz Louis, 117
  Friedr. Herrmann, 165
  Georg Joseph, 212
  Heinrich, 71
  Hermann, 212
  Herrmann, 61, 117
  Johann, 194
  Louise, 194
  Maria, 167, 172
  Rudolf, 6
  Sophia, 93
  Vallenten, 7
Schröder
  Alvina, 70
  Auguste, 156
  Christoph, 142
  Conrad, 178
  Emilie, 26
  Friedr., 84
  Friedrich Hermann, 224
  Hermann, 224
  Johann, 224
  Johanne Henriette Amalie, 25
  Katharina, 14
  Lina Margaretha, 224
  Peter Jansen, 152
  Valentin, 178

Schroeder
  Charlotte Louise, 135
  Georg Joseph, 102
  Hermann, 128
  Herrmann, 102
  Lina Margareta, 128
Schröer
  Joh., 64
Schropfer
  Friedrike, 109
  Friedrike Magd., 69
  Gottfried Karl, 109
  Maria Chr., 69
Schröpfer
  Friedrike, 104
  Friedrike M., 83
  Hanna Sophia, 104
Schropser
  [blank], 58
Schrorer
  Theressa, 62
Schrot
  Karl, 66
Schroter
  Herrman, 123
  Maria Marg., 123
Schrottner
  Elisabethe, 11
Schruder
  Johannes, 154
Schub
  Margretha, 177
Schubert
  Carolina, 66
  Christian, 74, 116, 125, 132, 160
  Christian Andreas, 125
  Christiana, 221
  Louis Wilhelm, 132
  Louise, 88
  Margaretha, 45
  Margrethe, 6
  Mathilde, 68
  Peter Bernhardt, 36
  Rosa Christina, 116
Schuch
  Adolph Philipp, 85
  Ferdinand, 85, 162
  Kath., 119, 172
Schuchardt
  Heinrich, 112
  Kathintja Elis., 52
Schuchels
  Joh., 41
Schuchman
  Louise, 118
Schuchmann
  Adam, 79
  Alexander, 69, 86
  Aug., 69
  Augusta, 96
  Eduard Valentin, 118

Emilie, 90, 217
Emma Louise, 118
Gustav, 96
Johanna Augusta, 69
Karl, 64, 194, 199
Kath., 79, 111
Maria Elisab., 86
Maria Kath. Auguste, 72
Maria Katharina Aug., 203
Theodor, 64, 72, 90, 118, 194, 199, 203, 217
Schuchnauer
  Gustav, 216
Schuctker
  Anna, 157
Schudel
  Joh., 165
Schuermann
  Anna, 66
  Clara M., 43
Schuermann [?]
  Heinr. Karl, 156
Schufer
  Carol., 41
Schuh
  Anna Barbara, 37
  Anna Paulina, 42
  Barbara, 98, 211
  Eduard Friedrich, 62, 202
  Friedr., 37, 65, 81, 98
  Friedrich, 49, 211
  Heinrich Wilhelm, 222
  Henr, 188
  Joh., 62
  Joh. Conrad, 42, 130
  Joh. Konrad, 124
  Johan Conrad, 14
  Johann, 25, 202
  Johann Conrad, 35
  John Conrad, 143
  Karl, 50
  Leonore Fridricka, 14
  Luise, 135
  Marg., 14
  Margaretha, 35, 188, 202
  Margarethe, 35
  Margretha, 27
  Rosine Wilhelmine, 25
  Wilhelmina Helena, 124
  Wolfgang Heinrich, 130
Schuhl
  Wilhelmina, 35
Schuhle
  Georg Michael & Rosine Marg., 13
Schuhlein
  Georg Michael, 36
  Georg Philipp Julius, 36
  Margaretha Ros., 71
  Rosine Margretha, 28
Schuhler

Maria Elis., 50
Schuhmann
   Emielie, 26
   Heinrich, 105
   Helena Louisa, 105
   Joh., 92
   Johannes, 92
   Wilhelmine, 24
Schul
   Mina, 125
Schuld
   Louise, 17
   Louise Johanne Sophia, 145
   Wilhelmine, 146
Schule
   Kath. W., 67
   Louise, 58
Schulein
   Georg Michael, 45
   Georg Michael & Rosine Marg., 34
   Joh. Georg Friedrich, 45
Schulenburg
   Anna, 47
Schuler
   Amalie, 132
   Anna B., 64
   Aug. Heinrich, 100
   August, 213
   August H., 213
   August Heinrich, 100
   Barb., 45
   Barbara, 10, 32, 132
   Barbara Maria, 15
   Caspar, 40
   Christine, 7
   Christopf August, 151
   Elisabetha, 32
   Georg, 30
   Heinrich, 15
   Joh., 73
   Kath., 98
   Katharina, 30
Schüler
   Christian, 188
   Heinrich, 188
Schulte
   Anna Kunigunde, 7
   Friedrick, 7
   Harrison, 123
   Moritz Christ., 163
Schulten
   Joh. H., 99
Schultheis
   Heinrich A. J., 174
   John, 170
Schultheiss
   Andreas, 201
   [blank], 24
   Christoph, 145
   Emilie, 67

Johann Leonhard, 24
Kunigunde, 24
Margaretha, 201
Margretha, 12
Maria, 56
Schultz
   Katharina, 184
Schultze
   Helena, 128, 174
Schulz
   Carolina Wilhlm. Antonia Maria, 91
   Georg Jojachim Eugen, 86
   Heinrich, 52, 203
   Heinrich Alexander, 203
   Joh., 91
   Katharina, 22
   Louise, 13, 113
   Maria, 104
   Mathhilde, 34
   Wilhelm, 70
   Wilhelmina, 115
   Wilhelmine, 21
Schulze
   Georg Heinrich, 121
   Meta Sophia, 10
   Rebecka, 152
   Susanne Christ., 19
Schumacher
   [blank], 177
   Carol., 9
   Friedr., 95
   Friedrich, 172
   Georg Ph., 108
   Joh., 95
   Joh. Friedrich, 95
   Johann Carl Wilhelm, 145
   John, 164
   Karl Heinrich, 196
   Louise, 120
   Maria, 108, 120
   Maria Louise, 89
Schumann
   Anna Katharina, 106
   Carol., 107
   Carolina, 80, 82, 91
   Christiane, 13
   Elisab., 105, 124
   Joh., 67
   John, 106
   Marg., 159
   Margaretha, 67
Schumerr [?]
   Johann, 158
Schumm
   Karl, 172
Schun
   Christina, 204
Schunheim
   Doroth., 49
Schunk

Heinrich N., 101
Heinrich Nicolaus, 101
John, 101
Schunke
   Georg, 205
   Georg Wilhelm, 85
   Joh., 85
   Joh. Peter Gottlieb, 85
   Louise, 205
Schunninger
   Fabian, 161
Schupferling
   Barb., 91
Schupp
   Joh. Georg, 165
Schuppel
   Bernhardt, 98
   Georg, 82, 92, 104
   Heinrich, 84, 98, 111, 162
   Karl, 111
   Kath., 125
   Katharina Magdalena, 92
   Rosina, 84, 122
   Rosina Maria, 84
Schur
   Aug. Amalie, 87
   Augusta, 68
   Augusta Amalie, 116
Schuremann
   Anna, 27
   Elisabetha, 9, 11
   Maria Elisabetha, 31
Schüremann
   Maria Elisabethe, 149
Schurmann
   Anna, 67
   Anna Maria, 154
   Clara Elizabeth, 35
   Maria Elis., 51
Schurr
   Auguste, 52
   Christian, 4
   Christiane, 140
   Paul, 52
Schussler
   Joh., 124
   Johannes, 124
Schuster
   Otto, 165
Schüte
   Anna Dorethea, 4
Schutt
   Ernstina, 70
   Joh. C., 171
Schutte
   Anna Dorethea, 9
   August, 55, 66, 79, 115, 127
   Eleonora Christine, 127
   Emma Maria, 79
   Emma Wilhelmina, 66
   Kath. Louise, 115

Wilhelmina Johanna, 55
Schütte
   August, 101
   E. Wilhelmine, 137
   Margaretha, 101
Schutz
   Christian, 202
   Christiane, 7
   Christina, 12
   Christoph, 68
   Eduard, 198
   Elisabeth, 202
   Elisabetha, 10
   Friedrich Christian, 198
   Louise, 7
   Otto, 171
   Robert, 68
Schütz
   Benjamen, 3
   Nickalaus, 185
   Nicklass, 3
Schutze
   Caroline, 73
Schuwirth
   Christina, 30
   Christine, 15
Schwab
   Adam, 59
   Anna Barbara, 83
   Daniel, 74
   Friedr., 83
Schwabeland
   Conrad, 111, 118
   Maria Anna, 111
   Maria Christina, 118
Schwabelland
   Conrad, 164
Schwabenland
   Conrad, 97
   Heinrich, 97
Schwalm
   Anna Kath., 67
Schwalz [?]
   Angelika, 66
Schwan
   [blank], 177
Schwar
   Friedrich, 175
Schwarting
   Margretha, 31
Schwartz
   Anna Elisabethe, 8
   August, 171
   Barbara, 179
   Hermann, 15
   Jakob, 85, 209
   Johann Leongardt, 15
   Louise, 100
   Philipp Heinrich, 85, 209
   Sophia, 175
Schwartzbach
   Conrad, 213

Index

Johann Friedrich, 16
Johann Leonhard, 16
Maria Anna, 213
Schwartzkopf
  Georg, 141
  Kath., 74
Schwarz
  Anna, 125, 126
  Anna M., 116
  Emma Emilie, 97
  Friedr., 88
  Friedr. Anton, 88
  Georgina, 116
  Joh., 93, 97, 168
  Joh. Christoph, 93
  Johann, 88, 209
  Johann Chrisoph, 209
  Johanna D., 125
  John, 130
  Juliana Katharina, 129
  Kath., 126
  Kath. Elis., 42
  Louise, 97, 116, 125
  Louise Henrietta, 160
  Marg., 50
  Maria Margareta, 125
  Michael, 165
  Sophie, 155
  Thomas August, 126, 129
  Wilhelm, 42
Schwarzbauer
  Wilha., 48
  Wilhelmine Auguste, 28
Schwarzbaum
  Auguste, 36
Schwarzenbach
  Georg Heinrich, 5
  J., 188
  Johann, 188
  John Leonhard, 5
Schwarzenberg
  Bernhardt, 198
Schwarzhaupt
  Margaretha, 209
Schweiger
  Anna M., 108
Schweikle
  Christopf Ludwig, 148
Schweisser
  Margaretha, 201
Schweitzer
  Andreas, 177
  Andreas & Justine Marg., 22
  Andreas & Magdalena, 7, 13
  Carl, 29
  Carl Heinrich Wilhelm, 29
  Friedrika, 181
  Heinrich, 15
  Johann Conrad, 177

Kath., 79
Maria, 108, 131, 168
Maria Barbara, 15
Susanne, 17
Schweizer
  Andreas, 11
  Karl, 125
  Katharina, 11
  Maria, 115
Schwemmer
  Georg, 50
  Johann, 13, 50
  Johannes, 50, 143
  John Georg &
    Magdalena, 4
  Kunigunde, 67
  Magdalene & Georg, 16
Schwerdtmann
  Eduard K. Ludolph, 109
Schwerin
  Christopf, 21
Schwerzel
  Juliana, 47
Schwesinger
  August, 18
  Johann, 18
Schwier
  Anna Maria Engel, 86
  Clara Maria, 31
  Ernst, 203
  Ernst Fried., 27
  Ernst Friedrich, 149
  Friedr., 86, 87
  Friedrich, 31
  Herman Friedrich, 203
  Maria Elisabetha, 87
Schwier [?]
  Ernst Fr., 51
  Heinrich Friedrich, 51
Schwiezer
  Andreas, 37
Schwimmer
  Barbara, 186
  Elisabetha, 186
  Georg, 186
Schwind
  Margretha Barbara, 184
Schwing
  Anna, 111
Schwinger
  Christine, 216
  Heinrich, 216
Schwingert
  Margaretha, 63
Schwingler
  Barbara, 21
  Joh. Georg, 107, 109, 168
  Joh. Vitus, 109
Schwinn
  Conrad, 116, 121
  Georg, 97, 116, 125, 128
  Jakob, 128

Jakob Heinrich, 128
Kath., 115
Louise, 97
Margaretha, 116
Margaretha Dorothea, 221
Margaretha Maria, 125
Maria, 121
Schworer
  Elis., 41
  Theresia, 75
  Theressa, 41, 51
Schwörer
  Elis., 91
  Elisab., 70
  Elisabetha, 29
  Friedricka, 29
  Johann Adam, 16
  Maria Thresia, 90
  Philipp, 14
  Theresia, 14, 29
Schwurer
  Elis., 48
Schyppope [?]
  Luise, 126
Scoerin
  Marg., 82
Scoring
  Friedr. Leonhardt, 107
  Traugott, 107, 166
Seamers
  Heinrich, 157
Seeberger
  Barbara, 29, 145
Seebo
  Aug., 82
  Carol., 104
  Carolina, 82
Seeger
  Kath., 85, 104
Seekamp
  Geschahe, 29
Seel
  Maria, 153
Seelinger
  Leonhardt, 171
Seemann
  Marg., 102
Seevers
  Dietrich, 71
  Joh. Heinrich Karl, 71
Segner
  Karl, 63
  Maria, 114
Sehle
  Kath., 7
Sehm
  Johanna, 158
Sehnbert
  Heinrich V., 171
Sehnbert [Lehnbert]
  Christian, 97
  Maria, 97

Sehsing
  Johanna, 112
Seib
  Kath., 45
Seibel
  Anna Elisabetha, 32
  Elis., 68
  Elisab., 41
  Katharina, 154
Seiberg
  Marg., 99
Seibert
  Anna, 47
  Georg, 108
  Joh., 86, 160
  Joh. Wolf, 86
  Johann, 148, 162, 205
  Johannes, 20
  Kath., 99
  Kunigunde, 20, 35, 77
  Louise Elisabetha, 20
  Marg., 99, 108
  Margaretha, 155
  Maria, 30, 49
  Seville, 205
  Sibille, 49
Seibold
  Elis., 45
  Elisabetha, 20
  Elisabethe, 141
  Elizabeth, 34, 35
  Wilhelmine, 18
Seicks
  Adam, 119
  Daniel Eduard, 119
Seidel
  Jakob Friedrich, 3
  John Georg, 3
  Marg., 53, 97
Seidl
  Auguste, 15
Seidling
  Johanna, 129
  Maria R., 116
Seidt
  Agatha, 33
Seifert
  Johann, 184
  Louise, 184
  Maria Barbara, 129
  Mary M., 170
  Michael & Maria, 33
Seiffarth
  Heinrich, 43
Seiffert
  Anna Maria, 14
  Caroline Katharina, 25
  Christian, 25
  Johannes, 14
  Kath., 118
  Maria B., 108
  Maria Barb., 124

Seifferth
    Anna D., 157
Seiler
    Anna D., 197
    Gottfried, 1, 2, 17
    Joseph, 157, 197
Seim
    Anna Maria, 180
    Casper, 187
    Conrad, 12, 180
    Elise, 158
    Joh. Conrad, 57, 80
    John Conrad, 166
    Kaspar, 38
    Margretha Katharina, 12
    Maria Barbara, 38
Sein
    Maria, 202
Seinf [?]
    Friedrich Wilhelm, 175
Seip
    Barbara, 196
Seipert
    Barwette, 31
    Elisabetha, 32
    Johann, 32
Seipp
    Benjamen Franklin, 2
    Carl Christian, 2
    Christian & Elisabetha, 2
    Christina, 53
    Christine, 28
    Christopf, 33, 181
    Christoph, 2, 15, 196
    Conrad, 55
    Elisabetha, 196
    Elisabetha Cicillia, 150
    Emilie, 15
    Georg, 2, 7
    Heinrich August Carl Wilhelm, 33
    Johann, 181
    Johannes, 181
    John, 4
    John Heinrich, 4
    Marg., 22
    Margaretha, 146
    Sophia, 142
    Wilhelm, 14, 143
    Wilhelm Frantz, 14
    Wilhelmine, 7
Seippel
    Conrad, 84
Seippert
    Anna Maria, 178
    Conrad, 12
    Friedrich, 144
    Katharina, 11
Seitenzahl
    Elise, 16
    Heinrich, 16
Seitz
    Adam, 163
    Auguste, 146
    Elise, 85, 101
    Friedrich, 110
    Georg, 21, 53, 180
    Georg Michael, 53
    Jakob, 21, 53
    Johann, 124
    Johann Wilhelm, 180
    Johannes, 110
    Karl, 85, 110
    Kath., 124
    Kath. Joha. Margaretha, 124
    Ludwig, 152
    Maria Louise, 85
    Sophia, 124
    Wilhelm, 148
Seiz [Seip]
    Jacob, 41
    Joh. Michael, 41
Sekamb [?]
    Geshe, 39
Sekamp
    Gesine, 54
Sekwinger
    Louise, 160
Selbrich
    Karl, 67
Selig
    Kunigunde, 148
Seliger
    Auguste, 20
Sellers
    Rebecca, 13
Sellke
    Ida, 85
Sellmann
    Conrad, 16
    Katharina Auguste, 16
    Maria Kath., 69
Sellmer
    Auguste, 157
Seltan
    Kath., 171
Seltz
    Lisette, 9
Selzner
    Johann Christoph, 190
Semann
    Katharina, 184
Semelroppe
    Hermann, 209
Semler
    Elise, 170
Semmel
    Adolph, 85
Semmler
    Conrad, 130
    Franz Heinrich, 130
    Ludwig Conrad, 130
Sendelbach
    Eva, 124
    Joh., 110
    Johann, 202
    Johann Georg, 202
    John, 124
    Karl, 202
    Louise, 110
Senft
    Adelina, 169
    Anna Babette, 110
    Joh., 110
    Paulina, 222
Sepp
    Edward, 10
    Philippene, 10
Serbach
    Dora, 173
Sergel
    Barbara, 16
Serger
    Johanne Helene Wilhel., 24
Serth
    Elisab., 120
    Johannes, 30, 149
    Maria, 30, 120
Servers
    Dietrich, 49
    Kath. Sophia Elisab., 49
Sesemuhl
    Albertina, 157
Seth
    Margarethe Mathilde, 152
Setling
    Maria, 171
Setter
    Anna Maria Susanna, 35
    Georg, 35
Setz
    Katharina, 101
Seufert
    Johann Wolfgang, 152
    Karl Wilhelm Friedrich, 38
    Michael, 38
Seupt
    Franz August Friedrich, 174
Seurke [?]
    Heinrich, 220
Seven
    Johann Andreas, 148
Severin
    Jakob, 220
    Marg., 167
Severs
    Dietr., 65
Sevrein
    Kath., 56
Shaap
    August, 216
    Franz Georg, 216
Shafermann
    Herrmann, 41
    Johann Georg, 41
Shafner
    Conrad, 65
    Friedr., 65
Sharp
    Anna Maria, 200
Sharp (Horst)
    Johann, 200
Shein
    Magdal., 68
Sheiters
    Gottfried, 49
    Johnn Christoph, 49
Shiefer
    Elisabetha, 50
    Joh., 50
Shilling
    George, 161
Shlenke
    Kath., 43
Shöhler
    Andreas, 38
    Kath. Kunigunde, 38
Shott
    Friedr., 166
Shreiber
    Maria, 156
Shrelmer
    Erna Marg., 38
Shruff
    Georg, 37
Sibell
    Johann, 40
    Johann Heinrich, 40
Sibeneicher
    Bernhardt, 72
Sicherlein
    Barbara, 89
    Johann, 89
Sicherling
    Bernhardina Christina, 116
    Joh., 116
    Marg. Barb., 77
Sichermann
    Margretha, 147
Sichmann
    Ferdinand, 186
    Sophia, 186
Sickel
    Louise, 115
Siebel
    Heinrich, 22
    Johannes, 22
Sieber
    Heinrich, 77
    Joh. & Marga., 41
    Magdalena Barbara, 77
Sieberger
    Louise, 152

Siebert
    Anna Maria, 141
    Conrad, 5, 21, 55, 192
    Elisabetha Sophia
        Charlotte, 5
    Elise, 88, 162
    Georg Heinrich, 21, 192
    Joh. Conrad, 39
    Johann Ernst, 26
    John August, 141
    Karl Friedrich, 205
    Kunigunde, 46
    Ludwig, 91
    Maria, 205
    Maria Elis., 90
    Maria Elisab. Louise, 39
Siebrecht
    Anna Henrietta Maria, 77
    Anna Katharina, 50
    Friedricka, 17
    Geinrich, 159
    Georg, 33, 50
    Heinrich, 76, 77, 78, 88, 201
    Marg., 85
Siechelin
    Joh., 163
Siedling
    Rosina Maria, 129
Siegelin
    Joh., 104
    Rosa, 104
Siegler
    Michael, 208
    Veronika, 208
Siegmand
    Carolina, 93
Siegmann
    Anna, 103
    Anna Kath., 103
    Anna Kath. E., 108
    Anna Katharina, 103
    Anna Mathilde, 103
    Conrad, 103
    Conrad Wilhelm, 103
    Heinrich, 102, 103
    Joh. Gerhardt, 103
    Joh. Heinrich, 103
Siegmund
    Carolina, 87, 214
    Georg Aug. Wilhelm Herrmann, 87
    Georg H. J., 87
    Julius, 214
Siegrist
    Condrad, 144
    Elisabeth, 132
Sieler
    Adam, 39
    Wilhelm, 39
Siem
    Maria Christine, 131

Siemann
    Margaretha, 222
Siemer
    Kasper, 12
Siemon
    Maria, 142
Siems
    Bernhardt, 91
Siepert
    August, 18
Sierous
    Johann Jakob, 188
Sigmond
    Carolina, 172
Sigmund
    Carolina, 101
    Julius, 62
    Lena, 108
Sigrist
    Carl, 16
    Conrad, 16
Silau
    Bernhardt, 158
Silbach
    Carl, 35
    Juliane Caroline, 35
Silhardt
    Elisabetha, 149
Siliax
    Elis., 58
    John., 65
Silliachs
    Georg, 1
Silliackes
    Johann, 27
    Sophia Christine, 27
Silliacks
    Georg Silvester, 38
Silliarks
    Anna Johanne Barwette, 13
    Johann, 13
Sillmann
    John Hermann, 140
Siluski
    Joseph, 157
Sim...
    Karl, 118
Simmons
    George W., 159
Simon
    Adolf, 130
    Alfred Tobias, 71
    Conrad, 13
    David, 71
    Elis. Louise Auguste, 39
    Elisabetha, 11, 179
    Elise Barbara, 130
    Heinrich, 13
    Joh., 39, 69
    Johann, 11, 215
    Johann Heinrich, 69

    Johannes, 3, 25
    Karoline, 130
    Kath., 11, 126
    Katharina, 27, 215
    Katharina Maria, 3
    Maria, 14
    Mathhilde Rosine, 25
    Mathilde, 172
    Otto, 130
    Wilhelm, 130
Simpson
    Gertraud, 107
Sindling
    J.J.Peter, 175
    Rosina Maria, 126
Sinetz
    Johannes, 32
Sing
    Elisabetha, 27, 150, 185
Singel
    Franz, 130
Singer
    Elis., 167
Singewald
    Emilie Demandra, 19
    F. Heinrich, 46, 194
    Georg Traugott, 5
    Hanna Sophia, 53, 194
    Heinrich, 53
    Heinrich Traugott, 5
    Johanna Wilhelmina, 194
    Joseph Theophilus, 46
    Traugott H., 19, 194
Singewvald
    Joh. Lorenz, 38
    Traugott Heinrich, 38
Single
    Barbara, 17, 186
    Friedr., 102, 122, 171
    Georg Jakob, 32
    Helena, 85
    Joh., 103
    John Michael, 17
    Kath. Maria Louise, 122
    Maria, 169
    Michael, 32, 102, 186
    Rosina, 78, 85, 103
Singler
    Michael, 166
    Rosina, 93
Singmundt
    Carolina, 74
Sinkenbrink
    Rosa, 107
Sinkinbring
    Franziska, 135
Sinner
    Georg, 39, 59, 189
    Margaretha, 189
Sinners
    Andrew, 159
Sinngle

    Rosina, 158
Sinsel
    Maria, 58
Sippel
    Joh. Georg, 165
    Johann, 207
    Madal, 69
    Magda., 56
    Magdal., 154
    Magdalena, 47
    Margaretha, 207
    Maria, 90
Sisson
    Christoph, 124
    Christoph William, 124
Sisting
    Auguste, 11
Sitterding
    Friedr., 111, 170
    Friedrich, 119, 216
    Friedrich Gerhardt, 119
    Joh. Friedrich, 111
    Maria, 173
Sitzberger
    Chatharina Maria, 1
    Heinrich, 1
Sitzenger
    Frau, 36
Skott
    Elias, 196
    Elias Scott, 196
    Joh. Heinrich, 38
    Loui, 38, 188
    Louis, 188
Slader
    Maria, 158
Slashar
    Wilhelmine, 3
Slater
    Anna, 172
    Christiana, 72
    Florence Agnes, 111
    Georg Heinrich, 100
    Heinrich, 54
    Heinrich Augustus, 54
    Margaret, 160
    Wilhelm, 54, 72, 100, 111
Slierkof
    Magdalena, 140
Slittelberger
    Maria, 121
Slix
    Anna Maria, 165
Smith
    Anna M., 166
    Charles, 172
    Chas., 166
    Clementy [?], 170
    John T., 170
    Maria, 107
    Maria E., 167
    Samuel F., 98

Sneider
  Mary, 160
Snyder
  Louise M., 124, 171
Soberwein
  Kath., 174
Soefor [?]
  Johannes Effkes, 156
Sohm
  Georg Friedr., 73
  Theresia, 73
Sohn
  Anna Maria, 49
  Barbara Margaretha, 201
  Christ., 52
  Christian, 156
  Joh. Heinrich, 37
  Johannes, 24
  Maria, 66
  Maria Barbara, 66
  Maria Christina, 118
  Moritz, 24, 49, 66, 201
  Moriz, 37
Sohns
  Johann Friedrich, 9
  Wilhelm, 9, 72
  Wilhelmine Judiette, 72
Solbers
  Auguste, 5
Solke
  Lisette, 5
Solkmann
  Christine Maria, 51
Solle
  Georg, 152
  Peny, 152
Sommel
  Christina, 11
Sommer
  Amalie, 217
  Anna B., 155
  Anna Barb., 48
  Barbara, 60
  Christoph, 18
  Elise Marg., 111
  Friedrich Emil, 13
  Georg, 127
  Georg Martin, 66
  Johann, 25, 215, 217
  Johanna Carolina, 222
  Johanne Caroline Amalie, 25
  Johannes, 13
  Karl, 132
  Kath. Wilhelmina, 53
  Maria Elisabetha, 37
  Martin, 37, 53, 66
  Michael, 157, 160
  Mina Fridricka, 18
Sommerfeldt
  Julie, 67
Sondermeier
  Carl Fried. Gottlieb, 25
  Johann Friedrich Wilhelm, 25
Sonneborn
  Christian, 105, 128
  Julie Henriette, 128
Sonnemann
  Louise, 56
Sopelin
  Johann, 132
  Margaretha, 132
Sopp
  Josephine, 81
Soran
  Charles F., 154
Soth
  Elisab., 96
  Elise, 110, 126
  Gerhardt, 110
Sozold
  ???, 220
Spalter
  Michael, 215
Spänemann
  Anna Kath., 149
Spangenberg
  Anna, 20
  Bertha Elise, 37
  Heinrich, 20
  Joh., 70
  Louise, 26
Spangenberger
  Georg, 142
  Kath. Maria, 14
Spangler
  Wilhelm, 173
Spantzel
  Magdalena, 179
Spatz
  Louise, 104
  Ludwig, 104, 209
  Margaretha, 209
Speaker
  Eduward Rudolph, 188
  Herman, 188
Spearmann
  Gustine, 162
Specht
  Emilie, 26
Speidel
  F., 44
Spelein [Spulein]
  Georg Mich., 62
  Johannes, 62
Spellenberg
  Christiana, 151
Spence
  Adolph, 212
  Karl & Alexander, 84
Spenchass [?]
  Lester & Charlotte, 45
Spengemann
  Heinrich, 197
  Paulina Emilie, 197
  Peter H., 64
  Peter Heinrich, 156, 183
  Theodora Fanny, 64
Spengler
  Andr Friedr., 110
  John Georg, 3
  Marg., 163
Spengmann
  Paulina Emilie, 59
  Peter, 59
Spenner
  Anna Sophia Adelphina, 54
  Georg, 54
Sperber
  Anna, 68
  Barbara, 11
  Heinrich Georg Theodor, 88
  Joh., 88
  Lena, 143
Sperhaase
  Julius, 213
  Justine, 213
Sperhase [?]
  Doroth. Charlotta, 98
Sperzel
  Elis, 158
  Maria, 18
Spetz
  Louis, 81
  Margaretha, 81
Sph.
  Johanna, 38
Spiecker
  Anna Maria, 11
  Christian H., 7
  Georg Heinrich, 7
  Heinrich, 7
Spiekel
  Christian, 1
Spieker
  Christ H., 49
  Christ. Heinrich, 41
  Christian, 181
  Christian Heinrich, 31, 49, 195
  Eduard Heinrich, 38
  Eduard Rudolf, 23
  Herman H., 182
  Hermann H., 6, 23, 181
  Herrmann, 49
  Herrmann Heinrich, 38
  Margaretha, 191
  Margaretha Elisabetha, 195
  Margaretha Louise, 41
  Mr., 191
  Wilhelm F., 182
  Wilhelm Heinrich, 6
Spieknedt [?]
  Kath., 37
Spielmann
  Kath., 60
Spielmeier
  Johann Heinrich, 147
  Kath., 19
  Maria, 145
  Wilhelmina, 73
Spiess
  Kath., 68
Spindler
  aus Baiern, 192
  John Georg, 142
  Kath., 98, 109
  Katharina, 192
Spingmann
  Joh. H., 43
Spinnmaier
  Kath., 66
  Maria, 57
Sponsel
  Joh. Georg, 162
Sporer
  Barwette, 23
  Lisette, 23
Spranger
  Maria, 74
  Valentin, 74
Springer
  Chatharina, 139
  Maria, 203
  Valentin, 203
Springmaier
  Louise, 70
Sprupfer
  Fredrika M., 156
Spurhas
  Mina, 18
Spurling
  Wilhelmina Henriette, 154
Sroffarth [?]
  Michael, 56
Staap
  Augus, 210
  August, 102, 111, 119, 125, 219
  Augusta Helena, 125
  Georg Franz, 111
  Karl Anton, 210
  Maria Anna, 102
  Reinhardt Ludwig Theodor, 119
  Theodor, 219
Staap [Staass]
  Karl Anton, 95
  Karl Aug., 95
Staar
  Kate, 125
Stabenan
  Karl, 166

Stabenau
    Ernst Karl, 101
    Karl Friedr., 101
Stackert
    Sophia, 153
Stackmann
    Kath. W., 53
Stackpole
    Charles A., 158
Stadelmeier
    Joh., 40
    Louise, 40
Staeffel
    Heinrich, 168
Staffel
    Heinrich, 111
Stagemann
    Auguste, 97
Stahl
    Jakob, 181
    Joh., 55, 70
    Joh. Georg, 85
    Karolina, 70
    Marg., 124
    Maria Barbara, 85
    Maria Emilie, 55
    Mathilde, 102
    Mathilde Anna, 112
    Wilhelm, 112
    Wilhelmina, 99
Stahlberger
    Joha. Charlotte, 90
    Marg., 90, 160, 163
Stahler
    Maria, 162
Stahlford
    Helena Wa., 113
    Lucy, 113
    Theresia, 113
Stahlfort
    Joh. C., 124
    Johanna Dorette Elvira, 124
Stalfort
    Dorette, 124
    Geraldine Maria, 127
    Gerhard Friedr., 132
    Hermann Louis, 127
    Hermina Lucia, 224
    J. Chr. Ludwig, 127
    Joh. Christian, 171
    Johann C., 132, 224
    Johann Christian, 129
    Johann Dietrich, 129
    Karl Gerhard E., 127
    Louise Amalie Franziska, 132
    Louise Clara Wilhelmine, 132
    Sophia Dorothea, 129
    Wilhelmina, 129
Stallknecht

[blank], 206
    Ernst Adolph, 95, 116
    Karl H. Herman, 206
    Louise Maria Auguste, 95
    Wiegand, 116
Stamford
    Karl, 125
    Karl Wilhelm, 125
Stamm
    Emilie, 128
Stamminger
    Jakob, 147
Stampel
    Kath., 7
    Katharina, 7
Stampfel
    Anna Kunigunde, 23
    Martin, 23
Stampflie
    Kunigunda, 185
    Matheus, 185
Stample
    Katharina, 9
Standt
    Elisabetha, 140
Stange
    Elisabetha, 15
    Kath. Elisabetha, 15
    Philipp, 15
Stante
    Henrietta, 167
Stanze
    Paul, 155
Stapf
    Melchior, 149
    Wilhelm, 43
Stark
    Carl Christian Friedrich, 149
    Carl H., 24
    Georg Friedrich Wilhelm, 24
    Karl, 203
    Louise, 203
Starkey
    Robert, 147
Startzmann
    Melvin, 132
Statt
    Friedr. Wm., 99
    Wilhelm Adam Eduard, 99
Staubenan [Shaubenan]
    Friedrike, 172
Stauber
    Eva & Joha., 57
    Johannes, 12
    Nikolaus, 12
Staudle
    Anna Margaretha Katharina, 196
    Johann Friedrich, 196

Staudt
    Joh. Friedr., 50
    Johann Friedrich, 50
    Johanna, 204
    Karl, 50
Staupf
    Friedr. Wilhelm, 51
    Heinrich Friedr., 37
    Karl, 37, 51
Stauss
    Martha, 34, 43, 54
    Martha Elisabetha, 151
Stebel
    Magdalena, 50
Stecker
    Barb., 62, 81, 112
    Eduard, 37
    Friedr., 112, 161
    Friedr. Gottfr., 105
    Friedr. Gottfried, 105
    Gottfried, 213
    Heinrich, 213
    Joh. Heinrich, 69
    Karl, 63
    Kath. Maria Louise, 112
    Michael, 63
Steer
    Inge, 181
Stegemann
    Anna M., 75
    Auguste, 104, 110
Stegemeyer
    Maria Elisabetha, 185
Steger
    Anna Marg., 49
    Barbara, 222
    Joh., 39
    Johann, 16, 185
    Katharina Elise, 16
    Louise, 185
    Marg, 168
    Marg., 115
Stegleiter
    Anna, 87
Stegler
    Maria, 70
Stegmann
    Albertina, 165
    Maria, 52
Stegmeier
    Anna Maria, 181
    Barb., 161
    Friedricka, 20
    Johannes, 181
Stehle
    Anton, 42
    Franz Anton, 42
Stehnagel
    Louise, 17
Steigleiter
    Anna, 78
Steigmaier

Ernstina, 114
Steigmeier
    Joh., 91
Steil
    Katharina, 153
Stein
    Anna Maria, 86
    Auguste, 31
    Christina, 174
    Elis., 64
    Georg, 100, 123, 128, 212
    Gertraud Elisabetha, 123
    Heinrich, 32
    Joh. Valentin, 100
    Johan Ernst, 142
    Johann Christian & Johanne, 13
    Johann Valentin, 212
    Kath., 41, 66
    Kath. Elisb., 128
    Katharina Elisabeth, 173
    Marg., 52, 64, 66
    Margaretha, 78
    Maria Magdalena, 32
    Mathilda, 23
    Peter, 23, 142
Steinbach
    Bertha Margretha, 17
    Ludwig Robert, 1
    Robert, 1, 17
Steinback
    Jakob, 156
    Katharina, 2
Steinberg
    Maria El., 164
Steinberger
    Christina, 111
    Christine, 169
Steinbrink
    Friedrich, 174
    Margaretha, 192, 221
Steinel
    Barbara, 24
Steiner
    Auguste, 41, 50, 64
    Christina, 55
    Kath. Elis., 44
    Margaretha, 43
Steinhauer
    Maria, 206
Steinkamp
    Anna Dorothea, 47
    Anna Louise, 50, 60, 191
    Joh. B. H., 47
    Joh. H., 50
    Joh. Heinrich, 56
    Johann, 191
    Wilhelm Friedrich, 56
Steinkanz
    Anna Lo., 154
    Margaretha, 155
Steinmacher

Index

Katharina, 94
Nikl., 95
Niklaus, 94, 163
Steinmann
   Auguste, 14, 38
   Marg., 23
Steinmeier
   Kath., 113, 169
Steinmetz
   Anna Maria, 109
   Christina, 172
   Elis., 167
   Elisab., 83
   Elisabeth, 23
   Friedrich, 53
   Georg, 14, 26, 69
   Georg W., 36, 53
   Georg Wolfgang, 24
   Gertraud, 69
   Joh., 95
   Johann, 26
   Johann Fried. Carl, 15
   Kunigunde Katharina, 14
   Louise Maria Juliane, 15
   Maria, 95, 118
   Peter Bernhardt Julius, 36
Steinmuller
   Carolina, 118
Steitz
   Karl Robert, 92
   Wilhelm, 92
Steker
   Georg, 152
Stelling
   Dorethea, 8
   Doroth., 36
Stenge
   Oscar, 65
Stengel
   Augusta, 41
   Kath., 116, 170
Stenger
   Friedrich Conrad, 84
   Karl, 84
   Kath., 122
   Margaretha, 132
Stenze
   Auguste, 33
Stenzel
   Auguste, 20, 47
   Auguste C. Wilhelmine, 145
   Joh., 112
Stenzer
   Charlotte, 17
Stephan
   Dorethea, 23
   Joh., 46, 60
   Johannes, 2
   Kath., 129
   Katharina, 60
   Maria Theresia, 46
Stephann
   Maria, 131
Stephans
   Maria, 70
Steps
   Johann H., 12
   Julius Hermann, 12
Sterbe
   Fredrika Wa., 157
   Friedrika, 66
   Heinrich, 66
Stess
   Margaretha, 202
Stetter
   Paul, 187
   Wilhelm, 18
Steube
   Casper, 15
   Eva, 114
   Kaspar, 142
   Paulene Christiana, 15
   Wilhelmina, 45
Steuber
   Casper, 24
   Johanne Elisabetha, 24
   Paulina, 194
Steubig
   Wilhelm, 172
Steuble
   Anna Marg. Kath., 59
   Joh. Friedr., 59
Steven [?]
   Friedrike, 130
Stevens
   August W., 101
   Babetta M., 76
   Dorothea, 72
   Georg, 76, 95, 101, 117
   Marg., 98
   Margaretha Wilhelmina, 101
   Wilhelm, 172
Stevenson
   Robert, 166
Steves
   Wilhelmine, 32
Stich
   Kath, 170
Stiebritz
   Marg., 83
   Margretha, 29
Stiedermaier
   Heinrich, 37
   Wilhelm, 37
Stiefel
   Sophie Theresia, 112
Stieg
   Anna, 72
   Joh., 72
Stiegg
   Joh., 158
Stiegle
   Wilh. ..tz, 156
Stiegmann
   Charlotte, 5, 16, 26
Stielberg
   Maria, 41
Stiepel
   Johann Georg, 143
Stiertz [Stintz]
   Karl Robert, 208
   Wilhelm, 208
Stihmann
   Fried., 23
Stine
   Kath. Elis., 157
Sting
   Maria, 19
   Marie, 38
Stintz
   Bertha, 63
   Karl Wilhelm, 63
   Otto Herrmann, 63
   Robert Friedrich, 78
   Theresia Carolina, 116
   Wilh. F., 78
   Wilh. Ferdinand, 63
   Wilhelm, 116
Stitelberg
   Elis., 62
   Elisabetha, 62
   Joh., 62
Stitelberger
   Maria, 32
Stittelberg
   Ehler, 184
   Johann, 184
   Maria, 103
Stittelberger
   Ehler, 25
   Johann, 25
   Margretha, 18
   Maria, 18
Stober
   Anna M., 46
Stock
   Emil, 89, 94, 105, 126
   Louise Amalie, 89
   Valentin Frank, 105
Stoffel
   Friedrich, 31
   Friedrich & Katharina, 33
   Heinrich, 148
   Heinrich Ch., 182
   Heinrich Christoph, 151
   Katharina, 36
   Margretha, 147
   Maria, 31, 46, 154
Stoffregen
   Heinrich, 163
   Wilhelmina, 142
Stohlberger
   Marg., 78, 89
   Wilhelmina, 84
Stohmann
   Louise, 98
Stohre
   Barbara, 160
Stoll
   Anna Margretha, 15
   Conrad, 106
   Elis., 38
   Elisabetha, 31
   Georg, 124
   Joh. Michael, 113
   Marg., 69
   Margareta Maria, 130
   Margretha, 32
   Maria, 59, 67, 79, 106, 114
   Reinhardt, 67
   Virona, 32
   Wiegand, 113, 114, 124, 169
   Wigand, 130
Stoll [?Holl]
   Veronika, 17
Stolzenbach
   Lissie, 131
Stone
   Maria, 159
Stophel
   Heinrich, 174
Storer
   Louise, 83
Storr
   Joh., 62
Storts
   Maria, 59
Stortz
   Friedr. Heinrich Wilhelm, 107
   Maria, 72, 92, 107
   Reinhardt, 107
Storz
   Heinrich, 167
   Philipp R., 114
Stoss
   Anna Maria, 87
   Joh., 78, 87
   Johann, 78, 204
   Kath., 86
   Louise, 85
Stossel
   Johanna Sophia, 19
   Sophia, 53
Stössel
   Hanna S., 46
Stotz
   Anna Friedrika, 53
   Conrad, 52
   Theiss Gottlob, 53
Sträfel
   Minna, 95
Strand
   Heinrich Christian, 143

Stranpf
  Heinrch, 188
  Johnn Friedrich, 188
Strappe
  Maria Adelheid, 30
Strassner
  Barb., 98
  Conrad, 81, 192, 202
  Friedrich, 81, 202
  Georg Peter, 192
Stratner
  Barb., 39
Stratten
  Julius Thor, 119, 167
  Louis Philipp, 119
Strattner
  Barbara, 28
  Katharina, 28
  Marg., 20
Straub
  Franz Georg, 76
  Friedrike, 46
  Georg, 76, 218
  Johann Antonetta, 218
  Regina Friedrike, 78
  Sus., 91
Strauch
  Elis., 37
  Heinrich, 29, 37, 45, 54, 202
  Joh. Georg, 45
  Johann Heinrich, 29
  Maria, 54, 202
Strauss
  Christoph, 197
  Johann, 192
  Katharina, 197
  Margaretha Barbara, 192
Strauts
  Christiana, 39
Streb
  Heinrich, 48
  Kath. Elisabetha, 94
  Louis, 94
Streck
  Caspar, 210
  Emilie, 83, 210
  Heinrich, 92
  Joh. Caspar, 96
  Kaspar, 92
Streg
  Jakob, 129
  Peter, 129
Stregner
  Marg., 38
Streib
  Friedrike, 75, 159
  Joh. Georg, 75
Streigmann
  Anna Maria, 222
Streneke
  Auguste Friedrike

  Charlotte, 47
  Karl, 47
Stressner
  Andreas, 49
  Friedrich, 49
Streuthler
  Carl, 17
  Johann Georg, 17
Streutker
  Carl Heinrich, 20
Strichel
  Josephina, 87
Strick
  Joh. Casp, 163
Stricker
  Anna Marg., 163
  Joh. Mich., 60
  Karl, 199
  Katharina Barbara Maria, 199
  Marg., 56, 94
  Margaret, 199
  Michael, 199
Striebel
  Georg, 29
  Ludwig, 29
Strieder
  Louis, 171
Strik
  Kath., 38
Strite
  Elisb., 125
Stritter
  Elise, 114
  Elsie, 114
  Peter, 156
Strobel
  Anna Johanne, 146
  Georg, 11, 34, 179
  Johann, 11, 34, 179
Strober
  Elisab., 155
Stroh
  Dorothea, 20
  Elis., 54
  Juliane, 20
  Louise, 164
  Marg., 78
  Wilhelm, 54
Strohl
  Anna, 91
  Jakob, 79, 91, 160
  Karl W., 115
  Karl Wilhelm, 79
  Kath., 51, 61, 84, 96, 107, 119
  Kathar., 126
  Margaretha, 207
  Niklaus, 207
  Wilhelmina, 68, 83, 115
Strohmann
  Magdalena, 8

  Wilhelm, 8
Stromberg
  Henry, 69
Strong
  Charles C., 161
Strott
  Agnes M., 47
  Conrad, 59, 151
Strottmeier
  Wilh. Julius, 59
Strover
  Wilhelmina, 109
Strubel
  Wilhelmina, 77
Strumsdörfer
  Marg., 128
Struntz
  August, 208
  Eduard, 208
Strunz
  August, 52
  Eduard, 52
  Philippina, 58
Strupp
  Carl, 13
  Lena, 67
Stubing
  Anna Maria Katharina, 122
  Heinrich, 122, 171
Stübing
  Anna Margareta, 128
  Heinrich, 128
Stubisch
  Heinrich, 15
Stubrisch
  Heinrich, 62
Stucker
  Marg., 51
Stuckert
  Anna Kath., 108
  Elis., 161
  Elise, 94, 105, 112
  Elise., 84
  Sophia, 19, 21, 74, 90, 108
  Sophie, 55
Stuckhart
  Margaretha, 12
Stugkert
  Sophie, 121
Stump
  Casper Heinrich, 19
  Friedrich, 132
  Friedrich Traugott C., 19
  Heinrich, 132
  Sophie, 131
Stumpf
  Frau, 176
  Georg, 47
  Johanna Friedrika, 223
  John, 39

  Karl, 39, 43, 47, 51
  Maria Anna, 149, 182
  Sophia, 43
Stumpler
  John Paulus, 4
Stumpner
  M. Barb., 56
  Paulus, 140
Stunep
  Clara, 161
Sturenfels
  Joh., 92
Sturgel
  Alvin, 72
Sturmfeld
  Joh., 155
Sturmfels
  Joh., 44
  Regina Christina, 44
Sturmski
  Louise, 171
Stuth
  Joh. H., 167
Stutt
  Christina, 103
  Dorothea, 91
  Elis., 91
  Elisabetha, 108
  Friedr W., 110
  Joh. H., 108, 110, 124
  Johann Heinrich, 184
  Marg., 103
  Margaretha, 198
  Maria, 198
  Maria Henrietta, 91
  Martha, 125
  Martha Anna Virginia, 124
  Martin, 44
  Sophia, 44
  Thomas Georg Heinrich, 110
Stutz
  Conrad, 38
Stutzer
  Charl., 60
  Maria, 112
Sudbrak
  Heinrich, 17, 147
Sudbring
  Friedrich, 4
  Georg Friedrich, 4
Sudbrok
  Friedrich Wilhelm, 25
  Heinrich, 25
Suhre
  Sophia, 30
Sulzner
  Math., 4
Sure
  Sofia, 11
Sureh

Sophie, 67
Susanna Thath.
   Hupp, 194
Süss
   Adam, 19
   Wilhelm, 168
Sutbrack
   Heinrich, 87
   Kath. Wilhelmina, 87
Sutbrak
   Anna Margaretha, 60
   Heinrich, 60
Suter
   Anna Maria Amalia, 88
   Georg, 13, 76, 81, 88, 204
   Johann, 204
   Katharina, 13
   Marg., 84
Sutter
   Anna Katharina, 49
   Elisabetha, 28
   Georg, 26, 49, 68, 144
   Johannes, 68
   Jost, 28
Swartz
   Marg., 46
Swerin
   Anna Christiane, 53
Sylva
   Ella M., 174
Sylvester
   Sophia Dina, 105
Szwizki
   Alexander, 91
Szwizki [?]
   Alexander, 91
   Joseph, 91

T

Tabens
   Emilie Elise, 132
   Maria Marg., 132
Tack
   Christiane, 3
Tager
   Barbare, 155
Tammen
   Wilha. A., 165
Tamon
   Andrew, 160
Tanauer
   Anna M., 50
Tanenfelser
   Conrad, 96
   Joh. Caspar, 96
Tanne
   Louise, 6
Tannenfelser
   Elisab., 97
Tannin
   Maggie, 166
Tanz
   Georg Friedr., 39
   Wilhelmine Margarethe, 39
Tanz [?]
   Elis. Cecilia, 50
Tapkin
   Christina, 214
   Friedrich, 214
Tapmann
   Joh. Heinrich, 112
   John, 112
Tappe
   Amalie, 13
   Wilhelmina, 145
Tatgenhorst
   Carl. W., 187
   Kath. Maria, 17
   Maria, 17
Tatjenhorst
   Friedr. W., 69
   Maria Elis., 69
Tauber
   Joh.Friedrich & Anna Barbara, 26
Taubert
   Maria, 158
Taubing
   Anna, 5, 16
Taury
   Louise, 42
Taylor
   Gottfried, 53
   Ida, 205
   Mary, 163
   Wilhelm, 205
   Wilhm., 169
Tchuhof
   Maria, 156
Tebens
   Maria, 113
Teichmann
   Johann, 16, 31
   Joseph, 16
   Thomas, 31
Teigel
   Holda, 65
Teigmann
   Johann, 145
Tein
   Magdal., 52
   Magdalena, 85
Teisohn
   Johann, 11
Teljohan
   Katharina Sophia, 178
Teljohann
   Georg Friedrich August, 30
   Heinrich, 205
   Herinrich, 30
   Katharina Sophia, 205
Teller
   Dorethea, 28
   Dorothea, 50
Telljahn
   Sophia, 193
Telljohann
   Charlotte Carolina, 67
   Ernst Wilhelm, 11
   Heinrich, 11, 67
Tellmann
   Kath. Elis., 89
Teme
   Philippina, 52
Temper
   Georg, 190
   Wilhelmina, 190
Temps
   Georg, 76
Tensmaier
   Anna E., 172
Tetta
   Henrietta, 143
Tetzel
   Auguste, 161
Teufel
   Heinrich August, 120
   Lambert, 167
   Lampert, 120
   Olga Sophia Nanette, 103
Teves
   Heinrich L., 173
Tewes
   Heinrich Louis, 66
   Louis, 224
Thamer
   Joseph, 167
Theebens
   Maria Marg., 171
Theil
   Charlotta, 109
   Friedr., 53
Theile
   Margaretha, 160
   Philipp, 160
Thein
   Christian, 119
   Georg, 16
   Joh. Georg, 44
   Johannes, 16
   Katharina, 119
   Magd., 121
   Nikolaus, 44
Theinerl
   Anna Auguste, 108
   Gustav Adolph, 108
   Magd., 113
Theis
   Friedrich, 187
Theiss
   Andr. Heinrich, 165
   Andreas, 123
   Anna Maria, 36
   Friedr., 36, 89
   Friedrich, 45, 152, 200
   Johannes Heinrich, 45
   Kath., 101
   Marg. Maria, 89
   Maria, 49, 60, 80
   Rosina Theresia, 123
Theisschneider
   Anna Elisabetha, 27
   Johann, 27
Themant
   Marg., 113
Theuser
   Georg, 155
Thiele
   Friedka., 79
   Friedr., 47, 48, 92
   Friedrich, 82, 211, 224
   Heinrich Julius, 48
   Ludwig, 92, 211
Thiem
   Louise Kath., 74
Thieman
   Frank, 114
   Johann L., 114
Thiemann
   Andreas, 83
   Christina, 83
   Frank, 121
   Franz, 97
   Friedrich, 218
   Johanna, 132
   Johanna Sophie, 132
   Johanna Wilhelmina, 223
   Kath., 108
   Maria, 97, 218
   Maria Ida, 121
   Rosina, 83
Thieme
   Gustav Karl Herrmann, 114
   Herrmann, 114
   Karl, 114
Thiemeyer
   Ernst Fr. Wilh., 132
   Heinrich Adolph, 132
   Joh. Herrm., 132
   Johann Hermann Wilhelm, 132
Thierauf
   Elisab., 173
   Kunigunde, 219
Thiergärtner
   Conrad, 14
   Susanna Margretha, 14
Thies
   Heinrich, 132
   Joh. H., 132
   Johann Oskar, 132
Thim
   Anna M., 124
   Anna Marg. Agathe, 108
   Christian, 98, 108, 211

Joh. Georg, 98
Johann Georg, 211
Thimann
  Heinrich Hermann, 26
Thimm
  Christian, 220
Thitius
  Louise Minna, 145
Thoman
  Georg, 168
Thomann
  Georg, 103
  Mathilde Kath., 103
Thomas
  Anna, 15, 122
  Anna Elisabetha, 78
  Barb., 105
  Barbara, 74, 92, 164
  Bertha, 165
  Christian, 57, 69
  Elise, 39
  Elsiab., 57
  Georg, 69
  Georg L., 49
  Georg Leonhard, 15, 32
  H. Christian, 5
  Ida, 175
  Jakob, 179
  Johann, 218
  Johann Adam Carl, 32
  Johannes, 1, 2
  Kaspar, 78
  Katharina, 91
  Louis, 154
  Margaretha, 218
  Maria, 179
  Peter Heinrich, 49
  Thomas, 91
  Wilhem Ludwig, 5
Thompson
  Augusta, 114
  Joh., 169
  John, 114
  Wm, 175
Thoms
  Heinrich, 32
  Johann Friedrich, 32
  Johann H., 188
  Johann Heinrich, 188
Thone
  Franz, 172
Thorns
  Elisabetha, 28
Thorwand
  Maria, 140
Thueuser
  Auguste, 171
Thumser
  Aug., 120
  Auguste, 127
  Georg, 26, 130
  Georg Eduard, 26

Johann Karl Ludwig, 130
Karl, 221
Thurman
  Albert, 164
Thurmann
  Adalbert, 128
  Adelbert, 109
  August, 128
  Wilhelmina, 109
Thyrotph
  Julius, 163
Tiefel
  Elis., 65
  Georg, 186
Tiemand
  Louis, 164
Tiemann
  Elisabetha, 88
  Frantz L., 65
  Franz, 109
  Franz Louis, 71, 88
  Heinrich, 71
  Herrmann Heinrich, 60
  Joha. S., 165
  Johanna, 65
  Johanna Charlotta, 65
  Kath., 101
  Louise Emma, 109
Tieroff
  Marg., 22
Tildmann [?]
  Katharina Maria, 224
Timermann
  Friedrich, 216
  Maria, 216
Timm
  Christian, 165
Timmann
  Franz G., 157
Tinker
  Eugen A., 124, 130, 171
  John Charles, 124
  Wilhelm Augustin, 130
Tisch
  Heinrich, 100
  Sarah Elisabetha, 100
Tischer
  Christine, 32
  Elis., 91
  Elisabetha, 77
Tobias
  Anna, 40
Todt
  Wilh., 168
Tokes
  Joh. Jak., 53
  Marg. Maria, 53
Tomas
  Carl, 20
  Friedrich, 20
Toperman
  Kath., 170

Topman
  Joh. Landel, 167
Topp
  Heinrich, 8
  Peter John Oldmann, 8
Toppe
  Johanne Caroline Amalie, 25
Torgeson
  Ludwig, 223
Tost
  Friedrich, 182
  Marg., 52
  Maria Elise, 150
Toth
  Karl, 221
Townsond
  Robert, 115
Tr...
  Heinrich Friedrich, 131
  Johann Friedrich, 131
Traeger
  Georg, 174
  Margareta, 223
Trager
  Elisabetha Johanna, 218
Träger
  Christian, 192
Trakenbrodt
  Joh. Petr., 78
Trammer
  Joh., 154
Traube
  Louise & Andr., 85
Trauer
  Christina, 83
Traum
  Anna Marg., 50
  Christina, 50
Traute
  Andreas, 75
  Conrad, 75
  Friedrich, 75
Trautfelder
  Rosina, 83
Trautmann
  Anna, 87
  Kath., 78, 87
Trautner
  Andreas, 52
  Anna, 77
  Johann Georg, 52
  Michael, 146
Trautvetter
  Elis., 68
  Johannes, 8
  Margrethe Elisabethe, 8
Trautwein
  Christiana, 34
  Christina, 146
  Georg, 25, 146
  Johann & Margretha, 25

Johann Georg, 25
Katharina, 34, 204
Maria B., 166
Treitmann
  Friedrike, 171
Trepp
  Karl, 102
Tresch
  August, 79
  Dorothea, 79
Treuer
  Regina, 81, 104
Treulieb
  Georg Peter, 102, 116
  Henrietta Adelhaid Theresia, 116
  Henriette, 102
  Joh. Friedrich Emil, 102
  Joh. Melchor, 102
  Johann Melchor, 212
Treur
  Marg., 81
  Regina, 81
Treusch
  Carol & Laura, 3
  Karl, 114
Trimble
  Georg, 223
Trimp
  Marg., 112, 118
Trimp [Trims]
  Marg., 101
Tring
  Marg., 81, 89
Tripp
  Joh., 106
Trisch
  Maria, 29
Trischmann
  Conrad, 71
  Elis., 37
  Elisabetha, 43
  Heinrich, 53
  Karl, 43, 53, 71, 86, 107
  Kath., 107
  Louis, 86
Trischmor
  Karl, 153
Trizius
  Katharina, 213
Trockenbrodt
  Kath., 103
  Peter, 103
Troge
  Barbara, 8
  Kunigunde, 8
Tröge
  Johann, 8
Tröger
  Barbara, 140
Tronau
  Kath., 126

Index

Tropf
  Joh. Fried., 16
  Johann Heinrich, 16
Troppmann
  Dorethea Maria
    Wilhelmina, 10
  Heinrich, 10, 20, 144
  Katharina, 20
  Maria, 8
Troth
  Anna Christina, 213
Truhwald
  Anna Maragrethe, 8
  John Conrad, 8
Trumner
  Heinrich, 81
Trumper
  Chatharina Maria, 2
  Herman H., 28
  Herman Heinrich, 28
  Jakob, 2, 182
Trusmeier
  Anna Maria Engel, 79
Tschhorn
  Johannes, 12
Tschudi
  Agatha, 91
  Eduard, 199
  Emilie Agatha, 91
  Friedrich, 109
  Frriedrich, 109
  Jost, 91
  Just, 199
Tucker
  John, 159, 206
  Sarah, 206
Tudor
  Elisab., 75
Tuker
  Katharina, 6
Turau
  Anna Martha, 55
Turk
  Adam, 61
  Friedrike, 103
  Heinrich, 41, 193
  Joh. Georg, 86, 118
  Margaretha, 71, 197
  Sabastian, 193
  Sebast., 61
  Sebastian, 41, 71, 75, 86, 103, 118, 151, 197
Turnbull
  Marg., 101
Turner
  Wilhelm, 24
  Wilhelm Heinrich Carl, 24
Tuslein
  Joh., 166
Twelbeck
  Kath., 22

Twelebeck
  Chatharina Maria, 1
Twelsberk
  Carol. & H., 35
  Maria, 35

U

Ubert
  Elisabetha, 220
  Sophie, 49, 126
Ueberschmid
  Elisab., 129
Uffelmann
  Barbara, 10, 31
Uhing
  Heinrich, 116
  Heinrich Friedrich, 116
Uhl
  Heinrich, 29
  Joh., 169
  Katharina, 33
  Ludwig, 29
Uhlbrand
  Georg H., 178
  Johann Georg, 178
  John Gerhard, 8
  Rosina Maria, 8
Uhlrich
  Amalie, 33, 150
  Eduard, 33
  Elizabetha, 149
  Gertraud, 184
  Maria Elisabetha, 186
  Nickalaus, 186
  Nicklas, 184
Ulbrand
  Johann G., 192
  Rosina, 192
Ulmer
  Maria, 13
Ulrich
  Anna Eva, 96
  Carolina, 114, 217
  Elis., 40, 52, 80
  Elisab., 66, 95, 110
  Eva, 117
  Heinrich, 104
  Heinrich Christoph, 56
  Heinrich Friedrich, 104
  Joh., 56, 68, 93, 104, 107, 121, 153
  Joh. Theis, 116
  Johann, 40, 206, 215, 217
  Johann Heinrich, 93
  Johann Matthaus, 107
  Johann Matthias, 215
  John, 75, 79, 80, 114
  Johs., 125, 129
  Julia, 125
  Karl, 129
  Kath., 66, 75
  Katharina, 79

  Katharina Maria Elis., 206
  Katharina Maria Elisab., 75
  Maria, 68, 80, 95, 104
  Matthaus Andreas, 121
Ulrich [?]
  Sophia Wilhelmina, 220
Ulroh
  Johann, 157
Umbach
  Anna Elis., 49
  Anna Kath., 49
  August, 58
  Elis., 67
  Elisab., 67, 68, 69, 88
  Elisabetha, 13, 26, 187
  Georg, 37, 50, 58, 67, 79, 81, 192, 198
  Georg Werner, 152
  Heinrich, 37, 192
  Johann, 198
  Johannes, 50
  Kath., 61, 86, 113
  Katharina, 13
  Maria, 86
  Werner, 38
Umggey [?]
  Ellen, 48
Umggly [?]
  David Henry, 48
  William, 48
Umlauf
  Carol, 110
Umptet
  Friedricka Wil. Christiane, 21
  Georg, 21
Ungard
  Adam, 39
Ungardt
  Ernst, 39
  Joh. Heinrich, 39
Unger
  Adam, 64, 199
  Albert, 168
  Christiana, 199
  Heinrich, 142
  Johann Georg, 64
  Kaspar, 156
  Marg., 60
Ungert
  Albert, 109
  Louise Johanna Charlotte, 109
Unglaub
  Adam, 177
  Elisab., 59, 77, 94
  Elisabetha, 179
  Elise, 105
  Friedrich, 177
  Georg, 18

  Joh. Adam, 45
  Joh. Wolfgang, 80
  Johann, 179
  Johann Adam, 45, 150
  Johann W., 18
  Johann Wolfgang, 145
  Kath., 77
Unhaupt
  Johann Andreas, 148
Unhelm
  Maria Elisabethe, 183
Unkart
  Adam, 50
  Christiana, 50
Unkert
  Adam, 30, 82
  Anna, 30
  Elise Dorethea, 27
  Elise Margretha, 27
  Ernst, 27
  Johann Ernst, 148
  Johannes, 82
Unterwagner
  Eva, 124
  Franz, 42, 69
Unterwegner
  Eva, 206
  Franz, 206
Unverzagt
  Elisabeth, 221
  Justus Alexander, 6
Unverzegt
  Wilhelm, 165
Uphoff
  August, 222
Urbach
  Friedrich, 159
Urban
  Adam, 34, 42, 55, 63, 74, 90, 102, 112, 123, 151, 204, 220
  Adam (deceased), 221
  Anna, 55, 63, 112
  Anna Maria, 81
  Clara Wilhelmina, 123, 221
  Conrad, 176
  Elizabeth, 34
  Ernst, 42
  Joseph, 1
  Kath., 42, 81, 91, 102, 110, 123
  Katharina, 74, 129
  Lina, 79
  Lizzie, 129
  Magdal., 36, 48
  Magdalena, 59, 85
  Magdalene, 30
  Margaretha, 153
  Mathilde, 102
  Wilhelm, 1, 112
  Wilhelm Joseph, 1

Index

Urbel
  Georg, 154
  Marg., 51
  Margaretha, 153
Urnbach
  Elisabeth, 144
Ussler
  Anna Elise, 8
  Kasper, 8
Utermöhle
  August, 4
  Carolina Christina, 4
  Georg Ludwig, 4
Uttermohle
  Louise, 181
  Wilhelm, 181
Utz
  Elis. Marg., 56

V

Valenten
  Elisabetha, 9
  Johann Philipp, 178
  Ludwig, 178
Valentin
  Anton, 80, 161
  Georg Heinrich, 80
  Heinrich, 166
  John Philipp, 5
  Ludwig, 5
  Maria Anna, 66
Vallenten
  Johann Philipp, 32
  Philipp, 187
  Theodor, 187
Vallinten
  Helena Magdalena, 177
  Johann Georg, 177
Vanasprecht
  Katha., 56
Vanende
  Auguste Friedricke, 26
Vanthorn
  Maria Elisabetha, 18
  Wolfgang, 18
Varnan
  Maria Engel, 142
Vätitz [?]
  Bernhardine, 82
  Marg., 82
Vattenschnit
  Johanna, 156
Vaubel
  Louise, 154
Veffer [Vetter]
  Michael, 46
Velte
  August, 87, 102
  Jane, 87
  Karl, 102
  Ludwid, 5
Vernau

Maria, 143
Vertitz
  Chr. Kath. Marg. Elis., 156
Vesche
  Anna, 14
  Doretha, 14, 143
Veschen
  Anna, 34
Vessel
  Heinrich, 185
Vetter
  Albert, 189
  Anna, 39
  Anna Sybille, 39
  Ernst Herm., 137
  Georg, 16, 26, 144, 184, 189
  Joh. Georg, 50
  Johann, 7
  Johann Adam, 26
  Johann Georg, 50
  Kath., 23
  Magdalena, 28
  Margaretha H., 223
  Michael, 16, 28, 39, 40, 50, 184
  Zacharias, 162
Vettern
  Kath., 97
Vickers
  Sophia, 111, 170
Viehmann
  Christina, 95
Viererk [?]
  Louis, 129
Vierling
  Georg Wilhelm, 125
Viessmann
  Anna Katharina, 90
  Emma, 61
  Georg, 61, 90
  Marg., 85
Viestmann
  Barbara Georgina, 74
  Georg, 74
Vietsch
  Anna Emilie, 128
  Karl, 174
  Theodor, 76
Vincent
  Maria, 169
Vinius
  Katharina, 5
Vinson
  Anna Christina, 215
  Jakob, 168, 215
Vintzerle
  Christina, 10
Virnau
  Engel, 177
  Valintin, 177

Vith…
  Anna, 132
Vlodick
  Rosine Karoline, 129
Vobbe
  Friedr., 105
  Friedr. Herrmann, 105
  Friedrich Hermann, 215
  Herrman, 94
  Herrmann, 105
  Joh. Georg Herrmann, 94
  Rudolph, 82, 94, 100, 105, 215
  Wilh., 105
  Wilhelmina Katharina, 82
Vocke
  Charlotte, 44
Vogel
  Andreas, 184
  Andreas Vogler, 88
  Emilia Elisabetha, 206
  Emilie Elisabetha, 84
  Eva Maria, 15, 183
  Friedr., 88, 125
  Heinrich, 15, 67, 77, 144, 183, 200
  Helena, 47
  Joh. Heinrich, 84
  Joh. Jakob, 77
  Johann, 13, 184, 206
  Kath., 14, 77, 122
  Kunigunde, 67, 200
  Maria, 41, 143
  Maria Theresia, 46
  Rosina, 47, 64, 76
  Rosina B., 55
  Rosina Barb., 155
  Theresia, 46, 60
Vogelinsit [?]
  Bartholomaus, 21
  Johann, 21
Vogelsang
  Margaretha Theresia, 139
Vogler
  Andreas, 88
  Chatharina, 1
  Christine, 18
  Elisab., 71
  Ernstina Katharina, 70
  Georg, 23
  Heinrich, 4, 70, 131
  Maria Kath., 60
  Matheus, 4, 23
  Wilhelm, 131
Vogt
  Adolph, 159
  Anna Maria, 140
  August, 26, 51, 185
  Christ, 35
  Christian, 167
  Dorothea, 49
  Friedrich, 141

Georg, 141
Heinrich, 58
Heinrich Wilhelm, 26, 185
Henriette, 20
Konrad Thomas Bernhard, 35
Kunigunde, 81
Louis, 49, 66, 81
Louise, 113
Maria, 137, 223
Maria Elisb., 58
Maria Sophia, 66
We. Maria, 176
Wilhelm Heinrich, 51
Vogtmann
  Kath., 69
Vohdin
  Samuel, 152
Voigt
  August, 18, 146, 182
  Friedrich Ernst, 18
  Georg Hermann, 18
  Gustoph Eduard Theodor, 18
  Heinrich, 18
  Heinrich Wilhelm, 18
  Maria Auguste, 18, 182
Volcker
  Marg., 45
Volk
  Mina, 125
Volker
  Christina, 100
  Christina K. & Michael, 47
  Elis., 98
  Georg Michael, 34
  Heinrich, 51, 101
  Kath. Elis., 51
  Michael, 111, 151
  Rosina, 143
  Rosina Margaretha, 34
Völker
  Elis., 160
  Ernst, 89
  Karl, 96
  Rosina, 36
Volkert
  Ferdinand, 131
  Kath., 172
  Maria Louise, 56
  Nikl. Heinrich, 56
  Wilhelm August, 131
Volket
  Johann Fried. Theodor, 27
Volkland
  Barb., 63
  Carolina, 92, 116
  Karol., 78
Volkmann
  Friedrich Carl August,

139
  Johann Georg, 145
Voll
  Johann Heinrich, 47
Vollandt
  Johann Michael, 202
Vollbauer
  Karl, 111
Vollbrecht
  Aguste, 147
Vollerdt
  Anna, 62
  Christoph Eduard, 59
  Eduard, 59
  Francisca, 112, 124, 169
  Karl Eduard, 51
  Karl W., 124
  Maria Anna, 112
Vollert
  Anna Maria, 11
  Carl Eduard, 7, 24
  Franziska, 7
  Heinrich Wilhelm, 24
  Rosine Maria, 8
Vollgraf
  Heinrich, 50
Vollmar
  Luise Sarah, 135
  Peter, 45
  Reinhart, 154
  Rosina Gertrud, 137
Vollmer
  Anna Elisab., 79
  August, 43
  Barb., 48
  Barbara, 130
  Carolina, 51
  Christian, 43, 55, 66, 79, 192
  Clara Elise Mina, 54
  Daniel, 4, 56
  Elisabeth Gertraud, 66
  Elisabetha, 24
  Franz Ernst, 69
  Friedr., 51
  Friedrich, 76
  Georg Friedr. Landgraf, 124
  Gertraud, 66
  Heinrich, 76
  J. Christian, 94
  Joh. Christ., 124, 153
  Joh. Fried., 198
  Johann Bernhardt, 59
  Johann Friedrich, 20
  Johannes August, 192
  John, 67
  John Friedrich, 142
  John Paulus, 4
  Karl, 96, 106
  Karl Gottlob, 94
  Karl Reinhardt, 54, 69

Kath., 106
Louise Sarah, 55
Maria, 20, 96
Maria Katharina, 56
Reinhardt, 59
Sarah, 55
Vollrath
  Anna, 82, 102
  Christiana, 71
  Christina, 92
  Elis, 56
  Elis., 154
  Elisab., 87
  Emma, 119
  Joh., 56
  Karl, 82
  Margretha, 32, 150
  Sofia, 5
Vollroth
  Anna Marg., 42
  Christ, 42
  Elis. Soph., 42
Volmer
  Barbara, 126
Volz
  Heinrich, 52, 89, 188
  Joh. Matth., 91
  Johann, 26, 188
  Johann Heinrich, 26
  Johannes, 10
  Maria Elisabethe, 10
  Maria M., 106
Von Asprech
  Kath., 47
von Brandenstein
  Wilhelm, 167
von der Heide
  Karl, 172
Von der Heyde
  Heinrich, 38
Von der Mast
  Adolph, 106
  Maria Katharina, 106
von der W...se
  Adolf, 127
von der Wettern
  August, 83, 93, 161, 214
  Caroline Elis. Maria, 88
  Eduard, 214
  Eduard Karl Gerhardt, 107
  Elis. Doroth., 88
  Erna Elis. Mathilde Linna, 93
  Heinrich August Gerhardt, 88
  Karoline, 83
  Mina Carol. Dorothea, 83
  Wilhelm, 88, 107
von Gosseln
  Robert, 119
  Sophie, 119

von Hollin
  Hannah, 77
  Peter, 77
von Osten
  Bernhardt, 112, 123
  Georg, 112
von Reichersperg
  Karl, 221
Vonde…
  Arnold, 132
Vonderhaide
  Elisab., 73
Vonderheide
  Anna Maria Elise, 8
  Christian, 31
  Christian Eduard, 31
  Heinrich, 31, 186
  Hermann Henr., 127
  Johan Heinrich, 31
  Johann H., 193
  John H., 6, 8
  Katharina M., 193
  Margaretha, 41
Vonderhorst
  Christine, 102
  Herrmann H., 104
  Joh. Herman, 156
  John Herman, 1
Vonderling
  Maria, 8
Vonter
  Kath., 59
Vonwurber
  Joh. H., 81
  Sophia Elisabetha, 81
Vorell
  Magdalena, 1
Vorhopp
  Joh., 167
Vorsten
  Joh. H., 112
Voss
  Anna Joha. M., 160

W
Wabel
  Eduard, 77
  Karl, 77
Wachler
  August, 10
  Johann Carl Heinrich, 10
Wachmer
  August, 166
Wachtel
  Anna, 46
Wachter
  Adam, 54, 60
  Johann Ludwig, 60
Wack
  Anna K., 58
  Anna Louise, 58
  Elisa Carolina, 76

Heinrich, 58, 76
Wacker
  Emma, 132
Wackers
  Emma, 111, 120, 165
Wackes
  Emma, 127
Waerhoff
  Wilh. H., 127
Wagandt
  Karl Theodor, 101
Wagenfuhrer
  Maria, 93
  Maria Elis., 75
Wagensuhrer
  Heinrich Christoph, 56
  Maria, 56
Wagevier
  Heinrich Christophf, 3
Wagner
  Amalie Katharine, 131
  Anna, 153
  Anna B., 44
  Anna Margaretha, 36
  Anna Maria, 79, 83
  Auguste Henrietta, 97
  Carl, 19, 117, 147
  Carol. M., 80
  Caspar, 112
  Casper, 166
  Christian F., 167
  Christiana Mathilde, 101
  Christoph, 101
  Conrad, 3, 20, 41, 82, 112, 145, 161
  Elis., 42, 54
  Elisa., 157
  Elisab., 57
  Elisabetha, 20, 26
  Emile, 65
  Emilie, 78, 105, 113, 210
  Eva, 157
  Frantz, 28
  Franz, 65
  Friedrich, 131, 147
  Georg, 10, 131
  Georg Thom., 101
  Georg Thomas, 210
  Hatta, 98
  Heinrich, 149, 179
  Heinrich Conrad, 93, 210
  Ida, 209
  Jakob, 93
  Jakob Conrad, 41
  Joh., 79, 93, 105, 172
  Joh. Casp., 117
  Joh. Chr. Frank, 65
  Johann, 62, 112, 199, 210
  Johann Conrad, 62, 199
  Johann Heinrich, 19, 183
  Johann Severin, 112
  Johann Wilhelm, 177

Johannes, 28, 50, 157
Karl, 97, 117, 191
Karoline, 129
Kath., 59, 161
Kath. Elis., 62
Katharina, 19, 33, 180
Konrad, 131
Kunigunda, 191
Ludwig, 55, 185
Magdalena, 189
Main, 80
Marg., 54, 80
Margaretha Barbara, 44
Margretha, 16, 20, 144
Maria, 28, 54, 64, 65, 152
Maria Ernstina, 112
Maria Eva, 27
Maria Julie, 46
Marth., 158
Michael, 36, 44
Minna, 93, 102
Nicholaus, 10
Nicklass, 141
Peter, 19, 179, 183, 185, 186
Robert, 46
Theresia, 91
Thomas, 54, 209
Wilhelm, 104
Wagoner
   Conrad, 91
   Kath. Margaretha, 91
Wahl
   Friedrich, 145
   Karl, 84
   Louise, 47
   Marg., 167
   Maria Kath., 111
   Ros. Louise, 43
   Rosa Louise, 84
   Rosina, 112
Wainbach
   Georg, 224
Waitz
   Alexine, 102
Wakefield
   Henry, 163
Wakefild
   Heinrich, 94
   Karl, 94
Wakers
   Emma, 101
Walber
   Katharina, 147
Walch
   Anna Margarethe, 180
   Joh. Georg, 153
   Wilhelm, 163
Waldberger
   Maria, 101
Waldheim
   Jakob, 2

Johanns, 2
Waldschmidt
   Elis., 73, 89
   Elise, 62
Walduer
   Ludwig, 132
   Wilhelimine Friedrike, 132
Walk
   Wilh., 41
Walkemaier
   Herrman, 171
Walkemeier
   Anna Dorethea, 9
   Anna Maria E., 86, 87
   Clara Maria, 31
   Cora Maria, 43
   Ernst Heinrich, 3, 35
   Friedrich, 9, 11, 43
   Heinrich Friedrich, 3, 35
Walker
   Georg, 4
   Heinrich, 107
   Henrietta, 96
   Johann, 66
   Margaretha, 66
   Michael, 87
   Wilhelmin Elis., 86
Walkers
   Kath. V., 172
Walkmeir
   Heinrich Fr., 51
Wall
   Christina, 44
Wallbrandt
   Christina, 71
Wallenwein
   Elenore, 140
   Georg, 140
   Jakob, 44
Waller
   Sophia, 71
Wallhook
   Anna S., 165
Wallis
   Emma Math., 70
   Maria Kath., 90
Walmeyer
   Gerhardt, 97
Walsch
   Friedrich, 202
   Herman, 202
Walsh
   Marg., 118
Walter
   Adam, 6, 12, 29, 48, 183
   Adelina, 71
   Anna, 170
   Auguste, 220
   Carolina W., 105
   Doretha Louise, 19
   Elisabetha, 62

Elise, 98
Frantz Friedrich, 16
Friedrich, 16
Georg, 126
Georg Adam, 48
Gustav, 126
Heinrich, 62, 106, 111, 126, 164
Ida, 152
J. H., 13
Jetta, 6
Joh., 89, 98, 111
Joh. H., 183
Johann, 216
Johann Heinrich, 13, 183
Johannes, 89
Louise, 216
Louise Rosine, 33
Margaretha, 154
Margretha, 12, 29, 32, 183
Maria, 126, 173
Walters
   William J., 162
Waltfeld
   Ann Maria, 147
Walther
   Carolina E., 76
   Christian, 69
   Hermann, 150
   Rosina, 155
Walthers
   Adam, 79
   Clara, 77
   Joh., 77
   Maria Rosine, 79
Waltz
   Jakob, 5, 19
   Johann, 19
Walz
   ???, 194
   Christina M., 86
   Christina Magd., 7
   Christine Magdalene, 33
   Christine Marg, 22
   Conrad, 57, 89, 105
   Jakob, 10, 37, 141, 194
   Joh., 37
   Johann, 89
   Johannes, 37, 145
   John, 57
   John., 66
   Katharina, 66
   Magda., 68
   Magdal., 42
   Magdalena, 57
   Margaretha, 105
   Margretha, 10
Walzer
   Georg Heinrich, 80
Wambach
   Anna, 172

Auguste, 170
Kath. Dores Adelaide, 135
Michael, 180
Wander
   Conrad, 182
Wandmuller
   Gertraud, 142
Wandtke
   Eduardt Herrmann, 116
   Hermann E., 116
   Herrmann E., 168
Wankmuller
   Karl Friedr., 160
   Katharina, 148
Waranke
   Georg, 65
   Rosine Carolina, 65
Ward
   Abraham, 115
   Theresia, 111
Warmsmann
   Friedrich, 5
Warneke
   Albert, 206
   Anna Kath. Wilhelmina, 52
   August Georg, 41
   Georg, 41, 52, 82, 195
   Georg Wilhelm, 82
   George August, 195
   Lilly, 206
Warnick
   Jakob Thomas, 129
   William Thomas, 129
Warnsmann
   Anna MAria, 209
   Friedrich, 45
   Georg F., 16
   Georg Friedrich, 16, 209
   Johanna Marg. Charlotte, 45
Wartberg
   Meta, 46, 60, 70
Warthman
   Adolph, 219
   Friedrich, 219
Wassels
   Maria, 157
Wassermann
   Carl, 39
   Ferdinand, 39
Wastermann
   Aug., 58
   Heinrich Wilh. August, 58
Watermann
   Heinrich, 10
   Johann Friedrich, 10
Wath [?]
   Katharina, 175
Watson

Index

Joh. C., 69
Wattenscheid
  Emma, 78, 92
Wattenscheidt
  Emma, 105
  Holda, 105
Wattenschmidt
  Emma, 159
  Hedwig, 78, 86
Watz
  Christiana, 12
  Georg, 12
Wätz
  Conrad, 163
Wauker
  Minna, 76
Waxter
  Carolina, 164
  Emma Theresia, 69
  Karl, 69
Wayman
  Francis, 85
Weber
  Albert, 193
  Anna, 25, 43, 106, 146, 157
  Anna Eva, 182
  Anna Ferdinanda Adriann, 125
  Anton D., 85
  August, 9, 219
  Auguste Theresia Friedrike, 103
  Barbara Elis., 39
  Christian, 131
  Christiana, 208
  David, 14, 142
  Doris Louise, 216
  Dorothea Carolina, 108
  Elisabeth, 224
  Elise Margretha, 14
  Emilie Katharina, 64
  Eva, 153
  Friedrich, 11
  Friedrich & Barbara, 13
  Friedrike Wilha., 74
  Georg, 26, 44
  Georg Christian Ludwig, 44
  Georg Jakob, 81
  Georg Wilhelm, 131
  Gottlieb, 103
  Heinrich, 125
  Hermann Dieterici, 39
  Joh. Heinrich, 106
  Joh. Jakob, 124
  Johann, 11, 26, 187
  Johanna, 119, 193
  Joseph, 137
  Karl, 208
  Kath., 23, 78, 86, 103
  Kath. & Kath., 64
  Katharina, 22, 48, 63, 82, 142
  Katharine, 36
  Louis, 108, 123, 216
  Louis Martin, 219, 223
  Louise, 49, 56
  Ludwig, 23, 153
  Ludwig & Christiane, 44
  Marg., 51
  Marg. W., 101
  Martha, 128
  Math., 120
  Peter, 182
  Philipp, 13
  Philipp Wilhelm, 13
  Regina, 14, 37
  Sophia Maria, 223
  Victoria Maria, 85
  Wilh. Heinrich, 64
  Wilhelm, 131, 224
  Wilhelmine, 21
Wedekind
  Anna Martha, 17
Wedeknecht
  Elise Wilhelmine, 22
  Johann, 22
  Wilhelmine, 22
Wedel
  Adam, 47
  Carol., 124
  Carolina, 90, 122, 169
  Caroline, 115
  Georg, 115
  Karline, 131
  Marg., 103, 161
Wederhacken
  Carl, 24
  Caroline, 24
  Heinrich, 24
Wedlen
  Margrethe Dorethe, 7
Wedler
  Heinrich, 32
  Heinrich Fr., 64
  Wilhelm Heinrich, 32
Wedschke
  Karl, 89
  Karl Wilhelm Franzis, 89
Weeken
  Lina, 101
Wefer
  Friedrich, 148
Wegenfuhrer
  Heinrich, 9
Weggel
  Georg Ernst, 116, 171
Wegner
  Anna, 52
Weh
  Alax, 25
  Jakob, 25
  Katharina, 38
  Maria, 197
  Max, 38
  Maximilian, 197
Wehe
  Joh., 121
  Johannes, 121
  Joseph, 121
  Max, 149
Wehl
  Louise, 131
Wehmann
  Christina, 93
Wehner
  Kath., 71, 77
Wehr
  August, 170
  Eva Barb, 107
  Eva Barb., 124
  Friedrich, 163
  Johanna, 93
  Johanna D., 120
  Katharina Agnes, 208
Wehrheim
  Albert Philipp, 131
  Friedr. Wilh., 131
  Friedrich Wilhelm, 131
  Georg, 131
  Johann Philipp, 224
  Philipp, 131
Wehrmann
  Christina, 156
  Heinrich, 6
  Sophia, 17, 31, 145
Wehruck
  Margareta, 173
Wehrum
  Joh., 119
Weht
  Barbara, 159
Weiblein
  katharina, 222
Weich
  Frantz Johannes, 32
  Wilhelm, 32
Weichard [?]
  Marg, 14
Weichel
  Barbara, 60
  Georg, 36
  Johann, 40
  Johannes, 36
  Sophia Anna Marg. Barbara, 40
Weicher
  Margaretha, 67
Weickel
  Johane Kath. Barbara, 152
Weicker
  Georg, 8
  Maria Elisabethe, 8
Weidemann
  Juliana, 15
Weidenfuher
  Anna Marg., 38
Weidenfuhr
  Adam Georg, 38
  Margaretha, 38
Weidenhofer
  Erne, 23
  Friedrich, 14
  Georg, 14
Weidig
  Barb., 38
Weidinger
  Anna Gertrud, 127
  Georg, 78, 103, 115, 127
  Jakob, 115
  Johann, 137
  Martin, 103
Weidle
  Stephan, 168
Weidlein
  Maria, 38
Weifarth
  Kath., 106
Weifenbach
  Augusta, 74
  Friedrike, 91
  Helena, 82
  Joh. V., 82
  Joh. Val., 74, 91
  Wilhelmina, 114
Weiffarth
  Maria C., 167
Weiffenbach
  Wilhelmina, 120
Weigand
  Albert, 38
  Konrad, 38
  Margretha, 186
Weigel
  Barb., 37, 98
  Jul. Kath. Barb., 47
Weigert
  Katharina, 186
Weigmann
  Magdalena, 8
Weih
  Elisabetha, 28
Weihe
  Thomas, 62
Weik
  Friedrich Wilhelm, 44, 191
  Salome, 191
  Wilhelm, 44, 55, 191
Weil
  Dorethea, 20
  Ernst Philipp, 7
  Maria Louise Johanne, 7
Weiler
  Auguste Charlotte, 9
  Charlotte Auguste, 5

Friedrich Albrecht, 187
Margretha, 9
Maria, 166
Weilig
  Maria Barbara, 143
Weimen
  Martha Elisabetha, 152
Weimer
  Elisabetha, 191
  Elise, 9, 43, 142
  Elizabeth, 34
  Helena, 196
  Joh. Mart., 51
  Johann Martin, 191
  Magdalena, 51
  Martin, 196
Wein
  Anna M. L., 119
Weinard
  Luise, 126
Weinberg
  Friedricka Wilhelmina, 141
Weinbraut
  Carl & Maria, 24
  Sophia, 24
Weinbrenner
  Carolina, 206
  Wilhelm, 206
Weinelt
  Johann Philipp, 18
  Johannes, 18
Weinmann
  John, 2
  Lydia Maria Lisette, 2
Weinmar
  Barbara Elisabethe, 39
  Martin, 39
Weinnling
  Heinrich, 88
  Katharina Mathilde, 88
Weinreich
  Auguste, 98, 111
  Christoph, 105
  Elise, 98
  Franz, 69, 82, 105, 118, 122, 128, 203
  Franz Christoph Christian, 105
  Friedrich, 209
  Heinrich, 87
  Kath. Auguste, 118
  Maria, 114, 122, 169
  Maria Elisab. Minna, 82
  Maria Theresia, 209
  Rosa, 82
  Rosa Henrietta, 203
  Theresia, 111
  Wilha., 82
  Wilhelm Emil, 128
  Wilhelmina, 114
Weinrich

Augusta, 81
Henrietta, 153
Johann Adam, 149
Katharina, 28
Maria, 81
Weintraut
  Carl H., 146
Weis
  John Georg, 1
Weisbecker
  Johann, 175
Weise
  Christina, 119
  Conrad, 201
  Karl Louis Robert, 90
  Louis, 65
  Maria, 65
  Thomas, 81
  Valesca Laura, 90
Weise (White)
  Maria, 85
  Maria Ellen, 85
  Wilhelm, 85
Weisenbach
  Georg Wilhelm, 98
  Joh., 98
  Johann V., 214
  Wilhelmina, 214
  Wilhelmine, 169
Weisgerber
  Johannetta, 165
Weishaupt
  Maria, 157
Weisheit
  Magd., 50
  Magdal., 42
  Theodor, 149
Weismann
  Maria, 2
Weisner
  Kath., 163
Weiss
  Anna Marg., 90
  Anna Margretha, 14
  Anna Rosina, 43
  August, 118
  Conrad, 71
  Elis., 50
  Georg, 38, 47, 56, 143, 192, 196, 199
  Georg Conrad, 38, 199
  Georg Niklaus, 89
  Heinr. Friedr. Wilhelm Christian, 71
  Heinrich, 31, 33
  Joh., 89
  Joh. Georg, 101
  Johann, 14, 199
  Johann Karl Wilhelm, 47, 192
  Johannes, 63, 143
  Joseph, 109

Kath., 52
Louise, 213
Margretha, 28, 148
Maria, 62
Maria D., 118
Maria Margaretha, 56, 196
Rosalia, 109
Rosina, 84
Rosina Amelia, 84
Valentin, 43, 63, 84, 101, 153, 199, 213
Wilhelm, 213
Zacharias, 146
Weiss (Dahm)
  Kaspar, 203
  Maria, 203
Weissen
  Friedrich August, 142
Weissenbach
  Johann, 213
  Minna, 213
Weissenborn
  August, 27
  Fried. August, 27
  Maria Eva, 27
Weissenweber
  Joh., 36
Weissmann
  Anna Regina, 43
  Joh., 43, 93, 172
Weissmuller
  Bertha, 115
Weitzel
  Barbara, 66, 202
  Elisabeth, 125, 128
  Frank P., 172
  Friedr., 111
  Friedrich Wilhelm, 15, 75
  Georg Elmer Ellsworth, 54
  Georg Elmer Elsworth, 201
  Heinrich, 15, 81, 94, 104, 110, 166, 219
  Heinrich (Jr.), 215
  Heinrich (jun), 110
  Jakob, 14
  Johann, 94
  Johann F., 219
  Luise Maria, 128
  Marg., 117
  Maria E., 111, 119, 169
  Maria Elisabetha, 104
  Maria Elise, 104, 117
  Martin, 14, 54, 66, 75, 103, 201, 202
  Pauline Eugenia Amalia, 215
  Peter, 8
Weizel
  Heinrich, 41

Weker
  Anna, 163
Welken
  John Jacob, 35
[?] ...well
  Georg D., 175
Weller
  Anna Kath. Elisab., 72
  Friedrike Wilhelmina, 89
  Heinrich, 73, 89
  John, 72
  Louis Heinrich, 73
  Marg., 84
  Maria, 99, 110
  Maria E., 97
  Maria K., 162
Wellmann
  Wilhelm, 177
Wellner
  Barbara, 71
Welsch
  Elis., 44
  Elisabetha, 16
  Niklaus, 44
Welz
  Katharina, 17
Wemmling
  Anna Elisabetha, 105
  Heinrich, 105
Wencheck [?]
  Conrad, 140
Wenchel
  Carolina Katharina, 61
  Conrad, 27, 28, 39, 51, 61
  Friedrich, 39
  Georg, 28, 34
  Johann Friedrich, 34
  Lorenz, 85
  Sus. Elis., 51
  Susana Elisab., 51
Wenchell
  Conrad, 14
  Ludwig Conrad, 14
Wenckel
  Conrad, 4
  Georg, 4
Wend
  Ludwig, 15
Wendel
  Adam, 42, 189
  Carl Heinrich, 42
  Kath., 42
Wendeling
  Lisette, 12
Wendes
  Henricke, 13
Wendler
  Georg, 187
  Miene, 187
Wendt
  Ida B., 172
Weneger

Kunigunde, 23
Weneke
    Friedrich Wilhelm, 104
    Joh., 104
    Johann, 181
    Katharina Maria, 181
Wenig
    Kaspar, 139
Weniger
    Elisabetha, 26
    Johann, 26
Wening
    Elisabetha, 36
Weninger
    Elis., 69
    Elisabetha, 14
    Kath., 172
Wenken
    Lina, 165
Wenner
    Marg., 61
Wenschensteine
    George M., 168
Wensel
    Anna C., 162
    Herman Heinrich, 151
Wentz
    Anna, 119
Wentzel
    Auguste, 161
    Louis A., 72
Wenzel
    Elisabetha, 14, 143
    Johann, 13, 23, 183
    Johann Hermann, 222
    Johann Simon, 23
    John L., 113
    Marg. Elisab., 113
    Margretha, 183
    Renade Margretha, 13
    Theresia, 33
    Thresia, 44
Wernecke
    Amalie, 104
Werner
    Anna Eva, 117, 218
    Anna Maria, 25
    August, 95
    Cheinrich August, 87
    Christina, 19
    Elise, 211
    Eress Fr., 76
    Georg, 4, 95, 165
    Georg Eduard, 76
    Georg Friedrich, 4
    H. Aug., 98
    Heinrich, 89, 110, 117, 168, 171, 211, 217, 218
    Heinrich Aug., 163
    Helen Wilh. G., 132
    Joh., 40

Joh. Heinrich, 110
Johann, 217
Johann Dietrich Theodor, 129
John Georg, 139
Karl Theodor, 98, 211
Kath., 108
Louise, 38
Marg., 22, 40, 69
Marg. Elis., 69
Margretha, 180
Margrethe, 9
Maria, 202, 217
Marie, 42
Ottilie Lucy Theresia, 113
Otto H., 113
Otto Hermann, 129
Regina, 89
Werrlein
    Caroline, 119
    Joh., 119
    Johann, 126, 224
    Johann Georg, 126
    John, 130
    Louise, 130
Werth
    Maria, 135
Weson
    Maria Magdalena, 130
Wessel
    Carolina Franziscka Wilhel., 16
    Heinrich, 177
    Helene, 22
    Kath. M., 52
    Katharina, 177
    Louise, 95
    Wilhelm, 16
Westemann
    Johanna, 12
Westermaier
    Joh., 66
Westerman
    Marg. Adl., 117
Westermann
    Aug. Friedr., 67
    August, 27
    August Fr., 154
    Elis., 39
    Elisabetha, 27
    Heinrich Wilh., 137
    Wilhelm, 67
    Wilhelm August, 67
Westerwetter
    Johann, 29
Westhaaf
    Caroline, 8
Westhof
    Carol., 39
Westley
    Carol, 155
Westpfahl

Emma Elis., 91
Westpfel
    Heinrich, 203
Westphahl
    Louise Fried. Wilhelmine, 13
Wetrich
    Heinrich, 194
Wettenfeld
    Louise, 33
Wetter
    Marg., 78
Wettern
    Carolina, 88
    Heinrich, 88
Wetterstein
    Marg. Elisb., 82
Wettgrebe
    Louise, 29
    Maria Louise, 29
    Wilhelm, 27, 29
Wettingfeld
    Louise, 48
Wetzel
    Kath., 109
Wetzstein
    Johannes, 34
Weyel
    Johannes, 153
When
    Elisabetha, 15
Wherrett
    Maria E., 102
White
    Anna Kath., 98
    Eva, 76
    Robert, 68
    Wilh. O., 98
Wi...
    Henriette Friedrika Magdal., 10
Wich
    Barb., 98, 122
    Carolina Alice, 100
    Joh. N., 100
    Joh. Nikl., 118, 161
    Joh. Wihlelm Karl, 118
    Maria, 81
    Maria Elisabetha, 83
    Niklaus, 83
Wichard
    Elisabetha, 25
Wichgram
    Arnd, 19
    Peter Thomas, 19
Wichier
    Amandas, 30
Wichler
    Margretha, 182
Wichmann
    Marg., 17
Wickers

Sophia, 119
Widhaupt
    Maria Elisabeth, 9
Widmann
    Joh., 93
Wie..auth
    Friedricke, 132
Wiedenfuhr
    Kunigunde, 38
Wiederhacke
    Carl., 51
    Traugottina Wilhelmina, 51
Wiedersheim
    Philipp, 142
Wiedinger
    Maria, 40
Wiefenbach
    Joh. Val., 109
    Johann Valentin, 109
Wiegand
    Albert, 19
    Johannes, 19
    Maria Anna, 5
Wiegel
    Georg, 121, 218
    Martha Elisabetha, 218
    Theodor, 121, 222
Wieghort
    Heinrich, 1
Wiegmann
    Johannes, 191
Wiehand [?]
    Arnold, 180
    Rosia, 180
Wiehmann
    Christina, 165
Wielsher
    Alwine, 144
Wiemann
    Eleonora, 44
Wien
    Anna M., 172
Wiener
    Eva B., 103
    Hermann, 15
    John Georg, 126
    Lisette Bawette, 15
    Maria Barbara, 15
Wieners
    Antonetta, 52
    Maria, 36, 52, 85, 153
Wienert
    Wilhelm L., 169
Wienke
    Friedr., 84
Wienling [?]
    Heinrich, 202
Wierdiff
    Margaretha, 39
Wiering
    John H., 157

Wierschnitzer
   Emilie, 101
Wiescher
   Alwine, 20
Wiese
   Caroline, 119
   Christina, 201
   Christine, 126, 130
   Conrad, 171
   Louise, 130
   Wilhelm & Chatharina, 1
Wiesenbach
   Friedrika, 208
   Johann M., 208
Wiesmann
   Barbara, 152
   Georg, 112
   Heinrich, 112
Wiesner
   Charles, 127
   Charlotte, 170
Wiess
   Conrad, 46
   Maria Karolina, 46
Wiessman
   Marg, 168
Wiessmann
   Emma, 200
   Georg, 200
Wiessner
   Charlotte, 119, 125
   Charlotte S., 119
   Conrad, 54
   Emilie, 124
   Eva Maria, 54
   Joh., 117
   Joh. Georg, 117
   Johann, 125
   Marg., 83, 104
   Maria Margareta, 125
Wietsch
   Anna Emilia, 173
Wietscher
   Albert, 109, 121
   Alvina, 74
   Alwina, 92, 109
   Alwine, 31
   Anna, 121
   Anna M., 102, 121
   Eduard, 74, 109
   Joh. Wilh., 77
   Johann Eduard, 109
   Johannes, 91
   Karl, 73
   Maria Kath., 31
   Wilh. Albert, 159
   Wilhelm, 91
   Wilhelm A., 92
   Wilhelm Albert, 73
Wigklein
   Johann Georg, 16
   Lorentz, 16

Wigram
   Arend, 183
   Peter, 183
Wild
   Albert & Henriette, 29
   Carolina, 214
   Conrad, 200
   Doroth., 117
   Dorothea Lenora, 64
   Friedrika Caroline & Joachim, 29
   Heinrich, 195
   Joachim, 17
   Joachim Fried. H., 145
   Kunigunde, 19, 147
   Ludwig Friedrich Heinrich, 17
   Maria, 13, 29
   Philipina, 212
   Stephan, 64, 195, 200
   Wilhelmine, 29
Wildman
   Ernst Adolph, 122, 171
   Louise, 122
   Maria Louise, 122
Wildmann
   August, 126
   Carolina, 178
   Elisabeth, 129
   Ernst, 126, 129
   Georg August, 126
Wildner
   Conrad, 145
Wildt
   Carl Wilhelm Albert, 142
Wilhelmine
   Schmotzer, 145
Wilihelmsen
   Wilh., 132
Wilk
   Katharina, 146
Wilke
   Marg., 166
   Sophia W. Ch., 149
Wilken
   Julius, 15
Wilkening
   Christian Gottlieb, 79
Wilkens
   Anna, 66
Will
   Anna Katharina, 212
   Auguste, 66, 129
   Dorothea, 125, 130
   Elisab., 66
   Elisabetha, 203
   Emma Katharina, 129
   Eva, 115, 122, 128
   Georg, 137
   Heinrich, 212
   Jakob, 129, 222
   Jakob & Maria Elisa., 8

   Louise, 49
   Maria C., 158
   Maria Eva, 106
   Sophia, 151
   Stephan, 203
Willberg
   Friedr., 119
Willbrand
   Doretha Christina, 143
Wille
   Friedrich Edwin, 77
   Heinrich, 223
   Jakob, 77, 157
Willecke
   Catharina, 45
   Johanna Wilhelmina, 139
   Theodor, 45
Willeke
   Mina, 16
Willeken
   Wilhelmine, 35
Willerhausen
   Katharina, 39
Willershausen
   Johannes, 8
   Josephine, 26
   Kath., 10
   Katharina, 25
   Katherina, 145
   Margretha, 26
   Margrethe, 8
Williams
   Anna Doroth., 90
   Anna Dorothea, 125
   John, 91, 103
   Katharina, 91
   Marg., 71
   Margaretha, 103
   Mary, 162
Williamson
   Carolina Elisabetha, 95
   Chas, 167
   Karl, 95
Willig
   Friedrich, 140
   Heinrich, 217
Williger
   Maria, 158
Willner
   Anna Barbara, 68
   Conrad, 31, 45, 55, 59, 68, 87, 100, 101, 109, 198, 216
   Conrad & Friedrike, 48
   Eva Barbara, 45
   Eva Dor., 137
   Frank, 131, 174
   Friedrich, 131
   Friedrik C. L., 60
   Friedrike, 87, 216
   Gottfried Karl, 59, 87
   Joh., 107

   Karl Gottfried, 198
   Louise, 36
   Margaretha, 101
   Maria Elisabetha, 101
   Martin, 109
   Wihelmine Caroline Charlotte, 31
   Wilhelmina Carol. Charlotte, 107
   Wilhelmina Carolina Charlotte, 107
Wilson
   Anna Marg. Virginia, 49
   [blank], 197
   Elisabetha, 63
   John, 49, 197, 214
   Marg. Louise, 49
   Margareth Virginia, 175
   Virginia, 124
Wilt
   Henriette, 55
Wilthhauser
   Margareth, 36
Wiltner
   Ludwig, 175
Winch
   Barbara, 165
Winchester
   John, 75
Windeknecht
   Johann, 145
Windels
   Maria, 97
Windler
   Heinrich, 123
Wineberg
   Emil Alexander, 96
   Henrietta Louise, 96
   Wilhelm, 96
Wingewald
   Friedrich Wolf, 191
   Traugott H., 191
Wink
   Helene, 23
Winkelmann
   Anna, 208
   Anna Kath. Maria, 84
   Anna Maria, 62
   Dietrich H., 63
   Heinrich, 83, 189
   Hermann, 51
   Joh., 84
   Johann, 156, 208
   John, 62
   Katharina Johanna, 51
   Reineck, 189
Winkler
   Anna, 107
   Caroline Adelheid, 92
   Georg Andreas, 75
   Heinrich, 92, 107, 176
   Heinrich Julius, 220

Joh., 62, 75
Johannes, 62
Winsel
    Joh. H., 70
    Joh. Heinrich, 70
Winsels
    Anna Katharina
        Margaretha, 35
    Heinrich, 35
Wintel
    Adam, 193
    Karl, 193
Wintells
    Anna M., 158
    Maria, 79, 113
Winter
    Anna, 12, 28, 47, 181
    Auguste Henriette Emilia, 55
    Barb., 63, 100
    Barbara, 77
    Elisabetha, 30
    Georg Peter, 109, 118
    Heinrich, 184
    Johann, 18, 23, 173
    Johann Friedrich Wilhelm, 197
    Johann Heinrich, 126
    John, 126
    Karolina Maria Magdalena, 36
    Louis, 221
    Ludwig, 55
    Margarethe Maria, 179
    Maria, 64, 67, 80, 98
    Maria M., 159
    Wilhelm, 30, 36, 150, 197
Winterhalter
    August, 112
    Clara Elisabetha, 112
    Elise, 112
    Joh., 112
Wintscher
    Allima, 59
Wirhmann
    Margaretha, 35
Wirling
    Andr., 115
    Anna, 115
Wirsching
    Marg., 115
Wirschnitzer
    Anna, 111
    Christian, 170
    Karl, 117, 120
    Karl Eduard, 117
Wirth
    Anna E., 171
    Casper, 19
    Friedrike Margaretha, 46
    Georg, 35, 46, 60, 83, 116, 219
    Joh., 47
    Johannes, 52
    Karl, 116, 219
    Katharina, 11
    Marg. Magdalena, 60
    Margretha, 152
    Michael, 24, 35, 47, 52
    Rosine, 24
Wischmeyer
    Eduard, 122
    Eduard Heinrich Karl, 122
Wisen
    Karolina Friedrika, 144
Wisener
    Anna M. Engel, 86, 87
Wisseler
    David, 106
Wissler
    Charlotta, 89
    Charlotte, 60, 76, 103
    Emma, 60
Wissmann
    Ernst Friedrich, 27
    Friedrich, 27
Wissner
    Johann, 130
    John, 130, 170
    Marg., 89
    Maria, 167
Wiswe
    Friedricke, 26
    Henriette Fried. Magd., 141
Witgrafe
    Georg & August Conrad, 41
    Georg Aug. Conrad, 41
    Wilhelm, 41
Withaupt
    Elisab., 72
Witmann
    Maria, 168
Witscher
    Albina, 44
Witte
    Sophia Maria Elisa, 150
Witteke
    Wilhelmine, 27
Wittemann
    Friedr, 165
    Friedr., 101
    Friedr. Leonhardt, 101
    Rosine, 150
Wittenberg
    Elisab., 72
Witter
    Adam Joseph, 106
    [blank], 219
    Friedr., 68, 77, 93, 106, 117
    Friedr. W., 219

Friedr. Wilhelm, 117
Friedrich, 125
Johann Adam, 77
Luise, 125
Thomas, 68, 137
Val. Christ., 93
Valentin Christ. Heinrich, 93
Wittgrebe
    Conrad, 215
    Georg Heinrich, 215
    Wilhelm, 150
Wittgrefe
    Conard, 52
    Conrad, 48, 64, 75, 81, 97, 155
    Conrad & Wilh., 48
    Conrad August Wilhelm, 64
    Doroth. L., 74
    Elisabeth, 221
    Friedr. Wilhelm, 90
    Georg Heinrich, 97
    Luise, 135
    Magda. Carol Louise, 52
    Maria Elis., 81
    Maria Elisab., 81
    Rosina Wilhelmina, 70
    Wilh., 53
    Wilhelm, 64, 70, 76, 90, 137, 174
Wittgreff
    Fried., 176
Wittich
    Karl, 165, 220
Wittig
    Anna E., 46
    Anna Elis., 154
    Bertha, 109
    Elis., 56
    Elisab., 81, 110
    John Friedrich, 1
    Karl Christ., 46
    Kaspar, 190
    Kath., 90
    Marg., 90
    Maria Abolonia, 1
Witting
    Elis., 67
Wittling
    A & Fred., 42
Wittmann
    Maria, 107
Wittmer
    Emma Friedrika, 121
    Georg, 102
    Heinrich, 88, 94, 100, 108, 113, 162
    Helena & Philipp, 108
    Joh., 163
    Katharina, 108
    Phil., 100

Philipp, 88, 100, 102, 113, 121, 167
Sophia, 88
Wittner
    Anna Margaretha, 124
    Joh., 124
Wittrich
    Elis., 54
Wittstadt
    Andreas, 117
    Anna Kunigunde, 117
Wittstumpf
    Kath., 30
Witz
    Heinrich, 76
    Maria, 76
Witzleben
    Carol., 157
Wlodeck
    Maggie, 222
Wohl
    Elis., 67
Wohlrath
    Margretha, 185
Wohner
    August, 58
    Gottl., 69
    Gottlieb, 58
    Hanna Sophia, 58
    Kath., 81
    Kath. Elis., 73
    Katharina, 58
    Wilhelm, 69
Wolch
    Elisab., 90
    Wilhelm, 90
Wolf
    Adam, 106, 115, 126, 131, 168
    Alex., 96
    Andreas, 20, 35, 46, 77
    Anna, 77, 173, 175, 182
    Anna E., 172
    August, 218
    Charlotte, 22, 150
    Christian, 20, 64
    Conrad, 94, 110, 218
    Constantin, 105
    Daniel, 179
    Dorothea, 9
    Elisabetha, 17, 186
    Elizabethe, 35
    Friedr., 115
    Georg, 64, 129
    Gottlieb Wilhelm, 106
    Heinrich, 106, 110
    Joh. Heinrich Wilhelm, 106
    Johann, 186
    Johann Adam, 131
    Johann Conrad, 129, 174
    Johannes, 157

John C., 107
Justus, 9, 179
Katharina, 7, 46, 178
Kunigunde, 28, 147
Lilly May, 107
Lorenz, 191
Louise Henriette, 222
Luise Henrietta, 126
Margaretha, 191
Maria, 29, 55, 118, 127, 167, 219
Michael, 150

Wölfel
 Anna, 74
 Kunigunde, 74
Wolferman
 Marg. Mathilde, 41
Wolfermann
 Elisabetha, 112
 Joh., 51
 Joh. Georg, 51
 Johann Franz, 65, 203
 Katharina, 82
 Marie Elise, 35
 Matthaus, 51, 155
 Michael, 35, 65, 82, 112, 152, 203
Wolfgang
 Sophia, 10
Wolfram
 August, 58, 72
 Auguste Charlotte, 6
 Caroline, 98
 Dorothea, 45
 Elisabeth, 223
 Johannes, 16, 50
 John Nickol, 6
 M. Sus., 37, 50
 Maria, 58, 67
 Michael, 50, 98
Wolfrom
 Maria, 81
 Maria Susanne, 152
Wolfrum
 Joh. Georg, 61
Wolk
 Charlotte, 28, 36, 49, 57, 67
Wollenweber
 Carol., 123
 Caroline, 116, 122
 Daniel, 73, 99, 109, 115
 Emma, 221
 Emma Amalia, 115
 Friedrich, 137
 Ida Lena Rosina, 99
 Joh. Heinrich, 83
 Johann Heinrich, 213
 Johanna Math. Amalia, 73
 Karl, 83, 109, 213
 Mathilde, 67
 Rosina, 99

Wollrath
 Elis. S., 67
Wolritz
 August, 75
 Eva Barbara, 75
 Friedrika Carolina Louise, 75
Wolsch
 Friedrich, 105
 Friedrich Eulert, 105
Wolter
 Adam, 37
 Jeta, 37
 Margretha, 31
 Minna, 117
Wolther
 Johann, 40
Woltjen
 Anna K., 120
 Enrst, 72
 Maria Anna, 72
Wonner
 Elisabetha, 35
Woods
 Johann, 19
 Wilhelm Carl, 19
Worling
 Anna M., 167
Wornsmann
 Friedrich, 32
 Georg Frid., 6
 Heinrich Frid. Wilhelm, 6
 Margretha Charlotte, 32
Wort
 Carolina, 17
Worthman
 Adolph, 219
 Heinrich Ad., 219
Worthmann
 Adolph, 113, 118
 Adolph Wilhelm, 113
 Anna Elise, 130
 Elise Wilhelmina, 123
 Emma Luise, 127
 Friedrich, 118
 Friedrich A. C., 168
 Heinrich, 123, 127, 130
 Heinrich H., 171
Wriske
 Maria, 167
Wuchler
 Marg., 17
Wuchner
 Elis. Magdal., 45
Wuchter
 Margretha, 28
Wudekind
 Heinrich & Maria, 1
Wulsch
 Louise, 72
Wunder
 Johanna Maria, 102

Lizette, 150
Wunner
 Christina, 122
Wurdig
 Conrad, 152
Wurzbacher
 Johann, 198
 Peter Heinrich, 198
Wusmann
 Friedricka, 8
Wustich
 Friedrike, 72
Wustner
 Anna Barbara, 120
 B., 94
 Babette, 72
 Barb., 86
 Barbara, 82
 Carolina, 51, 77, 92
 Caroline, 71
 Heinrich Friedrich Joh. Niklaus, 95
 Joh., 71, 118, 120
 Joh. Friedr., 81
 John, 113
 Karl, 106
 Katharina, 69
 Marg., 77, 155
 Marg. Mathilde, 56
 Margaretha Mathilde, 201
 Maria, 155
 Mathilde Katharina, 201
 Mich., 60
 Michael, 51, 56, 63, 69, 81, 95, 106, 201
Wyneke
 Wilhelm, 180

Y

Young
 Caspar, 130, 174
 Laur V., 173
 Michael, 168
 Wilhelm August, 130

Z

Zachler
 Julius Robert, 2
 Louis, 17
 Ludwig, 1, 2
Zachmann
 Georg Adam, 206
 Margaretha, 206
Zacho
 Louis, 104
 Louis Karl, 104
Zachow
 Bertha Karol. Wilhelmine, 129
 Louis, 63, 76, 87
 Ludwig, 129
 Paulina, 135

Paulina Gertraud, 63
 Sophia, 87
 Wilhelm Louis, 76
Zaehon
 Louis, 157
Zahn
 Marg., 64
 Therese, 35
Zais
 Katharina, 142
Zammel
 M., 153
Zank
 Frantz, 182
Zanner
 Eva, 24
 Wolf & Kath., 26
 Wolf & Margretha, 23
 Wolfgang, 24
Zapf
 Anna Maria, 9
 Christiana, 19
 Georg, 50
 Georg Michael, 50
 Johann A., 19
 Johann Adam, 182
 Margretha, 150
 Theresia, 157
Zapp
 Elisabetha, 14
 Frantz & Marg., 14
 Maria Elisabethe, 143
Zauir
 Kath., 57
Zechelein
 Heinrich, 32
 Margretha Sophia, 32
 Philipp Heinrich, 150
Zehaer
 Emilie, 159
Zehner
 Auguste, 74
 Emilie, 67
Zeidler
 Autusta, 87
 Barbara, 193
 Carolina, 87
 Doroth. Charlotta, 117
 Dorothea, 56
 Fried. Wilh., 25
 Joh., 58, 156
 Joh. Conrad, 71
 Johannes, 193
 Katharina, 58
Zeigeheim
 Carolina Christina, 7
 Johannes, 7
Zeilinger
 Anna Maria, 153
 Maria, 186
Zeis
 Anna M., 109

Johannes, 52, 64
Maria, 64
Nikl, 64
Nikl. Heinrich, 64
Niklaus, 52
Zeiser
    Gottleib, 45
Zeiss
    Kath. Elise, 168
Zeitler
    Friedricka Wilhelmina, 140
Zeller
    Anna, 31
    anna Marg., 168
    Christoph, 186
    Christoph Ulhrich, 186
    Conrad, 59
    "Eva, Carl & Christian", 17
    Franz Joseph, 67
    Friedr., 52, 59
    Friedrich, 40, 155
    Georg Wilhelm, 52
    Joh. Friedrich, 40
    Karl Friedr., 40
    Maria, 94
    Wilhelmine, 17
Zenner
    Margaretha, 43
    Wolfgang, 43
Zenthofer
    Kath., 166
Zeppel
    Maira, 169
Zettel
    [blank], 186
    Johann, 20
    Margretha, 20, 186
Zick
    Adam Friedrich, 117
    Andreas Conrad W., 216
    Dorothea, 125
    Emma, 125
    Friedrich, 117
    friedrich, 125
    Friedrich, 129
    Louis, 216
    Ludwig, 129
Ziefle
    Carl Peter, 15
    Johannes Rudolf, 5
    Peter, 5, 15
Ziegelhöfer
    Jakob, 163
Ziegenhain
    Frank, 172
    Kath., 52
Ziegle
    Elisab., 19
Ziegler
    Adolph Gustav, 71
    Barbara, 137
    Carolina, 159
    Doroth., 168
    Eva Elisabetha, 180
    Friedr. Wihlelm, 123
    Georg Freidrich, 123
    Georg Wilh., 123
    Heinrich Louis, 123
    Johannes, 10, 144
    John, 61
    John & Heinrich, 72
    Karl Johannes, 61
    Maria, 71
    Maria Christiana, 71
    Maria Elis., 106
    Wilhelm, 71
    Wilhelm Carl, 10
Ziehm
    Karl, 198
    Maria, 198
Ziehn
    Bernhard, 100
    Mathilde, 100
Ziemann
    Theresia, 24, 30
Zier
    Wilhelm, 18
Ziergebel
    Amalia, 121
    Michael, 121
Zierlein
    Anna, 27
    Henriette Fried. Magd., 144
Zieroth
    Wilhelmina, 174
Zimmer
    Heinrich, 55
    Johann, 55
    John Peter, 143
Zimmermann
    Anna, 62
    Anna Hel., 50
    Anna Margaretha, 178
    Anna Margretha, 2, 18
    Caroline, 59
    Dietrich, 2, 10, 12, 27
    Dietrich H., 52, 63, 179
    Doroth., 171
    Elis., 60
    Elisab., 38
    Elisabetha, 32, 52, 151, 182
    Elise, 30, 170
    Friedr. W., 49
    Friedrich, 30, 187, 208
    Friedrich Wilhelm, 41
    Georg, 63, 198, 208
    Heinrich, 37, 41
    Helena, 82
    Johann, 12, 18, 32, 178
    Johann Albert, 12
    Johann Friedrich, 177
    Johann Heinrich, 32, 178
    Johann Peter & Magdalena, 34
    Johanne Christina, 177
    Johannes, 41, 179
    Louise, 17, 24, 47, 187
    Magd., 50
    Margretha, 10
    Maria, 41, 159
    Maria Marg., 107
    Maria Margretha, 10
    Rosina, 77
    Wilhelm, 37, 198
Zinge
    Elisabetha, 40
Zinger
    Rosina, 58
Zink
    Elisab., 91
    Friedr. Aug., 114
    Heinrich Friedrich, 114
    Joh., 65
    Joh. Heinrich, 141
    Johannes, 141
    Michael, 65
Zinkand
    Johann, 103
    Maria, 29, 146
Zinkank
    Jakob, 32
Zinn
    August, 169
Zinram
    Dorethea, 25
Zipfle
    Johannes, 33
    Peter, 33
Zippling
    Georg Wilhelm, 108
    Julius, 108, 120
    Louis, 120
Zipse
    Juliana, 140
Zirkel
    Christina, 204
    Eduard, 118
    Elise, 91
    Elizabeth, 188
Zirkler
    Elisab., 89, 105
Zolihofer
    Mina, 71
Zoll
    Joh. Georg, 165
Zollhofer
    Anna, 90, 114
    Georg, 114
Zollinhofer
    Anna, 163
Zöllner
    Karl, 198
    Otto, 198
Zorbach
    Anna, 55, 67
Zuchelein
    Maria, 44
Zuchlein
    Heinrich, 42
    Katharina Margaretha, 42
    Phil. Heinrich, 42
Zucker
    Auguste, 35
    Christh., 36
    Christian, 28
    Friedrich Wilhelm, 48
    Joh. Chr., 48
    Joh. Christ., 41
    Katharina Maria, 28
    Maria Gertrud, 36
Zulauf
    Carolina, 57
    Johann H., 26
Zurbach
    Anna, 44
Zurmihl
    Immanuel Freid. Wilh., 126
    Kath., 117
    Mathilde, 117, 126
Zurmuhl
    Johannes, 13
    Malthilde, 165
    Marg. Mathilde, 132
Zurnmuhl
    Friedrika, 26
    Johannes, 26
Zwillbeck
    Herrmann, 45
    Marg., 45
Zwindler
    Anna Barb., 41